CHINA'S E-GOVERNMENT
中国电子政务年鉴（2020）
YEARBOOK（2020）

中国计算机用户协会政务信息化分会
（电子政务理事会） 组织编写

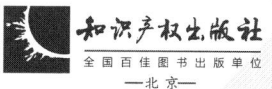

全国百佳图书出版单位
—北京—

图书在版编目（CIP）数据

中国电子政务年鉴.2020／中国计算机用户协会政务信息化分会（电子政务理事会）组编.—北京：知识产权出版社，2021.7

ISBN 978-7-5130-7365-3

Ⅰ.①中⋯　Ⅱ.①中⋯　Ⅲ.①电子政务—中国—2020—年鉴　Ⅳ.① D63-39

中国版本图书馆 CIP 数据核字（2021）第 136858 号

责任编辑：张　珑　　　　　　　　　　　责任印制：刘译文

中国电子政务年鉴（2020）

ZHONGGUO DIANZI ZHENGWU NIANJIAN（2020）

中国计算机用户协会政务信息化分会（电子政务理事会）　组织编写

出版发行：知识产权出版社 有限责任公司	网　　址：http：//www.ipph.cn
电　　话：010-82004826	http：//www.laichushu.com
社　　址：北京市海淀区气象路 50 号院	邮　　编：100081
责编电话：010-82000860 转 8574	责编邮箱：laichushu@cnipr.com
发行电话：010-82000860 转 8101	发行传真：010-82000893
印　　刷：三河市国英印务有限公司	经　　销：各大网上书店、新华书店及相关专业书店
开　　本：787mm×1092mm　1/16	印　　张：33.5
版　　次：2021 年 7 月第 1 版	印　　次：2021 年 7 月第 1 次印刷
字　　数：650 千字	定　　价：450.00 元

ISBN 978-7-5130-7365-3

出版权专有　　侵权必究

如有印装质量问题，本社负责调换。

编委会

编委会主任 陆首群

编委会常务副主任 周德铭

编委会副主任（排名不分先后）

戴瑞敏　戴　辉　高新民　郭子龙　胡善勇　金　锋　江一山
刘惠军　刘建国　倪　东　任尔伟　任守信　石跃军　汪玉凯
王安耕　王　俊　吴幼毅　谢毅平　许建峰　阎冠和　尹　岷
赵进延　查宗祥　张保印

执行主编 彭维民

编　委（排名不分先后）

蔡俊武　蔡　阳　曹红星　陈　俊　陈亚东　陈　晟　池宏洲
崔卫东　丁明柱　董美娣　董学耕　董振国　杜维成　范跃宇
冯立三　冯文友　顾　纺　郭宗泽　韩义森　何　军　何建吾
罗洪涛　洪之民　胡斌彦　扈喜平　胡晓军　胡晓明　胡延年
黄　锐　黄田田　黄长清　贾怀斌　蒋如明　柯尊全　乐　知
李景相　李少昆　李世东　李晓波　李宗华　梁占武　蔺海波
刘春贵　刘春林　刘　琨　刘绍业　刘秀梅　刘　稚　毛忆慈
聂和平　潘　峰　潘建国　彭宝富　亓　巍　钱建国　钱　杰
冉忠涛　商建东　沈家德　沈渭智　盛　铎　史亚巍　宋　刚
宋　庆　宋　唯　宋彦敏　苏　轶　孙福辉　孙立杰　谭晓准
滕建新　王　臻　王　红　王海清　王连印　王汝国　王智玉
巫　晨　熊朝阳　奚　荧　肖　兵　信宏业　徐富春　杨京英
杨志新　尹国胜　于　飞　于　伟　曾德华　张立华　张光玉
张建辉　赵柏清　赵　军　赵常山　赵更虎　赵　宏　赵仕品
朱树宏　郑　辉　郑纪华　周　李　钟福雄　邹　力

前　言

2020年，是中国电子政务从数字化转型向服务一体化落成的一年。

"一网通办"这个关键词的频次大大下降了，出现更多的是"服务一体化"。这是因为国家服务一体化平台已经出现，并且号令部门和省市，而且"一网通办"的"天花板"能够覆盖的人群（51%左右）已经很明显，"互联网+监管""互联网+督查"的声音也在响起。所以，从宏观来说，从国家和省市两个大的层面来说，提"政务服务一体化"似乎更现实一些。

从实际的业务来看，从无处不在的"就近办""全程代办"到三年来处处高调的"一网通办""全程网办""人生一件事办"以及跨省跨市的"通办""督办"，无一不显示目前我国从国家到部门、到省市的"政务服务一体化平台"所有业务的电子化、综窗化、智能化和跨域化。

唯一让人放心不下的是，什么是综窗？综窗办的是什么业务？综窗需要拥有这些业务的数据吗？

综窗当然是政府接件或受理的唯一窗口，部门已经不再是直接受理审批业务的单位，甚至"办不成事"也可以设立"综窗"；更不要说"我要开店"综窗，"我要注册"综窗了。所以，可以说，什么业务都可以综窗，只是不要提"综窗需要拥有这些业务的数据"。至今，至少在县市和乡镇街道这两级，综窗可以说是五花八门，应有尽有，唯一不同的是，几乎所有的综窗都没有自己的业务数据库，没有自己和部门签署协议的详细的事项库、证照库……，没有那些可以称为"数据"的东西。

因为几乎所有的综窗都是"接件"综窗，不是"受理"综窗；这些综窗只登记办事人的基本数据（6~8个），不采集审批这个事项的业务数据，即便是采集审批这个事项的业务数据用的也是部门的业务系统，"二次录入"、重复采集。虽然可以完成这个事项的受理审批以及随后的交付，但是，综窗业务系统里没有办理这些业务的数据，并且区（县）级政务服务局（中心）与相关的委办局也同样没有这些数据，这就是目前的现实，业务通不等于数据通，数据只在国家和部门之间是通的。并且，这些通的方式是多种多样的。

其实问题的关键在地市级这个层面，如果地市级做好三通：业务通、网络通、数据通，抓住综窗建设这个牛鼻子，做好电子工单，赋予每个综窗以业务审批所需要的数据字段为导向，一次采够，一网通办，独立受理和交付，是完全可以保障业务通、网络通、数据和证照通的。

当然回首2020年，发展是方向，全国各地的"疫情通"是主流，如何准确地把握全市、全省、全国的"新冠肺炎疫情"，做出相应的决策和部署，并且适时督导各地单位和群众采取合适的手段和措施，说起容易，做起来非常难，真正做到"数据跑、人不跑"，不靠小喇叭，不靠人打电话，真的可以降低行政成本、提高行政效能，建成高效智能的服务型政府。

中国计算机用户协会
中国电子政务年鉴编辑部
彭维民
2021年6月1日

目 录

第一篇 政策文件

·国务院·

2020年政务公开工作要点 3
国务院办公厅关于进一步优化营商环境更好服务市场主体的实施意见 7
国务院办公厅关于加快推进政务服务"跨省通办"的指导意见 13
国务院办公厅关于进一步优化地方政务服务便民热线的指导意见 28
政府信息公开信息处理费管理办法 35

·中共中央网络安全和信息化委员会办公室·

网络安全审查办法 37

·其他部门·

国家电子政务标准体系建设指南 40
关于加快构建全国一体化大数据中心协同创新体系的指导意见 52
政务服务评价工作指南 58
政务服务"一次一评""一事一评"工作规范 66

第二篇 发展综述

2020年中国电子政务发展综述 79

第三篇　中央国家机关电子政务发展概况

2020年最高人民法院电子政务发展概况………………………………………97
2020年最高人民检察院电子政务发展概况……………………………………103
2020年教育部电子政务发展概况………………………………………………106
2020年公安部电子政务发展概况………………………………………………108
2020年民政部电子政务发展概况………………………………………………110
2020年人力资源社会保障电子政务发展概况…………………………………113
2020年自然资源部电子政务发展概况…………………………………………116
2020年生态环境部电子政务发展概况…………………………………………121
2020年水利部电子政务发展情况………………………………………………124
2020年农业农村部电子政务发展概况…………………………………………130
2020年国家市场监督管理总局电子政务发展概况……………………………134
2020年中国气象局电子政务发展概况…………………………………………138
2020年国家文物局电子政务发展概况…………………………………………141

第四篇　地方电子政务发展概况

2020年北京市电子政务发展概况………………………………………………147
2020年河北省电子政务发展概况………………………………………………150
2020年安徽省电子政务发展概况………………………………………………152
2020年山西省电子政务发展概况………………………………………………155
2020年江苏省电子政务发展概况………………………………………………157
2020年江西省电子政务发展概况………………………………………………160
2020年广东省电子政务发展概况………………………………………………164
2020年海南省电子政务发展概况………………………………………………167
2020年新疆维吾尔自治区电子政务发展概况…………………………………169
2020年青岛市电子政务发展概况………………………………………………171
2020年长沙市电子政务发展概况………………………………………………174
2020年郑州市电子政务发展概况………………………………………………177

第五篇　中央国家机关电子政务专项成果

·（一）智慧法院建设专项成果·

北京智慧法院"云法庭"成果应用…………………………………………………185
打造"智慧执行"上海模式……………………………………………………………189

重庆法院电子票据平台建设与应用……194
吉林智慧法院创新应用典型案例……197
浙江法院"智慧执行 2.0"的建设与应用……199
江西法院"审判 e 管理"平台应用案例……202
河南智慧法院让公平正义看得见触得到……207
广西法院基于司法链的卷宗归档探索与实践……210
北京法院打造全流程无纸化办案新模式……215
贵州法院推进政法机关跨部门网上协同办案……218
陕西智慧法院司法数据中台建设探索与实践……222
新疆兵团法院推进"智慧兵法 4.0"工作纪实……227
北京三中院"智慧诉服"成果与应用……231
山西朔州中院电子卷宗深度应用的探索与实践……234
江苏南通中院智慧警务平台……239
浙江湖州中院协同共治守护绿水青山……243
河北保定中院以科技加强监管　用创新促进改革……247
浙江丽水中院融媒体中心建设与应用……250
浙江嘉兴中院实物证据数据化存储探索与实践……254
湖北襄阳中院狠抓"一站式"诉讼服务……257
广东广州中院建成区块链授权见证通平台……260
四川宜宾中院以智能化构建新型制约监督体系……264
北京丰台区人民法院引入数字化劳动力提升业务工作质效……266
北京朝阳区人民法院引入 RPA 技术破解"执行难"……269
浙江玉环区人民法院创新信息化与业务融合新机制……272
北京门头沟区人民法院依托智慧法院促进公开透明……274
黑龙江鸡西市鸡冠区人民法院智能服务平台提升业务质效……276
湖南长沙望城区人民法院信息化助力一站式多元解纷……279
广东深圳宝安区人民法院从"卷随人走"到"人卷分离"……282
新疆生产建设兵团阿拉尔垦区人民法院智慧法院建设案例……288

·（二）智慧检务建设专项成果·

检察业务应用系统 2.0……291
公益诉讼技术支持体系……293
中国检察听证网……295
黑龙江远程提换视讯一体化平台……299
重庆远程提讯手写电子签名捺印系统……300
杭州非羁押人员电子监管系统（"非羁码"）……303
浙江绍兴民事裁判智慧监督系统……304
广州"检爱同行"智慧未检平台……306

常州涉众型经济犯罪侦诉审执防一体化办案系统……309
成都"星火"云VR禁毒平台……311

· (三) 智慧公安专项成果 ·

广东公安大力推进智慧新民生建设应用……314
四川公安聚焦便民惠警，推动"指尖上的网上政务服务"大发展……316
"数"说江西公安互联网+政务服务建设……318
贵州公安网上110报警平台 以"小切口"做"大文章"……321
创建"互联网+公安政务服务"发展新思路……324

· (四) 教育部"互联网+政务服务"专项成果 ·

教育部一体化在线政务服务平台建设与应用……327

· (五) 自然资源部"互联网+政务服务"专项成果 ·

自然资源部"互联网+政务服务"专项成果……331

· (六) 文化和旅游部"互联网+政务服务"专项成果 ·

文化和旅游部创新服务模式 提高"互联网+政务服务"能力……334

第六篇 地方"互联网+政务服务"专项成果

· 江苏省"互联网+政务服务"专项成果 ·

江苏省"苏康码"系统……342
南京市政务服务管理办公室"'宁满意'工程"……343
苏州城市生活服务总入口"苏周到"APP……347
盐城市行政审批局"事找人"指挥系统……351
扬州"不打烊"智慧政务大厅……356

· "互联网+政务服务"专项成果——城市 ·

沈阳市……359
青岛市……366
宁波市……374
长沙市……383
银川市……361
宜昌市……394

目 录

第七篇 2020年度电子政务典型案例

基于信创环境下的生态环境部综合业务门户建设……401
全国农业农村重要经济指标专题数据库建设……406
中国气象局垂直政务服务管理系统与地方政务服务平台对接案例……408
北京市文化执法信息化工作平台……411
北京西城区区块链应用典型案例……414
北京石景山区升级"综窗"受理输出政务数字化转型新成果……416
河北省政务云视频平台……419
无锡市公共数据资源开放平台……421
徐州市深网开采技术在大数据共享中的应用……424
宁波市鄞州区"区块链+医疗"平台试点案例……429
铜陵市"城市超脑"疫情防控全面感知……432
中国（厦门）国际贸易单一窗口项目建设提升营商环境……436
江西推动"赣政通"平台建设，打造政府数字化转型新名片……440
济南市"爱山东·泉城办"……444
德州市齐河县人工智能辅助审批大幅提升工作效率……447
河南省着力打造一体化市场监管信息管理平台……452
武汉市自然资源和规划"互联网+政务服务"体系初步形成……457
肇庆全面打造"互联网+不动产"服务新模式……460
四川省一体化政务服务平台结合区块链探索落地案例……463
新疆维吾尔自治区政府网站集约化建设应用案例……465

第八篇 年度推广

·2020年电子政务年度人物·

贺德银——最高人民检察院检察技术信息研究中心副主任……475
付建忠——最高人民法院信息中心基础设施处处长……476
冷立新——珲春市人民法院党组书记、院长……477
宋建波——呼和浩特市中级人民法院党组副书记、副院长……478
张长山——天津自由贸易试验区人民法院院长……479
王诗军——广东省肇庆市政府副秘书长、市政务服务数据管理局党组书记、局长……480
吴志强——厦门自贸委信息化服务中心主任……481

·2020年"互联网+政务服务"年度人物·

杨　剑——北京市石景山区政务服务管理局审改协调科科长……483

· 2020 年"互联网＋智慧法院"年度人物 ·

徐　浩——北京市高级人民法院信息技术处安全保障科科长…………………… 485
徐计生——安徽省高级人民法院司法鉴定处一级主任科员…………………… 486
程少芬——贵州省高级人民法院应用推广科科长…………………… 488
周　阳——江西省高级人民法院司法技术处一级主任科员…………………… 489
杜　乔——北京海淀区人民法院综合办公室技术保障组负责人…………………… 490
王小维——重庆市高级人民法院信息技术管理处规划管理科副科长…………………… 491
黄志红——河南省高级人民法院信息处四级调研员…………………… 492
陆锡高——广西壮族自治区高级人民法院司法技术管理处一级主任科员…………………… 493
钱天彤——天津市河西区人民法院党组成员、副院长…………………… 494
韩　伟——武汉市中级人民法院办公室副主任、信息中心主任…………………… 496
鲁宏邦——江苏省南通市中级人民法院一级科员…………………… 498
李强文——山东省东营市中级人民法院技术室主任…………………… 499
卢敬泽——唐山市中级人民法院信息中心主任…………………… 501
董高彦——两当县人民法院党组成员、民二庭庭长…………………… 503

· 2020 年"互联网＋智慧检务"年度人物 ·

李运策——最高人民检察院检察技术信息研究中心信息化四处处长…………………… 505
刘海江——最高人民检察院检察技术信息研究中心信息化五处处长…………………… 506
王紫阳——重庆市人民检察院检察业务保障部主任…………………… 507
迟　骋——黑龙江省人民检察院检察技术与信息部副主任…………………… 508
高　峰——浙江省绍兴市检察院智慧检察领导小组办公室主任…………………… 509
蒲泓全——四川省成都市武侯区人民检察院综合业务部副主任…………………… 510
杨家珍——江苏省人民检察院检察信息技术部主任科员…………………… 511
徐　衍——杭州市人民检察院检察技术处信息科科长…………………… 512

· 2020 年"互联网＋智慧公安"年度人物 ·

章奕贵——广东省公安厅科技信息化总队科长…………………… 513
张海超——四川省公安厅科技信息化总队（大数据应用总队）四级调研员、
　　　　　副科长…………………… 514
周敏——江西省公安厅科技信息化总队高级工程师…………………… 515
郑　凯——陕西省公安厅办公室电子政务科科长…………………… 516

第九篇　大事记

大事记…………………… 517

第一篇
政策文件

· 国务院 ·

国务院办公厅
关于印发 2020 年政务公开工作要点的通知[※]

国办发〔2020〕17 号

各省、自治区、直辖市人民政府,国务院各部委、各直属机构:

《2020 年政务公开工作要点》已经国务院同意,现印发给你们,请结合实际认真贯彻落实。

国务院办公厅
2020 年 6 月 21 日

2020 年政务公开工作要点

做好今年政务公开工作,要以习近平新时代中国特色社会主义思想为指导,全面贯彻党的十九大和十九届二中、三中、四中全会精神,坚持以人民为中心的发展思想,认真落实党中央、国务院关于政务公开工作的决策部署,准确执行新修订的《中华人民共和国政府信息公开条例》,以更高质量公开助力推进国家治理体系和治理能力现代化,聚焦做好"六稳"工作、落实"六保"任务,着眼深化"放管服"改革优化营商环境,以公开促落实、促规范、促服务,为实现今年经济社会发展目标任务提供有力支撑。

一 围绕贯彻落实党的十九届四中全会精神加强用权公开

(一)以权责清单为依托,加强权力配置信息公开

要对照法律法规规章,全面梳理本机关依法行使的行政权力和依法承担的公共服务职责,更新完善权责清单并按要求公开。地方各级政府信息公开工作主管部门要按权限督促行政机关依法公开工作职能、机构设置等信息,在此基础上组织编写本级政府行政机关机构职能目录并向社会公开,全面展现政府机构权力配置情况。

(二)以基层政务公开标准化规范化为抓手,加强权力运行过程信息公开

抓紧构建基层行政决策公众参与机制,凡是直接涉及相对人权益的重大行政决策,都应以适当方式听取利益相关方和社会公众意见。以用权公开为导向,重点聚焦权力运

[※] 来源:中国政府网 http://www.gov.cn/zhengce/zhengceku/2020-07/03/content_5523911.htm。

行关键环节、关键岗位，按照有关文件要求于2020年底前编制完成基层政务公开事项标准目录，确保权力运行到哪里，公开和监督就延伸到哪里。

（三）以行政法规规章规范性文件为重点，加强政务信息管理

国务院司法行政工作主管部门要在2020年底前集中统一对外公开现行有效行政法规，并提供在线查阅、检索、下载等服务。各级政府部门要系统梳理本机关制发的规章和规范性文件，按照"放管服"改革要求及时立改废，集中统一对外公开并动态更新，2020年底前初步解决底数不清、体系不完善等问题。各政府信息公开工作主管部门要加强统筹指导，逐步整理形成本级政府和本系统制度文件汇编并集中统一对外公开，服务国家治理体系和治理能力现代化。

二 围绕"六稳""六保"加强政策发布解读

（一）助力做好"六稳"工作

围绕中央经济工作会议精神和《政府工作报告》要求，加大政策解读力度，加强舆论引导，全面阐释稳就业、稳金融、稳外贸、稳外资、稳投资、稳预期各项政策举措及其效果，主动回应经济社会热点问题，释放更多积极信号，为有效克服新冠肺炎疫情影响、努力实现今年经济社会发展目标任务营造良好舆论环境。拓宽发布渠道，丰富内容形式，增强传播力影响力，充分阐释经济运行总体平稳、稳中有进、长期向好态势，有效提振市场信心。

（二）助力落实"六保"任务

实时发布保居民就业、保基本民生、保市场主体、保粮食能源安全、保产业链供应链稳定、保基层运转等相关政策信息。紧紧围绕着力稳企业保就业、增强发展新动能、实施扩大内需战略、确保实现脱贫攻坚目标、稳住外贸外资基本盘、保障和改善民生等重大部署和重点工作任务，解读好相关政策措施、执行情况和工作成效。尤其要加大纾困和激发市场活力规模性政策的公开力度，确保政策资金流向、使用公开透明，让政策资金直达市县基层、直接惠企利民。

三 围绕优化营商环境加强政务信息公开

（一）提高市场监管规则和标准公开质量

贯彻落实党中央、国务院关于深化"放管服"改革优化营商环境的决策部署，向市场主体全面公开市场监管规则和标准，以监管规则和标准的确定性保障市场监管的公正性。各级市场监管部门要加强窗口服务，为市场主体提供更加精准、便捷的政策咨询。

（二）提高政务服务透明度便利度

全面优化办事流程，通过互联网等技术手段让办事人动态掌握办事进展，最大限度实现网络化、透明化办事。根据"放管服"改革进程，及时更新并公开办事方式、办事条件等信息。加强"一件事""一类事"等综合办事信息公开，进一步提升办事便利度。

（三）提高经济政策发布解读针对性精准性

提升经济政策发布质量，注重对基层一线政策执行人员开展政策解读和培训，确保减税降费等各项经济政策在实际执行环节不遗漏、不走样，全面及时惠及市场主体。注重提升经济政策解读回应渠道的权威性，增强解读回应实际效果。

四　围绕突发事件应对加强公共卫生信息公开

（一）及时准确发布疫情信息

坚持做好疫情防控常态化下疫情信息发布工作，依法做到及时、准确、公开、透明，让公众实时了解最新疫情动态和应对处置工作进展。融合各类信息发布渠道，有效运用新闻发布会、政府网站、政务新媒体和各类新闻媒体，全方位解读党中央、国务院重大决策部署和本地区、本部门重要工作举措，为疫情防控工作提供有力支撑。密切关注涉及疫情的舆情动态，针对相关舆情热点问题，快速反应、正面回应。有关地方和部门主要负责人要带头主动发声，以权威信息引导社会舆论。

（二）加强各级各类应急预案公开和公共卫生知识普及

严格落实政府信息公开条例关于主动公开突发公共事件应急预案的要求，有针对性地加强宣传培训，增强社会公众特别是应急预案执行人员的风险防范意识和能力，切实发挥应急预案实际效用。大力加强公共卫生知识日常普及工作，特别是对公众在新冠肺炎疫情防控过程中养成的好习惯好做法，通过科普作品等形式加强宣传推广，提高公众对传染病的防治意识和应对能力。

（三）严格依法保护各项法定权利

妥善办理涉及公共卫生事件的政府信息公开申请，除公开后将损害公共利益、侵犯他人合法权益等法定禁止公开情形外，最大限度向申请人提供相关信息，更好满足人民群众知情权，维护政府公信力。加强个人信息保护，对因新冠肺炎疫情防控工作需要收集的个人信息，要严格落实个人信息保护有关规定，采取有效措施保管并妥善处理。

五　围绕落实新修订的政府信息公开条例加强制度执行

（一）落实政府信息主动公开新要求

正确执行关于主动公开的新规定，以政府信息公开平台为依托，推动公开内容进一步聚焦重点政务信息，公开方式更加统一规范。2020年底前，各级政府及其部门建设完成政府信息公开平台，法定主动公开内容全部公开到位。

（二）规范政府信息公开申请办理工作

以完善内部制度为抓手，以规范答复文书格式为重点，全面提升政府信息公开申请办理工作质量，依法保障公众合理信息需求。准确适用依申请公开各项规定，从严把握不予公开范围，对法定不予公开条款坚持最小化适用原则，切实做到以公开为常态、不公开为例外。

（三）加强政府网站与政务新媒体建设

加强政府网站和政务新媒体内容保障，更多发布权威准确、通俗易懂、形式多样、易于传播的政策解读产品，不断提高政策知晓度。做好政府网站集约化试点工作，推进政府网站、政务新媒体、在线政务服务平台的数据融通、服务融通、应用融通，提升大数据分析能力、辅助决策能力、整体发声能力和服务公众水平。强化网络安全责任，抓好政府网站和政务新媒体安全防护。2020年底前，省级和地市级政府门户网站全部支持互联网协议第6版。

（四）建立健全公共企事业单位信息公开制度

国务院有关主管部门要根据政府信息公开条例的要求和授权，按照全国政府信息公开工作主管部门统一安排，着手研究制定或者修订教育、卫生健康、供水、供电、供气、供热、环境保护、公共交通等领域企事业单位信息公开专门规定，加快构建具有中国特色的公共企事业单位信息公开制度体系。通过推进公共企事业单位信息公开，助力监管效能提升。

六　强化做好政务公开工作的各项保障措施

（一）明确领导责任

各级政府部门要依法确定一名负责同志，履行本机关政府信息公开工作领导职责，报同级政府信息公开工作主管部门备案，实行垂直管理的政府部门向其上级政府信息公开工作主管部门备案。各政府信息公开工作主管部门要加强日常指导监督，帮助解决实际问题，及时纠正不当行为。上级政府信息公开工作主管部门要加强对下级政府信息公开工作主管部门的业务指导,全面依法履职。

(二)加强机构队伍建设

县级以上地方政府要严格落实政府信息公开条例要求,明确政府办公厅(室)为本地区政府信息公开工作主管部门。各行政机关的政府信息公开工作机构,原则上应在本机关内设机构中指定,并配齐配强工作力量。

(三)强化培训工作

要把政府信息公开条例作为落实领导干部学法制度的重要内容,并列入公务员初任培训必修课程,稳步提升政府工作人员的政务公开意识和能力。各政府信息公开工作主管部门要切实改进培训工作,增强培训的针对性、系统性,科学设置培训课程,提升培训效果。

(四)规范考核评估

地方各级政府信息公开工作主管部门要认真梳理本级政府绩效考核体系中政务公开各项指标,根据新形势新要求予以调整完善。优化第三方评估,清理规范以行政机关名义参加社会上各类政务公开评估颁奖活动。

各地区、各部门贯彻落实本要点的主要情况,要纳入政府信息公开工作年度报告予以公开,接受社会监督。

国务院办公厅
关于进一步优化营商环境更好服务市场主体的实施意见※

国办发〔2020〕24号

各省、自治区、直辖市人民政府,国务院各部委、各直属机构:

党中央、国务院高度重视深化"放管服"改革优化营商环境工作。近年来,我国营商环境明显改善,但仍存在一些短板和薄弱环节,特别是受新冠肺炎疫情等影响,企业困难凸显,亟需进一步聚焦市场主体关切,对标国际先进水平,既立足当前又着眼长远,更多采取改革的办法破解企业生产经营中的堵点痛点,强化为市场主体服务,加快打造市场化法治化国际化营商环境,这是做好"六稳"工作、落实"六保"任务的重要抓手。为持续深化"放管服"改革优化营商环境,更大激发市场活力,增强发展内生动力,经国务院同意,现提出以下意见。

※ 来源:中国政府网 http://www.gov.cn/zhengce/content/2020-07/21/content_5528615.htm。

一 持续提升投资建设便利度

（一）优化再造投资项目前期审批流程

从办成项目前期"一件事"出发，健全部门协同工作机制，加强项目立项与用地、规划等建设条件衔接，推动有条件的地方对项目可行性研究、用地预审、选址、环境影响评价、安全评价、水土保持评价、压覆重要矿产资源评估等事项，实行项目单位编报一套材料，政府部门统一受理、同步评估、同步审批、统一反馈，加快项目落地。优化全国投资项目在线审批监管平台审批流程，实现批复文件等在线打印。（国家发展改革委牵头，国务院相关部门及各地区按职责分工负责）

（二）进一步提升工程建设项目审批效率

全面推行工程建设项目分级分类管理，在确保安全前提下，对社会投资的小型低风险新建、改扩建项目，由政府部门发布统一的企业开工条件，企业取得用地、满足开工条件后作出相关承诺，政府部门直接发放相关证书，项目即可开工。加快推动工程建设项目全流程在线审批，推进工程建设项目审批管理系统与投资审批、规划、消防等管理系统数据实时共享，实现信息一次填报、材料一次上传、相关评审意见和审批结果即时推送。2020年底前将工程建设项目审批涉及的行政许可、备案、评估评审、中介服务、市政公用服务等纳入线上平台，公开办理标准和费用。（住房城乡建设部牵头，国务院相关部门及各地区按职责分工负责）

（三）深入推进"多规合一"

抓紧统筹各类空间性规划，积极推进各类相关规划数据衔接或整合，推动尽快消除规划冲突和"矛盾图斑"。统一测绘技术标准和规则，在用地、规划、施工、验收、不动产登记等各阶段，实现测绘成果共享互认，避免重复测绘。（自然资源部牵头，住房城乡建设部等国务院相关部门及各地区按职责分工负责）

二 进一步简化企业生产经营审批和条件

（四）进一步降低市场准入门槛

围绕工程建设、教育、医疗、体育等领域，集中清理有关部门和地方在市场准入方面对企业资质、资金、股比、人员、场所等设置的不合理条件，列出台账并逐项明确解决措施、责任主体和完成时限。研究对诊所设置、诊所执业实行备案管理，扩大医疗服务供给。对于海事劳工证书，推动由政府部门直接受理申请、开展检查和签发，不再要求企业为此接受船检机构检查，且不收取企业办证费用。通过在线审批等方式简化跨地区巡回演出审批程序。（国家发展改革委、教育部、住房城乡建设部、交通运输部、商务部、文化和旅游部、国家卫生健康委、体育总局等国务院相关部门及各地区按职责分工负责）

（五）精简优化工业产品生产流通等环节管理措施

2020年底前将保留的重要工业产品生产许可证管理权限全部下放给省级人民政府市场监督管理部门。加强机动车生产、销售、登记、维修、保险、报废等信息的共享和应用，提升机动车流通透明度。督促地方取消对二手车经销企业登记注册地设置的不合理规定，简化二手车经销企业购入机动车交易登记手续。2020年底前优化新能源汽车免征车辆购置税的车型目录和享受车船税减免优惠的车型目录发布程序，实现与道路机动车辆生产企业及产品公告"一次申报、一并审查、一批发布"，企业依据产品公告即可享受相关税收减免政策。（工业和信息化部、公安部、财政部、交通运输部、商务部、税务总局、市场监管总局、银保监会等国务院相关部门按职责分工负责）

（六）降低小微企业等经营成本

支持地方开展"一照多址"改革，简化企业设立分支机构的登记手续。在确保食品安全前提下，鼓励有条件的地方合理放宽对连锁便利店制售食品在食品处理区面积等方面的审批要求，探索将食品经营许可（仅销售预包装食品）改为备案，合理制定并公布商户牌匾、照明设施等标准。鼓励引导平台企业适当降低向小微商户收取的平台佣金等服务费用和条码支付、互联网支付等手续费，严禁平台企业滥用市场支配地位收取不公平的高价服务费。在保障劳动者职业健康前提下，对职业病危害一般的用人单位适当降低职业病危害因素检测频次。在工程建设、政府采购等领域，推行以保险、保函等替代现金缴纳涉企保证金，减轻企业现金流压力。（市场监管总局、中央网信办、工业和信息化部、财政部、住房城乡建设部、交通运输部、水利部、国家卫生健康委、人民银行、银保监会等相关部门及各地区按职责分工负责）

三 优化外贸外资企业经营环境

（七）进一步提高进出口通关效率

推行进出口货物"提前申报"，企业提前办理申报手续，海关在货物运抵海关监管作业场所后即办理货物查验、放行手续。优化进口"两步申报"通关模式，企业进行"概要申报"且海关完成风险排查处置后，即允许企业将货物提离。在符合条件的监管作业场所开展进口货物"船边直提"和出口货物"抵港直装"试点。推行查验作业全程监控和留痕，允许有条件的地方实行企业自主选择是否陪同查验，减轻企业负担。严禁口岸为压缩通关时间简单采取单日限流、控制报关等不合理措施。（海关总署牵头，国务院相关部门及各地区按职责分工负责）

（八）拓展国际贸易"单一窗口"功能

加快"单一窗口"功能由口岸通关执法向口岸物流、贸易服务等全链条拓展,实现港口、船代、理货等收费标准线上公开、在线查询。除涉密等特殊情况外,进出口环节涉及的监管证件原则上都应通过"单一窗口"一口受理,由相关部门在后台分别办理并实施监管,推动实现企业在线缴费、自主打印证件。（海关总署牵头,生态环境部、交通运输部、农业农村部、商务部、市场监管总局、国家药监局等国务院相关部门及各地区按职责分工负责）

（九）进一步减少外资外贸企业投资经营限制

支持外贸企业出口产品转内销,推行以外贸企业自我声明等方式替代相关国内认证,对已经取得相关国际认证且认证标准不低于国内标准的产品,允许外贸企业作出符合国内标准的书面承诺后直接上市销售,并加强事中事后监管。授权全国所有地级及以上城市开展外商投资企业注册登记。（商务部、市场监管总局等国务院相关部门及各地区按职责分工负责）

四 进一步降低就业创业门槛

（十）优化部分行业从业条件

推动取消除道路危险货物运输以外的道路货物运输驾驶员从业资格考试,并将相关考试培训内容纳入相应等级机动车驾驶证培训,驾驶员凭培训结业证书和机动车驾驶证申领道路货物运输驾驶员从业资格证。改革执业兽医资格考试制度,便利兽医相关专业高校在校生报名参加考试。加快推动劳动者入职体检结果互认,减轻求职者负担。（人力资源社会保障部、交通运输部、农业农村部等国务院相关部门及各地区按职责分工负责）

（十一）促进人才流动和灵活就业

2021年6月底前实现专业技术人才职称信息跨地区在线核验,鼓励地区间职称互认。引导有需求的企业开展"共享用工",通过用工余缺调剂提高人力资源配置效率。统一失业保险转移办理流程,简化失业保险申领程序。各地要落实属地管理责任,在保障安全卫生、不损害公共利益等条件下,坚持放管结合,合理设定流动摊贩经营场所。（人力资源社会保障部、市场监管总局、住房城乡建设部等国务院相关部门及各地区按职责分工负责）

（十二）完善对新业态的包容审慎监管

加快评估已出台的新业态准入和监管政策,坚决清理各类不合理管理措施。在保证医疗安全和质量前提下，进一步放宽互联网诊疗范围，将符合条件的互联网医疗服务纳入医保报销范围，制定公布全国统一的互联网医疗审批标准，加快创新型医疗器械审评审批并推进临床应用。统一智能网联汽车自动驾驶功能测试标准，推动实现封闭场地测试结果全国通用互认，督促封闭场地向社会公开测试服务项目及收费标准，简化测试通知书申领及异地换发手续，对测试通知书到期但车辆状态未改变的无需重复测试、直接延长期限。降低导航电子地图制作测绘资质申请条件，压减资质延续和信息变更的办理时间。（工业和信息化部、公安部、自然资源部、交通运输部、国家卫生健康委、国家医保局、国家药监局等国务院相关部门及各地区按职责分工负责）

（十三）增加新业态应用场景等供给

围绕城市治理、公共服务、政务服务等领域，鼓励地方通过搭建供需对接平台等为新技术、新产品提供更多应用场景。在条件成熟的特定路段及有需求的机场、港口、园区等区域探索开展智能网联汽车示范应用。建立健全政府及公共服务机构数据开放共享规则，推动公共交通、路政管理、医疗卫生、养老等公共服务领域和政府部门数据有序开放。（国家发展改革委牵头，中央网信办、工业和信息化部、公安部、民政部、住房城乡建设部、交通运输部、国家卫生健康委等相关部门及各地区按职责分工负责）

五 提升涉企服务质量和效率

（十四）推进企业开办经营便利化

全面推行企业开办全程网上办，提升企业名称自主申报系统核名智能化水平，在税务、人力资源社会保障、公积金、商业银行等服务领域加快实现电子营业执照、电子印章应用。放宽小微企业、个体工商户登记经营场所限制。探索推进"一业一证"改革，将一个行业准入涉及的多张许可证整合为一张许可证，实现"一证准营"、跨地互认通用。梳理各类强制登报公告事项，研究推动予以取消或调整为网上免费公告。加快推进政务服务事项跨省通办。（市场监管总局、国务院办公厅、司法部、人力资源社会保障部、住房城乡建设部、人民银行、税务总局、银保监会、证监会等国务院相关部门及各地区按职责分工负责）

（十五）持续提升纳税服务水平

2020年底前基本实现增值税专用发票电子化，主要涉税服务事项基本实现网上办理。简化增值税等税收优惠政策申报程序，原则上不再设置审批环节。强化税务、海关、人民银行等部门数据共享，加快出口退税进度，推行无纸化单证备案。（税务总局牵头，人民银行、海关总署等国务院相关部门按职责分工负责）

（十六）进一步提高商标注册效率

提高商标网上服务系统数据更新频率，提升系统智能检索功能，推动实现商标图形在线自动比对。进一步压缩商标异议、驳回复审的审查审理周期，及时反馈审查审理结果。2020年底前将商标注册平均审查周期压缩至4个月以内。（国家知识产权局负责）

（十七）优化动产担保融资服务

鼓励引导商业银行支持中小企业以应收账款、生产设备、产品、车辆、船舶、知识产权等动产和权利进行担保融资。推动建立以担保人名称为索引的电子数据库，实现对担保品登记状态信息的在线查询、修改或撤销。（人民银行牵头，国家发展改革委、公安部、交通运输部、市场监管总局、银保监会、国家知识产权局等国务院相关部门按职责分工负责）

六　完善优化营商环境长效机制

（十八）建立健全政策评估制度

研究制定建立健全政策评估制度的指导意见，以政策效果评估为重点，建立对重大政策开展事前、事后评估的长效机制，推进政策评估工作制度化、规范化，使政策更加科学精准、务实管用。（国务院办公厅牵头，各地区、各部门负责）

（十九）建立常态化政企沟通联系机制

加强与企业和行业协会商会的常态化联系，完善企业服务体系，加快建立营商环境诉求受理和分级办理"一张网"，更多采取"企业点菜"方式推进"放管服"改革。加快推进政务服务热线整合，进一步规范政务服务热线受理、转办、督办、反馈、评价流程，及时回应企业和群众诉求。（国务院办公厅牵头，国务院相关部门和单位及各地区按职责分工负责）

（二十）抓好惠企政策兑现

各地要梳理公布惠企政策清单，根据企业所属行业、规模等主动精准推送政策，县级政府出台惠企措施时要公布相关负责人及联系方式，实行政策兑现"落实到人"。鼓励推行惠企政策"免申即享"，通过政府部门信息共享等方式，实现符合条件的企业免予申报、直接享受政策。对确需企业提出申请的惠企政策，要合理设置并公开申请条件，简化申报手续，加快实现一次申报、全程网办、快速兑现。（各地区、各部门负责）

各地区、各部门要认真贯彻落实本意见提出的各项任务和要求，围绕市场主体需求，研究推出更多务实管用的改革举措，相关落实情况年底前报国务院。有关改革事项涉及法律法规调整的，要按照重大改革于法有据的要求，抓紧推动相关法律法规的立改废释。国务院办公厅要加强对深化"放管服"改革和优化营商环境工作的业务指导，强化统筹协调和督促落实，确保改革措施落地见效。

国务院办公厅
关于加快推进政务服务"跨省通办"的指导意见[※]

国办发〔2020〕35号

各省、自治区、直辖市人民政府，国务院各部委、各直属机构：

推进政务服务"跨省通办"，是转变政府职能、提升政务服务能力的重要途径，是畅通国民经济循环、促进要素自由流动的重要支撑，对于提升国家治理体系和治理能力现代化水平具有重要作用。近年来，党中央、国务院陆续出台审批服务便民化、"互联网+政务服务"、优化营商环境等一系列政策文件，全国一体化政务服务平台初步建成并发挥作用，政务服务"一网通办"深入推进，各地区各部门积极开展政务服务改革探索和创新实践，政务服务便捷度和群众获得感显著提升。但企业（包括个体工商户、农民专业合作社，下同）和群众异地办事仍面临不少堵点难点问题，"多地跑""折返跑"等现象仍然存在。为深化"放管服"改革，进一步优化政务服务，经国务院同意，现就加快推进政务服务"跨省通办"提出以下意见。

一 总 体 要 求

（一）指导思想

以习近平新时代中国特色社会主义思想为指导，全面贯彻落实党的十九大和十九届二中、三中、四中全会精神，按照党中央、国务院决策部署，坚持以人民为中心的发展思想，坚持新发展理念，适应统筹推进疫情防控和经济社会发展形势要求，有效服务人口流动、生产要素自由流动和产业链高效协同，纵深推进"放管服"改革，优化政务服务，完善事中事后监管，加快推动政务服务从政府部门供给导向向企业和群众需求导向转变，依托全国一体化政务服务平台和各级政务服务机构，着力打通业务链条和数据共享堵点，推动更多政务服务事项"跨省通办"，为建设人民满意的服务型政府提供有力保障。

（二）基本原则

坚持需求导向。 聚焦企业和群众普遍关切的异地办事事项，围绕保障改善民生、促进就业创业和便利企业跨地区生产经营，促进政务服务供给与企业、群众需求有效对接，推动政务服务绩效由企业和群众评判。

※ 来源：中国政府网 http://www.gov.cn/zhengce/content/2020-09/29/content_5548125.htm.

坚持改革创新。紧扣政务服务"跨省通办"全环节，创新工作理念和制度机制，充分运用大数据、人工智能、区块链等新技术手段，优化再造业务流程，强化业务协同，打破地域阻隔和部门壁垒，促进条块联通和上下联动。

坚持便民高效。优化服务方式，丰富办事渠道，大力推进政务服务"跨省通办"减时间、减环节、减材料、减跑动，实现企业和群众异地办事"马上办、网上办、就近办、一地办"。

坚持依法监管。加强政务服务"跨省通办"业务流程改革后的事中事后监管，防止出现监管真空，推行"互联网+监管"和信用监管，确保事有人管、责有人负，实现无缝衔接，对失信和欺诈行为"零容忍"，保障市场主体公平参与市场竞争，切实维护人民群众合法权益。

（三）工作目标

从高频政务服务事项入手，2020年底前实现第一批事项"跨省通办"，2021年底前基本实现高频政务服务事项"跨省通办"，同步建立清单化管理制度和更新机制，逐步纳入其他办事事项，有效满足各类市场主体和广大人民群众异地办事需求。

二　重点任务

（一）聚焦保障改善民生，推动个人服务高频事项"跨省通办"

围绕教育、就业、社保、医疗、养老、居住、婚育、出行等与群众生活密切相关的异地办事需求，推动社会保障卡申领、异地就医登记备案和结算、养老保险关系转移接续、户口迁移、住房公积金转移接续、就业创业、婚姻登记、生育登记等事项加快实现"跨省通办"，便利群众异地办事，提升人民群众获得感。

（二）聚焦助力惠企利企，推动企业生产经营高频事项"跨省通办"

围绕生产要素自由流动、企业跨地区生产经营、产业链供应链协同和建立全国统一大市场，推动企业等各类市场主体登记注册和涉企经营许可等事项"跨省通办"，简化优化各类跨地区投资项目审批、工程建设项目审批等流程手续，方便企业开展生产经营活动，提升跨区域政务服务水平，激发市场主体活力。

（三）鼓励区域"跨省通办"先行探索和"省内通办"拓展深化

在全国高频政务服务"跨省通办"事项清单基础上，支持京津冀、粤港澳大湾区、长三角、成渝等地区，进一步拓展"跨省通办"范围和深度，为区域协调发展提供支撑保障。支持劳动力输出输入、东西部协作等省区市点对点开展"跨省通办"。支持各地区拓展深化，推动更多政务服务事项"省内通办"。有关行业主管部门要加强对本行业承担公共服务职能企事业单位的指导、监督，鼓励将有需求、有条件的服务事项纳入"跨省通办"范围。

三 优化政务服务"跨省通办"业务模式

（一）深化"全程网办"

除法律法规规定必须到现场办理的事项外，按照"应上尽上"的原则，政务服务事项全部纳入全国一体化政务服务平台，提供申请受理、审查决定、颁证送达等全流程全环节网上服务，实现申请人"单点登录、全国漫游、无感切换"，由业务属地为申请人远程办理。进一步改革制约全流程网上办理的规章制度和业务流程，不得强制要求申请人到现场办理。政府部门核发的证照批义，能通过数据共享查询、核验的，不再要求申请人到现场核验原件。

（二）拓展"异地代收代办"

对法律法规明确要求必须到现场办理的政务服务事项，在不改变各省区市原有办理事权的基础上，通过"收受分离"模式，打破事项办理的属地化管理限制，申请人可在政务服务大厅设置的"跨省通办"窗口提交申请材料，窗口收件后对申请材料进行形式审查、身份核验，通过邮件寄递至业务属地部门完成办理，业务属地部门寄递纸质结果或网络送达办理结果。同步建立异地收件、问题处理、监督管理、责任追溯机制，明确收件地和办理地的工作职责、业务流转程序等，确保收件、办理两地权责清晰、高效协同。支持各地进一步深化"异地受理、无差别办理"服务。

（三）优化"多地联办"

对需要申请人分别到不同地方现场办理的政务服务事项，减少申请人办理手续和跑动次数，改革原有业务规则，整合申请人多地办理流程，改由一地受理申请、各地政府部门内部协同，申请材料和档案材料通过全国一体化政务服务平台共享，实现申请人只需到一地即可完成办理。建立多地协同办理工作机制，明确办理流程和责任。

四 加强政务服务"跨省通办"服务支撑

（一）加强全国一体化政务服务平台"跨省通办"服务能力

在国家政务服务平台建设全国"跨省通办"专区，作为全国"跨省通办"服务总入口，建立个人和企业专属空间，精准推送"跨省通办"服务。充分发挥全国一体化政务服务平台公共入口、公共通道、公共支撑作用，完善统一身份认证、电子证照、电子印章等支撑能力，推动高频电子证照标准化和跨区域互认共享。国务院各部门要按照全国一体化政务服务平台统一标准和要求，建设完善"跨省通办"相关业务系统，与国家政务服务平台全面对接、深度融合，并通过全国一体化政务服务平台，加快推动本部门垂直业务系统与地方政务服务平台互联互通、协同办理，面向各级政府部门提供跨区域查询和在线核验服务。进一步加强市县政务服务平台建设，加快实现网上政务服务省、市、县、乡镇（街道）、村（社区）五级全覆盖，提升基层在线服务能力。加强全国一体化政务服务平台移动端建设和应用，推动"跨省通办"事项"掌上办""指尖办"。

（二）提升"跨省通办"数据共享支撑能力

建立权威高效的数据共享协调机制，明确数据共享供需对接、规范使用、争议处理、安全管理、监督考核、技术支撑等制度流程，满足"跨省通办"数据需求。除现行法律法规另有规定或涉及国家秘密和安全等外，一律面向各级政府部门提供履行职责需要的数据共享服务。依托全国一体化政务服务平台统一受理"跨省通办"数据共享需求并提供服务，加强数据共享运行监测，提升数据质量和协同效率，保障数据的及时性、准确性和安全性。结合推进政务服务"跨省通办"，将更多直接关系企业和群众办事、应用频次高的数据纳入共享范围，依法有序推进政务数据向公证处等公共服务机构共享。

（三）统一"跨省通办"业务规则和标准

各地区各部门要按照"应减尽减"的原则，优化调整"跨省通办"事项业务规则，明确申请条件、申报方式、受理模式、审核程序、办理时限、发证方式、收费标准等内容，统一办理流程和办事指南。提升政务服务事项标准化程度，基于国家政务服务平台政务服务事项基本目录，持续推进名称、编码、依据、类型等基本要素"四级四同"，完善业务分类、办理层级、前置环节等业务要素，推动事项办理规范化运行，实现同一事项在不同地域无差别受理、同标准办理。

（四）加强政务服务机构"跨省通办"能力建设

强化政务服务机构"跨省通办"管理和服务功能，优化政务服务资源配置，原则上县级以上政务服务大厅要设置"跨省通办"窗口、政务服务平台要按照全国一体化政务服务平台相关标准规范设置"跨省通办"专区，配备相应的设备和人员，有条件的地方可延伸到乡镇（街道）、村（社区）和园区。加强政务服务队伍建设，开展窗口人员"跨省通办"业务培训，提高"跨省通办"服务能力和水平。为"跨省通办"提供便利快捷的物流和支付渠道。依托全国一体化政务服务平台，推动政务服务大厅和政务服务平台对接融合，为企业和群众提供线上线下多样化办事渠道，满足不同群体的差异化需求。

五 保 障 措 施

（一）加强组织领导和统筹协调

国务院办公厅负责全国政务服务"跨省通办"的统筹协调，组织编制并发布全国高频政务服务"跨省通办"事项清单，建立工作台账，明确责任单位、时间表、路线图，协调解决有关重大问题。各地区各部门要高度重视，切实加强组织领导，层层压实责任，强化经费保障，在推进政务服务"跨省通办"的同时，加快实现相关高频政务服务事项"省内通办"，确保改革任务尽快落地见效。国务院各部门要按照职责分工，加大对主管行业领域政务服务"跨省通办"的政策、业务、系统、数据支持力度，加强部门间协同配合。

（二）加强法治保障和政策支持

聚焦政务服务"跨省通办"流程优化再造面临的政策制度障碍，及时清理和修改完善与政务服务"跨省通办"中"全程网办""异地代收代办""多地联办"等不相适应的有关法规规章和规范性文件，细化制定相关配套政策和规则标准。针对政务服务"跨省通办"后可能出现的新情况新问题，及时调整完善监管政策。数据共享要注重保护国家秘密、商业秘密和个人隐私，防止滥用或泄露。

（三）加强督促指导和服务评价

国务院办公厅加强对各地区各部门政务服务"跨省通办"工作的跟踪督促和业务指导，及时推动优化调整相关政策。对改革措施不到位、工作落实不到位、企业和群众反映问题仍然突出的，给予通报批评等处理。推进政务服务"跨省通办"的"好差评"工作，完善评价规则，加强评价结果运用，改进提升政务服务质量。

（四）加强宣传推广和解读引导

各地区各部门要统筹政务服务与政务公开，及时公开政务服务"跨省通办"工作进展及成效。中国政府网、各地区各部门政府网站及政务新媒体要做好有关政策汇聚、宣传解读、服务推广和精准推送。要通过全国一体化政务服务平台"好差评"系统、各级政府门户网站、"12345"热线等倾听收集企业和群众意见建议，及时解决突出问题。

各地区各部门要根据本意见抓紧制定具体工作方案，明确责任单位和进度安排，加强衔接配合，认真抓好落实。有关情况及时报送国务院办公厅。

附件

全国高频政务服务"跨省通办"事项清单

（共140项）

一 2020年底前实现"跨省通办"的事项（58项）

序号	"跨省通办"事项	应用场景	牵头单位	配合单位
1	学历公证	申请人可异地申请博士研究生、硕士研究生、大学本科、大学专科学历公证，不受户籍地或学校所在地限制。	司法部	教育部
2	学位公证	申请人可异地申请博士、硕士、学士学位公证，不受户籍地或学校所在地限制。	司法部	教育部
3	机动车驾驶证公证	申请人可异地申请机动车驾驶证公证，不受户籍地或驾驶证领取地限制。	司法部	公安部
4	应届毕业生法律职业资格认定（享受放宽条件政策的除外）	申请人可选择在居住地、户籍地或工作地申请授予法律职业资格，不受考试报名地限制。	司法部	
5	失业登记	申请人可在居住地、工作地、参保地或户籍地申请失业登记，不受地域限制。	人力资源社会保障部	
6	社会保险个人权益记录单查询打印（养老保险、工伤保险、失业保险等）	申请人可异地查询、打印本人名下各地、各年度社会保险个人权益记录单，不受地域限制。	人力资源社会保障部	
7	企业职工基本养老保险关系转移接续	申请人可向转入地申请，转入地与转出地协同办理企业职工基本养老保险关系转移接续，申请人不再需要到转出地办理（不符合转出条件的除外）。	人力资源社会保障部	
8	城乡居民基本养老保险关系转移接续	申请人可向转入地申请，转入地与转出地协同办理城乡居民基本养老保险关系转移接续，申请人不再需要到转出地办理（不符合转出条件的除外）。	人力资源社会保障部	
9	机关事业单位基本养老保险关系转移接续（含职业年金）	申请人可向转入地申请，转入地与转出地协同办理机关事业单位基本养老保险关系转移接续（含职业年金），申请人不再需要到转出地办理（不符合转出条件的除外）。	人力资源社会保障部	

续表

序号	"跨省通办"事项	应用场景	牵头单位	配合单位
10	机关事业单位基本养老保险与企业职工基本养老保险互转	申请人可向转入地申请,转入地与转出地协同办理机关事业单位基本养老保险与企业职工基本养老保险互转,申请人不再需要到转出地办理(不符合转出条件的除外)。	人力资源社会保障部	
11	企业职工基本养老保险与城乡居民基本养老保险互转	申请人可向转入地申请,转入地与转出地协同办理企业职工基本养老保险与城乡居民基本养老保险互转,申请人不再需要到转出地办理(不符合转出条件的除外)。	人力资源社会保障部	
12	退役军人养老保险关系转移接续	申请人可向转入地申请,转入地与军队经办机构协同办理退役军人养老保险关系转移接续。	人力资源社会保障部	
13	领取养老金人员待遇资格认证	领取养老金的申请人,可异地自助办理领取待遇资格认证,不受地域限制。	人力资源社会保障部	
14	养老保险供养亲属领取待遇资格认证	申请人属于养老保险供养亲属的,可异地自助办理领取待遇资格认证(生存认证),不受地域限制。	人力资源社会保障部	
15	电子社会保障卡申领	申请人可网上申领电子社会保障卡,不受发卡地限制。	人力资源社会保障部	
16	失业保险金申领	申请人可异地申领失业保险金,不受地域限制。	人力资源社会保障部	
17	就业创业证查询、核验	申请人可异地查询或核验本人就业创业证信息,不受地域限制。	人力资源社会保障部	
18	技工院校毕业证书查询、核验	申请人可异地查询或核验本人技工院校毕业证书信息,不受地域限制。	人力资源社会保障部	
19	技能人员职业资格证书查询、核验	申请人可异地查询或核验本人技能人员职业资格证书信息,不受地域限制。	人力资源社会保障部	
20	专业技术人员职业资格证书查询、核验	申请人可异地查询或核验本人专业技术人员职业资格证书信息,不受地域限制。	人力资源社会保障部	
21	商品房预售、抵押涉及的不动产预告登记(省会城市及计划单列市)	申请人可异地网上申请商品房预售、抵押涉及的不动产预告登记,不受商品房所在地限制。	自然资源部	公安部、民政部、国家卫生健康委、市场监管总局
22	不动产登记资料查询(省会城市及计划单列市)	申请人可异地网上查询不动产登记资料,不受不动产登记地限制。	自然资源部	最高人民法院、公安部、民政部、司法部、国家卫生健康委、市场监管总局

续表

序号	"跨省通办"事项	应用场景	牵头单位	配合单位
23	不动产抵押登记（省会城市及计划单列市）	申请人可异地网上申请不动产抵押登记，不受不动产登记地限制。	自然资源部	公安部、民政部、国家卫生健康委、市场监管总局
24	排污许可	申请人可异地网上提交申请材料，由排污企业所在地生态环境部门审核并发证。	生态环境部	
25	个人住房公积金缴存贷款等信息查询	申请人可异地查询个人住房公积金缴存贷款等信息，不受住房公积金缴存地限制。	住房城乡建设部	
26	出具贷款职工住房公积金缴存使用证明	申请人在非住房公积金缴存地贷款购房，可向购房地住房公积金管理中心申请出具贷款职工住房公积金缴存使用证明，不受住房公积金缴存地限制。	住房城乡建设部	
27	正常退休提取住房公积金	申请人正常退休，可异地提取住房公积金，不受住房公积金缴存地限制。	住房城乡建设部	公安部、人力资源社会保障部
28	小型非营运二手车交易登记	申请人异地交易小型非营运二手车，车辆转入地可为小型非营运二手车交易开具发票并办理转移登记手续。	商务部	公安部、税务总局
29	义诊活动备案	申请人可异地网上提交义诊活动备案申请，不受义诊组织所在地限制。	国家卫生健康委	
30	消毒产品卫生安全评价报告备案	申请人可异地网上申请消毒产品卫生安全评价报告备案，不受企业所在地限制。	国家卫生健康委	
31	内资企业及分支机构设立登记	申请人可异地网上申请内资企业及分支机构设立登记，不受企业住所地限制。	市场监管总局	
32	内资企业及分支机构变更登记	申请人可异地网上申请内资企业及分支机构变更登记，不受企业登记地限制。	市场监管总局	
33	内资企业及分支机构注销登记	申请人可异地网上申请内资企业及分支机构注销登记，不受企业登记地限制。	市场监管总局	
34	外资企业及分支机构设立登记	申请人可异地网上申请外资企业及分支机构设立登记，不受企业住所地限制。	市场监管总局	商务部
35	外资企业及分支机构变更登记	申请人可异地网上申请外资企业及分支机构变更登记，不受企业登记地限制。	市场监管总局	商务部
36	外资企业及分支机构注销登记	申请人可异地网上申请外资企业及分支机构注销登记，不受企业登记地限制。	市场监管总局	商务部
37	个体工商户设立登记	申请人可异地网上申请个体工商户设立登记，不受住所地限制。	市场监管总局	
38	个体工商户变更登记	申请人可异地网上申请个体工商户变更登记，不受登记地限制。	市场监管总局	
39	个体工商户注销登记	申请人可异地网上申请个体工商户注销登记，不受登记地限制。	市场监管总局	

续表

序号	"跨省通办"事项	应用场景	牵头单位	配合单位
40	农民专业合作社设立登记	申请人可异地网上申请农民专业合作社设立登记,不受住所地限制。	市场监管总局	
41	农民专业合作社变更登记	申请人可异地网上申请农民专业合作社变更登记,不受登记地限制。	市场监管总局	
42	农民专业合作社注销登记	申请人可异地网上申请农民专业合作社注销登记,不受登记地限制。	市场监管总局	
43	营业执照遗失补领、换发	申请人营业执照遗失的,可异地网上申请补领、换发,不受登记地限制。	市场监管总局	
44	特种设备检验、检测人员资格认定	申请人可异地申请特种设备检验、检测人员资格认定,不受地域限制。	市场监管总局	
45	国产保健食品备案	申请人可异地申请国产保健食品备案,不受企业所在地限制。	市场监管总局	
46	特种设备检验检测机构核准	申请人可异地向规定的许可机关申请特种设备检验检测机构核准,不受所在地限制。	市场监管总局	
47	特种设备生产单位许可	申请人可异地向规定的许可机关申请特种设备生产单位许可,不受所在地限制。	市场监管总局	
48	医保电子凭证申领	申请人可网上申领医保电子凭证,不受地域限制。	国家医保局	
49	航空安全员资格认定	申请人可异地申请办理航空安全员执照,不受提交申请地点限制。	中国民航局	
50	申请撤销提供邮政普遍服务的邮政营业场所	申请人可异地申请撤销提供邮政普遍服务的邮政营业场所,不受提交申请地点限制,不影响法定经营地域。	国家邮政局	
51	邮政企业申请停止办理或者限制办理邮政普遍服务和邮政特殊服务业务审批	申请人可异地申请停止办理或者限制办理邮政普遍服务业务、邮政特殊服务业务,不受提交申请地点限制,不影响法定经营地域。	国家邮政局	
52	快递业务经营许可	申请人可异地申请经营快递业务,不受提交申请地点限制,不影响法定经营地域。	国家邮政局	
53	国产药品再注册	申请人可异地向注册地省级药品监管部门申请办理国产药品再注册,不受所在地限制。	国家药监局	
54	不涉及技术内容的国产药品变更备案	申请人可异地向注册地省级药品监管部门申请不涉及技术内容的国产药品变更备案,不受所在地限制。	国家药监局	
55	执业药师注册	申请人可异地向注册地管理机构申请执业药师注册,不受所在地限制。	国家药监局	人力资源社会保障部

续表

序号	"跨省通办"事项	应用场景	牵头单位	配合单位
56	执业药师延续注册	申请人可异地向注册地管理机构申请执业药师延续注册,不受所在地限制。	国家药监局	人力资源社会保障部
57	执业药师变更注册	申请人可异地向注册地管理机构申请执业药师变更注册,不受所在地限制。	国家药监局	人力资源社会保障部
58	执业药师注销注册	申请人可异地向注册地管理机构申请执业药师注销注册,不受所在地限制。	国家药监局	人力资源社会保障部

二 2021年底前实现"跨省通办"的事项（74项）

序号	"跨省通办"事项	应用场景	牵头单位	配合单位
1	开具有无犯罪记录证明	申请人可异地申请开具有无犯罪记录证明,不受户籍地限制。	公安部	
2	开具户籍类证明	因家庭矛盾等原因无法取得居民户口簿的,申请人可异地申请开具户籍类证明,由户籍地公安部门开具相关证明,不受户籍地限制。	公安部	
3	工作调动户口迁移	申请人因工作调动需要迁移户口的,只需在迁入地申请,迁入地和迁出地公安部门协同办理户口迁移,申请人不再需要到转出地办理相关手续。	公安部	教育部、人力资源社会保障部
4	大中专院校录取学生户口迁移	申请人因大中专院校录取需要迁移户口的,只需在迁入地申请,迁入地和迁出地公安部门协同办理户口迁移,申请人不再需要到转出地办理相关手续。	公安部	教育部、人力资源社会保障部
5	大中专学生毕业户口迁移	申请人因大中专毕业后需要迁移户口的,只需在迁入地申请,迁入地和迁出地公安部门协同办理户口迁移,申请人不再需要到转出地办理相关手续。	公安部	教育部、人力资源社会保障部
6	夫妻投靠户口迁移	申请人因投靠配偶需要迁移户口的,只需在迁入地申请,迁入地和迁出地公安部门协同办理户口迁移,申请人不再需要到转出地办理相关手续。	公安部	民政部
7	父母投靠子女户口迁移	申请人因投靠子女需要迁移户口的,只需在迁入地申请,迁入地和迁出地公安部门协同办理户口迁移,申请人不再需要到转出地办理相关手续。	公安部	民政部

续表

序号	"跨省通办"事项	应用场景	牵头单位	配合单位
8	孤儿救助资格认定	申请人可异地申请孤儿救助资格认定,不受户籍地限制。	民政部	
9	事实无人抚养儿童认定	申请人可异地申请事实无人抚养儿童认定,不受户籍地限制。	民政部	
10	困难残疾人生活补贴和重度残疾人护理补贴资格认定	申请人可异地申请困难残疾人生活补贴和重度残疾人护理补贴资格认定,不受户籍地限制。	民政部	中国残联
11	法律职业资格认定(享受放宽条件政策的除外)	申请人可选择在居住地、户籍地或工作地申请授予法律职业资格,不受考试报名地限制。	司法部	
12	纳税状况公证	申请人可异地申请办理纳税状况公证,不受缴税地限制。	司法部	税务总局
13	职业年金个人权益记录单查询打印	申请人可异地查询、打印职业年金个人权益记录单,不受地域限制。	人力资源社会保障部	
14	个人社保参保证明查询打印	申请人可异地查询、打印个人社保参保证明信息,不受地域限制。	人力资源社会保障部	
15	单位社保参保证明查询打印	申请人可异地查询、打印单位社保参保证明信息,不受地域限制。	人力资源社会保障部	
16	失业保险关系转移接续	申请人可向转入地申请,转入地与转出地经办机构协同办理失业保险关系转移接续,申请人不再需要到转出地办理(不符合转出条件的除外)。	人力资源社会保障部	
17	领取一级至四级伤残职工工伤保险长期待遇资格认证	申请人可异地自助办理一级至四级伤残职工工伤保险长期待遇资格认证(生存认证),不受地域限制。	人力资源社会保障部	
18	领取因工死亡职工供养亲属待遇资格认证	申请人可异地自助办理因工死亡职工供养亲属待遇资格认证(生存认证),不受地域限制。	人力资源社会保障部	
19	工伤事故备案	申请人异地发生工伤事故后,可异地向参保地社保经办机构及时报告工伤事故情况,不受地域限制。	人力资源社会保障部	
20	工伤异地居住(就医)申请	申请人需要在异地就医的,可申请工伤异地居住(就医)备案,不再需要到参保地办理。	人力资源社会保障部	国家医保局
21	社会保障卡申领	申请人可异地申领社会保障卡,不受发卡地限制。	人力资源社会保障部	
22	社会保障卡启用	申请人可异地启用社会保障卡社会保障功能,不受发卡地限制。	人力资源社会保障部	

续表

序号	"跨省通办"事项	应用场景	牵头单位	配合单位
23	社会保障卡补领、换领、换发	申请人可异地申请社会保障卡补领、换领、换发，不受发卡地限制。	人力资源社会保障部	
24	社会保障卡临时挂失	申请人可异地办理社会保障卡临时挂失，不受发卡地限制。	人力资源社会保障部	
25	职业技能等级证书查询、核验	申请人可异地查询或核验本人职业技能等级证书信息，不受地域限制。	人力资源社会保障部	
26	流动人员人事档案接收、转递	申请人可向人事档案转入地申请，转入地与转出地协同办理流动人员人事档案接收、转递，申请人不再需要到转出地办理相关手续。	人力资源社会保障部	
27	商品房预售、抵押涉及的不动产预告登记	申请人可异地网上申请商品房预售、抵押涉及的不动产预告登记，不受商品房所在地限制。	自然资源部	公安部、民政部、国家卫生健康委、市场监管总局
28	不动产登记资料查询	申请人可异地网上查询不动产登记资料，不受不动产登记地限制。	自然资源部	最高人民法院、公安部、民政部、司法部、国家卫生健康委、市场监管总局
29	不动产抵押登记	申请人可异地网上申请不动产抵押登记，不受不动产登记地限制。	自然资源部	公安部、民政部、国家卫生健康委、市场监管总局
30	测绘作业证办理	申请人可异地申请办理测绘作业证，不受测绘作业地限制。	自然资源部	
31	新设探矿权登记	申请人可异地申请新设探矿权登记，不受地域限制。	自然资源部	
32	探矿权保留登记	申请人可异地申请探矿权保留登记，不受地域限制。	自然资源部	
33	探矿权延续登记	申请人可异地申请探矿权延续登记，不受地域限制。	自然资源部	
34	探矿权变更登记	申请人可异地申请探矿权变更登记，不受地域限制。	自然资源部	
35	探矿权注销登记	申请人可异地申请探矿权注销登记，不受地域限制。	自然资源部	
36	新设采矿权登记	申请人可异地申请新设采矿权登记，不受地域限制。	自然资源部	
37	采矿权变更登记	申请人可异地申请采矿权变更登记，不受地域限制。	自然资源部	
38	采矿权抵押备案	申请人可异地申请采矿权抵押备案，不受地域限制。	自然资源部	

续表

序号	"跨省通办"事项	应用场景	牵头单位	配合单位
39	采矿权延续登记	申请人可异地申请采矿权延续登记,不受地域限制。	自然资源部	
40	采矿权注销登记	申请人可异地申请采矿权注销登记,不受地域限制。	自然资源部	
41	测绘成果目录汇交	汇交人可网上汇交测绘成果目录,不受地域限制。	自然资源部	
42	建立相对独立平面坐标系统审批	申请人可异地申请建立相对独立平面坐标系统审批,不受地域限制。	自然资源部	
43	住房公积金单位登记开户	申请人可异地向注册地住房公积金管理中心申请住房公积金单位登记开户,不受地域限制。	住房城乡建设部	公安部、人力资源社会保障部、市场监管总局
44	住房公积金单位及个人缴存信息变更	申请人可异地向缴存地住房公积金管理中心申请变更单位及个人住房公积金缴存信息,不受地域限制。	住房城乡建设部	公安部、人力资源社会保障部、市场监管总局
45	购房提取住房公积金	申请人在非缴存地购房的,可向购房地住房公积金管理中心提出申请,从缴存地住房公积金管理中心提取住房公积金。	住房城乡建设部	公安部、民政部、人力资源社会保障部、自然资源部、税务总局、中国人民银行
46	开具住房公积金个人住房贷款全部还清证明	申请人可异地向贷款地住房公积金管理中心申请开具住房公积金个人住房贷款全部还清证明,不受地域限制。	住房城乡建设部	
47	提前还清住房公积金贷款	申请人可异地向贷款地住房公积金管理中心申请提前还清住房公积金贷款,不受地域限制。	住房城乡建设部	
48	道路客运驾驶员从业资格证换证	申请人可异地申请道路客运驾驶员从业资格证换证,不受地域限制。	交通运输部	
49	生育登记(一孩/二孩)	申请人可异地网上申请生育登记(一孩/二孩),不受户籍地限制。	国家卫生健康委	
50	再生育审批(三孩及以上)	申请人可异地网上申请再生育审批(三孩及以上),不受户籍地限制(西藏的完成时间可适当延后)。	国家卫生健康委	
51	医疗广告审查	申请人可异地网上申请发布医疗广告,不受企业所在地限制。	国家卫生健康委	
52	工业产品生产许可证发证	申请人可异地申请工业产品生产许可证,不受企业所在地限制。	市场监管总局	
53	工业产品生产许可证注销	申请人可异地申请工业产品生产许可证注销,不受企业所在地限制。	市场监管总局	

续表

序号	"跨省通办"事项	应用场景	牵头单位	配合单位
54	保健食品广告审查	申请人可异地网上申请保健食品广告审查，不受申请人所在地限制。	市场监管总局	
55	特殊医学用途配方食品广告审查	申请人可异地网上申请特殊医学用途配方食品广告审查，不受申请人所在地限制。	市场监管总局	
56	计量器具型式批准（国产计量器具）	申请人可异地申请计量器具型式批准（国产计量器具），不受企业所在地限制。	市场监管总局	
57	医疗器械广告审查	申请人可异地网上申请医疗器械广告审查，不受申请人所在地限制。	市场监管总局	
58	基本医疗保险参保信息变更	申请人可异地申请变更基本医疗保险参保信息，不受参保地限制。	国家医保局	公安部、民政部、人力资源社会保障部、税务总局
59	城乡居民基本医疗保险参保登记	申请人可异地申请城乡居民基本医疗保险参保登记，不受参保地限制。	国家医保局	公安部、民政部、人力资源社会保障部、税务总局
60	基本医疗保险关系转移接续	申请人可在转入地申请，转入地与转出地经办机构协同办理基本医疗保险关系转移接续，申请人不再需要到转出地办理相关手续。	国家医保局	公安部、人力资源社会保障部、税务总局
61	异地就医结算备案	申请人可跨省申请异地就医结算备案，不受参保地限制。	国家医保局	公安部
62	门诊费用跨省直接结算	申请人在异地门诊就医时可凭社会保障卡、身份证或医保电子凭证直接结算医疗费用。	国家医保局	
63	医保定点医疗机构基础信息变更	申请人可异地申请医保定点医疗机构基础信息变更，不受医保定点医疗机构所在地限制。	国家医保局	国家卫生健康委、国家药监局
64	非《进出口野生动植物种商品目录》物种证明核发	申请人可异地申请非《进出口野生动植物种商品目录》物种证明核发，不受地域限制。	国家林草局	海关总署
65	经营邮政通信业务审批	申请人可异地申请办理经营邮政通信业务审批，不受提交申请地点限制，不影响法定经营地域。	国家邮政局	
66	仿印邮票图案及其制品审批	申请人因工作需要，可异地申请办理仿印邮票图案及其制品审批，不受提交申请地点限制。	国家邮政局	
67	申请停止使用邮资凭证审批	申请人可异地申请办理停止使用邮资凭证审批，不受提交申请地点限制。	国家邮政局	

续表

序号	"跨省通办"事项	应用场景	牵头单位	配合单位
68	残疾人证新办	申请人可异地申请新办残疾人证,不受户籍地限制。	中国残联	公安部、国家卫生健康委
69	残疾人证换领	申请人可异地申请换领残疾人证,不受户籍地限制。	中国残联	公安部
70	残疾人证迁移	申请人可异地申请迁移残疾人证,不受户籍地限制。	中国残联	公安部
71	残疾人证挂失补办	申请人可异地申请挂失补办残疾人证,不受户籍地限制。	中国残联	公安部
72	残疾人证注销	申请人可异地申请注销残疾人证,不受户籍地限制。	中国残联	公安部
73	残疾类别/等级变更	申请人可异地申请变更残疾类别/等级,不受户籍地限制。	中国残联	公安部、国家卫生健康委
74	全国残疾人按比例就业情况联网认证	申请人可异地申请"安排残疾人就业比例"认证,不受地域限制。	中国残联	人力资源社会保障部、税务总局、国家医保局

三 2021年以后实现"跨省通办"的事项（8项）

序号	"跨省通办"事项	应用场景	牵头单位	完成时限
1	新生儿入户	申请人可异地向新生儿（其父母为境内人士,父母同民族,婚内、境内生育小孩,父母非集体户,且随父亲或母亲报出生）出生地公安部门申请办理新生儿入户,不受父母户籍地限制。	公安部	2021年在京津冀、长三角等地区开展"跨省通办"试点,在总结试点经验基础上逐步推开
2	首次申领居民身份证（监护人代办的除外）	申请人可异地首次申领居民身份证,由所在地公安部门线下取指纹和拍照,不受户籍地限制。	公安部	2021年在京津冀、长三角等地区开展"跨省通办"试点,在总结试点经验基础上逐步推开
3	结婚登记	申请人可在所在地婚姻登记机关办理结婚登记,不受户籍地限制。	民政部	2020年至2022年10月进行"省内通办"试点,2022年10月至2024年底进行"跨省通办"试点,力争2025年底前在县级以上婚姻登记机关全面实行全国"跨省通办"

续表

序号	"跨省通办"事项	应用场景	牵头单位	完成时限
4	离婚登记	申请人可在所在地婚姻登记机关办理离婚登记，不受户籍地限制。	民政部	在开展结婚登记"跨省通办"试点基础上，条件成熟时实施离婚登记"跨省通办"试点
5	灵活就业人员申请企业职工基本养老保险参保登记	申请人可异地申请企业职工基本养老保险参保登记，不受地域限制。	人力资源社会保障部	2022年6月底前
6	社会保险参保缴费记录查询	申请人可异地查询本人在各地的每月社会保险参保缴费记录，不受地域限制。	人力资源社会保障部	2022年6月底前
7	工伤职工异地就医结算	申请人可持社会保障卡直接结算工伤医疗费、辅助器具配置费、工伤康复费。	人力资源社会保障部（配合单位：国家医保局）	2022年底前
8	生育保险待遇核定与支付	申请人可异地申请报销生育医疗费用，申领生育津贴，不受参保地限制。	国家医保局	2022年底前

注：1. 根据企业、群众需求和业务工作实际，可通过"全程网办""异地代收代办""多地联办"等一种方式或多种方式组合，实现政务服务事项"跨省通办"。

2. 对2021年以后实现"跨省通办"的事项，请相关部门于每年12月底前将工作进展情况报送国务院办公厅。

国务院办公厅
关于进一步优化地方政务服务便民热线的指导意见

国办发〔2020〕53号

各省、自治区、直辖市人民政府，国务院各部委、各直属机构：

　　政务服务便民热线直接面向企业和群众，是反映问题建议、推动解决政务服务问题的重要渠道。优化政务服务便民热线，对于有效利用政务资源、提高服务效率、加强监督考核、提升企业和群众满意度具有重要作用。近年来，一些地区率先探索，对本地的政务服务便民热线进行归并，依托一个号码开展服务，在为企为民排忧解难上发挥了积极作用。同时，地方政务服务便民热线号码仍过多、记不住，热线服务资源分散，电话难接通、群众办事多头找等现象还较为普遍。为进一步优化地方政务服务便民热线，提高政府为企便民服务水平，经国务院同意，现提出以下意见。

一　总体要求

（一）指导思想

以习近平新时代中国特色社会主义思想为指导，深入贯彻落实党的十九大和十九届二中、三中、四中、五中全会精神，坚持以人民为中心，加快转变政府职能，深化"放管服"改革，持续优化营商环境，以一个号码服务企业和群众为目标，推动地方政务服务便民热线归并优化，进一步畅通政府与企业和群众互动渠道，提高政务服务水平，建设人民满意的服务型政府，推进国家治理体系和治理能力现代化，不断增强人民群众的获得感、幸福感、安全感。

（二）工作目标

加快推进除110、119、120、122等紧急热线外的政务服务便民热线归并，2021年底前，各地区设立的政务服务便民热线以及国务院有关部门设立并在地方接听的政务服务便民热线实现一个号码服务，各地区归并后的热线统一为"12345政务服务便民热线"（以下简称12345热线），语音呼叫号码为"12345"，提供"7×24小时"全天候人工服务。同时，优化流程和资源配置，实现热线受理与后台办理服务紧密衔接，确保企业和群众反映的问题和合理诉求及时得到处置和办理，使政务服务便民热线接得更快、分得更准、办得更实，打造便捷、高效、规范、智慧的政务服务"总客服"。

（三）基本原则

坚持属地管理和部门指导相统筹。充分发挥各地区在热线归并和管理服务工作中的主导作用，压实地方特别是市县责任，加强部门政策支持和配合衔接，一个号码、各地归并。

坚持诉求受理和业务办理相衔接。明确12345热线与业务部门的职责，加强工作衔接，12345热线负责受理企业和群众诉求、回答一般性咨询，不代替部门职能，部门按职责分工办理相关业务、实施监管执法和应急处置等，涉及行政执法案件和投诉举报的，12345热线第一时间转至相关部门办理，形成高效协同机制。

坚持便民高效和专业支撑相结合。以切实便利企业和群众为出发点和落脚点，拓展受理渠道，完善知识库共享、专家支持、分中心联动等机制，提高热线接通率和专业化服务水平。

坚持互联互通和协同发展相促进。强化12345热线平台与部门业务系统互联互通和信息共享，推动12345热线与各类线上线下政务服务平台、政府网站联动融合。相关部门要加强对普遍性诉求的研究分析，解决共性问题。

二 加快各地政务服务便民热线归并

（一）归并方式

1. 整体并入

企业和群众拨打频率较低的政务服务便民热线，取消号码，将话务座席统一归并到各地区12345热线。

2. 双号并行

话务量大、社会知晓度高的政务服务便民热线，保留号码，将话务座席并入12345热线统一管理。对于不具备归并条件的热线，可以保留话务座席，与12345热线建立电话转接机制，按照12345热线标准统一提供服务，具体由各地区根据实际情况决定。热线号码在一些地区已经取消的，原则上不再恢复。

3. 设分中心

实行垂直管理的国务院部门在各地区设立的政务服务便民热线，以分中心形式归并到所在地12345热线，保留号码和话务座席，与12345热线建立电话转接机制，提供"7×24小时"全天候人工服务。同时，纳入所在地热线考核督办工作体系和跨部门协调机制，共建共享知识库，相关数据实时向12345热线平台归集。12345热线可按知识库解答一般性咨询，相对专业的问题和需由部门办理的事项通过三方转接、派发工单等方式，转至分中心办理。支持各地区对设分中心的热线进行整体并入、双号并行等实质性归并探索。

（二）归并要求

1. 分级分类推进热线归并

各地区设立的政务服务便民热线，要全部取消号码，整体并入12345热线。国务院有关部门设立并在地方接听的政务服务便民热线，按照以上三种方式归并到各地区12345热线。

2. 确保热线归并平稳过渡

各地区要统筹各类政务服务便民热线的人员座席、设施设备、工作流程、业务指标、知识库、服务能力等情况，分类制定实施方案，切实做好话务人员衔接安排，以及场地、系统、经费等各项保障，设置过渡期电话语音提示，有序做好12345热线平台与部门业务系统的衔接，保障热线服务水平不降低、业务有序办理。国务院有关部门要支持本行业领域内的热线纳入12345热线，指导做好专业知识库开放共享、系统对接、数据归集、驻场培训、专家座席设置以及相关业务依职责办理等工作。

三 优化12345热线运行机制

（一）建立健全热线工作管理体系

各地区要建立健全政务服务便民热线工作统筹协调机制，负责本地区12345热线工作统筹规划、重大事项决策以及重点难点问题协调解决。明确12345热线管理机构，负责本级热线平台的规划建设和运行管理，建立和完善各项制度和工作流程，指导和监督本地区政务服务便民热线工作。对设置专家座席的，各级部门要建立本行业专家选派和管理长效机制。逐步建立 12345 热线与 110、119、120、122 等紧急热线和水电气热等公共事业服务热线的联动机制。支持京津冀、长三角、成渝等地区建立区域内 12345 热线联动机制。

（二）明确热线受理范围

受理企业和群众各类非紧急诉求，包括经济调节、市场监管、社会管理、公共服务、生态环境保护等领域的咨询、求助、投诉、举报和意见建议等。不受理须通过诉讼、仲裁、纪检监察、行政复议、政府信息公开等程序解决的事项和已进入信访渠道的事项，以及涉及国家秘密、商业秘密、个人隐私和违反社会公序良俗的事项。

（三）优化热线工作流程

各地区 12345 热线要依法依规完善包括受理、派单、办理、答复、督办、办结、回访、评价等环节的工作流程，实现企业和群众诉求办理的闭环运行。建立诉求分级分类办理机制，明确规范受理、即时转办、限时办理、满意度测评等要求，完善事项按职能职责、管辖权限分办和多部门协办的规则，优化办理进度自助查询、退单争议审核、无理重复诉求处置、延期申请和事项办结等关键步骤处理规则。健全对企业和群众诉求高效办理的接诉即办工作机制。

（四）建立热线信息共享机制

各地区要建立统一的 12345 热线信息共享规则，加快推进各级 12345 热线平台与部门业务系统互联互通和信息共享，向同级有关部门实时推送受理信息、工单记录、回访评价等所需的全量数据，加强研判分析，为部门履行职责、事中事后监管、解决普遍性诉求、科学决策提供数据支撑。国务院有关部门要加强业务指导，推动地方部门的业务系统查询权限、专业知识库等向 12345 热线平台开放。

（五）强化信息安全保障

各地区要建立 12345 热线信息安全保障机制，落实信息安全责任，依法依规严格保护国家秘密、商业秘密和个人隐私，按照"谁管理、谁使用、谁负责"的原则，加强业务系统访问查询、共享信息使用的全过程安全管理。

（六）建立热线工作督办问责机制

各地区要建立健全 12345 热线督办、考核和问责机制。加强对诉求办理单位的问题解决率、企业和群众满意率等指标的综合评价，完善绩效考核，不断提升热线归并后的服务质量和办理效率。12345 热线管理机构要运用督办单、专题协调、约谈提醒等多种方式，压实诉求办理单位责任，督促履职尽责。行政调解类、执法办案类事项应依法依规处置，不片面追求满意率。各地区要对企业和群众诉求办理质量差、推诿扯皮或谎报瞒报、不当退单等情形，按照有关规定进行问责和通报。

四 加强12345热线能力建设

（一）拓展受理渠道

各地区要做好热线接通能力保障建设，提供与需求相适应的人工服务，同时拓展互联网渠道，丰富受理方式，满足企业和群众个性化、多样化需求。加强自助下单、智能文本客服、智能语音等智能化应用，方便企业和群众反映诉求建议。

（二）加强热线知识库建设和应用

各地区要建立和维护"权威准确、标准统一、实时更新、共建共享"的12345热线知识库，完善多方校核、查漏纠错等制度。建立各部门向同级12345热线平台推送最新政策和热点问题答复口径、及时更新专业知识库的责任机制。加强与政务服务平台、政府网站知识库互联共享和同步更新，推动热线知识库向基层工作人员和社会开放，拓展自助查询服务。

（三）加强热线队伍建设

各地区要加强对一线人员的业务培训，提升热线服务质量和水平。各级部门要加大对热线工作的支撑力度，明确部门内部热线办理工作职责和人员，做好热线归并后的工作衔接和业务延续。

五 保障措施

（一）加强组织领导

国务院办公厅负责全国政务服务便民热线工作的统筹协调，指导督促各地区优化政务服务便民热线工作，制定发布地方12345热线归并清单，及时研究解决热线建设发展中的重大问题。各地区各部门要切实加强组织领导，各级政府办公厅（室）牵头负责本地区的政务服务便民热线优化工作，对照地方12345热线归并清单细化工作步骤，确保按期完成热线归并任务。

（二）加强制度保障

加快建立健全政务服务便民热线国家标准体系。各地区各部门要根据实际情况制定和完善相关管理规范，建立经费保障机制，为政务服务便民热线的规范运行提供制度保障。原则上各地区各部门不得再新设政务服务便民热线（包括新设号码和变更原有号码名称、用途）。

（三）加强社会参与

健全12345热线社会监督机制，推动开展12345热线服务效能"好差评"工作。各地区各部门要广泛宣传12345热线的功能作用，及时总结推广好经验好做法，更大程度方便企业和群众记忆和使用。

各地区要根据本意见抓紧制定具体工作方案，明确责任单位和进度安排，加强衔接配合，认真抓好落实。

附件：地方12345热线归并清单

国务院办公厅

2020年12月28日

（此件公开发布）

附件

地方12345热线归并清单

（共32条）

一 整体并入

序号	名称	号码	责任单位	备注
1	全国统一科技公益服务电话	12396	科技部	
2	全国电信用户申诉渠道咨询电话	12300	工业和信息化部	
3	全国统一民政服务电话	12349	民政部	
4	全国统一自然资源违法举报电话	12336	自然资源部	
5	全国统一商务领域举报投诉咨询服务电话	12312	商务部	
6	全国统一旅游资讯服务电话	12301	文化和旅游部	
7	人口和计划生育法律法规咨询及举报投诉服务专用电话	12356	国家卫生健康委	
8	火灾隐患举报投诉电话	96119	应急部	
9	全国统一知识产权维权援助公益服务电话	12330	市场监管总局	
10	全国统一食品药品监督举报服务电话	12331	市场监管总局	
11	全国价格投诉举报统一电话	12358	市场监管总局	
12	全国质量技术监督系统和出入境检验检疫统一电话	12365	市场监管总局	
13	全国防震减灾公益服务电话	12322	中国地震局	

二 双号并行

序号	名称	号码	责任单位	备注
1	全国公共法律服务专用电话	12348	司法部	设专家座席
2	全国人力资源和社会保障服务电话	12333	人力资源社会保障部	设专家座席
3	环境保护投诉举报电话	12369	生态环境部	
4	全国住房和城乡建设服务电话	12319	住房城乡建设部	
5	全国统一住房公积金热线服务电话	12329	住房城乡建设部	设专家座席
6	全国交通运输服务监督电话	12328	交通运输部	
7	全国农业系统公益服务电话	12316	农业农村部	设专家座席
8	全国文化市场举报电话	12318	文化和旅游部	
9	全国统一公共卫生公益服务电话	12320	国家卫生健康委	设专家座席
10	全国统一安全生产举报投诉电话	12350	应急部	
11	12315市场监管投诉举报热线	12315	市场监管总局	
12	医疗保障服务热线	12393	国家医保局	
13	全国扶贫监督举报平台电话	12317	国家乡村振兴局	
14	全国残疾人维权服务电话	12385	中国残联	

三 设分中心

序号	名称	号码	责任单位	备注
1	全国统一海关公益服务电话	12360	海关总署	
2	全国税务系统统一电话	12366	税务总局	
3	全国烟草专卖品市场监管举报电话	12313	国家烟草局	
4	国家移民管理局12367咨询服务热线	12367	国家移民局	
5	全国邮政业用户申诉电话	12305	国家邮政局	

国务院办公厅
关于印发《政府信息公开信息处理费管理办法》的通知※

国办函〔2020〕109号

各省、自治区、直辖市人民政府，国务院各部委、各直属机构：

现将《政府信息公开信息处理费管理办法》印发给你们，请认真贯彻执行。

国务院办公厅

2020年11月17日

政府信息公开信息处理费管理办法

第一条　为了进一步规范政府信息公开法律关系，维护政府信息公开工作秩序，更好保障公众知情权，根据《中华人民共和国政府信息公开条例》有关规定，制定本办法。

第二条　本办法所称信息处理费，是指为了有效调节政府信息公开申请行为、引导申请人合理行使权利，向申请公开政府信息超出一定数量或者频次范围的申请人收取的费用。

第三条　信息处理费可以按件计收，也可以按量计收，均按照超额累进方式计算收费金额。行政机关对每件申请可以根据实际情况选择适用其中一种标准，但不得同时按照两种标准重复计算。

第四条　按件计收适用于所有政府信息公开申请处理决定类型。申请人的一份政府信息公开申请包含多项内容的，行政机关可以按照"一事一申请"原则，以合理的最小单位拆分计算件数。

按件计收执行下列收费标准：

（一）同一申请人一个自然月内累计申请10件以下（含10件）的，不收费。

（二）同一申请人一个自然月内累计申请11—30件（含30件）的部分：100元/件。

（三）同一申请人一个自然月内累计申请31件以上的部分：以10件为一档，每增加一档，收费标准提高100元/件。

第五条　按量计收适用于申请人要求以提供纸质件、发送电子邮件、复制电子数据等方式获取政府信息的情形。相关政府信息已经主动对外公开，行政机关依据《中华人民共和国政府信息公开条例》第三十六条第（一）项、第（二）项的规定告知申请人获

※ 来源：中国政府网 http://www.gov.cn/zhengce/content/2020-12/01/content_5566168.htm。

取方式、途径等的，不适用按量计收。按量计收以单件政府信息公开申请为单位分别计算页数（A4 及以下幅面纸张的单面为 1 页），对同一申请人提交的多件政府信息公开申请不累加计算页数。

按量计收执行下列收费标准：

（一）30 页以下（含 30 页）的，不收费。

（二）31~100 页（含 100 页）的部分：10 元/页。

（三）101~200 页（含 200 页）的部分：20 元/页。

（四）201 页以上的部分：40 元/页。

第六条 行政机关依法决定收取信息处理费的，应当在政府信息公开申请处理期限内，按照申请人获取信息的途径向申请人发出收费通知，说明收费的依据、标准、数额、缴纳方式等。申请人应当在收到收费通知次日起 20 个工作日内缴纳费用，逾期未缴纳的视为放弃申请，行政机关不再处理该政府信息公开申请。

政府信息公开申请处理期限从申请人完成缴费次日起重新计算。

第七条 申请人对收取信息处理费的决定有异议的，不能单独就该决定申请行政复议或者提起行政诉讼，可以在缴费期满后，就行政机关不再处理其政府信息公开申请的行为，依据《中华人民共和国政府信息公开条例》第五十一条的规定，向上一级行政机关或者政府信息公开工作主管部门投诉、举报，或者依法申请行政复议、提起行政诉讼。法律、行政法规另有规定的，从其规定。

第八条 行政机关收取的信息处理费属于行政事业性收费，按照政府非税收入和国库集中收缴管理有关规定纳入一般公共预算管理，及时足额缴入同级国库。具体收缴方式按照同级政府财政部门有关规定执行。

第九条 行政机关收取信息处理费，应当按照财务隶属关系分别使用财政部或者省、自治区、直辖市财政部门统一监（印）制的财政票据。

第十条 价格、财政、审计部门依据各自职责，加强对信息处理费收取行为的监管。

第十一条 政府信息公开工作主管部门应当加强监督指导，及时处理申请人提出的投诉、举报，严肃纠正违法或者不当行为。信息处理费收取情况，要按照全国政府信息公开工作主管部门规定的格式统计汇总，并纳入政府信息公开工作年度报告，接受社会监督。

第十二条 本办法由全国政府信息公开工作主管部门、国务院价格主管部门、国务院财政部门依据各自职责负责解释。

第十三条 本办法自 2021 年 1 月 1 日起施行。

·中央网络安全和信息化领导小组办公室·

网络安全审查办法 ※

第 6 号

国家互联网信息办公室、国家发展和改革委员会、工业和信息化部、公安部、国家安全部、财政部、商务部、中国人民银行、国家市场监督管理总局、国家广播电视总局、国家保密局、国家密码管理局联合制定了《网络安全审查办法》，现予公布。

国家互联网信息办公室主任　庄荣文
国家发展和改革委员会主任　何立峰
工业和信息化部部长　苗　圩
公安部部长　赵克志
国家安全部部长　陈文清
财政部部长　刘　昆
商务部部长　钟　山
中国人民银行行长　易　纲
国家市场监督管理总局局长　肖亚庆
国家广播电视总局局长　聂辰席
国家保密局局长　田　静
国家密码管理局局长　李兆宗

2020 年 4 月 13 日

网络安全审查办法

第一条　为了确保关键信息基础设施供应链安全，维护国家安全，依据《中华人民共和国国家安全法》《中华人民共和国网络安全法》，制定本办法。

第二条　关键信息基础设施运营者（以下简称运营者）采购网络产品和服务，影响或可能影响国家安全的，应当按照本办法进行网络安全审查。

第三条　网络安全审查坚持防范网络安全风险与促进先进技术应用相结合、过程公正透明与知识产权保护相结合、事前审查与持续监管相结合、企业承诺与社会监督相结合，从产品和服务安全性、可能带来的国家安全风险等方面进行审查。

第四条　在中央网络安全和信息化委员会领导下，国家互联网信息办公室会同中华

※　来源：中央网络安全和信息化领导小组办公室 http://www.gov.cn/zhengce/zhengceku/2020-04/27/content_5506771.htm.

人民共和国国家发展和改革委员会、中华人民共和国工业和信息化部、中华人民共和国公安部、中华人民共和国国家安全部、中华人民共和国财政部、中华人民共和国商务部、中国人民银行、国家市场监督管理总局、国家广播电视总局、国家保密局、国家密码管理局建立国家网络安全审查工作机制。

网络安全审查办公室设在国家互联网信息办公室，负责制定网络安全审查相关制度规范，组织网络安全审查。

第五条 运营者采购网络产品和服务的，应当预判该产品和服务投入使用后可能带来的国家安全风险。影响或者可能影响国家安全的，应当向网络安全审查办公室申报网络安全审查。

关键信息基础设施保护工作部门可以制定本行业、本领域预判指南。

第六条 对于申报网络安全审查的采购活动，运营者应通过采购文件、协议等要求产品和服务提供者配合网络安全审查，包括承诺不利用提供产品和服务的便利条件非法获取用户数据、非法控制和操纵用户设备，无正当理由不中断产品供应或必要的技术支持服务等。

第七条 运营者申报网络安全审查，应当提交以下材料：

（一）申报书；

（二）关于影响或可能影响国家安全的分析报告；

（三）采购文件、协议、拟签订的合同等；

（四）网络安全审查工作需要的其他材料。

第八条 网络安全审查办公室应当自收到审查申报材料起，10个工作日内确定是否需要审查并书面通知运营者。

第九条 网络安全审查重点评估采购网络产品和服务可能带来的国家安全风险，主要考虑以下因素：

（一）产品和服务使用后带来的关键信息基础设施被非法控制、遭受干扰或破坏，以及重要数据被窃取、泄露、毁损的风险；

（二）产品和服务供应中断对关键信息基础设施业务连续性的危害；

（三）产品和服务的安全性、开放性、透明性、来源的多样性，供应渠道的可靠性以及因为政治、外交、贸易等因素导致供应中断的风险；

（四）产品和服务提供者遵守中国法律、行政法规、部门规章情况；

（五）其他可能危害关键信息基础设施安全和国家安全的因素。

第十条 网络安全审查办公室认为需要开展网络安全审查的，应当自向运营者发出书面通知之日起30个工作日内完成初步审查，包括形成审查结论建议和将审查结论建议发送网络安全审查工作机制成员单位、相关关键信息基础设施保护工作部门征求意见；情况复杂的，可以延长15个工作日。

第十一条 网络安全审查工作机制成员单位和相关关键信息基础设施保护工作部门应当自收到审查结论建议之日起15个工作日内书面回复意见。

网络安全审查工作机制成员单位、相关关键信息基础设施保护工作部门意见一致的，网络安全审查办公室以书面形式将审查结论通知运营者；意见不一致的，按照特别审查程序处理，并通知运营者。

第十二条 按照特别审查程序处理的，网络安全审查办公室应当听取相关部门和单位意见，进行深入分析评估，再次形成审查结论建议，并征求网络安全审查工作机制成员单位和相关关键信息基础设施保护工作部门意见，按程序报中央网络安全和信息化委员会批准后，形成审查结论并书面通知运营者。

第十三条 特别审查程序一般应当在 45 个工作日内完成，情况复杂的可以适当延长。

第十四条 网络安全审查办公室要求提供补充材料的，运营者、产品和服务提供者应当予以配合。提交补充材料的时间不计入审查时间。

第十五条 网络安全审查工作机制成员单位认为影响或可能影响国家安全的网络产品和服务，由网络安全审查办公室按程序报中央网络安全和信息化委员会批准后，依照本办法的规定进行审查。

第十六条 参与网络安全审查的相关机构和人员应严格保护企业商业秘密和知识产权，对运营者、产品和服务提供者提交的未公开材料，以及审查工作中获悉的其他未公开信息承担保密义务；未经信息提供方同意，不得向无关方披露或用于审查以外的目的。

第十七条 运营者或网络产品和服务提供者认为审查人员有失客观公正，或未能对审查工作中获悉的信息承担保密义务的，可以向网络安全审查办公室或者有关部门举报。

第十八条 运营者应当督促产品和服务提供者履行网络安全审查中作出的承诺。

网络安全审查办公室通过接受举报等形式加强事前事中事后监督。

第十九条 运营者违反本办法规定的，依照《中华人民共和国网络安全法》第六十五条的规定处理。

第二十条 本办法中关键信息基础设施运营者是指经关键信息基础设施保护工作部门认定的运营者。

本办法所称网络产品和服务主要指核心网络设备、高性能计算机和服务器、大容量存储设备、大型数据库和应用软件、网络安全设备、云计算服务，以及其他对关键信息基础设施安全有重要影响的网络产品和服务。

第二十一条 涉及国家秘密信息的，依照国家有关保密规定执行。

第二十二条 本办法自 2020 年 6 月 1 日起实施，《网络产品和服务安全审查办法（试行）》同时废止。

·其他部门·

关于印发《国家电子政务标准体系建设指南》的通知[※]

市监标技〔2020〕63号

各省、自治区、直辖市及新疆生产建设兵团市场监管局（厅、委）、机要局、政府办公厅、网信办、发展改革委、工业和信息化主管部门，有关标准化技术委员会：

为加强电子政务领域标准化顶层设计，推动电子政务标准体系建设，支撑电子政务实施应用，现将《国家电子政务标准体系建设指南》印发给你们，请认真贯彻执行。

市场监管总局办公厅
中共中央办公厅机要局
国务院办公厅电子政务办公室
中央网信办秘书局
国家发展改革委办公厅
工业和信息化部办公厅
2020年6月11日

国家电子政务标准体系建设指南

电子政务是深化"放管服"改革和建设服务型政府的战略举措，也是政府部门提升管理能力的重要手段。标准化是电子政务落实和推广的基础和前提，是整个电子政务发展的重要组成部分。为落实党中央、国务院关于发展电子政务的决策部署，全面推进电子政务工作，进一步落实《"十三五"信息化标准工作指南》等文件部署，制定《国家电子政务标准体系建设指南》。

一　总体要求

（一）指导思想

全面贯彻党的十九大和十九届二中、三中、四中全会精神，认真落实党中央、国务院关于全面推进电子政务的决策部署，推动电子政务标准化发展，优化电子政务标准体

※ 来源：国家互联网信息办公室 http://www.cac.gov.cn/2020-06/20/c_1594216799185647.htm.

系、完善电子政务标准，突破关键技术标准，强化标准实施与监督，增强电子政务标准化服务能力，为推进国家电子政务健康协调可持续发展、走有中国特色电子政务发展道路，推进国家治理体系和治理能力现代化，提供有力支撑。

（二）建设目标

按照"急用先行，循序渐进"的原则，研制一批支撑政务信息资源开放共享、公共信息资源开发利用、业务协同、政务服务一体化、安全保障所需的基础性、关键性、共性标准，标准的有效性、先进性和适用性显著增强，并带动行业应用标准的研制。

2020年，调研现有电子政务标准使用情况，完成对现有电子政务标准的复审，搭建国家电子政务标准体系；

到2021年，依据行业实际需要，制修订政务信息资源、电子文件、政务服务平台等电子政务基础共性标准和关键应用标准，基本满足电子政务标准化需求，补充完善国家电子政务标准体系；

到2022年，全面覆盖电子政务基础共性标准、关键应用标准、安全保障标准，建立较为先进的国家电子政务标准体系，有效指导电子政务建设，建设电子政务标准应用服务平台，提升标准服务能力，提高标准应用水平。

二 标准体系

（一）标准体系结构图

电子政务标准体系框架由总体标准、基础设施标准、数据标准、业务标准、服务标准、管理标准、安全标准7部分组成，如图1所示。

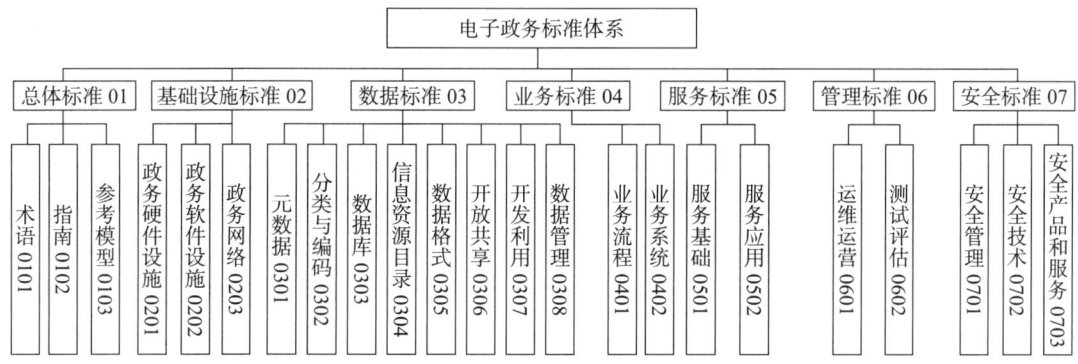

图1 国家电子政务标准体系

（二）标准分类说明

1. 总体标准

总体标准主要包括电子政务总体性、框架性、基础性的标准规范，如术语、标准化指南、参考模型等。其中，术语标准用于统一电子政务相关概念，为其他电子政务标准的制定提供支撑；标准化指南规定电子政务总体要求，指导电子政务建设；参考模型标准用于指导电子政务技术应用、政务信息系统设计等。

2. 基础设施标准

基础设施标准包括政务硬件设施标准、政务软件设施标准和政务网络标准。其中，政务硬件设施标准与政务软件设施标准聚焦于电子政务公共基础设施的集约化，对政务信息系统的基本要求、功能要求等基础性要求进行规范，大力推广政务云平台，推动计算资源、存储资源、服务支撑、安全保障等共性基础资源的集约共享；政务网络标准围绕电子政务网络建设中的技术、管理提出要求，指导电子政务网络、业务专网建设与运行。

3. 数据标准

数据标准主要包括元数据、分类与编码、数据库、信息资源目录、数据格式、开放共享、开发利用、数据管理等标准。其中，元数据标准、分类与编码标准、信息资源目录标准、数据格式标准作为电子政务数据标准的基础类标准，为各类电子政务数据库建设提供依据，为政务数据资源应用提供保障；数据库标准主要包括人口、法人等政务基础数据库标准和主题库标准；开放共享标准主要明确政务信息资源开放共享的数据要求、技术要求、管理要求等，明确信息交换的层级结构和交换方式，支撑建立时效性强、安全性高的政务信息资源交换体系；开发利用标准主要明确公共数据资源开发利用的数据要求、业务要求、服务要求、管理要求和安全要求等内容；数据管理标准主要对政务数据管理能力成熟度、政务数据服务管理、个人信息管理等方面进行规范。

4. 业务标准

业务标准主要包括业务流程、业务系统等标准。其中，业务流程标准用于规范电子政务业务流程，指导电子政务业务有序开展；业务系统标准对业务系统的设计、建设、管理和相关技术进行规范，实现业务流程的重组优化和规范化，支撑政务部门业务信息化建设。

5. 服务标准

服务标准主要包括政务服务基础标准、服务应用标准。其中，政务服务基础标准主要明确电子政务服务事项的要素设置、材料要求和电子政务服务流程，对电子证照、电子合同、电子票据、电子档案的技术、数据、标识、接口等内容进行规范，支撑各类证照、合同、票据、档案系统的规划、设计、开发和利用；政务服务应用标准主要对政务服务平台、政务服务移动端、政务服务自助终端等进行规范，支撑"互联网＋政务服务""互联网＋监管"等电子政务服务应用。

6. 管理标准

管理标准包括运维运营标准以及测试评估标准。其中，运维运营标准以采用现有信息技术服务标准为主，主要用于规范电子政务建设的运维运营服务，保障电子政务系统平台的平稳运行;测试评估标准包含测试标准与评价评估标准。测试标准主要对政务数据资源质量、政务信息系统进行测试评估,强化数据治理、提升数据质量;评价评估标准用于评价我国电子政务建设情况,为电子政务、数字政府建设指明方向,保障电子政务建设质量。

7. 安全标准

安全标准包括安全管理标准、安全技术标准与安全产品和服务标准。其中,安全管理标准针对电子政务系统建设与运行安全管理、电子政务关键信息基础设施安全保障、电子政务数据安全管理等,以采用现有关键信息基础设施安全保护、数据安全管理和个人信息保护等标准为主;安全技术标准以采用现有网络安全技术标准为主,包括密码技术、数据安全技术、身份认证等标准;安全产品和服务标准,针对电子政务应用涉及的安全产品和服务,以采用现有信息安全产品服务技术要求和测评规范类标准为主。

现行及在研的电子政务标准体系表见附表。

三 支撑重点工作的标准体系及建设重点

在国家电子政务标准体系的范围内,针对制约电子政务发展的主要矛盾和突出问题,围绕政务数据开放共享、公共信息资源开发利用、电子文件、"互联网+政务"等重点工作,提出相应的标准子体系框架及建设重点。

各重点工作的标准子体系由国家电子政务标准体系裁剪而成,选取国家电子政务标准体系中的相关类目,组成各重点工作的标准子体系。标准子体系中的标准属于国家电子政务标准体系。

(一)政务数据开放共享标准子体系

政务数据开放共享标准体系由数据标准、业务标准、管理标准和安全标准构成,为解决长期以来困扰我国政务信息化建设的"各自为政、条块分割、烟囱林立、信息孤岛"问题,对政务数据开放共享的数据要求、管理要求、评价等内容进行规范。标准体系如图2所示。

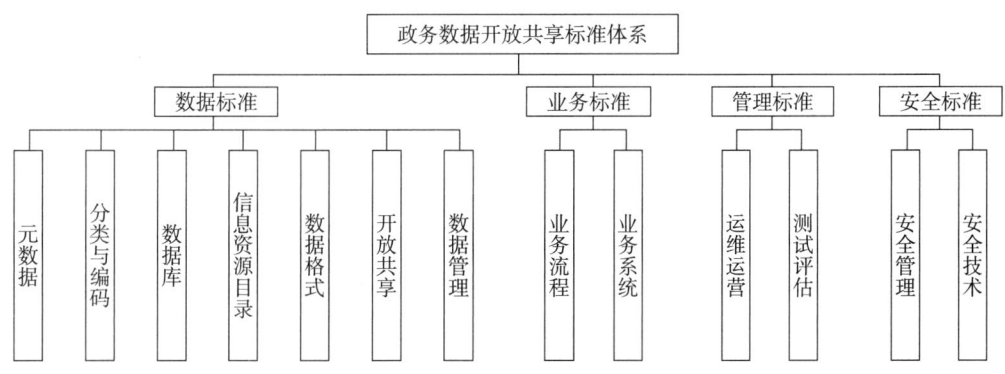

图 2 政务数据共享开放标准子体系

标准建设重点
政务信息资源共享。政务信息资源目录体系，政务信息资源共享体系，政务信息资源共享评价，政务数据共享平台等标准。 政务信息系统整合共享。政务信息系统技术参考模型，政务信息系统基本要求，政务信息系统评价、运维管理等标准。 政务信息资源开放。政务数据开放共享，政务信息资源开放评价，开放数据格式技术规范、开放数据服务规范等标准。 政务数据管理。政务数据管理能力成熟度模型，政务数据管理指南、政务数据服务、数据安全等政务数据管理标准。

（二）公共数据资源开发利用标准子体系

公共数据资源开发利用标准体系由数据标准、业务标准、服务标准、管理标准和安全标准构成，重点对公共数据资源开发利用范围、流程、安全等提出规范性要求。标准体系如图3所示。

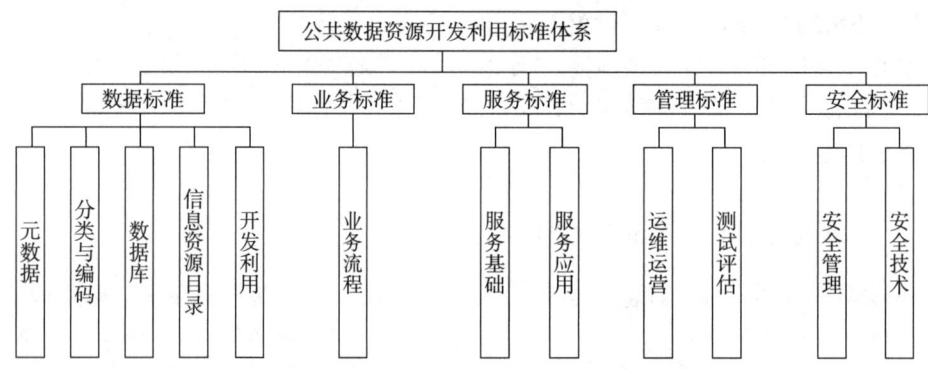

图 3 公共数据资源开发利用标准子体系

标准建设重点
公共数据资源分级分类。公共数据资源分类方法，公共数据分级指南等标准。 公共数据资源开发利用。公共数据资源开发利用总体要求，公共数据资源开发利用业务流程，公共数据资源开发利用模式等标准。 公共数据资源开发利用服务。公共数据资源开发利用流程、公共数据资源开发利用服务质量等标准。 公共数据资源开发利用安全体系结构。公共数据资源开发利用安全体系设计要求，公共数据资源开发利用安全技术指南等标准。

(三)电子文件标准子体系

电子文件标准体系由数据标准、业务标准、服务标准、管理标准、安全标准构成。重点研制文件格式、电子印章、文件传输协议等通用标准;在电子证照、电子凭证等重点领域梳理对应元数据、数据格式、业务流程和通用标准应用要求,促进相应领域的电子文件同时满足计算机自动处理和衔接传统应用两种需求,促进电子文件单轨制归档和基于电子文件的大数据利用;基于电子文件本体,研究和扩展相关的软硬件设备和应用系统标准。标准体系如图 4 所示。

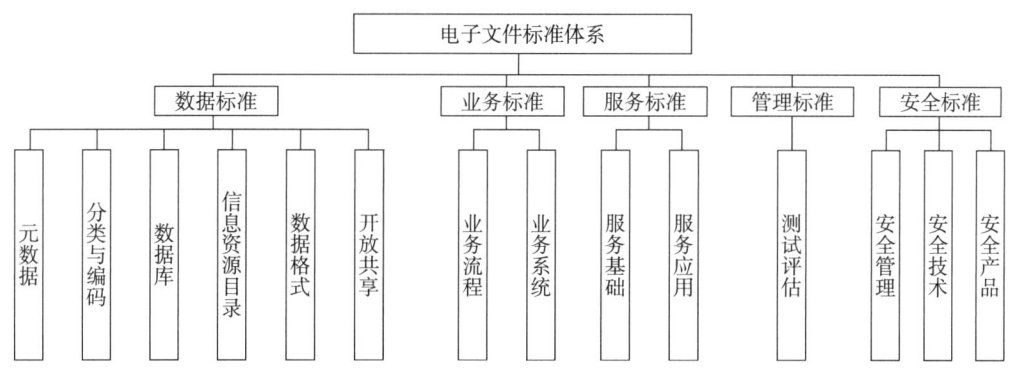

图 4 电子文件标准子体系

标准建设重点
电子文件基础。继续研制和发展 OFD2.0(开放版式文档 2.0)、OFD/A(长期保存)、OFD/E(工程制图)、OFD/Geo(地理信息)、流式文档格式等电子文件基础标准。
电子文件应用。电子凭证、电子病历、检测检验报告、电子合同、电子保单、电子图纸和离线地图等电子文件应用标准。
电子文件安全。强化电子文件应用的安全基础,研制电子政务内网、外网统一电子印章,HTML 网页签章、文件加解密等基础共性安全标准。

(四)"互联网+政务"标准子体系

"互联网+政务"标准体系由数据标准、业务标准、服务标准、管理标准、安全标准组成。在"互联网+政务"标准体系中,加强电子证照、业务系统、服务应用等方面的标准化建设,研究完善业务系统、"互联网+政务服务"平台、"互联网+监管"系统、政务服务终端的总体框架、数据、接口、应用、运维、安全、管理等标准规范,实现业务协同、服务统一、监管有力,标准体系如图 5 所示。

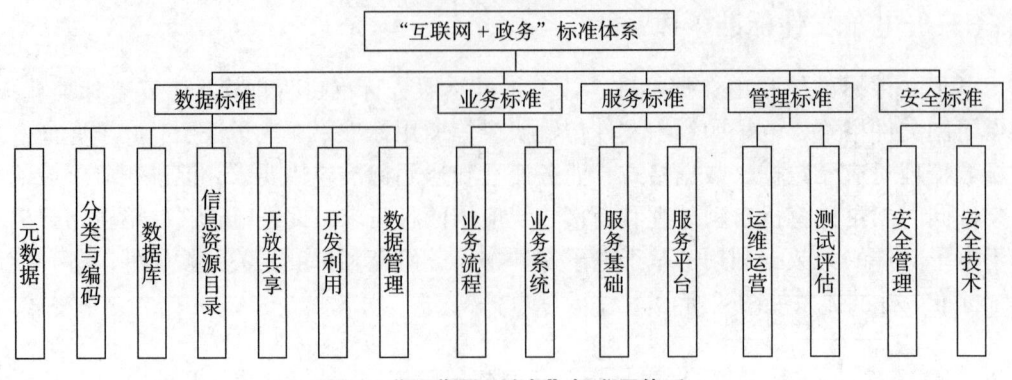

图5 "互联网+政务"标准子体系

标准建设重点
业务系统。政务办公系统、业务协同系统的架构、功能、数据、接口、管理等标准。
政务服务基础。电子政务业务流程，电子证照应用等电子政务服务基础标准。
政务服务平台。政务服务平台技术架构、功能、数据、接口、管理等标准。
"互联网+监管"系统。"互联网+监管"系统的数据、管理、业务机制、运行维护和安全保障等标准。
政务服务终端。政务服务移动端、政务服务自助终端的技术、接口、测试、评价等标准。

附表

电子政务现行及在研标准体系表

序号	一级分类	二级分类	名称	计划号/标准号	重点工作
1	总体	术语	电子政务术语	GB/T 25647—2010	
2		术语	基于云计算的电子政务公共平台总体规范 第1部分：术语和定义	GB/T 34078.1—2017	
3		术语	信息与文献 文件管理体系：基础与术语	GB/T 34110—2017	电子文件
4		指南	电子政务标准化指南 第1部分：总则	GB/T 30850.1—2014	
5		指南	电子政务标准化指南 第2部分：工程管理	GB/T 30850.2—2014	
6		指南	电子政务标准化指南 第3部分：网络建设	GB/T 30850.3—2014	
7		指南	电子政务标准化指南 第4部分：信息共享	GB/T 30850.4—2017	
8		指南	电子政务标准化指南 第5部分：支撑技术	GB/T 30850.5—2014	
9		参考模型	电子文件管理能力体系 第1部分：通用要求	20153798-T-244	电子文件
10	基础设施	政务硬件设施	电子文件管理装备规范	GB/T 33189—2016	电子文件
11		政务软件设施	电子政务系统总体设计要求	GB/T 21064—2007	
12		政务软件设施	信息安全技术 证书 认证系统密码及其相关安全技术规范	GB/T 25056—2018	电子文件
13		政务软件设施	基于云计算的电子政务公共平台技术规范 第1部分：系统架构	GB/T 33780.1—2017	
14		政务软件设施	基于云计算的电子政务公共平台技术规范 第2部分：功能和性能	GB/T 33780.2—2017	
15		政务软件设施	基于云计算的电子政务公共平台技术规范 第4部分：操作系统	20132199-T-339	
16		政务软件设施	基于云计算的电子政务公共平台服务规范 第4部分：应用服务	20141558-T-339	
17		政务软件设施	政务信息系统定义和范围	20190834-T-469	政务数据开放共享
18		政务网络	国家电子政务网络技术和运行管理规范	GB/T 21061—2007	
19	数据	元数据	电子政务数据元 第1部分：设计和管理规范	CB/T 19488.1—2004	政务数据开放共享
20		元数据	电子政务数据元 第2部分：公共数据目录	GB/T 19488.2—2008	政务数据开放共享
21		元数据	党政机关电子公文元数据规范	GB/T 33480—2016	电子文件

续表

序号	一级分类	二级分类	名称	计划号/标准号	重点工作
22	数据	元数据	电子证照 元数据规范	GB/T 36903—2018	电子文件
23		分类与编码	电子政务主题词表编制规则	GB/T 19486—2004	政务数据开放共享
24		分类与编码	党政机关电子公文标识规范	CB/T 33477—2016	电子文件
25		分类与编码	机构编制统计及实名制管理系统数据规范 第1部分：总则	GB/T 34981.1—2017	政务数据开放共享
26		分类与编码	机构编制统计及实名制管理系统数据规范 第2部分：代码集	GB/T 34981.2—2017	政务数据开放共享
27		分类与编码	机构编制统计及实名制管理系统数据规范 第3部分：数据字典	GB/T 34981.3—2017	政务数据开放共享
28		分类与编码	电子证照标识规范	GB/T 36904—2016	电子文件
29		分类与编码	基于云计算的电子政务公共平台服务规范 第1部分：服务分类与编码	20132196-T-339	
30		信息资源目录	政务信息资源目录体系 第1部分：总体框架	GB/T 21063.1—2007	政务数据开放共享
31		信息资源目录	政务信息资源目录体系 第2部分：技术要求	GB/T 21063.2—2007	政务数据开放共享
32		信息资源目录	政务信息资源目录体系 第3部分：核心数据	GB/T 21063.3—2007	政务数据开放共享
33		信息资源目录	政务信息资源目录体系 第4部分：政务信息资源分类	GB/T 21063.4—2007	政务数据开放共享
34		信息资源目录	政务信息资源目录体系 第6部分：技术管理要求	GB/T 21063.6—2007	政务数据开放共享
35		信息资源目录	电子证照目录信息规范	GB/T 36902—2018	电子文件
36		数据格式	中文办公软件文档格式规范	GB/T 20916—2007	电子文件
37		数据格式	信息安全技术 公钥基础设施 数字证书格式	GB/T 20518—2018	电子文件
38		数据格式	电子文件存储与交换格式 版式文档	GB/T 33190—2016	电子文件
39		数据格式	党政机关电子公文格式规范 第1部分：公文结构	GB/T 33476.1—2016	电子文件
40		数据格式	党政机关电子公文格式规范 第2部分：显现	GB/T 33476.2—2016	电子文件
41		数据格式	党政机关电子公文格式规范 第3部分：实施指南	CB/T 33476.3—2016	电子文件
42		数据格式	电子证照 文件技术要求	GB/T 36905—2018	电子文件
43		数据格式	电子文件存储与交换格式 文书类流式文档	20109996-T-339	电子文件

续表

序号	一级分类	二级分类	名称	计划号/标准号	重点工作
44	数据	数据格式	电子文件存储与交换格式 流式文档应用编程接口	20101511-T-469	电子文件
45	数据	数据格式	电子文件存储与交换格式 流式文档扩充要求	20132357-T-469	电子文件
46	数据	数据格式	电子文件存储与交换格式 流式文档功能点分级和测试要求	20132358-T-469	电子文件
47	数据	开放共享	政务信息资源交换体系 第1部分：总体框架	GB/T 21062.1—2007	政务数据开放共享
48	数据	开放共享	政务信息资源交换体系 第2部分：技术要求	GB/T 21062.2—2007	政务数据开放共享
49	数据	开放共享	政务信息资源交换体系 第3部分：数政务信息资源交换	GB/T 21062.3—2007	政务数据开放共享
50	数据	开放共享	政务信息资源交换体系 第4部分：技术管理要求	GB/T 21062.4—2007	政务数据开放共享
51	数据	开放共享	信息技术 大数据 政务数据开放共享 第1部分：总则	GB/T 38664.1—2020	政务数据开放共享
52	数据	开放共享	信息技术 大数据 政务数据开放共享 第2部分：基本要求	GB/T 38664.2—2020	政务数据开放共享
53	数据	开放共享	信息技术大数据政务数据开放共享 第3部分：开放程度评价	GB/T 38664.3—2020	政务数据开放共享
54	数据	开放共享	XML 在电子政务中的应用指南	GB/Z 19669—2005	政务数据开放共享
55	数据	开放共享	党政机关电子公文交换接口规范	GB/T 33479—2016	电子文件
56	数据	开放共享	基于云计算的电子政务公共平台技术规范 第3部分：系统和数据接口	GB/T 33780.3—2017	
57	数据	数据管理	电子文件归档与管理规范	GB/T 18894—2016	电子文件
58	数据	数据管理	基于云计算的电子政务公共平台服务规范 第3部分：数据管理	GB/T 34079.3—2017	
59	业务	业务流程	电子政务业务流程设计方法通用规范	GB/T 19487—2004	互联网+政务
60	业务	业务流程	电子合同订立流程规范	GB/T 36298—2018	电子文件
61	业务	业务流程	基于云计算的电子政务公共平台 服务业务迁移要求	20132195-T-339	互联网+政务
62	业务	业务系统	电子文件管理系统通用功能要求	GB/T 29194—2012	电子文件
63	业务	业务系统	文书类电子文件形成办理系统通用功能要求	GB/T 31913—2015	电子文件
64	业务	业务系统	电子文件管理系统建设指南	GB/T 31914—2015	电子文件

续表

序号	一级分类	二级分类	名称	计划号/标准号	重点工作
65	业务	业务系统	党政机关电子公文应用接口规范	GB/T 33478—2016	电子文件
66		业务系统	党政机关电子公文系统建设规范	GB/T 33482—2016	电子文件
67	服务	服务基础	电子证照 总体技术架构	GB/T 36901—2018	电子文件
68		服务基础	电子证照 共享服务接口规范	CB/T 36906—2018	电子文件
69		服务应用	政务服务平台基本功能规范	20192098-T-469	互联网+政务
70		服务应用	政务服务平台基础数据规范	20192099-T-469	互联网+政务
71		服务应用	政务服务平台接入规范	20192100-T-469	互联网+政务
72	管理	测试评估	政务信息资源共享评价指标	20190842-T-469	政务数据开放共享
73		测试评估	电子文件系统测试规范 第2部分：归档管理系统功能符合性测试细则	GB/T 31021.2—2014	电子文件
74		测试评估	基于云计算的电子政务公共平台技术规范 第6部分：服务测试	GB/T 33780.6—2017	
75		测试评估	基于云计算的电子政务公共平台管理规范 第1部分：服务质量评估	GB/T 34077.1—2017	
76		测试评估	电子文件管理能力体系 第2部分：评估规范	20153799-T-244	电子文件
77		运维运营	党政机关电子公文系统运行维护规范	GB/T 33483—2016	电子文件
78		运维运营	基于云计算的电子政务公共平台管理规范 第3部分：运行保障管理规范	20132198-T-339	
79		运维运营	基于云计算的电子政务公共平台管理规范 第4部分：平台管理导则	20132193-T-339	
80		运维运营	基于云计算的电子政务公共平台 总体建设和管理技术指南	20132205-T-339	
81		运维运营	基于云计算的电子政务公共平台 总体服务建设实施规范	20132204-T-339	
82	安全	安全管理	信息安全技术 基于互联网电子政务信息安全实施指南 第1部分：总则	GB/Z 24294.1—2018	
83		安全管理	信息安全技术 基于互联网电子政务信息安全实施指南 第2部分：接入控制与安全交换	GB/Z 24294.2—2017	
84		安全管理	信息安全技术 基于互联网电子政务信息安全实施指南 第3部分：身份认证与授权管理	GB/Z 24294.3—2017	

续表

序号	一级分类	二级分类	名称	计划号/标准号	重点工作
85		安全管理	信息安全技术 基于互联网电子政务信息安全实施指南 第4部分：终端安全防护	GB/Z 24294.4—2017	
86		安全管理	信息安全技术 政府联网计算机终端安全管理基本要求	GB/T 32925—2014	
87		安全管理	信息安全技术 个人信息安全规范	GB/T 35273—2017	
88		安全管理	信息安全技术 政务和公益机构域名命名规范	GB/T 36619—2018	
89		安全管理	信息安全技术 办公信息系统安全管理要求	GB/T 37094—2018	
90		安全管理	信息安全技术 办公信息系统安全测试规范	GB/T 37096—2018	
91		安全管理	信息安全技术 政府网站云计算服务安全指南	GB/T 38249—2019	
92		安全管理	基于云计算的电子政务公共平台安全规范 第1部分：总体要求	GB/T 34080.1—2017	
93		安全管理	基于云计算的电子政务公共平台安全规范 第2部分：信息资源安全	GB/T 34080.2—2017	
94		安全管理	基于云计算的电子政务公共平台安全规范 第3部分：服务安全	20132190-T-339	
95	安全	安全管理	基于云计算的电子政务公共平台安全规范 第4部分：应用安全	20132192-T-339	
96		安全技术	信息安全技术 政务计算机终端核心配置规范	GB/T 30278—2013	
97		安全技术	信息安全技术 政府门户网站系统安全技术指南	GB/T 31506—2015	
98		安全技术	党政机关电子印章应用规范	GB/T 33481—2016	
99		安全技术	信息安全技术 电子政务移动办公系统安全技术规范	GB/T 35282—2017	
100		安全技术	信息安全技术 办公信息系统安全基本技术要求	GB/T 37095—2018	
101		安全技术	信息安全技术 安全电子签章密码技术规范	GB/T 38540—2020	电子文件
102		安全技术	信息安全技术 电子文件密码应用指南	GB/T 38541—2020	电子文件
103		安全技术	信息安全技术 信息系统密码应用基本要求	20190902-T-469	
104		安全技术	信息安全技术 政务信息共享 数据安全技术要求	20190907-T-469	
105		安全产品和服务	信息安全技术 政府部门信息技术服务外包信息安全管理规范	GB/T 32926—2016	

关于加快构建全国一体化大数据中心协同创新体系的指导意见※

发改高技〔2020〕1922号

各省、自治区、直辖市及计划单列市人民政府，新疆生产建设兵团，国务院各部委、各直属机构：

数据是国家基础战略性资源和重要生产要素。加快构建全国一体化大数据中心协同创新体系，是贯彻落实党中央、国务院决策部署的具体举措。以深化数据要素市场化配置改革为核心，优化数据中心建设布局，推动算力、算法、数据、应用资源集约化和服务化创新，对于深化政企协同、行业协同、区域协同，全面支撑各行业数字化升级和产业数字化转型具有重要意义。为进一步促进新型基础设施高质量发展，深化大数据协同创新，经国务院同意，现提出以下意见。

一　总体要求

（一）指导思想

以习近平新时代中国特色社会主义思想为指导，全面贯彻党的十九大和十九届二中、三中、四中、五中全会精神，全面落实习近平总书记关于建设全国一体化大数据中心的重要讲话精神，按照国务院统一部署，以加快建设数据强国为目标，强化数据中心、数据资源的顶层统筹和要素流通，加快培育新业态新模式，引领我国数字经济高质量发展，助力国家治理体系和治理能力现代化。

（二）基本原则

统筹规划，协同推进。坚持发展与安全并重。统筹数据中心、云服务、数据流通与治理、数据应用、数据安全等关键环节，协同设计大数据中心体系总体架构和发展路径。

科学求实，因地制宜。充分结合各部门、各行业、各地区实际，根据国际发展趋势，尊重产业和技术发展规律，科学论证，精准施策。

需求牵引，适度超前。以市场实际需求决定数据中心和服务资源供给。着眼引领全球云计算、大数据、人工智能、区块链发展的长远目标，适度超前布局，预留发展空间。

改革创新，完善生态。正确处理政府和市场关系，破除制约大数据中心协同创新体系发展的政策瓶颈，着力营造适应大数据发展的创新生态，发挥企业主体作用，引导市场有序发展。

※　来源：国家互联网信息办公室 http://www.cac.gov.cn/2020-06/20/c_1594216799185647.htm。

（三）总体思路

加强全国一体化大数据中心顶层设计。优化数据中心基础设施建设布局，加快实现数据中心集约化、规模化、绿色化发展，形成"数网"体系；加快建立完善云资源接入和一体化调度机制，降低算力使用成本和门槛，形成"数纽"体系；加强跨部门、跨区域、跨层级的数据流通与治理，打造数字供应链，形成"数链"体系；深化大数据在社会治理与公共服务、金融、能源、交通、商贸、工业制造、教育、医疗、文化旅游、农业、科研、空间、生物等领域协同创新，繁荣各行业数据智能应用，形成"数脑"体系；加快提升大数据安全水平，强化对算力和数据资源的安全防护，形成"数盾"体系。

二　发展目标

到2025年，全国范围内数据中心形成布局合理、绿色集约的基础设施一体化格局。东西部数据中心实现结构性平衡，大型、超大型数据中心运行电能利用效率降到1.3以下。数据中心集约化、规模化、绿色化水平显著提高，使用率明显提升。公共云服务体系初步形成，全社会算力获取成本显著降低。政府部门间、政企间数据壁垒进一步打破，数据资源流通活力明显增强。大数据协同应用效果凸显，全国范围内形成一批行业数据大脑、城市数据大脑，全社会算力资源、数据资源向智力资源高效转化的态势基本形成，数据安全保障能力稳步提升。

三　创新大数据中心体系构建

统筹围绕国家重大区域发展战略，根据能源结构、产业布局、市场发展、气候环境等，在京津冀、长三角、粤港澳大湾区、成渝等重点区域，以及部分能源丰富、气候适宜的地区布局大数据中心国家枢纽节点。节点内部优化网络、能源等配套资源，引导数据中心集群化发展；汇聚联通政府和社会化算力资源，构建一体化算力服务体系；完善数据流通共性支撑平台，优化数据要素流通环境；牵引带动数据加工分析、流通交易、软硬件研发制造等大数据产业生态集聚发展。节点之间建立高速数据传输网络，支持开展全国性算力资源调度，形成全国算力枢纽体系。（发展改革委、工业和信息化部、中央网信办牵头，各地区、各部门负责）

四　优化数据中心布局

（一）优化数据中心供给结构

发展区域数据中心集群，加强区域协同联动，优化政策环境，引导区域范围内数据中心集聚，促进规模化、集约化、绿色化发展。引导各省（自治区、直辖市）充分整合利用现有资源，以市场需求为导向，有序发展规模适中、集约绿色的数据中心，服务本地区算力资源需求。对于效益差、能耗高的小散数据中心，要加快改造升级，提升效能。（工业和信息化部、发展改革委牵头，各地区负责）

（二）推进网络互联互通

优化国家互联网骨干直连点布局，推进新型互联网交换中心建设，提升电信运营商和互联网企业互联互通质量，优化数据中心跨网、跨地域数据交互，实现更高质量数据传输服务。积极推动在区域数据中心集群间，以及集群和主要城市间建立数据中心直连网络。加大对数据中心网络质量和保障能力的监测，提高网络通信质量。推动降低国内省际数字专线电路、互联网接入带宽等主要通信成本。（工业和信息化部牵头，各地区负责）

（三）强化能源配套机制

探索建立电力网和数据网联动建设、协同运行机制，进一步降低数据中心用电成本。加快制定数据中心能源效率国家标准，推动完善绿色数据中心标准体系。引导清洁能源开发使用，加快推广应用先进节能技术。鼓励数据中心运营方加强内部能耗数据监测和管理，提高能源利用效率。鼓励各地区结合布局导向，探索优化能耗政策，在区域范围内探索跨省能耗和效益分担共享合作。推动绿色数据中心建设，加快数据中心节能和绿色化改造。（工业和信息化部、发展改革委、国家能源局牵头，各地区负责）

（四）拓展基础设施国际合作

持续加强数据中心建设与使用的国际交流合作。围绕"一带一路"建设，加快推动数据中心联通共用，提升全球化信息服务能力。加速"一带一路"国际关口局、边境站、跨境陆海缆建设，沿途积极开展国际数据中心建设或合作运营。整合算力和数据资源，加快提升产业链端到端交付能力和运营能力，促进开展高质量国际合作。（中央网信办、工业和信息化部、发展改革委牵头，各地区负责）

五　推动算力资源服务化

（一）构建一体化算力服务体系

加快建立完善云资源接入和一体化调度机制，以云服务方式提供算力资源，降低算力使用成本和门槛。支持建设高水平云服务平台，进一步提升资源调度能力。支持政企合作，打造集成基础算力资源和公共数据开发利用环境的公共算力服务，面向政府、企业和公众提供低成本、广覆盖、可靠安全的算力服务。支持企业发挥市场化主体作用，创新技术模式和服务体验，打造集成专业算力资源和行业数据开发利用环境的行业算力服务，支撑行业数字化转型和新业态新模式培育。（发展改革委、工业和信息化部牵头，各地区、各部门按职责分工负责）

（二）优化算力资源需求结构

以应用为导向，充分发挥云集约调度优势，引导各行业合理使用算力资源，提升基础设施利用效能。对于需后台加工存储、对网络时延要求不高的业务，支持向能源丰富、气候适宜地区的数据中心集群调度；对于面向高频次业务调用、对网络时延要求极高的业务，支持向城市级高性能、边缘数据中心调度；对于其他算力需求，支持向本区域内数据中心集群调度。（各地区、各部门按职责分别负责）

六　加速数据流通融合

（一）健全数据流通体制机制

加快完善数据资源采集、处理、确权、使用、流通、交易等环节的制度法规和机制化运营流程。建立完善数据资源质量评估与价格形成机制。完善覆盖原始数据、脱敏处理数据、模型化数据和人工智能化数据等不同数据开发层级的新型大数据综合交易机制。探索有利于超大规模数据要素市场形成的财税金融政策体系。开展数据管理能力评估贯标，引导各行业、各领域提升数据管理能力。（发展改革委、中央网信办、工业和信息化部牵头，各有关部门按职责分工负责）

（二）促进政企数据对接融合

通过开放数据集、提供数据接口、数据沙箱等多种方式，鼓励开放对于民生服务、社会治理和产业发展具有重要价值的数据。探索形成政企数据融合的标准规范和对接机制，支持政企双方数据联合校验和模型对接，有效满足政府社会治理、公共服务和市场化增值服务需求。（中央网信办、发展改革委牵头，各地区、各部门按职能分工负责）

（三）深化政务数据共享共用

充分依托全国一体化政务服务平台，发挥国家数据共享交换平台数据交换通道的支撑作用，建立健全政务数据共享责任清单机制，拓展政务数据共享范围。加快建设完善数据共享标准体系，解决跨部门、跨地区、跨层级数据标准不一、数据理解难、机器可读性差、语义分歧等问题，进一步打破部门数据壁垒。（国务院办公厅、发展改革委牵头，各地区、各部门按职责分工负责）

七　深化大数据应用创新

（一）提升政务大数据综合治理能力

围绕国家重大战略布局，推动开展大数据综合应用。依托全国一体化政务服务平台和国家"互联网＋监管"系统，深化政务服务和监管大数据分析应用。支持各部门利用行业和监管数据，建设面向公共卫生、自然灾害等重大突发事件处置的"数据靶场"，定期开展"数据演习"，为重大突发事件期间开展决策研判和调度指挥提供数据支撑。（国务院办公厅、发展改革委牵头，各部门、各地区按职能分工负责）

（二）加强大数据公共服务支撑

聚焦大数据应用共性需求，鼓励构建集成自然语言处理、视频图像解析、数据可视化、语音智能问答、多语言机器翻译、数据挖掘分析等功能的大数据通用算法模型和控件库，提供规范统一的大数据服务支持。（各地区、各部门负责）

（三）推动行业数字化转型升级

支持打造"行业数据大脑"，推动大数据在各行业领域的融合应用。引导支持各行业上云用云，丰富云上应用供给，加快数字化转型步伐。推动以大数据、云服务促进新业态新模式发展，支持企业线上线下业务融合，培育数据驱动型企业。（各地区、各部门负责）

（四）推进工业大数据平台建设

支持工业互联网大数据中心标准建设，加强工业互联网数据汇聚、共享和创新应用，赋能制造业高质量发展。鼓励构建重点产业、重大工程数据库，为工业发展态势监测分析和预警预判提供数据支撑。（工业和信息化部牵头，各地区、各部门按职能分工负责）

（五）加快城市大数据创新应用

支持打造"城市数据大脑"，健全政府社会协同共治机制，加快形成统一规范、互联互通、安全可靠的城市数据供应链，面向城市治理、公共服务、产业发展等提供数据支撑。加快构建城市级大数据综合应用平台，打通城市数据感知、分析、决策和执行环节，促进提升城市治理水平和服务能力。（各地区负责）

八 强化大数据安全防护

（一）推动核心技术突破及应用

围绕服务器芯片、云操作系统、云数据库、中间件、分布式计算与存储、数据流通模型等环节，加强对关键技术产品的研发支持。鼓励 IT 设备制造商、数据中心和云服务提供商、数字化转型企业等产业力量联合攻关，加快科技创新突破和安全可靠产品应用。（发展改革委、工业和信息化部、中央网信办牵头，各地区负责）

（二）强化大数据安全保障

加快构建贯穿基础网络、数据中心、云平台、数据、应用等一体协同安全保障体系，提高大数据安全可靠水平。基础网络、数据中心、云服务平台等严格落实网络安全法律法规和政策标准要求，开展通信网络安全防护工作，同步规划、同步建设和同步运行网络安全设施，提升应对高级威胁攻击能力。加快研究完善海量数据汇聚融合的风险识别与防护技术、数据脱敏技术、数据安全合规性评估认证、数据加密保护机制及相关技术监测手段等。各行业加强上云应用的安全防护，保障业务在线安全运行。（中央网信办、发展改革委、工业和信息化部牵头，各地区、各部门负责）

九　保障措施

（一）完善工作机制

各地区、各部门要提高认识，加强跨地区、跨部门、跨层级协同联动。依托促进大数据发展部际联席会议制度，发展改革委、工业和信息化部、中央网信办会同有关部门建立一体化大数据中心协同创新体系工作机制，充分发挥专家决策咨询的作用。各地区要建立工作协调机制，统筹相关力量，积极推动大数据中心体系建设。（各地区、各部门负责）

（二）抓好任务落实

各地区、各部门要结合实际，坚持小切口大带动，在大数据机制管理、产业布局、技术创新、安全评估、标准制定、应用协同等方面积极探索，积累和推广先进经验。鼓励各地区创新相关配套政策，制定符合自身特点的一体化大数据中心建设规划和协同创新实施方案，并加快推进落实。（各地区、各部门负责）

国家发展改革委
中央网信办
工业和信息化部
国家能源局
2020 年 12 月 23 日

政务服务评价工作指南

一 范　　围

本文件给出了依申请的政务服务评价工作的评价基本原则，以及评价渠道、评价内容、评价方法、评价结果运用和持续改进等方面的要求。

本文件适用于对全国各级政务服务机构、各类政务服务平台、政务服务事项和人员的服务开展评价工作。

二 规范性引用文件

下列文件中的内容通过文中的规范性引用而构成本文件必不可少的条款。其中，注日期的引用文件，仅该日期对应的版本适用于本文件；不注日期的引用文件，其最新版本（包括所有的修改单）适用于本文件。

GB/T 36112—2018　政务服务中心服务现场管理规范

GB/T 36114—2018　政务服务中心进驻事项服务指南编制规范

三　术语和定义

下列术语和定义适用于本文件。

（一）政务服务 [1][2]（administrative service）

政府部门及其授权或委托的其他组织行使行政权力、履行公共服务职责过程中提供的服务。

（二）政务服务机构（administrative service institution）

政府部门及其授权或委托的、提供政务服务的法定组织。[3]

---

[1] 本文件所指的行政权力事项主要指依申请的行政许可、行政给付、行政裁决、行政确认、行政奖助和其他行政权力事项。

[2] 本文件所指的公共服务事项包括但不限于教育、公共卫生和基本医疗、基本社会保障、公共就业服务等与企业发展、民生密切相关的事项。

[3] 含政务服务大厅、政务服务中心、便民服务站点、政务服务窗口等。

（三）政务服务平台（administrative service platform）

由政府及其职能部门设立的网上政务服务平台。❶

（四）服务对象（service object）

申请办理政务服务事项的自然人、法人和其他组织。

（五）评价对象（evaluated object）

各级政务服务机构、各类政务服务平台、服务事项及相关工作人员。

（六）一次一评（on-the-spot service evaluation）

各地区、各部门在各级政务服务机构，通过"好差评"评价装置（评价器或评价二维码）、书面评价表格等开展的"一次服务一次评价"。

（七）一事一评（online service evaluation）

各地区、各部门基于各类政务服务平台开展的网上服务"一事项一次评价"。

四　基　本　原　则

（一）合法公正

坚持运用法治思维和法治方式全面推进政务服务"好差评"工作，重视调查研究，以事实为依据，客观、公正地实施评价。严格执行政务服务有关法律法规政策，全面准确、科学客观地界定服务对象的合理诉求，保护服务对象信息。

（二）全面覆盖

整持政务服务"好差评"涵盖各级政务服务机构、各类政务服务平台，线上线下全面融合，实现政务服务事项全覆盖、评价对象全覆盖、服务渠道全覆盖。

（三）公开透明

坚持"以公开为常态、不公开为例外"，除依法不得公开的信息外，将政务服务情况、评价过程、评价结果及整改情况等向社会公开。

---

❶ 含业务系统、热线电话平台、移动服务端，自助服务端等。

（四）以评促改

坚持强化服务差评整改，建立差评和投诉问题调查核实、督促整改和反馈机制。实现差评件件有整改，有反馈。加强对评价数据的跟踪分析和综合挖掘，研判服务对象的诉求，实现以评促改。

五 评价渠道

（一）现场服务"一次一评"

政务服务机构可在服务窗口放置评价器、二维码、书面评价表格等方便服务对象自主评价，或由窗口提供带有二维码的办件回执等方式供服务对象进行扫码评价。

（二）网上服务"一事一评"

各级政务服务平台设置评价功能模块或环节供服务对象进行评价，或在网上政务服务平台设置手机短信发送、回复功能，供服务对象事后对具体事项办理情况进行评价。

（三）社会各界"综合点评"

各级政务服务机构在服务现场设置评价意见收集设施，在网站、有关媒体及服务大厅现场提供书面评价表格、公布投诉监督电话及意见建议受理部门，充分发挥各级政务服务机构网上服务平台投诉与建议的作用，主动接受社会各界对政务服务的评价。

（四）政府部门"监督查评"

按下列要求进行：

（1）政府部门定期组织开展政务服务调查，对新出台的利企惠民政策、新提供的服务项目以及直接关系企业和群众切身利益的重点服务事项，综合评价政策知悉度、办事便利度、服务满意度等；

（2）根据本地区、本部门实际，委托或引导社会组织、中介组织、研究机构等第三方，定期独立开展政务服务评价，对政务服务状况进行专业、科学．客观的评价，提出意见建议。

六 评价内容

（1）评价内容包括各级政务服务机构的服务事项管理、办事流程、服务规范、服务效率、便民度，政务服务平台的便捷性、完善性以及工作人员的服务态度、业务能力、服务水平等。

（2）为便于实施，将政务服务"一次一评""一事一评"，社会各界"综合点评"和政府部门"监督查评"渠道整合，形成政务服务评价指标体系，见附录A。

七　评价方法

（一）评价数据来源

1."一次一评""一事一评"

按下列要求进行：

（1）依托全国一体化在线政务服务平台，贯通线上线下各类评价渠道开展评价工作；

（2）对政务服务机构、服务平台及工作人员的评价值，包括但不限于附录A中的相应指标值。

2.社会各界"综合点评"和政府部门"监督查评"

基于附录A确定的评价模块开展评价，得到对政务服务机构、服务平台及工作人员的评价值。

（二）计算方法

基于社会各界"综合点评"和政府部门"监督查评"评价模块得出的评价值，基于政务服务"好差评"系统数据汇总计算得出"一次一评""一事一评"的"好评"率、主动评价"好评"率、未评"率、"差评"回复率、"差评"回访整改率、"差评"回访整改满意率等，采用主、客观赋权方法，计算政务服务评价总分数，也可根据评价结果划分等级。

八　结果运用

（一）差评整改

收到差评和投诉后，按照"谁办理．谁负责"的原则，限期整改差评，及时反馈整改结果。

（二）统计分析

（1）政务服务管理机构定期对不同渠道政务服务评价情况进行整合并统计分析，作为改进服务的重要依据。

（2）政务服务管理机构定期对评价结果进行分析研判，对企业和群众反映强烈、差评集中的事项，应及时调查研究，归纳发现政务服务的堵点难点，提出解决方案和整改措施。

（3）对企业和群众反映集中的问题、限期依法依规些改解决。

（三）考核奖惩

建立政务服务评价考核奖惩机制，包括但不限于下列：

（1）对反复被差评、投诉，弄虚作假，故意刁难，甚至打击报复企业和群众的单位和人员，由责任部门处理；

（2）对服务对象反映的工作人员涉嫌违纪、违法具体信息，转有关部门处理；

（3）各地区、各部门，将政务服务"好差评"情况纳入绩效评价；

（4）将评价结果作为单位、个人绩效考核、评选先进的重要依据。

（四）持续改进

（1）根据科学技术发展进步情况，综合运用互联网、云计算、大数据、人工智能、区块链等技术，结合服务对象需求和政务服务发展需要，持续改进评价内容、方法，确保评价结果的科学性、有效性。

（2）建立"差评发现—问题核实—反馈整改—问题回访—改进提升"的闭环工作机制，持续改进政务服务质量。

（3）定期将政务服务情况、企业群众评价、差评处理结果向社会公开，广泛接受社会评价和监督。

（4）及时总结"好评"突出的政务服务机构或工作人员的经验做法，分析差评形成原因和典型表现，建立政务服务"好差评"案例库并定期通报。

附录 A（规范性）

政务服务评价指标体系

表 A.1 给出了政务服务评价模块、指标、指标说明及要求。

表 A.1 政务服务评价模块、指标、指标说明及要求

评价模块		指标	指标说明及要求
"一次一评""一事一评"评价	1. 好评情况	1.1 "好评"率	"好评"率是指所有评价中减去有效差评后的评价次数占总评价次数（总评价次数为主动评价次数与超时"未评"次数之和）的比例
	2. 主动评价情况	2.1 主动评价"好评"率	主动评价"好评"率是指服务对象主动评价为"好评"的次数占主动评价件总次数（主动评价件总次数需扣除经核实为无效差评的评价次数）的比例
	3. 未评情况	3.1 "未评"率	"未评"率是指服务对象超时"未评"次数与无效差评次数之和占总评价次数的比例
	4. 差评整改情况	4.1 "差评"回复率	"差评"回复率是指已回复的差评件数占所有差评件总数的比例
		4.2 "差评"回访整改率	"差评"回访整改率是指经回访已整改完成的差评件数占有效差评件总数的比例
		4.3 "差评"回访整改满意率	"差评"回访整改满意率是指经回访对整改结果为满意的件数占所有经回访已整改完成的差评件总数的比例
社会各界"综合点评"和政府部门"监督查评"评价	1. 服务体系完备度	1.1 实体服务机构覆盖率和线下服务成效	评估地区和部门服务机构建设情况
		1.2 政务服务"一张网"建设情况	评估地区和部门政务服务平台建设情况。包括各地区各部门政务服务平台"一网"服务情况、集约化程度、进驻部门情况、统一入口情况
		1.3 线下线上融合	评估各地区和部门线上线下融合情况，查看线上线下业务办理渠道融合情况、综合受理和业务融合情况数据共享融合情况、线上线下融合办理一致性以及网上查询、网上办事操作的难易程度
		1.4 制度建设和推进机制健全	评估各地区和部门政务服务评价体系的建设实施情况
		1.5 创新实践和创新举措多样	评估各地区和部门围绕深化"放管服"改革开展的制度创新、流程再造情况，围绕营商环境、便民利企服务、弱势群体服务等方面开展个性化服务创新情况，以及运用互联网、云计算、大数据、人工智能、区块链等创新政务服务提供情况

续表

评价模块		指标	指标说明及要求
社会各界"综合点评"和政府部门"监督查评"评价	2. 政务服务透明度	2.1 咨询体系完备	现场服务、网上政务服务平台、政务移动端、自助服务端、热线电话平台等咨询渠道建设情况
		2.2 咨询渠道畅通	线上、线下咨询渠道畅通，应答准确及时。公众对服务咨询满意度
		2.3 事项清单规范	事项清单"四级四同"、按办事场景梳理情况，包括国家基本目录对应情况、要素规范统一情况
		2.4 办事指南规范	办事指南与清单事项一一对应，按照 GB/T 36114—2018 政务服务中心进驻事项服务指南编制规范和全国一体化政务服务平台相关标准要求编制
		2.5 政务服务公开更新及时，取用方便	政府服务事项分类明晰、公开全面到位、及时动态调整
	3. 群众办事便利度	3.1 "四减"举措落实	评估各地区各部门政务服务事项承诺时限平均时间和在法定时限基础上缩减的比例、平均跑动次数、环节精简、减证便民、优化服务情况，推进无证明办事情况，以及群众对"减材料""减时间""减环节""减跑动次数"工作的满意度
		3.2 即办程度	评价各地区各部门政务服务事项即办件数量占比，即办件事项数量、办件量分别占全部依申请事项总数、办件总数的比例。核验事项即办和实际办理的一致性与准确性
		3.3 事项办理深度	网上政务服务平台、政务移动端提供服务事项率（事项数量占所有进非依申请政务服务事项数量的比例）；依申请政务服务事项全程网办率（全程网办事项数量占全部依申请政务服务事项数量的比例）
		3.4 "一件事"实现率	查看"一件事"主题式服务实施情况，"一件事"网办比例（全流程网办的"一件事"数量占全部已公开的"一件事"清单事项数比例）、调查服务对象对"一件事"办理满意度
		3.5 重点领域和高频事项环节、材料、用时	查看企业开办、工程建设项目审批、不动产登记等重点领域办理环节、申请材料、办理时限情况；查看容缺受理事项、告知承诺事项分别占全部进驻事项比率（容缺受理事项数量占进驻全部依申请政务服务事项数量的比例）
		3.6 就近、就便办实现度	便民服务站点、24 小时自助服务网点布局合理性、覆盖率（网点数量占下辖行政区域（社区、村居）数量的比例）
		3.7 "省内通办""跨省通办"比例	"跨省通办"服务可办事项比例（已实现"跨省通办"事项数量与依申请政务服务事项数量比例）、"省内通办"服务可办事项比例（已实现的"省内通办"事项数量与依申请政务服务事项数量比例）等
	4. 办事体验满意度	4.1 窗口布局合理、设施齐全、导引明晰，服务环境舒适	实体大厅现场管理按照 GB/T 36112—2018 政务服务中心服务现场管理规范执行情况

续表

评价模块	指标		指标说明及要求
社会各界"综合点评"和政府部门"监督查评"评价	4.办事体验满意度	4.2 工作人员服务技能熟练、服务态度热情	公众对窗口服务工作人员满意度
		4.3 诉求回应及时	查看诉求限时办结率等

参考文献

[1] GB/T 19273—2017 企业标准化工作 评价与改进

[2] GB/T 32169.4—2015 政务服务中心运行规范 第4部分：窗口服务评价要求

[3] GB/T 33357—2016 政府热线服务评价

[4] GB/T 36113—2018 政务服务中心服务投诉处置规范

[5] GB/T 36733—2018 服务质量评价通则

[6] GB/T 37277—2018 审批服务便民化工作指南

[7] 全国人大常委会.中华人民共和国行政许可法（中华人民共和国主席令第7号）

[8] 国务院行政审批制度改革工作领导小组办公室，国家标准化管理委员会.国务院审改办 国家标准委关于推进行政许可标准化的通知（审改办发〔2016〕4号）

[9] 国务院办公厅.国务院办公厅关于印发"互联网+政务服务"技术体系建设指南的通知（国办函〔2016〕108号）

[10] 中共中央办公厅，国务院办公厅.关于深入推进审批服务便民化的指导意见

[11] 国务院.国务院关于加快推进全国一体化在线政务服务平台建设的指导意见（国发〔2018〕27号）

[12] 国务院办公厅.国务院办公厅关于建立政务服务"好差评"制度提高政务服务水平的意见（国办发〔2019〕51号）

[13] 国务院办公厅.全国一体化在线政务服务平台政务服务"好差评"系统建设方案（国办电政函〔2019〕242号）

[14] 国务院办公厅.关于开展2020年度省级政府一体化政务服务能力（政务服务"好差评"）第三方调查评估工作的通知（国办电政函〔2020〕90号）

政务服务"一次一评""一事一评"工作规范

一 范 围

本文件规定了政务服务"一次一评""一事一评"工作的评价原则、评价内容、评价渠道、评价规则、评价保障、评价分类与处置以及评价结果应用。

本文件适用于全国各级政务服务机构开展政务服务"一次一评""一事一评"工作。党群序列承担服务职能的单位,可参照本文件使用。

二 规范性引用文件

下列文件中的内容通过文中的规范性引用而构成本文件必不可少的条款。其中,注日期的引用文件,仅该日期对应的版本适用于本文件;不注日期的引用文件,其最新版本(包括所有的修改单)适用于本文件。

GB/T 39735 政务服务评价工作指南

三 术语和定义

GB/T 39735 界定的术语和定义适用于本文件。

四 评 价 原 则

(一)自愿真实

评价活动坚持充分尊重服务对象意愿的原则,严禁强迫或干扰服务对象的评价行为,且严格保护服务对象的信息。

(二)统一规范

评价指标的选取坚持科学规范的原则,严格遵循评价流程,实现同一类政务服务事项在政务服务机构和政务服务平台办理时,保持服务标准和评价标准统一。

(三)客观实效

评价规则设置坚持科学合理、评价数据真实有效、评价流程客观公正的原则,实现结果公开透明、真实可查，及时发现和解决政务服务中的问题。

（四）首办责任

差评处置坚持"谁办理、谁负责"的原则，由承担差评处理职能部门第一时间启动程序，安排专人回访核实。

五　评价内容

评价的内容一般包括服务态度、服务质量、服务效率和服务环境等。其中"一次一评""一事一评"中差评评价内容及指标见附录 A。

六　评价渠道

（一）现场服务评价渠道

（1）政务服务机构应在服务窗口放置评价器、二维码、书面评价表格等方便服务对象自主评价，或由窗口提供带有二维码的办件回执等方式供服务对象进行扫码评价。工作人员应主动提示服务对象进行评价。

（2）有条件地区可在政务服务大厅设置自助评价专区，引导服务对象进行独立评价。

（3）服务办理完毕后，服务对象若未在现场进行评价，系统应以短信、消息等方式提醒评价。

（二）网上服务评价渠道

（1）服务对象在政务服务平台等办理完成政务服务事项后，系统应推送统一的评价页面，提醒服务对象进行评价。

（2）自助服务终端在事项办理完成后自动跳转进入评价界面，显示所办事项的名称及评价指标等内容，并提示服务对象进行评价。

（3）热线电话平台宜开通"好差评"提示功能，服务对象可通过电话按键等方式进行评价。

七　评价规则

（一）评价次数规则

1. 单次业务

（1）服务对象每到窗口接受一次政务服务后，可进行 1 次评价。

（2）全程网上办理、自助终端办理的事项，服务对象在事项办结后可进行 1 次评价。

2. 批量业务

若在窗口单次申报同一事项两笔及以上业务的，视为批量业务，实行"一次评价"。在办理批量业务后，服务对象进行1次评价，"一次评价"的结果适用于本次批量办理的所有业务。

3. 主题式业务

对于"主题式""一件事"服务，服务对象可进行总体评价，评价的结果适用于主题业务关联的所有事项，也可对关联的事项分别进行评价。

（二）评价时效规则

（1）对已办结服务事项，服务对象24小时内未做出评价的，可发送短信、消息提醒服务对象进行评价。

（2）服务对象可在事项办结后5个工作日内进行评价，超出时限未评价的，系统将记录为"未评"。

（3）对超出时限未办结的服务事项，服务对象可以进行评价。

（三）评价等级及选项设置

1. 评价等级设置

应设置"很好""好""一般""差""很差"或"非常满意""满意""基本满意""不满意""非常不满意"五个等级，后两个等级为差评。

2. 评价选项设置

现场服务"一次一评"和网上服务"一事一评"可引导服务对象根据提示勾选差评原因选项或填写其他原因，见附录A。

八　评　价　保　障

（一）数据归集

（1）应依托全国一体化在线政务服务平台，建立"一次一评""一事一评"数据生成、归集、传输、分析、反馈机制，贯通线上线下各类评价渠道，实现"一次一评""一事一评"内容同标准提供、评价结果同源发布、差评整改在线反馈、评价数据自动生成。

（2）各地区、各部门政务服务平台应统一"一次一评""一事一评"评价信息要素，确保评价数据完整采集、及时传送。

（二）数据安全

（1）建立评价数据安全保障机制，宜利用区块链等技术，确保数据真实可靠，评价结果自动生成、不可更改。

（2）鼓励办事企业和群众实名评价，及时处理刷好评和故意差评行为。

（3）建立健全企业和群众个人信息隐私保护制度，严格保护企业群众个人信息，规范差评相关信息查询权限。

（三）内部监管

应采用不定期巡查、暗访、视频监控或效能监察等方式对"一次一评""一事一评"工作进行监管。

九　评价分类与处置

（一）分类研判

"差""很差"或"不满意""非常不满意"两个等级为差评，应进一步分类处置。

（二）差评分类

1. 立整立改（简易）类

服务对象因政务服务机构服务环境不舒适、服务设施保障不到位或对工作人员服务态度不满意而产生的差评件。

2. 限时整改（一般）类

服务对象因业务程序办理不正确、环节设置不合理、服务效率不满意而产生的差评件。

3. 综合协调（复杂）类

服务对象因办理疑难复杂类问题或多部门业务交叉、环节不顺畅而产生的差评件。

注：疑难复杂类问题指的是涉及历史遗留、政策法规适用或机构职能权限等的问题。

（三）差评处置

1. 甄别核实

（1）应明确具体的承担差评处理职能部门。

（2）收到差评后由承担差评处理职能部门启动即时响应机制。

（3）现场差评，由承担差评处理职能部门第一时间核实情况，按照分类处置程序进行处置。

（4）线上差评，由承担差评处理职能部门与服务对象取得联系，明确差评原因及责任单位并按照分类处置程序进行处置。

（5）差评件核实过程中，发现属于不实评价或误评的，评价结果不予采纳，认定为无效差评并记录为"未评"。

2. 分类处置程序

（1）立整立改（简易）类处置

应按下列要求进行：

①属现场发生的简易差评件，由承担差评处理职能部门牵头协调处置，当场给予答

复，并针对差评处置中出现的问题即时整改；

②属线上反馈的简易差评件，由承担差评处理职能部门在1个工作日内进行电话回访，给出初步口头答复，回访结束后及时在对应政务服务平台中给出答复。

（2）限时整改（一般）类处置

应按下列要求进行：

①属现场发生的一般差评件，承担差评处理职能部门协同相关责任部门当场给予服务对象初步答复或在1个工作日内安排回访，于5个工作日内答复整改结果；

②属政务服务平台推送的一般差评件，承担差评处理职能部门第一时间响应，响应时间最长不超过1个工作日；

③责任单位在5个工作日内答复整改结果，同时报承担差评处理职能部门备案；

④若在期限内无法完成整改的，应在到期日之前与服务对象主动沟通，说明理由和整改期限。

（3）综合协调（复杂）类处置

应建立差评会商机制，协调相关部门参与会商并在15个工作日内回复服务对象，必要时形成相关书面意见或会议纪要.

3. 差评申诉复核机制

（1）建立申诉复核机制，保障评价对象举证解释和申诉申辩的权利，排除误评和不实差评。

（2）承担差评处理职能部门收到差评评价后，可在1个工作日内向政务服务管理机构提出复核申请，并提供相关证据。

（3）政务服务管理机构收到复核申请后，应按下列要求进行：

①通过电话核实、谈话了解、调取录像.审阅资料等多种形式，对差评结果进行复核，并在2个工作日内出具复核结果认定书；

②复核结果认定为有效差评的，相关部门应在收到复核结果认定书后，按照2.的要求进行处置，对复核结果认定为无效差评的，评价结果不予采纳并记录为"未评"。

十　评价结果运用

（一）评价结果公开发布

（1）评价结果中宜包含简明易懂的评价指标值，如"好评"率、主动评价"好评"率、"未评"率、"差评"回复率、"差评"回访整改率、"差评"回访整改满意率等，具体计算方法见附录B。

（2）各地区、各部门政务服务"一次一评""一事一评"评价结果应通过一体化在线政务服务平台和政府网站等渠道对外公开，发布"好评"和"差评"典型案例，接受社会监督。

（二）激励机制

将评价结果作为单位、个人绩效考核.评选先进的重要依据。

（三）数据分析研判

运用互联网、云计算、大数据、人工智能、区块链等技术，宜加强对评价数据的全口径跟踪分析和综合挖掘，及时归纳发现政务服务的堵点难点，分析研判服务对象的诉求和期盼，推动各级政务服务机构有针对性地改进服务。

附录 A（规范性）

政务服务"一次一评""一事一评"差评评价内容

表 A.1 给出了政务服务"一次一评""一事一评"中差评评价内容。

表 A.1 政务服务"一次一评""一事一评"差评评价内容

评价维度	差评选项
1.服务态度 （勾选）	（1）不一次性告知； （2）工作人员推诿扯皮； （3）工作人员服务态度生硬
2.服务质量 （勾选）	（1）不能跑一个大厅办完； （2）服务指南看不懂有错误、无样本、少清单； （3）申请材料繁琐，同样材料多次提交； （4）办事环节繁多、程序复杂； （5）多头跑窗口和部门，跑动次数与承诺的不一致； （6）承诺网办但无法在线办理； （7）服务收费不透明不合理； （8）在办事指南之外增加新的审批条件
3.服务效率 （勾选）	（1）咨询不方便、回复不及时； （2）网上申请不便捷； （3）排队等候时间长.重复取号排队； （4）工作人员业务不熟练； （5）未在承诺时限内办结
4.服务环境 （勾选）	（1）服务导询不到位； （2）服务标识不清晰； （3）窗口分区不合理； （4）服务网络（系统）不稳定； （5）服务设施设备不便民
5.其他 （填选）	为服务对象自主填写项

附录 B（规范性）

政务服务"一次一评""一事一评"公开评价指标值

各级政务服务机构开展政务服务"好差评"工作，宜将后台收集的数据按计算方法进行统计评价，并将评价结果向社会公布。公开评价指标值算法如下。

a)"好评"率 S_1 按公式（B.1）计算。

$$S_1 = 1 - \frac{T}{M} \times 100\% \tag{B.1}$$

式中：
S_1——"好评"率；
T——有效差评件总数；
M——总评价次数（即主动评价次数与超时"未评"次数之和）。

b) 主动评价"好评"率 S_2 按公式（B.2）计算。

$$S_2 = \frac{I}{P} \times 100\% \tag{B.2}$$

式中：

S_2——主动评价"好评"率；
I——服务对象主动评价件中"好评"件总数；
P——主动评价件的总次数（需扣除经核实为无效差评的评价次数）。

c)"未评"率 S_3 按公式（B.3）计算：

$$S_3 = \frac{L}{M} \times 100\% \tag{B.3}$$

式中：
S_3——"未评"率；
L——超时"未评"件以及无效差评件的次数之和；
M——总评价次数（即主动评价次数与超时"未评"次数之和）。

d)"差评"回复率 R_1 按公式（B.4）计算。

$$R_1 = \frac{N_1}{D} \times 100\% \tag{B.4}$$

式中：
R_1——"差评"回复率；

N_1——已回复的差评件数;

D——差评件总数。

e)"差评"回访整改率 R_2 按公式(B.5)计算。

$$R_2 = \frac{N_2}{T} \times 100\%$$ (B.5)

式中:

R_2——"差评"回访整改率;

N——经回访已整改完成的差评件数;

T——有效差评件总数。

f)"差评"回访整改满意率 R_3 按公式(B.6)计算。

$$R_3 = \frac{N_3}{N_2} \times 100\%$$ (B.6)

式中:

R_3——"差评"回访整改率;

N_3——经回访对整改结果为满意的件数;

N_2——经回访对整改完成的差评件数。

参考文献

[1] 全国人大常委会.中华人民共和国行政许可法(中华人民共和国主席令第7号)

[2] 国务院行政审批制度改革工作领导小组办公室、国家标准化管理委员会.国务院审改办 国家标准委关于推进行政许可标准化的通知(审改办发〔2016〕4号)

[3] 中共中央办公厅、国务院办公厅.关于深入推进审批服务便民化的指导意见

[4] 国务院办公厅.全国一体化在线政务服务平台政务服务"好差评"系统建设方案(国办电政函〔2019〕242号)

[5] 国务院办公厅.国务院办公厅关于建立政务服务"好差评"制度提高政务服务水平的意见(国办发〔2019〕51号)

[6] 国务院办公厅.关于开展2020年度省级政府一体化政务服务能力(政务服务"好差评")第三方调查评估工作的通知(国办电政函〔2020〕90号)

第二篇
发展综述

2020年中国电子政务发展综述

2020年是国家政务信息化"十三五"（2016—2020）规划的收官之年。结合这一期间党和国家发布的一系列重要文件、百姓和企业的满意度，对中央和地方政务部门在数字政府、公共服务、疫情防控、新技术应用、网络安全方面取得的成果进行综合评述。

一　数字政府取得实质性进展

2020年9月召开的党的十九届五中全会通过的《中共中央关于制定国民经济和社会发展第十四个五年规划和二〇三五年远景目标的建议》提出，建设数字政府。2021年《政府工作报告》也提出提高数字政府建设水平。到《"十三五"国家政务信息化工程建设规划》（国函〔2017〕93号）（以下简称《政务信息化规划》）收官之时，数字政府所涉及的政务大工程、政务数据中心、政务数据应用、政务信息系统整合、政务信息资源共享等方面，都取得了明显成效。

（一）政务大工程

《政务信息化规划》进行了国家政务信息化的顶层设计，提出在"十三五"建设执政能力、民主法治、综合调控、市场监管、公共服务、公共安全等6大系统工程，构建形成大平台共享、大数据慧治、大系统共治的顶层架构。"十三五"期间，经各主管部门的通力合作，形成了以中共中央办公厅牵头的执政能力工程框架、中共中央政法委员会牵头的民主法治工程框架、国家市场监督管理总局（以下简称"市场监管总局"）牵头的市场监督管理工程框架、应急管理部牵头的公共安全工程框架。《政务信息化规划》确定的政务信息化大工程得以有效实施。《2020年最高人民法院电子政务发展概况》反映，列入《民主法治信息化工程框架》的最高人民法院，突出数字政府的数据应用为核心，以"大数据、大格局、大服务"理念为指导，构建了全国法院跨层级、跨地域、跨系统、跨部门、跨业务的人民法院大数据管理和服务平台，实现了全国法院数据的汇聚和管理、审判态势分析、司法统计、分平台服务、外部数据融合，深化司法公开、促进司法公正、践行司法为民、支持科学决策。至2020年已建设法院专网端14个节点、互联网端35个节点，合计上链数据超过4.8亿条，遴选确定全国71家法院共计93个应用场景开展司法链试点工作，实现存证验证、可信操作和智能合约三个层面上的司法链典型应用取得实质性成效。《2020年最高人民检察院电子政务发展概况》反映，列入《民主法治信息化工程框架》的最高人民检察院，推进国家检察大数据中心、智慧民事检察监督平台、信息化检察办案平台、中国检察听证网，2020年已累计办理各类案件4700余万件，四级检察机关已累计咨询、解答问题超过10万。《2020年市场监管总局电子政务发展概况》反映，牵头统管

《市场监管信息化工程框架》的市场监管总局，构建智慧监管工作推进小组，开展市场监管信息化工程立项，建立了智慧监管工作推进机制，制定时间表、路线图、任务书，推进了食品安全监管、食品生产许可、食品生产日常监督等8个系统建设和业务监管。《2020年民政部电子政务发展概况》报告，列入《公共安全信息化工程框架》的民政部，完成了部门可行性研究报告、初步设计方案等文件编制并通过专家评审，按照党中央对密码工作统一部署，完成民政国产密码应用示范建设方案编制并报国家发展和改革委员会（以下简称"国家发展改革委"）立项。

（二）政务数据中心

《政务信息化规划》提出，建成全国一体化的国家大数据中心，有力促进网络强国建设，显著提升宏观调控科学化、政府治理精准化、公共服务便捷化、基础设施集约化水平，总体满足国家治理创新需要和社会公众服务期望。《关于加快构建全国一体化大数据中心协同创新体系的指导意见》（发改高技〔2020〕1922号）提出，到2025年，全国范围内数据中心形成布局合理、绿色集约的基础设施一体化格局。形成包含"数网""数纽""数链""数脑"的大数据中心体系架构。《2020年最高人民检察院电子政务发展概况》报告，最高人民检察院推进国家检察大数据中心一期建设，检务协同平台和文书解析平台效能初步显现。完成最高人民检察院本级数据资源目录管理平台验证环境搭建，印发《检察信息资源目录体系（试行）》，指导浙江等地开展检察大数据中心建设试点。贯通全国四级检察院的视频会议系统运行稳定，各地积极开展远程提审、远程开庭、远程送达系统建设，为检察办案，特别是疫情期间各项工作顺利开展发挥了较好作用。《2020年自然资源部电子政务发展概况》报告，自然资源部按照统筹布局、统一规划、分步实施的建设原则，通过应用虚拟化、云存储、大数据等新技术，不断完善自然资源数据中心建设，为自然资源部各类基础和专题数据的集成、管理、应用和服务，为自然资源部数据的接收、加工、处理、存储、运行、安全管理和全国不动产登记信息管理基础平台，综合办公系统，自然资源三维立体"一张图"，智能审批系统，综合信息监管平台，天地图等各类应用提供了有效支撑。《2020年中国气象局电子政务发展概况》报告，中国气象局初步建立了数据中心的数据资源标准体系，发布气象数据中心的预报预测、人力资源、办公管理等主题数据库，实现管理数据资源的集约化管理和共享，融入大数据云平台。完成建设气象管理数据中心软件系统主体功能，实现管理数据的汇聚、治理、加工分析、存储管理和共享服务，实现全流程的一体化业务监控，"气政通"正式入驻气象业务统一监控系统（"天镜"）。《2020年海南省电子政务发展概况》报告，海南省已经建成并持续完善全省统一的电子政务外网、省政务数据中心、省政务云、省政务中台、省区块链平台，基本形成"一张网、一个中心、一朵云、一个中台、一条链"的信息基础设施建设格局；建成海南省统一的信息共享交换平台、政府数据开放平台、海南省政府大数据公共服务平台"三大"大数据基础平台，其中，海南省大数据公共服务平台2019年被中国信息协会评为"2019年中国政府信息化卓越成就奖"。

（三）政务数据应用

《关于加快构建全国一体化大数据中心协同创新体系的指导意见》（发改高技〔2020〕1922号）指出，数据是国家基础战略性资源和重要生产要素，以应用为导向，充分发挥"云集约"调度优势，引导各行业合理使用算力资源，推动算力、算法、数据、应用资源集约化和服务化创新，推动各行业数据智能应用，形成"数脑"体系。以数据为核心，以应用为导向，成为"十三五"数字政府应用的重要核心。《2020年最高人民法院电子政务发展概况》反映，最高人民法院突出数字政府的数据应用为核心，以"大数据、大格局、大服务"理念为指导，构建了全国法院跨层级、跨地域、跨系统、跨部门、跨业务的人民法院大数据管理和服务平台，实现了全国法院数据的汇聚和管理、审判态势分析、司法统计、分平台服务、外部数据融合，深化司法公开、促进司法公正、践行司法为民、支持科学决策。至2020年遴选确定全国71家法院共计93个应用场景开展司法链试点工作，实现存证验证、可信操作和智能合约三个层面上的司法链典型应用取得实质性成效。《2020年水利部电子政务发展情况》提出以数据应用为核心。数据治理方面，对接全国河长制管理信息系统等业务应用数据，更新水利基础数据9类13.9万条。新增水利行业和跨行业共享数据8类21.6万条。核定全国正常运行水库98247座。数据应用方面，为优化"全国水利一张图"的应用，拓展"一张图"服务支撑范围，新增病险水库安全度汛、洪水遥感监测专题，服务超标洪水防御。全年为各级水利部门100多个业务应用持续提供地理信息服务。《2020年农业农村部电子政务发展概况》提出，强化数字政府的决策支持。农业农村部快速推出全国农业农村应对新冠肺炎疫情数据服务平台，助力农村地区疫情防控和春季农业生产。强化重点农产品市场信息平台保障工作，通过20多个渠道多频度整合汇聚粮、棉、油、糖、畜禽产品、水产品、蔬菜、水果等8大类15个重点农产品全产业链数据。"三农"舆情监测管理平台功能不断完善。2020年新增监测站点1109个，总监测站点超过8万个，全年抓取并清洗后形成有效舆情数据1088万条，全年编报各类舆情简报及分析报告600余期，同比增长50%，累计向部内有关司局发送预警信息1000余条，为有效应对处置相关舆情赢得了主动。《2020年生态环境部电子政务发展概况》提出增强数字政府的基础设施建设。强化"一朵云"。提升生态环境云服务和管理能力，扩容云计算资源，规范优化云服务流程，加强云上系统数据备份和安全防护。拓展"一张网"。推进省、地市、区县生态环境业务专网与国家电子政务外网整合，保障"全覆盖、全连通"常态化。丰富"一个库"。建立全国固定污染源统一数据库更新机制和技术标准，完成第二次全国污染源普查数据整合入库，为环境执法、排污许可清理整顿等工作提供支撑。升级生态环境"一张图"。实现按任意区域（行政区划、重点区域、重要流域及海区等）展示环境质量、污染源、核安全、环境监管等生态环境信息。《北京市2020年电子政务发展概况》表明，北京市不断提升数据应用水平，制定《领导驾驶舱应用推广工作方案》《领导驾驶舱运行管理办法》，推进北京市发展和改革委员会、北京市财政局、北京市教育委员会、北京市民政局等10余个部门开展应用试点。依托北京市大数据平台，支持北京市首贷服务中心应用与政务数据的对接，完成了税务数据到北京市首贷服务中心的全链路贯通。加快推动"城市大脑"试点工作，以街道"城市大脑"应用试点为基础，组织开展北京城市"大脑"总体架构设计研究，编制试点工作方案。

(四)政务信息系统整合

《政务信息系统整合共享实施方案》(国办发〔2017〕39号)提出,为从根本上解决我国政务信息化建设存在的"各自为政、条块分割、烟囱林立、信息孤岛"问题,要通过"摸清家底、清除僵尸、系统整合"的手段,将分散的、独立的信息系统整合为一个互联互通、业务协同、信息共享的"大系统"。《2020年农业农村部电子政务发展概况》报告,农业农村部整合了6个单位的17个独立业务信息系统,并与国家政务服务平台对接;全国植物检疫信息化管理系统等垂管系统与国家政务服务平台完成对接;"三农"舆情监测管理平台向部系统和省级农业农村部门延伸,初步形成业务系统建设模式从以部门为中心向业务协同转变的格局。《2020年自然资源部电子政务发展概况》报告,2020年,按照国家政务信息系统整合共享要求,自然资源部重新梳理了目前在线运行的全部系统,对部外网和业务网上运行的所有重要信息系统,按照业务、网络及服务对象整合成9大系统。《2020年中国气象局电子政务发展概况》报告,2020年,中国气象局首次实现管理应用系统的全国集中部署、统一建设的气象政务管理信息系统("气政通")全面纳管7个列入国家政务信息整合共享清单的已建管理应用,依托"气政通"开放性框架,已横向扩展整合了面向综合办公、计划财务、人事人才、党务管理的4类管理职能。《2020年生态环境部电子政务发展概况》提出,针对部属单位信息化归口部门和工作人员实施双重管理,生态环境部协同推进信息系统整合、信息化统一运维、网络安全攻防演习等重点工作。改革创新资金管理。统筹信息化资金,归口管理并组织开展信息化预算项目申报、执行、绩效评估、审计等工作,落实"一支笔"审核、"一本账"管理。2020年度实现部系统信息化建设预算全部集中至信息中心执行,资金集约管理逐步加强。《2020年市场监管总局电子政务发展概况》报告,市场监管总局完成食品安全监管的食品抽检、食品生产许可电子化管理、食品生产日常监督检查数据管理等8个相关系统的迁移工作,为提升食品信息化整合保障奠定基础。完成市场监管总局多办公区网络整合,构建从总局到省局间的统一网络体系,高效保障全国视频会议使用,全年服务各类会议825次,较2019年增幅达96.9%。积极推进贵阳分中心建设、无锡机房搬迁和广州灾备中心升级改造工作,有序推进灾备中心资源整合,初步构建市场监管总局容灾建设"三地三中心"格局。

(五)政务信息资源共享

《政务信息资源共享管理暂行办法》(国发〔2016〕51号)提出,政务信息资源实行"以共享为原则,不共享为例外"的原则,政务信息资源划分为基础类、主题类、部门类。《政务信息资源目录编制指南(试行)》(发改高技〔2017〕1272号)提出,政务信息资源目录实行"类、项、目、细目、数据清单"的"4+1"体系,依托国家共享平台和配置的前置系统,实行政务之间的信息共享和业务协同。《2020年水利部电子政务发展情况》报告,水利部制定了《水利信息资源共享管理办法(试行)》,推进水利数据目录服务体系建设、水利信息资源协同共享与更新机制建立。加快实施数据资源整合共享,建立水利部与长江水利委员会、黄河水利委员会、淮河水利委员会、太湖流域管理局等4个流域管理机构及10个省级水利部门实现水利一张图服务对接和共享调用。发布水利数据目录服务编制指南，初步建立水利数据资源体系框架。依托国家数据共享交换平台，推进跨部门数据共享，畅通数据资源获取和共享渠道。《2020年最高人民法院电子政务发展概况》反映，最高人民法院以智能化服务和共享协同为重点，以体系集成功能模块为基础，进一步集成融合和健全完善各类应用系统，建设数据共享交换平台，充分支撑业务协同和信息共享。数据共享交换平台对接了70%以上的高级人民法院，初步形成了两级数据共享交换体系；打通了与中央政法委员会、最高人民检察院、公安部、司法部，以及银行、证券、渔政等政企单位的数据交换和业务协同通道，为跨业务、跨层级、跨部门、跨网系的协同应用提供了支撑。《2020年自然资源部电子政务发展概况》反映了《国务院机构改革方案》对数据资源共享协同的推进作用：组建的自然资源部将遥感数据与相关部门的职能合并，不仅提升了自然资源的矿产资源规划、生态红线评估、自然保护地等三维立体"一张图"的建设，而且也对"主体功能区规划一张图""城乡规划管理一张图""水资源调查和确权登记一张图""草原资源调查和确权登记一张图""森林湿地等资源调查和确权登记一张图"等具有重要的推进作用。《2020年民政部电子政务发展概况》全面贯彻落实国家整合共享的战略部署，以民政网信工作朝着高质量发展方向再上新台阶为目标，全面推进金民工程的系统化、集约化建设应用，构建形成金民工程的业务系统、民政一体化政务服务、政务管理系统、共享平台、大数据中心、运维系统、安全系统的"大系统"。《2020年江苏省电子政务发展概况》表明，2020年江苏省数据共享交换平台发布目录11660类，挂接资源7653类，提供接口1041个，累计服务10.8亿次，其中国家接口6.7亿次，省内接口4.1亿次。江苏政务服务网办件库累计归集数据5.16亿条，上报国务院办公厅3.73亿条，支撑"证照分离"改革、江苏省政务服务管理办公室全国垂直管理系统试点、"互联网+监管"、长三角"一网通办"服务平台等业务数据归集交换，数据共享服务有效支撑了"不见面审批"的公共服务，其中上报国家证照数量排名全国第3。《2020年广东省电子政务发展概况》显示：广东省全面建成人口、法人、自然资源和地理空间、社会信用信息等4大基础数据库，形成共用共享资源池，带动71个部门和21个地市业务数据互通，并对接国家一体化政务服务平台，归集数据超过255亿条。通过统一数据开放平台，向社会开放企业监管、质量安全、财税金融、社保就业等领域1.47亿条数据，全省政务数据同源和开放共享规模居全国前列。《2020年山西省电子政务发展概况》显示，为强化信息资源共享开放的公共服务，截至2020年12月15日，省级资源访问总量增加298.3075万次，国家级资源访问总量增加6.7198万次，新增省级资源13个接口、25项库表、20项文件夹，新增可从省平台发起申请的国家资源8102项，新增总目录数1483条（含共享目录1478条，开放目录647条），新增库表推送量34.18亿条和库表接收量8.25亿条，处理各类申请467次。

二 公共服务取得成功发展

党的十八大以来，国家于2012年启动了国家智慧城市试点，2014年实施了信息惠民工程，2016年开展"互联网+政务服务"工程，2018年推行全国一体化在线政务服务，

2020年提出传统服务方式与智能化服务创新并行以解决老年人在运用智能技术方面遇到的困难，不断深化我国的公共服务。在中央和地方政府部门的共享努力下，公共服务的简政放权和优化服务、全国一体化政务服务、"互联网＋监管"、解决老年人运用智能技术困难等都取得了实质性的进展。

（一）公共服务的简政放权和优化服务

《国务院办公厅关于简化优化公共服务流程方便基层群众办事创业的通知》（国办发〔2015〕86号）指出，为群众提供优质高效便捷的公共服务，是加快转变政府职能，推进简政放权、放管结合、优化服务改革的重要内容。要全面梳理和公开公共服务事项目录，坚决砍掉各类无谓的证明和烦琐的手续，大力推进办事流程简化优化和服务方式创新。《2020年水利部电子政务发展情况》报告，水利部联合国务院办公厅电子政务办公室印发《关于依托全国一体化在线政务服务平台做好取水许可证电子证照应用推广工作的通知》（国办电政函〔2020〕45号），提出了2020年年底前各地区要梳理取水许可证在政务服务领域的应用目录，推动实现取水许可电子证照在全国一体化平台深度应用，实现取水许可证相关业务在省（自治区、直辖市）内和跨省（自治区、直辖市）"一网通办"。解决了取水许可电子证照应用目录，将水利部7大流域管理机构和22个省级行政区与全国取水许可电子证照系统对接，并具备省、市、县三级发放能力。《2020年农业农村部电子政务发展概况》提出，农业农村部53项政务服务事项全部进驻平台并实现线上办理，其中4个政务服务事项实现全流程无纸化；上线运行"益农e服"移动端APP，"好差评""投诉建议"系统，平台电脑端、移动端、窗口端等多端同源无差异服务，实现了"一号申请、统一受理、一网通办、集中反馈"，网上可办率100%，单点登录率100%，办件满意度100%。《2020年广东省电子政务发展概况》报告，广东省超2万项高频事项实现"四免"，超过200项"一件事"主题集成服务实现"一张表单、一套材料"。建立全省政务服务大厅标准体系，推广一窗通办模式，建成线上线下全覆盖的"好差评"体系。推动政务服务跨省通办。在全国率先上线泛珠三角区域"跨省通办"服务专区，16个地市与泛珠三角区域九省区通过线下开专窗、线上设专栏方式，实现3644项高频事项跨省通办。发挥数字政府一体化平台优势，创新粤（广东）、港（香港）、澳（澳门）三地政务服务跨境通办业务场景和服务模式。

（二）全国一体化政务服务

《国务院关于加快推进全国一体化在线政务服务平台建设的指导意见》（国发〔2018〕27号）指出，2020年年底前，国家政务服务平台功能进一步强化，各省（自治区、直辖市）和国务院部门政务服务平台与国家政务服务平台应接尽接、政务服务事项应上尽上，全国一体化在线政务服务平台标准规范体系、安全保障体系和运营管理体系不断完善。《"互联网＋政务服务"技术体系建设指南》（国办函〔2016〕108号）指出，"互联网＋政务服务"平台体系由国家级平台、省级平台、地市级平台三个层级组成，各层级之间通过政务服务数据共享平台进行信息共享和业务协同，实现政务服务事项就近能办、同城通办、异地可办。《2020年人力资源社会保障电子政务发展概况》在"互联网+政务服务"中，围绕"一卡通""一网通办"，发布了《人力资源社会保障信息化便民服务创新提升行动方案》《关于进一步优化人社公共服务切实解决老年人运用智能技术困难实施方案的通知》等文件，推进了至2020年年底全国持卡人数13.35亿人，电子社保卡签发超过3.67亿张，全国"一网通办"服务40项，属地服务700余项。24个省的部分地市通过社保卡发放惠民惠农财政补贴资金，28个省的部分地市（228个）支持电子社保卡移动支付就医购药，16个省的部分地市实现社保卡乘坐城市公共交通，15个省的部分地市实现凭卡进图书馆、博物馆、公园、景区等，部分地区实现凭卡享受养老服务、残疾人服务、智慧城市服务等。山西、福建、四川、广西等12个省（自治区、直辖市）的52个地市依托电子社保卡，开展职业技能电子培训券试点，推动职业技能提升行动深入实施。《2020年民政部电子政务发展概况》报告，民政部完成民政一体化政务服务平台开发、测试和部署试运行，实现50余项个人和社会组织法人服务事项整合对接，以及1100余项地方民政政务服务事项的跳转链接接入，统筹整合各类民政业务系统及数据资源，实现与国家平台互联互通，通过规范政务服务事项、优化政务服务流程、融合线上线下服务、推广移动政务服务等举措，推动民政政务服务跨地区、跨部门、跨层级协同办理和数据共享。围绕基本民生保障，深入开展基于互联网的社会救助、儿童福利、救助寻亲、残疾人福利应用。推广应用全国社会救助信息系统，对接公安、扶贫办、住建、金融、工商等部门的人口、收入和财产信息，不断提高社会救助对象认定准确性。开展"儿童福利信息动态管理精准化提升年"专项行动，依托全国儿童福利信息系统，建立事实无人抚养儿童、农村留守妇女信息台账，完善农村留守儿童信息台账，开展事实无人抚养儿童大数据比对，将漏保的儿童及时纳入保障。优化完善全国残疾人两项补贴信息系统，增加全国"跨省通办"、实时监测比对等功能，有效满足残疾人异地申请两项补贴需求。《2020年水利部电子政务发展情况》报告，在国家政务服务平台录入和发布政务服务基本目录30项、实施清单62项，业务办理82项，实现了水利部政务服务事项"应上尽上"。全年共受理水利行政审批事项569件，办结行政审批事项570件，变更事项738件，接听行政审批事项咨询服务电话6000余个，QQ在线答疑1000余次，事项办结满意度100%。《2020年教育部电子政务发展概况》加大了一体化在线教育服务，为282万余名自然人、5500多名法人制证894万张，推进7项行政审批事项、7项服务事项办理。《2020年中国气象局电子政务发展概况》反映，2020年基本建成中国气象一体化政务服务平台，覆盖4级气象部门8项行政许可事项"一网通办"，逐步取消15项部门规章设定的证明事项，完成了8项行政许可事项的调整。《2020年北京市电子政务发展概况》表明，北京市以"十统一"为支撑，打造政务服务总门户、总枢纽。完善覆盖市、区、乡街、村居四级的市网上政务服务大厅，64个市级部门和16个区、北京经济技术开发区全部入驻，个人用户总数达2040万，企业用户数达210万。在"北京通"APP、微信、支付宝、百度4个渠道小程序上线1000余项政务服务事项，推动公积金、社保等55个领域事项移动端办理。以"京津冀+雄安"为重点，大力推进政务服务"跨省通办"。增加20个高频主题，实现130项政务服务和48项便民服务"京津冀+雄安"四地可办。《2020年新疆维吾尔自治区电子政务发展概况》提出，为强化一体化在线政务服务，新疆维吾尔自治区2020年完成了"互联网+监管"项目建设，采用"1+14"［1个自治区中心平台和14个地（州、市）级平台］的统一模式，对自治区、地（州、市）、县（市、区）三级政府部门监管事项10930项、实施清单56346项、市场监管的2600多万条数据进行监管，较好地提升了"双随机、一公开"、联合监管、投诉举报、效能管理、风险预警、移动监管、非现场监管的监管能力。《2020年长沙市电子政务发展概况》显示，长沙市强力推进各级业务系统与平台对接，实现四级全覆盖和常态使用，创新运用RPA（机器人流程自动化）解决二次录入难题，307件高频政务服务事项实现"一件事一次办"，"减时间"缩减率达到85%，平均跑动次数小于0.3次。全市"一门式"事项完成所有村（社区）信息化流转配置，已产生办件34万余件。在2019年度国家网上政务服务能力第三方评估中，长沙首次跻身全国重点城市前十。2020年，长沙数字政府服务能力获评全国重点城市优秀级、市政务服务门户"一件事一次办"获评"省会及计划单列市十大优秀创新案例"。

（三）"互联网+监管"

《国务院关于加强和规范事中事后监管的指导意见》（国发〔2019〕18号）提出，深入推进"互联网+监管"，把更多行政资源从事前审批转到加强事中事后监管上来，落实监管责任，健全监管规则，创新监管方式，加快构建权责明确、公平公正、公开透明、简约高效的事中事后监管体系，形成市场自律、政府监管、社会监督互为支撑的协同监管格局，切实管出公平、管出效率、管出活力。据《国务院"互联网+督查"实施两年来工作综述》表明，两年来，国办督查室直接派员实地核查问题线索120余次，发现和推动解决问题的平均时间缩短至3天以内。截至2021年4月，"曝光台""督查回声"栏目公开发布督查结果150余篇，通报曝光典型问题300余个，通过中央主要媒体曝光问题110余个，"互联网+督查"已经成为政府系统通报频率最高、通报问题最翔实、通报内容最权威的监督平台。同时，促进了地方和部门举一反三自查自纠，也增强了督查的权威性和影响力，提升了党和政府的公信力。《2020年市场监管总局电子政务发展概况》反映了构建智慧监管工作推进小组，开展市场监管信息化工程立项，建立了智慧监管工作推进机制，制定时间表、路线图、任务书，推进了食品安全监管、食品生产许可、食品生产日常监督等8个系统建设和业务监管。《2020年国家文物局电子政务发展概况》显示，国家文物局制定了《全国重点文物保护单位文物保护工程进度监管暂行规定》，建立文物保护工程台账，实施动态跟踪，专项督导进度较慢工程，全面加强进度监管。落实"放管服"要求，加强国保单位项目的事中事后监管，2020年度集中评审国保单位项目计划1182项，批准458项，推动文物建筑预防性保护。同时，按照"双随机一公开"要求，探索从办事业向管事业的转变。指导完成21万件文物拍卖标的审核备案，35万件涉案文物鉴定评估，5万件文物进出境审核。立项国家标准14项、行业标准13项，发布国家标准2项、行业标准17项。《2020年江苏省电子政务发展概况》报告，江苏省制定了《关于加强和规范事中事后监管的实施意见》，创新提出明确监管职责，加强重点监管，突出强化服务督查督办，"互联网+监管"能力位居全国前列。《2020年广东省电子政务发展概况》显示，广东省以数字政府改革建设为突破口，建设"互联网+监管"平台，实现企业监管信息"一户一档"，实施"靶向"监管，支持深圳推进实施"湾区通"改革项目，开展市级"互联网+监管"综合试点，规划建设大湾区大数据中心，168项行政服务在全国率先实现全流程秒批秒办。

（四）为老年人提供政务服务

《关于切实解决老年人运用智能技术困难实施方案的通知》（国办发〔2020〕45号）指出，公共服务涉及老年人的高频事项和服务场景，坚持传统服务方式与智能化服务创新并行，切实解决老年人在运用智能技术方面遇到的突出困难，确保各项工作做实做细、落实到位，为老年人提供更周全、更贴心、更直接的便利化服务。《2020年人力资源社会保障电子政务发展概况》反映，人力资源和社会保障部（以下简称"人社部"）制定了《关于进一步优化人社公共服务切实解决老年人运用智能技术困难实施方案的通知》（人社部发〔2020〕94号），推进各级人社部门为老年人等群体提供智能技术、传统大厅两类服务渠道，实现主动、贴心服务。《2020年民政部电子政务发展概况》反映，民政部制定了《关于切实解决老年人运用智能技术困难的实施方案》，加快推进养老服务"跨省通办"、养老机构网上备案，制订解决老年人在民政服务领域运用智能技术困难实施方案，保障老年人基本服务需要，弥合老年人面临的"数字鸿沟"。通过微信、APP等多种渠道开展婚姻登记智能咨询、网上预约、材料预审等便民服务，通过人脸识别、指纹比对等技术，提升婚姻登记工作的数字化、精细化、智慧化水平，推进婚姻登记历史数据补录，不断完善婚姻登记信息数据库，提升信息交换共享的质量和水平。《2020年教育部电子政务发展概况》报告，教育部政府门户网站增设了信息无障碍浏览功能，满足残疾人、老年人等特殊群体获取网站信息的需求；法语、西班牙语、阿拉伯语版本上线，门户网站已形成以英文版为主，6个小语种为辅的外文网站群；门户网站全平台访问量2.02亿次，年度发布信息总量31564篇。

三 疫情防控取得决定性胜利

2020年9月，习近平总书记在全国抗击新型冠状病毒肺炎疫情（以下简称"新冠肺炎疫情"）表彰大会的重要讲话中指出，病毒突袭而至，疫情来势汹汹，我们坚持人民至上、生命至上，以坚定果敢的勇气和坚忍不拔的决心，迅速打响疫情防控的人民战争、总体战、阻击战，用1个多月的时间初步遏制疫情蔓延势头，用2个月左右的时间将本土每日新增病例控制在个位数以内，用3个月左右的时间取得武汉保卫战、湖北保卫战的决定性成果，进而又接连打了几场局部地区聚集性疫情歼灭战，夺取了全国抗疫斗争重大战略成果。在此期间，信息化对疫情防控发挥了重要作用，在全国信息化疫情防控、疫情防控健康码、疫情防控APP等方面，都取得了杰出的成效。

（一）全国信息化疫情防控

《关于进一步做好重点场所重点单位重点人群新冠肺炎疫情防控相关工作的通知》（国办发明电〔2020〕16号）提出，坚持实施"外防输入、内防反弹"的防控策略，进一步完善应急和常态化防控结合的措施与机制，要细化精准实施分区分级差异化的办公场所和公共场所防控措施、强化特殊单位防控和人员防护措施。注意对生活服务类场所、开放式活动场所、密闭式娱乐、休闲场所、客运场站和公共交通工具、特殊单位场所、企事业单位等不同场所的疫情防控。2020年1月暴发新冠肺炎疫情以来，党和国家以特有的组织能力强化了疫情防控援助。截至2020年3月10日，中国人民解放军、中央和国家部委、19个省区市鼎力相助武汉湖北疫情防控，派出340多支医疗队、42000多名医务人员，打响了疫情防控的人民战争、总体战、阻击战。各地利用已有的信息化条件，助推了疫情防控的援助。《2020年河北省政府电子政务工作概况》提出，全面推进云视频的疫情防控服务。在182个县（含14个高新技术开发区）的政府部门、医院、机场等单位安装部署云视频系统，在121家县级定点医院部署605个视频监控点位，包括发热门诊、远程会诊室、隔离病房楼道、隔离病房、核酸检测室5类场景点位。全省各级各部门共召6000余次各类云视频会议，日均50余次。发挥了云视频"方便、快捷、高效"的优势，提高了疫情防控效率。《2020年海南省电子政务发展概况》报告，海南省重视疫情防控，建成全天候、实时性的人流、物流、资金流进出岛信息管理系统和社会管理信息化平台，实现对进出岛"每一个人、每一件物品、每一分钱"的精准识别和管控。"码上办事"平台实现了与全国各地"健康通行码"互通互认，有效服务统筹疫情防控和经济社会发展。《2020年青岛市电子政务发展概况》提出，扩展已有公共服务系统为疫情防控服务，第一时间组织上线"公共场所扫码系统""大数据疫情分析平台"等10余个应用，助力快速溯源、精准防控。全国首创"空港口岸入境旅客信息管理系统"，实现入境人员全流程闭环管理，有效防止境外疫情倒灌。建成了汇聚25类数据的疫情防控专题库，以及入境人员数据库、重点地区入青人员数据库，为20余个部门共享疫情防控相关数据1.3亿余条次，为全市疫情防控提供了有力支撑。

（二）疫情防控健康码（APP）

《国家卫生健康委办公厅关于加强信息化支撑新型冠状病毒感染的肺炎疫情防控工作的通知》（国卫办规划函〔2020〕100号）指出，依托全国一体化在线政务服务平台、各级卫生健康行政部门官方网站、官方微博，居民电子健康卡等多种途径，开展疫情信息查询、定点救治医院及发热门诊查询导航、主动申报与线索提供、新型冠状病毒科普预防知识传播等服务，方便群众及时获取权威信息，科学认识疾病，做好自身防护。2021年年初，国家政务服务平台根据《全国一体化政务服务平台防疫健康信息码接口标准》与广东、上海、云南、贵州、广州、上海、天津、深圳、重庆等各地健康码对接，逐步完善提供本地健康信息码相关管理和服务，并实现各地区健康信息码互信互认。《2020年广东省电子政务发展概况》报告，广东省依托数字政府一体化平台和大数据中心，创新推出"粤康码"应用，并拓展到跨境司机管理、冷链物流追溯、跨境人员管理等多个场景，及时推广"非接触式"政务服务，减少人员聚集。全面建成全省"一片云、一张网"。按照系统化、整体化建设思路，统一规划建设全省公共基础支撑体系，集中支持粤东、粤西、粤北欠发达地区基础设施建设。省财政三年安排约12亿元支持14个欠发达地市政务云网基础设施和政务大数据中心建设，推动全省疫情防控信息化水平实现均衡发展。《2020 年青岛市电子政务发展概况》表明，青岛市创新"一码通"，制定《青岛市"一码通城、无感通行"试点工作实施方案》，拓展二维码和人脸识别应用，在政务服务、交通出行、医药卫生、文化旅游等 8 大领域，实现身份认证、便捷支付等场景应用，推进全市"一码通城、无感通行"。依托"青e办"APP，创新性建设了一码通城的"码包"，已汇聚了健康码、身份证码、医保电子凭证、电子社保码等多种码，市民一键切换，多个场景使用。《2020 年北京市电子政务发展概况》表明，北京市结合全市疫情监测分析、筛查密切接触人员等现实需求，研发"北京健康宝"、疫情防控 APP 实施精准防疫。开发"疫情跟踪数据报送系统"，支撑全市 7200 个基层社区完成数据填报等防控工作。上线"北京通"APP 抗疫专栏，科学助力疫情防控。结合全市疫情监测分析、筛查密切接触人员等现实需求，研发"北京健康宝"，截至 2021 年 1 月 11 日，累计为 5264.77 万人提供了 32.07 亿次健康状态查询服务。《2020 年长沙市电子政务发展概况》显示，"我的长沙"助力政府移动综合服务广泛覆盖。"我的长沙"APP3.0 版本及系列小程序全新上线，为政务服务、疫情防控提供技术支撑。截至目前，APP 注册用户量突破 300 万人，覆盖全市常住人口近 40%，走在全国前列，同名小程序注册用户量突破 165 万人，超额完成《政府工作报告》下达任务，获评"全国重点城市优秀政务 APP"、2020 银川国际智慧城市博览会"优秀案例奖"。

四 新技术应用取得有效进展

《国务院关于加快培育和发展战略性新兴产业的决定》（国发〔2010〕32 号）指出，加快新一代信息技术产业，推动新一代移动通信、下一代互联网核心设备和智能终端的研发及产业化，促进物联网、云计算的研发和示范应用，大力发展数字虚拟等技术。新一代信息技术是以新一代移动通信、物联网、云计算、区块链、大数据等为代表的高端软件，对于推动信息化具有战略意义。

（一）移动互联应用

《移动互联网应用程序信息服务管理规定》指出，移动互联网应用程序（APP）信息服务的管理，是保护公民、法人和其他组织的合法权益，维护国家安全和公共利益的需要。国家鼓励各级党政机关、企事业单位和各人民团体积极运用移动互联网应用程序，推进政务公开，提供公共服务，促进经济社会发展。在政府治理、市场监管、社会管理、公共服务的信息化过程中，移动互联网应用程序发挥了十分重要的作用。《2020 年中国气象局电子政务发展概况》报告，为满足对突发事件处理和应急事件部署的需求，中国气象局开展了"气政通"移动办公平台的建设，扩展了"气政通"移动办公全国用户近 7000 个，确保了湖北省、武汉市城市封控、小区封闭、居民禁足期间政令畅通、管理不乱、业务不断、服务不散，管理信息化为湖北"保卫战"、武汉"保卫战"的胜利发挥了不可替代的关键作用。《2020 年北京市电子政务发展概况》表明，北京市推动移动政务服务事项掌上办、自助办。在"北京通"APP、微信、支付宝、百度 4 个渠道小程序上线 1000 余项政务服务事项，推动公积金、社保等 55 个领域事项移动端办理。在支付宝和微信政务服务小程序上线"企业服务专区",提供热门服务、常用工具等不同类型的服务专栏,实现 200 余项涉企"办好一件事"及 92 项涉企服务掌上办,打造了北京市移动端的企业服务统一入口。《2020 年广东省电子政务发展概况》报告,广东省推出"粤系列"平台移动服务为主的"粤省事""粤商通""粤政易""三箭齐发","粤商通"平台围绕企业全生命周期服务,上线 47 个省级部门 961 项涉企高频服务,集成 158 类电子证照,创新推出"粤商码"和"亲清政商"专区,该平台注册企业突破 600 万,日均访问量保持在 500 万次,服务覆盖全省一半商事主体。"粤省事"平台集成 87 种个人电子证照,上线 1700 多项高频服务,实名注册用户突破 1 亿,日均访问量保持在 5000 万、业务量 1400 万;公众号关注量超过 1600 万,成为全国政务新媒体的旗舰品牌。"粤政易"平台推出移动办公、会议、通信等 100 多项热点应用,为全省各级 170 万公职人员提供安全稳定的在线办公服务,有效提升行政效率。

(二)大数据应用

《促进大数据发展行动纲要》(国发〔2015〕50 号)开宗明义,大数据是以应用价值高为主要特征的数据集合,从中发现新知识、创造新价值、提升新能力的新一代信息技术和服务业态。大数据是解决政务履职面临重大社会问题的需要,通过大数据的主题模型和主题数据的迭代测试运行,挖掘解决重大社会问题的数据价值,从而调整相关的政策和制度,推进国家治理体系和治理能力的现代化。《2020 年北京市电子政务发展概况》介绍,北京市加快推进大数据顶层设计,制定"八柱"重点领域的 2020—2021 年度行动方案等,围绕顶层框架、现状清单、重点方向、实施路线等制定大数据标准体系框架。53 个市级部门近 1.2 万个数据汇聚落地市大数据平台,有效支撑了疫情防控、"一网通办"、首贷中心、区级"城市大脑"等 50 多项市、区重点应用。落实国务院关于网站集约化试点工作要求,建立全市政府网站集约化统一技术平台,完成 50 多家市级政府部门网站的迁移,汇聚政府网站信息 480 多万条,实现全市政府网站信息"一网通查"。《2020 年海南省电子政务发展概况》提出,为利用大数据解决"九龙治水"的问题,2017 年 8 月,海南省政府提出创新大数据体制机制,按照"数据、人员、资金、管理、技术"五集中的原则,成立了省大数据管理局,为省政府直接管理的法定机构,发布了《海南省大数据开发应用条例》,要求将市县政务信息化纳入全省统筹,推进政务和社会大数据开发应用,具体实施大数据开发应用监督工作。《2020 年长沙市电子政务发展概况》显示,为提升新技术在公共服务中的运用,推进各级业务系统与平台对接,实现四级全覆盖和常态使用,创新运用 RPA(机器人流程自动化)解决二次录入难题,307 件高频政务服务事项实现"一件事一次办","减时间"缩减率达到 85%,平均跑动次数小于 0.3 次。全市"一门式"事项完成所有村(社区)信息化流转配置,已产生办件 34 万余件。2019 年度国家网上政务服务能力第三方评估中,长沙首次跻身全国重点城市前十。2020 年,长沙数字政府服务能力获评全国重点城市优秀级、市政务服务门户"一件事一次办"获评"省会及计划单列市十大优秀创新案例"。

五　网络安全取得成功进展

习近平总书记指出，没有网络安全就没有国家安全，就没有经济社会稳定运行，广大人民群众利益也难以得到保障。要落实网络安全责任制，制定网络安全标准，明确保护对象、保护层级、保护措施。"十三五"期间，我国网络安全防护体系建设、网络安全基础设施建设、网络安全制度和标准建设都得到了相应的加强。

（一）网络安全防护体系建设

《中华人民共和国网络安全法》指出，国家坚持网络安全与信息化发展并重，采取措施，监测、防御、处置来源于中华人民共和国境内外的网络安全风险和威胁，保护关键信息基础设施免受攻击、侵入、干扰和破坏，依法惩治网络违法犯罪活动，维护网络空间安全和秩序。《2020年农业农村部电子政务发展概况》提出，以国家电子政务外网、国家电子政务内网、互联网接入等网络体系架构为基础，统一规划、设计、建设和管理网络安全体系。以国家农业数据中心为核心，建立统一分配管理的IP地址体系和域名体系，持续提升互联网接入能力，推进IPv6网络规划。建立起农业农村部IT智能化运维管理服务平台，利用智能化管理工具，实现了资源统一管理、性能随时监测、故障及时报警分析，确保网络可靠性达到99.99%。强化视频会议基础设施建设。完成视频会议链路专网改造工作；新建1个与国务院视频会议系统互联互通的部级视频会场；完成34个直属单位视频会议室的建设，实现了视频会议部直属单位全覆盖。《2020年北京市电子政务发展概况》表明，北京市十分重视网络安全的检查、预测和防范。2020年7至10月，开展本年度电子政务网络安全检查工作，检查范围涵盖了北京市75家市级委办局单位及区县的139个重要网站和17个政务关键信息基础设施。对检查发现的问题进行信息安全监测预警工作，对监测预警平台发现的全市政务信息安全问题1577起，采用信息安全应急保障措施，所有安全事件均已及时通知、协助责任单位进行处置。《2020年江西省电子政务发展概况》提出，为做好省级电子政务云平台安全保障工作，省级电子政务云平台顺利通过国家信息中心组织的政务云网络安全合规性测评，圆满完成政务云网络安全合规性评测试点。落实网络安全等级保护要求。完成"赣通码"系统、电子政务邮箱、大数据平台、省级政府网站集约化平台等信息系统的等保备案和测评工作，有力保障了全省政务信息系统和数据安全。

（二）网络安全基础设施建设

《关于组织实施2019年新一代信息基础设施建设工程的通知》（发改办高技〔2018〕1556号）指出，突出重点，聚焦信息基础设施网络全局性、基础性、战略性的重大项目，关注重点方向和关键环节；创新方式，充分发挥第三方专业机构作用，确保项目评审公正、规范、科学；强化监管，突出项目主管部门、第三方专业机构和项目实施单位的责任。《2020年民政部电子政务发展概况》表明，民政部加强网络安全保障，以机关办公区迁址为契机，完成以民政政务内网、政务外网为主的全新网络基础架构建设，完成民政大数据中心建设并投入使用。完成面向多应用场景，统一管理、即用即看、安全稳定的"民政云"会议系统建设。全面贯彻落实《中华人民共和国网络安全法》（以下简称"网络安全法"）、网络安全等级保护制度2.0标准，加强关键信息基础设施保护，构建"一个中心三重防护"的防御体系。加强网络安全保障常态化、制度化建设，建立健全应急处置机制，制定值班值守管理办法，加大监测预警、应急处置、信息通报等工作力度。《2020年生态环境部电子政务发展概况》报告，生态环境部重视网络安全基础设施建设，强化"一朵云"。提升生态环境云服务和管理能力，扩容云计算资源，规范优化云服务流程，加强云上系统数据备份和安全防护。拓展"一张网"。推进省、地市、区县生态环境业务专网与国家电子政务外网整合，保障"全覆盖、全连通"常态化。丰富"一个库"。建立全国固定污染源统一数据库更新机制和技术标准，完成第二次全国污染源普查数据整合入库，为环境执法、排污许可清理整顿等工作提供支撑。升级生态环境"一张图"。升级完善了生态环境"一张图"，实现按任意区域（行政区划、重点区域、重要流域及海区等）查询展示环境质量、污染源、核安全、环境监管等生态环境信息，完善系统会商交互与分析功能。优化"一扇门"。完成部网站、微博、微信联合运行，建立编辑协同机制，实现第一时间同步发声，提升"一网两微"合力，为生态环境系统用户提供"一门式"登录服务。《2020年海南省电子政务发展概况》表明，海南省顺利完成省政务外网运维管理平台与国家政务外网运维平台对接任务，完成省级电子政务外网与全部市级政务外网的省市二平面电路调整对接工作，并将省市网络带宽从1G，提升至2GE。推进电子政务外网与专网对接工作，将海南电力专网、省建设银行金融专网、医保专网、政法网等专网与海南省电子政务外网进行网络对接，为全省"互联网+政务服务"工作提供了坚实的基础设施支撑。《2020年山西省电子政务发展概况》显示，山西省重视全省各级政务部门统一的广域网和城域网链路建设，对接入政务外网的地市及厅局节点单位进行调研巡检和建设方案设计，完成《山西省数字政府建设网络基础支撑能力升级改造项目可行性研究报告》和IPv6升级改造项目的评审，组织各厅局完成设备搬迁、链路迁移，业务测试等业务系统迁移上云和办公地址搬迁工作，保障电子政务外网安全稳定运行。

（三）网络安全制度和标准建设

《网络安全法》指出，建设、运营网络或者通过网络提供服务，应当依照法律、行政法规的规定和国家标准的强制性要求，采取技术措施和其他必要措施，保障网络安全、稳定运行，有效应对网络安全事件，防范网络违法犯罪活动，维护网络数据的完整性、保密性和可用性。2019年，国家进行了网络安全等级保护制度和标准的更新发布，为我国的网络安全提供了总体安全要求。《2020年最高人民法院电子政务发展概况》报告，最高人民法院十分重视网络安全制度和标准建设，编制了《最高人民法院信息化项目建设管理办法（修订版）》，为进一步规范最高人民法院信息化项目建设提供科学、合理的政策支撑。在推动中国移动微法院互联网庭审的技术规范，推动各高级人民法院移动微法院分平台开通远程庭审功能，制定发布了《安全隔离与信息交换平台建设要求》《安全隔离与信息交换平台使用和管理要求》《12368诉讼服务平台技术要求》《案件评查管理应用技术规范》等共36项信息化标准，有力指导了全国法院一站式多元解纷和诉讼服务体系建设、司法区块链平台应用、安全隔离与信息交换平台建设应用等工作。《2020年人力资源社会保障电子政务发展概况》报告，人社部基于网络安全基础设施建设，编制了《人力资源社会保障行业信息化领域密码应用实施方案》（人社厅发〔2020〕59号）、《关于印发人力资源社会保障电子印章技术规范的通知》（人社厅发〔2020〕14号），指导各地积极开展电子政务外网建设，加快推进电子政务内网项目主体建设。加强人社部业务专网系统完成建设，提升基础支撑能力。电子政务内网通过各项安全检测，完成与中办国办网络互联互通，应用系统、安全系统对接等。参加公安部组织的网络安全活动，检验全行业网络安全事件应对能力，提高全行业安全防护和应急响应处理能力。《2020年最高人民检察院电子政务发展概况》报告，最高人民检察院十分重视网络安全制度和标准建设，制定了《检察工作网电子认证基础设施建设指南》《检察机关网络安全事件总体应急预案》《检察机关网络安全信息通报工作规范》《检察机关网络安全事件应急演练指南》等制度标准，完成了最高人民检察院本级检察工作网身份认证和电子印章建设并投入使用，完善了检察工作网边界接入安全防护措施，完成了"护网2020"网络攻防演习防守任务，指导各省级检察院系统建设，为政法互联提供安全支撑。《2020年北京市电子政务发展概况》表明，北京市制定了互联网域名服务信息安全管理系统接口规范，互联网域名服务信息安全管理系统技术要求，网络安全应急处置规范，网络安全能力检测要求，物联网信息系统安全运维通用要求第1部分：总体要求、北京市公共数据管理办法、核心网网络管理接口信息模型、IPv6地址实名制管理备案信息应用接口技术要求、IPv6地址实名制管理备案信息核查系统技术要求、IPv6地址实名制管理接入用户信息备案系统技术要求等多项电子政务领域相关标准，进一步健全了电子政务标准体系。

  国家政务信息化"十三五"规划到2020年在数字政府、公共服务、疫情防控、新技术应用、网络安全方面取得了收官之年的成功。但同样也存在很多不足，例如：数字政府方面存在政务大工程审批和建设进度较慢，政务数据中心还欠缺基于数据的主题应用，政务信息系统的整合还不够彻底，政务信息资源的共享开放还需要有较长时期的完善；公共服务在简政放权方面有进展但优化服务方面还需要进一步推进，全国一体化政务服务的系统六级应用和百姓企业的满意度还存在不足，"互联网＋监管"还需要在多方面强化，解决老年人运用智能技术困难的问题还需要进一步解决；疫情防控在内部反弹和外部输入方面还有许多工作要做，疫情防控健康码和APP还需要进一步强化；新技术应用在移动互联方面具有多方面的应用，物联网应用要在多方面展开，大数据应用需要在重建设的同时加强主题模型和主题数据的应用；网络安全在防护体系建设方面具有长时期的加强和关键技术的突破，网络安全基础设施建设具有信创的考验，网络安全制度和标准建设还需要不断满足实战的需要。但只要我们坚持政务信息化的方向自信、设计自信、建设自信、应用自信，坚持在党和国家的正确领导下，坚持"以人民为中心"的理念，就一定能够在"十四五"具有挑战和胜利在望的时期，取得更加有效的成功和举世瞩目的胜利。

第三篇

中央国家机关
电子政务发展概况

2020年最高人民法院电子政务发展概况

"十三五"期间,在以习近平同志为核心的党中央坚强领导下,最高人民法院认真贯彻落实网络强国战略,将信息化作为一场深刻的自我变革,加快建设智慧法院,推进审判体系和审判能力现代化。在全国法院的共同努力下,到2020年,我们建成了以全面覆盖、移动互联、跨界融合、深度应用、透明便民、安全可控为特征的人民法院信息化3.0版,形成了全业务网上办理、全流程依法公开、全方位智能服务的智慧法院。

一 总体情况

2020年是决胜全面建成小康社会、决战脱贫攻坚之年,是人民法院信息化建设规划"十三五"收官、"十四五"奠基之年。面对突如其来的新冠肺炎疫情,最高人民法院坚持以习近平新时代中国特色社会主义思想为指导,深入学习贯彻党的十九届五中全会精神,贯彻习近平法治思想、网络强国战略思想和党中央统筹推进新冠肺炎疫情防控和经济社会发展的重要决策部署,在危机中育先机、于变局中开新局,在坚定不移地做好新冠肺炎疫情防控工作的同时,持续推动智慧法院建设高质量发展,全国法院基本建成"智审、智执、智服、智管"的智慧法院应用体系和全业务网上办理、全流程依法公开、全方位智能服务的法院信息化3.0版,为新冠肺炎疫情期间人民法院各项业务工作正常运行提供了坚强有力的技术支撑。

春节假期后,面对全国严峻的疫情形势,最高人民法院要求深化智慧法院建设和成果应用,规范有序开展在线诉讼活动,更好地满足人民群众司法需求。全国法院主动作为,全国31个省(自治区、直辖市)和新疆生产建设兵团法院充分运用智慧法院建设成果,为疫情防控提供坚强有力司法保障。2020年2月3日至12月31日,全国法院网上立案占比27.25%,较2019年同期增长64.85%;网上开庭89万场,占比8.88%,较2019年同期增长701.00%;网上调解415.6万次,占比42.20%,较2019年同期增长168.23%;网上缴费653.8万次,占总缴费次数的41.07%;网上证据交换164.8万次,占总证据交换次数的18.31%;电子送达2235.5万次,占总送达次数的41.47%;真正做到让群众"一次不用跑",就能完成各类诉讼事项,既维护了社会公平正义,又保护了人民群众生命健康,为坚决打赢新冠肺炎疫情防控阻击战提供了有力的司法服务和保障。

二 具体工作

(一)政务数据资源体系建设方面

最高人民法院以"大数据、大格局、大服务"理念为指导,构建了全国法院跨层级、跨地域、跨系统、跨部门、跨业务的人民法院大数据管理和服务平台（以下简称"平台"）。平台在实现全国法院数据的汇聚和管理、审判态势分析、司法统计、分平台服务、外部数据融合的基础上，打通了法院和法院之间、法院和其他部门之间的"数据孤岛"，为深化司法公开、促进司法公正、践行司法为民、支持科学决策提供了多方面的支撑。实现了多维度审判业务深度分析。最高人民法院为实现"切实解决执行难"的目标，持续发力。一是多维度提升数据治理和大数据服务水平，全面推动司法链深度应用，已建设法院专网端14个节点，互联网端35个节点，合计上链数据超过4.8亿条，遴选确定全国71家法院共计93个应用场景开展司法链试点工作，实现存证验证、可信操作和智能合约三个层面上的司法链典型应用取得实质性成效；推进知识服务应用，目前上线知识服务11项，已在10余家法院开展服务试用，累计调用150万余次，进一步拓展数据汇聚和共享交换服务，向全国法院提供约11亿次服务，日均服务约322万次。二是持续丰富大数据管理和服务平台数据资源种类，目前平台汇聚2.24亿件案件数据、6.13亿份文书、4471万余件电子档案、8107万余件电子卷宗，信息总条数超过79亿。三是着力抓好数据质量提升，全国法院案件覆盖率、案件合格率整体稳定在99%以上，核心数据信息项覆盖率由2019年89.14%提升至98.34%，审判流程公开系统案件有效公开率由84%提升至92%以上，裁判文书覆盖率由85%提升至95%以上，最高人民法院原审电子卷宗调阅成功率由81%提升至97%以上。四是逐步强化共享交换服务能力，2020年全年向全国法院提供约11.23亿次服务，日均服务约322.76万次。案件文书下载服务调用10.31亿次，公民身份信息查询0.45亿次，全国组织机构代码信息接口服务调用0.13亿次，为立案执行工作提供了有效的身份信息验证。五是加强专项融合库建设，建设覆盖8327万案件、7536万文书、7180万电子卷宗、313万庭审视频的融合库，实现各类融合数据在案件详情页面的统一展现。

（二）业务协同体系建设方面

一是建设数据共享交换平台。以智能化服务和共享协同为重点，以体系集成功能模块为基础，进一步集成融合和健全完善各类应用系统，建设数据共享交换平台，充分支撑业务协同和信息共享。数据共享交换平台对接了70%以上的高级人民法院，初步形成了两级数据共享交换体系；打通了与中央政法委员会、最高人民检察院、公安部、司法部以及银行、证券、渔政等政企单位的数据交换和业务协同通道，为跨业务、跨层级、跨部门、跨网系的协同应用提供了支撑。

二是完善执行智慧管理平台功能。基于"1+2+N"执行信息化体系，升级执行案件流程管理系统，重点实现"一案双查"功能模块，统一查处标准；推进"异地执行协作"报备系统功能研发，依托信息化手段实现跨省执行工作开展；推进"专项活动"系统功能研发，实现对涉党政机关、涉金融债券、涉民生、国有企业拖欠中小企业、涉黑恶势力、职务犯罪等六类案件专项管理；推进与最高人民检察院建设"全国执行法院监督工作平台"工作，实现检察监督意见的线上流转；推进"司法建议"和"款物管理"等系统建设，完成执行案件流程系统管理集约查询功能研发；扩展移动执行平台服务范围，增加执行委托外网办理、执行督办提醒、执行头条板块等功能，目前移动执行平台已实现四级法院执行干警全覆盖。

（三）政务服务体系建设方面

一是坚持服务人民群众。以中国移动微法院为基础，以实现跨域立案全覆盖为关键，以各类服务平台为延伸，突出一站、集约、集成、在线、融合五要素，整体构筑一站式多元解纷与诉讼服务信息化架构体系；依托中国移动微法院集成网上立案、多元调解、网上送达、线上质证、移动庭审、司法公开等核心功能，为人民群众提供了"全链条""一站式"移动电子诉讼服务；将跨域立案服务主体从中级、基层人民法院、海事法院拓展到全国四级法院全部纳入跨域立案服务主体，实现立案登记范畴内的案件类型全覆盖；实现为跨境诉讼当事人提供身份特色化、专业化的诉讼服务能力；建设人民法院律师服务平台，为律师提供标准化、特色化、专业化的诉讼服务渠道；建设诉讼服务指导中心信息平台2.0版，扩展汇聚全国法院诉讼服务相关系统的数据，全面、客观、准确地展现全国法院诉讼服务质效情况；在全国法院推广应用人民法院委托鉴定平台，实现对外委托鉴定任务全流程网上办理；推动全国法院网上担保和保全在线办理，建立全国统一电子担保书系统上线使用；充分发挥12368热线对外服务群众、对内服务审判执行的职能；建立人民法院送达平台与邮政系统的"总对总"对接，为全国法院提供目的地集中打印邮寄送达的服务。

二是坚持服务审判执行。2020年最高人民法院要求各级法院以电子卷宗深度应用为重点，以深化执行模式变革为主线，全面提升审判执行工作智能化水平。聚焦国家司法审判信息系统工程（天平工程）持续发力，克服疫情影响和各种困难奋力攻坚，天平工程顺利完成整体竣工验收，标志着人民法院电子政务建设具备全面高效支撑司法审判工作能力；加快办案平台升级改造，实现业务系统互联互通、信息共享；加快推进涉密办案系统建设，助力"切实解决执行难"。

三是坚持服务司法管理。2020年最高人民法院完成机关办公平台升级，升级速度提升近7倍；建设并持续完善统一工作桌面，通过消息集成、应用集成、数据推荐、登录验证集成等方式实现本地系统一体化集成应用，提升干警办公便捷性；升级移动办公PAD端，建设移动办公APP，触屏灵敏度和响应速度大为提升；建设全国四级法院电子档案管理系统，服务全国四级法院；部署互联网综合业务平台，提供高清视频会议、日程管理、即时通信等九大功能；完成老干部综合管理与服务系统；上线"小鱼易"连系统。积极引导全院干警使用移动办公、cocall、小鱼视频、钉钉等应用系统进行远程实时视频沟通及会议会商，助力新冠肺炎疫情期间工作不掉线，充分满足疫情时期办公办案的需求。

四是坚持服务廉洁司法。最高人民法院坚持以规范司法行为、保障司法公正为目标，不断完善信息系统和管理机制，建成人民法院"三个规定"记录报告系统，实现最高人民法院各部门填报、督察局汇总、处置的全流程网上办理、跟踪等功能；通过全程留痕、动态跟踪、风险预警、公开透明、监督建议等信息化手段，为广大干警提供"监督程序化、司法阳光化"的监督管理手段，不断提高廉洁司法水平。

（四）决策支撑体系建设方面

人民法院大数据管理和服务平台具有大数据专题分析的功能，可汇总展示人民法院审理的各类案件情况，是国家经济发展和社会生产生活的"晴雨表""风向标"。基于平台汇聚的案件信息和裁判文书，形成基于文书的分析研究工具，持续迭代"司法指数体系和框架"，完成"数助决策"系统研发和15家法院的落地试用，研发支持49个特征分析展示及大数据深度分析报告自动生成的系统，司法大数据专题研究牵引系统研发的新模式初见成效；以服务审判体系和审判能力现代化、社会治理体系和治理能力现代化为主线，支撑最高人民法院业务部门自主完成司法大数据研究报告90篇，通过最高人民法院办公厅向中共中央办公厅报送29篇以期辅助支撑中央决策参考，获得地方党委和政府批示60余份，服务于法院现代化管理，提升人民群众法治意识。人民法院司法大数据研究品牌得到进一步彰显，司法大数据作为经济社会发展"晴雨表""风向标"的潜在价值正逐步全方位释放。

（五）基础设施体系建设方面

最高人民法院着眼发展长远，以基础设施建设和质效型运维管理为抓手，大力加强智慧法院总体保障体系构建，努力实现为智慧法院建设提供安全可靠、持续发展保驾护航。一是基础设施集约化建设。组织完成专有云平台架构升级，国产化资源池的部署和统一平台纳管等，为后续提供分布式资源服务奠定了基础。从广域网、园区网、城域网三个方面全面提升法院专网服务能力，为十四五"智慧云网"建设奠定了技术基础；实现智能语音云平台全面升级，省级对接覆盖率达84%；面向基础设施新技术布局和新建场所基础设施配套要求，紧盯5G发展趋势，完成最高人民法院三个办公区三大运营商室内5G信号全覆盖；建成使用诉讼服务指导中心，为全面推进一站式多元解纷和诉讼服务体系建设奠定了基础；统筹智慧云网建设，完成人民法院一级专网的架构转型和带宽扩容。二是质效型运维体系建设进一步完善。最高人民法院信息化运维实现基础设施监控覆盖率100%、应用系统监控覆盖率90%、数据资源监控覆盖率85%、信息安全监控覆盖率90%，结合数据核查工具，确保呈现准确率100%；依托钉钉运维管理系统，初步形成全国法院上下联动的运维监控管理局面；建立质效运维管理体系，形成一体两翼质效型运维目标图像；充分利用信息化手段保障疫情期间的信息化运行及重大会议活动稳定性。

（六）标准规范体系落实方面

一是总体设计方面，制定发布《12368诉讼服务平台技术要求》《案件评查管理应用技术规范》等共36项信息化标准，有力指导了全国法院一站式多元解纷和诉讼服务体系建设、司法区块链平台应用、安全隔离与信息交换平台建设应用等工作。二是主动安全体系建设方面，修订下发《安全隔离与信息交换平台建设要求》《安全隔离与信息交换平台使用和管理要求》法院行业标准。三是在项目管理方面，编制印发《最高人民法院信息化项目建设管理办法（修订版）》，为进一步规范最高人民法院信息化项目建设提供科学、合理的政策支撑。制定中国移动微法院互联网庭审的技术规范，推动各高级人民法院移动微法院分平台开通远程庭审功能；制定移动微法院建设规范，促进全国微法院统一、规范建设。

（七）安全保障体系落实方面

最高人民法院进一步完善安全保障体系，为智慧法院建设保驾护航。一是成功完成公安部组织开展"护网2020"网络攻防演习防守任务。最高人民法院"中国审判流程信息公开网"作为目标系统参与演习，其间共拦截安全攻击180万次，日均拦截近13万次，提交有效防守报告2份。二是网络安全屏障进一步筑牢。对互联网侧应用持续进行安全加固，覆盖率达到100.0%；持续开展远程运维通道风险排查，同时对运维账号登录日志进行综合分析，安全监管及安全综合分析能力明显提升；组织全国四级法院开展网络安全专项整治工作，提升法院专网安全防护能力。三是协同推进涉密信息系统全面对接应用。结合电子政务内网对接和国产化替代工作，打通与中央网络平台三个系统的访问通道，电子政务内网业务支撑能力进一步完善。

（八）政策法规体系完善方面

2020年是"十三五"规划收官之年，也是新的五年规划谋划之年，最高人民法院以五年发展规划为引领，积极做好人民法院信息化打基础、固根本、利长远工作。一是编制人民法院信息化建设"十四五"发展规划。按照《2020年人民法院司法改革工作要点的分工方案》要求，结合工作实际，组织编制《最高人民法院信息化建设五年发展规划（2021—2025）》，加强智慧法院建设统筹、标准规范和系统研发。二是滚动编制印发《人民法院信息化建设五年发展规划（2020—2024）》。制定"十四五"人民法院信息化建设五年发展规划，确定人民法院信息化4.0版建设目标，提炼科技创新引领、智能协同应用、数据知识服务、一体云网设施、主动安全体系、质效运维保障等6个方面共50项重点建设任务，全面深化建设更加符合司法规律、更加适应改革要求、更加突出智能化、一体化、协同化、泛在化和自主化特征的智慧法院，进一步促进审判体系和审判能力现代化。

（九）新技术在电子政务中的创新应用方面

最高人民法院瞄准科技革命和产业变革前沿，始终聚焦司法领域人工智能应用主攻，努力实现审判执行智能辅助功能全面提升。认真贯彻习近平总书记关于推动新一代人工智能健康发展的重要指示，加快智能化建设步伐，全面提升智慧服务、智慧审判、智慧执行、智慧管理水平，充分发挥司法人工智能在智慧法院的龙头引领作用。一是开发上线"法信智推"系统，知识服务取得突破性进展。与有关团队联合攻关，依托裁判文书网、大数据管理和服务平台、法信平台的资源，将知识资源服务和智能识别匹配技术在数据底层、产品前端深入结合，针对法官办案高频知识服务需求，开发出能够"一键式"基于电子卷宗案情自动识别的嵌入式全自动智能推送法条、案例、观点服务"法信智推"系统，打通知识服务类数据中台与办案卷宗系统的"最后一公里"，实现了知识服务全环节自动化。截至2020年12月底，"法信智推"在全国91%的法院系统完成对接上线，为全国法院"智慧审判"发挥了重要作用。知识服务平台初步形成系统的知识生成、知识管理、知识应用、成效评估运营管理机制，初步具备向全国法院提供知识服务的能力。二是依靠司法区块链平台探索智能合约深度应用与跨链架构技术实现。积极推动司法链与法院工作深度融合，紧紧围绕"四智"，推动存证验证、可信操作、智能合约3大类93个应用场景全面落地，成功签发律师调查令，实现审判转执行立案，触发智能合约巡查，司法链应用取得应用实效。三是推出智能辅助办案新举措。全面升级智能语音云平台，完成与26个省高级人民法院平台对接，为全国1520家法院提供智能语音服务，支撑庭审语音应用10587个，平台省级行政区覆盖率达到84%，庭审语音转写正确率达92%，方言转写识别率提升18%，领域专用名词转写识别率提升50%，平均转写识别率达到91.5%；统筹完成智能语音云平台国产化适配改造，有力支撑全国法院语音识别模型共享和能力调用。

（十）"十四五"时期电子政务发展思路

"十四五"时期，最高人民法院将坚定不移贯彻新发展理念，紧扣推动高质量发展主题，围绕加快构建新发展格局，充分发挥最高人民法院在全国法院信息化建设中的核心作用，准确把握新时代中国特色智慧法院建设的发展趋势，紧紧围绕三条根本路径，推进人民法院信息化实现新的跃升。

最高人民法院电子政务发展思路：一是引领创新发展，全面统筹智慧法院建设。以总体设计为主线，以发展规划为导向，以标准体系为基础，以科技创新为引擎，全面创新顶层设计方式方法，积极谋划国家重点研发专项，加快推进智能技术应用攻关，深入开展应用质效评估评价，促进推广智慧法院培训宣传，选优配强专业技术队伍，统筹引领智慧法院体系工程不断升级完善。二是推动智慧赋能，全面加强智能协同水平。以智慧法院大脑为核心，以司法数据中台为驱动，以整合集成协同为重点，以泛在灵活服务为手段，构建完善综合智能引擎，显著强化知识服务能力，广泛应用智能辅助功能，加快推进系统融合贯通，全面拓展移动应用服务，驱动形成智能服务、共享协同、灵活泛在的人民法院信息化系统，推动质量变革、效率变革、动力变革。三是带头转型突破，全面提升基础保障能力。以自主安全可靠为原则，以一体云网设施为基础，以主动安全体系为保障，以质效运维管理为支撑，加快实施云网设施一体化整合升级，广泛支持多元终端泛在化接入互联，平稳推进系统设备国产化替代改造，持续推广云网服务多样化共享应用，逐步完成重要场所标准化升级完善，完善构建信息安全主动化防控体系，全面实现质效运维体系化支撑保障，为全国法院基础信息环境转型升级提供样板示范和顶层基础。

最高人民法院电子政务重点任务归纳概述如下。一是以顶层设计为统领，推进智慧法院建设水平全面提升；二是以智能协同为重点，一体推进全国法院诉服、审判、执行、管理应用建设；三是以构建数据中台和智慧法院"大脑"为核心，全面提升数据和知识服务能力。

（最高人民法院信息中心）

2020年最高人民检察院电子政务发展概况

2020年，最高人民检察院深入贯彻落实中央网络强国、科技强国、数字中国战略部署，秉持科技强检理念，立足保障"四大检察"协调发展，遵循"科学化、智能化、人性化"原则，以电子检务工程、智慧检务工程为依托，以检察业务应用系统2.0建设为重点，以打造优质、好用、实用检察信息化产品为目标，全面推进智慧检务建设，有力促进了检察机关办案能力和监督水平提升。

一 检察信息化顶层规划和重大工程建设稳步推进

制定标准、分类指导，统筹推进全国检察机关电子检务工程建设，约60%的省级院完成全部建设任务，34%的省级院完成验收。统筹推进各级检察院智慧检务工程立项、实施，最高人民检察院组织完成《法治信息化工程（最高人民检察院部分）可研报告》的报批，约12个地区检察机关已启动智慧检务工程相关建设任务。借助科研单位、科技企业力量，采用实地调研和书面调研相结合的方式，梳理"十三五"检察信息化规划落实情况，征求意见建议，积极开展"十四五"检察信息化建设思路研究和重点任务规划。

二 检察信息化基础设施建设不断优化、形成规模

检察涉密网四级联通，最高人民检察院完成顶层互联接入区建设，接入电子政务内网。推进国家检察大数据中心一期建设，检务协同平台和文书解析平台效能初步显现。完成最高人民检察院本级数据资源目录管理平台验证环境搭建，印发《检察信息资源目录体系（试行）》，指导浙江等地开展检察大数据中心建设试点。贯通全国四级检察院的视频会议系统运行稳定，各地积极开展远程提审、远程开庭、远程送达系统建设，为检察办案，特别是疫情期间各项工作顺利开展发挥了较好作用。

三 支撑检察业务的信息化应用系统建设初见成效

全国各级检察机关使用一套办案系统——统一业务应用系统办理案件，目前已累计办理各类案件 4700 余万件。作为检察机关新一代的信息化办案平台，统一业务应用系统 2.0 版于 2020 年 1 月完成基础功能研发并陆续在全国 9 个省市检察机关试用。目前，通过系统已办理各类案件 30 万余件，公共法律知识库查询检索 27.3 万余次，专业化办案知识库查询检索 15.2 万余次，检察内部知识库查询检索 6.7 万余次，流程办案、智能辅助、知识服务、数据应用四大功能不断完善，即将在全国检察机关全面部署应用。智慧民事检察监督平台于 2020 年 11 月在全国检察机关试点应用，以科技手段解决虚假诉讼发现难问题。检答网搭建了四级检察机关业务交流平台，已累计咨询、解答问题超过 10 万个。民事行政检察专家咨询网录入各类专家信息 3100 余条，通过互联网为检察官提供了办案咨询服务，已咨询案件约 900 件，反馈咨询建议 2800 余人次。一案一号系统，在检察办案系统中嵌入案件唯一性编码，简化了案件反查程序，使得办案责任更加明了，办案过程更加清晰，办案问题更加可追、可溯，推动了检察官办案质量终身负责制在检察机关的落地。移动检务平台助力检察办公，疫情期间远程会议功能应用超过 1 万余次。指导各地检察机关进行应用创新，杭州检察机关用"非羁码"实现非羁押人员数字监管，切实降低了羁押率，有效保护当事人权益。

四 检察机关数据共享和业务协同领域不断拓展

最高人民检察院积极推进政法专业数据集成应用，会同公安部、教育部等单位积极推动建立教职员工准入查询性侵违法犯罪信息制度，与最高人民法院、司法部等单位探索推进法院执行案件、律师执业数据的共享应用，取得良好成效。结合统一业务应用系统 2.0 建设，推进检察办案系统与各地政法跨部门大数据办案平台的数据共享互联，制订政法协同子系统建设的指导方案，努力通过建设政法协同子系统，连通政法单位信息系统，实现跨部门业务协同数据的流转和一体化办案。目前，上海、浙江、广东、贵州等地检察机关参与完成本地政法协同平台建设，实现刑事案件单轨制网上办理。

五 检察机关网络服务多样性、丰富性逐步增强

最高人民检察院于 2020 年 3 月印发《中国检察听证网建设方案》和《检察机关听证室建设技术指引》推进中国检察听证网建设，4 月底完成网站基本功能研发，6 月组织首批四个试点单位进行了公开听证直播，通过互联网向社会公众直播公开听证全过程，使人民群众"零距离"参与、监督司法工作，2020 年 6 月"首播"至今，已累计直播时长 3000 余分钟，网站点击量 7.6 万人次，直播观看次数 2 万余人次，发布评论 351 次，真正实现公平正义可触可感可信，增强了检察办案的政治效果、法律效果和社会效果。集约化、智能化的检察机关网上综合服务平台 12309 中国检察网应用更为深入、功能进一

步拓展，截至 2020 年年底，已发布程序性信息 1370 万余条、重要案件信息 102 万余条，公开法律文书 599 万余个，收集信访信息 33 万余条、公益诉讼线索 1200 余条。2020 年 6 月"检访通"信访服务功能上线，实现了信访办理情况网上实时自助查询，为推动群众信访事项件件有回复提供了技术支撑。

六 检察机关安全保障机制和能力进一步完善和增强

完成最高人民检察院本级检察工作网身份认证和电子印章建设并投入使用，制定《检察工作网电子认证基础设施建设指南》指导各省级检察院系统建设。完成检察机关网络安全应急工作课题研究，形成《检察机关网络安全事件总体应急预案》《检察机关网络安全信息通报工作规范》《检察机关网络安全事件应急演练指南》课题成果。完善检察工作网边界接入安全防护措施，为政法互联提供安全支撑。完成"护网 2020"网络攻防演习防守任务，被公安部认定为成绩优异。及时处置两起仿冒最高人民检察院门户网站事件。

七 全方位、多形式信息化应用为检察抗疫充分助力

新冠肺炎疫情期间，各级检察机关运用各类信息化手段开展工作，惩治犯罪、维护秩序、保障大局，为公平正义保驾护航。最高人民检察院开通检务视频云平台满足机关干警远程办公、办案需要。湖北检察机关利用视频可视化系统开展远程提讯 1100 多次，有效解决了监所场所疫情防控和办公办案的实际需要。黑龙江检察机关"远程提换具结一体化平台"，提供换押证、提讯提解证、电子签章捺印等全业务流程的网上办理，使办案人员和律师无须往返现场，网上实时办理业务。河南省新乡县人民检察院利用远程庭审系统办理案件，检察院、法院、看守所三方视频连线，实现庭审"面对面"和"零接触"。江苏检察机关"苏检政务通"和"苏检掌上通"使上情下达、下情上报更加及时顺畅。浙江省杭州市江干区检察院使用"未来学院"APP 对三名罪错未成年人进行线上帮教。浙江省杭州市检察机关在支付宝上线检察线索监督举报小程序，同步开展野生动物保护、侵害未成年人等涉及公益诉讼、未成年人保护领域等 7 个专项举报行动，收集有效举报线索 100 多条，并进行了处置。

（最高人民检察院检察技术信息研究中心）

2020年教育部电子政务发展概况

2020年教育部坚持以习近平新时代中国特色社会主义思想为指导，认真贯彻党中央、国务院有关电子政务决策部署，全面提升围绕中心、服务大局的能力，在高质量保障教育部机关政务服务通达的基础上，持续做好教育网络安全服务保障工作，全面深化教育管理信息化各类系统的应用和数据服务，创新开展国家教育管理决策信息服务，持续推动教育部电子政务各项工作深入开展。

一 高效规范，深入做好教育部政务服务的支撑保障

（一）完善和提升教育部一体化在线政务服务平台，推进应用

持续保障政务服务事项的"一网通办"，为约282万余名自然人和5500多名法人提供服务。完成学位证书、学历证书、普通话水平测试等级证书、教师资格证书、国（境）外学历学位认证书电子证照工程标准的编制工作，已经国务院办公厅电子政务办公室（以下简称"国办电子政务办"）审核发布。初步完成教育部电子证照库建设，开展"普通话水平测试等级证书"等电子证照实施工作，目前制证约894万张，向国务院办公厅汇聚875万张。完成教育部统一政务服务"好差评"系统建设，实现6个司局7项行政审批事项、4个事业单位7项办理服务事项的"一事一评"。平台建设与应用荣获中国信息协会颁发的"2020政府信息化卓越成就奖"。

（二）规范做好教育部政府门户网站建设与内容保障

增设了信息无障碍浏览功能，满足残疾人、老年人等特殊群体获取网站信息的需求；法语、西班牙语、阿拉伯语版本上线，门户网站已形成以英文版为主，6个小语种为辅的外文网站群；门户网站全平台访问量2.02亿，年度发布信息总量31564篇。

（三）视频会议系统高效服务部机关工作

新增云视频会议接入，分会场规模扩大到500余个，有效支撑部机关各类大型会议140余场，实现了教育扶贫会议直通县、村级，基层声音直达部机关，有效保障教育脱贫攻坚工作扎实开展。

二 强化统筹，持续深化国家教育管理信息系统应用与运维

加强信息系统整合共享，持续开展中小学生学籍等19个国家级业务系统的功能优化

及应用支撑保障工作，中小学生学籍系统实现"控辍保学"监测，开展资助系统与国务院扶贫开发领导小组办公室、民政部和中国残疾人联合会有关系统的数据共享及比对分析，推进教师系统内教职工信息与公安部犯罪记录比对工作，完成校园足球系统试运行及校园足球特色校信息补录、2020年校园足球特色校遴选工作。继续推进实名制用户体系建设，天津等18个省（自治区、直辖市）的实名制用户管理体系建设工作取得阶段性进展；持续保障部省两级数据交换平台平稳运行，年度传输各类业务数据总量达85.74亿条；持续开展教育部及31个省（自治区、直辖市）教育数据中心异地灾备服务，为国家教育管理信息系统安全稳定运行提供保障。

三 聚焦重点，科学推进信息服务和数据服务

（一）创新开展国家教育管理决策支撑服务

组织开展""放管服"改革视角下地方高校人员招聘现状"等5个课题的研究工作，探索利用国家教育决策支撑平台开展课题研究的新模式。

（二）开展国外教育信息服务

收录并校译了58个国外网站的5万余条资讯、1500余法律条目、250余篇调研报告、140余篇国外教育研究报告等各类国际教育信息；编写了《国外教育研究智能信息平台信息汇编第一辑》，收录重点国家的教育基本情况、教育法律法规、教育动态信息等信息619条，为教育部机关司局提供及时、准确、便捷的重点国家各类前沿教育信息，有效缩短从重点国家获取国际教育信息的时间。

（三）探索教育部数据治理

梳理教育部信息资源目录和数据溯源图谱；组织数据标准领域专家，初步研制完成教育管理大数据标准体系框架；为业务司局持续提供基础教育数据和统计数据、贫困学生数据在线比对、"控辍保学"台账贫困县查询等主动精准数据服务。

四 周密细致，全面筑牢网络安全屏障

（一）坚守底线思维，做好教育部网络安全技术保障

完成教育系统首次网络攻防实战演习，取得良好效果；完成了61个部门308个信息系统的网络安全信息化审计工作；落实教育部直属机关互联网域名整改和清理工作；顺利开展重要时期安全保障工作。

（二）全面推进教育系统密码应用

落实《教育行业密码与应用创新发展实施方案》，进一步完善部省两级教育电子认证基础支撑体系和运营服务保障体系。在全国教师管理信息系统、教育部一体化在线政务服务平台等系统中全面开展数字证书应用，用户已覆盖全国所有区县，累计完成数字签名13亿次，保障了教育数据的真实性、完整性、机密性和抗抵赖性；按照国家密码局的统一部署，启动教育密码应用试点专项，在教育系统普及推广密码应用。

（教育部教育管理信息中心）

2020年公安部电子政务发展概况

2020年，公安部坚持以习近平新时代中国特色社会主义思想为指导，深入学习贯彻习近平总书记在全国公安工作会议上的重要讲话和系列重要指示批示精神，牢牢把握推进国家治理体系和治理能力现代化目标要求，坚持政治建警、改革强警、科技兴警、从严治警，主动担当作为，以公安大数据智能化建设应用为主线，强力推动公安部电子政务发展，全面服务支撑新冠肺炎疫情防控工作，落实"放管服"改革任务，推进公安业务"一网通办""跨省通办"，取得了显著成果。

一 强化顶层设计，推进信息化统筹力度

公安部坚持以公安大数据智能化建设应用为抓手，统筹推进信息化规划建设。一是积极开展信息化顶层设计，研究制定了公安大数据智能化建设应用的规范性文件，进一步明确了目标任务和政策要求。二是构建部省联动的规划编制工作格局，编制《公安信息化建设"十四五"规划》有序推动公安信息化实现新跨越，全力支撑公安工作高质量发展。三是成立公安部互联网公安政务服务工作领导小组，印发《全国公安机关"一网通办"建设规划（2020—2022年）》，以实现公安政务服务"一网通办"为目标，加快构建全国公安机关一体化在线政务服务体系，推进互联网公安政务服务深入可持续发展。

二 优化数据资源体系，支撑疫情常态化背景下共享应用

新冠肺炎疫情发生后，公安部以超常规措施快速响应疫情防控需求，充分依托全国公安信息化基础，加强数据接口建设，完善数据资源质量，构建数据分析模型，拓展数据服务渠道，为全国疫情防控工作提供了有力支撑。一是夯实公安数据基座。依托公安部大数据平台，汇聚公安、行业单位、互联网等数据资源，形成具备强大计算能力、海量数据资源、高度信息共享、智能应用服务、警务运行支撑、严密安全保障的总体框架，

为全警提供坚实的数据基础。二是强化联防联控信息共享机制。与国办电子政务办、国家卫生健康委员会开展常态化疫情数据共享合作，为全国疫情防控和复工复产提供有力保障。三是紧急开发新冠肺炎疫情信息比对核查服务接口，并向各地公安机关开放，有力支撑了基层公安机关运用大数据手段高效开展防控排查等工作。四是持续推进部门间信息共享。与中国家政服务业协会等单位签署信息共享协作执法合作协议，与最高人民检察院、教育部协商建立数据服务机制，建成多门类数据查询通道。五是扩展对外信息共享服务。发挥国家人口基础库为各省（自治区、直辖市）、各部委的业务系统提供接口服务功能，2020年减少群众办理政务业务跑腿16亿次，节约群众业务办理成本100亿元。

三 聚焦"一网通办"，政务服务普惠性显著提升

公安部"互联网+政务服务"平台作为全国公安机关互联网政务服务的总枢纽、总支撑、总门户，切实发挥头雁效应，按照入口统一、事项同源、支撑一体的原则，推动部门警种和各地公安政务服务平台加快对接步伐，为各类政务服务应用提供共性基础支撑能力，助推各地平台集约建设、快速实施。北京、天津、山西、吉林、黑龙江、河南等地公安机关持续发力，探索推出跨部门联办、警银、警邮协作、社会代办等特色鲜明、深受企业和群众欢迎的好经验好做法，形成了一批行之有效的建设模式和创新实践，在全国发挥了较强的示范引领作用。安徽、江西、湖南、广东、陕西等地公安机关注重融入省政府政务服务一体化布局，不断提高公安服务事项入驻省平台比例，夯实人口信息支撑能力，为提升本省政务服务水平贡献了重要力量。辽宁、山东、四川、宁夏等地公安机关充分利用公安部"互联网+政务服务"平台的集约化、标准化建设优势，发挥"后发优势"，以一体化提升服务普惠化，网上政务服务能力显著提升。全国层面，公安政务服务覆盖率和普及率不均衡问题得到有效缓解。

2020年，为持续深入推进"互联网+公安政务服务"工作，落实好《关于加快推进全国一体化在线政务服务平台建设的指导意见》（国发〔2018〕27号）文件精神，在部党委重视支持下，启动了公安部"互联网+政务服务"平台二期建设，预计于2021年建成并投入试运行，建成后将进一步提升公安政务服务标准化、集成化、便利化水平，进一步方便企业群众办理公安业务"一网通办""一门通办"和"最多跑一次"。

四 服务重心下沉，便民供给向基层延伸

截至2020年年底，30个省级公安机关构建了覆盖省、市、县三级的政务服务平台，与公安部"互联网+政务服务"平台一体化面向企业群众提供政务服务，初步形成"覆盖城乡、上下联动、层级清晰"四级网上服务体系，已经成为企业和群众办理公安业务的主要渠道。各地通过手机APP、小程序、公众号等方式，积极推进覆盖范围广、应用频率高的政务服务事项向移动端延伸，打造移动政务服务品牌，浙江"浙里办"公安专区、安徽"皖警便民服务e网通"、福建"闽政通"公安专区、江西"赣服通"公安专区、

海南"警民通"APP、重庆"民生警务"APP 等一大批移动应用受到群众普遍欢迎。江苏、浙江、云南等地积极推进线上线下有机融合,通过建立综合服务窗口、铺设自助终端、设立无人警局、推行代收代办等方式,延伸政务服务触角,打通政务服务"最后一公里",实现公安政务服务"8小时"到"全天候"的跨越,方便企业群众就近可办、异地可办、跨省通办。

(公安部科技信息化局)

2020年民政部电子政务发展概况

2020年,民政部坚持以习近平新时代中国特色社会主义思想为指导,全面贯彻落实党中央、国务院关于网络强国、数字中国、智慧社会建设战略部署,统筹推进疫情防控和民政信息化工作,"互联网+民政服务"应用水平不断提升,顶层设计优化完善,重大信息化项目落地见效,信息基础设施焕然一新,安全保障能力显著增强,民政网信工作朝着高质量发展方向再上新台阶。

一 推动党中央、国务院决策部署落细落实

按照党中央关于网络强国战略工作部署和任务分工,制订民政部网络强国建设实施方案,持续指导网信领域社会组织开展诚信与自律建设,稳步推进城乡社区信息化建设并开展新型智慧社区示范,加强关键信息基础设施保护,各项任务按照党中央部署有序推进并取得显著成效。按照党中央数字乡村发展战略纲要,制订民政部贯彻落实分工方案,依托全国农村社区治理实验区,探索城乡社区信息化、智能化、智慧化建设路径,提高乡村综合服务信息化水平,完成农村"三留守"系统数据向金民工程迁移,建立"三留守"等特殊群体信息台账,为开展精准帮扶和补贴发放提供数据支撑。贯彻落实党中央、国务院关于知识产权保护的决策部署,成立民政部软件正版化工作领导小组,建立健全工作责任制,建立软件资产管理台账,全面推广使用正版软件,顺利通过国家版权局年度核查。按照国务院政务服务"跨省通办"有关工作部署,完成残疾人两项补贴认定、孤儿救助资格认定、婚姻登记等高频政务服务事项确认,优化完善金民工程系统,为民政领域开展"跨省通办"做好技术支撑。

二 加快推进重大信息化项目建设和推广应用

(一)金民工程全面推广应用

全面开展金民工程试点和推广应用,完成应用支撑平台和全部应用系统开发、部署、

上线、定级备案、初步验收等工作，分三批开展试点并实现全覆盖，应用支撑平台和11个业务系统正式运行，6个试运行，应用推广覆盖率达65%以上。

（二）社会组织法人库完成主体工程建设

法人库业务支撑平台和12个系统整体开发完成并上线试运行，初步形成上下联动、横纵贯通的全国社会组织在线政务服务、数据资源管理、电子证照管理体系，动态汇聚全国范围内89万家社会组织1700万条基础信息，实现向国家法人单位信息集中库归集，并推送至国家发展改革委"信用中国"平台。

（三）积极组织重大工程项目申报工作

完成"十三五"公共安全信息化工程框架方案、可行性研究报告、初步设计方案等文件编制并通过专家评审。按照党中央对密码工作统一部署，完成民政国产密码应用示范建设方案编制并报国家发展改革委立项。

三 推动"互联网＋民政服务"向纵深发展

（一）民政一体化政务服务平台上线试运行

完成民政一体化政务服务平台开发、测试和部署试运行，实现50余项个人和社会组织法人服务事项整合对接及1100余项地方民政政务服务事项的跳转链接接入，统筹整合各类民政业务系统及数据资源，实现与国家平台互联互通，通过规范政务服务事项、优化政务服务流程、融合线上线下服务、推广移动政务服务等举措，推动民政政务服务跨地区、跨部门、跨层级协同办理和数据共享。

（二）围绕基本民生保障，深入开展基于互联网的社会救助、儿童福利、救助寻亲、残疾人福利应用

推广应用全国社会救助信息系统，对接公安、扶贫办、住建、金融、工商等部门的人口、收入和财产信息，不断提高社会救助对象认定准确性。开展"儿童福利信息动态管理精准化提升年"专项行动，依托全国儿童福利信息系统，建立事实无人抚养儿童、农村留守妇女信息台账，完善农村留守儿童信息台账，开展事实无人抚养儿童大数据比对，将漏保的儿童及时纳入保障。优化完善全国残疾人两项补贴信息系统，增加全国"跨省通办"、实时监测比对等功能，有效满足残疾人异地申请两项补贴需求。对全面应用人脸识别技术提升流浪乞讨人员救助管理服务能力进行工作部署，优化完善流浪乞讨人员救助管理信息系统，联合北京字节跳动科技有限公司、百度等社会力量，组建"全国流浪乞讨人员寻亲合作平台"，实现登记信息全部上传全国救助寻亲网，全面提升救助管理机构身份核查和寻亲服务能力。

（三）围绕基层社会治理，深入开展基于互联网的社区治理、社会组织、志愿服务应用

优化完善全国基层政权建设和社区治理信息系统，推动"互联网+"与城乡社区治理和服务深度融合，整合孤立、分散的公共服务资源，实现设施共建和资源共享，印发《新冠肺炎疫情社区防控工作信息化建设和应用指引》，有效助力基层疫情防控。完成全国性社会组织登记、年检服务平台升级改造，主动公开社会组织信用信息，实现全国性社会组织基础登记、行政许可、行政处罚等在"信用中国"平台分类公示，持续完善全国社会组织投诉举报平台功能和信息分类，对互联网平台的涉嫌非法社会组织账号进行整治。完成全国志愿服务信息系统建设，支撑志愿者在线注册和志愿服务项目在线发布，汇集注册志愿者超过1.92亿人，实现"十三五"规划提出的"注册志愿者人数占居民人口比例达到13%"预期目标，新冠肺炎疫情期间，发布疫情防控项超37.2万个，超1077万志愿者参与，有力支持新冠肺炎疫情防控。

（四）围绕基本社会服务和专项行政管理，深入开展基于互联网的养老服务、婚姻管理、殡葬管理、区划地名应用

加快推进养老服务"跨省通办"、养老机构网上备案，制订解决老年人在民政服务领域运用智能技术困难实施方案，保障老年人基本服务需要，弥合老年人面临的"数字鸿沟"。通过微信、APP等多种渠道开展婚姻登记智能咨询、网上预约、材料预审等便民服务，通过人脸识别、指纹比对等技术，提升婚姻登记工作的数字化、精细化、智慧化水平，推进婚姻登记历史数据补录，不断完善婚姻登记信息数据库，提升信息交换共享的质量和水平。推动各地加快建立殡葬管理服务信息平台，实现部省两级殡葬政务信息平台互通、信息共享，并定期开展殡葬台账数据与低保系统数据比对。发布5项区划地名信息化行业标准，开展区划地名信息更新完善，累计更新地名、区划等信息230余万条，积极探索社会化数据服务，发布中国·国家地名信息库2020版，推出微信小程序，实现地名、界线、区划信息"一张图"融合和"跨终端"查询，启动省级地名信息库建设试点。

四 体系化提升民政大数据治理能力

深化民政政务数据资源分层分类设计，编制《民政政务信息资源清单》《数据资源体系建设方案》，形成数据资源体系框架，支撑民政政务数据资源共享和业务协同。制订数据管理办法，规范数据管理，促进有序共享，保障数据安全。进一步推动与国家移民管理局、国家电网等部门建立共享机制，发布社会组织、婚姻等七类数据14个共享服务接口，提供数据查询和核验服务3550万余次。加强民政系统区块链技术发展和应用顶层设计，深入探讨社会救助、养老服务、公益慈善等场景应用。

五 完善信息基础设施，加强网络安全保障

以民政部机关办公区迁址为契机，完成以民政政务内网、政务外网为主的全新网络基础架构建设，完成民政大数据中心建设并投入使用。完成面向多应用场景，统一管理、即用即看、安全稳定的民政云会议系统建设。全面贯彻落实《网络安全法》、网络安全等级保护制度2.0标准，加强关键信息基础设施保护，构建"一个中心三重防护"的防御体系。加强网络安全保障常态化、制度化建设，建立健全应急处置机制，制定值班值守管理办法，加大监测预警、应急处置、信息通报等工作力度。

（民政部信息中心）

2020年人力资源社会保障电子政务发展概况

2020年人力资源社会保障（以下简称"人社"）信息化工作以习近平新时代中国特色社会主义思想为指导，围绕人力资源和社会保障中心工作，启动实施便民服务创新提升行动，全力推进人社服务"一网通办"，推广应用社会保障卡"一卡通"，积极开展人社大数据应用，保障重点改革任务落实到位，不断推进人社电子政务建设，提升治理效能，在深化"放管服"改革，更好地保障和改善民生中，发挥了重要作用。

一 启动人社信息化便民服务创新提升行动，全面提高服务能力

2020年11月，印发《人力资源社会保障信息化便民服务创新提升行动方案》（人社部发〔2020〕83号），明确两年任务清单，聚焦企业和群众的办事堵点、难点和痛点，以"全数据共享、全服务上网、全业务用卡"为目标，通过信息化创新提升行动的落地实施，全面提升人社信息化便民服务水平。

二 建设全国性平台，广泛推动"一网通办"

为方便群众网上办事"畅行无阻、全网漫游"，开通了全国人社政务服务平台、国家社保公共服务平台、全国社保卡服务平台等全国性平台，推动线上服务向全国平台汇聚，并通过平台间的对接，形成跨平台联动，全国"一网通办"的服务格局。目前全国人社政务服务平台、国家社保平台共开通失业登记、失业待遇申领、劳动争议调解、社保转移、养老待遇测算等47项全国性服务，306项地方属地化特色服务，累计访问量21.4亿人次，注册用户782.2万人。全国社保卡服务平台向群众提供40项全国性服务，700余项属地服务，全年累计服务次数超80亿次。2020年9月，国务院办公厅印发《关于加快推进政务服务"跨省通办"的指导意见》，就政务服务"跨省通办"做出部署。人社部将其作为促进人

才要素流动、提升民生服务水平、解决群众异地办事痛点问题的"关键一招",全力予以落实。国务院办公厅文件共明确了140项高频政务服务"跨省通办"事项,由人社部牵头落实的共33项,其中2020年年底应实现通办的16项均已实现。开通"就业在线"国家级招聘求职服务平台,汇聚各地、各类人力资源服务机构,实现招聘求职信息实时、全面汇聚、共享和发布,支持跨区域、跨层级开展招聘求职服务。同时,借助人社大数据和人社信用体系优势,对用人单位和求职者进行信用核验,营造真实可信的招聘求职环境。平台上线6个月累计发布373万岗位信息,访问量超过3126万。

三 推进"不见面"服务,全面助力"六稳""六保"

新冠肺炎疫情防控期间,为保障复工复产企业用工,开通农民工返岗复工"点对点"用工对接平台、农民工出行服务小程序,全面摸排汇总有意愿外出农民工信息和企业需求,提供精准对接服务。依托中国公共招聘网,开通"全国一体化政务服务平台&人社部应对疫情做好返岗就业服务专题",提供各地复工日历、线上就业服务、就业政策查询等服务,并与国家政务服务平台实现对接,方便企业和群众使用。依托全国人社政务服务平台、社保公共服务平台、社保卡服务平台,相继开通网上办事大厅、小程序等服务渠道,进一步完善"掌上12333"移动应用,使群众可以通过网页端、移动端在线办理人社业务,基本形成多元化的线上服务体系。开展数据共享比对分析,实现跨地区"找人",为开展防疫政策制定、稳岗返还、失业补助金、减免企业社保缴费等政策测算提供数据支撑。

指导各地人社电话咨询服务机构(以下简称"12333")主动作为,创新服务方式,通过电话为企业和群众答疑解惑、宣传人社政策。在武汉新冠肺炎疫情最为严重时期,12333克服困难,安排人员轮流上岗,坚持"7×8"不间断人工电话服务。新冠肺炎疫情期间,近300个地市电话人工服务不间断,全年全国12333接听总量超1亿人次,综合接通率保持在80%以上。

四 打造社保卡品牌,大力推广居民服务"一卡通"

2020年8月20日习近平总书记在合肥主持召开扎实推进长三角一体化发展座谈会上指出,"要探索以社会保障卡为载体建立居民服务'一卡通',在交通出行、旅游观光、文化体验等方面率先实现'同城待遇'"。截至2020年年底,全国持卡人数13.35亿人,超额完成"十三五"任务。电子社保卡累计签发超过3.67亿张,开通425个服务渠道,向群众提供就业创业、社会保险、人事人才、劳动关系、社保卡服务、专题服务等全国"一网通办"服务40项,属地服务700余项。社保卡在办事凭证用卡、待遇补贴进卡、就医结算持卡等方面持续扩大应用深度和广度,并向跨部门政务服务和智慧城市应用领域不断拓展。24个省(自治区、直辖市)的部分地市通过社保卡发放惠民惠农财政补贴资金,28个省(自治区、直辖市)的部分地市(228个)支持电子社保卡移动支付就医购药,16个省(自治区、直辖市)的部分地市实现社保卡乘坐城市公共交通,15个省(自治区、直辖市）的部分地市实现凭卡进图书馆、博物馆、公园、景区等，部分地区实现凭卡享受养老服务、残疾人服务、智慧城市服务等。山西、福建、四川、广西等12个省（自治区、直辖市）的52个地市依托电子社保卡，开展职业技能电子培训券试点，推动职业技能提升行动深入实施。按照人社服务"快办行动"要求，实现社保卡服务事项的提速和打包一次办，目前已有31个省（自治区、直辖市）支持立等可取即时发卡且区县覆盖率均超过70%，其中27个省（自治区、直辖市）即时发卡实现区县全覆盖。社保卡已经成为群众享受政府公共服务的身份凭证和支付结算工具，成为政府治理的有效载体和智慧城市的服务品牌。

为落实国务院办公厅老年人智能技术服务有关任务，印发《关于进一步优化人社公共服务切实解决老年人运用智能技术困难实施方案的通知》（人社部发〔2020〕94号），推进各级人社部门为老年人等群体提供智能技术、传统大厅两类服务渠道，实现主动、贴心服务。

五 扩展数据共享范围，深度挖掘人社数据价值

数据共享是实现"减证便民"、助力"放管服"改革向纵深推进的重要举措。人社部现已初步建立跨部门、跨层级、跨业务的数据共享工作机制，与国务院有关部门、地方人社部门之间，以及部属单位间，开展数据共享、核查比对工作；完成与国家数据交换共享平台、国家政务服务平台及国家人口库的对接，为各地人社部门开通了数据共享通道服务，支持各地结合数据应用场景开展共享应用，与教育、公安、民政、卫健、扶贫办等21个部门实现数据共享，为告知承诺制、扶贫、一网通办、优化营商环境等重点工作提供支持，同时支持外部门数据共享及应用，实现"双赢"共享；2020年通过跨层级、跨部门的数据共享和比对核查，为失业补助金政策制定及实施、退捕渔民信息核实及参保情况、疫情社保减免、稳岗返还、违规提前退休、违规一次性补缴、死亡人员冒领、假人冒领、判刑收押人员、养老全国统筹等提供数据支持。通过实施数据共享管理办法、制定跨层级共享流程、出台数据安全管理规范等制度文件，指导人社系统规范开展数据共享工作。

六 狠抓信息化应用，切实保障重点改革任务

适应企业职工基本养老保险全国统筹需要，推进全国统一的企业职工养老保险经办服务和监管系统建设，完成了方案设计，并开展了原型验证。适应多层次、多支柱养老保险体系建设需要，推进个人养老金信息管理服务平台建设，开展与商业银行、金融行业监管平台等相关机构对接。适应机构改革需要，推进各地建设社保费信息共享平台，有力支持各省（自治区、直辖市）完成社会保险费征缴职责向税务部门划转。借助信息化手段，建立了失业登记数据实时归集机制。开发上线退捕渔民安置保障实名制动态帮扶信息系统，助力长江流域禁渔禁捕工作。金保工程二期建设不断推进，就业、社保、

劳动关系、人才人事四个核心业务系统进行试点运行，为下一步全面推广奠定了基础。建设人社扶贫信息平台，全力支撑人社系统扶贫工作。

七　加强网络安全工作，筑牢人社信息化安全屏障

指导各地积极开展电子政务外网建设，加快推进电子政务内网项目主体建设。人社部业务专网系统完成建设，提升基础支撑能力。电子政务内网通过各项安全检测，完成与中共中央办公厅、国务院办公厅网络互联互通，应用系统、安全系统对接等。印发《关于印发人力资源社会保障电子印章技术规范的通知》（人社厅发〔2020〕14号）和《人力资源社会保障行业信息化领域密码应用实施方案》（人社厅发〔2020〕59号）。参加公安部组织的网络安全活动，检验全行业网络安全事件应对能力，提高全行业安全防护和应急响应处理能力。

（人力资源社会保障部信息中心）

2020年自然资源部电子政务发展概况

2020年，自然资源部坚持以习近平新时代中国特色社会主义思想为指导，全面落实《国家电子政务总体方案》《国家信息化发展战略纲要》以及网络强国战略、国家大数据战略和"互联网+"行动计划等一系列重大战略部署和文件精神，按照"集约化建设、多元化应用、协同化治理、精准化决策"的总体思路，结合自然资源领域电子政务工作实际，加强自然资源电子政务基础设施建设、核心业务应用、信息安全保障、机构和队伍建设、"互联网+公共服务"创新应用等方面的内容，自然资源电子政务建设取得了显著进展。

一　自然资源部电子政务基础设施建设

在电子政务关键信息基础设施集约化建设方面，依据《自然资源部信息化建设总体方案》要求，在自然资源网络与数据中心原有网络、计算、存储、安全等基础设施资源的基础上，按照统筹布局、统一规划、分步实施的建设原则，通过应用虚拟化、云存储、大数据等新技术，在自然资源网络与数据中心不断完善建设关键信息基础设施。

一是按照A级机房标准建成自然资源网络与数据中心云机房，机房面积约1300 m^2，包含16个冷通道，226套机柜。新机房布局合理、功能明确、安全稳定，为数据中心软硬件设备、各类应用系统的安全运行提供了基础保障。

二是建成了主干线路双40G光口堆叠，数据中心服务器双万兆接入，1000M到用户桌面的自然资源部内网、外网的全新云网络，网络速度和稳定性显著提高，为各类应用系统运行提供了良好的基础网络环境。

三是在自然资源部内网、外网和业务网统一规划和建设了虚拟化计算资源池和物理机资源池，实现了三网计算资源按需、弹性分配，共部署各类物理服务器 300 余台，通过云平台累计为各类应用分配虚拟机 630 余台。云计算环境兼容现有资源，强化资源统筹、改变应用分散、重复建设的局面，通过统一的管理平台，实现对计算资源的统筹管理和动态分配服务，为各类应用提供高并发、高可靠、高弹性和快速上线的云资源环境。

四是在自然资源部内网、外网和业务网统一规划和建设了虚拟化存储资源池，采用统一存储架构，根据业务功能需求划分不同的存储区域，实现存储资源的集中管理，统一分配。三网累计部署 SAN 存储 2850TB，NAS 存储 700TB，带库存储 950TB，建成了在线、近线、离线、重庆异地备份较为科学合理的云存储和备份体系，实现了自然资源信息资源存储统一管理要求，保障了自然资源各类信息数据安全。

在电子政务关键信息基础设施专业化运维方面，通过不断完善运维管理制度，优化运维管理流程，建设专业的运维管理平台，进一步提升信息资源的实时监控集成管理水平和能力，实现信息基础设施及系统运行的"提前预警、实时监测、后期统计"目标。

自然资源网络与数据中心作为自然资源行业关键信息基础设施，支撑了自然资源部各类基础和专题数据的集成、管理、应用和服务，为自然资源部数据的接收、加工、处理、存储、运行、安全管理和全国不动产登记信息管理基础平台、部综合办公系统、自然资源三维立体"一张图"、智能审批系统、综合信息监管平台、天地图（涉密版）；部门户网站群、"互联网+政务服务""互联网+监管"；全国自然资源视频会议系统、非涉密公文交换系统、行政审批远程申报系统、数据共享交换系统、统计直报系统、土地市场动态监测与监管系统等各类 100 多个业务应用系统提供了稳定、集约、高效、安全的自然资源信息化运行基础环境，为各级自然资源主管部门以及政府部门间的业务协同、数据共享和稳定运行提供了支撑保障。

二　核心业务应用

一是推进自然资源三维立体"一张图"和分布式国土空间基础信息平台建设，逐步建立了分工维护、有机集成、统一服务的数据管理和应用机制，丰富了数据内容，扩展了平台三维数据管理与应用等功能，进一步强化了平台应用支撑作用。整合集成了海洋调查监测、全国 DSM 数字表面模型、第三次国土调查、地理国情普查地表覆盖、土地变更调查矢量等基础数据，国土空间规划、矿产资源规划、生态红线评估、自然保护地、永久基本农田储备区等管控数据，自然资源监管、审批、违建别墅等管理数据，形成了覆盖全国含 5000 余个图层，110 多亿个要素的"一张图"，完善了国土空间规划、矿产资源规划、永久基本农田等数据质量相关标准规范，提升了平台多源异构数据的一体化存储与管理、三维可视化表达与分析能力，扩展了用户管理与身份认证、智能客服等应用支撑服务功能，支撑了部分矿产资源"三维储量"展示，优化了地质矿产、智慧耕地专题应用，为生态红线审核、农村乱占耕地建房问题整治、违建别墅、耕地占补平衡指标库、国家统筹补充耕地指标核查、全民所有自然资源资产清查等50余项部重要核查和重大专项工作提供了全方位支持。

二是深化自然资源监管决策应用，持续扩展了覆盖自然资源管理的业务面，不断拓展了支撑综合监管业务深度。面向省、市、县三级自然资源管理部门、法人、自然人等，正常运行了30多个监管子系统，快速建成了农村乱占耕地建房问题信息采集汇交平台并上线应用，完成了全国矿业权登记信息及服务发布、全民所有自然资源资产清查、矿产资源管理外业核查APP、全国矿业权出让项目库等系统的开发部署，实现了矿业权人勘查开采信息公示、国土空间规划"一张图"实施监督、土地利用计划管理、临时用地备案、开发区监管、全国绿色矿山名录管理、土地市场动态监测监管、全国土地估价监管、测绘地理信息行业管理等系统的扩展升级，上线应用了城乡建设用地增减挂钩在线监管、耕地占补平衡动态监管、永久基本农田监测监管、设施农业用地监管、征地区片综合地价数据库管理、部高层次科技创新人才工程管理、自然资源执法综合管理等系统，稳步推进了全国地勘行业监管服务、矿产资源国情调查数据库等系统建设；积极满足部重大管理政策制定需要，开展了全国矿业权出让转让、矿业权登记权限调整、矿业权空间坐标精度提高、矿产资源储量分类标准数据转换、督察分析等专项工作，完成了生态保护修复信息系统建设总体方案编制。

三　信息安全保障

（一）制度建设方面

自然资源部印发了《关于自然资源网络安全工作的指导意见》，指导各地方自然资源主管部门及部属单位开展网络安全工作，制定了《部机关非涉密计算机系统安全管理规定》《信息系统建设和运行维护安全管理规定》等一系列安全管理制度，对非涉密计算机安全管理做出了明确要求，对于新建、改建、扩建的信息系统，遵照"同步建设、动态调整"的原则，实行"谁主管谁负责、谁使用谁负责"的安全保障责任制，将安全建设与信息系统建设同步规划、同步建设、同步投入运行。目前，正在按照等保2.0的相关要求，结合机构改革后的网络安全面临的新变化、新形势，不断修订完善自然资源部网络安全相关管理规定。

（二）技术防护措施方面

自然资源部非涉密网络主要包括部外网和业务网，两张网之间严格物理隔离。其中部外网与互联网逻辑隔离，主要承载部门户网站群、行政审批信息公开查询系统、"互联网+政务服务""互联网+监管"等业务应用。业务网为行业专网，覆盖部、省、市、县四级自然资源管理部门，与互联网物理隔离，主要承载不动产登记、视频会议、非涉密公文交换、行政审批远程申报、数据共享交换、统计直报、土地市场动态监测与监管等业务应用，是自然资源系统各单位传输交换非涉密信息的主要网络通道。业务网部中心节点与最高人民法院、中国共产党中央纪律委员会（以下简称"中纪委"）、公安部、民政部、国家税务总局、市场监管总局等单位参照相关接入规范实现互联互通，满足自然资源部与相关单位非涉密敏感信息共享交换。

自然资源部认真落实网络安全等级保护制度，制定并印发了《信息系统安全等级保护定级工作方案》。2007年，部门户网站和业务网交换数据库信息系统被定为三级，并按照国家信息系统安全等级第三级基本安全防护要求，完成了相关改造，通过了风险评估和等级测评。2020年，按照国家政务信息系统整合共享要求，重新梳理了目前在线运行的全部系统，对自然资源部外网和业务网上运行的所有重要信息系统，按照业务、网络及服务对象整合成9大系统，并经专家定级评审，确定1个系统为网络安全等级保护二级、其余8个系统为网络安全等级保护三级。目前，正在开展第三方测评工作。

在网络和系统的边界防护方面，部署了抗DDOS、下一代防火墙、WAF、上网行为管理设备等安全设备，在网络层和应用层进行深度监测和防护，实现对强力攻击、木马后门攻击、缓冲区溢出攻击、IP碎片攻击和网络蠕虫攻击等恶意行为的实时检测和报警，同时对拒绝服务攻击和HTTP、SMTP、POP3等应用层协议进行了积极防御和信息内容安全过滤与恶意代码防范。

在主机和应用方面，对门户网站群、"互联网＋政务服务"等重要信息系统部署了服务器操作系统加固软件，建立了操作系统层的主动防御机制，实现基于用户和基于进程的强制访问控制，提高了系统在网页防篡改、恶意代码防范方面的能力。

在安全监测和预警方面，分别依托外网和业务网建立了安全威胁态势感知平台，利用大数据分析、机器学习等技术，从资产、应用、系统、风险、威胁、合规性等多个维度，建成全方位的安全威胁监测和预警平台，并利用可视化平台的方式进行资源整合、集成、调度和展示，实现安全风险、安全事件的闭环快速处置，为安全防守工作提供有力技术抓手。

在商用密码应用方面，按照国家电子认证体系以及国产密码应用的相关要求，分别依托自然资源部外网和业务网，基于国产密码算法，建立了统一身份认证系统、数据存储加密系统和数据真实性凭证验证系统，实现了上层应用的强身份鉴别机制，为应用提供了统一的身份认证、数字证书、数据加解密和数据真实性验证等密码服务。

（三）应急响应机制建设情况

制定了《自然资源部信息网络安全应急预案》《自然资源部网络、网站故障应急处理预案》等应急响应制度，每年均针对自然资源部对外服务的重要信息系统进行安全检查，定期或不定期地组织运维人员自查、普查及抽查，通过检查发现安全隐患和管理漏洞。在涉密内网部署应用了保密自监管系统，对网内安全态势实现动态监控。定期组织安全保密教育培训，不断提高相关人员的安全保密意识和安全风险意识。

通过加入国家网络与信息安全信息通报机制成员单位，建立了自然资源部与通报中心之间畅通的联系渠道。在自然资源部网络安全和信息化（以下简称"网信"）领导小组的领导下，建立了自然资源网络与信息安全信息通报机制，发布并实施《自然资源网络与信息安全信息通报暂行办法》，明确要求成员单位在出现网络瘫痪、网页被篡改等重大紧急安全事件时，必须及时向部报告，定期向部通报本单位网络与信息系统的安全状况。

四　机构和队伍建设

自然资源部领导高度重视自然资源网络安全和信息化工作，机构改革后及时组建成立自然资源部网信领导小组及其办公室，健全领导机构，统筹谋划自然资源部网信建设重点工作。部网信办设在部信息中心，设有信息化规划发展处和网络安全与综合处两个处室，主要承担部网信领导小组办公室相关工作，负责贯彻落实党中央、国务院关于网络安全和信息化的决策部署，统筹推进和监督指导全国各级自然资源部门网络安全和信息化工作，统筹协调部属单位网络安全和信息化建设。

五　互联网+公共服务创新应用

推进自然资源部"互联网+政务管理服务"系统建设与上线应用，部本级"一网通办"水平明显提升。构建了自然资源"互联网+政务管理服务"系统统一技术框架，构建了统一电子证照系统、统一电子签章系统等一系列互联网政务服务体系的重要基础支撑设施，对外建成部统一政务服务门户并上线运行，面向自然人、法人、地方自然资源主管部门，部级土地审批、矿业权审批登记、用海用岛审批等59项业务陆续上线应用，39项接入国家政务服务平台，其中30项业务首次实现互联网申报，16项首次实现"网上办"。目前，23项行政许可事项中17项实现互联网申报、1项实现业务网申报。另有3项行政确认事项、6项其他事项实现互联网申报，3项涉地内部审查事项实现业务网申报，部本级"互联网+政务服务"水平明显提升。对内建成部统一智能审批系统，在部机关各审批业务司局、派出机构、直属单位等广泛应用，全年支撑办件量接近1.5万件；探索开展了对外提供矿业权空间查重、建设项目压覆重要矿产资源查询等空间信息查询服务，土地市场、矿业权市场专栏等公开信息超过50万条，面向社会公众提供了许可证查验服务20万余次；实现了矿业权审批登记颁证环节电子证照的在线制作、管理，用地、用矿、用海审批用章环节加盖电子印章。部级"一网通办"水平明显提升，初步形成了对内线下一"窗口"、线上一"入口"的实体政务大厅与网上政务大厅融合的政务服务新模式。同时，我部已开展政务服务"好差评"，编制印发《自然资源部政务服务"好差评"实施办法》，实现服务对象网上申报、咨询、办结环节的"一事一评"。

（自然资源部网信办）

2020年生态环境部电子政务发展概况

生态环境部以习近平新时代中国特色社会主义思想为指导，深入践行习近平生态文明思想和习近平总书记关于网络强国的重要思想，认真贯彻落实党的十九大和十九届二中、三中、四中、五中全会精神，围绕打好打赢污染防治攻坚战目标，深入推进信息化建设"四统一、五集中"（统一规划、标准、建设、运维，数据、人员、资金、技术、管理集中），巩固拓展"五个一"成果应用，加快电子政务发展，为建设数字政府，提高生态环境治理体系和治理能力现代化水平提供有力支撑。

一 总体情况

2020年，我部全面落实"四统一、五集中"工作要求，大力推进信息化资源统筹，持续深化政务信息系统整合与数据共享，不断完善生态环境业务信息化建设，持续加强大数据创新应用，形成了生态环境综合管理信息化平台初步构建、部机关无纸化办公和移动办公全面应用、专网移动视频会议常态运行等标志性成果，服务保障水平显著提高，为打好打赢污染防治攻坚战、疫情防控阻击战提供了有力支撑。

二 具体工作

（一）加强体制机制改革创新

一是强化组织领导。部党组书记、部长每年主持召开部网络安全和信息化领导小组会议，谋划部署生态环境网络安全和信息化工作，加强网信工作集中统一领导。分管副部长定期召开信息化办公会，研究推进重点工作任务。二是针对部属单位信息化归口部门和工作人员实施双重管理，协同推进信息系统整合、信息化统一运维、网络安全攻防演习等重点工作。三是改革创新资金管理。统筹信息化资金，归口管理并组织开展信息化预算项目申报、执行、绩效评估、审计等工作，落实"一支笔"审核、"一本账"管理。2020年度实现部系统信息化建设预算全部集中至信息中心执行，资金集约管理逐步加强。

（二）全面整合政务数据资源

编制信息资源目录。编制完成《生态环境信息资源目录编制指南》《生态环境信息资源目录操作指南》和《生态环境信息资源目录申请指南》，完成环境要素、环境业务、组织机构和信息系统等维度的资源目录体系建设。

加强生态环境信息资源中心建设。持续将部内环境质量、污染源等业务数据资源向生态环境信息资源中心汇聚，接入气象、水利、电力等外部数据，实现数据全面集中，持续组织开展数据治理，信息资源中心数据存储量和数据质量稳步提升。持续开展数据主题库、业务专题库建设，有效支撑了京津冀大气污染防治强化措施调度、重污染天气应急预测预警、水环境管理、污染源监督性监测、全国土壤污染状况详查、有毒有害物质环境风险防控等重点业务工作。

推进数据资源共享开放。不断提高数据共享服务水平，2020年，为生态资源部大气污染成因分析、水环境形势分析、强化监督定点帮扶等工作提供数据服务7.2亿次，为28个省（自治区、直辖市）回流数据2.5亿条。通过全国一体化在线政务服务平台和国家数据共享交换平台，注册发布政务信息资源目录并向各部门各地方共享28类数据1.3亿条。

（三）建立生态环境业务协同体系

一是整合压减信息系统。对生态资源部备案在册的信息系统进行逐一排查，不断加大信息系统整合清理力度，信息系统数量持续压减。二是完善顶层设计，编制《信息化体系建设规划纲要》《生态环境综合管理信息化平台总体建设方案》和《平台管理办法》，初步构建生态环境综合管理信息化平台。启动《生态环境信息化"十四五"规划》编制。三是将全部在用信息系统集成到生态环境综合管理信息化平台，实现单点登录。四是扩展生态环境综合管理信息化平台应用模式，开发"一张图"综合展示、远程信号接入、视频会商和互动交流等功能，初步实现在"一个平台"上支撑业务管理运行，在"一张图"上统揽生态环境全局工作。

（四）深化政务信息系统建设应用

加快推动政务服务"一网通办"。围绕深化"放管服"改革、推进数字政府建设要求，升级改造部政务服务平台，精简行政审批事项办事流程，优化在线服务，全面推进部本级行政审批事项"一网通办"，办件信息实时汇聚至全国一体化在线政务服务平台，为企业和群众提供"一站式"服务。完成政务服务"好差评"系统开发，用户评价满意率为100%。推进垂管业务系统办件数据与地方政务服务平台有序共享，实现排污许可事项"跨省通办"。

扎实推进"互联网+监管"系统建设。按照国务院办公厅部署和生态环境部实际工作需求，持续完善生态环境"互联网+监管"系统，升级风险预警、综合分析等功能。完成与国家"互联网+监管"系统对接，实现与国家"互联网+监管"系统单点登录，向国家"互联网+监管"系统推送数据543万余条。

无纸化办公和移动办公全面应用。针对疫情防控的严峻形势和工作需要，调整公文管理、远程公文传输系统，开发领导专报、简报报送和会议纪要功能，上线无纸化办公系统，实现生态环境部机关公文流转、网上通办和移动终端公文流转全流程处理，实现在线向生态环境部领导及时报送文件信息的功能和简报、会议纪要的无纸化运转。2020年2月

3日起,生态环境部机关全面实行非涉密文件无纸化运转。

移动视频会议系统常态运行。加速推进移动视频会议系统应用,采用移动视频和传统视频会议相结合的方式,为部机关工作人员和部属单位负责同志提供视频会议服务,保障生态环境部内会议正常召开,保障生态环境部领导在线参加双边或多边国际会议,有力支持生态环境部系统"不见面"工作会商和在线学习培训。

(五)加强基础设施体系建设

强化"一朵云"。提升生态环境云服务和管理能力,扩容云计算资源,规范优化云服务流程,建立云资产台账,加强云上系统数据备份和安全防护。

拓展"一张网"。推进省、地市、区县生态环境业务专网与国家电子政务外网整合,建立专网考核和月调度机制,保障"全覆盖、全连通"常态化。

丰富"一个库"。建立全国固定污染源统一数据库更新机制和技术标准,完成第二次全国污染源普查数据整合入库,实时接入排污许可数据,为环境执法、排污许可清理整顿等工作提供支撑。

升级生态环境"一张图"。升级完善了生态环境"一张图",实现按任意区域(行政区划、重点区域、重要流域及海区等)查询展示环境质量、污染源、核安全、环境监管等生态环境信息,完善系统会商交互与分析功能。

优化"一扇门"。完成生态环境部网站、微博、微信联合运行,建立编辑协同机制,实现第一时间同步发声,提升"一网两微"合力。实现部级统一身份认证,为生态环境系统用户提供"一门式"登录服务。

(六)落实标准体系规范

发布《"五个一"标准规范、管理制度目录清单》《生态环境部涉密信息系统安全保密管理规定》等12项管理规定,推进《生态环境信息化标准指南》《生态环境信息化大数据分类》等标准修订,进一步加强生态环境部信息化标准和管理制度建设。

(七)电子政务创新应用

创新移动办公新模式。疫情期间为保障部机关正常运转,紧急推进移动办公应用。通过VPN将生态环境业务专网安全延伸到移动PC端,为生态环境部机关全体人员配置移动办公组件,实现通过便携式计算机和移动端进行公文查询、浏览和签批。集成虚拟专用网络网关与数字证书,确保通过移动终端安全登录专网系统,实现"证书在手,随处办理"的移动办公新模式。

(生态环境部信息中心)

2020年水利部电子政务发展情况

2020年，是"十三五"收官之年，水利部电子政务工作以习近平新时代中国特色社会主义思想为指引，全面落实党中央、国务院关于网信工作的决策部署，深入落实全国水利工作会议部署，以推进智慧水利为主线，以补水利网信短板、全力支撑强监管为重点，强化"先行先试、项目前期、标准规范、人才队伍、宣传培训"五项措施，克服新冠肺炎疫情影响，攻坚克难，真抓实干，加强新一代信息技术应用，守住水利网络安全底线，加快提升水利网信水平，为新阶段水利改革发展提供强力驱动和有力支撑。

一　工作情况

（一）统筹推进机制建设方面

研究部署年度网信重点工作。召开水利部网信领导小组视频会，研究智慧水利先行先试工作方案，审议印发《2020年水利网信工作要点》，审议发布《智慧水利优秀应用案例和典型解决方案推荐目录（2020年）》。召开了水利网信工作视频会议，部领导出席会议并讲话，部署年度水利网信工作。

开展智慧水利先行先试。印发《智慧水利先行先试工作方案》，明确在3个流域管理机构、5个省级水利部门、3个地市级水利部门用两年时间实施36项先行先试任务，推进智慧水利在重点领域、流域、区域和新一代信息技术方面率先突破。通过先行先试，推动遥感、大数据、人工智能、AR、视频识别等技术与水利督查、水政执法巡查、水利工程建设管理运行、水土保持、采砂船在线监管等业务深度融合，在实践中形成了一批优秀案例，在全行业掀起了推进智慧水利建设热潮，取得很好成效。

首次开展水利网信建设和应用专项检查。水利部印发《水利网信建设和应用监督检查办法（试行）》，制订年度专项检查工作方案，确定水利信息化重点工程督导等6项检查内容及线上线下相结合的检查方式。现场检查16家单位共发现问题128项，结合网络攻防演习情况对10家单位实施约谈，责令24家单位立即整改。

（二）政务数据资源体系建设方面

建立健全数据联动更新工作机制。对接全国河长制管理信息系统等业务应用数据，更新水利基础数据9类13.9万条。新增水利行业和跨行业共享数据8类21.6万条。完成水库数据资源治理并统一编码，借助遥感影像分析、多源数据比对，截至2020年年底核定全国正常运行水库98247座。推进河流、湖泊、水库、测站、堤防、水闸、农村供水、调水工程等水利对象基础数据与全国水利"一张图"的联动更新。

持续优化全国水利"一张图"。完善"权威、现势、全面、合法、安全、可靠"水利"一张图",开发地名、地址及兴趣点查询服务功能;对接即时遥感影像服务,实现多时相比对查看;新增地图标绘、截图、收藏、数据上传等功能,优化查询性能,提升用户参与与互动。拓展一张图服务支撑范围,新增病险水库安全度汛、洪水遥感监测专题,服务超标洪水防御。全年为各级水利部门 100 多个业务应用持续提供地理信息服务。

加强水利数据整合共享和分析应用。加快实施数据资源整合共享,建立水利部与长江水利委员会、黄河水利委员会、淮河水利委员会、太湖流域管理局等 4 个流域管理机构及 10 个省级水利部门实现水利"一张图"服务对接和共享调用。发布水利数据目录服务编制指南,初步建立水利数据资源体系框架。依托国家数据共享交换平台,推进跨部门数据共享,畅通数据资源获取和共享渠道。

(三)业务协同体系建设方面

深化综合办公等系统应用。2020 年,水利部电子政务内网完成改造,并顺利实现与国家电子政务内网对接。升级改造电子政务内网应用门户、综合办公、公文交换、政务督办等系统,形成电子政务内网统一办公平台。应用门户实现应用统一入口和信息统一发布,全年发布新闻、通知、公告、动态等信息共 5000 条。政务督办系统实现 1092 项政务督办事项的立项、统计、催办、信息管理等功能,为强化政务监管提供了支撑。

完善水利督查移动平台应用。增加了农村饮水安全"回头看"等功能,完善了取用水检查、水资源管理、节约用水、小水库除险加固、中小河流治理、小水库督查问题整改反馈等功能模块。开展质量监督系统设计开发及稽察系统升级完善,支持第 6 批稽察工作。全年支撑 1816 个督查组使用平台对 22 类 2 万余个对象开展督查,上报问题 5 万余条。在 7 个流域管理机构和 15 个省级水利部门实现推广应用。

建成河湖遥感四查平台。全面应用遥感"四查"(巡查、详查、核查、复查)技术机制支撑河湖进驻式督查和常态化暗访,通过人工和 AI 识别方式,完成规模以上河湖水域空间地物对象解译,提供疑似问题线索 4903 个,问题确认率达 90%,有效提高了监管精准性和工作效率。建立河湖暗访督查系统,通过"清四乱"(乱占、乱采、乱堆、乱建)功能实现对"四乱"问题的闭环处理,督查 APP 延伸至全国县级以上管理部门,用户共计 8592 个,支撑发现问题 2.5 万个。

加强农村水利管理信息系统应用。通过农村水利管理信息系统增加、更新集中供水工程数据 64038 条,目前全国农村集中供水工程达 54.3 万个,实现了与水利"一张图"的同步更新和展示。开发了农村集中供水工程批量上传、查询以及对比分析等模块,为农村集中供水工程管理、农村饮水安全督查暗访等提供有力支撑。

其他领域业务应用持续深化。国家水资源监控能力建设二期项目、全国河湖长制管理信息系统、与国家电子政务内网对接等重点项目全面建成,作用与效益持续发挥。统筹推进水利部和 7 个流域管理机构电子政务工程建设,超额完成年度建设任务。依托"蓝信"推进各类业务应用 APP 整合等。

（四）政务服务体系建设方面

持续做好行政审批受理工作。在国家政务服务平台录入和发布政务服务基本目录30项、实施清单62项，业务办理82项，实现了水利部政务服务事项"应上尽上"。全年共受理水利行政审批事项569件，办结行政审批事项570件，变更事项738件，接听行政审批事项咨询服务电话6000余个，QQ在线答疑1000余次，事项办结满意度100%。

完成水利部在线政务服务平台建设任务。建成"好差评"系统，实现了水利部和流域管理机构政务服务事项线上评价数据统一汇聚、分析和管理，并与国家平台实现对接。完成16项行政许可事项和政府信息依申请公开事项的系统改造和数据汇聚，实现部本级和流域管理机构政务服务事项"一网通办"。

实现取水许可电子证照发放与管理。搭建了取水许可电子证照系统，与国务院办公厅、电子政务办公室联合印发《关于依托全国一体化在线政务服务平台做好取水许可证电子证照应用推广工作的通知》（国办电政函〔2020〕45号），各流域管理机构和22个省级行政区与全国取水许可电子证照系统对接并具备省、市、县三级发放能力，累计发放取水许可电子证12262本。

充分发挥门户网站重要作用。水利部门户网站全年访问量7.44亿、日均205万，共发布消息43250条、处理上传视频272个、会议报道114人次、公众咨询受理2635件，在国务院办公厅《2020年政府网站检查情况通报》中位居部委第三名。全国水雨情小程序被中国软件评测中心评选为"2020数字政府服务能力评估暨第十九届政府网站绩效评估优秀创新案例"，全面推行河湖长制专栏获电子理事会颁发的"2020年政府网站信息公开精品栏目奖"。

开通水利部12314监督举报平台。建成水利部12314监督举报平台，整合部内已有举报渠道实现"一号对外"。全年共接到举报问题线索57589条，转办核查问题1464条，推动解决了一批群众身边的水问题。编制周报、月报、季报，开展问题线索统计分析，为"一对一"水利扶贫工作监督检查等督查暗访提供线索依据，发挥了发现问题、防范风险、服务决策的多重作用。

（五）基础设施体系建设方面

加快卫星应急通信建设。开展水利卫星通信网优化升级，更新服务器设备，升级主站管理系统，提升网络运行效率。组织水利系统应急通信培训，为各地培训便携站操作手46名。组织卫星固定站、便携站联调和应急通信演练125次，汛期保障重大应急通信行动25次，为防汛现场指挥调度和视频会商决策等提供了有力支持。

水利电子政务网络不断扩展。与国家电子政务内网中央网络平台实现互联互通和互信互任，并实现与中共中央办公厅、国务院办公厅相关系统的协同应用。实施水利业务骨干网提速和水利部门户网站整合改造，水利部至流域管理机构带宽提升至200Mbps，至地方水利部门带宽提升至100Mbps；流域管理机构与其直属单位和下属单位实现了全联通；省级水利部门与其地市级部门实现全联通，与区县级部门联通率达到90%以上。

计算存储资源不断完善。开展电子政务外网安全可靠云平台、地理信息系统（GIS）

平台、视频会议系统试点建设及业务应用系统适配改造，目前已开通虚拟机 102 台，部署应用服务 22 个，改造后的视频会议系统共支撑异地视频会议召开 96 次、32130 人次。根据新冠肺炎疫情防控需要，印发通知在部机关及部直属单位全面推广应用，效益显著。

（六）标准规范体系落实方面

优化水利网信标准体系共 7 类 36 项，分别为分类编码、传输交换、数据存储、图示服务、网络安全、建设管理、运行维护。组织开展 20 多项涉及整合共享、网络安全的急需、基础性标准制修订工作，正式颁布 7 项标准，通过审定 5 项标准；组织开展智慧水利技术装备、水利工程智慧化改造等方面标准研究，开展《水利信息系统运行维护定额标准》修订。

（七）安全保障体系落实方面

提高网络安全实战水平。组织水利行业参加公安机关网络安全攻防演习，按照"全员参与、联防联控、协同防守"原则，采取整体联防、局部防控、重点防护三级防控模式，监测到 150 多万起网络攻击，处置网络安全风险 160 多个，确保目标及重要系统未被攻破，获得最高的"优异"防守等次。全年实现部机关网络安全"零事件"，获"2020 年度国家网络与信息安全信息通报先进单位"。

推进水利行业商用密码应用。组织宣贯《中华人民共和国密码法》，积极推进密码基础设施在河湖长制、水利督查等 10 多个重要信息系统中的应用，日均提供加解密服务超过 2000 万次，保护水利部机关重要敏感数据、个人信息超过 1 亿条。中共中央办公厅机要局、国家密码局两次到水利部调研，给予高度肯定，认为水利部以系统观念开展密码工作，理念先进，实施效果好，工作走在部委前列。

开展关键信息基础设施保护专项行动。印发《水利关键信息基础设施认定规则》，初步认定水利行业首批关键信息基础设施并报送公安部。对 7 个水利关键信息基础设施开展摸底风险评估，编制水利重要系统网络安全风险评估总报告。推进关键信息基础设施安全改造项目前期工作，组织完成南水北调东线总公司和三峡集团项目备案和评审。

提升水利网络安全能力。实施网络安全能力提升工程，推进技术创新，建成水利部网络安全威胁感知系统，建设成果已孵化推广至金融、电力、能源等行业。推进水利部机关信息系统等级保护，批复 5 个单位、部门的 14 个信息系统等级保护定级并督促备案工作；组织完成 10 个三级系统等级保护测评。

（八）政策法规体系完善方面

印发实施《水利信息资源共享管理办法（试行）》。为规范和促进各级水利部门信息资源共享，推进信息资源优化配置和有效利用，印发实施《水利信息资源共享管理办法（试行）》，推进水利数据目录服务体系建设、水利信息资源协同共享与更新机制建立。

印发实施《水利网信建设和应用监督检查办法（试行）》。为加强和规范水利网信建设和应用监督检查，落实水利网信建设和应用管理责任，印发实施《水利网络安全与信息化建设和应用监督检查办法（试行）》，为水利网信建设和应用的监督检查、问题认定、问题整改和责任追究提供了制度保障。

制定《水利部 12314 监督举报受理办理暂行办法》《水利部 12314 监督举报平台举报奖励暂行办法》《水利部 12314 监督举报平台运行管理暂行办法》等，加强监督举报服务中心规范化管理。完成《水利通信卫星网管理规定》《水利异地会商视频会议系统管理办法》修订，组织编制《水利蓝信运行管理暂行办法》。

（九）新技术在电子政务中的创新应用方面

水利部与阿里达摩院合作研发遥感监测 AI 平台，与杭州海康威视数字技术股份有限公司合作研发水位、水面漂浮物等视频智能识别算法，与中国移动通信集团公司（以下简称"中国移动"）、中国联合网络通信集团有限公司（以下简称"中国联通"）、中国电信集团有限公司（以下简称"中国电信"）合作精准发送山洪预警等公众信息，与中国铁塔股份有限公司就高点视频、与北京超图软件股份有限公司就 GIS 改造、与深圳市腾讯计算机系统有限公司就国产云平台微服务等开展合作。水利部还于 2020 年年底与华为技术有限公司签署了战略合作仪式，将在多个业务领域加强联合行动，加快水利行业数字化转型、智能化升级。

（十）"十四五"时期电子政务发展思路

以习近平新时代中国特色社会主义思想和党的十九大、十九届二中、三中、四中、五中全会精神为指导，践行"节水优先、空间均衡、系统治理、两手发力"的治水思路，立足新发展阶段，贯彻新发展理念，构建新发展格局，按照"需求牵引、应用至上"总要求，以推动水利高质量发展为目标，以构建"2+N"智慧水利架构为重点，强化水利业务与信息技术深度融合，全面推进智慧水利建设，构筑水利网络安全防线，不断提升水利网信能力和水平，为水利治理体系和治理能力现代化提供有力支撑与强力驱动。

二 问题与建议

国产环境下的专业系统软件较少，已上政府云的应用系统迁移困难。建议提早谋划国产化领域的基础和专业软件产业发展，协调相关企业尽快将已得到广泛使用的各类软件向国产化平台迁移，强化对省级政府云与中央部门互联、共享等方面的指导，及早出台相关制度文件进行规范明确。

三 典型案例

（一）蓝信视频会议系统建设与应用

2020 年年初，面对严峻的突发新冠肺炎疫情，水利部坚决贯彻党中央疫情防控工作决策部署，明确提出"不添乱、多出力、做贡献"的要求，在全力做好疫情防控的同时，强化水安全保障，积极推进水利复工复产。

系统组成与推广应用。为有效避免疫情影响、推动各项工作顺利开展，水利部信息中心在水利蓝信基础上，采用小鱼易连云视频会议技术，快速搭建水利蓝信视频会议系统，并陆续在各流域管理机构、各省级水利部门部署专用硬件终端设备，黄河水利委员会、珠江水利委员会及河北、河南、湖南等省水利厅也延伸建设系统子平台。水利蓝信视频会议系统采用智能路由架构，应用SVC柔性编解码算法，使用国密算法（即国家密码局认定的国产密码算法），有效支撑各类终端、各类网络，实现随时随地非见面会议和远程办公新模式。2020年2月，水利部办公厅印发了关于进一步推广应用水利蓝信视频系统会议的通知（办信息函〔2020〕79号），在部机关及直属单位全面推广应用水利蓝信视频会议系统。2020年，依托水利蓝信视频会议系统累计召开会议7018次，时长17946小时，参会80714人次，为有效避免疫情影响、推动各项工作顺利开展提供不可替代的支撑和保障。

支撑水旱灾害防御工作。2020年，我国出现1998年以来最严重汛情，水旱灾害防御工作面临重大考验，联合会商、滚动会商、跨部门会商工作多、任务急。水利蓝信视频会议系统多次支撑水利部与应急管理部、中国气象局等跨部门紧急联合会商，并与水利异地会商视频会议系统融合，实现与各流域管理机构、地方水利部门及时滚动会商，为夺取水旱灾害防御重大胜利做出贡献。

支撑保障重要活动。2020年9月18日，中央精神文明建设指导委员会（以下简称"中央文明办"）、水利部联合黄河水利委员会、河南省水利厅在黄河流域开展"关爱山川河流·保护母亲河"全河联动志愿服务活动。活动主会场设置在郑州，青海、甘肃、宁夏、内蒙古、陕西、山西、山东和小浪底水利枢纽管理中心、三门峡水利枢纽管理局设分会场。这次户外活动全程由水利蓝信视频会议系统提供各会场间远程连线，并对外进行视频直播，活动效果出色、应用稳定，得到了中央文明办肯定。

支撑保障重要会议。按照疫情防控要求，2021年全国水利工作会议首次全面采用视频会议方式，7个分组讨论会须同步进行，会议保障压力大、难度高。水利部信息中心利用水利蓝信视频会议系统和水利异地会商视频会议系统集成融合，形成双备份模式，两套系统既可独立又可融合应用，同时应用华为技术有限公司研发的"水利智慧屏"，极大地增强了系统的保障率和稳定性，保障会议圆满召开，得到与会代表一致好评。

水利蓝信视频会议系统在水旱灾害防御会商、水文预测预报会商、视频巡河巡湖、应急指挥、监督检查、培训讲座等应用场景均已得到广泛应用，并不断融合新业务场景，必将在今后水利工作中发挥更大作用。

（二）河湖遥感四查平台建设与应用

为推动河长制湖长制尽快从"有名"向"有实"转变、从全面建立到全面见效，实现名实相符，建设河湖遥感四查平台，综合利用遥感、人工智能等先进技术，支撑对河湖的动态监测，加大河湖管理保护监管力度，及时准确掌握各地河湖管理保护的真实情况，推动河湖治理保护由被动响应向主动作为转变。

支撑问题发现到整改的全流程监管。传统的人工外业巡河和地方上报工作模式，面临问题发现难、技术手段差、持续跟踪困难等问题，河湖遥感四查平台结合遥感、人工智能等技术，与河湖督查APP互联互通，实现了"四乱"问题从发现到整改的全流程监管。平台发现的"四乱"问题线索，可以通过河湖督查APP推送到各级河湖管理部门，借助河湖督查APP，采用实地查勘或无人机采集的方式，进行现场取证，确认是"四乱"问题，推送至全国河长制湖长制管理信息系统，利用四查平台跟踪问题整改进度。

有效应用人工智能技术。利用人工智能技术，研发临河房屋、采砂场、网箱养殖、光伏电厂、大棚、拦河坝、片林、耕地和水体等9类河湖水域空间典型地物自动识别模型，以及变化检测模型，实现自动发现问题线索，提高了遥感影像解译效率，提升了"四查"平台智能化水平。

支撑暗访督查和"清四乱"。2020年，筛选利用遥感影像发现的重点河湖"四乱"问题线索，涉及27个省（自治区、直辖市），支撑河湖进驻式督查和常态化暗访，以及地方"清四乱"工作，最终确认"四乱"问题2492个，问题确认率达90%，并且重大问题、严重问题比例高，大幅提高了河湖监管效率和水平。河湖督查APP使用范围延伸至县级，用户8592个，支撑7个流域管理机构185个督查小组、428人次河湖管理检查工作，共检查7371个河段、1784个湖片，发现问题2842个，支撑全国31个省（自治区、直辖市）自查自纠上报河湖"四乱"问题27627个。

（水利部网络安全与信息化领导小组办公室）

2020年农业农村部电子政务发展概况

2020年，农业农村部坚持以习近平新时代中国特色社会主义思想为指导，认真贯彻落实党中央、国务院决策部署，统筹疫情防控和农业农村网信工作，以网络强国战略为引领，加强顶层设计和统筹规划，积极创新政务治理和公共服务，不断提升电子政务服务能力，以信息化推进国家治理体系与治理能力现代化，扎实推进农业农村网络安全和信息化创新发展，为保运转、战疫情、保供给、攻脱贫提供了有力的信息化支撑。

一　总体情况

经过一年的建设与发展，农业农村部电子政务管理更加规范高效，政务服务能力和水平进一步提升。统筹协调机制更加完善；数据资源体系建设稳步推进，数据共享更加充分；政务服务强化业务融通和模式创新，线上线下深入融合，实现多渠道、广覆盖、无差别服务；数据资源开发利用向纵深推进，辅助决策支撑能力明显提升，数据价值逐步显现；网络基础设施建设坚持一体化、集约化、智能化方向，支撑保障能力不断加强；

农业信息化标准化工作步入快车道；网络安全保障能力和信息化自主发展能力进一步增强，电子政务总体迈向新台阶。

二 具 体 工 作

（一）统筹推进机制建设方面

不断强化农业农村部网络安全和信息化领导小组领导职责，坚持"一把手"负责制，全面落实《农业农村部网络安全和信息化领导小组工作规则》《党委（党组）网络安全工作责任制》实施细则和《农业农村部网络安全管理办法》。

（二）政务数据资源体系建设方面

一是政务数据资源日益丰富，多渠道提供高质量数据服务。持续完善已有30余个数据采集渠道，新增结构化数据10亿条并保持30%的年增长速度。新版数据频道在农业农村部政府网站正式上线运行。涉及宏观经济、农业农村发展、农产品市场、农产品进出口、资源环境、国际农业等6大领域的全国农业农村重要经济指标专题数据库正式上线运行并对外提供服务。二是完成机构改革后政务信息资源目录和数据的调整，农业农村部政务信息资源共享服务系统正式上线运行，并同步建设数据资源监控管理平台。对内，可对汇聚的120个业务应用系统数据进行监控管理及可视化展示，为政务数据的有序开放和开发利用打下坚实基础；对外，在全国政务信息共享网站发布政务信息资源目录363条。通过该系统，实现了教育部高校学历数据在部属单位的共享应用；相关部委和地方通过全国政务信息共享网站申请调用农业农村部提供的8个应用服务接口1.6万次，共享数据2991万条；部本级向安徽省农业农村厅等5个省级农业农村部门提供了11条目录资源的接口调用服务，累计共享数据86.59万条，实现了政务数据资源的跨部门共享、跨层级互通。

（三）业务协同体系建设方面

一是推动业务系统从以部门为中心向业务协同转变。农业农村部政务服务平台整合了6个单位的17个独立业务信息系统，并与国家政务服务平台对接；全国植物检疫信息化管理系统等垂管系统与国家政务服务平台完成对接；"三农"舆情监测管理平台向农业农村部系统和省级农业农村部门延伸，初步形成业务系统建设模式从以部门为中心向业务协同转变的格局。二是持续优化完善业务系统。建立协同运行保障机制，以业务需求为中心，进一步优化完善政务内网办公系统、绩效管理系统、信访系统、农产品和生产资料市场监管等业务系统功能，提升业务系统可用性、可靠性。

（四）政务服务体系建设方面

一是全面完成政务服务平台建设。农业农村部53项政务服务事项全部进驻平台并实现线上办理，其中 4 个政务服务事项实现全流程无纸化；上线运行"益农 e 服"移动端 APP、"好差评""投诉建议"系统，平台电脑端、移动端、窗口端等多端同源无差异服务，实现了"一号申请、统一受理、一网通办、集中反馈"，网上可办率 100%，单点登录率 100%，办件满意度 100%。二是升级改造政务服务大厅。完成政务服务大厅叫号系统、投屏显示系统、预约办理功能、窗口评价器、立柱大屏等软硬件设施的升级改造；全力推动政务服务事项全部进驻实体大厅，实行集中服务、集中受理；政务服务大厅与政务服务平台融为一体，形成线上线下功能互补、相辅相成的政务服务新模式。三是全力推进"互联网+监管"系统建设。重点围绕监管对象、执法人员、监管行为完成系统主体功能建设，构建了"互联网+监管"系统统一身份认证平台，完成 58 大项 115 子项监管事项及实施清单的收集、整理、入库等工作，初步实现监管工作规范、精准、覆盖面全。四是"网上农业农村部"建设深入推进。与国务院办公厅内网实现对接联通，发布内部政务信息 6600 余条；完成农业农村部政府网站"公开""互动"等功能模块升级和英文版网站改版上线，建设运维 20 个专题，网上直播新闻发布会 27 期，建设政策性文件库并与国务院办公厅外网服务平台实现对接，进一步完善了农业农村部系统网站监测考核制度机制。

（五）决策支撑体系建设方面

一是快速推出全国农业农村应对新冠肺炎疫情数据服务平台，助力农村地区疫情防控和春季农业生产。平台充分利用移动互联、大数据、物联网、遥感、数据挖掘、网络抓取等现代信息技术，汇聚政策、疫情、市场、农资、气象、农技等数据，为战疫情、保春耕、畅流通提供了及时有效的信息服务和决策支撑。二是强化重点农产品市场信息平台保障工作，通过 20 多个渠道多频度整合汇聚粮、棉、油、糖、畜禽产品、水产品、蔬菜、水果等 8 大类 15 个重点农产品全产业链数据。同时，对批发市场价格进行持续监测、分析，编写并发布了农产品批发价格 200 指数、价格日报、周报、市场分析和市场动态等，为政府指导开展供给侧结构性改革、产业结构调整和生产指导、应急促销服务提供了有力的决策支持。三是持续优化中国农产品供需分析系统，逐步实现用数据管理服务、引导产销对接，数据价值逐步显现。截至 2020 年 12 月，系统数据量超过 24 万条，每月生成和发布 19 类农产品市场供需报告和 5 类产品供需平衡表报告。依托系统数据和基础报告，围绕粮食供应保障等热点问题持续深入开展农产品市场监测分析，全年形成综合分析材料百余篇，为稳定农产品市场运行提供了重要决策参考。四是"三农"舆情监测管理平台功能不断完善，监测覆盖范围不断扩大，舆情信息服务支撑能力不断增强，有效发挥了"三农"工作"千里眼""顺风耳"的作用。2020 年新增监测站点 1109 个，总监测站点超过 8 万个，全年抓取并清洗后形成有效舆情数据 1088 万条，基本保障各类涉农舆情信息全覆盖，全年编报各类舆情简报及分析报告 600 余期，同比增长 50%，累计向农业农村部内有关司局发送预警信息 1000 余条，为有效应对处置相关舆情赢得了主动。

（六）基础设施体系建设方面

一是持续推进政务网络系统一体化建设。以国家电子政务外网、国家电子政务内网、互联网接入等网络体系架构为基础，统一规划、设计、建设和管理部政务网络体系。以国家农业数据中心为核心，建立统一分配管理的 IP 地址体系和域名体系，持续提升互联网接入能力，推进 IPv6 网络规划。二是不断加强基础设施集约化建设与管理。完成国家农业数据中心云化升级改造，实现了与中国农科院科技分中心及农业农村部系统单位机房的互联互通，初步建立起以国家农业数据中心为基础的农业农村政务"云"平台，统一的、可扩展的计算资源池和存储资源池实现了按需动态分配与管理，数据存储能力已提高到 5PB，特别是通过国产化改造，进一步提升了对信创业务的承载能力。三是建立起农业农村部 IT 智能化运维管理服务平台，利用智能化管理工具，实现了资源统一管理、性能随时监测、故障及时报警分析，确保网络可靠性达到 99.99%。四是强化视频会议基础设施建设。完成视频会议链路专网改造工作；新建 1 个与国务院视频会议系统互联互通的部级视频会场；完成 34 个直属单位视频会议室的建设，实现了视频会议部直属单位全覆盖。

（七）标准规范体系落实方面

一是《农业信息化标准体系（暂行）》经农业信息化标准委全会集体审议、完善，已作为农业信息化标准化工作基础和规划指南发挥重要作用。二是积极推进年度标准立项审查及制发工作。2020 年立项获批数量及 2021 年立项征集数量均创新高。重点推进《农业信息资源分类与编码》《农业农村行业数据交换技术要求》《农业农村地理信息数据管理规范》等支撑电子政务发展的行业标准制发工作。

（八）安全保障体系落实方面

一是健全完善网络安全统筹协调工作机制。全面贯彻落实网络安全法、网络安全等级保护制度，切实压实网络安全工作责任制，定期组织网络安全自查、网络安全绩效考核、信息系统等保定级、网络安全宣传培训等工作。二是有效提升网络安全应急处置能力。组织开展两次网络攻防实战演习，全面排查网络和信息系统风险隐患，提升面向实战的整体网络安全防护水平。三是持续构建网络安全技术保障体系。强化日常监测，加强威胁情报共享，及时处置安全风险，确保重要信息系统和数据全生命周期安全。切实做好全国"两会"、中国国际服务贸易交易会（以下简称"服贸会"）等国家重大活动和重要敏感时期网络安全保障工作，实现全年不发生重大网络安全事件的目标。

（九）政策法规体系完善方面

先后研究制定了信息资源共享管理办法、共享评估考核办法、网站管理办法、正版软件管理办法、网络安全管理办法、重大信息平台运维专项经费管理办法、网络安全和信息化工作要点等一系列牵头抓总的制度。

三 探索与创新

新一代信息技术创新空前活跃,正加速与农业农村深度融合发展,特别是在 2020 年这一特殊年份,新技术在农业农村部电子政务建设发展中的创新应用成效显著。一是积极应对新冠肺炎疫情带来的视频会议激增需求,高质量高频次提供政务视频会议服务保障。全年农业农村部系统召开 145 次视频会议,其中全国性会议 4 次、国际会议 8 次,参会人数达 55 万余人次,会议数量超 2019 年的 9 倍,并超过前十年总和。二是利用地理信息技术构建国家农业农村时空数据服务平台。结合政务信息资源整合成果,在时空数据治理和可视化方面,形成了聚数、看数和用数三类工具,已完成部内 77 个系统近 4000 万条数据治理,梳理时空数据资源分类,发布各类地图服务近千个;统一了基础底图和坐标系,完成全国矢量、影像、地形约 12TB 的数据服务更新和全国乡村边界 8GB 切片服务的部署和更新,已为农业农村部系统单位提供服务。三是创新运用手机信令大数据开展农民工就业情况监测分析。利用手机信令大数据,基于人口时空流动及劳动力迁徙模型,结合全国乡村边界数据,创新性地识别出全国在本乡(镇)以外从业的外出农民工,并持续开展农民工就业情况监测分析;依托国家农业农村时空数据服务平台搭建农民工就业监测子系统,多维度展示农民工外出情况、就业趋势等信息,形成了 10 余篇分析报告分别供各级领导参阅。四是深入推进"110"网络扶贫创新活动助力决战决胜脱贫攻坚。通过以"抖商"为主的新型电商,实现内容分发量超过 32 亿次,直接销售贫困地区农产品 5.83 亿元,带动 110 个创新活动参与县的农产品电商销售比例与全国平均水平同步提升到 10% 以上。

(农业农村部信息中心)

2020 年国家市场监督管理总局电子政务发展概况

2020 年是新中国历史上极不平凡的一年。面对严峻复杂的国际形势、艰巨繁重的国内改革发展稳定任务,特别是新冠肺炎疫情的严重冲击,市场监管总局立足职能定位,严格贯彻党中央、国务院决策部署,认真谋划全国统一信息化体系顶层规划,深入开展"互联网 + 政务服务"和"互联网 + 监管"工作,大力推进智慧监管建设,继续做好日常信息化支撑保障,在推进"六稳"工作、落实"六保"任务、做好疫情防控下市场监管工作中发挥重要的作用。

一 坚持开拓创新,大力推进智慧监管工作

按照市场监管总局党组的工作部署,坚持开拓创新,大力推进智慧监管工作,推动市场监管业务系统从"物理整合"到"化学融合"转变。制订 2020 年推进智慧监管工作

方案，并经局务会审议通过。成立智慧监管工作推进小组，建立智慧监管工作推进机制，制定时间表、路线图、任务书，抽调骨干人员组建智慧监管总体组并成立项目组，分别负责项目建设协调以及具体项目推进执行。深入开展智慧监管调研，由16个业务司局组成专班，赴上海、广东、江苏、吉林、北京等地以及国务院国有资产监督管理委员会、税务总局开展专题调研，学习了解地方政府和部门的智慧监管、"一网通办"先进经验，认真梳理智慧监管的需求。围绕"重要信息系统建设、智慧监管中心建设、基础平台建设"三个方面加快智慧监管信息平台建设，逐一编制工作台账、编写工作简报、加强工作督办，确保智慧监管信息平台建设任务按时、保质落实。

二 积极统筹规划，有序推进全国统一信息化体系建设

制定相关制度和标准规范，开展市场监管信息化顶层设计，实施信息化工程带动战略，推进全国统一的信息化平台和体系建设。出台市场监管总局关于加强信息化工作的指导意见、市场监管信息化标准化管理办法、市场监管信息化标准体系等制度文件，进一步规范市场监管信息化系统整合和标准建设。推进市场监管统一应用支撑平台建设，编写市场监管应用系统统一开发及部署技术规范，编制"证照分离"等业务改革的技术方案，指导地方市场监管部门做好与其他政府部门的技术对接与数据共享，支撑助力深化"放管服"改革。推进市场监管信息化工程立项工作，联合国家卫生健康委员会、农业农村部、海关总署、国家知识产权局四部门，完成工程框架方案编制报送国家发展改革委申请立项，并通过国家发展改革委批复。牵头国家法人库工程、国家企业信用信息公示系统信息化工程建设实施和管理，起草工程初步验收方案、编写工程年度评估报告，加快推进工程初步验收工作。配合有关部门有序推进安全生产监管、生态环境保护、全民健康保障信息化工程的建设实施。

三 持续深化应用，扎实推进重要应用系统建设

结合市场监管总局年度重点任务分工，扎实推进重要信息系统建设，助力市场监管效能提升。开展全国12315平台智能化应用，优化业务受理平台和五级业务处理功能，开发ODR企业线上服务消费者功能和12315效能评估评价，为消费者全年挽回经济损失数十亿元。统筹开发建设统一企业开办系统，完成统一社会信用代码赋码、黑名单联网核查等功能部署，实现与新疆、上海、湖南等地区开展联调测试并正式上线投入使用。协调推进总局"互联网+监管"与"互联网+政务服务"系统建设，完成与国家"互联网+监管"系统数据对接，开展总局"互联网+监管"系统建设实施，向社会公众和企业提供28个政务服务事项，完成总局"好差评"系统开发上线工作。完成企业信用风险分类管理系统建设，实现对企业信用风险进行自动分类，并与"双随机、一公开"监管平台进行有效衔接。有序推进食品安全监管系统建设，推动"校园食安"和"保健食品生产许可监管"系统全国试点应用。继续推进产品质量安全监管系统建设，优化升级产

品质量监督抽查平台，开展产品质量监督抽查系统省抽业务推广及目录一体化工作，完成工业产品生产许可证系统的升级优化和与省局平台对接工作。完善计量业务信息化建设，完成法定计量检定任务授权、计量标准器具核准、社会公用计量标准公示等功能开发应用。推动小微企业名录系统建设完善，开发"银商服务"等功能，为小微企业申请信贷服务提供便利。

四　加快整合共享，加快推进市场监管大数据中心建设

发挥市场监管大数据作用，加强可视化展示、态势感知、决策支持、风险预警等功能建设，进一步推进市场监管大数据中心升级完善。完善大数据集成操作台，开发部署数据共享门户，统一管理智慧监管数据共享协同，提升监管效能。加大数据采集汇聚力度，实施数据加工处理，全年新增采集66个业务系统数据12.97亿条。开展信息资源目录梳理，形成部门信息资源目录1131个，编制数据共享协同方案，充分发挥大数据中心枢纽作用，有力保障市场监管内部数据共享协同，支撑中共中央网络安全和信息化委员会办公室、税务总局、中国人民银行等相关部门数据共享服务。建设智慧监管中心展示系统，完成首页、22个司局专题页及4个综合专题的功能设计、开发。开展数据统计和分析工作，开发设计新版市场监管总局统计报表系统，开展年度数据统计和核查相关工作，进行相关数据分析，为经济形势分析等业务司局工作开展提供有效支撑。

五　夯实信息基础，不断提升信息化的运维和保障能力

推动市场监管总局网站、应用系统和基础设施等健康有序发展，提升技术支撑保障能力。加强网站的建设和运维保障，在国务院办公厅发布的2020年政府网站与政务新媒体检查情况通报中，位列国务院部门第一名。完成食品安全监管的食品抽检、食品生产许可电子化管理、食品生产日常监督检查数据管理等8个相关系统的迁移工作，为提升食品信息化整合保障奠定基础。建设信息化基础设施统一监控平台，实现多地机房基础设施统一监控管理，形成统一运维机制，有效地提升运维工作的准确性和响应度。完成市场监管总局多办公区网络整合，构建从总局到省局间的统一网络体系，高效保障全国视频会议使用，全年服务各类会议825次，较2019年增幅达96.9%。全力做好网络安全云防护和网络安全管理工作，精心组织网络安全攻防演习，市场监管总局防守技战法总结入选公安部优秀防守方报告。积极推进贵阳分中心建设、无锡机房搬迁和广州灾备中心升级改造工作，有序推进灾备中心资源整合，初步构建市场监管总局容灾建设"三地三中心"格局。

六　发挥信息作用，有力服务疫情防控和复工复产

在疫情防控期间，积极发挥市场主体大数据作用，为强化监管、精准防控、复工

复产等提供了有力的信息服务。给国务院相关部门提供野生动物区域分布、抗击疫情急需物资的生产和流通企业名单,为野生动物违规交易专项执法行动、疫情防控物资保障供应和恢复产能提供基础信息保障。汇聚整合登记注册、价格监管、舆情监控等各个领域疫情信息,持续开展40多个重点城市防疫用品、重要消费品价格监测数据的汇总和分析,进行图文并茂的展示,为市场监管总局疫情防控统一指挥、工作部署提供辅助决策支持与数据支撑。推进电子营业执照系统应用,完成电子营业执照网上亮照系统建设,支撑了几百个系统接入,充分保障政务服务在线办事、信息共享畅通无阻,支持浙江省开展"直达市县基层、直接惠企利民"面向小微企业和个体户的纾困补助工作,一周时间为浙江省78.7万"两直"补助对象的身份认证工作,保障了浙江省"两直"补助任务顺利推进。围绕"六稳、六保"工作,完善小微企业名录库,建立专门小微企业监测机制,抽取调查样本数据,助力国务院办公厅多维度掌握小微企业分区分级精准复工复产情况,为市场监管总局制定应对疫情影响加大对个体工商户扶持力度的指导意见等政策提供数据依据。

2021年是十四五的开局之年。在新的一年中,我们将围绕中心、服务大局、狠抓落实,继续开展好以下几个方面工作:一是编制好"十四五"市场监管信息化规划。围绕构建现代化的市场监管体系,深入融合新技术和市场监管业务,在系统总结"十三五"市场监管信息化发展情况的基础上,提出"十四五"时期的市场监管信息化发展思路、总体目标、主要任务及保障措施。二是继续做好疫情防控常态化下市场监管信息化工作。按照建设高标准市场体系的要求,积极发挥市场监管大数据作用,强化数据分析应用,开展市场主体宏观监测服务经济发展,加强风险研判、预警预测,进一步增强监管的精准性和靶向性。三是深入推进智慧监管建设。重点围绕营商环境优化、食品安全监管、信用监管、特种设备监管、网络交易监管、价格监管、反垄断和反不正当竞争等业务建设一批"在实战中管用、让基层干部爱用、让群众感到受用"的智慧监管应用系统,不断提高市场监管现代化水平。四是推进全国统一信息化体系建设。继续为深化商事制度改革、优化营商环境、高质量发展做好信息化保障,用好国家企业信用信息公示系统全国"一张网",升级化完善统一企业开办、网络交易监管等系统,持续加强产品质量监督业务信息化工作,推进全国统一市场监管信息化体系建设。

(市场监管总局信息中心)

2020年中国气象局电子政务发展概况

2020年是全面建成小康社会和"十三五"规划的收官之年,是实现第一个百年奋斗目标的决胜之年,也是脱贫攻坚战的达标之年。在这不平凡的一年中,气象管理信息系统的统筹规划和持续建设中国气象局在决策科学化、资源共享化、管理精准化、服务高效化等方面不断取得突破性进展,气象部门管理信息化水平得到显著提升,为推进治理体系和治理能力现代化提供了重要支撑。

一 总体发展情况

2020年,基本建成中国气象局一体化政务服务平台,覆盖4级气象部门8项行政许可事项"一网通办",融入"互联网+政务服务"国家治理体系,推进气象政务服务从"能办"到"办好",是首批开展审批事项电子印章和证照应用的部委级单位。2020年,首次实现管理应用系统的全国集中部署、统一建设的气象政务管理信息系统(气政通)全面纳管7个列入国家政务信息整合共享清单的已建管理应用,依托气政通开放性框架,已横向扩展整合了面向综合办公、计划财务、人事人才、党务管理4类管理职能共22个新建管理多应用。

二 重要建设成果

(一)"四级联动",共建气象部门"一网、一门、一次"政务服务平台

2020年,中国气象局一体化政务服务平台紧扣深化"放管服"改革目标,在以数据为驱动的电子政务和以大数据、云计算为代表的先进生产力的技术推动下聚焦"数字政府"建设,打造"外网申报、内网受理审批、外网反馈"的"互联网+政务服务"全新模式,实现"最多跑一次"的优质服务。加快打破"信息孤岛",实现数据"一网共享",平台与部门内部门户网站、政务管理平台实现集约整合,满足政务公开、身份认证、服务咨询、电子签章的统一服务需求。根据气象部门垂直管理特点,首次实现统一数据标准和管理规范,形成"六库两服务"数据标准,推动在全国实现同一事项无差别受理办理,使得政务服务规范化、便利化水平全面提升

2020年6月3日,中国气象局一体化政务服务平台第1张电子印章通知书的成功签发,标志着中国气象局一体化政务服务平台电子印章的成功启用,企业不再需要到气象行政审批大厅领取加盖印章的文书,行政许可申请人可以通过全流程网上办理轻松办理气象审批业务,实现了从"最多跑一次"到"一次不用跑"的跨越,真正做到了"让数据多

跑路、让企业少跑腿"，打通了制约提升行政审批办理效率"最后一公里"的瓶颈。

为贯彻落实党中央、国务院关于减证便民、优化服务的决策部署，逐步取消15项部门规章设定的证明事项，完成了现有涉及4级气象部门共8项行政许可事项的调整。以"气象专用技术装备（含人影设备）使用审批"为例，中国气象局一体化政务服务平台将事项申报表单"营业执照"与"质量管理体系认证证书"材料调整为对应的"统一社会信用代码"与"质量管理体系认证证书编号"填报项。其中，"统一社会信用代码"直接通过国家政务服务平台相关工商部门提供的服务进行核验。

2020年，完成了覆盖国、省、市、县四级的政务服务"好差评"系统建设。该系统的上线运行进一步畅通了网上咨询投诉渠道，将服务绩效由企业和群众来评判，加大社会监督力度，提升气象部门服务质量及水平。通过国家政务信息共享平台，评价数据实时汇聚到国家政务服务平台。

（二）气象政务管理信息平台（气政通）2.0版正式启用

2020年底，依托气政通1.0开放性框架，气政通2.0的"大系统共治、大平台共享、大数据慧治"的信息化新格局全面构建。具体体现如下。

1. 平台能力显著提升

"云、网、端"一体化的气政通2.0全面建成，进一步提升气象政务管理信息化应用开发及集成能力，实现数据统一、界面一致、功能协同。完成对"信创"终端适配支持。全面纳管列入国家政务信息系统整合共享清单的全部管理信息系统，形成互联互通、业务协同、信息共享的"大系统"，从1.0版原有单一的办文业务横向扩展面向各类综合办公、计划财务、人事人才、党务管理等4类管理职能共计22个管理多应用系统。建立以管理大数据为支撑的电子政务，打通政务与业务数据流，实现管理和业务数据资源汇聚共享和融合应用，实现领导日程、会议管理等典型政务应用协同。进一步推动了历史僵尸管理信息系统的下线，释放宝贵的计算资源。

气政通2.0初步建立管理数据资源标准体系，正式发布气象管理数据中心人力资源、预报预测管理和办公管理主题数据库，实现管理数据资源的集约化管理和共享，融入大数据云平台。完成建设气象管理数据中心软件系统主体功能，实现管理数据的汇聚、治理、加工分析、存储管理和共享服务，实现全流程的一体化业务监控，气政通正式入驻气象业务统一监控系统（"天镜"）。

2. 气象移动办公服务助力疫情防控

2020年，为使办公人员摆脱时间和场所的局限，满足对突发事件处理和应急事件部署的需求，进一步提升组织协同和办公效率，同步开展了气政通移动办公平台的建设。该平台基于通用开放平台上实现，第一版上线的包括公文管理、新闻动态、安全邮件等功能。相较于过去手机APP移动办公应用，"气政通"移动办公平台构建了完整的气象部门的人员和组织机构体系，实现了一个部门办公生态圈，不仅可以完成办公管理，还能通过组织通讯录满足即时通信、视频会议、云文档共享等常用远程办公场景需求。此外，该平台无须开展烦琐的软件初始化工作，兼容各种操作系统版本和硬件型号的手机，有利于移动办公应用的持续扩展。

目前，气政通移动办公平台全国合计总用户近 7000 个。在疫情防控最危急的时刻，移动办公服务确保了湖北省、武汉市城市封控、小区封闭、居民禁足期间政令畅通、管理不乱、业务不断、服务不散，管理信息化为湖北保卫战、武汉保卫战的胜利发挥了不可替代的关键作用。除了省级气象部门，钉钉的服务在中国气象局局大院也发挥了巨大的作用。除现有气政通提供的公文、邮件、门户等基础功能服务外，在疫情防控的特殊时期，一周日程、请假出差、考评管理等模块相继上线使用。

2020 年，气象后勤模块也正式接入气政通钉钉平台并上线运行，通过整合生活缴费、公寓、物业、餐饮、医疗等线上后勤"服务模块"，集成超市、汽车维修、家政、理发等多项内容的"服务集市"，园区用户只需动动手指，便可获得智慧、便利、快捷的后勤服务。

3. 全面推进财务网上审批

建设计财业务网上审批系统，能够加快单据审批的流转速度，提升报销单审批的效率，其推广应用有助于减轻基层财务人员工作量，减少业务办理等候和处理时间，提高工作效率，也为无纸化办公、会计电子档案的建设奠定坚实基础。

2020 年已完成 8 家直属单位、28 个省的网上审批系统部署上线工作。使用网上审批最大的好处就是帮基层报账员解决了之前财务报销"反复跑"的问题。与此同时，网上审批移动端也同步正式接入气政通移动办公平台，为财务报销提供了更为灵活、便捷的方式。借助网上审批系统，2020 年新开发的内部控制子系统，将作为单位事项审批管理的抓手，提供出差（请假）申请、公务接待申请、会议申请、采购申请、公务用车申请、科技成果转化申请以及收支合同管理。通过事前审批与财务报销无缝衔接，建立起事前审批、事中审核、事后监督的监管机制。通过将实时财务数据纳入气政通，逐步与气象大数据云平台"天擎"融合，全面提升财务监管能力，加强智慧财务建设，保障智慧气象发展。

4. 信息化助力审计业务现代化

2020 年，中国气象局审计管理信息化系统正式投入运行。系统包括计划管理、项目管控、在线作业、审计档案、审计标准、资源管理、审计对象、决策支持、系统管理等日常审计。为满足气象部门审计信息化工作，提高审计工作效率、降低审计成本、提高审计质量、加强政府审计风险控制，2019 年开始，信息中心开展了审计信息化系统的研制工作。系统集成于气政通平台实现人员和组织机构的同步、单点登录和消息服务，同时通过政务数据协同机制实现审计流程与公文审批过程的打通。2020 年 4 月，系统开始在中国气象局审计室、国家气象信息中心 1 家直属单位和 10 个试点省级单位试点运行，取得良好应用效果。审计信息系统的建设在提高工作效率、提升工作质量的同时，也反过来不断促进审计管理体制、审计项目管理、人员素质和审计工作自身监管等方面的提升，共同助力审计业务能力的现代化。

（国家气象信息中心　王甫棣）

2020年国家文物局电子政务发展概况

2020年,是决胜全面建成小康社会、决战脱贫攻坚之年,是"十三五"规划收官之年,也是中华人民共和国文物事业发展历程中具有重要意义的一年。文物工作受到党和国家高度重视、社会各界高度关注,迎来重大发展机遇。国家文物局坚持以习近平新时代中国特色社会主义思想为指导,在党中央、国务院坚强领导下,加快推进政务服务"一网通办",创新事中事后监管,切实做好国家文物局电子政务建设与应用发展工作,利用信息化手段提高国家文物局行政审批、行业管理的效率和质量,为行政管理机构、从业机构和人员、社会公众提供便捷高效的公共服务,推进国家文物局的治理体系和治理能力现代化。

一 做好疫情防控

助推"博物馆网上展览"项目成为"全国一体化在线政务服务"国家主平台疫情防控初期10个政务应用之一,为丰富防疫期间人民群众精神文化生活做出贡献。

二 推进政务服务建设

(一)启动国家文物局"十四五"信息化专项规划编制

以习近平新时代中国特色社会主义思想为指导,全面落实习近平总书记关于文物工作重要论述精神,立足国家文物局的实际,系统总结国家文物局"十三五"信息化发展情况,准确把握新方位、新形势、新要求,科学谋划、远近结合、统筹考虑,明确提出"十四五"时期的发展思路、总体目标、重点任务,实现文物领域治理体系和治理能力的提高。

(二)提升政务服务信息化水平,优化国家文物局综合行政管理平台

政务服务资源共享。按照国家政务服务交换共享要求梳理办件和证照目录历史数据,并推送到国家数据共享交换平台。政务服务事项梳理。按照全国一体化在线政务服务平台相关标准,开发办件数据采集功能,形成办件受理信息、办件过程信息、办件结果信息、材料目录信息,为与国家政务服务平台的交换共享提供基础数据;按照全国一体化在线政务服务平台标准,开发办件数据共享功能,能够通过国家数据共享交换平台将国家文物局政务服务办件数据上报至国家政务服务平台;在发现异常数据并处理后,能够推送指定数据至国家数据共享交换平台。统一身份认证系统建设。完善平台身份信息:增加法人单位经办人,并以此调整法人单位登录和账号管理功能;隐私数据保护工作。政务

服务管理系统建设。根据国家文物局需求和政务服务事项清单，完善开发文物一体化在线政务服务平台政务服务管理系统功能，为政务服务应用和事项在线办理接入提供功能基础。革命文物保护系统。开发革命文物保护年度计划在线审批流程，支撑革命文物司对革命文物修缮工作进行管理。

（三）国家文物局政务服务"好差评"系统上线

2019年12月，国务院办公厅印发《关于建立政务服务"好差评"制度提高政务服务水平的意见》，国家文物局根据行政审批事项的实际情况编制了《国家文物局政务服务平台"好差评"系统建设方案》，2020年11月初建设完成系统并上线运行。国家文物局政务服务"好差评"系统覆盖了国家文物局的16项行政审批事项（除涉密事项），无论线上、线下办理，都可进行评价。为方便评价主体评价，除了线上评价，国家文物局政务服务"好差评"系统设计了事项补录、评价补录等模块，主要针对线下办理事项和线下评价。不在国家文物局综合行政管理平台办理的行政审批事项，可由国家文物局将事项补录到国家文物局综合行政管理平台后，评价人及时完成在线评价；或将纸质评价邮寄至国家文物局，由国家文物局协助完成评价补录。同时制作了"好差评"评价二维码，评价人办理完后可扫描二维码完成评价。国家文物局强化差评整改，设计了差评处理模块，收到差评后按照"谁办理、谁负责"的原则，由业务办理部门第一时间安排专人回访核实，并将处理结果实时上报国家政务服务平台。国家文物局注重评价数据的综合分析和应用，设计了统计分析模块，对评价结果进行分析，通过研究数据背后的社情民意，为科学施策、改进决策提供数据支撑。

（四）进一步建设优化电子证照系统和电子签章系统

国家文物局电子证照系统。开发电子证照模板管理、证照代理生成、证照目录维护、电子证照维护等功能；与国家文物局综合行政管理平台集成，与国家文物局电子印章系统集成，对证照进行电子签章。国家文物局电子印章系统。开发电子印章制作、电子印章状态发布、电子印章应用等功能；与国家文物局综合行政管理平台和电子证照系统集成，支撑电子签章功能的实现；与国家政务服务平台统一电子印章系统对接，实现各地区各部门电子印章的互信互认。

三 深化监管工作，加强指导服务

（一）全面加强工程进度监管

为加强文物保护工作，及时掌握项目进展，印发《全国重点文物保护单位文物保护工程进度监管暂行规定》，建立文物保护工程台账，实施动态跟踪，专项督导进度较慢工程，全面加强进度监管。

（二）深化文物保护工程全过程管理服务

落实"放管服"要求，2020年度集中评审国保单位项目计划1182项，批准458项。推动文物建筑预防性保护，支持开展专题培训。加强事中事后监管，开展内蒙古、山西、广东、北京文物保护项目检查评估，及时发现问题、督促整改。宣传推介2020年度优秀古迹遗址保护项目，引导提升文物保护工程质量。开展专门培训解决部分省（自治区、直辖市）审批承接能力不足问题，发布文物保护工程从业人员资格考试全套11册复习资料，与人力资源社会保障部考试中心联合开展资格考试，报考1.3万人、3.8万科次，提高从业人员专业水平。开发文保工程备案流程，并与行政审批系统对接，打通文保工程修缮、文保工程企业资质审批与文保工程备案管理数据，实现文保工程审批和监管业务的互相支撑、互相促进，为后续实现文保工程全流程管理提供基础。

（三）部署开展博物馆领域、文物市场领域"双随机一公开"检查，探索从办事业向管事业的转变

指导完成21万件文物拍卖标的审核备案，35万件涉案文物鉴定评估，5万件文物进出境审核。立项国家标准14项、行业标准13项，发布国家标准2项、行业标准17项。进一步规范馆藏一级文物借展备案工作，修订馆藏一级文物的修复、复制、拓印和文物出境许可审批指南，编制文物保护标准编写工作手册。

四　获奖情况

全国文物地理信息平台获得2020政府信息化管理创新奖，入选《2020政府信息化创新成果与优秀案例》；"文物系荆楚　祝福颂祖国"祝福接力活动获评"2020年度中华文物全媒体传播精品（新媒体）推介项目"。

（国家文物局办公室）

第四篇

地方电子政务发展概况

2020年北京市电子政务发展概况

2020年以来，北京市全力推动数字政府建设，以"放管服"改革为切入，以"四梁八柱深地基"为基础框架，充分利用"互联网+"的技术创新，将数据要素充分融入城市发展的各方面，从服务城市综合治理视角开启"数字+"时代篇章，进一步加强电子政务基础设施建设，制定相关标准，助力疫情防控和复工复产，大力推进政务服务"一网通办"，持续提升企业群众获得感幸福感。

一 加强电子政务基础设施建设，提高集约化水平

一是进一步推进市级政务云建设和应用。目前，北京政务云平台共承载委办局75家、业务系统1386个，已分配vCPU 149999核、内存450977.91GB、存储13731.73TB、互联网宽带16566MB，已分配云主机17889个。政务系统上云显著提高了我市电子政务的计算资源、存储资源、服务支撑、安全保障等的集约共享水平。同时，基于市级政务云加快推进医疗、教育等行业云建设，教育行业云方案已制订完成。推进新型政务外网云基础设施建设，为跨部门、跨层级、跨区域的网络互通、数据共享、应用协同提供有力支撑。

二是强化网络建设。组织实施北京市电子政务网络升级改造工作；完成政务光缆网626千米光缆布放；推动冬奥赛区等重点区域1.4G专网的建设工作，年度累计新增基站30个，实现五环内补盲补弱和朝阳区内的覆盖，冬奥会北京赛区场馆、非竞赛场馆及其他主要建筑的室内覆盖。

三是持续实施专网整合。完成市、区两级金财专网的整合工作。基本实现1.4G专网与窄带集群专网系统级互联互通，完成与800MHz专网实验室对接测试及入网测试，完成与张家口350MHz警用集群网实验室测试和现网测试，为保障冬奥会赛事运行指挥和指挥调度奠定坚实基础。

二 深化大数据体系建设，推进数据有序共享应用

一是加快推进大数据顶层设计。初步形成智慧城市顶层设计框架，包括一个智慧城市发展行动纲要、一个感知体系建设指导意见及"八柱"重点领域2020—2021年度行动方案等。围绕顶层框架、现状清单、重点方向、实施路线等制定大数据标准体系框架。印发大数据"月报季评"指标体系，围绕"入云""上链""汇数"等关键点设计指标体系，考核倒逼各部门数据质量及应用成效提升。

二是不断夯实大数据基础支撑能力。上线大数据平台2.0版，完成数据质量管控体系

优化升级，推动以融合共建模式支撑委办局应用建设。推进"城市码"体系建设，初步形成了北京"城市码"体系总体设计方案，明确了人、组织、物体等城市实体的统一基础标识、管理机制等。

三是有序推进数据汇聚共享工作。持续开展全市"上云""入链""汇数"工作，市级部门系统"交钥匙"工作按期完成，53个市级部门近1.2万个数据汇聚落地市大数据平台，"链上"政务数据共享新常态逐渐成形。有效支撑了疫情防控、"一网通办"、首贷中心、区级"城市大脑"等50多项市、区重点应用。落实国务院关于网站集约化试点工作要求，建立全市政府网站集约化统一技术平台，完成50多家市级政府部门网站的迁移，汇聚政府网站信息480多万条，实现全市政府网站信息"一网通查"。

四是不断提升大数据应用水平。加强领导驾驶舱推广应用，制定《领导驾驶舱应用推广工作方案》《领导驾驶舱运行管理办法》，推进发展和改革委员会、财政、教委、民政等10余个部门开展应用试点。依托市大数据平台，支持首贷中心应用与政务数据的对接，完成了税务数据到首贷中心的全链路贯通。加快推动"城市大脑"试点工作，以街道"城市大脑"应用试点为基础，组织开展北京"城市大脑"总体架构设计研究，编制试点工作方案。

三 优化完善市一体化在线政务服务平台功能，全面提升网上政务服务能力

一是以"十统一"为支撑打造政务服务总门户、总枢纽。完善覆盖市、区、乡街、村居四级的市网上政务服务大厅，64个市级部门和16个区、北京经济技术开发区全部入驻，个人用户总数达2040万，企业用户数达210万。除涉密等特殊情况外，政务服务事项全部实现应上尽上，"全程网办"事项占比达82%。

二是推动更多政务服务事项掌上办、自助办。在"北京通"APP、微信、支付宝、百度4个渠道小程序上线1000余项政务服务事项，推动公积金、社保等55个领域事项移动端办理。在支付宝和微信政务服务小程序上线"企业服务专区"，提供热门服务、常用工具等不同类型的服务专栏，实现200余项涉企"办好一件事"及92项涉企服务掌上办，打造了北京市移动端的企业服务统一入口。

三是新技术应用提升企业群众线上线下办事便利度。通过打通电子证照应用服务系统与北京市网上政务服务大厅平台和市、区综合窗口受理系统的对接，推进线上线下融合推进电子证照应用，实现线上政务服务全程电子化，助力线下窗口办事材料精简。全面推出电子居住证（卡）。外地来京人员通过"北京市居住证服务平台"或"北京市居住证微信公众号"等渠道在线办理居住证（卡）的申请、补发、延期等业务，实现居住证全程网办、零跑动，惠及人员达500余万。

四是以"京津冀+雄安"为重点，大力推进政务服务"跨省通办"。上线"跨省通办"服务专区，首批接入学位学历公证、社会保险个人权益等58项"跨省通办"高频事项，有效解决异地工作生活、跨区域生产经营办事需求，全面提升本市跨区办事服务体验。

升级改版京津冀政务服务"一网通办"专区,增加主题办事、全域搜索等栏目和涉及公积金、社保医保、职业资格等近20个高频主题,实现130项政务服务和48项便民服务"京津冀+雄安"四地可办。

四 深化电子政务应用,开展数字防疫工作

一是创新应用大数据精准防疫。开发"疫情跟踪数据报送系统",支撑全市7200个基层社区完成数据填报等防控工作。上线"北京通"APP抗疫专栏,科学助力疫情防控。结合全市疫情监测分析、筛查密切接触人员等现实需求,研发"北京健康宝",截至2021年1月11日,累计为5264.77万人提供了32.07亿次健康状态查询服务。

二是促进卫生行业信息互联互通。完成了2000多家基层医疗卫生机构电子健康档案的共享汇聚以及数据质控,全面提升了基层医疗与公共卫生信息化水平。对新冠肺炎病例的电子病历和电子医学影像进行了试点汇聚,为全市电子病历和电子医学影像共享工程项目建设进行了探索。

三是进一步发展互联网+健康医疗。疫情防控期间,开展了互联网诊疗业务、互联网医院试点准备、互联网健康服务咨询、"互联网+智慧家医"服务试点。依托在京优势资源,推进行业卫生健康信息化战略合作伙伴建设,组建了卫生健康行业信息新技术创新应用专委会和网络安全、医院信息化、医院新技术创新、区域信息新技术应用等4个行业性的信息新技术创新应用中心。

五 推进电子政务标准建设,健全标准体系

北京市制定了互联网域名服务信息安全管理系统接口规范、互联网域名服务信息安全管理系统技术要求、网络安全应急处置规范、网络安全能力检测要求、物联网信息系统安全运维通用要求第1部分:总体要求、北京市公共数据管理办法、核心网网络管理接口信息模型、IPv6地址实名制管理备案信息应用接口技术要求、IPv6地址实名制管理备案信息核查系统技术要求、IPv6地址实名制管理接入用户信息备案系统技术要求等多项电子政务领域相关标准,进一步健全了电子政务标准体系。

六 加强电子政务网络安全监管,保障政务系统安全稳定

一是开展全市电子政务网络安全检查。7—10月,开展本年度电子政务网络安全检查工作,检查范围涵盖了北京市75家市级委办局单位及区县的139个重要网站和17个政务关键信息基础设施,以及疫情相关信息系统等。这次检查共发现安全问题157个,检查中所发现的各类安全隐患均已指导完成整改。

二是全面完成年度政务信息安全监测预警工作。截至11月1日,北京政务网络安全态势总体良好,无重大信息安全事件及系统故障发生。通过监测预警平台共发现全市政

务信息安全问题 1577 起，所有安全事件均已及时通知、协助责任单位进行处置。

三是加强政务信息安全应急保障力度。针对"服贸会""中关村论坛""金融街论坛"等活动网络安全保障工作，制定了活动期间政务信息安全专项保障工作方案，专人专项值守、跟踪、处置、解决问题，真正做到保障有方案、工作有落实、活动有保障。做好疫情期间北京市电子政务网络安全保障工作，为"健康宝""疫情跟踪数据报送系统"等程序安全可靠运行保驾护航。

（北京市委网信办）

2020 年河北省电子政务发展概况

2020 年，深入学习贯彻习近平总书记网络强国重要思想，紧紧围绕党中央、国务院对网络安全和信息化工作的总体部署和河北省委、省政府中心工作，在电子政务网络、公文处理平台、移动办公、数据决策支持、云视频、政府网站等方面取得了明显成效，圆满完成了各项工作任务。

一 以 OA 应用促公文运转效率全面提升

以文电运转效率专项提升行动为目标，积极完善和改进公文处理平台 V3.0 功能，创新全流程、线上线下融合的理念，推广党政机关公文二维码，实现高效率的移动办公和纸质文件运转两种方式融合，确保全程安全可控。公文运转实现了"一口进出、线上线下融合、全程管控"，省政府领导通过移动签批进行处理。2020 年省、市、县三级政府以及省直各部门通过省政府公文处理平台收发文件约 24300 件。

二 全面推进省云视频平台建设

疫情期间云视频会议在原有基础上，扩大到医院、机场等单位。在 182 个县（市、区）（包含 14 个高新技术开发区）政府完成云视频系统安装部署工作，打通了市到县工作通道。在全省 121 家县级定点医院部署 605 个视频监控点位，包括发热门诊、远程会诊室、隔离病房楼道、隔离病房、核酸检测室 5 个场景点位。省政府领导连续通过云视频进行防疫调度 200 余天。王东峰书记、许勤省长、袁桐利常务副省长、徐建培副省长等省领导多次通过云视频系统指挥、调度、部署全省疫情防控工作，发挥了云视频"方便、快捷、高效"的优势，提高了工作效率。目前通过云视频会议系统，全省各级各部门共召 6000 余次各类云视频会议，日均 50 余次。

三 加强全省电子政务网络建设管理工作

一是按照国家外网管理中心的要求，顺利完成省政务外网运维管理平台与国家政务外网运维平台对接任务。二是全力协助省市场监督管理局提升市场监管"互联网+政务服务"水平，积极对接河北省企业开办"一窗通"网上服务平台建设。三是完成省级电子政务外网与全部市级政务外网的省市二平面电路调整对接工作，并将省市网络带宽从1G，提升至2GE。四是按照部门需求，继续推进电子政务外网与专网对接工作，将河北电力专网、省建设银行金融专网、医保专网、政法网等专网与河北省电子政务外网进行网络对接，为河北省"互联网+政务服务"工作提供了有力支撑。

四 不断提升政府网站为民服务的能力和监管水平

2020年以来，制发了《河北省人民政府办公厅关于进一步加强和规范政府网站信息发布工作的通知》《河北省人民政府办公厅关于印发河北省优秀政府网站和先进工作者评选标准及方案的通知》等一系列文件，对标国办指标和要求，不断规范和完善政府网站建设管理、检查监管工作；开展了全省优秀政府网站和先进工作者评选活动；全面完成市级以上政府门户网站IPv6升级改造工作；调整完善了省政府门户网站的文件公开、解读、互动交流等板块的内容体系，实现了用户"一号登陆、全网访问"和网站综合搜索功能；保障了疫情期间和重要时间节点政府网站的安全可靠运行；及时更新网站信息，2020年共更新各类信息及政府文件61304条。

五 持续优化完善河北省经济社会发展数据系统

一是按要求对河北省经济社会发展有关数据系统栏目结构进行调整，优化相关指标。二是推进河北省经济社会发展有关数据操作系统的部署环境由Windows系统调整为Linux系统工作。三是做好对系统数据的更新维护工作。四是解决系统移动端与PC端数据同步问题。五是按照省有关领导提出的"瘦身"、简化、突出重点和个性化展示的要求，研究并正完善河北省经济社会发展有关数据系统优化方案。

（河北省人民政府办公厅电子政务处）

2020年安徽省电子政务发展概况

2020年是全面建成小康社会和"十三五"规划的收官之年,是实现第一个百年奋斗目标的决胜之年,也是脱贫攻坚战的达标之年。在省委、省政府的高度重视和坚强领导下,安徽省落实"数字中国"战略部署,加快推进"数字江淮"建设,扎实做好信息基础设施建设,数字经济成效显著,电子政务发展迅速,信息化事业取得了新成就,为全面建设五大发展美好安徽提供数字动力引擎。

为深入贯彻省委、省政府五大发展行动计划,加快完善信息网络基础设施,安徽省政府办公厅出台《安徽省信息网络基础设施发展专项规划（2017—2021年）》（皖政办秘〔2017〕126号）,目前,全省电话普及率达106.7%,固定家庭宽带普及率达到81.6%,行政村100%实现通光纤、通4G信号。全省4G移动电话用户达到4735.8万户,4G电话基站达到18.4万个,5G正式商用,建成5G基站1132个。全省互联网宽带用户中的光纤接入用户占比超过89.8%,互联网接入端口中的光纤接入端口占比超过95.3%,光纤接入用户达到1717.3万户,光纤接入端口达到3318.9万个。安徽省电信普遍服务用户数达49.8万户,无线乡村用户数达52.5万户,平均用户接入速率达到117Mbps,2021年将全面实现百兆宽带进家庭,迈入光网通信新时代。

一 电子政务方面

一是印发《安徽省"数字政府"建设规划（2020—2025年）的通知》,将按照"11171"的总体思路,集约化、一体化推进"数字政府"建设,即通过"一套基础强支撑、一个中心汇数据、一个平台推服务",全面推进行政办公、经济调节、市场监管、社会治理、公共服务、生态环保、区域协同等7个方面的数字化转型,通过全国一体化政务服务平台,实现"一个通道连国网",建成网络互联、系统互通、数据共享、业务协同的"线上政府、智慧政府"。

二是电子政务信息基础设施日趋完善。安徽省政务信息基础设施建设初具规模,省级电子政务外网已对接国家电子政务外网中央节点,横向覆盖154家省直单位,纵向联通16个市和105个县（市、区）,并延伸至乡镇、街道、社区、行政村等基层政务部门,覆盖率约99%,承载全国性纵向应用39个、省级应用67个。省政务云平台已承载20余家省直单位的60多个业务系统,实现了统一管理、统一监测和统一防护。全省各级、各行业云平台建设加快推进,其中省直有18家单位自建云平台。

三是应用系统建设亮点突出。建成全省"一网覆盖"的五级政务服务平台,并推出统一移动应用品牌"皖事通",实行全省政务服务事项"一库管理",群众办事"一号登录"。建成省公共信用信息共享服务平台,通过信息资源归集共享,建设了"信易+""互联网

+信用"等应用,形成了以信用监管为核心的政府监管新模式。建成省公共资源交易监管平台,有效促进公共资源交易阳光操作,有力推进全省交易平台统一规范运行。建成省投资项目在线审批监管平台,实现了公开、便捷、规范、高效和精准的投资项目审批和监管。建成政务管理"五大系统",覆盖全省92个省直部门和16个市,成为省政府抓工作推进、促政策落实的重要手段。

四是资源整合共享初见成效。省数据共享交换平台已接入省直57个部门,完成与国家级和各市级数据共享交换平台的对接。初步实现政务信息资源共享,汇聚人口数据1.85亿条、法人数据5418万条,身份证、营业执照等电子证照数据330类近1.87亿条。启动数据归集治理工作,初步完成人口、法人、电子证照库建设,汇聚全省数据13.5亿条。建成"数字江淮"中心展示大厅,开展了社会治理、政务服务、宏观调控、市场监管等重点领域大数据可视化应用分析,为相关行业主管部门提供决策数据支撑。

五是政务服务能力快速提升。省政务服务网总访问量突破2亿次,注册用户2000万,各类办件量近6000万件。"皖事通"移动端推出1600余项高频服务,下载量超2800万,服务访问量1.2亿次。长三角"一网通办"试点实现30项企业事项、21项个人事项跨区域办理,186项移动端服务"无感换乘",数量居长三角地区前列。进驻省级政务服务中心事项全部实现"最多跑一次",市县覆盖率平均达到97%。

六是社会治理水平逐步提高。"智慧皖警1+10+N"大数据实战应用体系投入运行,"雪亮工程"建设全面推进,基层综合治理中心不断夯实,城乡社区网格化管理实现全覆盖,建成危险化学品领域安全防控监测信息系统,社会治理精细化、精准化、智能化水平不断提升。"互联网+监管"平台建设稳步推进,编制省级监管事项目录清单1120条,省、市、县三级检查类实施清单6.7万条,向国家监管系统上报数据7200万条,入库量位居全国第4位,逐步实现全省监管业务"再监管"、重点领域风险"早预警"、监管效能评估"可量化"。

七是公共服务水平大幅提升。社保卡持卡人数覆盖89.5%的常住人口,基本实现"人手一卡"和"实人、实名、实卡",电子社保卡广泛应用。打造"阳光就业"网上服务平台,接入60多项公共就业网上服务事项,为群众提供全方位公共就业服务。国内首个"人工智能+医疗"智慧医院落地合肥,医疗影像云投入运营,全省1100多家医院实现健康影像数据互联互通和报告互认,国家健康医疗大数据(中部)中心启动建设。"智医助理"、智慧养老试点纳入省民生工程,全省社区居家养老服务信息平台实现市辖区全覆盖。智慧学校建设成效显著,基础教育信息化发展综合水平位居全国前列。公共文化服务数字化建设稳步推进,"安徽文化云"平台服务全省360个公共文化场馆,全省98%以上的4A级景区实现视频监控联网。

二 "两化"融合方面

充分发挥"芯屏器合"新产业格局优势,贯彻落实全省5G发展规划纲要,布局产业链、创新链、人才链、资金链、政策链,大幅提升发展站位和产业能级;培育头部企业和布局重大项目,打造形成若干产业集聚发展区,形成一批5G产业创新平台,努力抢占产业制高点。

实施"AI+",加快人工智能创新步伐。2019年全省人工智能核心产业产值在全国占比超过10%,"中国声谷"成为全国首个以智能语音及人工智能产业为主导的产业集群。合肥市获批国家新一代人工智能创新发展试验区,为安徽省人工智能产业发展带来新的机遇。科大讯飞股份有限公司、安徽酷哇机器人有限公司、埃夫特智能装备股份有限公司(以下简称"埃夫特")等本省企业不断加快技术攻关,在"AI+工业""AI+健康"等领域快速迈进。例如,埃夫特在进行"机器人云平台研发和产业化项目"研究和开发,将构建基于混合云架构下的高并发、大容量、高实时混合工业机器人云平台。

加快5G应用场景拓展和产业生态构建。2020年,安徽省遴选了10个"5G+工业互联网"优秀解决方案,培育了5个5G应用"网效之星"企业;积极争取国家"5G+工业互联网"试点示范。推进"5G+智能网联汽车"发展,组织实施"5G-V2X场景测试示范基地建设工程",推进合肥塘西河智能道路与网联汽车示范线建设。推进"5G+电力物联网"发展,积极开展智能分布式配电自动化、精准负荷控制、配网PMU、分布式能源控制、用电信息采集、移动作业、综合视频监控、变电站巡检机器人等5G创新应用的研究及示范。大力发展超高清视频产业,优选一批超高清视频项目。鼓励广播影视节目制作、播出、传输机构创作播出4K超高清视频内容产品,探索打造基于5G的融合媒体平台和"5G+超高清视频"在演出赛事直播、景点宣传、超高清视频传输等领域应用。推进"5G+智慧农业"发展,探索5G等新一代信息技术与种植业、畜牧业、渔业、农产品加工业融合应用,促进农业数字化转型,发展科技农业、智慧农业。推进"5G+智慧家居"发展,推出一批基于5G的智能家电产品。推进"5G+智慧物流"发展,建设基于5G的智能物流快递园区;鼓励A级以上物流企业及品牌快递企业积极运用5G技术对传统物流业务改造升级,提高物流智能化水平;在已认定的省级示范物流园区积极推广使用5G技术,发挥示范带动作用。

根据国家"两化"融合服务平台最新公布数据,截至2018年年底,安徽省累计已有316家企业通过国家"两化"融合管理体系评定,占全国通过企业总数近10%,数量位居全国第四位。其中2018年新通过评定企业218家,超过了2015—2017年通过评定企业数总和的两倍。安徽省"两化"融合管理体系贯标工作呈现出了快速发展的大好形势。

三 信息安全方面

一是加快推进省电子政务灾备中心建设工作,完成省电子政务灾备中心暨"两地三中心"灾备体系的方案编制和招标建设工作,力争2021年10月完成灾备系统建设,实现部分业务系统的容灾备份,初步发挥省电子政务灾备中心效用;二是继续升级完善"省发改云",依托省电子政务灾备中心,扩容"省发改云"计算和存储容量,完成"省发改云"自主可控区建设,开展国产自主化软硬件设备适配,推进电子公文系统入云部署工作;三是加强网络安全管理和保障工作,严格落实网络安全等级保护制度,开展第三方等级保护测评,不断完善网络安全防护措施,提升网络信息系统的安全防护水平;四是常态化开展网络安全自查和风险评估,配合主管部门做好网络安全监督检查工作,开展网络安全应急演练,进一步提高应对网络安全突发事件的处置能力。

(安徽经济信息中心 汪晓胜)

2020年山西省电子政务发展概况

2020年，紧紧围绕数字政府建设，夯实"网络通"，推动"数据通"，加强"业务通"，山西省电子政务服务能力稳步提升。

一 夯实"网络通"，提升政务外网服务保障能力

电子政务外网作为省委省政府"五个一"战略中的"一张网"，是山西省重要的政府基础业务承载网络，为全省各级政务部门提供了统一的广域网和城域网链路，极大避免了各类政府专网的重复建设，节省了大量财政资金，体现出良好的社会效益和经济效益。2020年，山西省数字政府服务中心不断提升政务外网服务保障能力，对接入政务外网的地市及厅局节点单位进行调研巡检，为电子政务外网接入单位提供更专业更细致的服务，进一步了解全省机构改革过程中现有业务系统运行情况及未来业务规划，为正在开展的山西省政务单位集中办公区和政务外网安全改造等工作打下坚实的基础。根据山西省集中办公区建设的实际情况，完成IPv6升级改造项目评审，《山西省数字政府建设网络基础支撑能力升级改造项目可行性研究报告》通过了山西省行政审批服务管理局（以下简称"行政审批局"）组织的专家评审、国产化论证和省财政厅项目资金评审。积极配合各厅局完成设备搬迁、链路迁移，业务测试等业务系统迁移上云和办公地址搬迁工作，保障电子政务外网安全稳定运行。

二 推动"数据通"，加快政务信息系统整合共享工作

围绕提升数字政府"五个一"支撑能力，按照山西省行政审批局工作要求，组织编制《山西省数字政府数据基础平台建设项目申请报告》并完成呈报，该项目将通过对省共享交换平台进行3.0版升级改造，加快政府治理数字化转型步伐。

继续强化数据共享交换平台的运维管理，为省市两级共享交换平台纵向联通和省直部门政务数据资源向省级共享交换平台整合汇聚、共享共用做好技术支撑服务。截至2020年12月15日，省级资源访问总量增加298.3075万次，国家级资源访问总量增加6.7198万次，新增省级资源13个接口、25项库表、20项文件夹，新增可从省平台发起申请的国家资源8102项，新增总目录数1483条（含共享目录1478条、开放目录647条），新增库表推送量34.18亿条和库表接收量8.25亿条，处理各类申请467次。实现了与国家平台的精细化级联，完成大同、运城、忻州三个地市的整体全流程级联和晋中、临汾的测试环境全流程级联，到2020年年底，基本上可完成除太原、朔州外所有地市的整体全流程级联工作。

三 加强"业务通",完善投资项目在线审批监管平台和省信用信息共享平台建设

2020年,按照国家和省业务主管部门要求进行了投资在线平台的系统迁移上云和功能改造等工作,在确保二期投资在线平台的运行顺畅上下功夫,积极做好新功能、新业务、新系统的建设运维和系统切换、数据迁移、流程再造的服务保障。构建咨询服务平台、电话、微信、现场服务等多种服务场景,及时回应和推动解决项目服务中的热点难点问题,实现市场主体诉求件件有落实,事事有回应。截至目前,已建立相关微信服务群15个,服务近3000余名政府内部人员和全省项目单位。投资在线平台与省政务服务平台实现了对接融合,除省管和综合配套改革试验区外的投资项目申报通过省政务服务平台完成,目前已在全省应用。实现了投资在线平台数据库、投资项目库(项目库管理及大数据分析系统数据库)以及重点工程管理信息系统数据库的数据共享。完成了与"三晋通"APP、"13710"系统、国家投资项目在线审批监管平台的对接。

继续推进完善省信用信息共享平台,积极做好平台优化和服务工作。在平台建设方面,不断完善各个业务系统功能及相应流程,解决相关功能、性能、安全问题,顺利完成迁移上云、全省11个市级信用平台的对接和国家信用平台观摩评比工作,持续做好"双公示"的上报。在数据归集和网站方面,平台累计归集数据4亿余条,同比提升300%;在平台管理和服务方面,启动了新版山西省公共信用信息目录的编制工作,完成《山西省公共信用信息目录》(初稿);推进省信用平台二期项目申报;配合山西省发展和改革委员会做好"双公示"第三方评估、信用修复业务、承诺数据归集、公务员信用核查、省社会信用标准化技术委员会秘书处日常管理等工作。

四 推进政务信息化工作,提升决策服务能力

2020年,按照省行政审批局工作要求,积极参与编制《山西省政务数据管理与应用办法》《山西省数字政府建设规划(2020—2022年)》《山西省政务数据资源安全管理办法》《山西省政务数据资源管理办法》《山西省政务数据资源质量管理实施细则》《山西省政务数据资源共享绩效评估指标体系》等规范性政策文件。根据"千项数据共享工程"工作要求,围绕政府履行决策、管理、服务亟须共享的数据,梳理出千项数据共享责任清单,形成《山西省政务数据共享清单》,目前第一批清单已经由山西省政务信息管理局下发各省直单位进行征求意见和确认,第二批清单正在编制梳理过程中。完成《山西省数字政府建设网络基础支撑能力升级改造项目》的安全保障体系部分,充实了项目内容。

(山西省数字政府服务中心)

2020年江苏省电子政务发展概况

一 总体情况

近年来,江苏省认真贯彻党中央、国务院和省委、省政府决策部署,紧紧围绕"放管服"改革,大力加强政务信息化基础设施建设,加快推进"互联网+政务服务",促进了政务信息资源共享,提升了"一网通办"能力。电子政务外网实现全覆盖,全省一体化大数据中心总体框架和省大数据"两地三中心"建设方案得到省政府认可,五大基础数据库上线运行,电子印章拓面升级,"苏康码"全面使用,网上政务服务能力和"互联网+监管"能力位居全国前列,电子政务发展新局面正在逐步形成。

二 具体工作

(一)统筹推进机制建设方面

作为省政府直属机构、省政府推进政府职能转变和"放管服"改革协调小组办公室,省政务服务管理办公室负责全省政务服务综合管理、业务指导,"放管服"改革统筹协调和组织实施,政府系统电子政务规划、管理和组织建设,政务信息资源和政务大数据管理等工作。

(二)政务数据资源体系建设方面

1. 提升数据服务支撑能力

召开省级工作推进会,编制形成新版省级部门信息资源目录,全面开展省市政务信息资源目录级联,实施第三批共享责任清单,深入推动三批清单的数据汇聚,数据整体入库达90%、质量达标率90%、更新率超过80%。五大基础数据库建设被列入省政府年度重点工作,5月14日省政府办公厅印发了基础数据库建设实施方案,建立省基础数据库建设管理联席会议制度,目前"五大库"已基本建成并对外提供服务,累计归集数据386类23亿条。推动设区市基础库数据清单确认和技术对接,加快目录注册和资源推送,无锡、徐州、扬州等8个设区市向省库推送数据7.2亿条。累计发布144类基础数据服务资源,接口调用超6000万次,支撑全省各地公积金提取、不动产登记交易、企业画像、车辆年检年审等场景。江苏省被列为国家公共数据资源开发利用8个试点省(自治区、直辖市)之一,编制试点方案并由政府办公厅印发实施,组织召开工作推进会,重点推动任务落实和12个试点项目建设。

2. 强化数据共享交换服务

省数据共享交换平台发布目录11660类,挂接资源7653类,提供接口1041个,累计服务 10.8 亿次，其中国家接口 6.7 亿次，省内接口 4.1 亿次。江苏政务服务网办件库累计归集数据 5.16 亿条，上报国办 3.73 亿条，支撑"证照分离"改革、政务办全国垂直管理系统试点、"互联网+监管"、长三角"一网通办"服务平台等业务数据归集交换，支撑网上政务服务能力"迎评"，其中上报国家证照数量排名全国第 3。

3. 及时响应各地各部门应用

累计为 36 家省级部门、24 家市级部门 330 多个场景提供数据支撑，如省交通厅证照免带、证件免交，累计服务 288 万次；南京公安打击非法集资行为，累计分析识别非法集资涉案企业 793 家；苏州市审批办理免交材料，累计服务 9.5 万次。

（三）业务协同体系建设方面

1. 推动部门系统整合

按照"一部门一系统"原则，推进省级部门整合本部门全省面向企业群众的政务服务业务办理系统。省交通运输厅推进全省交通运输一体化政务服务平台建设，省人力资源社会保障厅推进全省人社一体化政务服务平台建设，对接一体化平台。"一部门一系统"工作获中国信息协会"2020 政府信息化卓越成就奖"。

2. 推进系统集中上云部署

建成省大数据云平台，推动业务系统向云平台迁移部署，2020 年新上云业务系统 260 个，累计上云系统数量已达 420 个。

（四）政务服务体系建设方面

1. 升级改版江苏政务服务网

完成 PC 端升级改版、移动端迭代升级、亮证功能、精准地图及导航、旗舰店对接等 5 大模块 25 项子功能建设和上线运行。创新建设个人服务中心和法人服务中心。重构用户中心，优化检索功能，实现移动端与 PC 端搜索同源。完成用户运营服务、办事场景化设计、用户行为分析系统 3 大模块 9 个子系统模块建设，逐步推进"千人千面"和应用精准推送、政务服务精准供给。建设自然人与法人用户中心和认证体系，完成 6 大模块 25 个子模块开发，完善个人、法人的登录、注册、认证。目前已注册用户 7800 万，新增 6300 万，同步国家政务服务平台自然人 6671 万、法人 324 万。

2. 上线政务服务特色应用

升级"苏服办"。瞄准用户需求，按照"做减法、优体验、强应用、立标准"原则，改版江苏政务服务 APP。对访问层级和界面内容做减法，省市县三级归并为市级+专区形式。对应用进行分类重组，持续上线与居民生活密切相关的高频应用。财政电子票夹应用实现非税票据开票、存档、报销全程电子化，社保费缴纳服务覆盖我省近 6000 万城乡居民，首创上线省公积金缴存、贷款证明掌上开具，整体上线研究生考试成绩、高考成绩、自考成绩等 12 项教育类查询应用，全面对接违章交款、机动车自主选号等 27 项交管服务。

及时推出"苏康码"。经省政府批准，与省卫生健康委员会（省疾控中心）等会商，在较短时间内推出"苏康码",并与长三角地区和国家政务服务平台的"健康码"实现了信息共享、互通互认。

建设"苏政50条"服务专栏。"苏政50条"文件出台后,基于江苏政务服务网建设"苏政50条"服务专栏,将政策清单化、清单事项化、事项指南化、指南网办化,助力惠企政策高效兑现。

打造"苏信通"。建设全省统一消息服务系统("苏信通"),实现推送目标、回执情况、消息审核等14个模块建设,将提升用户体验,大幅降低短信等费用开支。

试点"苏服码"。依托一体化平台,提供生码、扫码、验码、用码等服务,实现"身份通""信息通""办事通""扫码通"等功能。在张家港、交通运输厅等开展"苏服码"试点应用。

谋划建设"苏企通"。建立"苏企通"服务平台,推行"一企一码",一级开发、三级应用,实现惠企政策一站推送、服务项目一页呈现、发展难题一网收集、企业诉求一键通达。

(五)基础设施体系建设方面

1. 提升政务云支撑能力

建成省大数据云平台,在第二十二届中国国际高新技术成果交易会上,荣获国家信息中心和国际数据(亚洲)集团(IDG Asia)颁发的"2020中国领军省级智慧政务云奖"。推动业务系统向云平台迁移部署,今年新上云业务系统260个,累计上云系统数量已达420个。实施一期工程优化变更项目,重点扩充云平台服务能力。编制省大数据"两地三中心"过渡期建设项目建议书并获批立项,完成初步设计服务招标,正在推进项目建设,机房和配套设施已建成投入使用。推动省大数据中心麒麟基地建设,编制项目建议书并上报。

2. 提升政务网络支撑能力

与国家层面对接沟通,确定IPv6改造范围和标准,全面完成省市两级互联网区政府门户的IPv6改造。建成省级政务外网安管平台和运维平台,实现国家、省、市三级联通,初步形成了省市协同的运管、安管体系。加强与设区市对接,推进政务外网向村级延伸覆盖,目前村级覆盖率已达到100%,实现省市县乡村五级全覆盖。

(六)标准规范体系落实方面

开展公共数据管理立法前期调研,完成评估报告,《江苏省公共数据管理办法》纳入2021年省政府规章正式项目。推动《政务服务大数据数据元规范》上升成为地方标准,推进7大类59项标准规范编制,全部形成初稿,其中34项已完成对外征求意见。

(七)安全保障体系落实方面

全面梳理政务外网部署设备和系统清单,制订防火墙切换方案,历时3个月完成国办、国信、长三角、76家省级委办厅局及13个设区市的切换工作。建成态势感知、病毒强力查杀、分区防护能力，初步形成省大数据中心一期工程安全防护体系，通过等保2.0测评。完成江北数据中心互联网、政务外网业务割接，以及安全设备的调试运行。做好国家政务外网江苏节点及省政务外网运行管理和协调调度，构建省市安全协同处置机制，开展网络安全自查、做好网络安全管理，提升网络监测分析水平和主动预警处置能力。开展主要信息系统的定级、备案、测评、整改工作，完成省政务外网等保测评。

（八）政策法规体系完善方面

于法有据深化"放管服"改革，全面清理违背立法精神、与法规相悖的规范性文件和审改制度，及时将改革成果固化，完善有关法规。出台《江苏省促进政务服务便利化条例》，推进形成稳定、公正、透明、可预期的便利化政务服务环境。制定江苏省《关于加强和规范事中事后监管的实施意见》，创新提出明确监管职责，加强重点监管。出台《江苏省12345在线服务平台运行管理办法》，突出强化服务整合、绩效评估和督查督办，为加快实现"一号对外、统一服务"提供制度保障。

（江苏省大数据管理中心　张培勇）

2020年江西省电子政务发展概况

2020年是极不平凡的一年，在省委、省政府的正确领导下，江西围绕省域治理体系和治理能力现代化，打好电子政务工作组合拳，着力加快"云网数端"一体融合、集约创新，全力保障疫情防控和复工复产，持续深化"放管服"改革，优化营商环境，助推全省经济社会高质量跨越式发展。

一　提升云网等基础设施服务能力

一是提升政务外网服务能力。升级改造省政务外网安全接入平台，满足"赣政通"移动办公、企事业单位信息报送等业务需求。江西省政务外网广域骨干网运行、推进电子认证服务等工作位居全国前列，受到国家电子政务外网管理中心的表彰。二是提升电子政务云承载能力。省级层面，新增虚拟服务器1700台，双活存储容量1200TB。完成省应急厅综合管理应用平台等138个信息系统上云，省级电子政务云平台已承载省政府办公厅、省财政厅、省卫健委等500余个政务信息系统。市县层面，各地也采取有力措施，提升网络和云平台的支撑能力，抚州市、宜春市、九江市、吉安市、萍乡市、金溪县、上高县、遂川县等市县取得积极成效。三是制定发布标准规范。全年制定发布《电子政务外网视频传输应用接入规范》《生态文明数据分类及编码规范》《网上中介服务超市系统对接技术规范》《统一电子印章平台应用接入技术规范》等4项省级电子政务技术规范。至此，江西电子政务领域共有21项技术规范作为地方标准在全省施行。

二 深入推进政务数据共享

一是完善数据共享开放体系。制定出台江西省政务信息资源共享开放管理办法，规范数据共享、开放和应用行为。编制信息资源目录和共享开放责任清单，明确任务和责任分工。加快数据归集，省级层面新建了生态环境、宏观经济等8个高频共享库，归集数据426万条，形成91个接口服务；丰富完善人口、法人、证照、信用等8个高频共享库，归集数据26.5亿条，形成388个接口服务，调用次数达1.47亿次。二是推动数据共享开放。按照国家和省政府要求，推动各地各部门挂载数据资源，政务数据共享平台共挂载数据资源16626项。举办首届数据开放创新应用大赛，开放生态环境、民生经济、道路交通等领域公共数据1.93亿条，推动数据开放提质增效。各市县也积极推进数据共享开放，九江市、南昌市、新余市、共青城市、万年县、南昌县、修水县等地取得较好的成效。三是巩固扩大"破除信息孤岛"成果。各地各部门积极贯彻落实2018年95号文精神，进一步打通68个市县"信息孤岛"，实施"迁网上云"工程，省级层面完成138个信息系统上云；落实政务信息化项目技术评审机制，依托省信息中心，全年对24个省级信息化项目进行了技术评审，各地积极建立和完善信息化项目技术评审机制，做好本地信息化项目技术评审工作。四是加快推进政务数据应用。依托政务数据共享平台提供的接口服务，重点支撑"赣服通""赣政通"等一批应用，实现让数据多跑路、群众少跑腿。积极推进政务数据应用试点工作，17个单位完成试点任务，新余市政务大数据+普惠金融、抚州市不动产集成服务、赣州市"赣州通"平台便民服务试点等一批试点应用进展顺利。

三 优化提升"赣服通"平台

一是开发建成"赣服通"3.0版并上线运行。优化提升平台架构，优化完善"找服务""赣通码""小赣事"等核心功能，全面提升"赣服通"服务水平。二是上线"无证办理""不见面审批""政策兑现"服务专区。截至2020年年底，全省卫生医疗等领域53个服务事项可实现无证办理；建筑工程、卫生医疗等领域132个服务事项可实现不见面审批；政策兑现服务专区汇聚全省涉企政策638件，梳理政策条款7809条，涉企服务866项。三是开发建成"赣服通"独立APP。与"赣服通"小程序实现数据同源、用户互通、服务同步，APP下载量突破60万次。截至2020年年底，平台上线服务事项6790项，电子证照165种，实名用户数达2280万，累计访问次数突破10亿人次。掌上服务事项数、电子证照种类、跨省数据应用等方面位居全国同类平台前列。"赣服通"平台作为国务院第六次大督查发现的典型经验做法被国务院办公厅在全国通报表扬，并入选国务院政府职能转变办公室《深化"放管服"改革优化营商环境典型经验100例》。各地各部门因地制宜、大胆探索，推出了一批特色做法，如省市场监管局、省公安厅、省税务局联合推出企业注册登记一件事服务，省卫生健康委员会、省公安厅、省人力资源和社会保障厅、省医疗保障局联合推出的"出生一件事"服务，省税务局"不见面办税"服务，九江市涉农资金监管服务、上饶市和鹰潭市不动产登记"一件事"服务等，极大便利了企业和群众。

四　开发上线"赣政通"平台

采用"统一平台、一体在线、协同高效"原则,依托省电子政务外网、省电子政务云等公共基础支撑平台,集约化建设"赣政通"平台。省委书记刘奇、省长易炼红对平台建设均做出肯定批示。一是高效完成平台开发。建立联席会议制度,成立工作专班,制订工作方案,明确责任分工,确保各项工作加快推进。该平台于2020年6月份启动建设,9月份省级大厅上线运行,12月底市县分厅全部建成。2021年1月13日,省政府召开"赣政通"平台启动上线视频会议,省委常委、常务副省长殷美根出席会议并宣布"赣政通"平台正式上线运行。二是推进省市县全覆盖。各市县克服困难,快速推进市县分厅建设,加快采集导入组织机构和人员信息,融合接入政务办公系统。截至启动上线,"赣政通"平台接入312个政务应用系统,注册实名用户28万,激活用户21万,基本实现省、市、县政府机构和工作人员全覆盖、政务办公全覆盖。三是有效提升政务办公效能。开发建设了在线通信、视频会议、通用办公等模块,提供在线会商、"一键开会""面对面"沟通等功能服务,满足各部门移动办公、协同办公、高效办公需求。截至2020年年底,各地各部门依托"赣政通"平台建立工作群组1956个,发送工作消息32万条,公文流转信息40万条,召开视频会议2700余次,有效提升了办公效率、降低了行政成本。四是有效打通与"赣服通"的对接。有效打破各地各部门内部办公"信息孤岛",推动与"赣服通"互联互通,打造"赣服通"前台受理、"赣政通"后台办理的"前店后厂"新模式,实现企业和个人办事全流程网上申报、部门受理审批全程留痕。

五　加快推进重大平台建设

一是推进公共信用信息平台建设。开发建成"信用服务""双公示管理""红黑名单与联合奖惩"子系统和个人信用信息库,推进"信易+"创新试点工作,信用服务能力不断提升。截至2020年年底,对外提供近亿次查询服务,发布红名单信息3.6万条、黑名单信息30.5万条。在全国信用信息共享支撑中小微企业融资和"放管服"改革现场观摩活动中,江西进入全国前6,取得历史最好成绩,并获得"标准化平台"称号,抚州市、南昌市也取得了优异的成绩。二是推进省公共资源交易平台建设。深化交易平台整合,平台的林权交易整合工作入选国家发展改革委《部分地方深化公共资源交易平台整合共享工作典型经验》,获国家发展改革委通报表扬并在全国推广。优化交易平台服务能力,开展不见面开标和远程异地评标系统建设推广,与南昌市、赣州市、吉安市等地不见面开标系统和远程异地评标系统完成对接。截至2020年年底,平台累计完成公共资源交易14.6万宗,成交金额17603亿元。三是推进省"互联网+监管"系统建设。开发建成平台服务门户、事项监管等10个子系统,与国家平台、山东、湖南等省份完成对接,实现跨地区、跨部门、跨行业联合监管,实现"进一次门,查多项事"。四是推进"省级信创云和共性应用项目"建设。集约建设省级信创云,推动10个共性应用的适配,保障省直部门应用系统上云。五是推进其他重要平台建设。建设"生态云"大数据平台,全面汇聚融合涉生态数据,初步形成生态文明大数据体系,完成了生态文明"一张图""一张屏"、绿色发展指标评价、生态文明建设考核和生态文明建设督查等子系统建设,为江西省生态文明建设提供了有力支撑。推广省公务用车信息化平台应用,已接入公务车辆32232台,接入率达到100%。建成12345政务服务热线管理平台,统一受理社会公众咨询投诉、意见建议,实现全省政务服务"一号"受理。基本建成网上中介服务超市,目前已入驻中介服务机构387家。

六 夯实技术运维和安全保障能力

一是提升省政府微信公众号及省政府网站运维能力。省政府微信公众号影响力跻身全省政务新媒体第一方阵,总阅读量近30亿人次,关注粉丝超过165万人。省政府门户网站在2020年省级政府网站绩效评估中名列全国第6,在国务院办公厅2020年政府网站和政务新媒体检查情况通报中,全省政府网站和政务新媒体合格率均为100%,省政府网站为7个得分较高的省级网站之一,易炼红省长予以批示肯定。二是统一开展技术服务。一年来,依托省信息中心,为各级政务部门处理系统、网络等故障1000余次,全年政务网络、政务云、应用等实现"零事故"安全稳定运行,技术服务保障满意度进一步提高。三是做好省级电子政务云平台安全保障工作。省级电子政务云平台顺利通过国家信息中心组织的政务云网络安全合规性测评,圆满完成政务云网络安全合规性评测试点。四是落实网络安全等级保护要求。完成"赣通码"系统、电子政务邮箱、大数据平台、省级政府网站集约化平台等信息系统的等保备案和测评工作,有力保障了全省政务信息系统和数据安全。五是推动国密改造和测评工作。完成省政务数据交换平台国密改造,通过第三方机构组织的国产密码测评。六是推动"两地三中心"容灾备份体系建设。采取政企合作模式,谋划建设省政务外网同城灾备中心和异地数据备份中心,为政务云业务系统提供应用主备容灾、数据备份等服务能力。目前,省市两级已签订省电子政务外网数据备份中心建设框架合作协议。

七 以信息化助力疫情防控

一是保障疫情防控视频指挥调度。省委省政府决定将省新冠肺炎疫情防控应急指挥部迁移至省大数据中心,快速建立疫情防控视频指挥调度平台,实现视频联通全省各级应急指挥部和定点医院、卫健委等应急管理部门。在各地各部门共同努力下,保障疫情防控调度和视频会议230余次,确保了政令畅通,调度有力。国家电子政务外网管理中心向全国介绍江西政务外网助力疫情防控工作经验。二是开展疫情大数据分析。围绕疫情防控和复工复产,及时开展数据分析研究,编写大数据分析报告,为各级党委政府出台相关政策提供有力支撑。其中,《江西省疫情大数据分析预测》获得省领导肯定批示;"大数据分析助力疫情防控应用案例"荣获2020年政府信息化卓越成就奖。三是缓解群众"一罩难求"问题。依托"赣服通"平台开发了口罩预约申购系统,面向全省发放口罩2150余万只,覆盖人群超过400万人,有效缓解了居民日常出行和企业复工复产对口罩的需求问题。四是服务疫情常态化防控。快速完成全省防疫健康码管理系统的建设工作,省市县通力合作,全力推动"赣通码"系统跨区域数据共享,省内3300万人、省外269万人实现扫码互认和一码通行,为疫情常态化防控提供了有力支撑。

(江西省信息中心)

2020年广东省电子政务发展概况

广东省委、省政府认真贯彻落实习近平总书记关于建设"数字中国、智慧社会"的系列重要论述,把数字政府改革建设作为深化"放管服"改革、推进政府职能转变、增创营商环境新优势的突破口,全力服务省委"1+1+9"工作部署,高起点谋划、高标准推动,有效推进政务信息化体制机制、政务信息系统网络架构、政务数据资源管理和行政审批服务改革创新,进一步夯实信息化基础,推动数字政府应用全覆盖,企业群众办事创业便利度明显提升,一体化政务服务能力稳居全国前列,为持续优化营商环境,推动治理体系和治理能力现代化发挥出积极作用。

一 科学统筹,创新政务信息化管理体制机制

省委、省政府将数字政府改革建设作为广东省全面深化改革的重要举措,成立省"数字政府"改革建设工作领导小组全力推进相关工作,先后出台改革建设方案、建设总体规划及系列专项规划和方案,搭建起数字政府创新发展的"四梁八柱"。同时,重构政府与市场在参与数字政府改革建设的职责边界,一方面强化政府端规划管理职责,在省市县三级组建政务服务数据管理局,统一负责数字政府建设协调,另一方面充分调动国内互联网和信息技术龙头企业技术资源优势,推动腾讯、三大电信运营商组建数字广东公司,统一承担信息化建设和运维职责,形成政企协同推进改革的强大合力。此外,会聚一批国内高水平电子政务专家成立"数字政府"改革建设专家委员会,邀请国家电子政务专家委员会主任王钦敏同志担任主任,为广东省改革参谋把关,提供智力支撑。

二 强化整体协同,全省一盘棋持续提升建设效能

打造数字抗疫广东模式。依托数字政府一体化平台和大数据中心,第一时间建立防控数据共享机制,创新推出"粤康码"应用并拓展到跨境司机管理、冷链物流追溯、跨境人员管理等多个场景,及时推广"非接触式"政务服务,减少人员聚集。全面建成全省"一片云、一张网"。按照系统化、整体化建设思路,统一规划建设全省公共基础支撑

体系，集中支持粤东、粤西、粤北欠发达地区基础设施建设。省财政三年安排约 12 亿元支持 14 个欠发达地市政务云网基础设施和政务大数据中心建设，推动全省政务信息化水平实现均衡发展。目前省电子政务外网已实现省市县镇四级全覆盖，省级政务云平台完成"两地三中心"建设，超过 1250 个政务信息系统迁移上云，政务云整体规模全国领先。以点带面加快全省应用覆盖。在广州越秀区创建"数字政府"改革建设示范区，推动"数字政府"与基层治理融合。创新"省统、市建、共推"机制，组织地市参与省级行业应用平台创新，加快提升行业应用整体水平，在全省形成一批可复制推广的做法。完善"数字政府"信息安全体系。坚持整体安全理念，借助公安部第三研究所等国内顶尖安全机构和企业力量，编制全省网络安全体系建设规划，联合公安、保密等多部门组织安防建设和应急演练，强化风险排查，发布全国首个省级数字政府网络安全指数，保持安全风险事件零纪录。

三 高效开放共享，推进政务数据资源"一本账"管理

有序推进数据资源开发利用。全面建成省级数据中台，建成全省人口、法人、自然资源和地理空间、社会信用信息等四大基础数据库，形成共用共享资源池，带动 71 个部门和 21 个地市业务数据互通，并对接国家一体化政务服务平台，归集数据超过 255 亿条。通过统一数据开放平台，向社会开放企业监管、质量安全、财税金融、社保就业等领域 1.47 亿条数据，全省政务数据同源和开放共享规模居全国前列。加快国家垂直管理系统打通和数据回流，更好支撑广东省数字政府建设。完成省直单位政务信息能力和公共数据资源普查，形成系统和数据资源全省"一本账"，为深化各行业各领域数据开发利用打下坚实基础。制订数字政府数据开放重点和开放计划，最大限度发挥数据价值服务政府管理。积极承担国务院公共数据资源开发利用试点，编制《广东省数据要素市场化配置改革行动方案》，提出"全省一盘棋"的数据要素配置机制，构建两级数据要素市场结构和三大重要枢纽等举措。

四 持续扩大应用，"粤系列"平台服务水平不断提升

坚持政务服务移动化、一体化、精细化发展方向，持续优化升级"粤省事""粤商通""粤政易"三大平台，形成"三箭齐发"良好态势。"粤商通"平台围绕企业全生命周期服务，上线 47 个省级部门 961 项涉企高频服务，集成 158 类电子证照，创新推出"粤商码"和"亲清政商"专区，平台注册企业突破 600 万，日均访问量保持在 500 万次，服务覆盖全省一半商事主体。"粤省事"平台集成 87 种个人电子证照，上线 1700 多项高频服务，实名注册用户突破 1 亿，日均访问量保持在 5000 万、业务量 1400 万；公众号关注量超过 1600 万，成为全国政务新媒体的旗舰品牌。"粤政易"平台推出移动办公、会议、通信等 100 多项热点应用，为全省各级 170 万公职人员提供安全稳定的在线办公服务，有效提升行政效率。粤系列三大平台成为服务群众、企业和政府运作的主要平台，为政府管理积

聚起庞大用户资源和渠道优势，成为政府的核心战略资产。中央广播电视总台等媒体全年报道广东省数字政府改革创新举措 90 余次。

五 创新思路做法，全面推动政务服务高质量发展

深化审批制度改革创新政务服务模式。超 2 万项高频事项实现"四免"，超过 200 项"一件事"主题集成服务实现"一张表单、一套材料"。建立全省政务服务大厅标准体系，推广"一窗通办"模式，建成线上线下全覆盖的"好差评"体系。推动政务服务跨省通办。在全国率先上线泛珠区域"跨省通办"服务专区，16 个地市与泛珠三角九省区通过线下开专窗、线上设专栏方式，实现 3644 项高频事项跨省通办。发挥"数字政府"一体化平台优势，创新粤港澳三地政务服务跨境通办业务场景和服务模式。深入开展基层减负便民试点。依托"数字政府"填表报数系统，在广州市越秀区、佛山市南海区试点，基层表格由 370 个精减至 150 个，压减 59%；通过数据共享和业务流程优化，填报数据项由 7237 项减少至 2724 项，压减 62%；系统实现自动汇总各层级上报的表格，无须区镇干部手工汇总。强化政银合作，加强服务资源整合，将 113 项高频政务服务事项接入 1.99 万台银行自助终端，服务能力快速延伸到社区村居。

六 融入重大战略，主动服务中央和省委决策部署

主动服务粤港澳大湾区建设取得新突破，经过积极协调推动，在全国率先解决港澳居民网上办事身份验证等关键问题，首创港澳居民内地"刷脸"办事新模式。在"粤省事"、广东政务服务网设立大湾区政务服务专区，上线交通、教育、医疗、社保、税务等领域 180 余项服务。全力支持深圳先行示范区建设取得新进展，以数字政府改革建设为突破口，支持深圳推进实施"湾区通"改革项目，开展市级"互联网+监管"综合试点，规划建设大湾区大数据中心，168 项行政服务在全国率先实现全流程秒批秒办。支持老区苏区振兴发展初见成效，发挥省级统筹优势，以省市联建模式推动梅州、汕尾等革命老区和原中央苏区政务信息基础设施建设，推广"数字政府"基础平台，因地制宜开展政务应用创新，有效补齐营商环境和公共服务短板。破解难题推动营商环境优化。着力破解企业"办事、融资、用工、政策、监管" 5 大难题，积极应用数字化手段强化政务协同、整合审批流程，创新"企业开办一网通办"服务，实现申办企业"一次登录、一表填报"。基于政务大数据为企业精准画像，撮合银企融资授信，推动涉企政策"一站式"发布。建设"互联网+监管"平台，实现企业监管信息"一户一档"，实施"靶向"监管，以数字政府改革建设支撑营商环境优化。

（广东省政务服务数据管理局）

2020年海南省电子政务发展概况

近年来，海南省委、省政府高度重视政务信息化、大数据建设，坚持"全省一盘棋，全岛同城化"理念，加强全省统筹规划和顶层设计，制订出台"智慧海南"总体方案，按照全省"大集中""大网络、大平台、大系统"的集约化建设思路加快全省政务信息化建设，加强政务信息的汇集、共享和应用，数字政府建设水平取得长足进步，《第二届（2020）中国数字政府建设风向指数报告》显示，海南省数字政府建设总指数进入全国第二梯队，其中政务服务指数、中枢强基指数进入全国第一梯队。

一 创新大数据管理体制机制

"各自为政、条块分割、烟囱林立、信息孤岛"的"蜂窝煤"现象长期困扰政务信息化建设，根源在于"九龙治水"。为解决这些问题，2017年8月28日，时任省长在省政府专题会议上提出创新大数据体制机制，要按照"数据、人员、资金、管理、技术"五集中的原则，组建省级数据管理机构，并要求将市县政务信息化纳入全省统筹。围绕以上精神，海南省成立了省大数据管理局，为省政府直接管理的法定机构，并于2019年9月27日通过人大立法，在《海南省大数据开发应用条例》明确："省大数据管理机构负责组织实施大数据开发应用总体规划，统筹政务信息化项目管理和政务信息资源共享开放，管理运营政务数据资产，推进政务和社会大数据开发应用，具体实施大数据开发应用监督工作。"

二 建成省数据大厅，构建政府"智慧大脑"

2017年建成省数据大厅，联通部门、市县共582个非涉密政务信息系统，实现"平时协同、战时指挥、随时展示"，形成了支撑全省决策指挥、城市管理、应急联动和运行管理的"智慧大脑"。2018年4月13日，习近平总书记视察了省数据大厅，对海南省的政务大数据建设给予了充分肯定，明确指出"海南在这方面走在全国前列，希望海南继续在大数据建设上积极探索，创造更多经验"。

自2018年4月13日以来，共有321批次国家各部委及各兄弟省市来数据大厅参观考察并给予充分肯定，其中省部级以上领导共30批次。

三 建成政务信息化能力底座

建成并持续完善全省统一的电子政务外网、省政务数据中心、省政务云、省政务中台、省区块链平台，基本形成"一张网、一个中心、一朵云、一个中台、一条链"的信息基础设施建设格局；建成全省统一的信息共享交换平台、政府数据开放平台、省政府大数据公共服务平台"三大"大数据基础平台，其中，省大数据公共服务平台2019年被中国信息协会评为2019年中国政府信息化卓越成就奖；建成全省统一的办公OA系统、公文交换系统、电视电话会议系统、邮件系统、短信平台；依托省信息共享交换平台建成并不断完善人口库、法人库、电子证照库、空间地理库、信用信息库"五大"基础数据库，全省599个非涉密信息系统与省信息共享交换平台实现互联互通，全省政务信息资源共享目录已达5734个，通过数据共享交换平台提供数据核验服务7438多万次，数据共享交换量177亿次，34个单位通过省政务数据开放平台向社会开放数据集14个，社会用户累计访问下载5500余次。2019年发布的《中国地方政府数据开放报告》中，数据开放指数海南全国排名第9。

四　数字政府建设水平显著提升

一是"互联网+政务"服务水平进步明显。建成并持续完善省一体化在线政务服务平台、"互联网+监管"系统、工程建设项目审批系统、"码上办事"平台、国际贸易单一窗口、国际投资单一窗口、"e登记平台"、"多规合一"、智慧医疗、"互联网+防灾减灾"、全域旅游监管平台、网上督查室、精准扶贫大数据平台、"一部手机游海南"、海南自贸港金融服务平台等一大批政务应用系统。其中，"多规合一"平台入选2018年首届数字中国建设峰会最佳案例，精准扶贫大数据平台被中国通信企业协会评为2018年网络扶贫最佳实践案例。海南自贸港金融服务平台被评为2019年中国数字政府特色评选50强创新案例。国际投资单一窗口荣获2020中国数字政府特色评选50强创新案例。一体化在线政务服务平台建设水平2018年的全国排名第20，2019年排名第18。

二是构建一体化大数据社会治理体系，有力支撑海南自贸港建设。建成全天候、实时性的人流、物流、资金流进出岛信息管理系统和社会管理信息化平台，实现对进出岛"每一个人、每一件物品、每一分钱"的精准识别和管控。"码上办事"平台实现了与全国各地"健康通行码"互通互认，有效服务海南省统筹疫情防控和经济社会发展。"一体化大数据治理体系"获得中央政治局常委王沪宁同志批示和高度评价，大意为：该制度创新案例很有成效，要向全国宣传推广。"海南建立全天候进出岛人流、物流、资金流监管系统"案例获国务院第六次大督查通报表扬。

五　信息化政策法规不断完善

2013年9月省人大颁布了《海南省信息化条例》。2018年，省政府办公厅印发了《海南省公共信息资源管理办法》。2019年5月，省政府印发《海南省公共信息资源安全使用管理办法》。2019年11月省人大制订并出台了《海南省大数据开发应用条例》。

六　在全国率先探索网络安全新体系

借助覆盖全省的视频网络，探索电子政务外网"一网两线"架构，用非IP协议的视联网承载数据业务，作为现有政务数据网络的"备胎"，并适时接管数据业务，实现自主可控、本质安全，为国家网络安全探索一条新路。

（海南省大数据管理局）

2020年新疆维吾尔自治区电子政务发展概况

2020年，在新疆维吾尔自治区党委、人民政府高度重视和正确领导下，新疆维吾尔自治区政府系统电子政务工作按照国家对电子政务工作开展的指导精神，紧密结合自治区实际和政务工作发展需求，加强政务业务系统应用效能，促进政府监管方式创新，巩固基础设施建设，强化网络和信息安全保障，努力为推进国家治理体系和治理能力现代化提供技术支撑和保障，推进数字政府建设迈上新台阶。

一　集约融合推进政府网站应用创新发展

按照国家关于政府网站集约化建设工作要求，在未列入国家政府网站集约化试点建设范围的情况下，新疆维吾尔自治区充分应用互联网、云平台、大数据及人工智能等技术，积极协调建设资金组织推进全区政府网站集约化建设项目，并于2020年5月提前完成建设工作。按照"统一标准体系、统一技术平台、统一安全防护、统一运维监管"的集约化建设模式，完成了新疆维吾尔自治区人民政府门户网站和所有自治区人民政府部门政府网站，以及部分县（市、区）政府门户网站共计51家政府网站向自治区统一的集约化平台迁移改造，新建栏目7000余个，整合数据资源8TB，统一提供了网站管理、内容管理、互动交流、资源管理等25项功能，实现了与自治区一体化在线政务服务平台深度融合，初步达到了政府网站资源优化融合、平台整合安全、数据互认共享、管理统筹规范、服务便捷高效的建设目标。

新疆维吾尔自治区作为非试点单位，与全国政府网站集约化建设十个试点省区同步完成项目建设工作，自治区政府网站建设及应用水平全面达到国家相关工作要求、步入全国先进行列，为新疆维吾尔自治区推进数字政府建设奠定基础。

二　探索推进自治区"互联网+监管"系统建设

根据国务院办公厅的统一规划要求，在新疆维吾尔自治区领导的大力关心支持下，自治区"互联网+监管"项目建设工作于2019年年底启动，2020年克服新冠肺炎疫情影响如期完成，11月进入试运行阶段。

新疆维吾尔自治区"互联网+监管"系统在国家部委编制的监管事项目录清单基础上，全面梳理认领自治区，地（州、市），县（市、区）三级政府部门监管事项10930项、检查实施清单56346项，对接完成自治区市场监督管理局等单位监管数据2600多万条。新疆维吾尔自治区"互联网+监管"系统依托自治区电子政务外网及政务外网云平台等基础设施，以集约共享为原则，采用"1+14"［1个自治区中心平台和14个地（州、市）级平台］的统一模式全面建设完成，搭建完成监管事项清单管理，综合执法监督，"双随机、一公开"，联合监管，投诉举报，效能管理，风险预警，移动监管，非现场监管等14个应用系统，采用统一工作门户，按照国家平台有关统一身份认证的要求，实现自治区中心平台和地（州、市）级平台全部应用系统的单点登录和授权应用。同时，建立完善"互联网+监管"主题数据库，与国家系统实现数据交换，汇聚清洗自治区"双随机、一公开"等四大类12项监管数据累计359万余条并成功推送至国家"互联网+监管"系统数据库。

新疆维吾尔自治区"互联网+监管"系统的建设和应用充分利用先进的信息化技术和手段，在社会监管的主体、方式、机制等方面不断变革创新，重构政府监管职能体系，通过分析归集共享各级监管部门数据，增强了对可能出现的苗头性和跨行业、跨区域性风险的防范能力，实现了对"监管的监管"。

三 持续完善政务协同办公体系

新疆维吾尔自治区人民政府已形成包括自治区（省级）领导在内的全员全流程网上办公局面，政府公文运行及行政事务运转效率得到明显提高，文件及行政业务工作跟踪督办力度得到进一步加强，公文运转统计数据及应用更加全面准确，系统已成为政务部门日常办公中不可或缺的有效平台，应用水平持续提高、应用效益全面提升，受到政府领导、部门及政务人员的广泛好评。

依托政府系统统一的电子政务网络，自治区政府公文无纸化传输系统于2006年建成应用，实现了汉文和民族文字多种文字政府公文的电子化传输，建成了以自治区人民政府为中心、涵盖自治区所有地（州、市），县（市、区），自治区人民政府各部门、直属机构等近300家单位，实现了自治区人民政府与地（州、市），县（市、区），各部门电子公文发文和收文的双向传输，有效节约了资源、提高了工作效率。从统一的协同办公、公文传输等系统着手，自治区人民政府已逐步建立和完善以公文处理为核心，包括政务信息采编、督查督办、值班应急等的政务业务应用系统，推进跨部门跨区域的大协同办公系统的规划建设工作，充分发挥先进信息技术对政府办公工作的支撑效应，促进政务工作从独立运行向协同治理转变。

四 建立健全安全保障体系

进一步建立健全网络安全工作协调机制和安全教育培训工作机制,印发涉及政府网站应用管理、电子政务网络安全管理等方面文件及工作规范20余件,制订自治区电子政务专网应急预案及政府网站应急保障预案,组织举办全区政府系统电子政务工作视频培训,持续加强工作监督指导,有效确保了网络信息安全。

(新疆维吾尔自治区人民政府电子政务办公室)

2020年青岛市电子政务发展概况

2020年,青岛市坚持以习近平新时代中国特色社会主义思想为指导,全面贯彻党的十九大和十九届二中、三中、四中、五中全会精神,认真落实习近平总书记视察山东、视察青岛重要讲话、重要指示批示精神,牢牢把握市委、市政府关于大数据发展的决策部署,积极践行新发展理念,加快重点工作攻坚,统筹疫情防控和经济社会发展,把电子政务建设工作作为推进"放管服"改革和优化营商环境的重要抓手全面推进,为全市经济社会高质量发展提供了有力支撑。在国办电子政务办组织的第二次全国重点城市网上政务服务能力评估中,取得第5名的成绩,位列全国32个重点城市"第一梯队"。

一 夯实基础,数字化服务支撑迈出新步伐

统筹推进政务云、网、视频监控和网络安全工作。完成市视频监控资源共享平台建设,汇聚接入各区(市)及公安、交通等视频监控资源12万余路,按需实现跨部门、跨层级视频监控资源交换共享。政务外网城域网完成优化提升,水、电、气、暖等公共企事业单位以及主要银行业务专网等与政务外网实现数据安全交互,79个单位网络接入带宽由100M提升至1000M,1263个中心社区、便民服务点实现政务外网宽带专线接入。市电子政务云顺利通过ITSS云计算增强级服务能力评估,继山东省政务云之后成为全省第二家通过增强级评估的政务私有云,全市累计上云621个业务系统2461台云主机,同比增长25.6%。

二 "数聚赋能",数据共享开放取得新成效

一是数据汇聚治理应用更深化。新归集2400余类2.1亿条数据,归集总量达13亿条,落地15类780万条省级跨层级数据,完成首批17类数据向各区市返还工作,对11个单位50类2500多万条高频使用数据开展数据治理,推动"历年职称证书信息"等5项重点资源历史数据电子化,1.1万条历史数据实现电子化。办结实施跨层级跨部门共享需求

1200 余件，累计数据交换 41 亿条次，市级共享需求满足率达 98.3%。通过优化"数据流"推动再造"业务流"，共为全市 100 余个业务系统提供数据共享服务 3256 项，打造了 32 个数据应用典型案例。出台《青岛市公共数据开放管理办法》，新增开放数据集 3000 余个，现已开放 7000 余个数据集 3400 余万条数据。

二是数据红利释放开创新局面。加快推进数据要素市场化配置，组织开展"数据赋能应用场景对接会"，搭建政府、企业、研究机构精准对接平台。成立胶东经济圈大数据发展一体化合作联盟，探索培育胶东经济圈数据要素市场。通过理念、技术和制度创新，再造政务数据服务流程，在全国率先形成政务数据"可用不可见"为使用特点的"政务数据中台"模式，共盘活 1200 万条涉企政务数据为市场服务，解决了政务数据常年存在的供给与需求、开放和安全之间的矛盾，为政务数据的市场化配置开辟了广阔的空间。首个应用场景——以数据透明消除金融机构不愿贷不敢贷顾虑，助力中小企业融资方面取得显著社会成效，截至 2020 年年底，已有 14 家大中型金融机构入驻政务数据中台，直接或间接利用涉企政务数据，对 197 家企业开展信贷业务，涉及金额近 70 亿元。

三是企业信用监管收获新成果。规范开展行政许可和行政处罚"双公示"，组织 30 余个部门统一发布市级行政许可公示事项 299 项，行政处罚事项 3246 项，全市信用信息共享平台累计归集行政许可数据 208 万条、行政处罚数据 2.56 万条。完善"联合奖惩一键查询"功能，协助部门发现经营异常和纳入黑名单的企业 1518 家，为推动建立以信用为基础的新型监管机制提供了平台和技术支撑。办理企业信用修复 1170 件次，同比增长 190%，累计帮助近 500 家企业修复失信信息，营造了良好的信用环境。

三 流程再造，政府数字化转型跑出新速度

一是网上办公系统全面覆盖。全面落实中央、省、市关于"网上办公"决策部署，推动各级各部门运用金宏办公系统及移动办公开展政务办公，2020 年以来网上流转文件总数超过 1 亿件，移动办公用户突破 2.3 万人，有效实现了疫情期间高效办公、政令畅通，形成全市互联互通、多级联动的一体化协同办公环境。

二是建成启用政务协同平台。以流程再造为抓手，建成全市统一移动政务协同平台，已整合金宏办公系统、"视政青岛"视频会议、掌上市情、重点项目、政策通、信息公开等多个移动政务应用，实现统一移动政务入口、统一用户中心、统一微应用开发服务、统一标准规范，提升政府内部协同联动能力。

三是网上视频会议广泛应用。组织推动 189 个金宏视频会议室接入省综合视频会议系统，实现市、区（市）、街道（镇）三级省综合视频会议系统全覆盖；建成"视政青岛"手机视频会议，实现全市党政机关领导全部注册接入；新冠肺炎疫情期间为 30 余个部门提供互联网免费视频会议服务，2020 年以来各级各部门共通过全市统一视频会议系统召开会议 4000 余次，参会人数 1.2 万人次，累计时长超过 100 万分钟；推动赴深圳体悟实训队"青深学堂"直播、仲裁讲堂、交通运输局一线调度、5G 建设试点园区签约会等视频应用场景创新，确保在新冠肺炎疫情防控常态化期间高效办公、政令畅通。

四 数有所为，网上服务应用再上新台阶

建成全市统一的掌上政务服务平台——"爱山东·青e办"APP，打造整体联动、部门协同、区市统筹的移动政务服务体系。

一是事项"全聚合"。实现50余个部门、10个区市7000多项政务服务事项掌上办，完成"爱山东·青e办"APP 10个区市分厅建设，实现政务服务"一键通办"。

二是应用"广覆盖"。重新组织规划与市民生产、生活密切相关的热点服务，建设新冠肺炎疫情防控专区、高考服务专区、三民活动专区、海尔卡奥斯专区等17个服务专区。加快部门应用整合接入力度，整合接入市公安局、市人社局、市医保局、市审批局等30余类部门专题服务应用，实现与市通用审批平台同源发布，开发更新在线问政、征集调查应用、信用青岛等14个应用，接入55项区级热点应用，打造统一高效的掌上政务服务体系。企业登记"秒批"等300余项业务移动端"智能办"，606万门诊统筹签约和67万门诊大病参保人实现"不见面、零跑腿"秒批掌上办，30项公积金业务不用跑大厅，退休人员社保待遇认证"零打扰"。

三是完善"一证通"。整合身份证、驾驶证、社保、公积金、婚姻、营业执照等32类证照信息，建成市民个人的"电子卡包"，汇聚2300多万电子证照数据，实现把证照装进手机。全省第一张电子施工许可证在审批大厅颁发，电子身份证在市、区两级审批大厅1700多个事项中应用，电子营业执照在办理企业开办、医保、公积金等1200多个事项中应用。

四是创新"一码通"。制订《青岛市"一码通城、无感通行"试点工作实施方案》，拓展二维码和人脸识别应用，在政务服务、交通出行、医药卫生、文化旅游等8大领域，实现身份认证、便捷支付等场景应用，推进全市"一码通城、无感通行"。依托"爱山东·青e办"APP，创新性建设了"一码通城"的"码包"，已汇聚了健康码、身份证码、医保电子凭证、电子社保码等多种码，市民可一键切换，在多个场景使用。

五 数字治疫，疫情常态化防控筑起"防火墙"

一是防疫应用彰显硬核力量。第一时间组织上线"公共场所扫码系统""大数据疫情分析平台"等10余个疫情防控大数据应用，助力快速溯源、精准防控。全国首创"空港口岸入境旅客信息管理系统"，实现入境人员全流程闭环管理，有效防止境外疫情倒灌。建成了汇聚25类数据的疫情防控专题库，以及入境人员数据库、重点地区入青人员数据库，为20余个部门共享疫情防控相关数据1.3亿余条次，为全市疫情防控提供了有力支撑。

二是指尖服务守护市民健康。第一时间组织建设了"网上预约、线下领购、快递上门"的"民用口罩预约系统"，定点、定时、定量向青岛市民供应民用口罩。新冠肺炎疫情期间共组织口罩投放70轮共计964万只，累计惠及群众178万人次，实现了特殊时期防疫物资的精准投放。

[青岛市大数据发展管理局（青岛市电子政务办公室）]

2020年长沙市电子政务发展概况

2020年，长沙市深入贯彻落实国家关于建设数字中国、网络强国、智慧社会的战略部署以及习近平总书记推进"三融五跨"的重要指示精神，加快发展电子政务，各项工作迈上新台阶，为长沙市经济社会高质量发展注入新动能、增添新活力。

一 突出规划协同，智慧城市统筹管理迈上新台阶

一是高规格谋划布局。报请调整长沙市数据资源管理委员会、长沙市新型智慧城市和数字政府建设工作领导小组，由市委书记、市长亲自担任主任、组长。提请市政府专题召开加快推进新型智慧城市建设工作座谈会，经市政府常务会议、市委常委会审议通过并向社会发布《长沙市人民政府关于加快建设新型智慧城市示范城市的决定》，明确将新型智慧城市建设作为全市经济社会高质量发展的重要引擎，上升为长沙城市发展战略。推动组建市级新型智慧城市建设运营专业国有公司（长沙数智科技集团有限公司），为政府投资信息化项目统筹集约建设、创新投融资模式和长效运营管理探索了前行路径。先后成立长沙市新型智慧城市建设研究会、专家库、专家咨询委员会、专业技术委员会等智库机构，为智慧城市建设集聚了大批优秀专家学者，支撑力量进一步壮大。

二是高质量编制规划。委托国内智慧城市研究领域顶尖智库国家信息中心编制形成《长沙市新型智慧城市示范城市顶层设计（2021—2025年）》《长沙市新型智慧城市示范城市建设三年行动计划（2021—2023年）》，成为全国首个出台"十四五"智慧城市顶层设计与三年行动计划的城市。编制完成《长沙市数字政府建设实施意见》，推动出台《长沙市新型智慧城市规划编制实施方案》，指导部署市直单位、区县（市）和国家级园区编制修订专项规划、区域规划，形成规划编制、管理、实施、调整、评估的刚性闭环。

三是高水平管理项目。出台《长沙市政府投资信息化建设项目变更管理实施细则（试行）》等系列制度，开发上线全生命周期管理系统，形成完善的项目管理模式。高效组织联合评审和技术审查，全年受理审批项目61个（全过程完结项目46个），送审金额60112.23万元，核减金额16764.53万元，核减率27.89%。全年竣工验收项目22个，总计4.7亿元。完成政府投资信息化中长期项目库申报和审核，确定入库项目171个；完成2021年市本级政府投资信息化建设项目计划编制，年度投资14.07亿，已按程序纳入2021年全市重点项目投资计划。

二 实现集约高效，数字基础设施建设迈上新台阶

一是"城市超级大脑"能力显著提升。"城市超级大脑"初步建成并投入运营，已向

全市发布智能中枢能力清单148项。连接城市各类物联网感知设施,联通各级政务部门信息系统,汇聚各领域数据资源,服务于科学决策、城市治理、公共服务、产业发展等的数字基础设施和开放创新平台初现雏形,"一脑赋能、数惠全城"的智慧城市建设格局正在形成。

二是政务云管理服务持续优化。统筹推进政务云二期底座建设,加快政务云一期提质和优化升级,云平台物理及虚拟规模体量大幅提升,已为76家单位、330个系统提供云资源服务。升级创新"统一云管"模式,分类分级分层管理中兴云、华为云、鲲鹏云、PK云等异构云,出台《政务云(基础设施层)暂行管理办法》《政务云基础设施层建设和应用工作的指导意见》,推动对区县(市)的政务云统筹管理工作。制定下发《云服务质量控制和评价规范》,加强日常监管,云资源利用率从10%~50%提升到30%~70%,节约财政资金支出近800万元。

三是共用设施建设成效突出。优质高效建成全国领先的长沙市应急指挥平台,通过"5+1+N"模式实现"应急指挥一个厅、信息收发一平台、数据支撑一个脑、资源调度一张网",24小时为城市安全保驾护航。成为全球区块链服务网络(BSN)城市节点,完成互联网和电子政务外网部署,打造低门槛、低成本区块链公共环境。搭建能力齐备的综合网格管理平台,建立网格数据更新机制,在开福区、雨花区启动网格化与信息化管理试点。完成电子政务外网建设任务和市政府一、二、三办机房优化改造,电子政务外网共接入471家市级单位、1304个区县(市)部门和乡镇(街道)、1745个村(社区),已形成"纵向到底、横向到边"覆盖体系。

三 聚焦政务民生,数据全面赋能迈上新台阶

一是"互联网+政务服务"一体化平台助推网上政务服务能力显著增强。强力推进各级业务系统与平台对接,实现四级全覆盖和常态使用,创新运用RPA(机器人流程自动化)解决二次录入难题,307件高频政务服务事项实现"一件事一次办","减时间"缩减率达到85%,平均跑动次数小于0.3次。全市"一门式"事项完成所有村(社区)信息化流转配置,已产生办件34万余件。在2019年度国家网上政务服务能力第三方评估中,长沙市首次跻身全国重点城市前十。2020年,长沙数字政府服务能力获评全国重点城市优秀级、市政务服务门户"一件事一次办"获评"省会及计划单列市十大优秀创新案例"。

二是"我的长沙"APP助力政府移动综合服务广泛覆盖。"我的长沙"APP3.0版本及系列小程序全新上线,APP累计接入政务服务1625项,上线公共服务和社会服务235项,截至目前,APP注册用户量突破300万,覆盖全市常住人口近40%,走在全国前列,同名小程序注册用户量突破165万,超额完成《政府工作报告》下达任务,获评"全国重点城市优秀政务APP"、2020银川国际智慧城市博览会"优秀案例奖"。

三是重点应用促进市民获得感全面提升。"智慧党建"APP覆盖全市所有基层党组织和党员,打造集党务、政务、服务为一体的"指尖党建服务大厅"。"天网工程"基本形成覆盖城乡的公共安全视频监控网络,有力提升城市管理水平和社会治理能力。"智慧医

疗"现已接入全市 119 家医院，实现"码上挂号、码上缴费、码上看报告"。"智慧文旅"打造统一服务入口，为市民和游客提供"游前、游中、游后"一站式服务。"智慧交通"初步实现拥堵指数可视化、安全提醒自动化、出行规划智能化。在"2020 世界智慧城市大会"上，长沙获评"全球智慧城市数字化转型大奖"。

四 加快共享开放，数据资源管理水平迈上新台阶

一是"数据总枢纽"初现雏形。组织开展市级系统融合和政务数据归集"630"攻坚等多项专项行动，开发上线数据资源管理平台，归集数据总量达 146.81 亿条，面向市直部门、区县（市）和园区共享开放。建成人口、法人、自然资源地理空间、城市部件、房屋房产等五大基础库，"长沙一张底图"可有效支撑全市相关系统地图服务需求。建成市电子证照库，汇聚 964 个证照目录、270 万条证照数据。

二是全面构建数据资源管理体系。规范数据全生命周期管理，指导各级政务部门开展数据资源分类分级管理。制定《数据安全管理办法》等标准规范，搭建数据质量和安全管理平台，构建数据质量整改闭环管理体系，建立常态化的数据资源管理能力评价机制，定期发布数据质量报告。在全国首次提出并建立"数据服务超市"，统一向全市提供数据服务、应用服务、AI 服务等，并提供 857 个数据接口服务。

三是全面提高数据分析应用能力。开发上线数据分析平台，完成各领域数据分析报告 347 篇。在 2020 中国城市夜间经济发展峰会上发布《长沙城市夜经济数据分析报告》，引起社会广泛关注。市综合治税平台全年为市财政追缴入库税收约 9.8 亿元。"湘信融"中小微企业融资服务平台融合 17 类政务数据与社会数据，累计撮合融资授信突破 3.28 亿元。在新冠肺炎疫情阻击战中，长沙通过"大数据分析+网格化排查"，迅速实现迅速实现病例清零，位居全国同等城市前列，并率先启动复工复产，打造"湘就业""嗨游长沙"等服务平台，带动招工就业、供需交流、消费复苏，在统筹推进新冠肺炎疫情防控和经济社会发展的"大考"中交出了优异"答卷"，获评"中欧绿色智慧城市数字化抗疫优秀案例奖"。

五 坚持场景牵引，数字经济融合发展迈上新台阶

一是服务头部企业项目落地。推动中国电子信息产业集团有限公司与市政府合作共建国家软件产业基地，文思海辉区域总部项目落户长沙，中电软件园三期项目已与高新区签约。湖南长城医疗科技有限公司基于自主可控在长沙建设区域智慧医疗，中电数据与湘江集团合资成立中电湘江数据服务有限公司开展健康医疗大数据治理与运营。华为鲲鹏创新中心生态企业已达 82 家，湘江鲲鹏服务器已于 2020 年 6 月投产。腾讯云长沙研发中心、云启基地以及腾讯智慧教育唯一全国运营平台落户长沙。京东智联云数字经济产业园落户大科城。推动奇安信网络安全运营总部落户长沙，率先于全国探索城市级网络安全运营新模式，城市网络安全运营中心已投入运行。

二是助力"软件业再出发"取得实效。联合长沙市工业和信息化局等部门发布2批软件和信息技术服务业场景清单,其中属于智慧城市领域的场景128个项目,总投资近50亿元。持续跟踪服务应用场景落地,目前启动项目109个,其中55个项目已完成采购程序。通过应用场景牵引,上海爱数软件有限公司、北京国泰新点软件技术有限公司、北明软件有限公司等企业纷纷落户长沙。

三是培育融合发展生态。推动PK与鲲鹏两大体系融合发展,基于PK体系打造安可智慧医疗、长沙党政办公系统升级改造等示范工程,基于鲲鹏体系率先全国在望城建设智慧城市,获"2020年中国领军智慧城区奖"。搭建供需枢纽和信息平台—"数字星城"生态共建联盟,成员企业已达600余家。推进智能网联与智慧交通融合发展,助推长沙打造"智能驾驶第一城"。抓好支撑大数据(含地理信息)产业链相关工作,争取湖南省政府支持长沙建设湖南大数据交易中心,作为全省唯一的数据要素与数字资产交易场所。

(长沙市数据资源管理局)

2020年郑州市电子政务发展概况

2020年是全面建成小康社会和"十三五"规划收官之年,更是应对新冠肺炎疫情考验极不平凡的一年。郑州市坚持以习近平新时代中国特色社会主义思想为指导,深入贯彻落实国家和省级关于大数据发展的决策部署,勇于担当,开拓创新,扎实苦干,大数据工作亮点纷呈,取得新突破。

一 助力打赢疫情防控阻击战

(一)见势早行动快,积极投身疫情防控一线

2020年1月21日(农历乙亥年腊月二十七),大数据管理局联合阿里巴巴团队成立了工作专班,研讨郑州市数字化疫情防疫方案并着手系统开发。新冠肺炎疫情初期,为第一时间掌握高危人群数量和活动轨迹,工作专班积极协调国家和省有关单位提供数据,短时间内快速归集有效数据600余万条,随着各类子系统不断上线,累计归集各类有效数据超9亿条,为立体化疫情防控平台打下了坚实的数据基础。

(二)覆盖广效果好,织就郑州全场景疫情"防护网"

依托飞天架构政务云的超强数据融合、治理和计算能力,实现了铁路、民航、边检、公安等几十类数据源的快速整合,并以统一数据中台为核心,搭建了全国首个入市交通卡口系统、全国首创的小区三色分层管理系统以及副总理刘鹤批示复制推广的复工复产系统,形成具有郑州特色的疫情防控"铁三角",并陆续构建十大防控系统,织就

了疫情防控数据"天网",在新冠肺炎疫情暴发、复工复产复学、武汉"解封"、境外输入、冷链食品溯源、核酸检测等各阶段防控工作中发挥了重要作用,在全国树立了郑州数字战疫的"样板形象"。

(三)动态化、精准化,争当人民健康的"守护者"

2020年11月,利用城市大脑基础平台建设成果,结合国内其他地区出现与冷链食品相关联病例新情况,开发上线了郑州市疫情防控进口冷链食品溯源系统,实现进口冷链食品"来源可溯、流转可查、去向可追"。通过织密防护冷链食品传播病毒风险网,确保广大人民群众饮食安全和身体健康,实现食品安全监管和疫情防控两不误。

二 "一网通办"政务服务改革工作取得突破

2020年年初,在全力打好"数字战疫"的同时,郑州市委书记徐立毅于2月19日明确提出:聚焦企业群众办事难点、堵点、痛点,加快推进以一件"事"为牵引的"一网通办、一次办成"政务服务改革。2020年3月12日,《郑州市进一步推进"一网通办、一次办成"政务服务改革工作实施方案》(郑政办〔2020〕11号)印发,明确要求聚焦企业群众办事难点、堵点、痛点,以"一件事、一张网、跑一次、不见面"为目标,以"一件事"集成服务为引领。2020年3月,郑州市成立了高规格的"一网通办、一次办成"政务服务改革领导小组和攻坚专班,市长王新伟任领导小组组长,成立攻坚专班重点推进,郑州市"一网通办"政府服务改革取得了突破性的改革成果。

(一)开展流程再造、业务集成,形成"一件事"成果清单

在分析2019年企业和群众100件高频办理事项的基础上,广泛征求职能部门、企业群众意见建议,首选公积金、社保、户籍、住房等重点领域高频便民事项率先攻坚,与系统、部门逐项沟通确认,形成"一件事"目录。在对标借鉴上海、杭州等地区先进经验基础上,依托市县两级政务服务事项目录,将政府依法提供的行政审批、公共服务和便民服务事项全部纳入"一件事"事项梳理范围。持续开展"减环节、减材料、减时限、减跑动"工作,对无法律、法规、国务院决定依据的申请材料、环节,最大限度压减审批时限、群众跑动次数。逐项编制实施清单,用一张联办申请表将"一件事"涉及事项的申请表单整合为一张表单;用一张要素标准化清单规范实施依据、办理条件、材料名称、共享需求、办理流程等36个要素;用一张审批流程图落实"一套材料、一次提交、并联办理、一窗出证"的运行机制。2020年共梳理"一件事"事项349项,申请材料由1615项压减至667项,压减58.7%,办理时限由3023天压减至756天,压减87.8%,跑动次数由587次压减至101次,压减82.7%。

（二）强化顶层设计，构建"四端协同"一体化政务服务平台

郑州市打造了基于业务、数据"双中台"技术架构为支撑，集政务服务、公共服务和便民事项为一体、"四端协同"的一体化政务服务平台。架构的核心是按照新一代信息技术架构打造的业务、数据双中台，把传统割裂的放在一个一个应用里面的资源，如数据、用户、表单、事项、接口等，统一由中台支撑，变成可以复用的资源，标准化的服务，低代码、快速开发前端轻量化的应用，以适用于应用场景、需求的快速变化。四端即为：打造"郑好办"APP，做到手机端"掌上办"；郑州市政务服务网作为省网的分厅单独建设，打造PC端"网上办"；升级改造原四级联动政务服务系统，打造实体大厅"一窗办"；统筹开发综合业务自助一体机，打造街道社区"就近办"。

（三）聚焦系统打通和数据共享，变"群众跑"为"数据跑"

系统打通和数据共享是"一网通办"的难点和堵点，市委、市政府主要领导非常重视，亲自协调。市大数据管理局按照"急用先行、分类推进，先易后难、逐个打通"的原则，根据企业和市民的实际需求，按照"零材料""刷脸办""零跑腿"的既定目标，深入推进系统打通和数据共享，省、市两级86个专网业务系统实现打通和数据共享。

系统打通和数据共享的推进和突破，极大地促进了审批服务事项业务流程的优化、重构和再造，支撑了一大批亮点事项上线。例如，192个服务事项实现了"零材料"办理，全国首创小学新生入学报名"零材料"，超过1.5万学龄儿童成功线上报名；公积金提取"零材料""刷脸秒办"，累计办件39万笔，支取54.1亿元，"掌上办"渠道占比60.5%；契税补贴申领"刷脸办"办结量超13万笔,青年人才生活补贴和购房补贴"零跑腿"，实现"即申即享"。商事登记"一件事"按照"1+X"模式，将"1"事项（工商设立登记、公安印章刻制、银行开户、税务登记、社保和医保开户）和"X"前后置许可事项，进行材料精简、流程再造、表单整合，涉及市级、省级部门业务专网系统全部打通，实现在线业务协同和实时数据共享，6项业务实现"一张表单申请、一套材料申报、一个窗口受理、一次信息采集、一个流程办理"；材料减少76%，环节减少80%，时间减少80%，跑动减少80%；表单填报部分，通过去重和信息共享，原来需要填报305个要素，现在"一表制"表单只需要填报164个要素，减少46%。

（四）聚焦民生事项，服务效能持续提升

坚持"数质并重、优化体验"，通过服务事项的不断上线，解决涉及民生的政务服务难点、堵点、痛点。2020年，依托市政务服务网，"郑好办"APP已上线"一件事"和公民个人高频事项6554项。其中485项事项依托"郑好办"APP实现了"掌上办"，涉及40个政府部门和公共服务单位，服务内容涵盖户政、卫生健康、社保、教育、住房保障等与群众生活密切相关的方方面面。178项只需刷脸，即可通过数据共享实现"零材料"办理，实现审批效率和服务质量的"双提升"。综合业务的自助一体机已上线269项政务服务、公共服务事项，业务覆盖32个市直部门。郑州政务服务网"网上可办"事项达

2201项，占比为92.7%；方便、快捷的办事体验吸引了越来越多的办事群众，政务服务"网上办"实现了从"可用"到"好用、易用、爱用"，"足不出户、随时随地"的"网上办""掌上办"极大提升了群众的"获得感、幸福感"。

三 以"城市大脑"为统揽，积极推进智慧城市建设

郑州市委、市政府高度重视"城市大脑"项目建设工作，郑州市"数字郑州"建设工作"换挡提速"全面发力，通过政府规划引领主导、龙头企业助力带动，以"城市大脑"项目建设为抓手，以满足人民群众对美好生活的向往为牵引，全方位推进智慧城市建设，不断提升社会治理能力现代化水平。

（一）高位决策，高效落地

2019年8月，郑州市全面启动"城市大脑"项目建设，制订了"对标先进、补足短板、郑州特色、全国标杆"发展战略，"一年突破、两年看齐、三年领先"的总体目标，成立了由市委书记任组长、市长任常务副组长、各分管副市长任副组长的郑州市"数字郑州"建设工作领导小组，建立季度和年度联席会议制度，统筹全市"数字郑州""城市大脑"项目建设工作。同时，领导小组办公室设在市大数据管理局，建立落实日报告、周例会、任务交办单和督查考评等制度，确保各项工作任务高效落实、快速落地。

（二）统分结合，项目运作

为着力破解信息化项目多头投资、重复建设、建用分离的弊端，郑州市把"城市大脑"一期、二期、三期项目统一谋划、分批实施，按照"部门提出需求、领导小组办公室牵头梳理、发改立项论证、领导小组集体研究、资金捆绑使用、项目集中运作、分期压茬推进"的原则，集中攻坚突破。在"城市大脑"二期（统一计算资源平台、统一支撑服务平台、统一视觉计算平台、统一区块链平台以及统一政务中台）五大平台建设中，统一搭建基于阿里"飞天云"架构的业务、数据"双中台"的"城市大脑"底座；对涵盖政务服务、智慧交通、智慧医疗等10个领域、14个部门的一揽子建设项目，在领导小组的统一领导下，建立双甲方机制，业务主管委局和大数据管理局分别作为甲方一和甲方二，保证业务需求和建设成效有机统一，全过程、无死角沟通项目建设中存在的各类问题。

（三）集中优势，强力攻坚

充分发挥领导小组的组织协调优势、头部企业技术优势和政府、企业、院校、监理等协同攻坚优势，建立14个工作专班，由一把手任组长，充分发扬"滚石上山、去不留行"的精神和作风，推行周六例会制度，及时协调解决问题。全年共召开周例会38次，数据协调会45次，下发督办通知32份。2020年"城市大脑"项目已开发系统159个、接入

59个部门210类数据,累计归集数据400亿条,上线特色亮点应用场景118个,形成了"一脑赋城、一屏览城、一网管城、一码通城、一端惠城"数智治理体系,成为全国首个全场景数字化运营城市。

(四)政企合作,社会参与

积极探索项目建设、运维的长效机制,成立了国有独资的郑州大数据发展有限公司,国有控股、与阿里巴巴(中国)网络技术有限公司合资成立了数字郑州科技有限公司,打造"建管分离、管运一体"的建设、运营管理体制。建立数字郑州产业生态联盟,全年吸引入盟企业达到165家,高校和科研院所达到7家,共同构建政府提供场景、社会协同创新、资源优化配置的智慧城市新模式。

四 持续推进信息基础设施建设

(一)规范"云"资源管理

2019年1月,郑州市采取市场化、专业化方式,通过公开招标方式,选取了四家市政务云服务商,以政府购买服务的模式提供政务云和异地灾备服务,制订了《郑州市政务云管理暂行办法》和《郑州市政务云实施细则》。政务云(购买服务域)已承载21家政务部门的32个智慧政务类及民生服务类应用,政务云(城市大脑域)承载14个板块,16类应用,共计分配云服务器3512台。全市政府部门已自觉养成主动上云意识,不再自建机房和数据中心,有效节约了项目硬件建设成本和时间,平均系统上线时间提前6个月,成本节约50%以上。同时,购买云服务避免了繁杂的招投标建设模式,保证了项目快速、可持续、健康发展。

(二)推进"数"共享交换

围绕应用需求归集数据,累计数据量达460.3亿条。政务信息资源目录平台已编目59家单位,2461个目录、38134信息项;按照国标累计编目入库数据214.4亿条。郑州市数据共享平台,已累计接入451个接口,其中证照类接口104个,结构化数据接口347个。归集全市有效电子证照128类346.99万张,2018年以来的电子批文20032份。成功申请市场监管总局登记注册局电子营业执照和电子印章试点城市,在政务中台上接入国家电子证照库前置验证系统,实现全国1.2亿市场主体电子营业执照的实时调取服务。

(郑州市大数据局管理局)

第五篇

中央国家机关电子政务专项成果

·（一）智慧法院建设专项成果·

北京智慧法院"云法庭"成果应用

党的十八大以来，全国各级法院以习近平新时代中国特色社会主义思想为指导，紧紧围绕"努力让人民群众在每一个司法案件中感受到公平正义"的根本目标，积极贯彻网络强国战略，推动信息化，实现了由被动向主动、由局部向全局、由基础建设向全面应用、由网络为中心向数据为中心的巨大转变，建成了以"全业务网上办理，全流程依法公开，全方位智能服务"为主要特征的智慧法院，有力支持了诉讼服务、审判执行、司法管理和廉洁司法等各项工作，推进了审判体系和审判能力现代化，为信息时代的世界法治文明贡献了中国智慧，提供了中国方案。智慧法院建设成果之一"云法庭"在新冠肺炎疫情期间大显身手，凸出彰显了中国特色社会主义司法文明的体制优势、制度优势和能效优势。

一 应时而生，时代主题与时代背景孕育"云法庭"创新而生

新冠肺炎疫情期间，北京法院精准对接人民群众在疫情防控期间足不出户、在线开庭的实际需求，充分运用云计算、人工智能、大数据、区块链、AR 等前沿技术，深入融合北京法院业务工作实际，紧急研发"云法庭"系统，实现全流程、全业务、全时空在线庭审和场所一体化新模式。"云法庭"的创生，不仅是为了应对突如其来的疫情，更是新时代背景下的势在必行。

（一）从司法"新基建"看"云法庭"的创生

"十三五"期间，北京法院积极运用大数据、云计算、区块链、人工智能、5G 等前沿技术加强审判执行工作，准确把握信息化建设成果现状，加强信息系统集成和总体设计，升级打造司法"新基建"。以全业务网上办理、全过程信息留痕、全流程依法公开、全节点监督管控、全方位智能服务为目标，努力构建以智慧审判、智慧执行、智慧诉服、智慧管理为纵的智慧服务体系纵向应用的智慧法院服务体系和以大数据智能化、云网端一体化、质效运维可视化、信息安全规范化为横向支撑的信息技术保障体系，打造北京法院特色的"四横四纵"智慧服务体系，促进社会共建、共治、共享。"云法庭"正是在此背景下创生，北京法院通过大力推行"云审判"，加速了法官在线诉讼能力和科技应用能力的提升，为司法审判工作带来了新的气象。

（二）从社会新发展看"云法庭"的创生

在全面建设社会主义现代化国家迈入新征程、向第二个百年奋斗目标进军的新发展

阶段到来之际，我国发展环境面临深刻复杂变化，深入推进全面依法治国战略赋予了人民法院更加崇高的使命和职责，坚持以人民为中心的发展思想对司法为民和公正司法提出了新的更高要求，政法领域全面深化改革必将进一步推动人民法院各项工作现代化，以信息化和智能化为主要特征的新一轮科技革命为多元解纷、诉讼服务和审判执行方式继续实现突破和创新提供了新的支撑，新冠肺炎疫情常态化防控必然要求人民法院进一步完善与经济社会"绿色复苏"发展相适应的组织、建设、运行和管理形态。人民法院要坚定不移贯彻创新、协调、绿色、开放、共享的新发展理念，紧扣推动高质量发展主题，围绕加快构建新发展格局，致力于满足人民日益增长的美好生活需要，坚持系统观念，坚持创新驱动发展，抓住机遇、迎接挑战。

"云法庭"正是北京法院不断巩固深化新司法审判模式的优秀成果。北京法院持续推动线上线下审判互为补充、互为支撑、互为借鉴的线上线下审判常态化并行格局，以此为契机不断提升北京法院审判体系和审判能力的现代化水平，为更好地满足人民群众司法需求，加快推进社会治理现代化，提供优质司法服务和保障。

（三）从疫情新形势看"云法庭"的创生

前所未有的新冠肺炎疫情对经济、社会的方方面面造成巨大冲击和影响，也形成了新的机遇和增长点，倒逼、催生了很多新的变革和成效，"云法庭"就是其中之一。

2020年上半年，全国法院网上开庭、调解等数量成倍增长。一方面是受疫情影响；另一方面也反映在线办事和云服务的拓展是势在必行。对于北京法院来说，最重要的一点是平时在智慧法院建设方面下足了功夫，有了成效，所以才实现了"战时"能上、管用，疫情影响相对来说只起到"催化剂"作用。网上服务的效益和便利，人们看得清清楚楚。随着网络技术的快速发展和各种智慧应用的丰富创新，越来越多的线上场景在功能和体验上已经足以媲美乃至完美替代线下场景，而且常常比线下办理效率更高、成本更低，优势一目了然。

"云法庭"是技术的进步，更是法院和当事人的双赢，是司法为民，公正司法的体现。云诉讼、云执行的不断完善和广泛应用，大量节约了诉讼资源。且诉讼全程网上可见，阳光透明，也有利于司法公正。这对电子政务体系的构建无疑是一种成功的示范。

二 应时而变，"六新""三合""四优"助力"云法庭"成长蜕变

"云法庭"刚上线时，虽然基本解决了当事人的线上开庭问题，但一些法官、律师、当事人对这种新的庭审方式从观念上不易接受，再加上部分手机型号不兼容、功能不全等问题，导致"云法庭"最初使用效果并不理想。为了提升使用效果，使其在新冠肺炎疫情中真正发挥作用，北京法院组建了百人技术保障团队，先后更新了十个版本并引入了区块链技术，采用了人脸识别、语音识别、微信小程序便捷访问等技术，增加了知产案件技术调查官端口、串案审理、诉前调解等功能。同时，为了让更多人可以同时使用，

又将视频链从 2000 路拓宽为 4000 路，可同时支撑 800 场庭审。我们见证了"云法庭"一次一次的成长蜕变。

（一）"六新"，六项核心技术，保障实施稳固

北京"云法庭"采用六项核心技术：区块链、云存储、人脸识别、语音识别、电子签名、数据互通，实现了功能，保证了稳固。区块链技术具有防篡改、防伪造的特性，可有效保障"云法庭"电子证据的真实性和可信度，相关信息数据进行实时链上存证、验证、取证，实现了电子数据的全流程记录、全链路可信、全节点见证。在开庭前，"云法庭"利用人脸识别比对技术，自动识别当事人身份，快速完成身份核实；完成身份认证后，AI 虚拟法官即开始宣读法庭纪律，保障了庭审的严谨性；开庭过程运用语音识别技术，实时进行庭审笔录的自动记录，优化庭审流程，开庭完毕利用电子签章技术实现"扫码签名"，以上庭审过程每个环节和关键要素在审判后都可以被追溯，充分保障了诉讼当事人的合法权益。

（二）"三合"，三项核心服务，实现业务便捷

北京"云法庭"易搭建、易操作、易维护，主要提供三项核心服务：一是多方视频开庭，可为申请开通服务的法院提供流畅、清晰、稳定的互联网视频开庭服务；二是多平台互联，"云法庭"系统提供 PC 客户端、手机 APP 等多种接入模式，满足多样化的互联网接入需求；三是智能庭审管理，系统提供案件信息同步、庭审过程记录、庭审身份核实、庭审笔录生成、电子证据上传、举证质证等综合服务。

（三）"四优"，四项核心功能，突出应用优势

北京"云法庭"主要具备四项核心功能：一是创建庭审案件简洁化，法官可以快速创建互联网庭审案件，同时支持庭后案件证据材料、庭审笔录、庭审视频下载；二是视频庭审公开化，支持 8 人同时视频在线，法官与当事人可视频交流；三是举证质证网络化，双方当事人可以在庭审前、庭审过程中提交相关的证据材料，庭审过程中双方可以对证据材料进行举证、质证和辩论；四是庭审笔录智能化，法官在庭审过程中对笔录进行管理，可以在线编辑笔录内容，智能插入笔录头、导出笔录、打印笔录和在线扫描二维码签名。

三 应时而为，多管齐下"云法庭"成效卓著

"云法庭"推动北京法院庭审模式向更高效、更便捷转变，是迈向审判体系和审判能力现代化的关键一步。2020 年北京法院线上开庭 35.9 万次，占全国法院线上开庭数量的 40%，居全国第一，北京法院全年新收案件总数是 839175 件，对比之下，北京"云法庭"的作用无疑更加凸显，日益成为公平正义当之无愧的云端守护者。

（一）"百案云庭"推动审判转型

为集中检验和展示疫情期间"云法庭"工作成果，2020年3月24日，北京法院正式启动了"百案云庭"专项业务技能比赛。经过初赛选拔和决赛阶段严格评审，从近2000个参赛庭审中评选出100个"模范云庭"，其中金奖10个、银奖20个、铜奖30个、鼓励奖40个。获奖的"模范云庭"中，法官、法官助理和书记员作为一个审判团队，都能够密切协作配合、规范司法行为、严格审判程序、讲究司法礼仪、注重司法形象，都能够准确查明案件事实、正确归纳争议焦点、合理保持庭审节奏、娴熟掌控庭审进程，发挥了"云法庭"的实质作用，展现了较强的审判专业素养。院庭长们表现尤其突出，在获奖庭审中占比超过40%，很好地发挥了示范带头作用。获奖庭审中有还很多"云法庭"技术应用方面的创新，如AI虚拟法官宣布法庭纪律、屏幕共享、在线勘验、在线背对背调解等，这些创新对于提高"云法庭"质效发挥了重要作用。

（二）多管齐下"云法庭"卓有成效

2020年全年北京法院宫开庭457211场，其中307436场在"云法庭"上完成，占到了庭审总数的2/3。北京"云法庭"服务了120万群众，服务范围覆盖全国各省（自治区、直辖市）和39个国家。它审理了31万件案件，网上开庭数量位居全国第一，全国每完成3次云庭审，就有1次属于北京"云法庭"。北京"云法庭"能够获取这样的成绩和好评，出乎意料，却也在情理之中。"云法庭"有三个优势。一是简单易学，让使用者"一看就懂，一用就会"。二是绿色环保，北京"云法庭"没有空间限制，无论选择电脑、手机或微信小程序快捷登录，都能几秒钟进入主界面，节省了时间也省去了高额的交通费用。除此之外，也为当事人节省了打印费和邮寄费，各种材料都能以电子形式上传，充分实现了高效环保。三是北京"云法庭"在安全性上也有充足的技术保障，区块链存证技术会将材料上传时间和内容同步上链实时记录，加密云存储技术为这些电子材料开辟了单独的存储空间，确保电子材料丢不了，改不了。正是因为这些特点，北京"云法庭"上线后，受到广大当事人和律师的普遍好评，日均开庭量达到1200次，峰值达到2000次。同时，为保证"云法庭"不会出现卡顿掉线，技术团队完成了10次版本升级，60多次功能更新，拓宽了网络链路，目前能支持800场庭审同步进行，4000人同时在线开庭，使用起来非常稳定。北京"云法庭"除开庭外，还有很多其他的功能，如云调解、云探视，云评估、云鉴定，云交付、云会见等，日常线下诉讼环节都可以在云端完成。"万水千山不再难，远程庭审新方案"，这就是北京"云法庭"，让诉讼权利在线上守护，让公平正义在云端加速。

（三）拓宽场景，延伸"云法庭"服务环境

北京"云法庭"建成后，北京法院积极探索新应用场景，聚焦群众多元需求，形成"云法庭"应用创新新局面。

（1）北京法院创新拍卖房屋评估方式。通过"云法庭"系统，首次探索性尝试涉案

房屋线上"云评估",在线完成现场评估所需的全部流程,并要求评估公司以"云法庭"远程记录的房屋状况作为参考,在5个工作日内就涉案房屋出具评估报告,为疫情防控常态化期间开展评估工作开辟了一条新路径。

(2)针对行为能力鉴定案件采用"云鉴定",同时还召开医疗纠纷案件的听证会。通过"云鉴定"模式,被鉴定人可以居家完成鉴定,不仅节约了通勤成本,也缩短了现场工作用时,提高了特殊时期鉴定工作的效率。

(3)首次实现外地房产线上"云交付"。通过视频连线,对房屋进行逐层逐屋勘测,法官通过"云法庭"进行了实时确认,全程录音录像,在确定房屋具备交付条件后,线上为当事人办理了交付手续,全程仅用时20分钟,大大缩短了程序用时,确保了当事人权益的及时有效兑现。

(4)北京法院在某离婚纠纷案审过程中,探索尝试通过"云法庭"进行"云探望"。在线上云端搭建了温暖心桥,促成千里之隔父子"相见",最终双方达成和解协议,顺利完成调解案件,面对疫情防控期间探望权难以执行的困境,借助"云法庭",实现"云探望"。

北京市高级人民法院将继续坚持以最高标准、最严要求、最好效果坚定不移抓好信息化建设,进一步提升法院审判智能化水平,不断提升人民群众的获得感和满意度,为时代发展新阶段提供有力的司法保障。

(北京市高级人民法院)

打造"智慧执行"上海模式

近年来,上海法院认真贯彻最高人民法院的决策部署,坚持"一性两化"、标本兼治工作思路,向切实解决执行难目标迈进,不断提升执行工作发展水平和人民群众对执行工作的满意度,全面加强"智慧执行"建设,围绕"执行工作规范化、精准化、专业化、信息化、社会化和提升公开透明度"的"五化一度"工作目标,以系统性、核心性、开放性为原则,通过数据信息归集与处理,打造统一管理、统一监督、统一服务的新一代上海法院智慧执行系统,实现执行工作高质量、高效率、高透明度的上海模式(图1)。

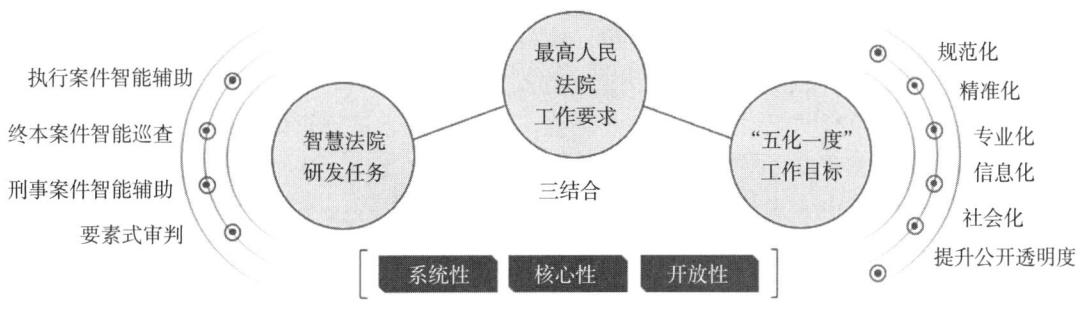

图1 "五化一度"工作目标

一 "智慧执行"实现路径

(一) 将全流程规范化执行办案平台"串起来"

将执行业务的关键环节和步骤串起来,将规范执行法官办案行为和提升工作质效串起来,将全流程规范执行办案平台与其他辅助办案平台串起来,实现执行案件全业务规范化网上办理,全流程标准化依法公开,全方位系统化智能辅助(图2)。

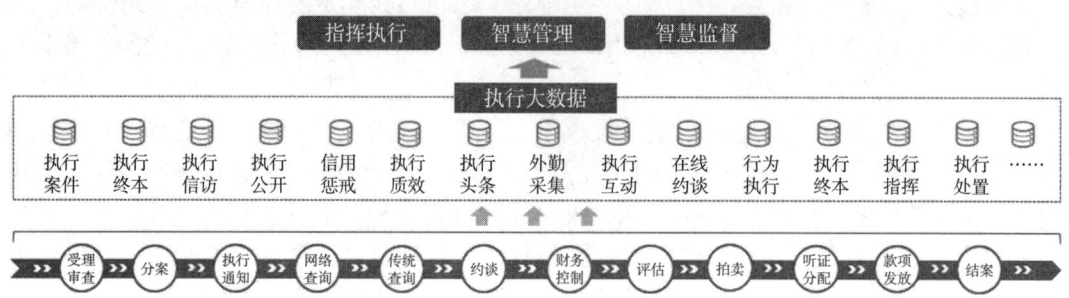

图 2 全流程规范化执行办案平台

(二) 将执行办案、执行指挥、执行公开数据"汇起来"

为实现执行办案规范化、标准化与系统化,利用大数据、智能化技术实现执行业务各阶段环节的系统打通,将数据汇起来形成执行大数据,强化数据统计分析能力,实现智慧执行、智慧管理和智慧监督,为研判决策提供依据和参考。

(三) 将智慧执行、智慧管理、智慧监督"统起来"

在"汇起来"的基础上,将智慧执行、智慧管理、智慧监督三个方面统起来,形成执行办案智能化、执行指挥实战化、执行装备现代化三个有效服务,真正实现上海三级法院的统一管理、统一指挥、统一协调。

二 "智慧执行"建设内容

上海法院"智慧执行"建设,遵循"体系化、模块化、能力输出"的设计原则,以大数据、人工智能、区块链、5G等新技术为支撑,开展全流程无纸化办案,推进电子卷宗随案同步生成和深度应用;通过办案规范、风险识别、违规行为等知识库建设,构建执行规范及推送模型,为办案提供信息资源、规则规范支撑;通过引进数字劳动力,全面提升执行工作效率;充分利用移动微法院、12368诉讼服务平台、短信等载体,完成执行过程全程公开,破解"人少案多"难题;通过OCR识别、NLP自然语言分析处理技术、数据分析比对模型对案件办理信息与电子卷宗材料双层校验,确保终本案件实质和程序标准合规,全面提升执行终本规范性。"智慧执行"用信息化的核心功能支撑辅助规范化、精准化、专业化、社会化和公开透明度的实现。

（一）信息化支撑规范化

1. 智能合约规范执行立案

网上立案材料，均采用无纸化操作，当事人不再提交纸质原件；现场提交的立案材料，统一接收、扫描归入电子卷宗，原件退还当事人；法院自身产生的文书，在线制作归入电子卷宗。同时，所有符合立案条件的"待立案"案件一旦期满，自动分配案号完成立案，全过程实现自动化、智能化，并在区块链上存证，不允许人工修改，有效解决"有案不立"问题。

2. 案件信息自动回填

对接最高人民法院审判流程管理数据中心、上海审判流程管理系统、案款管理系统、总对总查控系统、司法拍卖系统、点对点查控系统等系统，以及对立案申请材料、当事人提交的其他纸质材料信息的识别提取，实现从执行立案到结案的全过程信息自动获取、数据自动回填，严格规范执行法官的履职行为。

3. 执行节点自动提醒

依据执行案件办理规范对37个流程节点的管理要求及上海高级人民法院相关执行办案规范性文件，制定执行办案标准指引，针对各执行节点，为执行法官提供节点办理期限、下一步关联办理的操作和执行风险提醒。

4. 格式文书自动生成

以系统内置的200余种执行文书模板为基础，将案件信息和卷宗内容中涉及的信息点进行智能抽取并回填，辅助生成规范的执行文书，并自动归入卷宗相应目录，有效提升工作效率。

5. 执行违规自动冻结

严格控制执行违规操作，如对未操作"执行通知书"及"财产报告令"的执行案件，不允许进行下一步的查询、控制、处置、发款等所有后续节点操作。

（二）信息化支撑精准化

1. 网络查控一键发起

依据预置规则自动筛选应发起网查的案件列表，承办法官授权后发起一键查询操作，提高网查效率，杜绝他人违规查控，并对有效财产信息进行精准反馈，确保执行的高质效。

2. 当事人案件信息自动关联

依托最高人民法院的全国审判执行案件库和上海法院案件库，自动关联被执行人有关已结和在办案件信息，并对相关案件进行智能比对后自动提示执行法官在关联案件中有可供执行的财产。

3. 执行线索智能推送

与上海市大数据中心等部门合作，运用大数据分析，对被执行人消费、行动轨迹信息等进行关联性、履行能力预测分析，为执行法官推送被执行人标签画像、涉诉执行财产线索分析，辅助执行法官形成查人找物方案。

4.终本案件自动核查

严格规范"终结本次执行程序"的适用,归纳终本合规校验规则,对案件办理数据+电子卷宗文书进行"双重"校验,为终本审批提供精准服务。

5.执行风险自动预警

根据执行办案标准指引,梳理执行案件关键风险点,建立执行廉政风险预警分析系统,对执行法官行使司法权力进行实时监控、自动精准预警,化被动为主动,实现从事后惩处向事前提示、事中预警、事后评查的监督方式转变。

(三)信息化支撑专业化

1.上海法院审判执行一体化支持平台

集成法律法规库、审判业务文件库、案例库、专家法官意见库、专业论文库、课题成果库、大数据分析库等七个数据库,梳理执行各项业务标准准则,利用人工智能技术,为法官提供"全链条"参考和服务。

2.上海法院法律适用疑难问题网上咨询系统

通过组建专门的执行条线咨询答疑组,为执行法官解答执行工作中遇到的疑难、复杂问题,并对问题的内容、答复情况进行梳理,形成疑难问题统一适用意见。

3.专业法官会议系统

充分发挥落实法官办案经验智慧聚汇等方面的作用,将涉及群体性纠纷,可能影响社会稳定的,疑难、复杂且在社会上有重大影响的,新类型或在法律适用方面具有普遍意义等各类案件提交执行专业法官会议讨论,为执行法官办案提供专业化智力支持。

4.全市执行专业人才库

针对执行工作特点及人岗匹配性,使之成为具备人员基本信息汇总,专业素养识别,执行能力评估,工作业绩考核的执行队伍管理平台,提高执行人员的匹配度,为打造执行铁军奠定基础。

(四)信息化支撑社会化

1.涉众型刑事案件被害人案款核发平台

通过移动微法院,借助市"一网通办"和"一网统管"及银行卡校验系统,将被害人基本信息登记、受害案款核对确认、被害人银行卡账户确认等工作从线下转为线上,使被害人"足不出户"兑现退赔损失,实现案款发放高效、便捷。

2.联合信用惩戒系统

按中共中央办公厅、国务院办公厅印发的工作意见,与上海市发展和改革委员会等46部门签署联合信用惩戒备忘录,以信息化方式将失信被执行人名单推送至市公共信用信息平台,供相关部门实施联合信用惩戒。

3.司法拍卖辅助系统

建立"拍辅通"系统,通过手机端对执行拍卖案件全流程实时记录,将辅助机构在拍卖前、中、后所有工作内容标准化、可视化呈现,做到实时更新,步步留痕。

（五）信息化辅助提升公开透明度

执行过程自动公开。通过12368短信平台、移动微法院向申请执行人一次性告知执行节点及期限要求，执行办案流程和期限，主动推送执行措施、财产查控、财产处置、结案等32个节点信息。通过"移动执行"APP中的"一案一群"搭建当事人和法官间的有效互动、良性沟通平台。

三 "智慧执行"应用成效

上海法院"智慧执行"系统，用信息化的核心功能支撑辅助规范化、精准化、专业化、社会化和公开透明度的实现，取得了初步成效。2020年全年，全市法院完成12万余件案件信息自动回填，自动生成文书67万余篇，执行节点提醒涉及案件12万余件；关联全国案件18万余件、全国财产74万余条；提供执行线索近1500条，向当事人发送短信70万余条。试点法院一键发起网络查控10万余次，涉及案件近2万件；核查终本案件8000余件。同时，为全市法官提供专业支撑3万余人次，召开专业法官会议200余次，司法拍卖辅助成交涉及案件近5000件。

四 "智慧执行"下一步建设打算

下一步，上海法院将在前期应用的基础上不断加以总结，并不断提高"智慧执行"系统的科技含量，逐步实现从"用起来"到"离不开"、从"无所谓"到"有所为"和从"低水平"到"高水平"的转变，全面提升执行工作能力的现代化，进一步巩固"基本解决执行难"的成果，在"智慧执行"的道路上不断向科学技术广度和深度进军，使上海法院"切实解决执行难"的目标早日实现，"努力让人民群众在每一个司法案件中感受到公平正义"。

（上海市高级人民法院）

重庆法院电子票据平台建设与应用

非税收入收缴电子支付和财政电子票据使用管理,是党中央、重庆市委、市政府对标国际先进优化营商环境重大决策部署中的重要内容。只有解决票据打印难题,才能真正实现让当事人"一次都不用跑"。重庆市高级人民法院在市财政局的支持下,将全市三级法院统一纳入市级预算单位非税收入国标系统和财政电子票据改革。在市财政局、全市三级法院、相关技术公司和各家银行的紧密沟通、配合下,2020年5月1日,全市三级法院同时上线非税收入收缴国标系统和财政电子票据平台。全市法院非税收入全部支持电子支付,并自动生成电子票据,方便当事人下载使用。

2020年5月以来,已累计生成电子票据39万余份,每生成一份电子票据就意味着当事人、诉讼代理人可以减少一次出行或减少一笔邮寄费,既节约诉讼成本,也极大减轻当事人诉累。重庆法院推进市级预算单位非税收入国标系统和财政电子票据改革进程中起到良好示范效果,得到当事人、诉讼代理人和相关部门多方认可。

一 做到三个"强化",电子票据系统和非税收入收缴电子化全国统一标准管理系统有序推进

(一)强化统筹规划

该项工作部署以来,重庆高级人民法院积极谋划,强化统筹和协调。2020年2月,重庆市高级人民法院与重庆市财政局联合出台《关于开展实施法院非税收入国标系统和财政电子票据管理工作的通知》,对相关各方平台的改造、财政票据处理业务的调整等进行规范,统筹安排了各中基层法院需做的准备工作,同时对系统对接、运行测试、数据交互等均予以规范。

(二)强化内外联动

推进新国标非税系统和电子票据,涉及法院、财政非税中心、银行等多方。同时,需要改造的平台、系统众多,参与的研发单位多。重庆市高级人民法院不断强化内外联动,对外加强与财政非税中心、各大银行以及福建博思软件股份有限公司等软件公司的协调联动,加快平台改造和对接的速度;对内强化三级法院的上下联动,加强人员业务学习和宣传,做好各法院收费章的制作、票据更换等准备工作。

(三)强化技术先行

由于涉及法院多个平台改造,与外部对接,内外数据安全交互改造以及新旧平台切

换等工作，涉及面广、技术性强、工作量大，重庆市高级人民法院组织专门团队，行装处与信息技术处共同牵头，组织研发公司的精干力量集中攻关，克服时间紧、工作量大的困难，如期完成各平台改造和对接。

二 做到三个"坚持"，非税收入管理、电子支付和电子票据平台功能完善、使用便捷

（一）坚持高标准顶层设计

顶层架构方面，为方便当事人操作以及与银行等进行数据交互，确定以互联网为运转核心。花大力气将重庆法院收费管理平台从法院专网迁建到互联网。系统功能方面，涵盖了非税收入管理、交费文书自动生成、电子票据生成等涉及电子支付、电子票据的各方面。数据安全全面，重新构建了安全的网络间数据交互体系，在确保安全的前提下，提高数据交互速度。

（二）坚持让数据多跑路

打通"重庆法院案件管理系统""重庆法院财政电子票据系统"和"非税收入收缴电子化国标系统"以及各商业银行系统之间的数据交互。"法院案件管理系统"生成缴费信息后，可以快速同步到互联网；互联网缴费系统对接财政非税系统，支持不同银行获取缴款码；互联网缴费系统自动获取已缴费信息并同步到"法院案件管理系统"。

（三）坚持用户体验优先

针对法院用户和当事人，均实现一网通办。法院操作人员，直接在法院专网操作"案件管理系统"的款物管理子平台进行操作。当事人直接在互联网上进行电子支付、获取电子票据。提供短信提醒，支持短信发送缴费信息给当事人，短信内容包含链接地址，可查看缴费信息及相关二维码，并可进行扫码缴费。同时，也保留现场打印纸质票，方便确有需要的当事人和诉讼代理人。

三 做好三项"保障"，三级法院同步切换后平台稳定顺畅运转

一是做好技术保障。平台正式切换前，积极争取市财政局等部门支持，组织相关公司技术人员对涵盖获取交款码、制作缴费通知书、待缴费记录同步、电子支付、缴费信息回传、电子票据生成、短信通知、电子票据查看和下载的整个流程进行测试。通过在多家基层法院的测试验证，提前梳理排除故障，并形成操作流程说明、要点提示等技术文档。

二是做好物资保障。为满足全市三级法院同时使用可能出现的电子票据生成高并发，采购专用服务器保障电子票据生成速度。积极协调中国工商银行重庆市分行为全市三级

法院更换新的智能 POS 机。全市法院诉讼服务中心配备具有互联网收费功能的电脑终端及换票打印设备。联系市财政非税征收管理中心票管科，领取电子票号和新版纸质票据，为仍需换取纸质票据的当事人做好服务准备。

三是做好人力保障。重庆市高级人民法院积极与市财政局等相关部门沟通，共同组织业务培训，提升相关工作人员的业务能力，为继续做好非税收入监缴和财政票据管理夯实基础。2020 年 4 月 28 日，组织召开全市法院非税收入国标系统和财政电子票据管理工作视频培训会，培训会上，重庆市高级人民法院、市财政局领导就如何确保此项改革工作在重庆市顺利推进提出了具体要求。系统操作培训方采用现场演示、案例分析、边演示边答疑相结合的方式，全面介绍了系统功能与使用方法，还就系统使用中的可能遇到的问题进行探讨。全市中基层法院还分别组织了人员培训，进一步强化操作。

四 实现三个"全覆盖"，电子支付电子票据支撑司法便民效果初现

一是三级法院全覆盖。重庆智慧法院建设始终坚持"同一系统、同一平台"，相关工作全市三级法院一体推进，更能节约成本提高效率。电子票据平台与重庆法院各核心系统一样，采用集中部署、三级法院同时上线的方式。在全国法院范围内率先实现三级法院一体化的非税收入国标系统升级对接和财政票据电子化管理。

二是支付方式全覆盖。完成三级法院一体化的非税收入国标系统升级对接和财政票据电子化管理系统应用后，诉讼收费的方式覆盖了网上银行、微信、支付宝、智能 POS 机等电子支付方式，同时也保留了银行柜台等常规缴费方式。同时，退费申请也实现网络化，采用电子签名方式的线上审批，实现向当事人远程退费。

三是非税收入全覆盖。重庆三级法院的所有非税收入，含诉讼费、罚没收入、利息收入、资产处置收入等，以及资金往来款，含案款、暂收代收款等均纳入本次国标系统升级和电子票据改革，实现非税收入电子票据全覆盖。

下一步，重庆法院将在实际使用过程中继续优化系统对接、数据交互，推进功能完善，扩大国标系统运行银行范围。同时，积极尝试将区块链技术应用于电子票据业务，基于电子票据上"链"全程可追溯、防伪可信等特性，进一步提升电子票据安全性。积极与市财政非税中心沟通协调，加强人员业务学习和对外宣传，实现全市法院非税收入、资金往来款的收缴电子化和票据电子化稳定顺畅运转，真正让数据多跑路，群众少跑腿。提升司法保障水平，确保案、费、票的一一对应，逐案建立非税收入收退明细清单、案结费清，促进人民法院审判业务管理更加精细化。

（重庆市高级人民法院）

吉林智慧法院创新应用典型案例

吉林省高级人民法院认真落实最高人民法院工作部署,积极开展吉林智慧法院建设工作,注重科技与法院工作融合,不断引入高新技术,加快推进吉林法院审判体系和审判能力现代化。2019年,在吉林省高级人民法院院长徐家新同志的带领下,吉林法院开展区块链技术在法院工作的创新场景建设工作。2020年,吉林法院按照徐家新同志提出的"两点引入、多点开花"区块链建设思路,确定了电子证据的存证与验证、诉讼服务全流程保障、"两卷合一"自动归档、金融案件互联网办案平台、智能审执衔接、生道执行、办案流程规范化监管、院庭长监督管理存证与认证、领导过问存证与认证9个区块链业务应用场景。4月完成9个业务应用场景的研发工作,8月新增了电子封条业务场景,最终形成了"一平台,两网络,多场景"的"吉林法院司法链"生态体系。其中,"智能审执衔接"区块链业务应用场景取得成效显著,并在2020年9月,"区块链智能审执衔接司法服务"在法治日报社组织的"2020全国政法智能化建设创新案例及论文征集活动"中被评为"智慧法院十大创新案例"。现将"智能审执衔接"区块链业务应用场景建设应用过程总结如下。

一 "智能审执衔接"区块链业务应用场景建设背景

吉林法院在区块链业务应用场景建设初期,对法院各类业务进行全方位的整理和分析,发现在现有的法院业务流程中,对民事一审调解结案的案件,民事法官会对双方当事人进行调解,并达成和解,法官出具调解书。若双方当事人中有一方当事人若未按和解协议如期履行义务时,另一方当事人将联系民事法官出具原审调解书的生效证明,并到法院诉讼服务中心,向法官提交身份证明信息、申请执行书、生效证明等材料申请执行立案,法官会对当事人上交的材料进行审核并完成执行立案。在整个流程中,当事人需要多次往返法院诉讼服务中心进行业务办理,增加了当事人的时间成本和经济负担,进一步提高了当事人的诉讼成本,降低了诉讼服务质量。

吉林法院通过对大量民事一审调解结案的审判转执行的案件业务进行梳理,并结合区块链技术不可篡改、可溯源的特点,确定"智能审执衔接"区块链业务应用场景建设具备可行性,2019年10月,着手研发以民事一审调解结案转执行立案自动衔接的司法服务,开创了案件智能审执衔接主动司法服务新模式,为区块链技术在司法工作中的深度应用树立了良好开端。

二 "智能审执衔接"区块链业务应用场景建设内容

吉林法院以民事一审调解结案审判转执行立案的案件为突破口，将审判系统与执行系统进行对接，将此类案件的调解信息等材料传输至执行系统中，执行法官在执行系统中直接查看、审核，并完成执行立案。整个流程中，利用区块链技术对传输数据进行上链存证与验证。同时，"智能审执衔接"区块链业务应用场景采用分步推进的模式：一期实现民事一审、调解结案、有可执行标的、自然人原告的案件审执衔接，民事结案时法官增加履行义务和履行期限信息录入；二期扩展法人原告的案件智能审执衔接，基于民事调解书内容分析，实现履行信息自动提取和回填，增加相关财产保全信息推送，增加执行流程关键节点信息司法链存证和审执衔接行为链查询功能。目前，两期建设均已建设完成，并上线应用中。

"智能审执衔接"区块链业务应用场景应用后，法院由被动收案转为主动提供服务，系统中案件的履行期限到期后，审判系统将自动通过"12368"服务热线向原告当事人发送短信提示，原告当事人点击短信中的链接，登录到网站上，确认调解协议是否履行完成，若被告当事人未按照协议履行义务，原告当事人可在系统中填写未履行内容，并在手机上完成签名后提交，实现执行立案申请。

执行立案系统收到当事人申请后，会自动连接审判系统获取关联的民事案件调解书、身份证明等材料和信息，并主动查询人民法院司法区块链平台上结案存证数据进行验真，执行立案系统中当事人提交材料和司法链验证结果信息一并提交立案法官审核，审核通过后完成执行立案。后续执行进展重要节点信息也会第一时间在司法链存证，当事人还可以随时通过同一短信链接查阅审执衔接案件的进展情况。

2019年12月26日，宽城法院执行法官通过执行管理系统接收到了第一起民事调解结案案件自动转执行的案件，并于当天执行完结。这是吉林法院基于区块链技术的智能审执衔接系统的第一起审判转执行的案件，也是区块链技术在吉林法院执行工作中的首次应用。目前，"智能审执衔接"区块链业务应用场景已在全省法院推广应用中。

三 "智能审执衔接"区块链业务应用场景运用成效

吉林法院通过"智能审执衔接"区块链业务应用场景积极发挥了司法职能，提升了法院工作成效。一是应用区块链技术达成跨域可信协作。在区块链技术的支撑下，线上跨身份、跨部门、跨系统的诉讼多方达成可信协作、可信诉讼协同，实现高效的诉讼服务。在"智能审执衔接"区块链业务应用场景的流程中通过规划"智能审执衔接行为链"，串联起审判系统、电子法院、"12368"短信平台、执行系统以及司法区块链平台共五大系统，使审执衔接全流程可视化，保证了可信司法公开、可信流程公开。二是大幅降低当事人诉累。在"智能审执衔接"区块链业务应用场景的业务流程中，原告当事人不限定时间、不限定地点可随时通过短信链接，在手机端进行履行情况确认、申请执行书在线签字、确认转执行立案等简单操作，即可完成民事调解结案转执行立案的申请全部业务流程，不需要再多次到法院提交在起诉阶段已经提交给法院的身份证明,以及法院本身发出的司法确认调解书和调解书生效证明,极大地降低了当事人维权时间成本、经济成本和诉累。三是减轻法官劳动提高司法效率。民事法官保存司法确认调解书后,系统自动抽取调解生效日期、履行义务信息和履行截止日期等信息,不需要法官手动填写。执行立案法官值守执行系统就可自动接收全套立案材料、自动进行调解书司法链验证,大大减少了材料审核、系统录入、文件扫描等操作,提高了立案效率。四是具有可复制、可推广性。"智能审执衔接"区块链业务应用场景办理的一批具有典型意义案件,为其他法院开展审执工作提供了可复制、可推广的宝贵经验。审执衔接场景设计的过程中,吉林法院复用了吉林电子法院内外数据交互的模式;软件方面,在现有电子诉讼内外数据交互流程基础上,增加部分接口数据,在尽量减少执行系统修改的基础上,利用早期电子法院与执行系统的接口作为桥梁,实现审判系统和执行系统之间的数据往来。吉林法院以区块链技术为支撑的"智能审执衔接"区块链业务应用场景自上线运行以来,取得了良好的应用成效。目前,全省法院已经有 2353 件案件进入审执衔接系统,其中 1852 件案件到达履行期限,共向原告当事人发送 1980 条提示短信。已有 9 位当事人确认案件已履行,108 位当事人确认案件到期未履行,其中 43 位当事人通过系统完成了执行立案。"智能审执衔接"系统的建设和应用,简化了诉讼流程,提高了司法效率,减少了群众诉累,切实巩固了"基本解决执行难"的工作成果,为区块链技术在司法工作中的深度应用树立了良好开端。

未来,吉林法院还将继续挖掘区块链技术的应用价值,加强"区块链"技术与审判执行业务的应用融合,在现有建设成果的基础上继续进行功能和应用场景的优化和完善,助力智慧法院"四智"建设,把公平、正义的规则嵌入法院全业务流程中,为吉林法院全面提升审判质效提供智能支持,促进社会诚信体系建设。

(吉林省高级人民法院)

浙江法院"智慧执行 2.0"的建设与应用

2020 年浙江法院新收执行案件 57.8 万件,办结 59.6 万件,执行案件收结案超过全省法院全部案件数的 1/3,执行案件数量仍在高位运行,案多人少矛盾突出,案件办理过程中查人找物难、财产处置难等执行工作的堵点、难点问题也长期困扰法院的执行工作。最高人民法院周强院长强调,要大力推进信息化建设,促进现代科技与执行工作深度融合。充分运用大数据、云计算、人工智能、区块链等新兴技术,提升执行工作信息化水平。为此,浙江省高级人民法院按照最高人民法院"智慧法院"建设和浙江省委"数字浙江"建设的部署要求,扎实推进"智慧法院"建设,在全面总结试点经验的基础上,开发完成了集服务当事人、服务执行干警、服务执行管理、服务社会治理于一体的"智慧执行 2.0"系统。

浙江省高级人民法院李占国院长强调,要"推动办案最公、用时最少、老百姓司法获得感最强成为浙江法院最鲜明的特质"。"智慧执行 2.0"运用最新科技成果,全方位重构执行工作流程，多维度搭建财产查控体系，全链条强化监督管理，全要素融入社会治理，构建繁简分流、快慢分道、类案归集、事项集约、权责清晰、运行高效、管理精准的执行工作新模式，全面提升执行工作在保障胜诉者权益、维护司法权威、捍卫公平正义、激活市场要素、助力生产经营、培植法治经济、优化营商环境、促进社会信用体系建设等方面的能力和作用，有力助推国家治理体系和治理能力现代化。

"智慧执行2.0"有效发挥"平台+智能"的架构优势，坚持系统观念、法治思维、强基导向，以大数据互联互通为支撑，以综合治理、协同联动为保障，通过数字赋能、系统集成，有效促进执行行为的规范化、执行过程的透明化、执行管理的有序化、执行联动的体系化，实现协同联动、整体智治。

一　数字赋能，系统集成

信息孤岛、数据壁垒，是造成执行难的一大原因。传统执行模式下，查人找物需登门临柜，耗费大量司法资源，效率低下。

"智慧执行2.0"作为"智慧法院"建设的重要组成部分，依托浙江法院办案办公平台强大的中台能力，自动抓取流程节点和关联案件信息，自动生成分析报告、自动完成当事人信用画像、自动生成程序性裁判文书、自动进行财产查控、自动嵌入行政管理、高效进行网络询价、"文书e键智能送达"、电子卷宗随案生成等，大幅提升执行效率。并实现与公安、国土、民政、银行证券、市场监督等相关职能部门、单位、组织信息互联互通、实时共享，司法协作事项网络数据全面归集、嵌入应用。目前，浙江法院"智慧执行2.0"已将11类执行财产线上查控联动单位纳入数据源管理，可归集银行存款、证券、股权、不动产、车辆等被执行人财产信息。并与"执行指挥中心"实时联动，充分发挥其纵向管理和横向协同的中枢作用，实现被执行人履行能力多维分析、信用画像等智能化功能，全景式、可视化展现执行工作现状、态势和队伍建设成果，执行行为、监督管理、风险管控、司法建议等全过程全面留痕，有效促进执行工作高质量发展。

与传统的办案系统相比，"智慧执行2.0"的智能化程度已初具"智慧大脑"雏形，辅以财产查控体系的日臻完善，法院查人找物的能力远非传统线下执行可以比拟。"智慧执行2.0"为一线干警执法办案、"三统一"管理及法院参与社会治理提供了强大的技术支持，成为信息技术条件下推进"切实解决执行难"工作的核心利器，将有力促进执行工作高质量发展。2019年6月以来，"智慧执行2.0"实现自动生成文书813.50万份，自动送达153.95万次，自动点对点查控5979.33万次，自动总查控1247.83万次，共查控、执行财产7526亿元。

二　事务集约，便民高效

"智慧执行2.0"全面贯彻以人民为中心的发展思想，紧紧围绕便民、利民、惠民宗旨，让人民群众最多跑一次、最多跑一地，努力实现"办案最公、用时最少、群众司法获得感最强"。

"智慧执行2.0"建设，始终以解决执行工作中与人民群众期待和要求不相符的问题短板为着力点，在全面梳理办案流程节点的基础上，实现全流程在线办理，当事人通过浙江法院网、"智慧法院"APP、移动微法院等渠道，可足不出户、随时随地可"网上立案""跨域立案"；财产查控结果自动生成表单向当事人线上同步推送，当事人通过移动微法院留言可随时联系法官、查询办案进程，有效解决信息不对称和法官难找问题，实现24小时执行工作不打烊。

"智慧执行2.0"重构办案流程，为执行干警配置智能办案工具，实现节点信息自动回填、法律文书自动生成、智能送达等功能，大大减轻了办案人员的工作负担，提高了工作效率。执行财产网络查询实现0耗时，程序性法律文书的制发从原来平均耗时1小时以上缩减到仅需3分钟。

三 公正规范、整体智治

要以规范促公正，就必须依法规范执行，让人民群众在每一个案件中感受到公平正义。为实现这一目标，"智慧执行2.0"紧紧围绕办案质量、效率和流程管理三个核心要素进行研发设计，按照最新法律规定和执行规范要求，对执行实施、异议审查、执行监督、执行保全等各种案件的办理流程、节点予以全面梳理和规范。除对每一个案件进行质效监控以外，系统还可以对每一个承办人员的工作绩效进行实时动态画像，省、市、县（区）不同层面的执行工作指标也一览无余，为统一管理、合理调度提供依据。实现全省法院执行工作"数据一屏展示、指标一屏分析、指挥一屏联动、监管一屏透视、业绩一屏呈现、经验一屏分享"，推动纵向统管、横向协同，内部管理精准化、可视化，全面促进执行工作规范化水平提升。通过系统对流程节点实行智能监测，自动排查节点信息的完整性，可自动引导执行人员规范办案，并帮助提升执行办案人员的能力水平。

"智慧执行2.0"以数字化为引领，依托系统打造与协作单位互联互通的应用平台，打破法院内外数据壁垒，贯通数据孤岛，实现部门协同联动、信息共享，健全党委领导下的综合治理执行难大格局。构建与省信用中心执行信息实时共享机制，截至目前与省公共数据平台已共享9000多万条数据，助推诚信社会体系建设。在此基础上，"智慧执行"2.0运用大数据分析功能，将定期对执行办案中的各类信息进行整合、归集、分析，智能形成数据分析报告，从中发现公共决策、行业监管、社会治理等方面存在的问题和漏洞，助力人民法院充分发挥职能延伸作用，及时向有关单位、组织发送司法建议，积极参与社会治理，助推社会治理体系和治理能力现代化。

（浙江省高级人民法院）

江西法院"审判 e 管理"平台应用案例

为提升人民法院审判管理信息化水平,促进审判质效提升,规范审判权力运行,进一步为司法体制改革背景下的法院审判管理新模式提供有力技术支撑,江西法院结合本省实际,以电子卷宗深度应用拓展和深化智能化建设为主线,以审判管理精细化、科学化为目标,针对长期未结、发回重审、改判、重大疑难等司法风险隐患大、审判质效关切高的案件的管理监督,打造以"审判 e 管理"平台为依托的智能化、精细化、集约化审判管理江西模式。"审判 e 管理"以网上办案、电子卷宗同步生成等为前提,在案件信息、卷宗数据电子化网络化的基础上,借助大数据、人工智能技术,针对审判程序规范、裁判尺度统一、重点案件监管、司法风险防控等审判管理重难点工作,提供多维度、立体化的智慧管理辅助,是具有江西特色的审判管理智能应用体系。在贯彻落实"让审理者裁判,由裁判者负责"的司法责任制改革要求的基础上,"审判 e 管理"平台将现代信息技术与审判管理新要求相结合,探索信息化时代下审判权力监督制约新路径。

一 建设背景

近年来,法院信息化建设飞速发展,取得了显著的建设应用成效。自 2016 年以来,江西法院信息化以"三全三化"为目标,着力推进电子卷宗随案同步生成和深度应用,在服务审判执行、服务人民群众方面取得了突破进展,智慧法院建设成效显著。但是,在服务司法管理方面,信息化建设的支撑体系还不完善。就江西法院而言,通过前期对办案流程管理系统、案件信息数据质量监控系统、审判事务管理中心、数字审委会等应用系统的建设,实现了对案件信息、审判流程、审委会事务、文书质量等的管理体系,但在案件质量的评估评查、审判风险分析预警、裁判尺度统一和重大案件精细化管理上还有空白。

(一)问题分析

1. 裁判尺度不一影响审判质量

同案不同判是对法院司法公信力的极大损害,推动裁判尺度统一是审判管理工作的重要任务,是提升审判质量、维护司法公信力的内在要求。在加强对审判过程中类案推送参考、关联案件推送等辅助能力支撑应用的同时,对发回重审、改判等裁判尺度不一易发重点环节进行统一监管、科学评析,是推进裁判尺度统一、法条适用统一,实现类案同判、提升司法公信力的必然选择。

2. 久拖不决影响审判效率

审判效率是审判质量的前提,没有效率的审判工作其司法公信力无从谈起。防增量去存量、努力减少旧存案件数量,是审判管理的重要课题。随着经济社会发展法院收案数量急剧上升,各地法院人案矛盾突出,客观上导致部分案件处理不及时。但是,仍然存在一些审判程序不规范导致的久拖不决现象,严重影响审判效率、增加人民群众诉累。

3. 重大疑难案件监管缺乏抓手

司法责任制改革后,如何在保障法官办案主体地位的同时,加强重大疑难案件的监管,提高审判质效、降低司法风险,是审判管理面临的新课题。现实中重大、敏感、疑难等案件的监管,依靠的是立案、审理各环节中相关人员的主动报告、问题上交,缺乏智能化甄别、预警,缺乏统一全面的管理手段,缺乏有效的沟通渠道和机制。

4. 重管理轻服务

近年来审判管理工作发展迅速,为法院审判质效的提升提供了有力的保障。但是,传统审判管理工作中的审判流程管理、案件数据管理、审判质效管理、案件质量评析等工作都侧重于对审判活动的管理,为法官办案提供各种提醒、预警、风险告知等服务考虑不足。

(二)前期基础

1. 网上办案基础扎实

2016年前,江西法院网上办案应用不全面、不深入、不平衡问题显著,线上线下"两张皮"现象普遍。针对这一问题,启动了网上办案"大决战"。2017年1月1日起,全省法院全面实行网上办案,严格落实"不网上审批不盖章,不制作电子卷宗不结案,不网上结案不归档,上诉案件不网上移送不收案",要求实现五个全部:全部案件自动分案、全部案件网上流转、全部文书网上审批、全部卷宗网上制作、全部案件网上移送。通过全省法院的通力合作,网上办案成效明显,电子卷宗制作率、文书网上制作率、文书网上签批率、网上上诉移送率等主要应用指标迅速提升并趋平稳,2017年12月底,全省指标平均值都达到95%以上,2018年12月底全省指标平均值97%以上,并至今稳定在98%左右。

2. 电子卷宗随案同步生成落实彻底

2017年年初,围绕电子卷宗随案同步生成和深度应用主线,启动了"收转发e中心"平台建设及后续应用试点工作。2017年10月23日,诉讼材料"收转发e中心"在全省三级法院全面上线应用。通过诉讼材料收、转、发事务集约化、智能化管理,完成诉讼材料动态监管、全程留痕,实现诉讼材料类辅助性事务从审判执行工作中的完全剥离,进而全面实现电子卷宗随案同步生成,切实减轻法官事务性工作负担。"收转发e中心"得到最高人民法院的高度评价和充分肯定,被最高人民法院认定为电子卷宗随案生成的两种标准模式之一,向全国推广。

3. 人工智能技术应用初见规模

随着智能化建设的推进,江西法院在基于电子卷宗深度应用上的智能化能力建设应用初具规模。全省法院统一的图文识别能力平台可实现电子卷宗全面深入的识别,并进一步进行案件信息的提取,实现特定案件的分析标定;全省法院统一的类案自动推送系统可对案件进行全域全库类案匹配推送比对；全省法院统一的案件数据管理平台可实现全省法院所有案件的案件信息抓取、卷宗流转、关键流程节点信息自动分析。

二 建设目标

加快推进智慧法院建设，是新时期人民法院破解工作难题、服务经济社会发展的必然选择，也是提升司法公信力、让人民群众有更多获得感的有效手段。为充分发挥信息技术手段在服务保障审判工作和审判管理工作中的职能作用，大力促进审判管理与信息化深度融合，不断提升审判质效和司法公信力，江西高级人民法院结合工作实际研发了"审判e管理"平台。该平台以满足人民群众日益增长的司法需求为价值导向，以司法改革和智慧法院建设对审判管理工作提出的新任务新要求为问题导向，以推动审判执行业务核心竞争力提升为目标导向，更加聚焦审判执行网上运行态势，更加聚焦信息技术全面全程管理，更加聚焦监管平台充分有效运用，推动江西法院审判管理体系和审判管理能力现代化发展。

"审判e管理"平台是江西法院自主研发的智能化集约化审判管理应用体系，根植于江西法院实际、衍生于"收转发e中心"体系，是江西智慧法院"e系列"的重要组成部分。"审判e管理"以"发改再"案件、长期未结案件、重大疑难案件为关切点，结合前期建设推广的司法风险动态防控系统、案件信息数据质量监控系统、案件流程管理系统，以促进审判管理集约化、精细化、智能化为目标，打造融合案件流程管理、数据管理、质量管理、效率管理、态势分析和个案精细管理为一体的江西法院特色的审判管理应用体系。

三 平台体系

"审判e管理"平台以网上办案、电子卷宗同步生成为前提，在案件信息、卷宗数据充分电子化、网络化的基础上，利用大数据、人工智能技术，针对审判程序规范、裁判尺度统一、重点案件监管、司法风险防控等核心审判管理工作，提供多维度、立体化的智慧管理辅助，是具有江西特色的审判管理智能应用体系。

（一）"审判e管理"是"收转发e中心"的拓展延伸

"收转发e中心"是江西智慧法院建设的主线，表现为"3加N"模式的江西智慧法院体系架构包括以诉讼材料收转发流程再造为手段的3类收转发应用，目标是减负，侧重管理；还包括在此基础上，衍生的N种以诉讼材料利用为目的的智能化应用，目标是赋能，侧重服务。江西法院以"收转发e中心"为中心，将电子卷宗生成和利用工作主线向前后延伸拓展，致力打造完善"e系列"智慧法院体系：向前面向公众、当事人、单位和团体，拓展诉讼材料的生成，打造微法院、跨域立案、网上立案、多元化解e平台、分调裁等应用平台；向后面向办案法官、审判管理、法院内部，拓展诉讼材料的深度应用，打造"法官e助理""审判e管理""档案e管理"等应用平台。"审判e管理"把审判管理业务新需求与信息化技术相结合,在"收转发e中心"实现全省法院电子卷宗随案同步生成的基础上,围绕全量案件数据和同步电子卷宗,通过案件信息自动分析、数据自动抓取、个案自动标识、风险智能提醒、案件评析智能辅助等大数据、人工智能能力支撑,对审判程序规范、裁判尺度统一、重点案件监管、司法风险防控等核心审判管理工作,提供多维度、立体化的智慧管理辅助。该平台是电子卷宗深度应用在审判管理工作中的拓展实践,是江西法院以"收转发e中心"为中心的智慧法院体系的发展延伸。

(二)"审判e管理"现有体系

"审判e管理"是综合性、集约化的审判管理工作平台,是一个开放的应用体系。目前,该体系以"发改再"案件、长期未结案件、四类案件等重点案件的监管为重点,并融合了江西法院前期建设的案件信息数据质量监控、司法风险动态防控系统。平台以案件信息和电子卷宗为数据基础,以数据自动抓取、数据自动比对、卷宗智能识别分析、案件智能标识、自动风险预警和审判态势智能分析等智能化手段为能力支撑,通过统一用户管理、统一消息管理、定制流程设计,实现对平台内部各业务的数据融合互通、用户分级管理和底层能力共享支撑架构,在此基础上按照业务类型以场景化、模块化构建方式搭建各类应用。同时,平台与网上办案系统、"收转发e中心"、"法官e助理"、数字审委会等应用系统进行了融合对接,通过数据实时共享和消息即时驱动,实现全流程、全要素、全方位的案件管理监督。

(三)平台主要模块及功能

"审判e管理"不仅包括以质量、效率、效果为维度的3类审判管理类应用,而且融合了司法风险防控、案件信息数据质量监控平台能力。

1. "发改再"案件监管应用——办案质量监管

依据《江西省高级人民法院关于加强"发改再"案件监管的实施办法》,通过对"发改再"案件的事中监管与事后评析,实时监控"发改再"案件办理,促进案件办理质量提升,建立健全案件质量动态监督管理体系;及时总结裁判经验,促进裁判尺度统一,通过平台全程记录、梳理裁判观点和分歧,发掘典型案例,总结裁判经验,为法官后续办理类似案件提供参考,提升审判质效。

2. 长期未结案件监管应用——办案效率监管

利用人工智能技术,实现全流程智能化分析、智能化监管,并结合精细化管理理念,从管计划、管执行、管监督实现全过程管理模式,与审判执行办案系统自动关联,定时抽取案件信息形成全省法院长期未结案件数据库,可视化展示辖区和本院长期未结案件动态,根据监管规则自动触发监管流程,实现对全省法院长期未结案件的实时监测、动态管理和跟踪督办,压实长期未结案件清理责任,提升案件监管工作效率。运用数据挖掘技术对长期未结案件形成及清理态势进行多维度呈现,依托平台定期分析研究长期未结案件成因,服务审判管理决策,防范化解司法风险,探索进一步提高审判效率的方式方法。

3. 四类案件监管应用——办案效果监管

贯彻落实最高人民法院相关要求,强化全省法院院庭长办案管理职能,加强对四类案件的监督与管理,规定院长、庭长、审管办对符合情形的四类案件进行事中监督。系统利用人工智能技术,实现全流程智能化监管。协助审判组织更方便地识别、查找、确认和监管四类案件,妥善处理好该类案件,避免出现四类案件遗漏的情况,提高社会公众的满意度。

4. 案件信息数据质量监控应用——案件数据治理

该模块按照大数据平台的案件数据质量质检规则,在江西案件省库中心,进行数据自动化分析、清洗、分类。质检出来的不同案件分类成不同的修复方式,从司法统计质检不合格、案件基本信息质检不合格多个维度进行案件数据关联、修复。同时每天自动抓取最高人民法院大数据平台中江西法院不合格案件,进行梳理比对和修复上报。修复过程采用人工加智能的方式:通过卷宗信息提取比对和综合判断,自动修复常规信息错漏;对必需审判人员补充或判断的信息,通过与"法讯通"(内网即时通信系统)进行对接,每日将不合格案件数据以消息提醒方式,向法官发送内容提醒,并提供在线修改辅助。

5. 司法风险动态防控应用——司法风险预警防控

该模块贯穿"七有"总体思路,即风险有预警、法纪有推送、管理有创新、监督有抓手、问题有检索、处置有依据、廉政有档案;研发团队创新应用阈值理论,对接网上审判、庭审巡查等系统,实现对法院、人民法庭、干警实行智能化动态监督,确保全员监控无死角;将立案、审判、执行等 41 个廉政风险点纳入其中,实现各个环节全覆盖;通过黄灯、红灯警示、短信提醒等方式,充分发挥监督、提醒、教育、规范、惩戒、震慑六大功效,实现对司法风险的事前预警、事中监控、事后处置。

四 应用成效

该平台运行近一年来,全省法院运用"审判e管理"平台在线督办 18 个月以上各类案件 1605 件,对 1348 件"涉及群体性纠纷可能影响社会稳定"的案件、2333 件"疑难、复杂且在社会上有重大影响"的案件、99 件"与本院或者上级法院类案判决可能发生冲突"的案件以及 11 件"有关单位或个人反映法官有违法审判行为"的案件开展了在线标记和全程监管;依托"发改再"案件监管平台对全省法院 2150 件改判、发回重审案件开展线上监管,452 件案件经原审法官异议后随机抽取第三方法官运用电子卷宗开展跨域质量评析,促进了内部司法公开、案件质量提升和裁判尺度统一。同时,这一创新工作受到《人民法院报》多次头版报道,中央政法委员会会长安剑、中国法院网、智慧法院进行时等媒体也对平台运行成效及相关工作经验进行了重点推介,江西法院创新"审判e管理"平台构建监督制约新机制案例入选 2020 年度《人民法院司法改革案例选编(八)》。

江西法院"审判e管理"是电子卷宗深度应用的发展延续,是智能化技术在审判管理业务集中应用的尝试。"审判e管理"延续了"收转发e中心"建设体系思路,结合江西法院实际，围绕审判管理集约化、精细化、智能化目标，在融合审判管理若干核心业务的同时，首创了案件原审异议和线上评析的解决方案，得到了一线办案法院的高度认可，得到了最高人民法院的高度评价，是江西法院探索司法体制改革新形势下审判管理现代化的重要成果。

（江西省高级人民法院）

河南智慧法院让公平正义看得见触得到

一个"智慧"，道出了司法奋进的时代之音。近年来，在最高人民法院有力指导下，河南省高级人民法院按照智慧法院建设要求，瞄准服务大局、强化全省统筹、注重创新融合、突出应用质效，围绕"智审、智执、智服、智管"全方位打造河南特色智慧法院体系，不断推进全省法院信息化工作创新发展。在与信息化同频共振的改革浪潮中，河南法院勇立潮头，砥砺奋进！

一　推进一站式诉讼服务，提升智慧诉讼服务水平

随着"两个一站式"建设日臻完善，全省法院紧紧围绕"让数据多跑路、让群众少跑腿、最好一次不用跑"目标，强力推进一站式多元解纷和诉讼服务体系建设，狠抓诉讼服务质效提升，积极推广在线诉讼服务，努力提升智慧诉讼服务水平。

（一）高标准打造诉讼服务中心

以新建审判楼启用为契机，河南省高级人民法院诉讼服务中心按照"系统化、信息化、标准化"的建设标准，设立导诉、窗口、调解、信访和自助等服务区块，实现审判辅助性事务、程序性事项在诉讼服务中心一次性完成，为群众提供"一站式、立体化、综合性"的诉讼服务。在诉讼服务大厅设有诉讼引导、立案、诉讼费收退、诉调对接、诉讼保全、司法鉴定、文书送达等窗口，有效整合诉讼服务功能，实现"一站式"办理。配置自助查询、自助立案、风险评估等智能化设备，为当事人提供诉讼风险分析、诉前调解建议、诉讼结果预判等服务。

（二）积极推广电子诉讼服务

聚焦群众需求，全面推行诉讼事项"网上办"，既实现跨域立案全覆盖，又做到所有线下诉讼服务及时办，满足人民群众多层次多样化的诉讼需求。所有审判执行流程节点通过信息化方式实时推送当事人，回应当事人关切，让当事人能够及时了解办理进程，推进诉讼服务线上线下"好差评"，以人民群众的评价促进提升司法作风的转变。

2020年以来，河南全省法院通过河南移动微法院、河南法院诉讼服务网、人民法院调解平台、道路交通事故纠纷诉前调解平台等平台，提供网上立案、网上缴费、网上证据交换、网上调解申请等全流程诉讼服务。尤其是新冠肺炎疫情防控期间，做到了"网上办案不停歇，诉讼服务不打烊"，确保人民群众安全健康的前提下，享受到优质、高效、便捷的在线诉讼服务。全省法院电子诉讼总量稳居全国前列，其中网上立案790512件，网上交费412526笔，网上阅卷47134件，受理网上调解429824件，被电子政务理事会评为"互联网+政务服务"先进单位。

（三）集约化办理辅助性事务

建成全省统一的集中送达平台，构建"电子送达优先，邮寄送达为辅，直接送达补充，公告送达兜底"的集约送达模式，实现送达任务一键发送、送达动态全程可见。

该平台最大的优势是电子送达，法官发起电子送达任务，当事人即可在电脑端或手机端接收司法文书。送达成功后，系统会自动生成带有水印的送达回执，并锁定送达日期和送达人员，送达回执自动同步至电子卷宗系统。该平台另外一个优势是跨域邮寄送达。邮寄任务发起后，系统会自动匹配送达地址最近的邮寄送达分中心，由当地打印、封装、交邮，变异地为同城，极大地提高了邮寄送达效率。

自2020年7月该平台上线以来，共发起送达任务2520442次，其中电子送达占45.48%，充分发挥电子送达成本低、效率高优势，实现送达"零距离、零等待"。

二 聚焦审判执行主业，提升智能化办案水平

河南省高级人民法院聚焦审判执行主责主业，以电子卷宗的深度应用助力智慧审判，依托执行信息化助力智慧执行，不断提升智能化办案水平，带动审判质效不断提高。

（一）电子卷宗深度应用助力智慧审判

一是实现流程信息全程回填。主动将诉讼材料转换成可以利用的结构化数据，并回填到审判系统，提升75%的案件录入效率，同时可进行多维度信息的交叉比对，提高案件信息的录入质量。

二是提高繁简分流效率。全省法院上线繁简分流系统，在立案登记阶段，系统实时将案件信息同步转化为繁简分流要素并智能打分，提高立案法官甄别繁简效率。

三是支持复用数字化电子文件。可对卷宗内容、卷宗目录进行检索，便于快速查找卷宗内容，可对卷宗内容进行复制、粘贴和批注，便于编写案件的法律文书，提高了法官阅卷、撰写文书的效率。

四是推进过程性文书自动生成，裁判文书智能化编写。制式文书自动生成系统通过自动提取到的结构化信息，根据案件阶段智能推荐并自动生成制式文书，实现自动签章和自动入卷。文书智能编写系统自动生成案件裁判文书初稿，并辅之以双屏智能编写模式，方便法官编写裁判文书。2020年，河南法院裁判文书智能辅助编写274667份，制式文书

智能生成率 57.11%，极大减轻了法官编写文书的负担，提升了文书编写效率。

五是依托类案检索平台辅助办案。依托"法信""类案智能推送"等法律知识和案例大数据平台，满足法官在办案过程中对法律、案例、专业知识的需求，有助于统一裁判尺度，促进类案同判，为辅助法官办案、提高审判质效提供有力支撑。

（二）依托执行信息化助力智慧执行

一是高标准建成执行指挥中心，对接最高人民法院执行综合指挥平台，确保全省法院执行专项活动统一调度开展。

二是使用案款管理系统，采取一案一账号方式，对执行款进行归集管理，案号、款项、被执行人或交款人一一对应，确保执行案款可查可控、兑付及时，切实提高了执行工作效率。

三是运用"总对总"网络查控系统，实现对被执行人在全国范围内的银行存款、车辆、证券、工商登记等信息的查控。

四是借力网络司法拍卖。将查控的房屋、车辆、股权等财产通过网络交易平台进行公开拍卖，促进了司法拍卖公开透明、便捷高效。2020 年网络司法拍卖 113170 次，实际成交 31671 件，成交金额 201.63 亿元。

五是推进"互联网＋失信联合惩戒"。依托征信社会管理系统和执行案件流程信息管理系统，限制失信被执行人信贷审批、出行消费等行为，促使被执行人履行义务。

三　实行精细化管理模式，切实提升智慧化管理水平

运用信息化手段，通过加强审判流程管控、电子卷宗自动巡查、系统自动扎口结案、"四类案件"自动识别等措施，实行精细化管理模式，切实提升智慧化管理水平。

一是加强审判流程管控，全程监督留痕。强化审判流程节点管控和在线审批，利用"临期自动提醒，逾期自动冻结"功能，全面实行在线审批、退费、扣除审限、信息修改等审批项线上审批，规范审判管理。设置自动分案策略，确保所有案件类型均实现自动分案，实现每个案件、每个环节的全程留痕、全程监督。

二是电子卷宗自动巡查，提升卷宗质量。按照案件进展阶段设置相关监管节点，确保卷宗随案性、完整性。通过电子卷宗巡查系统可以实现对随案同步生成的电子卷宗完整性、随案性、卷宗质量等进行自动检查，为无纸化办案提供技术支持。

三是系统自动扎口结案，保障结案效率。运用扎口结案平台，系统自动通过对卷宗进行智能识别，直接提取案件的卷宗、文书信息，对案件结案信息的完整性、一致性进行全面分析、比对，为结案法官提供清晰、直观的结案检查结果，实现结案自动扎口管控，有效地提升结案审查的效率与质量。

四是"四类案件"自动识别，院庭长监督全程留痕。依托"四类案件"院庭长监督管理系统，对"四类案件"自动识别监测，实现了全流程、静默式、自动留痕的动态监管，对应当报告而未报告案件，系统自动预警并提醒院庭长监督。

四 "互联网+司法公开",提升法院阳光化建设水平

河南省高级人民法院持续加强全省法院审判流程公开、庭审活动公开、裁判文书公开、执行信息公开"四大公开平台"应用,以公开促公正,以公开便民、利民,做到了"正义不但要实现,而且要以看得见的方式实现",努力提升法院阳光化建设水平。

一是切实推进审判流程信息公开。严格贯彻落实最高人民法院《关于人民法院通过互联网公开审判流程信息的规定》,对全体干警进行应用培训,确保规定要求落实到所有案件、所有节点、所有事项应公开尽公开,2020年审判流程有效公开率91.71%。

二是积极推进庭审直播工作。建设高标准科技法庭,实现庭审公开平台与办案系统、科技法庭系统等信息化平台的互联互通。按照"公开为原则,不公开为例外"的要求,加强庭审直播力度,充分拓展庭审直播功能,推进庭审网络视频直播。2020年庭审直播217732场,全国排名第9。

三是深化裁判文书公开。2020年诉讼、执行文书上网1918356件,全国排名第3,裁判文书上网率达96.52%,推动裁判文书全面在互联网公开。

这是一场与时偕行的深刻变革。河南法院将坚定不移推进智慧法院建设,加快推进审判体系和审判能力现代化,让公平正义看得见、触得到!

(河南省高级人民法院)

广西法院基于司法链的卷宗归档探索与实践

一 概 述

2019年10月24日,习近平总书记在中央政治局第十八次集体学习时强调,"把区块链作为核心技术自主创新的重要突破口","加快推动区块链技术和产业创新发展"。为进一步贯彻落实习近平总书记关于区块链工作的重要指示,最高人民法院于2019年牵头建立了内外网一体的人民法院司法区块链平台,作为加强区块链和人工智能应用、全面提升智慧法院建设水平的有力举措。根据《最高人民法院办公厅关于做好2020年人民法院数据管理有关工作的通知》(法办〔2020〕87号)要求,明确2020年重点开展"充分利用司法区块链平台,推进区块链技术应用落地,探索智能合约深度应用"工作。2020年6月1日,最高人民法院下发《关于组织开展2020年司法链试点应用申报的通知》(法(信办)明传〔2020〕7号),要求各高级人民法院以司法链通过国家网信办备案为契机,组织动员辖区法院积极开展司法链应用建设。

受领任务后,自治区高级人民法院迅速组织开展司法链应用建设规划、论证及方案编制工作,最终确定并申报"卷宗归档存证验证"应用场景建设方案。2020年7月13日,最高人民法院下发《关于确定2020年司法链应用试点工作的通知》(法信办明传〔2020〕5号),确定自治区高级人民法院为司法链应用试点建设单位之一。

二 业务需求

在电子卷宗随案同步生成和深度应用实践中，解决电子诉讼程序难固定、信息更新不及时、电子数据难溯源、信息安全保障性差等问题，伴随着电子卷宗从生成、流转、应用直至归档或销毁带来的全生命周期。其核心需求，在于安全、可信、保密、溯源、及时、不可篡改。区块链具有"不可伪造""全程留痕""可以追溯""公开透明""集体维护"等特征，建立在坚实的数学理论基础之上。区块链"牵手"电子卷宗，为解决电子卷宗的生成、存储、传输、提取和验证等问题提供了极具想象力和现实可行性的新手段。最高人民法院打造全国统一的司法区块链平台，破解了制约着区块链在司法领域广泛应用的技术标准不统一、数据长期保存、技术监管缺失等难题。基于电子卷宗的核心业务需求，自治区高级人民法院积极整合资源、组织力量借助最高人民法院搭建的司法链底层平台，开启了探索电子卷宗上链存证应用的征程。

三 建设内容

司法链在司法活动全生态体系均将开展深度应用，在审判管理方面，司法链服务司法管理，全流程办案材料防篡改、材料流转全过程监督、执行案款监督、数据操作历史追溯，用户行为上链存证；在审执办案方面，司法链服务审判执行，诉讼办案执行全流程提速、金融纠纷审判执行、知识产权审判执行、服务合同审判执行；在全国法院均如火如荼地探讨法院业务上链的应用场景时，自治区高级人民法院率先围绕"电子卷宗上链存证验证应用场景"开展了实际建设，业务功能涵盖从收案到结案归档全流程，对上传电子材料（非结构化数据）进行上链存证，实现对全流程卷宗材料的存证验证，力争有效地保证电子卷宗数据的完整性和统一性。

电子卷宗随案同步生成是法院实现全流程无纸化办案的重要前提。开展电子档案为主、纸质档案为辅的案件全流程卷宗电子材料上链存证验证工作，保障电子卷宗的完整性、统一性和安全性，健全完善适应新的电子卷宗归档全流程网上办理及电子档案管理制度，深化改革并创新体制机制。广西壮族自治区高级人民法院充分利用最高人民法院已经搭建好的司法链底层平台，在电子卷宗数据上链存证验证应用场景上潜心研究，司法链平台将用户产生或上传的电子数据，在第一时间哈希值形式直接写入司法链或跨链的方式写入司法链；电子卷宗平台将数据在司法链的存证编号返回用户；当该数据涉及查证时，用户可以提交相应存证编号和原始电子数据，司法链后台可自动验证该电子数据的完整性和存证时间，并将上链标识、司法链验证状态、存证时间、存证内容、验证成功（或失败）等信息展现给相关人员，从而提升相关人员对于电子卷宗数据的存证效率。系统将用户在电子卷宗系统中上传的电子卷宗材料，进行存证固化，存证信息实现全链信息同步，保证每一个区块链节点都存有相同的电子卷宗材料存证信息。

四 实施步骤

广西壮族自治区高级人民法院围绕电子卷宗数据上链存证应用场景，按照业务需求调研、场景设计开发、系统接口对接、系统上线试运行、应用推广普及的步骤，克服项目各阶段遇到的困难。

（一）需求调研（10月11日完成）

按照申报的应用场景，确定建设内容，并对业务应用现状情况及业务目标进行了调研分析，形成了《需求说明书》。

（二）业务应用场景设计（10月23日完成）

1. 场景说明及可行性

在电子卷宗，从收案到结案归档全流程对上传电子材料（非结构化数据）进行上链存证，实现对全流程卷宗材料的存证验证，有效地保证了数据的完整性和统一性。

2. 业务流程说明

在电子卷宗系统中，对于用户上传的电子卷宗材料，系统将对这些电子材料进行存证固化，存证信息实现全链信息同步，每一个区块链节点都存有相同的材料存证信息（图1）。

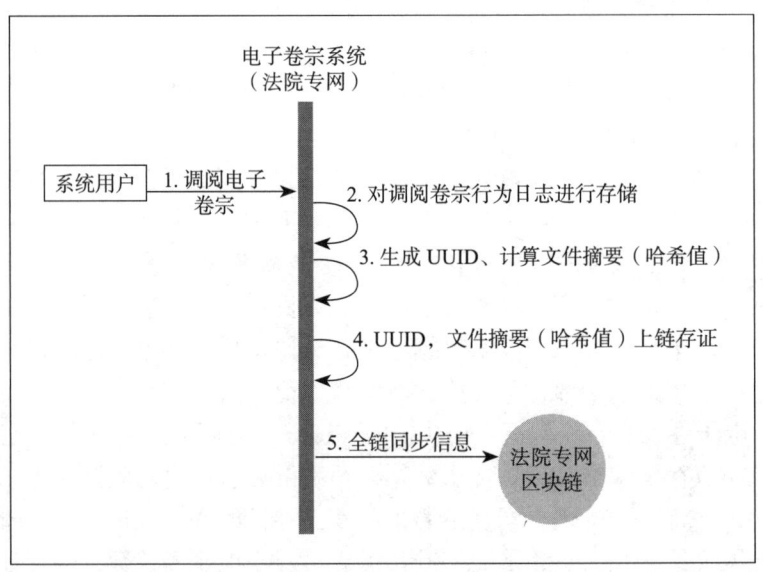

图1 电子卷宗上链存证流程

（1）系统用户在电子卷宗系统中上传电子材料；
（2）电子卷宗系统对上传的电子材料进行接收数据并存储；

（3）区块链节点生成 UUID（通用唯一识别码），计算哈希值；
（4）区块链节点将 UUID 及哈希值上链存证；
（5）系统展示诉讼材料验证结果信息。

（三）应用场景开发（10月27日完成）

按照技术标准，依据业务场景设计对电子卷宗业务场景进行应用开发。电子卷宗存证验证：通过与智慧审判系统平台和区块链中台对接，对电子卷宗材料进行上链存证，并根据 UUID 对存证信息进行验证并进行结果信息反馈。

（四）接口开发（11月3日完成）

依据业务场景设计，对系统接口进行开发实现，接口开发主要包括：与智慧审判系统对接、与电子卷宗系统对接、内网区块链平台对接等。

（五）系统上线试运行（11月12日）

在广西壮族自治区高级人民法院现场进行系统安装部署，部署完成后联合最高人民法院信息中心进行调试后上线运行。

（六）系统推广应用（2021年3月起）

系统进入试点运行阶段。

五 推 广 意 义

司法链存证场景众多，应用前景广阔，去中心化、分布式账本、可追溯、不可篡改等特性在司法存证中具有不可替代的作用。在最高人民法院司法区块链"地基"已搭好夯实基础上，广西壮族自治区高级人民法院积极为司法链构建"上层建筑"，完成了"卷宗归档存证验证"应用研发，解决了电子卷宗调阅行为存证难问题，并为下一步就"用户操作行为上链存证"应用场景建设探索了路径、积累了经验，是能提供示范引领和实践支撑、具有"里程碑"意义的一步。目前，广西壮族自治区高级人民法院电子卷宗上链数据超过23.9万条，存证数据规模逐渐形成和显现。

下一步，广西壮族自治区高级人民法院将逐步健全完善与之相适应新的电子卷宗归档流程、电子档案管理等制度机制，确保"卷宗归档存证验证"司法链建设成果覆盖至全区130家法院。同时，广西壮族自治区高级人民法院将继续深化司法链与审判执行、诉讼服务、司法管理、司法为民等领域的融合应用研究，不断探索新的业务应用场景，使底层链和上层法院业务深度融合，逐步构建安全可信的司法大数据支撑环境。

六 未来展望

在已经取得阶段性建设和应用成果的基础上,下一步拟在核心信息存证验证应用闭环、法院核心业务场景规划落地、司法区块链跨链互认业务协同,全区法院试点成效和推广应用等方面开展工作。

(一)法院核心信息存证验证应用闭环建设

梳理存证、核验业务应用场景,形成存证验证业务闭环指导案例。一方面,设计并明确司法区块链存证证书,为全区法院或外部单位提供法院认可的司法区块链权威存证凭据;另一方面,提供业务系统或司法链平台两个用户接触渠道的存证和核验交互体验,支持通过交易哈希值或存证凭据两种方式在内外网平台的核验能力,以此实现存证验证业务闭环。

(二)探索基于链上数据的核心业务场景深度应用

结合"卷宗归档存证验证"建设成果经验,梳理法院核心业务,规划基于司法链的深度业务场景。一是在存证验证应用方面,规划电子卷宗可视化监管、电子文书存证验证、电子调查令存证验证、诉讼服务全流程保障、知产一体化可信溯源等应用场景,提升办案的规范性、敏感数据的安全性及权威信息的公信力。二是在智能合约应用方面,规划两卷合一自动归档、智能审执衔接、智能调审衔接、执行案款自动发放等场景,全面辅助法院提升业务衔接一体性和自动化。三是在高风险操作监管方面,规划已结案件信息存证验证、办案流程规范化监管、执行查控可信操作、执行案款收支上链监管、诉服流转可视化监管等场景,辅助法院保障高风险操作的安全性和可靠性。

基于以上规划场景,在全区法院试点,深度融合区块链技术和法院业务,选择应用成效好的全区推广,提升基于司法链的法院业务价值。

(三)构建司法链与其他单位跨链互认业务协同新模式

梳理与法院业务协作范围,推动司法区块链与其他单位的跨链互认,探索业务协同新模式。一是制定跨链互认标准,对外单位提供通用的跨链技术服务能力。二是联合其他政法机关探索以法院司法区块链为中心的刑事办案业务协同可信区块链生态网络,提升各单位业务协作效率和互信水平。三是开展特定法院试点建设,探索与政府单位之间的区块链跨链互认,支撑政府单位与法院业务协作。

(广西壮族自治区高级人民法院)

北京法院打造全流程无纸化办案新模式

为深入推行北京法院电子卷宗随案同步生成和深度应用工作,加速推进智慧法院建设,切实提升审判执行质效,促进规范化办案,减轻法官工作负担,实现精准监管智能服务,北京市高级人民法院以开展全流程无纸化办案试点工作为契机,坚持问题导向、目标导向、效果导向,高标准建设集约高效、智慧精准、交融共享、便民利审的电子卷宗生成中心,上线"电子卷宗生成中心管理系统",推进电子卷宗生成一体化、应用智能化、管理统一化,引领全市三级法院一体推进电子卷宗随案同步生成和深度应用机制,打造具有首都特色的全流程无纸化办案新模式。

一 坚持最高标准设计,积极推进试点先行

2016年以来,最高人民法院印发的《关于全面推进人民法院电子卷宗随案同步生成和深度应用的指导意见》《关于进一步加快推进电子卷宗随案同步生成和深度应用工作的通知》《全国法院电子卷宗随案同步生成和深度应用相关系统功能建设参考(2020版)》《关于深化人民法院司法体制综合配套改革的意见——人民法院第五个五年改革纲要(2019—2023)》等多个文件中均明确规定了全面推进电子卷宗随案同步生成和深度应用工作。[1]

电子卷宗随案同步生成是推广使用各项深度应用功能的重要基石,北京市高级人民法院按照"最高标准、最严要求、最好效果"的工作要求,积极探索、开拓创新,成立由全体院领导组成的专项领导小组,由主管副院长担任小组办公室主任,加强顶层设计、统筹协调、一体推进试点工作。北京市高级人民法院诉讼服务办公室牵头负责,组织各成员单位,累计形成近3万字的第一期项目建设需求方案,特别是联合信息技术部门高标准建设"北京市高级人民法院电子卷宗生成中心"(以下简称"电子卷宗生成中心"),于2020年7月1日正式在北京市高级人民法院机关和辖区5个中级人民法院启动电子卷宗随案同步生成和深度应用第一阶段试点工作,后又推动部分中基层法院试点依托电子卷宗移转上诉办理案件,从而在全国率先实现由三级法院一体推进电子卷宗随案同步生成和深度应用机制,努力探索电子卷宗深度应用的北京模式。

---

[1] 《关于深化人民法院司法体制综合配套改革的意见——人民法院第五个五年改革纲要(2019—2023)》规定:健全电子卷宗随案同步生成技术保障和运行管理机制,实现电子卷宗随案同步上传办案系统、电子卷宗自动编目、原审卷宗远程调阅、诉讼文书辅助生成和类案智能推送应用覆盖全国法院。逐步推动实行电子档案为主、纸质档案为辅的案件归档方式。建立全国统一的电子档案管理系统。

二 坚持最严要求建设,全力推进无纸化建设

在建设智慧法院的大背景下,电子卷宗生成中心的建设秉持了北京法院信息化建设一以贯之的重规范、重集成、重实效等突出特点。起草制定《北京市高级人民法院关于电子卷宗生成中心管理办法(试行)》等文件,为"电子卷宗生成中心"实体化运行及"电子卷宗生成中心管理平台"的研发建设提供了坚实的制度保障。为充分发挥电子卷宗在辅助办案、规范流程、审判监督、优化服务等方面的重要作用,依托电子卷宗生成中心,积极构建电子卷宗随案同步生成和深度应用的配套工作机制,实现对办案全流程的支持和服务,大幅度提升法官办案水平和效率。

(一)基于电子卷宗生成中心,建立纸质材料统一收转、同步扫描、集中保管机制

北京市高级人民法院积极推进无纸化网上办案全覆盖,从源头上减少纸质材料流转,强化电子卷宗基础应用,在现行审判模式和审判流程基础上,将线下办理业务电子化、系统化、模式化,构建审判全流程无纸化网上办案体系。

电子卷宗生成中心在诉讼服务大厅设立立案材料收取窗口、诉讼材料收取窗口。当事人、代理人现场立案的,立案窗口登记人员审查符合登记立案条件并办理登记立案手续后,将当事人提交的纸质立案材料移交立案诉讼材料收取窗口;诉讼过程中,当事人、代理人需要提交纸质材料的可以到诉讼材料收取窗口提交材料。原则上,窗口工作人员当场扫描后即将纸质材料退还当事人,避免了文件丢失、上传不及时的隐患,实现立案环节无纸化。当事人通过窗口配备的手写签名板对提交的材料进行电子签名确认。电子卷宗生成中心对于窗口收取扫描的卷宗材料优先进行加工处理,避免当事人、代理人长时间在窗口等候影响立案诉讼服务大厅工作秩序。

为实现纸质卷宗材料的统一保管,法官原则上不再收取当事人、代理人提交的纸质材料。诉讼过程中,当事人、代理人除了到诉讼材料收取窗口提交材料,还可以通过邮政 EMS 专递方式,直接将纸质材料邮寄给电子卷宗生成中心,中心工作人员每日定时取件,集中整理、扫描、编目、加工、挂接到电子卷宗系统,自动提示法官查阅新入卷材料。对于法官收取、调取或其他需要入卷的纸质材料,法官团队成员通过系统申请扫描,填写纸质材料清单,提交并打印纸质材料清单后,将纸质材料移送至电子卷宗生成中心加工处理和集中保管。为准确定位和跟踪监控纸质卷宗材料,所有案件在材料交接清单上均设有唯一二维码标识,"一案一码",方便法官团队同电子卷宗生成中心工作人员准备、快速办理材料交接,并全程系统留痕。

根据工作要求,电子卷宗生成中心实行纸质材料集中统一保管制度,确保妥善保管、分类储存、定位查找,法官团队因开庭质证、巡回审判、外出调查汇报等工作需要借阅纸质材料的,登记借阅信息后提交审批,审批通过后法官团队成员可至电子卷宗生成中心借阅纸质卷宗材料,

（二）基于电子卷宗生成中心，建立电子卷宗随办案节点进程同步生成流转机制

随着信息技术发展和智慧法院建设，各级人民法院信息化建设水平日新月异，大量的事务性工作均可通过线上直接办理，除了纸质卷宗材料需要以扫描方式生成电子卷宗，当事人、代理人等可以通过北京法院审判网信息网、北京移动微法院、北京法院诉讼服务微信公众号、北京法院电子诉讼平台等平台电子方式网上立案、网上提交材料等，通过内外网数据交互，可以统一汇聚电子卷宗生成中心进行加工处理，按照纸质卷宗材料电子化加工标准和要求进行加工校验，整体统一挂接到电子卷宗系统，从而保障整体卷宗的一致性、规范性，为后续深度应用奠定基础。

"电子卷宗生成中心管理系统"是电子卷宗生成中心的智能化能力平台，目前已实现对电子卷宗数据化以下四个关键技术的突破，即自动图处、自动分类、自动编目、自动归目，后续还将进一步丰富和优化业务功能。

自动图处，指的是因需要实现电子卷宗材料可直接转换为电子档案，系统通过对自动图处功能的难点突破，在纸质卷宗图像扫描完成后，或接收网上提交的电子材料时，系统对卷宗图像进行自动图像处理，并由人工进行二次审核，最大限度上确保电子卷宗随案同步生成过程中所生成的图像质量标准达到归档标准。

自动分类，指的是通过 OCR 精准识别引擎对电子图像进行全文识别和信息提取，系基于深度学习技术，对卷宗中存在的印刷体、手写体、印刷手写混合、证件、表格等多种形式材料进行有效识别，同时自适应卷宗材料识别过程中的干扰因素，对于材料污损、文字扭曲变形、文字不清晰、复印底噪、手印、盖章等干扰因素自动规避，可在材料质量不佳的情况下保障识别准确率，系统在完成精准识别后，按照法官阅卷习惯和档案目录规范，根据材料特征值对同类材料分类分项。

自动编目，指的是系统自动将同一份材料的文件进行合并生成一份双层 PDF 文件，提取电子材料中的关键词统一命名材料，从而完成精准编目，分类结果以缩略图＋文件名的形式呈现于电脑屏幕上。同时设置快速人工校验修正环节，确保编目挂接准确率达到 100%，人工修正的结果会自动反馈到深度学习框架，系统通过对修正的新样本进行学习，实现自我优化，进一步持续提升文件拆分及标题标注准确率。

自动归目，指的是系统通过 NLP 自然语言处理技术实现自动、快速、准确地将电子材料自动匹配到对应结构化卷宗目录下，不需要专门的人员进行拖拽操作，有效解决人工归目分类错误、分类不及时、分类信息无存储、检索混乱等问题，帮助法官进行快速查找、定位检索、文字复用等工作，可视化利用电子卷宗内容，充分满足各审判业务系统对卷宗文本内容进行深度复用的要求。

（三）基于电子卷宗生成中心，建立电子档案为主、纸质档案为辅的归档机制

"一键归档"是大力推进电子卷宗随案同步生成和深度应用的重要目标，可以有效解决一套纸质卷宗材料在随案同步生成和归档后电子化两个环节需要扫描两次导致的人力、

物力、财力的浪费问题。案件办结后，法官团队对电子卷宗是否符合归档要求进行审查确认，电子卷宗生成中心根据法官团队确认的入卷纸质材料清单内容，对保管的纸质卷宗进行编码、质检、整理、装订后，移交档案部门检查验收归档，实现"一次扫描、全程使用、一键归档"。

三 坚持最好效果应用，推动试点初步取得成效

自 2020 年 7 月 1 日电子卷宗生成中心正式运行以来，电子卷宗随案同步平均用时已缩短至每百页材料 15 分钟左右，OCR 识别准确度也大幅度提升。到目前为止，电子卷宗生成中心已经累计收取纸质卷宗材料 3000 余件 5900 余份近 18 万页、接收邮寄材料 1600 余件、立案窗口接收纸质卷宗材料 10 余份，归档 20 余件。

（北京市高级人民法院）

贵州法院推进政法机关跨部门网上协同办案

一 跨部门大数据办案平台建设背景

随着新一轮科技革命的蓬勃发展，网络化、大数据和人工智能为司法工作的开展带来新机遇。如何运用科学技术推动司法工作创新，成为重要且迫切的研究课题。为落实中央政法工作会议精神，推进政法机关信息化建设工作，促进司法信息整合与共享，提升政法工作智能化、现代化水平，提升政法机关协同办案的质量和效率，贵州省委政法委牵头建设了政法机关跨部门大数据办案平台。该平台旨在通过构建政法机关一体化的网上协同办案平台，实现跨部门间数据共享交换、业务协同办理、办案流程再造，打破信息壁垒，打通公、检、法、司办案系统，真正实现"让数据多跑路、办案人员少跑腿"，节约办案时间和成本，提高案件办理效率，以期达到智慧司法、智能办案的目的。

跨部门大数据办案平台在不改变原有政法机关各部门办案系统部署方式及法定职权范围的情况下，通过对公检法司业务系统进行统一数据标准和接口方式，实现了业务协同、信息共享以及数据交换，达到了"一次录入，多次使用"的效果。省级平台部署在省委政法委，主要用于实现数据交换共享，各政法机关办案系统部署前置交换服务器，通过文件交换方式实现各政法机关数据对接和文件流转。各政法机关办案系统根据统一数据交换标准生成规范的数据包，通过省级平台进行传输交换，实现了刑事案件跨部门网上协同、全流程网上办理。

依托跨部门大数据办案平台，政法机关各部门可以实时进行案件办理网上流转、实时查询办理进展，实现了案件办理的全程留痕、可追溯、可监督，进一步促进了规范执

法与公正司法。该平台为公检法司各政法单位提供了跨部门大数据办案、大数据共享、大数据整合，实现了政法机关跨部门协同办案流程再造与办案模式创新。

二 跨部门大数据办案平台应用实践

（一）平台建设方式

平台不改变政法机关各部门业务系统，通过搭建稳定可靠的星型网络架构、统一数据标准和交换方式，实现政法部门业务协同和数据交换，达到数据"一次录入多次使用"的效果。省级平台部署在省委政法委，各政法机关部署前置交换服务器，政法机关业务系统根据统一数据交换标准生成规范的数据包，通过省级平台进行传输交换，全省三级法院均可通过省级平台实现共享交换。

为统一政法机关跨部门办案业务协同标准，由贵州省委政法委牵头，依据相关法律法规并征求政法各机关业务需求，统一制定了《跨部门大数据办案平台数据交换技术规范》，对政法部门协同业务数据的代码标准、消息交换标准、数据交换标准进行了规范。通过跨部门大数据办案平台，可以实现公安、检察院、法院、监狱、司法局、看守所等各政法机关之间的多项协同业务网上办理，目前已经实现包括提请逮捕、移送起诉、一审公诉、二审上诉、二审抗诉、电子换押、减刑假释、涉案财物管理、社区矫正入矫、罪犯交付执行等20多项协同业务流程。

通过跨部门大数据办案平台实现政法各机关之间协同业务的网上办理，已逐步成为一种常态化工作模式，有效提升了网上协同办案的质量和效率。

（二）平台应用情况

跨部门大数据办案平台上线启用以来，贵州省政法各机关通过多种形式，多管齐下、多措并举积极推进该平台的应用。贵州省高级人民法院通过线上线下方式多次开展平台应用操作培训，建立了跨部门办案平台应用情况季度通报制度，每个季度定期对应用情况差、协同办案比例低的各级法院进行点名通报、限期整改，并深入法院办案一线开展实地调研指导。同时，为确保有效提升应用成效，贵州省高级人民法院还制定了平台应用考核评价指标，如案件及时反馈率、电子换押受理率、结案信息反馈率等，并对全省法院应用情况进行统计分析，全方位多形式加强跨部门办案平台的应用推广。

贵州省高级人民法院在推进平台应用的同时，也不断优化提升法院分平台功能，持续完善平台与法院办案系统的融合对接。为满足网上协同办案要求，按照平台发布的业务标准规范，积极配合完成新增业务流程节点的开发、联调及上线运行。

为确保跨部门大数据办案平台各项协同业务正常运转，贵州省政法各机关通力协作配合，加强沟通协调。各级法院与检察院、司法、监狱、看守所等部门积极探索建立有效的网上协同办案机制，制定科学合理的网上协同办案规则。通过建章立制推动跨部门办案平台的有效应用，逐步改变传统线下纸质办案方式，不断提升办案效率，争取最终实现单轨制的政法业务线上协同办理。

（三）平台应用成效

跨部门大数据办案平台在贵州全省全面推广以来，政法各机关网上协同办案质效水平有了明显提升。根据贵州省高级人民法院的统计数据，截至2020年12月底，经过平台流转的刑事一审公诉案件比例达95%，较2019年提升21.8%。法院端收到案件后反馈比例为98.9%，结案文书反馈比例为93.7%，生效信息反馈比例为89.3%，较2019年均有较大幅度提升。罪犯交付执行反馈比例为79.3%，二审上诉结案文书反馈比例为79.6%，业务协同应用情况较2019年也有了很大程度提升。从统计数据可以看出，法院在使用跨部门办案平台协同办案方面应用水平不断提升，取得了一定的成效。

为加快推动网上办案单轨制，该平台全面实行电子换押，即一、二审刑事案件换押全面实行网上单轨制办理。除特殊情况外，一律不再使用纸质换押。同时，推动罪犯交付刑罚执行单轨制试点，在交付执行和减刑假释环节，从线下办理逐步向线上办理过渡，最终实现网上办案单轨制，纸质卷宗采取集中方式移送。截至2020年12月底，通过平台进行业务协同的案件比例达95%，较2019年提升了18.2%，该平台应用比例显著提升，为刑事案件网上办理单轨制创造了条件，为下一步实现案件办理全流程无纸化打下了坚实的基础。

贵州省高级人民法院积极推进跨部门办案平台法院分平台的应用工作，按照省委政法委的工作要求，采取各种举措提升平台应用成效。建立平台相关运行机制，制定业务协同管理办法，确保法院分平台各项流程节点正常运行。

三 政法机关跨部门业务协同的几点思考

（一）运用信息技术助力跨部门协同

大数据、云计算等新兴信息技术的迅猛发展，为政法工作现代化建设提供了有力的技术支撑。中央政法委员会曾提出，要"以信息化促进执法规范化，以信息化引领政法工作现代化"。因此，在推进政法机关跨部门信息互联共享过程中，除了网络基础设施互联互通，更要立足政法资源整合和信息共享充分运用信息技术，探索研发各类智能辅助办案系统，如类案推送、预警分析、辅助决策等，逐步实现司法大数据的深度融合挖掘、智能分析研判，提升预测精准度，为科学决策提供强有力的技术支撑。对于未来的司法审判以及法律应用，大数据分析应用具有重要推动作用。在审判实践工作中，要不断结合审判业务实际需求，充分挖掘大数据等信息技术在司法工作中的作用，总结提炼司法实践中的规律，进一步推进信息技术与司法业务的深度融合。充分运用司法大数据资源，挖掘案件中隐藏的关联信息，整合数据资源，将数据转化为知识，构建案件知识图谱，可以为政法机关跨部门信息共享提供基础数据资源，为智能化办案提供更为科学合理信息系统支撑。

（二）探索实践多形式信息互联共享

贵州省政法机关在大数据应用及信息互联共享方面进行了很多探索，走了不少弯路，也积累了经验教训。例如，早期上线的"贵州省法检互联系统"，因其实现了法院和检察院的互联互通，却未将公安、监狱管理局等部门一并纳入，导致该系统平台无法实现刑事案件业务办理全面网上流转。而目前在全省全面推广应用的跨部门大数据办案平台，正是在以上先行先试的系统平台基础上，从政法工作整体性与一致性方面考虑，从当前政法业务全面协同的应用需求出发，统筹规划，运用大数据等新技术，构建了一套从基础网络互联互通到业务应用全面协同的系统平台。因此，在推进信息共享、业务协同的过程中，要不断创新工作方式，既要大胆实干，积极探索，先行先试，又要不断总结经验，在试错基础上运用新技术，加快研发新系统，积极推广应用。要把信息化建设与深度应用有机结合，只有形成信息化执法办案工作合力，才能达到以信息化促效率促公正的效果。要探索多种形式的信息互联共享，通过系统平台业务协同实现案件全流程办理。

（三）围绕智慧法院建设促进业务融合

近年来，法院信息化建设聚焦于智慧法院建设，全国法院不断深入推进智慧法院建设，紧紧围绕"智慧审判、智慧执行、智慧服务、智慧管理"，推动审判辅助和诉讼服务智能化，为司法为民、公正司法提供有力的信息化支撑。随着全国智慧法院建设的全面升级提速，信息技术与法院审判执行工作深度融合，促进审判执行不断转型升级，信息时代的审判运行新模式正在逐步形成。从信息化服务审判执行工作的角度来看，通过新型信息技术研发出来的各类智能辅助办案系统或软件可以有效提升法官办案效率。建设与应用跨部门大数据办案平台，通过优化完善政法各机关办案系统的功能，实现了与其他单位业务系统的业务协同办理，为办案人员提供了更方便快捷的途径，可以有效提高协同办案的质量和效率。此外，通过建设与应用该平台，还实现了案件的网上移送、网上办理、网上存储，案件信息和办理进度的实时查询，实现了案件办理全过程数据共享、业务互联，从网络化、阳光化、智能化角度助力智慧法院建设，为审判体系和审判能力现代化的实现提供了有效可行的实践模式。

（贵州省高级人民法院）

陕西智慧法院司法数据中台建设探索与实践

为推进陕西法院"数据共享、系统共治、知识赋能"的智慧法院信息化体系建设，充分发挥陕西法院司法数据优势，2021年1月陕西省高级人民法院建成了陕西法院数据中台，实现了统一标准治理体系下核心业务系统的数据实时采集汇聚、数据治理、智能开发、共享服务和业务赋能，完成三级法院纵向贯通、法院与外部相关单位横向协同，为"智慧服务、智慧审判、智慧执行、智慧管理、智慧协同"提供坚实的数据与知识基础支撑。

一 陕西法院司法数据中台系统概述

陕西法院司法数据中台以司法数据融合为基础、以中心化能力为工具，实现数据分层开发和智慧化模型沉淀，形成"四中心、一平台"，以满足和不断深化陕西法院司法数据价值开发和智慧运营要求。

采集交换中心可以适应审判执行工作的系统性、整体性和协同性要求，实现内部数据采集汇聚和外部数据资源交换的一体化能力，实现数据和业务知识的回流和沉淀。数据治理中心可以构建一体化的数据资产运营、治理、管控，实现全流程、全生命周期和全景式的数据资源治理和安全管控，确保每一份数据资产的可靠、可信、可用，及时反映数据的质效状态。数据开发交付中心可以为数据开发团队提供可视化的数据开发组件，实现数据开发的全流程支撑、规范化管理，确保在统一的治理体系和安全架构下进行数据开发。业务反哺中心可以提供一个集成开发环境，通过标准化、规范化的开发手段，实现业务反哺服务的开发、部署和服务订阅，为陕西法院业务系统提供数据查询和反哺能力，为业务系统注智赋能。智能服务平台可以面向内外部智能应用场景，集成结构化或非结构化的机器学习和深度学习算法，提供统一的数据挖掘和AI建模训练服务，奠定知识挖掘和服务能力。

二 陕西法院司法数据中台建设特色

搭建的陕西法院数据中台，强化数据生产要素在审判执行质效上的关键作用，激发陕西法院以数据思维能力为基础的创新活力，陕西法院建设的数据中台以工具化、敏捷化、智能化和交互性为原则，面向业务价值挖掘和场景化服务能力，为不同角色使用者提供共治共享的数据治理和价值挖掘生态。

（一）以元模型为驱动，实现全生命周期数据治理和自动化建立法院数据资源目录

基于标准进行元数据定义，为数据质量提供支持，以元模型为驱动，通过前向管控和后向治理相结合，在模型设计时就以标准为基础，并通过元数据自动化采集、智能化分析实现数据模型的全生命周期治理管控（图1）。

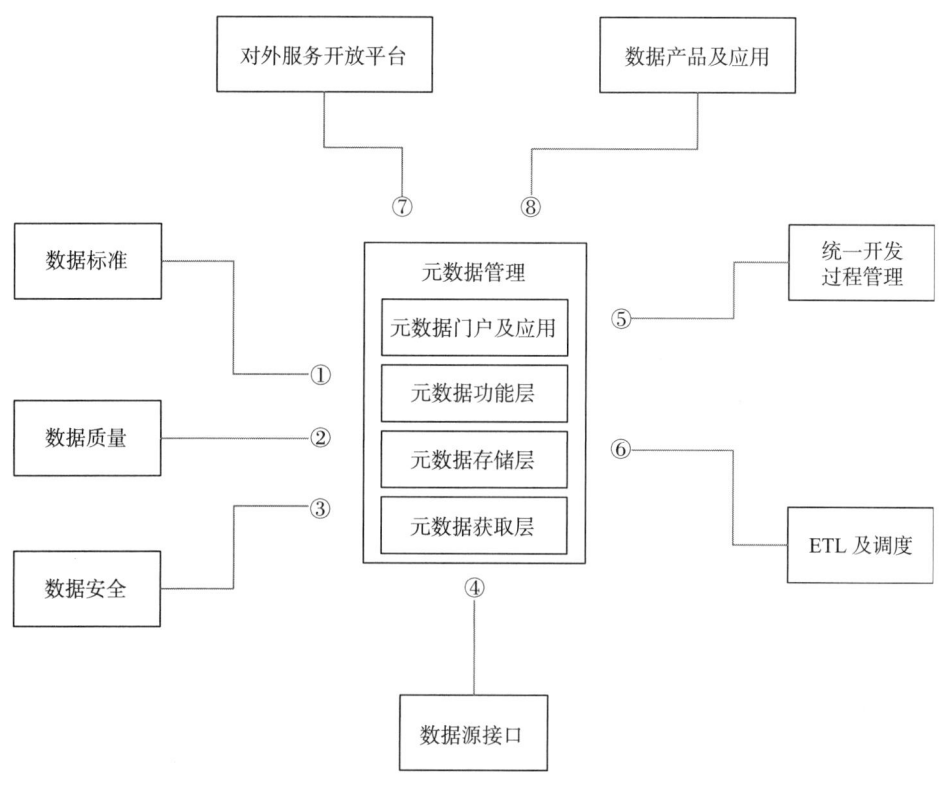

图 1　元模型驱动治理体系

（二）设计即开发，敏捷建模协同交付

全面实施以标准化治理为导向，结合前向数据治理能力实现数据操作过程标准化、流程化，通过集成组件调用、代码编写、调试等一体化的面向数据处理和智能化开发的套件工具，闭环涵盖法院各类数据开发场景（图2）。

构建贯穿模型设计、程序开发、流程测试的可视化数据建模工具，实现多人协作迭代完成设计与交付。保证从设计、开发到上线、整个链条过程中设计思维、规范文档的全局一致性，所见即所得。

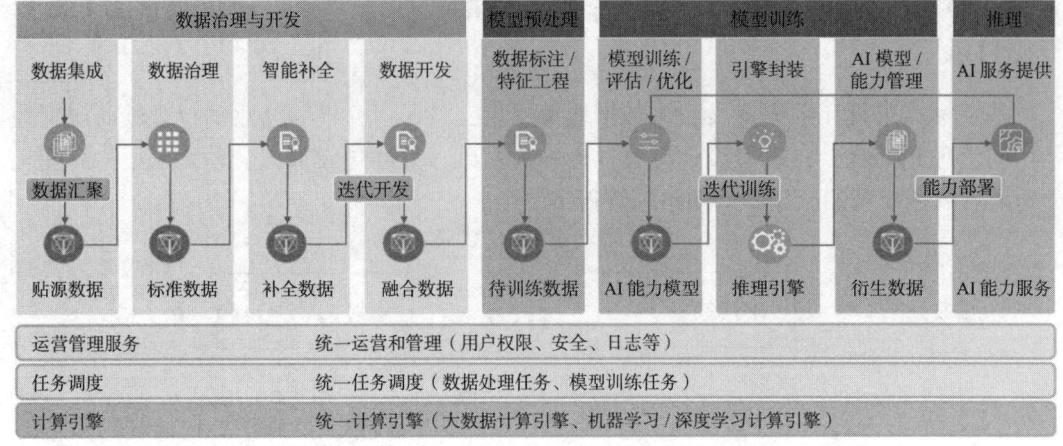

图 2 端到端的数据治理和智能开发流程

（三）数据治理环节的智能化

结合机器学习等技术并应用到数据治理等环节，构建从基于规则的人工操作到自动操作的处理流程，支撑数据质量、数据安全与作业调度在策略管理与应对处理方面的能力提升。

通过数据摘要提取分析、SQL 语义分析、NLP、深度学习等 AI 技术，实现数据字典工程反向工程，实现自动化、智能化的数据梳理，自动化形成陕西法院数据资源目录。

通过分析数据字段内容摘要（抽样结合全量的方式），将枚举维度与时间维度自由组合，预测目标阈值是否在合理波动范围内，以达到质量问题的自动扫描，减少人工配置，实现高效感知—反馈—改善。

基于自然语言技术和文书类数据关联能力，从文书中智能抽取和识别案件要素信息，稽核和补充案件结构化数据，发挥多源异构数据在数据治理上关联融合价值。

（四）数据开发脚本自动生成与优化诊断

通过模型在线设计，填写来源模型、目标表模型设计及技术口径，自动生成程序样例脚本，简化开发。

（五）数据虚拟化访问与安全控制

数据虚拟化访问与元数据目录服务协同，实现各类数据的虚拟化注册和使用，支持屏蔽物理模型的虚拟化和脱敏访问，提升了在数据开发过程中的安全性。

三 数据中台应用成效

基于陕西法院数据中台,全面实现了全省法院数据统一汇聚、资源统一治理、多团队开发交付、统一数据服务的数据价值开发利用生态,实现了多源异构数据关联和业务融通,建立了从数字化到知识化的平台能力基础。陕西法院的数据中台已成为陕西省高级人民法院智慧法院建设的核心能力。

(一)创建五大核心能力,激发司法数据价值

(1)数据资产管控与运营能力:提供全流程法院数据治理和管理能力,实现数据全面业务化运营。

(2)智能集成开发能力:提供智能化开发工具,实现数据全流程端到端敏捷开发。

(3)公共数据能力:通过数据建模实现跨系统和跨结构数据整合和知识沉淀,避免数据冗余与孤岛,实现法院内外数据全面整合。

(4)数据业务化能力:将数据转变为面向业务场景的数据服务或产品,实现数据驱动司法业务运营和司法业务智能化。

(5)业务反哺能力:通过对数据加工和知识沉淀,为各司法业务平台提供多样化的能力输出,实现数据与业务的无缝衔接。

(二)打造数据运营、数据开发和价值应用的一体化服务模式,敏捷支撑数据使用者

(1)数据资产运营:面向数据运营者,将治理标准应用于数据采集交换、数据开发、数据开放的全生命周期环节,实现了数据模型、数据质量、数据安全、数据服务的工具化管理,确保每个层次和粒度的数据可信和可控。

(2)数据价值挖掘:面向数据和智能开发者,以模型和场景为驱动,在标准治理体系下,丰富数据资源和服务能力。

(3)数据价值利用:面向案件管辖主体、法官等不同角色,提供法院数据资源的个性化服务门户,通过数据卡片、语义检索和图谱关联等实现数据价值利用。

(三)创新陕西法院主数据标准规范,增强全省司法数据治理能力

基于最高人民法院法务标准,结合陕西法院业务,设计出符合陕西法院业务和信息化系统的陕西法院主数据标准规范。通过统一的标准制定和发布,结合制度约束、系统控制等手段,辅以标准自动推荐、自动纠错等标准化服务,实现全院数据资源的完整性、有效性、一致性、规范性、开放性和共享性管理,提高了全院数据治理水平。

(1)元模型标准和元模型质量稽核:实现了全院数据模型命名统一、字段纠错、维度编码标准、字段类型推荐等标准化服务。

(2)主数据标准和主数据库:建立并固化了一套陕西法院的主数据标准规范,基于

19/20法标规范规划陕西法院的主数据类型、构建陕西法院的主数据模型，依托陕西法院数据中台对主数据进行管理、提供对外引用能力，并形成了陕西法院的数据资产，包括案由数据、法条情节数据、自然人数据、企业数据、律师基础数据、司法人事等主数据标准和主数据库。

（四）实现以案件为核心的数据融合和关联，支撑智慧审判和精确管理

（1）实现案件各审理阶段的案件要素关联融合，形成"人、案、物"关联图谱和审理轨迹，为案件、当事人和裙带关系识别、关联检索分析、以及以数据为驱动的审判执行和司法管理提供丰富的数据支撑。

（2）基于汇聚的半结构化和非结构化数据，以智能服务平台能力为基础，实现智能标识能力，智能抽取和识别案件要素信息，建立裁判文书的多维度标签，丰富补充案件结构化数据，发挥多源异构数据关联融合价值。

（3）为各个业务庭室部门和管辖主体提供灵活多维的数据检索和数据补全反馈能力，支持一审发改案件的深度探索、审理轨迹展示、发改原因分析等。在探索交互过程中将补全反馈信息作为业务经验沉淀到数据中台，进而通过机器学习可以对同类特征案件进行智能归类，实现了"人帮机、机帮人"的人机协作。

四 数据中台的价值及意义

以云平台为依托、以数据为基础、以知识为中心、以数据中台为核心，构建起了集约、智能和安全的陕西法院数据中心，实现标准规范固化、数据融合治理和数据价值挖掘，通过陕西法院数据中台让数据活起来、用起来，服务审判管理工作，为建设智慧法院4.0奠定重要基础。

（一）解决了数据资产的掌控能力问题

依托陕西法院数据中台，形成了陕西法院自主数据资源支配地位和解决了数据资源支配掣肘问题，为使数据充分流动和发挥数据生产要素价值开创了新局面。

（二）解决了数据分散和碎片化问题

依托陕西法院数据中台，整合形成统一的法院信息资源库，打破了"数据壁垒"、消除了"数据烟囱"，解决了数据资产"碎片化"，发挥了数据整合价值。

（三）解决了数据标准全局一致的问题

依托陕西法院数据中台，实现了数据源端治理、全局一致，实现数据架构、业务架构、数据标准、主数据的统一，解决了核心数据源头多样、数据不一致、数据不准的问题，真正实现了"车同轨、书同文"。

（四）解决了业务反哺和数据价值共享的技术性障碍

依托陕西法院数据中台，实现了数据和前端业务的能力贯通和反哺，解决了数据向下级法院、各业务庭室和社会公众共享开放的技术性障碍，实现多元价值受益。

（五）解决了数据向知识转化的技术性障碍

通过 AI 服务平台陕西法院数据中台的引用，可以帮助陕西省法院将自己的业务能力不断下沉为算法模型，解决了数据向知识能力转化以及业务智能化的技术性障碍，为数据复用和组合创新奠定了能力基础，为陕西省构建"智慧中台"提供了经验积累。

（陕西省高级人民法院）

新疆兵团法院推进"智慧兵法 4.0"工作纪实

近年来，新疆生产建设兵团辖区法院（以下简称"兵团法院"）全面推进依法治国战略部署，以习近平新时代中国特色社会主义思想为指导，紧紧围绕"努力让人民群众在每一个司法案件中感受到公平正义"的目标，依托信息技术手段，努力破解兵团法院点多、线长、面广、事多、人少的难题。

在服务职工群众诉讼方面，兵团法院立足实际，贴近基层，切实将非诉讼纠纷解决机制挺在前面，推广繁简分流和调解速裁，积极开展网上立案、跨域立案、在线庭审，推广应用兵团"移动微法院"，力争实现"让数据多跑路、让群众少跑腿"，为人民群众提供全流程诉讼服务体验。

在服务审判执行工作方面，兵团法院立足审判、执行工作实际需要，强化审判、执行流程节点管控，深化与司法服务应用的融合，推动电子卷宗随案同步生成及深度应用工作，完善执行查控体系和失信被执行人惩戒机制，构建上下一体、内外联动、规范高效的执行体系，努力提高一线办案法官工作效率。

在服务司法管理方面，兵团法院拓展和加强各类司法管理应用，满足提高政务管理科学性的需求，依托兵团三级法院专网网站，实现信息上传下达和横向交互；完善人事、司法政务管理系统，覆盖行政事务、档案管理、司法研究、司法辅助等业务领域，积极推进兵团法院人财物统一管理。

一 兵法 e 诉：从线下办理向全流程线上办理的根本转变

以服务法官为根本，优化审判流程管理系统，持续深化以电子卷宗随案同步生成为基础的智慧审判应用体系，打造全流程无纸化办案平台，促进审判工作智能化，提升服务法官办案质效。

（一）优化审判流程管理系统

立足"收、转、送、归"四个基本点，围绕升级优化审判流程管理系统、电子卷宗随案同步生成、综合送达和归档四个方面，实现线下办理向全流程线上办理的根本转变。以支持横向融合和纵向协同为重点，升级拓展审判流程管理系统；优化自动分案规则，提升自动分案的合理性和准确性，实现案件繁简分流，简案快审、繁案精审；强化与执行等其他应用系统融合，实现案件信息自动关联；推进上下级法院、跨辖区法院以及与公安、检察院、监狱、行政机构之间的业务协同；满足相关业务跨层级审批、跨单位联动；实现从流程信息管理为核心向以电子卷宗深度应用、服务法官智能化办案为核心的跃升。建设综合送达管理平台，推进送达事务的集约化、跨域化、电子化，实现法院送达工作的统一、有序管理；建设受送达人地址库，通过信息共享与地址智能推定，对恶意规避送达形成有效约束和治理，全面提升送达的效率和效力，节约送达成本。

（二）推进电子卷宗随案同步生成及深度应用

建立健全电子卷宗收集、扫描、数字化处理、审核、流转、存储、管理、运用和质量保证的运行机制、规章制度和岗位职责。依托诉讼材料集中收转系统归口采集诉讼材料、数字化处理、智能标注编目，快速流转，构建及时、完整、可信的电子卷宗；配备诉讼材料数字化扫描和归档团队，配套建设统一保管纸质卷宗材料的智能中间柜、智能审验捺签终端；通过卷宗材料要素信息智能提取，实现立案信息自动回填、结案信息智能比对；实现程序性文书自动生成和自动签章，裁判文书辅助智能生成，法律文书"左看右写"、裁判文书纠错、隐名与上报；实现卷宗公开、网上阅卷、庭审质证等智能化应用；实现类案与法条智能推送；建设司法辅助事务集约化处理中心，将电子卷宗数字化、分类编目、保全、鉴定、送达等辅助事务集中管理，构建以法官为中心、司法辅助工作集约化管理的新模式；升级电子档案管理系统，全面推行一键归档，形成以电子卷宗为主、纸质卷宗为辅的案件归档模式；二审、再审案件办理过程中能充分利用原审案件档案卷；推进贯穿立案、审理、合议、裁判、结案、归档等环节的全流程无纸化办案新模式。

（三）建设"事务协同e中心"，实现辅助事项的集约化办理

各级法院需成立"事务协同e中心"，以审判辅助事务集约化管理和社会化服务外包为机制保障，司法资源配置科学化、合理化为理念，实现办案流程、办案方式、监督管理方式的革新。建立诉讼材料集中收转机制，集中收转、扫描当事人现场提交的诉讼材料；兵团分院建设三级法院"数字化加工工厂"，引入社会化服务外包人员，通过人机耦合依托材料收转管理系统统一接收、分派、校对各级法院推送的扫描、智能编目后的卷宗材料，进行人工质检，为办案法官打造及时、完整、可信的电子卷宗；通过智能中间柜集中保管纸质材料，不再流转给办案法官，探索无纸化办案新模式；统一整理核对纸质卷宗材料，确认无误后装订卷宗，并提交审核、归档；实现集约化送达管理，通过信息化手段优化整合送达方式，有效破解"送达难"。

二 兵法e服：夯实一站式诉讼服务体系，提升全方位服务能力

构建人民法院现代化诉讼服务体系，努力提供"普惠均等、便捷高效、智能精准"的诉讼服务体验，贯彻以人民为中心的发展思想，践行司法为民、公正司法的服务理念，体现司法之力度，彰显司法之广度，传递司法之温度。

（一）推进矛盾纠纷源头预防、多元化解及诉调融合

依托最高人民法院统一的人民法院调解平台，实现网上调解申请、分派、调解、办结、调解资源管理；当事人到诉讼服务大厅起诉立案的则引导当事人先行调解，并依托诉前调解管理系统登记诉前先调案件，实现与互联网端人民法院调解平台的对接，接收人民法院调解平台司法确认申请、调解转立案申请。

（二）加大司法公开力度，构建线上线下相互融合、相互补充的诉讼服务体系

建设兵团法院司法公开服务网，充分保障人民群众和当事人知情权、监督权，让人民群众参与司法、亲近司法、信赖司法。进一步加大公开力度与广度，完善审判流程公开、裁判文书公开、执行信息公开、电子卷宗公开；提供案件查询、网上立案、网上缴费、网上阅卷、网上送达、材料转接等功能，实现"一网通办"、内外联动、业务协同；推广应用"移动微法院"，让人民群众享受"指尖上的便利"；实现兵团三级法院法律文书的自助跨域领取；归口管理线上、线下各类诉讼服务事项，实现各类诉讼服务事项的收集、办理（转办）、跟踪等功能。

三 兵法e事：全流程泛在接入，提升移动办公办案能力

（一）实现三级法院公文上传下达、网上流转与审签

升级兵团三级法院公文管理系统，实现三级法院公文网上流转、上传下达，公文左看右写、事务左看右办，公文在线审签、批注留痕，支持移动阅文、办文，公文智能排版、智能编号等功能，提高公文写作、流转效率和事务协同效率，提升用户体验，初步实现无纸化办公。

（二）推广应用移动办公办案、移动执行、移动阅卷等应用

以办公办案为重点开展移动应用平台建设，实现各类业务的移动端办理，随时随地查看承办案件信息、了解案件动态、查阅案件卷宗，接收院内通知公告，完成公文收发、业务审批等工作；深化和完善法院执行工作的内涵与外延，实现移动端应用与执行流程系统、点对点网络查控系统、执行款管理系统、执行业务节点的有效衔接，实现预警提示、案件办理、信息采集登记、证据上传、移动阅卷、文书制作、移动打印等功能。

四 兵法 e 管：建立统一的信息服务门户和集成工作桌面

（一）实现业务与数据的集成与融合，建设一体化办公办案平台

整合各类应用系统，以打通数据接口、集成应用界面、拓展和完善业务功能为目标，构建一个集业务系统集成、信息资源集成和用户身份认证服务于一体的一体化办公办案平台，构建统一的信息服务门户和集成工作桌面，实现各类业务横向和纵向上的高效办理，提高工作效率，增强信息化管理服务水平。

（二）完善大数据管理平台，提升数助决策支持和服务社会治理能力

进一步完善大数据管理平台，强力支撑审判质量、效率、司法公信力的提升；建设审判执行可视化管理平台，实时采集、分析、展示审判、执行等运行态势。按照 2020 版技术规范要求，对大数据管理平台进行适应性改造，提升数据质量，实现符合技术规范要求的数据上报、管理与应用；依托大数据分析技术，通过数据可视化提供司法数据应用司法、反哺司法、服务社会治理的能力；宏观展示各级法院审判、执行工作动态，微观体现部门、个人办案质效，实现数据可查可探，为院领导、部门领导、审判管理人员及办案法官提供科学决策支撑，从而提升审判执行工作质效。

（三）建设智慧警务管理平台，提升警务保障能力

建设兵团法院智慧警务一体化平台，将视频监控、报警系统、对讲系统、人像识别、行为分析、人员定位、访客登记、电子围栏、车载定位、单兵系统、轨迹跟踪、融合通信等各种法警应用系统进行统一管理，实现"两个系统"实质化运行，即警务指挥系统实现警力调度、现场指挥、警务督察、安全管理等全流程信息化运行；警务管理系统，实现警员信息、训练档案、考勤考评、装备服装、车辆枪弹等日常管理数据及时网上录入、实时更新查看、有效分析评价，全面提升司法警察警务保障能力，更好地服务审判执行工作。

下一步，兵团法院将全面统筹和深化建设更加符合司法规律，更加适应改革要求，打造全方位智能化、全系统一体化、全业务协同化、全时空泛在化、全体系自主化的智慧兵法 4.0 版，分期逐步构建兵团智慧法院应用生态体系。

（新疆生产建设兵团人民法院）

北京三中院"智慧诉服"成果与应用

习近平总书记指出,"深化司法体制改革,建设公正高效权威的社会主义司法制度,是推进国家治理体系和治理能力现代化的重要举措",要"更加重视运用人工智能、互联网、大数据等现代信息技术手段提升治理能力和治理现代化水平"。北京市第三中级人民法院(以下简称"北京三中院")认真落实最高人民法院《关于加快建设智慧法院的意见》(以下简称《意见》),基本完成了关于深化完善人民法院信息化3.0版的建设任务,努力推进智慧法院建设取得新突破。

诉讼服务是面向人民群众的一线窗口,北京三中院以新址建设为契机,全力保障人民群众的诉讼权利,通过信息化手段构筑起"集约、集成、在线、融合"的"一站式"诉讼服务体系,用"智慧"点亮便民诉服之路。

一、智慧诉服的建设背景和思路

(一)建设背景

2017年,最高人民法院印发的《关于加快建设智慧法院的意见》提出以信息化促进审判体系和审判能力现代化,努力让人民群众在每一个司法案件中感受到公平正义。《意见》指出"智慧法院是人民法院充分利用先进信息化系统,支持全业务网上办理、全流程依法公开、全方位智能服务,实现公正司法、司法为民的组织、建设和运行形态",要求各级人民法院充分利用物联网技术,依据法院专网、移动专网等五大网系,构建全业务全流程融合应用体系。2019年,最高人民法院印发《关于人民法院第五个五年改革纲要通知》,再次特别强调现代化智慧法院应用体系建设问题,提出要深入推进智慧法院全要素一体化信息基础设施建设,推进科技创新手段深度运用,扩大电子诉讼覆盖范围。

(二)建设思路

北京三中院结合最高人民法院《意见》精神,深刻理解智慧法院的内涵,借助智慧法院建设的契机,围绕信息化基础支撑,提升审判工作质效,工作便民透明,精准智能服务四个方面的意见要求,运用AI与大数据的技术,从硬件物联、传输/存储、数据中台、应用产品四层维度设计了智慧法院建设解决方案,通过运用现代科技思维和手段分析问题、解决问题,切实发挥高新技术对法院讼诉服务工作的重要推动和保障作用,力争将服务群众提升到新的层次和水平。

二 智慧诉服的功能体系

（一）打造一站式网上诉服中心

为贯彻落实最高人民法院一站式多元解纷和诉讼服务体系建设要求，进一步增强人民法院解决纠纷和服务群众的能力水平，实现"让群众少跑腿，让信息多跑路"的目标，北京三中院对新诉服中心进行提档升级，利用VR技术，3D建模实景还原了诉服大厅场景和各项功能点位，为当事人提供全新的沉浸式诉讼体验。通过这种信息化手段，不断拓展北京三中院诉讼服务的广度、深度和即时互动性，进一步提升人民群众的便捷性和获得感，缩短距离感。

北京三中院VR全景技术抛弃了过去用图片说话的方式，打破空间和时间限制，以现实图片为基础，通过可以360°转动的视觉效果，将人物代入虚拟现场，全方位展示内容，为群众提供身临其境的体验感，便于群众足不出户、随时随地了解诉讼服务中心的位置、设施、环境，并通过虚拟场景进入到大厅中的各个功能点位办理相关立案诉服业务。具体来说，群众只需登录北京三中院外网官网或"北京三中法院风景线"微信公众号进入一站式网上多元解纷和诉讼服务中心，就相当于进入了法院，只需动动手指点击各个功能点位就能办理相关业务。例如，在登记点位，我们关联了预约登记小程序，有来院需求的当事人可以点击直接扫码进行预约登记；在大厅的自助诉状生成终端，也可以直接拿起手机扫一扫，自动获取诉状模板，坐在家中就可以完成诉状填写；在诉服区关联了查询案件系统，当事人可以一键进入案件查询界面；在立案区关联了网上立案系统，当事人或者代理人登录并提交申请，待法院审核通过后，直接予以登记立案。除此之外，在第三方诉源治理区域，还关联了"12368"诉源治理接单热线，移动端也可直接拨号连接。目前，一站式网上多元解纷和诉讼服务中心可以实现预约登记、查询咨询、联系法官、网上阅卷、诉状生成、风险评估、网上立案、跨域立案、在线调解、网上开庭等十余项功能，基本实现了"一网通办"。

（二）建立自助登记分流体系

法院往往一开门就迎来人流高峰，为避免来院群众长时间门口等待，北京三中院在应对来院当事人高峰期拥堵方面探索形成了自助登记分流体系。依托自助登记分流系统，来院人员可根据人员类别、办理事由等自主选择人工登记窗口、自助登记闸机、自助登记终端等途径进行登记分流，通过人脸识别方式进入法院相应区域。在安检通道左侧，专门开辟了绿色通道，律师、鉴定人、志愿者等人员可由此快速通过。完成安检后，当日安排开庭谈话的当事人可通过自助闸机直接扫描身份证，实现人、证、案比对后通行；前往诉服中心办理业务人员可通过自助访客登记终端登记并扫码通行；依托最高人民法院律师服务平台，所有律师均可凭实名认证后获取的"一码通"扫码通行。未来将进一步升级完善闸机功能，通过与访客预约系统的数据对接，力争实现所有预约办理立案诉服信访业务群众均可凭手机预约二维码"一码通行"。

（三）法院业务自助办理体系

为了切实发挥出自助服务的分流作用，为当事人提供更为符合诉讼需求的体验，北京三中院在自助立案区配有自助立案系统、诉讼风险评估系统、诉状自动生成系统等一整套诉讼服务系统，能够为当事人提供自助立案、网上立案和跨域立案服务。诉讼风险评估可以对常见的15种案由采用交互式引导采集案情和模型动态调整为当事人提供讼诉风险指数，生成诉讼风险评估报告。诉状生成系统基于大数据和人工智能对起诉状做分析，整理诉状要素，形成引导式问卷和选项，当事人只需勾选答案即可完成案情采集，生成诉讼文书。

查询区配有自助查询系统、联系法官系统。当事人在查询区可以通过自助查询系统查询案件信息，还可以通过联系法官系统以视频、语音和文字的方式给承办法官留言。法官收到系统提示的留言处理提醒之后，在系统中查看留言信息并以短信方式给予回复或直接拨打电话联系当事人。

（四）上线AI机器人服务

一是引入卷宗运送机器人，将往返于立案窗口和材料收转窗口之间的繁重的卷宗运送工作交由机器人处理。卷宗运送机器人支持自动优化路线，遇到行人和移动障碍物可主动绕障，在大厅内进行无人化卷宗运送的同时，有效提高了卷宗等批量物资在院内的流转效率，减少了卷宗等机密文件在周转过程中的泄密风险。在利用机器人运送卷宗、解放人力的同时，又实现了运送全链条数据后台留痕，多重保障卷宗运送安全。卷宗运送机器人投入使用以来，显著提升了诉讼服务大厅内从立案窗口到电子卷宗生成中心之间卷宗运送的效率，减轻了院内工作人员的人力成本。

二是引入机器人"小司"（司睿哥），实现"一'人'通办"。"小司"热情好客，主动上前为当事人提供多样化服务，除了能为当事人提供方位指引、法律咨询、文书制作、风险评估、诉费计算等服务外，还通过升级上线留言短信推送功能，随时将当事人留言代为传话给法官，方便法官查看并及时回应当事人的诉讼需求。

三 智慧诉服的成效

"十三五"规划期间，北京市三中院诉讼服务大厅共接待当事人38.3万人次，通过自助手段平均减少当事人30%的排队等待时间。

智慧法院建设的飞速发展，映照着人民法院"努力让人民群众在每一个司法案件中感受到公平正义"的价值追求。北京三中院坚持以人民为中心的发展思想，深入推进智慧法院建设，将信息技术与审判规律深度融合，始终追求更好满足人民群众对公平正义需求的目标，为全面依法治国、推进国家治理体系和治理能力现代化提供坚实保障。

（北京市第三中级人民法院）

山西朔州中院电子卷宗深度应用的探索与实践

为贯彻落实山西省委政法委关于智能化建设要求部署，在山西省高级人民法院的正确指导和大力支持下，朔州法院先行先试，以"智"为擎，以"效"为引，围绕山西省高级人民法院党组提出的建设"集约化、智能化、便利化、实体化"现代化诉讼服务中心的要求，以建设诉讼事务现代化集约中心为抓手，深化"四个一"平台应用，以电子卷宗深度应用、无纸化办案、打造"前店后厂"式诉讼服务中心为创新举措，进一步满足人民群众日益增长的司法需求，进一步推进朔州法院的信息化建设与审判流程重塑工作，进一步提升朔州法院司法现代化能力，倾力打造全智能无纸化"智慧法院"新模式。

一　建设的必要性

（1）电子卷宗作为"智慧法院"建设的一条主线，关乎"三全三化"的质量。朔州两级法院先后完成了历史库藏档案电子化加工，并从 2017 年 6 月 1 日起，实现了电子卷宗随案同步生成，采取的是电子卷与纸质卷并行的模式，实现了"阶段性"无纸化办案模式，但电子卷宗随案同步生成与深度应用并未在全业务流程中贯通。

（2）在传统的办案模式下，以纸质卷宗作为办案的主要载体，办案人员通常要在流转、查找和翻阅纸质卷宗中耗费大量的时间，难以实现合议庭成员、院庭长、审判管理部门等应用主体及在整个立案审查、阅卷、庭审、合议、审委会等阶段便捷应用。电子卷宗扫描随案生成分散于各部门审判团队，制作质量不一，难于监管，不便应用，难于归档，同时造成在实现各流程依法公开和相关审判信息依法公开等方面，难于推进。

（3）在强力抓审判流程规范管理和全业务网上办理过程中，存在隐形增加办案人员的工作负担情况，在服务法官办案，重塑规范审判流程，提升审判效率和质量方面，没有取得预想的效果。

（4）重要审判辅助事务送达、档案、文印签章等不够集约、规范和高效，有必要进一步借助信息化技术应用和创新规范管理进行提升。

二　建设内容

（一）配套电子卷宗深度应用及相关软硬件建设

在硬件建设上创新发展理念，夯实基础设施。朔州市中级人民法院（以下简称"朔州中院"）与中国移动深度合作，采用"企业建设平台、法院租用服务"的方式，租用计算、存储、安全、专线等资源，建设朔州法院"专有云"。有效提升了资源利用率、业务扩展性及系统安全性，降低了硬件投资成本、维护难度及运维成本，为法院工作科学发展提供坚实的科技支撑。

在硬件建设的基础上，引入电子卷宗深度应用系统，送达系统，审判态势分析系统，引入案件卷宗智能管理柜等相关软硬件。

（二）事务中心集约化管理

将诉讼服务中心立案服务窗口与拟建的审判辅助事务中心以"前店后厂"的方式一体化打通改造，最大可能集约资源、功能，进一步提升服务群众、服务法官的功能，以更加公开透明的形式将司法的程序和过程规范化、阳光化。

（三）创新管理模式

档案管理集约到辅助中心，取消纸质卷宗流转（法官根据需要可借阅）和审判部门分散扫描电子卷宗，装订案卷，归档、文书打印等相关工作任务，事务中心从立案开始储存整个案件流程中全部纸质材料直到归档入库。

实现差异化管理，将民事、行政案件全部送达任务集约到辅助中心，充分运用送达系统支撑，优先应用电子送达，将相关法律文书印制工作集约到辅助中心，按需印制和送达。立案窗口、事务中心、审管人员、送达人员、档案人员等集约一体化设置于"前店后厂"，人力资源配置效用最大化，发挥最大化协同效应。

三 功 能 模 块

（一）辅助事务集约管理提质增效

（1）集中送达。法官在办案系统中发布送达任务，庭前文书批量制作，电子签章后实时自动归目到电子卷宗，任务派发到送达组，送达组优先电子送达或打印文书后采其他方式送达，应用送达系统送达回执（电话录音、直接送达录像、邮寄回执和送达报告）即时返回到办案系统中自动归目形成电子卷宗，减少扫描内容。

（2）案卷管理。纸质案卷统一保管于事务中心，不再流转；庭前文书材料随案系统中生成卷宗，不再打印；庭审笔录当事人电子签名捺印直接生成电子卷宗，不再制作纸质；合议庭评议、审委会笔录、裁判文书制作签名，全部实现系统中即时办理即时生成卷宗。

（3）规范扫描。全业务网上无纸化办公，诉讼中当事人提交新证据等需扫描入卷的材料，交由材料管理员，在人脸之别和条形码（条形码是在新案件立案扫描之后，在数字法院系统材料收转模块生成，一案一码）识别的双重验证通过后，放入事务中心中转柜，交中心统一扫描后纸质卷归入档案柜，电子卷随案生成。所有的操作，系统会在后台留痕并均有监控录像。

（4）档案管理。法官派发归档指令后中心人员负责取出案卷检查，打印纸质材料装订案卷，随电子卷进行统一检查评查，中心档案员检查归档。

（5）实现全业务法官辅助人员网上办理，（包括送达）不再流转纸质材料，全流程无纸化办案。信息多跑路，法官少跑腿。

（6）窗口支持当事人复制材料，庭审录像等工作，立案提前扫描材料，检查材料电子版等工作。

（7）法庭、诉服、事务中心设置于同一楼层，线上线下，"窗里窗外"，诉前诉中诉后，庭上庭下服务一体打造，努力实现最大化效能。

（二）电子卷宗深度应用

实现案件信息回填，在各阶段完善案件系统中信息；庭审证据电子卷宗展示，实现法官"左读右写"，自动生成法律文书部分内容；简单法律文书一键生成；OCR识别，支持法官复制编辑；类案推送检索功能；实现电子档案自动检查；法律文书自动校对，庭审、合议、审委会讨论，院庭长阅卷监管全方位网上支持，杜绝合议、文书制作签批诸多不及时不规范现象，以电子卷宗深度应用和无纸化办案促进规范审判，提升工作质效，实现聚能节约。

（三）审判管理挺在前

事务中心设审判监控管理职能，大屏实时分屏监控两级法院审判态势、工作进度，系统支持从立案、送达、庭审、合议、结案、归档、文书上网依法公开等各节点监管，及时预警督办，实现两级法院一体化监控管理。

四 集成实施

（一）一站式诉讼服务

以便民服务"最多跑一次"为出发点，高标准建成"科技先进、功能齐全、现代实用"的诉讼服务中心。采用"前店后厂"式布局，"前店"为人民群众提供立案、申诉信访、庭审、材料收转、阳光分案、公益法律援助等全方位、一站式服务，通过自助服务终端和电子诉讼平台，实现了9大类30余项诉讼事项"网上办"，数据多跑路，群众不跑腿。

诉讼服务中心服务功能集约化。一手抓多元化解的集约化，坚持发展新时代"枫桥经验"，通过信息化手段与相关机构联合互动建立一站式纠纷化解平台，推动构筑"党委领导、政府负责、社会协同、公众参与、法治保障"的矛盾纠纷多元化解工作格局。一手抓非审判事务的集约化，统筹考虑诉讼服务与审判工作关联性，将保全、送达、鉴定等审判辅助性、事务性工作以及部分可前置的审判工作集中到诉讼服务中心，由专门人员统一办理，最大限度提升工作效能。

诉讼服务中心服务手段智能化。要推动现代科技与诉讼服务深度融合，完善网上诉讼服务平台，拓展自助服务领域，提升诉讼服务信息化、智能化水平；探索移动互联时代诉讼新模式，将实体诉讼服务功能向移动终端拓展，从线上到"掌上"，为当事人提供更加便利高效的诉讼服务；依托信息技术和服务手段，以需求为导向，进一步为法官服务为审判服务。

诉讼服务中心服务方式便利化。要加强诉讼服务标准化建设，完善制度规范、明确岗位职责、优化工作流程，最大限度为群众诉讼提供便利；要推进人民法庭和法院诉讼服务中心一体化建设，通过人民法庭延伸诉讼服务中心职能，形成辐射作用，把便民服务的网"编织"得更加紧密。

诉讼服务中心服务运行实体化。要坚持"大诉服""大审判""大保障"的改革思路，以实际需求为导向，整合诉服功能，对各级法院特别是基层法院的诉讼服务中心进行重新定位，以基层法院机构改革为契机，明确机构编制，配齐配强工作力量，加强技术装备保障，推进诉讼服务中心实体化运行，尽快将诉讼服务中心建设成为多向联动、功能完备、服务高效的法院工作中枢。

（二）一中心集约保障

按照深化司法体制配套性改革要求，在"后场"建成诉讼事务现代化集约中心，以电子卷宗深度应用为主线，将分散、低效的鉴定、保全、诉前、庭前、扫描、送达、归档等16类司法辅助性、事务性工作汇聚于集约中心，统一、高效地为法官办案提供全流程标准化诉讼事务保障，为当事人、律师查阅档案提供"阳光化"、无纸化服务。

对案件实行差异化管理，繁简分流、快慢分道，对立案材料进行集中扫描、批量制作庭前文书、统一排期、统一送达。立案后，20日内便可开庭。

改革传统案件纸质卷宗低效流转模式，纸质卷宗全部集中于集约中心当天扫描、存储，不再流转。形成的标准、完整电子卷宗服务于法官网上办案各环节应用，并支持当事人、律师借阅。流转信息全程留痕，安全可控。

档案归档由集约中心工作人员依据法官在办案系统中的指令进行，按需打印各环节随案生成的电子文书，并组卷、装订，评查合格后，电子卷宗、纸质卷宗同步归档，实现了归档及时、规范。

集中文书印制和送达工作，法律文书智能输出系统实现了电子签章、按需打印、自动装订、智能管理。上线"智能送达系统"，各类文书智能送达全覆盖。电子送达精准、快捷，通话记录云端存储，在大数据的支撑下，送达情况全程留痕。

功能集约、效果集成的关键在于人员集中。改革书记员分散管理做法，对其集中培训、集中使用、集中管理，强化多技能业务培训，打造了全能型人才、专业化团队。

（三）一平台无纸化办案

坚持问题导向，以电子卷宗深度应用为着力点，用信息化手段倒逼审判质量和审判效率的提高。

法官只需且必须做好四件事：网上阅卷、智能庭审、智能合议、智能文书编写。

网上阅卷，由中心提供高质量电子卷宗，实现了合议庭法官同步留痕阅卷、批注和形成阅卷笔录。

智能庭审，证据庭审展示电子化，同步录音录像直播和入卷，庭审笔录语音识别转化，当事人电子签名捺印后，电子笔录直接归入电子卷宗。

合议评议，实现同步录音录像，同步在办案系统中合议，线上流转签批，法官电子签名后自动归入电子卷宗。

文书制作，法官运用"左看右写"阅览模式，通过智能识别卷宗内容、快速标记、全文检索、OCR识别引用等功能，辅助撰写裁判文书，自动匹配推送法条与本案相关案例。

（四）一体化审判管理

应用审判态势分析、智能报表、执行可视化、执行质效等系统，通过大数据、云计算技术，对案件信息进行采集、分析、整理、归类，挖掘数据价值，强化审判执行垂直化、一体化管理，突出审限管理，实时动态监控，通过对立案、开庭、裁判、送达、归档等各流程节点的协调、预警、催办、督办，有力保障审执工作高质量推进。

五　应用成效

（一）办案人员科学减负

电子卷宗的全业务流转，使得网上签收、网上阅卷、网上合议、网上查阅，共享阅卷笔录，证据安全快捷流转、文书"一键"生成、信息自动推送成为常态。信息技术真正服务于审判执行工作。

（二）司法行为更加规范

实现全业务网上办理，法官对电子卷宗进行的浏览、批注，制作、修改、签发的文书，以及送达、上诉、归档等各个办案环节，在案件办结后均被"封存"，审判痕迹真实客观，办案过程公开透明，倒逼办案人员规范司法行为。

纸质案卷由事务中心统一保管，原则上不流转给法官和法官助理，使责任更清晰、材料保管更安全，解决了原始材料保管责任不清、遗失及线上留痕失真等问题。

（三）审判监管精准高效

审判活动逐步由人工监管转变为智能监管、事后监控转变为实时监控、粗放监督转变为精准监督，审判管理监督从微观的个案向宏观的全院、全员、全过程的案件质量效率监管转变，实现了对审判流程智能记录跟踪、提示催办、预警，提高了管理实效。

（四）诉讼服务优化升级

为当事人、诉讼参与人和律师参与诉讼提供线上服务，减轻人民群众负担。当事人可网上申请立案、网上接收程序性法律文书，审判流程主动告知、即时查询，形成线上线下多样化的诉讼服务格局，优化诉讼体验，提升诉讼服务水平，增强人民群众在"智慧法院"建设中的获得感。

集约中心建成以来，先后有最高人民法院党组副书记、副院长江必新同志，山西省委常委、山西省委政法委书记商黎光同志，山西省高级人民法院院长孙洪山同志以及全国其他法院的同事来朔州三院调研指导、参观考察，大家均对朔州法院以信息化提升司法公开和审判质效予以高度评价和充分肯定，对打造"集约、高效、便民、智能"的诉讼事务现代化集约中心这一创新举措予以高度评价。

建立审判辅助事务中心，实现"前店后厂"式服务场景，承担电子卷宗随案同步生成、纸质卷宗诉讼中的集中管理、结案卷宗集中装订归档和集中送达等工作；打造立案材料、诉讼材料、审理中借阅化以及案卷归档的电子化；实现审判事务集约化管理、电子卷宗全业务流转、事务中心流程化作业。

电子卷宗的全程流转应用，辅助事务集约化管理，真正实现了"三全三化"的目标，审判质效必将大幅提升，审判管理更加便捷有效，是一条实实在在为审判团队减负，为智慧法院建设提供可借鉴可复制的朔州经验。

（山西省朔州市中级人民法院）

江苏南通中院智慧警务平台

一 建 设 背 景

南通市中级人民法院（以下简称"南通中院"）一直在推进智慧法院的建设，目前已经形成了"智慧诉服、智慧执行、智慧审判、智慧警务和智慧政务"五位一体的智慧法院建设成果。而智慧警务建设就是其中之一。在原来智慧警务1.0系统中已实现了警务管理、警政管理、安保管理，这三块功能已经在全江苏省实现了推广。然而在使用1.0系统的过程中发现了一些不足。

因此针对1.0存在的不足，又研发了2.0系统，将侧重点放在软件和硬件、软件和软件之间的二次打通和贴合，贴近法院系统进行深度开发和定制。

二 智慧警务管理平台建设目标

该平台的建设目标是：建成"一个指挥中心"，构建"三端融合应用"，保障"三大核心业务"，完善"五大管理模块"。

三 智慧警务管理平台总体架构

智慧警务管理平台以警务指挥中心为核心,以大数据、云计算、人工智能、移动互联网等技术为支撑,构建覆盖全国、联动指挥、快速响应的四级法院警务指挥中心信息系统,实现法院移动化的快速指挥调度、多维度的智能安全防范、高效率的法警综合业务管理。

智慧警务管理平台实现法院专网、公安专网、互联网三网融合业务应用。该平台依托警务指挥中心,实现法警全业务管理、智能指挥调度管理、智能辅助管理。该平台与审判案件管理系统对接获取审判案件信息、与执行案件管理系统对接获取执行案件信息、与涉诉信访系统对接获取重点人员信息,与音视频管理调度平台、法院人事管理系统、法院统一用户管理系统、获取相关数据信息实现数据统一管理。与12368短信发送平台、法眼平台、大数据管理和服务平台对接,推送相关数据实现数据共享交互。该平台与交警指挥中心、110指挥中心对接实现联动指挥。与全国在逃人员信息库对接,实现重点人员管控。该平台以中国移动微法院为入口实现警力部署、调度、督察、移动处置等功能,满足院领导、政治部、业务庭、法警队等不同用户的使用需求。

(一)建成"一个指挥中心",集成了信息研判中心、监控管理中心、可视化指挥中心,基于全国地图快速掌握全国法院法警工作数据等多项重要功能

1. 实现智能化信息研判

信息研判中心可以看到警力分布、警力部署、法警队伍建设情况、辅助决策、警务工作计划、岗位执勤计划等数据,同时信息研判中心将访客管理系统、审判业务系统、涉诉信访系统、公安重点人员管控系统进行深度融合,当来访人员登记时,系统自动推送其关联案件信息、承办人信息等;重点人员登记,或周界区域主动识别预警后,系统自动关联其历史案件信息、涉诉信访信息、实时位置信息、移动轨迹信息,并推送至指挥中心和相关领导进行及时处置。通过打破各系统间的数据壁垒,为决策提供智能研判。

2. 实现精准化监控管理

监控管理中心可以看到设备统计、设备在线率、视频轮巡,可以通过地图浏览全国四级法院的视频。以南通为例,可以浏览安检、立案、审判、执行、信访、羁押等场所画面。监控管理中心可进行重点人员定位、对当事人进行智能分析,识别当事人过激言行、异常倒地等行为;对法警执法进行智能分析,识别不按比例押解、着装不规范等行为进行实时督察;对法院各场所突发状况自动识别告警,并推送至指挥中心,实现警情联动。

3. 实现可视化联动指挥

可视化指挥中心可以看到今日值班、告警列表、视频轮巡,实现四级法院的指挥联动管理。对于突发事件,指挥中心可以第一时间联动现场法警执法终端,进行快速移动处置。通过智慧警务管理平台的可视化管理,既可以满足四级法院警务指挥中心连线指挥,也可以满足指挥中心对现场执法法警的远程指挥。

（二）构建"三端融合应用"

智慧警务管理平台将指挥中心端、办公电脑端、移动端进行融合，实现三大应用场景的移动指挥调度、业务数据共享、智能预警推送，融合支撑起法警全业务、全流程、全场景的警务信息化工作。指挥中心端主要用于信息研判、监控管理、可视化指挥等业务，办公电脑端主要用于日常警务工作，移动端主要用于随时随地开展警务督察，查阅警力部署情况，处理警力申请、警力调派、移动指挥等工作。

（三）保障"三大核心业务"

助力提升审判效率。该平台实现了法官、书记员在线申请用警后，自动提取风险数据，自动回填案件信息，确保案件信息无误推送，自动反馈警队警务安排至法官、书记员，不仅让法官、书记员少跑腿，更实现了出差期间移动申请用警，安排庭审工作，提升了工作效率。

协助解决执行难。指挥中心能即时查看任意法院的警力部署，实现异地协同用警快速调度，通过指挥下级法院警务指挥中心、现场执法法警，指导现场执法工作，并可以联动公安110指挥中心为强制执行现场提供强有力的警力支撑。

化解涉诉信访风险。该平台通过信息提取、比对，一键掌握重点人员的历史案件及承办人信息，历史上访记录及违法违规行为，通过异常人员聚集、重点涉诉信访黑名单、异常滞留等行为的智能分析，提前预判信访事件风险，指导法警配合法官化解涉诉信访矛盾、维护信访区域秩序，及时处置突发事件。

（四）完善"五大管理模块"

智慧警务管理平台由警务管理、警政管理、综合安防管理、装备管理和考试培训管理五大模块组成。

1. 警务管理模块

警务管理由警务指挥、警力管理、岗位执勤、警务督察等11个模块组成。主要用于警力管理、警务督察、警力调度等工作。

2. 警政管理模块

警政管理由警衔管理、警员信息、决策辅助、警察证管理等18个模块组成。自动统计分析各项业务工作数据，为警队工作提供数据支撑。

3. 综合安防管理模块

将全国法院周界区域、安检区域、审判区域、羁押区域、信访区域、诉讼服务大厅等场所的监控图像进行视频汇聚逐级上报，实现视频浏览、控制、回放。

4. 装备管理模块

装备管理由服装管理、物资采购、警械装备等3个功能模块组成。实现了装备到期提醒、库存不足告警、枪弹维护提醒等功能。

5. 考试培训管理模块

主要用于警员的在线学习培训和考试考核。警员可利用碎片化时间在移动端进行线上学习，解决了工训矛盾等问题。

四 特点和优势

（一）指挥管理全程可视

通过智慧警务管理平台的可视化管理实施信息研判、决策参谋和指挥调度等应用。可针对案件数、用警量、被告人情况等进行实时统计分析，为司法警务工作提供辅助分析和决策。通过定位，在地图上实时显示警员的实时位置和移动视频，实时显示警车、囚车所在路段的实时路况信息，以及是否偏离事先设定的押解路线，如果遇到突发事件，指挥中心能够立即做出响应，做出正确有效的远程指挥。

（二）业务功能流程闭环

智慧警务管理平台将整个警力申请、保障任务环节进行拆解展示，形成业务闭环，实现了案件警务保障的申请、审批、派警到提押、羁押、值庭、还押全流程信息及音视频数据的业务闭环。改变了以往表单式的数据填写工作形式，实现了全流程节点透明、实时可查，历史节点数据任意追溯。

（三）信息智能融合预警

智慧警务管理平台将访客管理系统、审判业务系统、涉诉信访系统、公安重点人员管控系统进行深度融合，提升应急管控预防能力，打破各系统间的数据壁垒。来访人员登记后，系统自动推送其关联案件信息、承办人信息等；重点人员登记，或周界区域主动识别预警后，系统自动关联其历史案件信息、涉诉信访信息，实时位置信息，移动轨迹信息，并推送至指挥中心和相关领导进行及时处置。

（四）警情分级告警推送

智慧警务管理平台可进行重大风险案件自动预警、重点人员主动识别、智能视频分析推送、多级指挥中心警情联动。根据警情的重要程度，设置四级警情告警，分级推送不同人员处理。告警信息可推送至移动端，相关人员可手机等移动设备进行查看，并根据告警信息进行处置。如果未能及时处置，平台将自动提升告警等级。

五 未来展望

创新永无止境，攀登更有高峰。习近平总书记在第十九届五中全会上深刻指出，要坚持创新在我国现代化建设全局中的核心地位。周强院长在最高人民法院网络安全和信息化领导小组第二次会议上强调，要坚持问题导向和目标引领，强弱项、补短板，进一步加快智慧法院建设步伐，促进审判体系和审判能力现代化。下一步，南通中院将在现有平台基础上，进一步升级完善，并在最高人民法院的指导下，力争向全国法院推广。

（江苏省南通市中级人民法院）

浙江湖州中院协同共治守护绿水青山

一　推荐理由

环境治理作为一项系统工程，仅仅依靠某一机关或单一诉讼途径，已无法满足人民群众对于美好生态环境的向往。由浙江省高级人民法院指导，湖州市中级人民法院（以下简称"湖州中院"）筹建，生态环境等主管部门、司法机关协同参与的全国首个生态环境司法保护一体化平台——"绿源智治"协同系统，为党委政府、行政机关、司法机关、社会公众等多主体参与环境治理，构建环境资源矛盾纠纷多元化解体系提供了智能化平台，努力打造"生态环境现代化协同治理 e 模式"。

二　内容介绍

推动建立"绿源智治"协同系统，是浙江法院联合行政执法机关贯彻省生态文明体制改革专项小组"建立统一高效智能的生态环境治理平台"改革任务的一项创举。系统以生态环境协同治理为目标，根据环境资源行政执法和司法职能特点，构建环境资源纠纷诉前调解、在线诉讼、司法令状、评估鉴定、专家意见、生态修复、司法建议等功能。针对不同用户主体的差异化需求，在浙江法院网上开设专栏模块为社会公众提供 6 项服务，在"浙政钉"上增加功能模块为环境资源执法与司法联动提供 10 大服务。

一是全流程在线执法办案，构建现代环境治理智能平台。"绿源智治"系统将线下传统的环境资源执法与司法业务衔接流程迁移至线上。行政机关可通过"浙政钉"在线提起非诉执行申请、生态赔偿协议司法确认和环境资源诉讼。对于适宜调解的案件，系统已对接浙江在线矛盾纠纷多元化解系统（ODR）平台，可一键完成分流引调。在行政执法和诉讼过程中，行政机关发现环境破坏行为仍在持续等情况的，还可以在线申请法院对行为人发出禁止令、修复令等司法令状，防止环境损害扩大。案件审理和执行过程中，人民法院可以在线委托行政机关协助确定修复方案，共同执行、监督生态修复。至此，从环境执法到司法诉讼乃至执行修复的全流程业务均可实现网上办理。

二是多主体在线协作共享，开辟多元参与治理新渠道。包括法院、检察、公安以及生态环境、自然资源、农业农村等环境资源行政主管部门，均作为成员单位入驻"绿源智治"系统。成员单位可将各自收到的环境资源案件线索和材料移送、同步推送至相关机关，并可针对疑难复杂问题进行在线会商。系统还引入了环境资源咨询专家、鉴定评估机构等第三方服务资源，成员单位可在线发起咨询、委托评估鉴定，为专业治理生态环境提供了极大便利。同时，在浙江法院网实时更新生态修复、公告通知、案件数量等环境资源保护相关工作情况，为人民群众监督生态环境治理开辟渠道。

三是智能化同步数据分析，为生态环境决策提供智能支撑。"绿源智治"系统通过对接浙江法院网、浙江省统一行政执法办案平台，实现环境资源行政执法和司法案件信息在线实时共享，同时能够对流通系统的各类数据进行同步大数据分析，将涉及各环境资源保护领域的线索、信息分别推送至相应行政主管部门和司法机关，对生态环境问题的易发领域、地域分布、数量变化等进行实时动态数据分析，有力服务生态环境科学治理和立法顶层设计。

三 具体成效

"绿源智治"协同于2019年8月14日在浙江湖州地区先行试点，于2020年11月10日正式在省级层面上线。系统运行一年多来，各入驻单位依托系统积极开展网上线索移送、磋商、调解、联席会议等在线协作，成效良好，入选"观星台"优秀应用。截至2020年12月底，已通过系统移送案件线索270次，流转司法案件350件，共享投诉举报、行政处罚等信息2000余条，湖州法院依申请发出禁止令状156份。司法机关在线发送司法建议、检察建议24个，化解环境资源纠纷40余件。湖州市生态环境局、长兴县法院针对一起跨域污染，依托该平台完成全市首例生态环境损害赔偿司法确认案，该案入选"长三角司法协作典型案例"。在2020年9月9日召开的全国法院深入贯彻"两山"理念全面加强生态环境司法保护工作座谈会上，湖州中院作为全国六家法院之一、浙江省唯一代表，以工作宣传片形式展示湖州法院环境资源审判工作，其中生态环境协同治理系统得到了最高人民法院周强院长的肯定。

四 功能介绍

具体功能如下。

（一）案件协同

相关主管部门认为线索属实或法院已受理的案件可同步登记或直接导入系统，进行线上化处理。部分实现系统对接的部门，可以直接将案件信息通过接口传送到"绿源智治"。相关部门在进行案件登记时，可以选择将案件信息同步至案件相关方，同步方实时查看，既能减少重复填写工作又能做到案件信息共享。

（二）在线申请、发布司法令状

在行政部门做出行政处罚后，等待当事人起诉或复议的期限内，行政部门为防止环境污染损失的扩大，可以在线提交禁止令等令状申请，司法机关同步接收，并做出裁定；在诉讼案件审理过程中，当事人也可提交禁止令和修复令等令状申请，司法机关同步接收，并做出裁定；将环境损害行为提早防范，防止损害进一步扩大。

（三）诉前调解

对接浙江ODR平台，将适宜调解的案件导入浙江ODR环境资源专项模块中进行专业化的诉前调解工作，涉及与浙江ODR对接，以及浙江ODR中环境资源类专业模块的构建。

（四）非诉执行

支持环境资源非诉执行审查案件的在线办理，行政机关可在线传递强制执行申请书、行政处罚决定书等立案材料，其立案申请导入立案系统，法院在线完成非诉行审案件的立案，且支持就立案问题进行在线沟通、补正。

（五）生态修复全流程执行监督

针对案件裁判中的修复内容，包括"补植复绿""增殖放流""限期修复""劳务代偿"等，构建生态修复的全流程。法院可通过系统直接委托第三人（主要是行政执法部门）执行或者协助执行，请第三方对修复方案提出意见建议；生态修复人可在线上传生态修复进展及成效；生态修复监管部门可实时跟踪、了解生态修复情况。

（六）公益诉讼全流程线上办理

设立公益诉讼功能模块，即检察院可在线接收公益诉讼线索、向人民法院提起公益诉讼立案，其立案信息自动导入法院立案系统，完成公益诉讼立案、材料传递、在线沟通等。

（七）司法建议

法院、检察院可以在线向相关单位发送司法建议、检察建议，并督促相关单位积极履职。

（八）专家资源

系统整合具有生态环境资源专业知识背景的专家学者资源，提供专家名录，为专家学者参与环资案件专业问题答疑提供畅通渠道。

（九）评估鉴定

梳理全国范围内具备相关资质的评估鉴定机构，为相关主体在线查询、联系评估鉴定机构提供便利。实现环境资源类案件的在线评估鉴定和咨询功能，包括在线委托、线上提交材料、在线沟通、在线结果反馈等全流程功能。

（十）智库查询

梳理生态环境相关案例及法规，形成法规、案例库，相关主体需要了解关于生态环境资源的法律法规、相关案例等内容，可以直接在线进行查询。

（十一）智能咨询

"绿源智治"系统构建环境资源专属智能问答机器人，为系统入驻的相关主体提供24小时全天候专业知识服务。

（十二）在线会议

相关部门可以通过系统发起在线联席或磋商会议，涉案当事人也能参加在线磋商，从而提高联席或磋商会议效率。

（十三）通知公告

相关单位可以在线公告生态环境资源案件的鉴定报告、赔偿协议、修复方案等材料。也可以在线向其他单位发送通报或告知，进行生态环境治理工作方面的沟通。

（十四）新闻动态

相关部门在线及时发布媒体报道的新闻，让各方实时获取生态环境保护动态。

（十五）数据统计

数据统计包括数据挖掘、数据管理、数据分析以及预测预警4个方面，全面统计辖区生态环境治理情况并形成数据报表，充分利用数据，提高数据分析可靠性和精准度，将有助于生态环境矛盾纠纷化解及预防。

（十六）可视化大屏

系统以可视化的形式，详细展示生态环境治理工作成效，帮助决策人员宏观掌握辖区生态环境治理现状，为领导精准决策提供数据支撑。

（十七）系统管理

设置管理员权限账号，整合各部门及部门下人员账号信息，分配功能权限和数据权限，以便各部门人员各司其职，为生态环境修复献出自己的一份力。

（浙江省湖州市中级人民法院）

河北保定中院以科技加强监管　用创新促进改革

为进一步抓好党风廉政建设和反腐败斗争，全面深化司法责任制综合配套改革，打开政法队伍教育整顿新局面，河北省保定市中级人法院（以下简称"保定中院"）依托智慧法院建设成果，敢于刀刃向内，找准改革切入点，创新研发了"法官负面行为预警系统"，加强对审判权力运行的监督管理，并创新打造了"三个一"工程，规范法院工作人员与当事人、律师的接触交往行为和履职行为，确保"三个规定"在人民法院不折不扣全面落实，将审判权力运行关进"数据铁笼"。

一　加强法官负面行为管控，提升审判权力运行监督

随着人民法院全面深化改革工作的不断深入，保定中院深刻把握改革内在规律特点，强力推动与新时代审判权力运行相适应的信息化监管手段，创新研发了"法官负面行为预警系统"，对法官的日常办案行为进行智能监管，真正做到"放权不放任、用权受监督"。

（一）以信息科技为支撑，增强新时代司法监督管理效能

法官负面行为预警系统紧盯法官办案过程中可能存在的负面行为，对法官上诉改判、发回重审、抗诉改判、再审改判、办理瑕疵案件、超审限、长期未结、流程节点违规、被纪检督察处罚等负向指标进行自动监管，为法官打分并根据分值进行自动预警。系统变传统的盯人盯案、人力监管为动态监测、智能监管，大大加强了数据的准确度和权威性，为管理者进行精准分析、科学决策提供依据，用科技手段为司法监督管理赋能。

（二）以自我革命为导向，开启政法队伍教育整顿新征程

保定中院积极推进队伍建设自我革命，坚决同法官办案的各种不良行为说"不"，果断向侵蚀法官队伍"肌体健康"的问题"开刀"。保定中院打破了以往"干好干坏一个样"的顽瘴痼疾，通过法官负面行为预警系统，自动采集、如实记录法官负面行为和违规操作的真实情况，为执法办案划定了不可逾越的"高压线"，主动引导法官引为镜鉴、知错知止。同时，将法官负面得分情况直接纳入其个人业绩档案和绩效考核，按规定采取批评教育、约谈警示、扣发绩效奖金、限制法官文书签批权、中止法官职权、暂停晋升法

官等级和公务员职务职级、责令退出法官员额等创新措施，让内部监督"长出牙齿"，确保打造一支绝对忠诚、绝对纯洁、绝对可靠的政法队伍。

（三）以负面管控为抓手，健全审判权运行监督制约机制

法官负面行为预警系统一方面将立案、分案、送达、庭审、宣判、执行到结案、归档等全过程节点均纳入自动管控范围，另一方面牢牢锁定执法办案过程中易出漏洞、风险频发的关键环节，在做实日常监督的同时，更加抓好重点监督。通过实现对法官的司法活动全程记录、负面行为自动留痕、违规操作主动预警，并将每一名法官的得分排名情况按照"绿色合格、黄色预警、红色异常"的不同级别进行直观展示，切实解决了院庭长"不愿管、不敢管、不会管"问题，不断提升与全面落实司法责任制相适应的监督制约水平，推动审判权力运行监督制约机制改革取得突破性进展。

二 创新打造"三个一"工程，推动"三个规定"贯彻落实

保定中院精准施策、重拳出击，打造了"三个一"工程，即"一个平台、一个场所、一个明示"，自主创新研发了"法院工作人员与当事人、律师、特殊关系人、中介组织联络通讯平台"（以下简称"12368通讯平台"），同时明确规定了关于会见场所、回避明示等相关要求，进一步推动"三个规定"在人民法院不折不扣全面落实。

（一）出台管理办法，吹响落实"三个规定"的"集结号"

保定中院认真贯彻党中央和上级法院关于"三个规定"的决策部署，切实增强政治自觉、思想自觉和行动自觉，谋新招、亮硬招，出台了《保定市中级人民法院关于进一步规范法院工作人员与当事人、律师、特殊关系人、中介组织接触交往行为的管理办法（试行）》（以下简称《办法》），对法院工作人员的线上、线下接触交往行为和履职回避行为等三个方面都做出了明确规定。《办法》要求，法院工作人员与当事人、律师、特殊关系人、中介组织进行电话联络时，必须使用工作号码，且必须通过"12368通讯平台"，严禁使用任何其他私人号码联络。严禁法院工作人员私下会见当事人、律师、特殊关系人、中介组织，如因工作需要进行线下会见的，必须安排在法院规定的诉讼服务中心、会客室等工作场所，且须全程同步录音录像。实行回避明示制度，法院工作人员和分管审判、执行业务的主管领导、部门负责人，发现办理的案件或分管部门的案件中一方当事人及其诉讼代理人与自己存在近亲属关系或其他利害关系的，必须向其他当事人明示，自行申请回避。《办法》为"三个一"工程阐明了行动纲领，进一步健全完善司法廉政防控体系，倒逼"三个规定"真正落到实处。

（二）严格监督管理，念出接触交往行为的"紧箍咒"

为构建与新型审判权力运行模式相适应的制约监督管理机制，保定中院充分利用信

息化手段，自主创新研发了"12368通讯平台"。无论是当事人、律师、特殊关系人、中介组织等需要打电话联系法官，还是法官因工作需要主动联系当事人等，都只需拨打12368，即可实现双方之间的实时语音通信、全程通话记录留痕和通话录音永久保存。针对工作场所中的线下会见，也须进行同步录音录像。同时，院庭长要带头在最高人民法院"三个规定"记录报告平台上进行填报，对"零报告"的业务部门进行重点巡查。"三个一"工程为院庭长和纪检监察部门加强对"三个规定"落实情况的日常监督管理提供了具体抓手，有效杜绝了不敢监督、不会监督、不愿监督的现象，实现监督管理全程留痕、规范运行，促进依法正确履行监管职责。

（三）坚持独立办案，练就审判权力行使的"金钟罩"

法官依法独立行使审判权是实现司法公正的必然要求。身处错综复杂的社会关系中，法官难免会遇到来自各方面的干扰、诱惑、压力和考验。保定中院通过"一个平台""一个场所"和"一个明示"，构筑三重防控网，不断增强法院司法工作的透明度。"三个一"工程为法官与当事人、律师等之间的接触交往行为划定了"高压线"，厘清了法官的行为边界，警示法官坚决杜绝"人情案、关系案、金钱案"，支持法官坚决同以案谋利、徇私枉法现象做斗争，为法官不受干扰、独立办案、秉公裁判提供了制度防护和技术保障。

（四）保障法官权益，戴好依法履行职责的"护身符"

"三个一"工程一方面是对法官行为的约束，另一方面也是对法官权益的保护。凡是通过"12368通讯平台"进行的语音通话，通信号码均显示为12368，可以有效保护法院工作人员的号码信息和个人隐私。同时，平台会对当事人首先进行身份信息和案件信息的双重认证，当事人仅能联络到相应匹配案件的承办法官，保护法官免受无关人员的电话骚扰。而线上通话的全程录音和线下会见的全程录像，则真实记录了法官与当事人、律师等之间的通信联络和会见过程，更为法官依法履职构筑了一道安全屏障。

（五）加强队伍建设，锻造忠诚干净担当的"主力军"

保定中院严格落实"三个规定"铁规禁令，扎实开展法院队伍教育整顿工作，以零容忍态度严惩司法腐败。《办法》规定，若法院工作人员收到当事人、律师、特殊关系人、中介组织私人号码来电时，须主动告知其应通过"12368通讯平台"沟通，并及时将此次来电情况在"三个规定"平台上报备。若线上联络未通过"12368通讯平台"进行全程录音，或未在指定场所进行线下会见和全程录像，或未进行回避明示，且未报备的，按照相关规定进行严肃处理。"三个一"工程为法院干警创造了一个知敬畏、存戒惧、守底线的良好工作氛围，提醒干警时刻紧绷拒腐防变的思想防线，始终保持与当事人、律师等的亲清关系，时刻警惕被"围猎"、被"腐蚀"，抓早抓小、防微杜渐，确保法院队伍绝对忠诚、绝对纯洁、绝对可靠。

（六）净化社会环境，弘扬公正廉洁司法的"正能量"

"法院工作人员与当事人、律师、特殊关系人、中介组织联络通讯平台"是依托 12368 诉讼服务热线搭建的，具有广泛的受众群体和无可比拟的影响力。通过"12368 通讯平台"的宣传推广和大力应用，不仅拓展了人民群众合法合规联络法官的渠道，更能引导当事人、律师、特殊关系人、中介组织等主动规范自身行为，"不该说的不能说、不该问的不能问"，强化社会公众的纪法意识，在全社会形成一个防止非法干预司法活动的人文环境，努力营造良好的政治生态、司法生态，推动形成信赖司法、尊重司法、支持司法的制度环境和社会氛围，维护司法权威，提升司法公信力。

保定中院将大力推进智慧法院建设，为全面从严治党、从严治院、从严治警提供科技支撑，打造智慧管理体系，加强审判权运行监督，实现司法权力与责任的平衡、放权与监督的结合、公正与效率的统一。

（河北省保定市中级人民法院）

浙江丽水中院融媒体中心建设与应用

丽水法院深入学习贯彻落实习近平法治思想，按照浙江省高级人民法院智能化法院建设部署，把握"媒体融合发展"大势，聚力打造"融媒云"，依托这朵科技之"云"，推进"云"上统筹、"云"端发声，构建新媒体矩阵，打造新闻传播新增长极，争当现代化法院建设领跑者，司法宣传工作实现了历史性新突破。

一 融媒体中心概述

融媒体中心要实现"融为一体、合而为一、融合发展"，那么"中央厨房"必不可少，于是丽水法院融媒体中心应运而生。2019 年 10 月 10 日，丽水法院自主研发的丽水法院融媒体指挥平台正式上线，这不仅是浙江省法院系统成立的首个融媒体中心，也标志着浙江政法系统的第一朵"融媒云"。2021 年 1 月 22 日，丽水政法·丽水法院融媒体中心新址启用，丽水法院充分发挥融媒体中心的聚合效应，深化司法宣传工作全域统筹，加快构建全媒体传播格局，切实增强新闻舆论的传播力、引导力、影响力、公信力，为推进法治建设凝聚强大精神动力、提供有力舆论支持，为开启高水平全面建设社会主义现代化新征程营造良好法治环境。

二 融媒体中心建设情况

(一) 硬件建设

随着媒体融合的加速升级,丽水法院为构建更为完整的融媒体体系,在融媒体中心设立指挥调度区、采编区以及演播室、媒体接待室等。

1. 指挥调度区

这是信息和数据汇聚、分析以及指挥调度的区域。指挥大屏通过运用大数据分析和人工智能技术,实现了舆情监控、信息汇聚、指挥调度、生产发布、传播影响力分析等信息一体化显示和实时化更新。

2. 采编区

这是具体的执行后台,主要汇集了内容采集、平台编辑和技术运营,以完成更高层次的要求和编辑,各业务部门专兼职通信员负责一手素材采集,融媒体中心编辑负责对素材进行二次加工制作及策划、采访等工作,技术中心提供软、硬件支持。

3. 演播室

设置虚拟绿箱区,配备提字器、补光灯等录制所需的设备,可实现访谈、直播、视频录制等多场景运用,打造原创微访谈、人物对话、法官说法等短视频节目,丰富新媒体平台内容。

4. 媒体接待室

这是一个休息和讨论的场所,同时媒体接待室与演播室中间安装雾化玻璃,既能实现两室的隔断,保证拍摄录制过程不被干扰,又能实现两室的融通,实时了解演播室内活动的进程。

(二) 指挥平台功能介绍

融媒体指挥平台主要分为三大区块、七大功能板块。

1. 三大区块

一是法院资讯,从丽水市、浙江省、全国三个维度搜集展示法治资讯。二是综合资讯,实时了解全国各地一手热点。三是指挥平台,综合法院资讯和综合资讯相关信息,并进行分析统计,发出宣传指令。

2. 七大功能板块

一是领域资讯分析,将热点资讯按照不同领域进行分类,助力策划宣传精准应用热点资讯。二是法院微信矩阵,利用清博指数对丽水法院以及浙江省法院前10名的微信公众号进行排行,形成良性竞争。三是新闻素材共享,可将优秀的宣传素材进行上传共享,提高宣传稿件质量。四是"法媒一键供稿",开启法院和新闻媒体之间供稿的直通车,同时建立线上审核流程,全面提高投稿审核效率。五是庭审执行直播,整合平台资源,对重点案件进行扩大宣传。六是宣传成果专栏,对已有宣传成果进行汇总、统计、分析,研判社会热点。七是宣传评价,系统会自动抓取稿件发表录用情况,并对稿件的传播指数行评价打分,实现评价的智能化数字化。

三　融媒体中心创新亮点

丽水法院从"融"出发，以"融"为智，深度"融"合，形成不断持久的"融"创力。

（一）打造平台融合新格局

与丽水市委政法委通力协作，系统集成全市政法媒体资源，深化平台互融、信息互通，形成以融媒体中心为枢纽、基层政法单位"两微一端"为节点的新媒体融合发展格局，推进整体工作水平跃迁。

（二）打造传播内容新生态

坚持内容为王，夯实传统媒体基础，开拓新兴媒体领域，推出有高度、有温度、有深度、有黏度的宣传精品，中央级、省级媒体报道680篇，丽水市中级人民法院（以下简称"丽水中院"）官方微博2020年发布346期，总计阅读量132余万。让大众在众声喧哗中听得到、听得懂、听得进司法工作的权威声音。

（三）打造数字赋能新引擎

加强5G、大数据、云计算等新技术与司法宣传工作的深度融合，打造适应全媒体格局下的生产体系和传播链条，推动宣传产品精准化生产、可视化呈现、互动化传播，实现宣传效果指数级增强。在2020年最高人民法院发布的评价报告中，丽水中院智慧法院建设综合指数排名居全国中级人民法院第六名、浙江中级人民法院第一名。

（四）打造人才引领新优势

大力培养复合型人才，挑选文字功底扎实、热爱宣传工作、熟悉新媒体运用的工作人员组建采编团队。以中级人民法院为中心的宣传团队由法官助理、行政人员（传播学专业）、新媒体人员2名以及9家基层法院编辑组成，共15人，宣传内容既能保证专业性又能保证可读性、可传播性，为奋力打造"法院之窗"司法宣传新篇章提供组织保障和人才支撑。

四　融媒体中心应用情况

媒体融合发展，"融"为方法，"容"是根本。丽水法院融媒体中心依托5G、大数据、云计算等新技术，建立策划、采集、编辑、发布等完整的内容生产机制。坚持"天平""喇叭"两手硬，打造精品内容，满足人民群众日益增长的多元化司法需求。

（一）以"融"为中心，汇聚各方资源，创新普法形式

融媒体中心犹如一个信息枢纽，强有力地连接起各类普法需求主体。

一是主动谋划。新冠肺炎疫情期间，丽水法院坚持司法"不打烊"，普法不等待，主动出击，创新普法宣传形式，谋划推出"法治云课堂"，开启线上普法新模式，实现"零接触"普法；二是部门联动。通过与丽水市委组织部、市纪委监委、市教育局等多部门联动，分主题开展线上普法活动，利用中国庭审公开网、抖音直播等平台，将法治教育搬入课堂、村社和机关单位，甚至走出国门，打破普法时间、地域的限制；三是扩大影响。涉侨"法治云课堂走进欧洲"入选中央政法委官方微博"政法要闻"，阅读量10万多；联合市纪委监委开展警示教育"法治云课堂"，丽水全市7.2万余名党员干部50多万网民同时在线观摩庭审，并首次通过"抖音"同步直播，在《人民法院》报头版报道。"法治云课堂"现已成为丽水法院普法"金品牌"。

（二）以"数据"为基，聚焦社会热点，打造精品、爆款

深入运用融媒体指挥平台大数据分析功能，详细分析社会热点、关注点，立足用户思维和体验，着力输出共情、共鸣、共振的作品。一是作品有温度，紧贴民生推出"浙江首张人身安全保护令"，成为浙江法院首个登上微博热搜的宣传报道，阅读量超3亿；推出"复联4映前快闪和失信曝光"等现象级爆款推文，微博热搜总阅读量超6亿；二是追新有速度，抢抓习近平总书记授予警旗这一时点，推出《你好，我是人民法院司法警察！》短视频，获中国中央电视台记者点赞"这就是浙江速度"；累计在最高人民法院、浙江省高级人民法院官方微博创造8个10万以上作品；三是创新有力度，原创"大能系列小剧场"采用诙谐幽默的形式，推出的普法小视频成效良好，并斩获国家级、省级多项微视频奖项。同时，利用好硬件基础优势，推出"代表委员看法院""我的初心我的成长""享·说"等系列专题。

（三）以"合"为抓手，聚力全域统筹，做优传播矩阵

丽水法院不断深化全域统筹，开辟移动传播新阵地。一是强内功。强化内部队伍建设，完善基层法院小编上挂锻炼机制，实现"中院—基层"数据资源共享、人才智慧联通。二是借外力。优化外援队伍整合，聘任资深法治记者成立"法宣共同体"，形成集传统媒体、新兴媒体和新闻媒体优质资源平台为一体的传播矩阵。三是统平台。以融媒体中心为枢纽，先后入驻微信公众号、微博、抖音、学习强国、天平阳光、今日头条、微信视频号等七大平台，形成完善的信息发布平台矩阵，实现宣传效果最大化和最优化。

五 融媒体中心意义

人民法院新闻宣传工作，是人民法院工作的重要组成部分，丽水法院主动融入融媒体发展大局，充分借助融媒体传播优势，告别传统的单兵作战模式，实现资源整合、平

台聚合。下一步，丽水法院融媒体中心将始终坚持媒体融合发展、紧抓"天平""喇叭"两大任务，把握数字赋能新机遇，创新谋划新作品，讲好法治故事、提振干警士气、树立法院形象，为更好地服务审执工作开辟新路径。

（浙江省丽水市中级人民法院）

浙江嘉兴中院实物证据数据化存储探索与实践

一 项目概述

嘉兴市中级人民法院（以下简称"嘉兴中院"）作为全国司法链应用试点法院，在浙江省高级人民法院的指导下，积极推动区块链技术与诉讼服务深度融合，自主研发"云上物证室"，围绕物证数据化、数据可视化、全流程区块链存证的目标，实现实物证据采集、上链、查阅等全链条云存储模式。有效解决法院物证存储难、管理难、查找难等问题。嘉兴中院同时还是浙江省无纸化办案试点法院，承担了为全省探索全流程无纸化办案的重点任务。无纸化办案流程改造中，立案、送达、庭审、合议等流程基本已经实现无纸化改造，但实物证据的无纸化、数据化一直以来难以解决。嘉兴中院围绕既保留物证的原始数据，方便法官查看、办理，同时又能够实现物证的电子化、数据化的目标，通过运用人工智能技术、3D扫描成像技术、区块链技术与审判业务实践相结合，开发了"3D+AI+区块链"的云上物证室。为法院实物证据数据化、证据系统化管理提供解决方案，取得良好效果。

二 项目技术特点

互联网时代，万物皆可数据化。实现实物证据数据化存储有三个难题需要解决。一是以图片、视频存储的材料，无法100%还原物体原貌，特别是物体的三维尺寸等，难以还原。二是以图片、视频存储的材料，容易遇到篡改、删除等问题，影响存储的可靠性。三是没有建立存储的体系，图片或音视频材料散乱的存储各地，且与原物缺乏关联，导致查找难。"3D+AI+区块链"技术的引入，有效解决了以上三个问题。

一是运用3D成像技术，有效解决采集物证三维数据的问题。3D成像技术运用激光雷达感光探头与传统图像纹理探头相结合，图像纹理探头负责采集物体外形数据、激光雷达探头负责采集物体三维尺寸数据。激光雷达采集的物理尺寸精细度可达十分之一毫米级别，能够充分还原物品原貌，基本满足大部分审判实践运用场景。

二是运用人工智能技术，有效提升采集物体还原的准确度。经过采集的图像纹理数据与物体三维数据，在系统后台进行加工、优化。嘉兴中院与相关技术公司对采集后的数据进行整理，运用人工智能算法，精准还原物证各角度细节，并通过3D建模在系统内生成 3D 模型，法官可直接查看实物证据的各个细节，并且可以直接计算物证的面积、体积等具体数据。

三是运用区块链技术，有效提升采集数据的管理水平。嘉兴中院是最高人民法院指定的首批区块链技术运用试点法院。物证管理平台与最高人民法院"司法链"平台对接。经过扫描加工后形成的物证数据，实时在"司法链"平台进行存证，运用区块链节点共识、防篡改等机制，有效提升物证管理的可信度。

四是运用在线管理平台的优势，建立系统的物证管理体系。运用在线管理的优势，将传统电子证据与线下实物证据统一管理。线上证据及线下电子化后的证据，全部集中管理，形成"云上物证室"。线下实物证据，进行"一物一码"管理，并与系统内电子证据一一对应，有效解决证据管理难、查找难的问题。

三　项目开发过程

2020 年 9 月，"云上物证室"项目正式启动研发。测试上线"E 嘉区块链物证管理平台"，完成物证管理系统的主要开发工作。前期物证数据化的主要方法为运用图片、视频技术对实物证据进行数据采集，再运用视频加工技术生成 3D 视频模型。

10 月上旬，与 3D 扫描仪硬件厂商合作，将 3D 扫描仪与物证管理系统进行对接，实现物证 3D 数据采集。10 月下旬，引入算法公司，对 3D 扫描仪采集后的数据进行后期算法加工，提高物证采集建立的模型的精细化程度，大大提升物证管理平台的实用性。

11 月，与"司法链"平台完成对接，实现数据采集后的物证实时上链存证，解决物证数据的不可篡改性。12 月，完成与业务系统的对接，实现物证管理平台采集的数据可以直接进入业务系统，方便法官在线查看物证信息，同时，"E 嘉区块链物证管理平台"正式更名为"云上物证室"。

整个技术研发过程，全程在浙江省高级人民法院的技术指导下完成，该平台上线后，在浙江省部分法院进行推广使用，基本补足无纸化办案中，实物证据无纸化、电子化的短板。

四　项目运行基本流程

传统的物证管理模式模式是，当事人提交的所有物证，法院一般都需要保管至法院的物证仓库。"云上物证室"的存储方案，建立了物证管理的完整操作规范。

一是对于当事人提交的证据，由法官助理或者书记员用 3D 扫描仪采集数据，并经过当事人的确认后上链存证。每位当事人可获得一个二维码，用以查阅证据。对于无须法院保存原件的实物证据，当庭退还给当事人，由当事人进行保管。

二是对于法院依职权查验取得的证据，通过扫描仪现场扫描取证后，进入"云上物证室"存储，同时生成访问二维码后，通过送达平台送达给各方当事人查阅质证。原物视情况确定是否由法院保管。

三是上链及入卷操作。对于采集完毕的证据,由物证平台运算打包后生成3D文件进入"云上物证室"清单式管理。同时,对生成的数据,通过在"司法链"平台上链存证,并生成存证凭证。生成的存证凭证以及3D文件实现一键进入电子卷宗,供法官在线调取查看。

五　项目建设意义

一是创新实物证据数据化采集模式。嘉兴中院率先与科技公司共同研发"3D+AI"手持扫描仪及配套应用软件。扫描仪通过三维成像技术,全面采集物证多维度数据,并运用数据建模能力,还原物证全貌,并存入办案系统。3D扫描设备,解决了原有物证只能通过图片、视频等方式存储的弊端。

二是深度对接司法链平台推动区块链技术落地运用。"云上物证室"的每一件物证在采集完毕后,经当事人现场确认,将素材导入"司法链"平台上链存证,"司法链"平台自行将存证数据传送回"云上物证室",并将素材与案号、证物名称、证物归属人等信息整合进入办案平台。实现物证数据可信任、可追溯、防篡改。

三是高效对接办案平台实现物证数据共享共用。"云上物证室"与浙江法院办案办公平台对接,物证数据进入办案平台实体中心,法官通过办案系统直接实现证物上传、编辑、上链、查看、移送等功能。"云上物证室"同时支持二审、再审承办法官在线调阅原审证据数据,解决实物证据移送难题,打通全流程无纸化办案的关键节点。

四是探索为法院物证管理提供数据化转型思路。多年来,法院物证管理没有完整的系统,大件物证无法随卷宗归档,物证室经过多年的沉淀"物满为患"。"云上物证室"首先对历史物证进行清理,建立"退回当事人、继续法院保管、涉假冒伪劣产品物证直接销毁"等物证管理规则。每件上云后的物证数据存储容量在100M以内,物证储存难的问题基本解决。同时,由法院保管的物证,逐一打码标记,方便分类存储和后续查找。嘉兴中院研发的"云上物证室"目前正在嘉兴市推广运用,累计已腾空物证仓库500余平方米,释放库存物证3000余件。

五是未来运用场景广阔。除审判业务外,"云上物证室"本身积累的技术经验,在刑事侦查、侵权商品比对、案发现场还原、大型物证仓库的管理等方面亦有广阔的运用场景,为执法办案部门提供了探索经验。

"云上物证室"将人工智能技术、区块链技术、3D建模技术深度融合,是智慧法院建设的一个具体生动案例。下一步,嘉兴中院将继续运用现代科技为审判工作助力服务。通过引入5G、虚拟现实等技术,不断升级"云上物证室"的技术能力,更好地为审判执行工作服务。

(浙江省嘉兴市中级人民法院)

湖北襄阳中院狠抓"一站式"诉讼服务

襄阳市中级人民法院(以下简称"襄阳中院")按照最高人民法院《关于全面推进现代化诉讼服务体系建设工作的通知》《关于建设一站式多元解纷机制一站式诉讼服务中心的意见》要求,认真贯彻落实习近平总书记在中央政法工作会议上的重要指示精神和"努力提供普惠均等、便捷高效、智能精准的公共服务"要求,围绕构建一站式多元解机制和诉讼服务体系,全面建成现代化诉讼服务体系。

一 全面建设一站式诉讼服务体系,为民服务的功能不断得到充实和完善

襄阳中院不断拓展和延伸诉讼服务中心的功能,不断完善服务当事人、服务法官、服务审判的功能,诉服体系从"有没有"向"好不好"转变,努力实现系统化、信息化、标准化、社会化的工作要求,大力推进诉讼服务中心建设,基本形成了诉讼服务大厅、诉讼服务网及移动终端、12368服务热线"三位一体"工作格局。

(一)抓住江西援鄂"一站式"建设机遇,加强"一站式"诉讼服务体系建设

他山之石可以攻玉,襄阳中院借江西援鄂"一站式"建设的东风,抓住机遇着力搞好智慧法院建设。一是制定《湖北省襄阳市中级人民法院关于江西法院援建襄阳"一站式"建设对接工作方案》,组建对接专班。制定责任清单。根据援建工作要求和内容制定任务清单,将援建任务责任细化分解,做到"四个明确":明确任务、明确责任领导、明确责任人、明确完成时间,确保按时完成全部援建任务。同时做好后勤保障。为援建人员安排办公室,配置相应的办公设施,提供必要的交通工具,安排好援建人员的食宿,让他们无后顾之忧。通过援建项目的落实,在诉讼服务建设上取得了丰硕的成果。在襄阳市法院建成收转发E中心。全市两级法院通过规划诉讼服务中心场所,改造、改建、装修和设置完成收转发E中心11个,占地面积约300平方米,并完成装饰和标识设置。二是完成了设备购置安装。两级法院采购了电脑、高速扫描仪、打印机智能云柜的等70余台(套)设备,完成了设备配置、安装、调试,录入了信息资料。完成了"法讯通"软件的安装和推广使用。使襄阳市在智慧法院建设上有了大幅提升。2020年9月7日,湖北法院收转发E中心在襄阳中院和襄阳高新技术产业开发区人民法院同时开启试运行,成功完成首份电子送达任务,整个过程不到5分钟,试运行效果良好。9月24日,江西法院援鄂"收转发E中心"上线运行仪式在襄阳中院隆重举行,标志着襄阳法院在现代化诉讼服务体系和智慧法院建设上又向前迈出了一大步。

（二）利用建成平台，积极推广应用

坚持以人民为中心，加大司法便民利民惠民工作力度，制定了《诉讼材料收转发工作若干规定（试行）》，下发了《关于推广使用湖北法院集约送达服务平台的通知》。组织了各类人员培训，组织资料收转人员进行材料收转培训，组织法官、法官助理、书记员进行"法讯通"的使用培训，组织调解人员进行调解平台使用培训，共组织各类业务培训20余场次，培训人员近两千余人次。极大地提高了襄阳两级法院现代化诉讼服务水平。将审判辅助性、事务性工作集中到网上服务平台办理，实现了网上集约送达、网上保全、网上委托鉴定、网上拍卖等诉讼事务，让数据多跑路，群众少跑腿。对互联网法庭进行改造，组织技术人员联调联试，确保网络设施和设备满足在线庭审需要。加强对法官和书记员的技术培训，并与当事人进行沟通，使在线诉讼参与人都能熟练掌握在线庭审操作规则。安排技术人员在互联网法庭现场值守，第一时间解决问题，为在线诉讼提供有力技术支撑。对通过互联网庭审系统审理的案件，统一规范操作流程，明确与当事人沟通方式、当事人身份认定、庭审纪律规范、庭审笔录生成、当事人签名等环节注意事项和流程规范，确保庭审案件的程序与法律规定无缝对接，精准操作。就做好新冠肺炎疫情期间刑事案件庭审工作，与公安、检察、司法行政等部门加强沟通协调，推动运用"云庭"等远程视频系统设备在看守所开庭，由管教民警负责"云庭"操作、值庭押解任务，确保与法院审判庭、公诉人、辩护律师的顺利连通对接，破解看守所封闭管理难题。将互联网办案工作纳入审判管理范围，建立完善工作管理台账，实行定期通报。为办案人员和人民群众提供丰富快捷的纠纷解决渠道和一站式高品质的诉讼服务，全方位提升人民群众的获得感、幸福感、安全感。

（三）强力推动网上立案和跨域立案工作

按照最高人法院在2019年年底之前，在全面开通网上立案的基础上，实现跨域立案服务全国覆盖率达到100%的决定，积极推广网上立案和跨域立案工作。襄阳法院和襄阳市司法局联手，首先在律师中推广运用，在律师网上立案取得一定成效后，进一步扩大宣传向当事人网上立案推广，制作了网上立案小视频向社会宣传推广，利用湖北移动微法院办理网上立案业务。截至12月31日，襄阳市法院网上立案36374件，占湖北省网上立案数的49%，位居全省第一。

二 发挥智慧法院优势，积极稳妥做好疫情防控工作

面对突如其来的新冠肺炎疫情，诉讼服务中心根据防控指挥部的要求，采取了相应的防控措施，在诉服中心关闭期间，全市法院发挥智慧法院优势，积极引导当事人全流程在线诉讼。公布24小时服务电话，充分利用网上立案、跨域立案为当事人持续提供网上诉讼服务，做到"网上立案不停歇，诉讼服务不打烊"，在条件成熟时又迅速恢复开放诉讼服务中心，并制定了新冠肺炎疫情防控实施方案和防控措施，做到疫情防控期间诉

讼服务不中断、疫情防控不松懈，保障诉服中心安全、正常运转。2020年1至5月，全市法院线上立案7385件，线上开庭1067件，线上调撤221件，为打赢疫情防控阻击战提供了有力的司法服务。

三 狠抓诉服质效，勇创一流佳绩

按照全国法院诉讼服务指导中心信息平台质效评估体系以建机制、定规则、搭平台、推应用四个环节为纵轴的诉讼服务指导中心信息平台指标要求，狠抓诉服质效，争创一流佳绩，先后组织工作推进会三次，发起诉服攻坚活动四次，在微信工作群发布晨报督办170余次，发布技术指导攻略16期，每周通报全市诉服质效得分排名，对排名前三的法院予以表扬，对排名后三位的法院的分管领导予以约谈。为解决诉讼服务质效考核中的技术问题，抽调相关技术人员和中级人民法院诉服平台管理人员一起成立诉服质效技术指导小组到各法院现场指导，确保全市法院齐头并进，在争先创优的征途中一个也不掉队，使襄阳两级法院全部跨进诉服质效先进行列。襄阳辖区法院"一站式"建设走在了全国、全省前列，受到上级法院的肯定。2020年12月31日在诉服质效年底考核中，襄阳中院在全国410家中级人民法院中排名第二，在基层法院诉讼服务质效考核中，襄阳高新技术产业开发区人民法院位居全国基层法院第二，襄城、谷城两个法院排名全国第三，全市十一家法院以92.85的平均得分高于湖北省平均分91.01，取得了可喜成绩。

2020年，襄阳法院的智慧法院建设经受住了考验，坚持疫情防控和审执业务两手抓，及时转变诉讼模式和审判执行方式，充分发挥智慧法院全流程在线诉讼机制的优势，实现了"审判执行不停摆、公平正义不止步"。一是襄阳老河口法院敲响了湖北省互联网庭审第一锤，襄阳中院率先开通电子送达工作，充分保障审判工作顺利开展；二是积极配合襄阳市委政法委，争取湖北省高级人民法院支持，完成了政法业务平台试点工作。三是搭建部署在线调解平台，采取服务租用模式在襄阳中院建立在线调解室，在线调解"屏对屏"，最大程度便捷当事人。四是江西援建项目落地落实，依托"法讯通"即时通信平台的收转发e中心全面上线运行。五是国产化替代工程有序推进，2020年按照市保密局40%替代率得到落实。

（湖北省襄阳市中级人民法院）

广东广州中院建成区块链授权见证通平台

为进一步增强司法服务保障能力、提升粤港澳大湾区建设水平，广州法院充分借助区块链等技术，创新"5G+区块链"司法服务模式，上线全国首个涉港澳案件区块链授权见证通平台。

一 持续贯彻司法为民的理念，加强对粤港澳大湾区建设的司法服务保障

改革开放以来，粤港澳三地紧密相连，经济生活往来日益密切，涉港、涉澳的诉讼案件数量随之增长。据统计，广州法院每年受理涉港、涉澳案件数量可达1500件左右，位于广东省甚至全国前列。因港澳地区和内地属于"一国两制"之下的三个不同法域，诉讼案件的受理、审判和执行在程序和法律适用等方面均有较大差别。因此，港澳地区当事人一般会委托内地律师作为代理人处理相关诉讼事务，但同时需为此付出的经济和时间成本相对较高。

2019年2月18日，中共中央、国务院印发了《粤港澳大湾区发展规划纲要》（以下简称《纲要》）。《纲要》指出，粤港澳三地要推动建立共商、共建、共享的多元化纠纷解决机制，为粤港澳大湾区建设提供优质、高效、便捷的司法服务和保障，着力打造法治化营商环境。

为进一步提升港澳地区当事人的司法满意度与获得感，为粤港澳大湾区建设提供优质、高效、便捷的司法服务和保障，广州法院充分利用互联网技术和智慧法院的建设成果，以求真正实现让数据多跑路，当事人少跑腿甚至不跑腿的目标，切实为港澳地区当事人在内地诉讼提供便利，满足港澳地区当事人的司法需求。

二 以前沿科技支撑业务全流程，将授权见证从线下拓展至线上

为向开放型经济新体制提供更高水平的司法服务和保障，推动营造稳定公平透明的法治化、国际化营商环境，广州法院的区块链授权"见证通"平台将智慧法院建设成果以前沿科技支撑业务全流程，将授权见证从线下拓展至线上，采用"5G+区块链"技术保障数据信息的完整性和安全性；通过"科技赋能"变革人民法院法官见证当事人签署授权委托书的传统路径；运用"实景技术"和"在线平台"为法官、当事人和诉讼代理人提供突破时空限制的虚拟见证空间。当事人、代理人等通过平台可以实现各方处于不同空间，仍可在法官的见证下完成授权委托手续，兼具与传统的线下授权委托见证具备同等法律效力。

广州法院将授权见证统一管理平台与现有的审判业务系统进行对接,实现案件信息数据的交互(图1)。同时获得公安部门人脸信息库的访问权限,可以在授权委托开始前对当事人、受委托人进行人脸识别,确保认证过程的真实性。

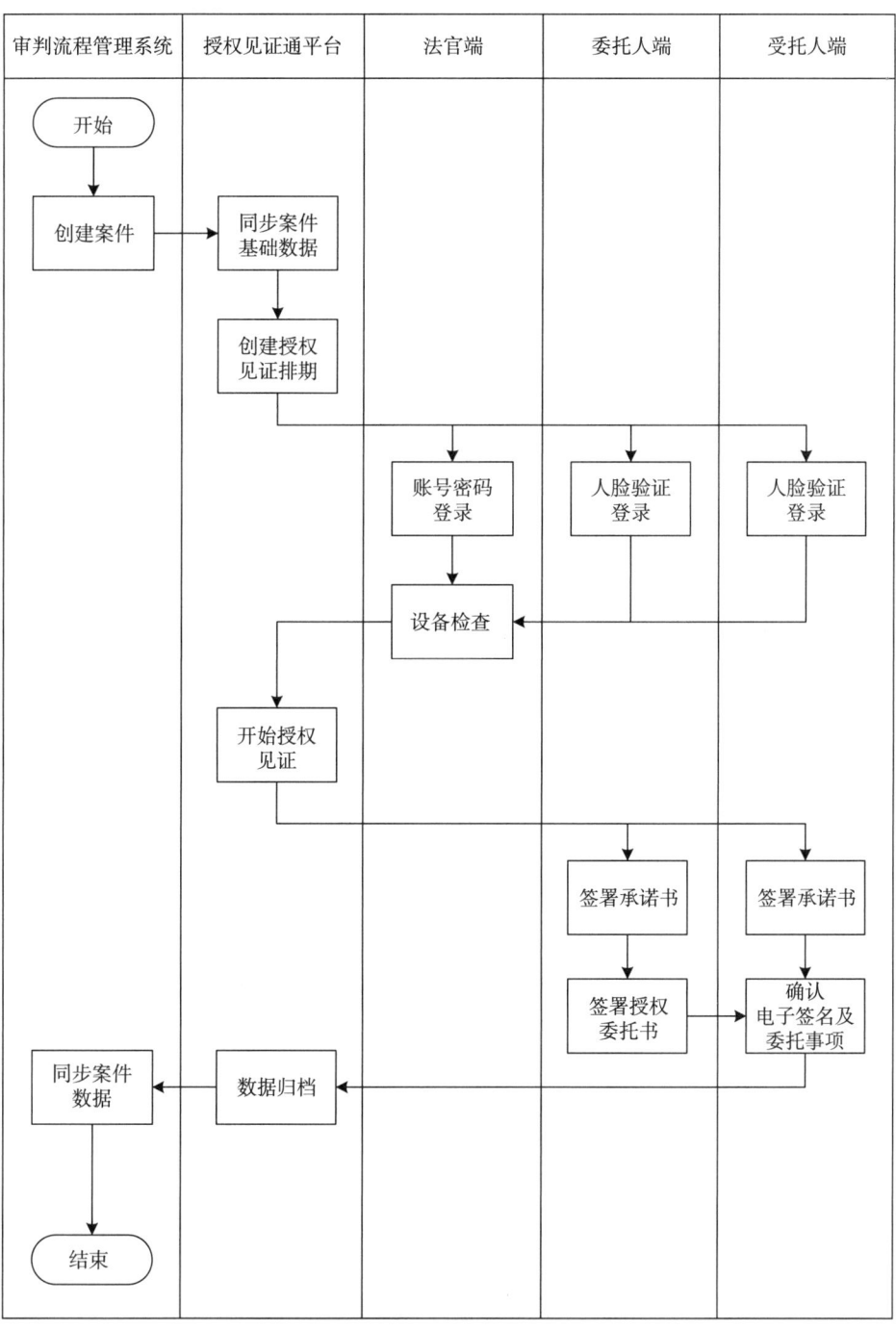

图1 线上授权见证流程

三　构建"5+1"司法服务模式，构建授权见证业务的全流程

该平台充分结合已有的"广州微法院"建设成果，借助互联网应用、人脸识别、区块链技术和电子签名技术，构建"预约服务""跨境授权""远程视频""在线见证""全程留痕"加"司法审核"的"5+1"司法服务模式，这些模块共同构建了授权见证业务的全流程。

（一）预约服务

区块链授权见证通平台提供预约服务，可实现案件相关数据的登记、维护和更新工作。当事人在法院立案成功后，法院将在审判流程管理系统预约服务平台上传案件信息，若当事人选择案件授权委托代理，该案件信息将同步至授权见证通管理平台。法官通过填写并提交案件当事人的必要数据，实现在线授权案件的新建与录入。同时该平台具备案件数据管理功能，提供案件下拉列表和数据维护功能，显示已排期的各个授权见证案件的案号、案由、当事人、预约时间等详细信息，支持法官在案件管理界面对案件信息进行更新和维护。

（二）跨境授权

为保证线上授权的效率，同时兼顾广大港澳居民的生活习惯，跨境授权依托微信平台，处于不同国界或地区的诉讼当事人登录名为"授权见证通"的微信小程序，借助大数据和人脸识别技术，确保当事人身份信息的真实性。当事人在核实完身份信息后，可进入平台查询自己的授权委托排期。

（三）远程视频

区块链授权见证通平台全程采取在线音视频交互方式进行，多点信息同时交互。为保证授权过程的稳定性，平台采用最先进的视频和音频压缩技术，实现超大无损压缩。在授权进行中，系统会自动根据当事人的网络质量，采用流媒体动态码率自适应技术，动态调整图像的实时像素，确保远程视频能够稳定进行。同时后台均以高清码率存储，可作为事后调取录像取证。采用新的算法，在传输过程中对人脸图片、电子文件和音频信息等重要因素实行重点保障，从而可以减少因手机摄像头噪声导致的图像失真和背景流动现象，使图像画面更加清晰、流畅，音视频有更好的噪声过滤效果。基于此，在线授权见证过程中，法官可以看清当事人的面部表情以及核验当事人提供的身份证件等材料。

（四）在线见证

为确保当事人及其代理人诚信使用区块链授权见证通平台，体现在线授权见证的严肃性，根据《中华人民共和国电子签名法》的相关规定，该平台设置了宣读授权委托承诺书环节。承诺书内容由对应管理人员在授权见证前进行模板导入或修改，当事人身份

信息将自动导入承诺书中。当事人及代理人可通过该平台预览承诺书和委托书的内容，支持勾选委托类型，确认自身表达意识的真实性和准确性，该平台将对该宣读过程予以录像。宣读承诺书后，当事人和代理人进行电子签名确认，签名完毕后，法官可通过平台后台查看签名情况。

（五）全程留痕

为保证授权过程的可追溯性，整个授权见证过程实行全程同步录音录像，并通过后台服务器实时存储于法院内网服务管理平台。授权见证结束后，委托过程形成的音视频及电子文件自动保存，办案人员可随时登录后台服务器查看，同时支持将其刻录成光盘入卷，为后期案件审判过程提供证据材料。通过区块链加密技术，确保整个数据传输和存储安全可控。

（六）司法审核

当事人及其他诉讼参与人通过区块链授权见证通平台将委托书、承诺函等材料进行电子化处理后提交的，法院通过该平台审核电子数据生成、收集、存储、传输过程的真实性。用户进行电子签名后的承诺书、委托书，实时上链存证，最终为法官或其他有验证需求的人提供文书的可信验证，保障授权委托的权威性与公信力。

四　平台建设及应用成果显著，有效提高了审判质效

据统计，2020年广东省各法院已有346件案件的当事人通过区块链授权见证通平台成功完成在线授权见证，使用频率全年总体呈现上升趋势。由于该平台操作便捷简单，界面简洁，当事人可以在法官的简单引导下完成相关操作，获得使用者普遍好评。目前区块链授权见证通平台主要服务港澳地区，同时也辐射美国、越南、印尼等国家。该平台大大缩短授权见证办理用时，节省见证费、公证费和往返交通费等多项费用，降低了诉讼成本，有效提高了审判质效。特别是在2020年受新冠肺炎疫情影响港澳居民出行不便情况下，广州法院积极发挥创新引领作用，努力将区块链授权见证通平台效用最大化，共享该平台至广东省高级人民法院以及珠海法院、佛山法院、东莞法院等广东多地兄弟法院，助力破解港澳当事人因当地疫情防控措施无法出入境而导致的授权见证困境，让原本因新冠肺炎疫情搁置的案件得以顺利开展审理工作。

五　总　　结

广州法院聚焦粤港澳大湾区建设中的司法需求，充分发挥司法职能作用，在全国率先推出区块链授权见证通平台。以便利港澳当事人参加诉讼为出发点，以现代化技术保障为着力点，以形成经验推广应用为落脚点，为粤港澳大湾区建设提供更加优质、高效、

便捷的司法服务和保障赋能。区块链授权见证通平台作为广州法院服务保障粤港澳大湾区建设的创新举措，得到了最高人民法院的充分肯定。最高人民法院指出，该平台有利于节约港澳当事人在人民法院的诉讼成本，优化人民法院涉港澳案件诉讼服务，符合在粤港澳大湾区先行先试有益改革探索的精神，是一项值得鼓励的尝试。

今后，广州法院将进一步优化区块链授权见证通平台设计、完善与之相应的制度机制，充分运用大数据、云计算、人工智能、5G技术和区块链等现代信息技术，与相关平台进行对接，逐渐实现全时域、全领域的自主授权，构建粤港澳大湾区法治环境新高地。

（广东省广州市中级人民法院）

四川宜宾中院以智能化构建新型制约监督体系

为贯彻习近平总书记关于政法工作的重要指示和政法领域全面深化改革推进会精神，宜宾市中级人民法院（以下简称"宜宾中院"）针对审判权运行中的顽瘴痼疾和人民群众反映强烈的突出问题，以全院全员全程审判监督管理体系为指导，以涉众涉稳、疑难复杂、类案冲突、涉嫌违法审判等"四类案件"监管为着力点，创新构建权责清单化、用权规范化、监管立体化"三化行权"新型审判制约监督体系。同时，将制度管理与现代科技应用建设深度融合，积极探索，创新平台化应用，实现制约监督制度的刚性运行。

一 建设背景

在全面落实司法体制改革要求过程中，司法制约监督正处于新旧体制交叉磨合期，一些顽瘴痼疾和人民群众反映强烈的突出问题随之而来，需要配套相适应的制约监督体系保障落实"让审理者裁判、由裁判者负责"，做到"有序放权、科学配权、规范用权、严格限权"，有效防范执法不严、司法不公、司法腐败。宜宾中院结合宜宾政法队伍教育整顿试点工作，精准靶向治疗审判权运行中的顽瘴痼疾，切实解决人民群众反映强烈的突出问题，坚持"一体两翼"建设，探索创新"三化行权"新型审判制约监督平台应用，依托智能化服务助推新型审判制约监督体系建立。

二 权责清单化，智能辅助权力边界定义

牢牢把握审判权运行中人、权、案之间的辩证关系，梳理建立权责清单，科学界定权力边界。以审判流程节点、不同岗位职责、诉讼程序类型等因素为参照，严格控制系统访问权限、使用权限，分别配置个人权限、部门权限、审管权限、庭长权限、分管院长权限、院长权限。在系统后台以清单勾选的形式对行权主体按其责任设置不同的操作权限，严格区分权力边界，让院庭长与承办人、承办人与审管办、审管办与庭长之间

监管职责边界明晰,明确审判权和审判监督管理权,保障放权有序。以二级功能菜单方式分组排列院庭长事中监督管理案件清单,将群体性、疑难复杂、可能产生类案冲突、反映法官违法审判等"四类案件""重大敏感案件"细化为28种情形,切实解决"不愿管、不敢管、不会管"难题。

三 用权规范化,智能支撑审判管理监督

推动监督管理与科技应用深度融合,建立智能化支撑平台,促进监督管理全程留痕、公开透明、规范有序。

一是智审支撑。以电子卷宗随案同步生成及深度应用为依托,深化智慧审判平台建设。建设应用政法大数据平台、刑事量刑规范化系统,统一8个罪名基本证据标准、29个罪名量刑标准,强化司法机关之间制约监督。依托类案及关联案件检索系统,推动类案重点检索、关联案件强制检索,实现对案件争议焦点的智能化科学分析,规范法官自由裁量权。通过执行可视化系统,联动执行指挥平台,推动执行裁决与实施分权、执行事务分段、案件繁简分流,强化法定期限预警、执行查控与失信惩戒等动态展示;应用区块链等技术,开发设计新一代智能封条,实现对不动产查封的精细化管理及查封过程数据的存证验证,提升执行案件质效。

二是智管支撑。建设"四类·敏感"案件监管系统,强化重点案件层级管理,实现自动识别、在线监管、强制反馈。同步构建审判质效和业绩考核系统,按部门、条线、人员实时分析办案指标,倒逼审判质效提升。探索建设"数助决策"系统,通过综合态势分析模块,实现一屏数据分析、一屏风险提示、一屏数值展示;通过审判管理分析模块,实现对法院干警、月度结案均衡、执行人员工作量、一审案件服判息诉率、审判效率等指标的实时反馈,指导审判监督管理;通过社会治理分析模块,实现对邻里纠纷风险、个人财产风险、黄赌毒治理风险、行政赔偿风险等进行辖区分析,预警提示;通过对比分析模块,实现辖区内法院、省内法院、全国同级别法院的司法指数对比。同时,成立常态化运行的"数助决策"应用研究中心,通过应用司法大数据开展法官行为、案件态势、裁判结果等深度量化分析,用一系列应用研究成果推动宜宾法院审判服务工作向全域、多维、知识感知等特征发展,服务审判质效管理,推进市域社会治理现代化。

三是智监支撑。深度应用案件电子卷宗,对案件信息进行数据获取、数据处理、特征提取、生成对应类属性。按照"规则+模块"自由组合原则,建立重点当事人库、原法院人员库、敏感人员库"三库"。运用"实时+定时"触发方式,系统自动将类属性与定义库进行特征比对、智能识别,实现违规代理风险、重大敏感案件等早发现早提示。依托信息化平台无间断、无时延保障监督,对要求在规定时间内报告案件进展和评议结果或提请专业法官会议、审判委员会讨论的案件,系统自动提醒、自动报警显示、自动催办等;对未执行院庭长监管指令的案件,系统自动冻结。打通审委会会议系统与办案系统数据对接通道,实现审委会讨论案件记录系统留痕、不可更改,促进审委会监督规范化。

四 监管立体化,智能保障控权有效

根据影响案件质效因素、案件类别设置21个监控节点,系统自动根据PDCA(计划—执行—检查—行动)控制模式,对流程节点的实际状态进行实时对照,实现案件超审限自动预警、运行态势偏离自动提示、不合规行为自动停止流程,促进流程管理可视化、规范化、静默化。院庭长通过平台对分管部门从个案、程序、质效等三方面实施"点—线—面"主责监管;审管办通过平台审判监督管理权限实施专责监管;合议庭以办案平台随机组成、随机分案、"三规"自查等方式实现互相监督;纪检、督察、政研等部门依托案件监管提请平台,进行纪律监督、审务督察、舆情监测等协同监管。同时,通过采用庭审直播、微信公众号等形式公开法院工作动态,畅通外部监督渠道,积极回应群众司法关切。

五 小 结

信息化作为法院工作的车之轮、鸟之翼,有效支持了宜宾中院的各项工作,提高了司法为民、公正司法水平。借助大数据、人工智能技术打造的"三化行权"新型审判制约监督平台,让制约监督管理更加科学、精准;让制约监督管理模式实现了从微观到宏观、从个案到类案、从事后到全程,司法权责从分离到统一、重点案件管理从随意性到规范化,以及从专人到静默的全方位转变。

下一步,宜宾中院将贯彻落实习近平法治思想,围绕满足人民群众司法需求、满足审判执行工作需要,在上级法院的指导下,全面深化智慧法院建设,加强智能化应用创新探索,为审判工作提供全新的智能化、一体化、协同化、泛在化和自主化智慧服务,极力贡献宜宾法院信息化智慧成果。

(四川省宜宾市中级人民法院)

北京丰台区人民法院引入数字化劳动力提升业务工作质效

一 建设背景

习近平总书记指出,要"更加重视运用人工智能、互联网、大数据等现代信息技术手段提升治理能力和治理现代化水平"。最高人民法院《关于加快建设智慧法院的意见》(以下简称《意见》)也明确要求要"运用大数据和人工智能技术,按需提供精准智能服务"并"支持办案人员最大限度减轻非审判性事务负担"。

丰台区人民法院针对当前基层法院"案多人少"、非审判事务繁重的实际情况,主动参与北京市高级人民法院组织的运用AI+RPA优化事务性操作试点,探索使用RPA数字化劳动力大幅减少目前法院业务和管理部门的手工操作，减轻法官团队的劳动强度，提高工作效能，实现基层法院的"减负增效"。

二 应用技术介绍

RPA 是英文 Robotic Process Automation 的简拼，中文译为"机器人流程自动化"，又可以称为数字化劳动力（Digital Labor），是一种在电脑上运行的软件机器人，它通过模拟、增强人类与计算机的交互过程，实现工作流程中的自动化。RPA 不仅可以模拟人类，而且可以利用和融合现有各项技术，如规则引擎、光学字符识别、语音识别、虚拟助手、高级分析、机器学习及人工智能等前沿技术，来实现其流程自动化的目标，该技术能够降低成本，释放员工能力，正成为政府、企事业等单位数字化转型的重要途径。

简单来说，RPA 是一款可以模拟人工进行电脑上枯燥、烦琐、重复、批量化操作的平台，能够大幅降低人力成本的投入，有效提高现有办公效率，准确、稳定、快捷地完成被赋予的工作。RPA 和早期的流程自动化有所不同，RPA 强调对已有的系统"无侵入"，RPA 不需要对现有业务软件进行任何修改，而是通过模拟人的阅读和操作的方式，使业务系统的操作实现自动化，进而提升工作效率及操作精准度，从而减少人工操作强度并释放出人力。

三 业务场景及应用分析

丰台区人民法院审管办是本院业务管理部门，在月初、月末、季度初、季度末都有大量数据汇总、数据分析和决策支持的非审判事务性工作，审管办在各工作节点的事务性工作耗时长、压力大。经院长办公会专题研究，选定审管办"月度审判管理情况通报"作为 RPA 试点首个应用场景。

"月度审判管理情况通报"需要在每月第一周完成各类业务数据整理与通报，整个报告包含 19 个板块，涉及 50 多张表格制作，一般情况下需要 5 名法官助理耗时 4 天完成全部数据下载、数据整理、表格制作、数据校对、表格汇总的工作。经过分析，该项工作中有 11 个板块的内容制作是通过大量的表格下载以及数据简易逻辑梳理实现，所涉及的业务操作动作相对固定，重复性强，具有较好的 RPA 数字化劳动力替代性，通过 RPA 数字化劳动力替代该部分工作内容可节省多名法官助理工作耗时，为法官团队减负同时释放更多的劳动力。

基于对审管办"月度审判管理情况通报"工作流程调研，形成的 RPA 数字化劳动力实施应用方案如下。

（1）业务操作细致梳理：以直接业务操作人员为核心组成需求反馈小组，细化 11 个板块涉及的制表工作流程与数据处理逻辑，以单次键鼠操作为业务步骤颗粒度反馈给 RPA 定制开发人员，确保业务操作的梳理工作清晰、连续、完整。

（2）业务操作步骤科学优化：以完成 11 个板块涉及的 35 张表格制作工作为导向，

通过挖掘不同工作人员业务操作结果的关联性,对分工状态下的各人员操作步骤进行整合、优化,对整体业务操作步骤进行流程再造。

(3)数字化劳动力高效开发:将优化后的流程作为RPA数字化劳动力的工作执行依据,最终实现一键启动RPA数字化劳动力即可自动执行该业务场景的所有业务操作,实现35张表格的智能化、自动化生成的流程开发共耗时27个工作日,平均0.8个工作日即可实现一个表格的自动化生成。

(4)测试反馈调试同步进行:RPA数字化劳动力进行工作任务执行测试,并由业务操作人员对RPA数字化劳动力执行结果进行评价反馈,RPA开发人员根据操作人员的反馈进行实时调试、优化、再上线,确保RPA数字化劳动力可用、适用、好用。

四 应用成效

(一)工作耗时减少90%以上

借助RPA数字化劳动力可大幅减少人工进行数据采集及数据录入的工作耗时,在减少法官团队事务性工作耗时的同时,RPA比人工操作更快、更省时。以上述RPA数字化劳动力替代场景为例,之前35张表格的数据下载、数据整理、表格制作、数据校对工作须占用法官团队5名人力累计24小时工作时长,运用RPA数字化劳动力替代后只需0.5小时,各事项的机器人制表耗时详见表1。

表1 RPA数字化劳动力与人工制表耗时对比

事项名称	RPA制表耗时	人工制表耗时
全市法院收结案情况(累月)	1分40秒	0.5小时
全院各庭收结案情况(累月)	9分50秒	2小时
全院各庭结案方式情况(累月)	2分	3小时
全院各口各团队结案情况(累月)	2分40秒	3小时
各庭庭审直播情况(累月)	1分50秒	2小时
各团队庭审直播情况(累月)	2分	2小时
各庭各团队发改案件情况(累月)	2分40秒	3小时
七家同体量法院法官人均结案情况(累月)	4分	5小时
全院各庭适用小额诉讼情况(累月)	1分30秒	1小时
全院各团队适用小额诉讼情况(累月)	2分	1.5小时
全院在线庭审情况(累月)	2分	1小时

(二)操作强度减少95%以上

RPA作为数字化劳动力可以更高效地代替人工处理事务性工作,能做到一键启动、全年无休、精准执行,让法官从繁杂的键鼠操作中脱身,减少法官团队的机械化操作负担。

以前述 RPA 数字化劳动力替代场景，以上 35 张表格制作需要数千次的人工键盘输入与鼠标点击操作，现在全由 RPA 数字化劳动力替代执行，法官团队只需启动 RPA 机器人，操作负担几乎为零。

（三）法院人力充分释放

通过 RPA 数字化劳动力代替人工进行业务系统操作，充分释放法院人力，提升法官团队的工作自由度，让法官能专注于更有价值的智力型工作，缓解"案多人少"矛盾下法院人手不足的压力，改善法院整体工作效能，并最终提高审判效率、促进结案提升。以前述 RPA 数字化劳动力替代场景，以前为了完成 35 张表格的数据下载、数据整理、表格制作、数据校对工作需占用 5 名人力和 24 小时工时，使用 RPA 机器人后则可以完全节省前述时间，法官团队可以投入到更有价值的智力型工作中。

（四）运用 RPA 技术实现流程自动化性价比更高

RPA 技术应用无基础设施费、无接口费，实施成本可控。即便决策动态大幅改变（业务流程改变），RPA 流程调整、二次开发成本比以往升级修改信息系统的成本要低得多，一个 RPA 数字化劳动力的成本不到人力成本的 1/4。

RPA 是针对键鼠操作的革命性优化技术，只要是以键鼠操作为作业方式的工作内容均可运用 RPA 技术进行优化，因此在立案、审判、执行、管理等各工作领域均有广泛的适用空间，可以为法官团队在不同工作场景涉及的系统操作提供自动化、智能化赋能。丰台区人民法院将不断深化大数据和人工智能技术的运用，进一步提升法院各项工作开展的智能化水平，不断提升人民群众的获得感和满意度，在智慧法院建设道路上继续前行。

（北京市丰台区人民法院）

北京朝阳区人民法院引入 RPA 技术破解"执行难"

执行工作是人民法院工作的重要组成部分，是实现人民法院审判职能的重要环节，也是当事人合法权益得以保护的最终体现。执行难问题曾是困扰人民法院工作的突出问题之一，严重影响我国的司法权威和司法公信力。2019 年 12 月 31 日，在全国法院"基本解决执行难"工作总结表彰大会上，周强院长要求巩固深化"基本解决执行难"成果，健全完善执行工作长效机制，坚定不移向着"切实解决执行难"目标迈进，为推进国家治理体系和治理能力现代化做出新的更大贡献。

北京市朝阳区人民法院牢牢抓住信息化建设这个"牛鼻子"，全面提升执行信息化水平，在执行工作已形成集约化和网络化的基础上引入 RPA 自动化技术，力求实现执行模式质的飞跃，力求实现"智慧执行"。

一 朝阳区人民法院执行工作已形成集约化和网络化

（一）以信息系统深度融合服务执行事务办理模式创新，完成"集约化"

自 2015 年司法改革后，一方面人民群众的司法需求日益增加并趋于多元化，另一方面北京市朝阳区人民法院案件体量逐年攀升，司法资源日趋紧张。为此，朝阳区人民法院从加大机制创新和加强信息化建设两个方面着手，构建执行新型审判团队，成立事务辅助办理团队，确立执行事务集约化办理模式，加强执行信息化建设，推动司法生产力的进一步释放。在执行事务集约化办理模式的探索中，我们发现虽然执行事务集约办理可以让执行工作质量和效率双升，但却存在信息系统无法支撑问题。传统办理系统以案件为维度，配置执行办案相关功能，无法操作批量案件集约化办理，执行事务办理模式创新在信息系统衔接上出现了堵点。朝阳区人民法院为服务执行办案模式创新、释放执行事务化效能，建设了执行事务集约办理平台。该平台跳出过去以案件为中心的视角，着眼于以具体事务性工作内容为中心，先将事务工作分门别类，以规范化、流程化、集约化方式统一推进。执行事务集约办理平台基于朝阳区人民法院审判执行办案团队化、集约化、流程化特点，通过应用流程控制、大数据可视化、数据交互等技术，为执行案件启动、文书制作、文书送达、执行线索收集、在线财产查控、案款发还、终本约谈等事务性工作提供信息化支持，促进执行事务性工作规范高效，保障员额法官从事务性工作中解放出来，提高执行办案的整体工作质效。

在执行集约化模式和信息化平台的支撑下，朝阳区人民法院发挥事务集约化助力执行管理科学化的优势，运用大数据技术研发建设执行专项分析系统和执行规范管理系统。执行专项分析系统以执行事务集约办理平台海量数据为基础，为事务管理人员、执行办案人员、执行团队长、局长、主管院长提供执行数量、执行周期、执行手段、执行标的、执行案由、执行依据、执结率等多维度统计分析报告，助力执行办案人员和管理人员对事务集约工作全面掌控和效果提升，为解决执行难提供信息化支撑。执行规范管理系统将执行事务中的节点、线索、案款等重要信息以大数据可视化技术直观呈现，以信息化助力院长、局长、庭长的管理科学化和精准化。

（二）以数据交互深度参与推动执行查控多手段，完成"网络化"

查控房产和查控车辆是执行最常见的手段，然而此前由于法院系统与不动产登记中心、车辆管理所未实现数据对接，执行员不得不为车辆、房产的查控而奔波，耗费了大量的时间成本和交通成本。

为此，朝阳区人民法院寻求通过数据交互推动执行查控手段网络化，让数据和信息替干警跑腿，解放一部分执行力量。朝阳区人民法院以研发系统、架设专网的方式与不动产事务登记中心、北京市车辆管管所完成数据对接，通过数据交互在全市率先实现不动产、机动车财产查控的在线办理，无须执行人员到场，最短仅用时 8 分钟即可完成查封、续封、解封等各项查控事务办理，执行查控开辟新路径。

二 引入 RPA 技术，以 RPA 深度嵌入驱动执行办案操作便捷化，完成"自动化"

在执行集约化模式下，信息化得以更好地精准发力，助立执行工作日趋规范化、流程化、科学化、网络化，而执行事务工作的需求随着执行工作信息化不断推进也在不断变化。因执行办案节点较多，执行案件集约化后，出现大量系统操作类的重复性工作，且涉及系统切换，集约事务办理人员每天均需花费一定的时间完成业务系统多项操作。执行案件整个业务流程，需要切换操作三个业务系统，存在登录耗时问题，在各业务系统中，均需要按照执行办案流程重复性操作，集约化的串案均须发送执行通知、财产报查等，存在操作耗时较长。

为解放人工操作系统的操作人员，朝阳区人民法院引进了 RPA 技术，让执行工作提前进入人机交互的自动化时代。RPA 是机器人流程自动化程序，是以软件机器人及人工智能为基础的业务过程自动化科技。它是新型的人工智能虚拟流程自动化机器人，通过模拟用户在电脑端手动操作鼠标、键盘的方式，以软件来替代人工，解决重复点击、重复录入的问题，实现流程效率优化。RPA 可以完全模拟人在计算机上的操作，将基于规则的常规操作自动化。它位于虚拟化或物理环境中，不需要系统开放任何接口，仅通过界面与应用系统交互，自动执行任务。适用于业务高频、大量、规则清晰，人工操作重复、量大、时间长的任务。

（一）场景模拟演示一：分案

人工操作：完成一个法官的分案工作涉及分配权限修改、案件勾选、漏录案号比对等十几项工作。需人工点击 60 余次，平均耗时 15 分钟。

引入 RPA 后：将人工操作精简到只剩姓名及案件数量输入，大幅降低点键盘输入、鼠标点击及人工比对工作所带来的工作强度及工作耗时。只需 1 次输入，0 点击，工作耗时压缩至 3 分钟以内。

（二）场景模拟演示二：准备材料

人工操作：接案量大，被执行人数过多，"执行事务集约办理系统"限定文书模板生成、电子签章申请、文书打印提交、短信通知等操作批量执行上限为 15 件，须人工值守不断进行提交并等待系统响应。每 100 个执行通知对象需点击操作 140 余下，耗时 1.5 小时。

引入 RPA 后：机器人自动点击"批量处理案件"按钮并实时监控未完成案件数量；同时，在当日提交数量超过 350 件后，会自动变更为等待 5 分钟后提交，适应系统缓存，保证业务流程稳定进行。以朝阳区人民法院每日平均发送执行通知文件 300 份计算，可减少 420 余次人工点击及 4.5 小时人工值守耗时。

（三）场景模拟演示三：查询财产

人工操作：需分别进行"最高查询"和"人行查询"，且报查财产类型不能一键全选，只能人工分别勾选，工作量巨大。完成100个案件报查需要人工点击2000余次，耗时长达2.5小时。

引入RPA后：自动根据"分案确认表"的案件所属法官匹配其账户密码信息实现自动登录，无须人工切换账号；所有勾选操作由RPA自动完成，且每个案件查报工作完成后会进行记录，若查询有异常会标记异常类型并继续执行余下案件查报工作。单案件查询耗时压缩至40秒，人工勾选操作为0，100件案件处理耗时减少55%。

在充分考虑执行案件集约化特点和系统操作流程灵活度的情况下，RPA技术的引入能最大限度减低人工录入和人工比对所产生的工作强度和耗时。并且实现了无人值守，自动按既定流程完成相关工作，省去了执行人员很大一部分重复性系统操作工作。法官仅需要在关键节点进行一键操作发起，RPA机器人将按照预定轨道跑完全部流程，完美地解放了执行人力和时间。

"基本解决执行难"的目标已经实现，人民法院正在向"切实解决执行难"目标迈进。将互联网、云计算、大数据、人工智能等先进技术与执行工作全面结合、深度融合，为法院插上信息化的翅膀，推进法院执行现代化，是"智慧执行"的核心要义。在新征程中，朝阳区人民法院将继续健全完善长效机制，发挥信息化创新驱动作用，为切实解决执行难保驾护航。

（北京市朝阳区人民法院）

浙江玉环区人民法院创新信息化与业务融合新机制

近年来，玉环区人民法院在浙江省高级人民法院、台州中级人民法院的大力支持下，以全国四项改革试点、浙江省第二期、第三期智能化试点为契机，深化智慧法院建设，系统梳理基层法院在民商事、刑事、行政审判流程节点上的痛点、难点，靶向发力，在刑事结案信息回填、文书送达、裁判文书制作等节点实现创新突破。

玉环区人民法院紧扣浙江省高级人民法院"真正的系统研发者是法官"的工作理念，通过领导小组统筹推进，激发一线办案人员的主观能动性和创造力，首创"1+1+1"信息化建设工作机制。一线办案部门负责提出系统应用需求建议，审管办组织技术综合人才分析需求形成可行性方案，审管办技术团队及研发公司负责产品落地。确定民一庭及港南人民法庭为审判流程智能化先发试点，敢于先行先试，不断优化审判流程节点。

一是减轻诉累，信息查询高效安全。原有统一检索当事人查询平台仅能显示当事人信息结果，须打印网页后再行扫描入卷，并存在当事人滥用信息查询权限引发个人信息泄露的安全性风险。玉环区人民法院自主研发当事人信息检索平台，支持通过读取申请人身份证，自动生成查询承诺书，并通过电子签名板签字确认。导诉台人员核对诉讼材料后，通过信息检索平台生成当事人协查信息文档，一键电子入卷，实现信息化查询文档无纸化，并实现了信息有据查询、全程留痕，解决了查询平台可能引发的安全性问题。

二是集成处理，合力破解送达难题。构建诉讼服务中心和送达中心集约化工作格局，批量、集成送达程序性法律文书。玉环区人民法院在实现自动送达基础上，运用 RPA 技术研发批量送达功能，对确认适用电子送达的当事人，可精准批量送达法律文书，批量回填送达回证。此举解决了自动送达无差别发送不同意电子送达当事人的弊端，解决了当事人同意电子送达但未及时查看导致送达回证无法回传系统，需要书记员人工在系统中操作确认的问题。进一步减轻了中心工作人员及书记员的操作负担。

三是精准对接，文书确认一键完成。玉环区人民法院结合刑事审判工作实际，率先提出"审签通"研发方案，完善"审签通"法庭看守所 IP 绑定对接功能。刑事法官仅须在法庭选择需要签字确认的文书并选择对应"审签通"设备，羁押在看守所的被告人即可在"审签通"上签字确认，实现刑事文书在线送达，打通"最后一公里"。

四是化繁为简，模板运用减负增效。积极开展智能文书模板研发，加快推进"简案快审、难案精审"工作格局。以刑事裁判文书制作为例，玉环区人民法院针对将被判处三年以下有期徒刑及认罪认罚案件，推出简案适用刑事裁判文书模板。法官仅需使用文书制作功能选择对应模板，系统即自动提取量刑建议书及起诉书内容完成裁判文书制作，由法官在线核对后即可签发。

五是升级立案流转，大力推行无纸化立案。在浙江省高级人民法院的指导下，玉环区人民法院积极推广其研发的浙江法院网、移动微法院等应用，进一步扩大网上立案不用跑的适用范围，实现卷宗在线提交流转，杜绝立案材料二次扫描。玉环区人民法院针对台州市律所、金融、电信、物业等高频次诉讼单位开展巡回培训，引导其依照档案标准在线提交诉讼材料，不再提交纸质材料，实现诉讼经济、时间成本双降低。并改造升级本院智能云柜，实现文件交互、文件中转双柜合一，对线下提交材料的统一由无纸化立案专员提交扫描中心完成电子化并存入文件中转柜，在线向业务部门移送电子卷宗，引导办案法官改变工作习惯，积极适应无纸化办案。

六是创新鉴评拍，大力推行无纸化鉴定。浙江省高级人民法院、台州市中级人民法院创新研发司法鉴评拍系统，并指定玉环区人民法院率先试点，实现了鉴定、评估、拍卖文书在线流转、实时留痕，程序耗时由原先的 5~7 天缩短至 1 小时，大幅提高工作效率。该系统以微服务化形式在审判系统中实现模块化，无须另行登录操作简便，支持在线完成机构摇号确认。该系统对接电子卷宗，可实时推送自动生成签章的程序性文书，设置审管办专职人员为督办员，实现了鉴定流程实时监管。鉴定材料及鉴定报告均可在线流转，省去纸质卷宗流转交互耗费的大量时长，有效解决了鉴定、评估、拍卖耗时长无响应等问题。

七是优化阅卷硬件，大力推行无纸化阅卷。为有效解决法官频繁反映的眼睛酸胀等健康问题，浙江省高级人民法院联合技术部门成功开发水墨屏平板电脑。玉环区人民法院率先试用，就水墨屏电脑实现卷宗安全交互、电子签名对接、电子签章等功能提出意见建议。下阶段，玉环区人民法院还将创新档案调阅机制，建立阅卷终端共享租用制度，律师、当事人除可在浙江法院网、移动微法院申请网上阅卷外，也可在档案调阅窗口申请租用水墨屏平板电脑，经业务部门审核后导入个人或代理案件，提高律师、当事人的阅卷体验。

八是深化庭审改革，大力推行无纸化庭审。2020年受新冠肺炎疫情影响，财政预算吃紧，玉环区人民法院立足实际，在信息化经费大幅缩减的现状下，不到万元完成数字法庭改造升级，实现庭审电子卷宗利用的创新突破，有效解决庭审阶段纸质材料流转问题。一是积极落实浙江省高级人民法院实施方案及工作指引要求，对本院23个法庭进行改造升级，实现全数法庭在线网络庭审。二是刑庭在先行先试语音唤醒电子质证基础上，深化庭审方式改革，开展三方远程庭审。三是积极吸收刑事改革经验，对现有所有数字法庭增设举证设备，并与审判电子卷宗系统完成对接，完成民商事、行政案件卷宗证据的同屏展示，实现了全类型案件庭审卷宗利用的全覆盖。

九是革新审批模式，大力推行无纸化审批。针对本院公告稿、裁判文书稿头等需经办人、书记员签字文书，玉环区人民法院率先适用浙江省高级人民法院创新研发的文书报批功能完成在线签发，以确认方式替代传统签名，减少纸质流转的同时提高审批效率，实现全程留痕。并优化系统功能，实现平台化签章对接，审批签章一键完成，提高工作实效。

十是试点上诉移送，大力推行无纸化上诉。为解决二审上诉纸质档案移送、电子卷宗交互等问题，浙江省高级人民法院研发上线在线上诉功能，玉环区人民法院率先试点，取消传统一审纸质档案移送制度，由一审法院将原案当事人提交的上诉材料电子化，与一审电子档案在线移交二审法院审查立案。卷宗数据实时同步至二审电子卷宗，实现卷宗流转0时差，案件移送0时效。

（浙江省台州市玉环人民法院）

北京门头沟区人民法院依托智慧法院促进公开透明

当前互联网时代，"无图无视频不真相"观念深入人心，尤其是执行办案过程中的全程留痕成为必要。因此，保证执行过程、执行结果的公开透明，让当事人实实在在地感受到公平正义，是执行信息化建设的一大重点。

近年来，随着智慧法院建设驶入快车道，信息化建设服务网上办案实效逐渐显现。据统计2020年全年，北京门头沟区人民法院执行过程视频上传率达到81.34%，在北京市法院排名第一，不但使执法办案程序做到了公开透明，也切实使执行信息化建设成果发挥了实效。

一 全面推进执行信息化应用，转变执行工作方式

门头沟区人民法院确立了"以执行指挥中心为中枢，以信息化手段为依托，以团队化运行为基础，以执行工作公正、规范、高效、透明为目的"的改革思路，探索在执行

实施中实行"信息化执行团队"工作模式。根据执行办案规律和信息化系统功能，梳理出10大环节60个信息化流程节点，分解了执行办案过程，细化了团队成员职责分工，明确了操作方法和完成时限，设置了执行管理的重点环节。并在执行部门派驻技术运维人员，随时解决执行干警的技术问题和需求。

二 利用信息化管理平台，实现执行工作全程信息化管理

利用执行管理和办案系统，执行指挥中心每日跟进重要节点和质效指标，实现对执行过程的规范管理。借助信息化手段（办案系统、案款系统、精细化管理系统），依托各项数据指标，通过对案件流程节点进行监督，实现动态、全过程的信息化管理。门头沟区人民法院在终结本次执行程序案件审查中，每一起案件都将执行通知送达、财产查控、实地调查、执行线索核实、强制措施适用、终结本次执行程序谈话等执行过程详细记载，要求在执行日志中体现。并通过裁判文书信息网对社会公开，主动接受监督，帮助当事人和社会公众理解"执行不能"。

三 依托信息化办案平台，实现执行过程全程留痕、全程公开

信息化平台建立起来后，重点在于要用起来。在案件办理过程中，要求执行团队严格落实执行日志及时记载的要求，每个执行团队外出办案必须使用执法记录仪、智慧执行APP、手机客户端等设备取证留痕，并第一时间在办案系统录入、上传音视频资料，通过信息化系统全程录入执行日志，展现办案全过程，打破以往只有具体办理人员才知道案件具体办理进程的局面，团队所有人员、部门领导、执行指挥中心人员、当事人都有相应的渠道了解执行案件，实现全程阳光执行，使人民群众对执行工作更加理解。

四 常态化开展信息化应用培训学习，充分发挥智慧法院应用效能

针对执法办案人员使用利用信息化能力参差不齐的情况，技术运维部门就干警使用较多的执行办案、移动办公、云法庭等线上办公办案平台每一个模块的功能特点及操作方式进行重点讲解和培训，确保执行干警人人会用、人人能用。新冠肺炎疫情期间，信息化的巨大支撑作用得以充分体现，仅2020年3—4月门头沟区人民法院执行局通过线上发起网络查控678次，线上查封、解封房产20余套，对257名被执行人采取失信、限高措施，通过电话、云法庭接待当事人1602人次，保障了执法办案各项工作不停歇，并在执行日志中有充分体现，各类执行案件得以高效、妥善推进，充分以信息化应用确保了执行工作的高效运行。

门头沟区人民法院通过信息化管理和应用实现执行过程全程留痕，以照片、音频、视频等不易篡改的形式记录执行经过，做到了执行日志全程记载，确保执行日志记载的

信息与卷宗材料保持一致,为公开执行案件进程提供了便捷、有效的渠道,也进一步促进了执行工作规范高效运行和智能化发展。

(北京市门头沟区人民法院)

黑龙江鸡西市鸡冠区人民法院智能服务平台提升业务质效

近年来,黑龙江省鸡西市鸡冠区人民法院坚持高起点设计、系统性建设、全域化应用,先后投入2000余万元,建成了集诉讼服务、审判服务、管理服务"三位一综合体"的信息化服务保障平台,努力打造"互联网+司法服务"新体系,建设智慧型法院,实现了资源效益最大化,推动了审判质效、管理水平全面提升,促进了法院各项工作健康发展。

一 打造智能审判服务平台,助力审判提质效

随着信息技术在司法审判各领域的广泛应用,鸡冠区人民法院抢抓机遇,主动作为,积极推进智能审判体系建设。

(一)创新庭审记录审理方式

先后建成18个高清科技审判法庭、远程视频讯问室、互联网法庭等信息化审判服务平台。科技审判法庭实现庭审全程同步录音录像,法官、干警可通过审判平台随时观看庭审直录播,录像当日制成光碟存档,使庭审"可再现""可复制"。充分利用智能语音识别系统,根据每名法官口音、语速等特点,精准调试语音转换文字计算方式,并自动生成笔录。2017年,在举办的黑龙江省法院案件繁简分流优化司法资源配置推进会和黑龙江省刑事诉讼改革示范庭审活动中,利用智能语音识别系统进行记录,识别准确率达95%以上,受到了与会领导及兄弟法院的高度认可。在刑事审判中,充分利用在看守所建立的远程视频讯问室,实现远程庭审和远程提审犯罪嫌疑人,降低了押解风险,提高了审判效率。在民事行政审判中,对身在异地、行动不便、疫情当下的诉讼参与人,通过互联网易审软件、微信、QQ等网络平台,实现互联网开庭和远程视频作证,得到法官和当事人的一致好评。截至目前,鸡冠区人民法院通过互联网远程审理案件共计1694次,有力促进了法院的审判质效不断提升。

(二)推行智审辅助办案应用

通过智能辅助办案系统,法官可以利用案件电子资源及法律信息资源,实现电子卷宗自动生成、智能分类,案件信息自动采集,并根据关键词自动统计,实时展示同类案件裁判情况;智能推送与案件相关的法律法规、指导性案例和相关法律文献,为审判工

作提供态势分析和运行报告,并为法官裁判过程中规范法律适用、统一裁判尺度、规范自由裁量权提供辅助决策参考依据;利用文书智能校对系统,对文书进行纠错、排版、上网屏蔽等工作,使裁判文书编写样式统一规范,并可使部分类型诉讼文书一键生成,为法官提供更加智能、高效的服务。

(三) 助力执行联动智强攻坚

建成了内外联动、信息共享、快速反应、三级法院联网的执行指挥中心,配备执行指挥车和执行单兵,实现视频源上屏,在开展"百日攻坚""冬季攻坚""涉民生"等多项专项活动中,依托执行指挥系统实现对重大敏感案件的远程指挥和有效监管。与房产、金融、车管等部门建立"总对总""点对点"联动查询机制,加大了执行力度。利用案管系统预留功能,实现执行工作全程同步录音录像留存,为应对突发事件、适时固定证据提供了保障。例如,在黑龙江省牡丹江海林市异地执行的一起合同纠纷案件中,鸡冠区人民法院依托执行指挥中心的统一指挥最终顺利执结。

二 打造智能管理服务平台,现代管理上水平

充分发挥信息化高效、便捷的优势作用,不断扩大信息化应用范围,实现管理体系建设中信息化应用的"全覆盖"。

(一) 全域化审判应用,精细化管理

通过信息平台实现对审判态势、案件质效、案件信息的全面掌握,包括审判流程的节点管理、案件评查的有效监督、质量效率的准确评估、审判态势的全面分析等,减少了衔接环节,节约了司法资源,降低了当事人的诉讼成本。依托案件评查系统,订制专属模块,对案件权重系数和评价指标进行评估,实现月分析、季通报、年度考核,保证案件精准化控制、精细化管理。

(二) 全流程网上办公,数字化管理

坚持以"办公全覆盖、办案全流程"为标准,全面应用OA自动化办公系统进行人事管理、财务报销、车辆派遣、请销假、物品申领等,通过网上办理和签批,即节省了资源,又提高了工作效率。引进移动办公系统,拓展电子签章功能,实现文件网上阅文、签批、流转、签章,使法院行文不再受时间、地域限制,实现法院"掌上"一审通。引进数字化文件管理系统,所有收发纸质文件全部转化为电子文件,便于文件的传阅和管理,实现行政档案管理数字化。

(三) 全高新技术服务,智能化管理

采购防伪覆膜转印打印机、写卡器等制卡设备,整合图书借阅卡、工作证、门禁卡

等功能，实现一卡通；全面升级院内监控系统，在接谈室安装高清摄像头，在接待窗口加装监控系统上屏，全程同步录音录像，立案接待全程留痕，维护了法官和当事人的合法权益；在法警指挥中心配备 LED 拼接屏及监控人员，动态监控各项安全隐患；在全院设置 60 处电子巡更点，法警每日定时巡察，保证安防系统无死角；公务用车安装 GPS 定位，便于车辆调配，防止公车私用；设置电子卷宗查询室，11.68 万卷宗随案扫描生成电子卷宗，实现电子录入、电子保存、电子查档，规范档案管理，提升安全系数，提升了法院正规化智能化管理水平。

三 打造智能诉讼服务平台，便民司法树公信

坚持"司法为民"宗旨，强化诉服体系建设，努力实现让诉讼服务一网通办，诉服运行一网统管，让司法更加贴近群众，服务群众。

（一）建设现代化诉服平台，满足群众便民诉求

在诉讼服务大厅建立"智能化"自助服务区，率先引进"虚拟导诉"、文书自助打印、法律图书、诉讼自助服务等系统，为来院群众提供一站式、全方位、综合性的诉讼服务中心。设立诉讼自助服务一体机，自助完成诉讼风险评估预判，进行网上立案，材料扫描上传等，减少群众的诉苦诉累；设立案件信息、电子卷宗自助查询终端，方便当事人查询案件相关信息；提供触摸一体机，当事人扫描二维码，即时完成文书模板、电子法律图书的预览拷贝和下载打印；设立"虚拟导诉员"，将虚拟影像技术与导诉职能相融合，通过语音互动、诉讼导航服务等，使群众更加直观地了解诉讼流程，减少了人工导诉员的服务压力。搭建律师服务平台，律师足不出户即可完成预约立案、预约法官、材料收转、文书送达等案件办理工作。通过现代化服务平台，实现了"开放、动态、透明、便民"的司法服务新格局。

（二）建设一体化送达平台，解决群众高效诉求

充分利用互联网与信息化法院系统对接，在短信、邮件、微信、传真等电子送达方式基础上，积极探索公证参与司法辅助事务，通过公证电话送达系统，自动匹配关联案件信息，自动保存送达通话录音，并将在线留证语音作为合法送达回证归入卷宗存档。人工送达时，利用执法记录仪的拍照、录音、录像等功能，对送达时间、人物、场所以及其他在场人等送达现场情况进行记录以备查。自一体化送达平台搭建后，采用电子送达方式送达的案件与同期相比，平均增长了 33% 以上，极大提高了案件送达效率。

（三）建设互联网调解平台，回应群众司法新诉求

围绕群众对司法工作提出的新诉求，搭建以信息化为载体的互联网多元调解平台。设立矛盾纠纷诉前调解与诉调对接，专职调解员可随时查询并跟踪诉前调解情况，掌握

诉前调解进程；法官也可对特邀调解员进行在线指导，有利于提高诉讼调解成功率，实现让数据"多跑路"，法官和当事人"少跑腿"，拓展了百姓化解矛盾纠纷的渠道，推进了一站式多元解纷机制有序运行。截至目前，鸡冠区人民法院与鸡西市保险行业协会、鸡西市律师协会、鸡西市道交中心、鸡冠区消费者协会等8家行业部门建立了在线调解平台，已在线成功调解民事纠纷1100余件。

鸡冠区人民法院的信息化建设已基本形成集审判、管理和服务于一体的建设新格局，正向信息化3.0版大步迈进。今后，鸡冠区人民法院将继续以信息化建设为抓手，紧跟智慧法院建设新时代步伐，积极探索，大胆实践，注重融合，不断开创智慧法院建设新局面，积极回应广大人民群众司法新需求，为辖区经济建设和社会稳定提供强有力的司法保障。

（黑龙江省鸡西市鸡冠区人民法院）

湖南长沙望城区人民法院信息化助力一站式多元解纷

作为长沙市新城区的望城经济进入跨越式发展，经济增长速度已经居于湖南省前列，诉讼案件激增，2019年度案件增幅超50%。望城区人民法院强化信息化基础，依托"智慧法院"建设，利用信息化手段分析调度、沟通群众、服务调解，及时把握案件数量增长集中在涉征地拆迁纠纷、涉商品房买卖、涉劳动争议类纠纷、涉物业服务合同纠纷等四大涉诉系列纠纷的情况，理清思路，充分发挥望城区人民法院作为湖南省信息化应用试点法院的优势，实践新时代"枫桥经验"，创新开展"分区分类层进式诉源治理新模式"，取得明显新成效。

2020年望城经济总量增长8.8%，望城区人民法院民商事收案数同比下降22%。

一 夯实信息化基础，加快"智慧法院"建设，推进应用向服务转型

近年来，根据法院总体规划切实加强信息化建设，望城区人民法院取得了长足进步。依托新审判大楼建设，全面升级了大楼万兆到楼层、千兆到桌面的内外网网络设施，并将内外网通过50兆数字专线延伸到6个人民法庭或巡回法庭。服务审判执行业务流程。全面应用数字法院案件信息管理、科技法庭、电子卷宗、电子档案等系统，实现对重要工作环节的全面支持和管理；共建成20套标准科技法庭，8套云上法庭，配备28套网络视频直播设备及14套庭审语音识别设备。建成摄像头覆盖面广的安防监控系统，全面支持审判大楼和人民法庭的安防工作。实现立案窗口、远程提讯、庭审、执行指挥、信访窗口、安防监控六类音视频的统一调度管理功能。逐步替换传统办公电脑为云桌面终端，提高办公效率。

推进系统从主要面向管理向面向服务转型,持续推进法院信息化建设,积极用信息化手段为人民群众减"路",为法官减负,缩短办事节点时间,提高办案工作效率。努力运用人工智能辅助办公办案,多方位提升诉讼服务水平,通过科技手段和科学的管理方法促进各项工作标准化、专业化、智能化。

二 细化案件数据,分区分类大数据分析预判,多种手段精准施策层进式诉源治理

望城区人民法院辖区地跨湘江"一江两岸",城区农村交集,含16个街镇,150个村社区。望城区人民法院设置4个人民法庭、2个巡回法庭。基于望城区人民法院分区分类层进式诉源治理工作模式,如何及时掌握各街镇、村社区民商事收案数据是基础,也是难点。望城区人民法院借助智慧法院信息系统,自主研发诉源治理系统软件,通过大数据分析,挖掘和研判纠纷多发种类与所在地区,精准施策诉源治理,有效提高纠纷预防化解能力。

望城区人民法院在案件受理阶段,于现有数字法院系统预留字段信息中同步录入街镇、村社区信息,收集往年收立案数据及诉前调解数据,利用数据可视化技术,自主研发了一套诉源治理数据分析软件,通过热力图、曲线图等方式直观地掌控辖区内150个行政村、社区诉讼案件数量变化情况,有针对性地指导全院诉源治理工作,向案件高发街镇、村社区调度诉源治理资源,协助党委政府提高基层社会综合治理能力,尽量将矛盾化解在源头。例如,在重点热点社区(村)成立诉源治理工作点,白沙洲街道同心园社区、乌山街道原佳村、月亮岛街道杨丰社区均已成立诉源治理工作点。

2020年辖区16个街镇整合综合治理网格化管理和公共法律服务中心资源挂牌成立,民事行政案件万人起诉率等指标和加强诉源治理工作站开展情况纳入望城区平安建设考核,诉源治理大数据分析软件投入使用,可定时展示全区到村级案件增长情况,为及时研判诉讼纠纷态势预警和万人起诉率考核到街镇,建设"无讼社区(村)"打好基础。

全院52名员额法官齐上阵包村包社区,利用企业微信等手段,建立各村社区诉源治理的专用工作联络群,与150个村(社区)治调工作人员建立常态化联系,构建了覆盖全区乡村社区的多元解纷网络。例如,高冲、原佳、真人桥等村的法官更是数次到村组以授课、座谈等方式进行普法宣传,并受邀直接列席村民小组社员会议。在"法官包村包社区"的模式下,村、社区等基层治理"细胞"被激活,与法院合力构建基层社会治理新格局。2020年度望城区法院涉集体经济组织成员权益纠纷收案降幅达43.79%。

三 积极推进一站式信息化应用,实现"小中心、大服务"

望城区人民法院现立案庭场所即诉讼服务中心面积不到80平方米,人员10名,要完成约1.5万件案件的立案、信访、再审申诉复查等诉讼服务和财产保全等办案任务,还

要组织开展多元解纷诉前调解，可谓压力重重。

为此，望城区人民法院内挖潜力，积极创新向科技要生产力，成为湖南省第一批信息化全流程试点法院，以创新信息化应用先行先试，为法官减负、为当事人便捷高效服务。

湖南省首家开展电子卷宗同步生成及深度应用、为当事人提供办案、执行立案一站式电子卷宗档案查阅服务。湖南省首家开展网上立案、网上在线缴费工作，首批推进电子卷宗自动归目、文书智能辅助生成、庭审语音识别等信息化应用。在闪信+送达应用、云柜转递卷宗证据资料、电子送达平台应用、视频在线调解、人民法院调解平台等信息化深度应用上居湖南省全市前列。2020年民商事执行案件网上立案达35%，网上缴费达45%。

2020年根据最新规划标准已建成800平方米的高标准新诉讼服务大厅，对外开放16个全业务诉讼服务窗口，向公众提供导诉、立案、查询、打印一系列自助服务设备，并计划陆续设置24小时自助法院区域，进一步提高司法便民水平，对内集成材料收转发中心功能，集中扫描电子卷宗、集中电子送达、集中材料流转，全面提高诉讼服务效能。

四 依托信息化平台集约调解力量，打造全流程在线调解室，构建立体诉源治理机制

开展"分区分类层进式"诉源治理改革新模式以来，望城区人民法院依托人民法院调解平台等信息化平台引进多元力量联合解纷，助推基层社会治理，着力构建一站式建设新格局。基于诉源治理大数据分析的本区多元解纷特点，现已在16个街镇诉源治理工作站，上线"人民法院调解平台"应用；建立湖南省首家"道路交通事故人身损害赔偿纠纷'网上数据'一体化平台调处中心"联合交警大队、司法局、保险行业协会试行民事案件网上数据共享，统一事故人身损害赔偿标准并公示，大大减少赔偿金分歧，提高调解效率，做到便民服务一站式；院内设立律师诉前调解室、人民调解委员会诉前调解室（婚姻家庭心理咨询辅导室）、退休法官"五老红"特邀诉前调解室、人民陪审员特邀诉前调解室、行政争议诉源治理联合工作站、建筑行业诉源治理工作站；院内已建2套最新在线音视频调解室，人民法庭建设2套具备在线音视频调解的云上科技法庭。

开拓创新，打造了全流程在线调解室。基于特邀律师调解员的信息化应用能力强的特点，望城区人民法院率先试行将律师诉前调解室的调解工作全部转为"人民法院调解平台"在线指派、在线调解、在线司法确认模式，已经成为全省首家全流程在线调解的工作室。先后特邀各律所32名律师担任调解员。2020年该调解室已诉前交调1208件纠纷，调成381件，调解率38%。在新冠肺炎疫情期间，为本地上市企业"泰嘉新材料"诉前在线调解4件纠纷及时追回货款。该报道的案例作为政务信息化典型案例被纳入长沙市中考考题。

2019年9月以来，望城区人民法院诉前调解案件5109件，调解成功2312件，诉前调解成功率达45.25%。以信息化助力的诉前多元解纷工作，已经初步形成立体的诉源治

理机制，既为当事人提供了便捷高效的在线网络一站式多元解纷诉讼服务，有效降低维权成本，让数据多跑路、让群众少跑腿；又助推提升了基层社会治理能力。卓有成效的诉前多元解纷工作，得到了望城区委、政府、人大、政协和职能部门的支持，得到了人民群众的肯定，取得了良好社会效果。

（湖南省长沙市望城区人民法院）

广东深圳宝安区人民法院从"卷随人走"到"人卷分离"

一　改革背景

2019年2月，最高人民法院发布的《人民法院第五个五年改革纲要（2019—2023）》提出"建设现代化智慧法院应用体系"的任务目标。同时，确定北京互联网法院等7个法院为开展电子档案为主、纸质档案为辅的案件归档方式试点单位，宝安区人民法院是广东省唯一一家基层试点法院。2020年，深圳法院又被确定为民事诉讼程序繁简分流改革和"电子文件单套归档和电子档案单套管理"试点单位。

宝安区人民法院收案数常年位居全国基层法院前列，面临巨大办案压力，仅仅依靠内部挖潜、人海战术难以为继，迫切需要现代化智慧法院应用体系提供全方位技术支撑，被确定为试点单位为我院提供了前所未有的重大历史机遇。在巩固提升前期"智慧法院"建设经验的基础上，宝安区人民法院坚持司法规律、体制改革与技术变革相融合，着力推进智能司法的"12345工程"❶，打造形成了数据生成全主体参与、案件信息全流程共享的"交互型无纸化办案模式"❷。

---

❶ "12345工程"的"1"是指案件数据的"一网贯通"；"2"是指诉讼服务更优、办案体验更优的"两优目标"；"3"是指全流程、全覆盖、全口径信息化智能化司法的"三全布局"；"4"是指互联网技术、人工智能技术、云技术、大数据资源的"四大支撑"；"5"是指观念和习惯的转变、办案流程再造、多系统数据共享、纸质材料电子化、电子卷宗深度应用的"五难攻坚"。

❷ "交互型无纸化办案模式"是指，一方面，当事人及代理人与系统的友好交互。从立案开始，到保全、调解、审判、执行等，当事人通过网上立案、庭审语音转录、电子签名、远程调解、视频庭审等方式，提供电子化的诉讼数据，并自动转化为电子档案材料；同时，也享受了文书接收、网上阅卷、网上缴费、信息查询的无纸化远程办理。另一方面，办案人员与系统的友好交互。法官及法官助理通过全流程无纸化网上办案、诉中材料集中电子转化，形成电子档案，再依托人工智能、大数据资源等，享受到文书一键生成、案件一键流转、移动办公、全流程网上监管、大数据统计分析等便捷的办案体验。

二 改 革 措 施

(一)系统化设计,打造电子归档模式专业标准

2019年年初,宝安区人民法院成立"司法事务集约管理中心",负责试点改革的统筹协调、资源整合、制度建设、指导督促等。随后,制订无纸化办案改革方案,并陆续出台无纸化立案、无纸化诉前联调、民商事案件办案无纸化、执行案件办案无纸化、电子送达、电子签名、卷宗材料同步扫描及流转、随案纸质卷宗材料保管及借阅管理等各项制度,构建了"1+N"制度体系,既为无纸化办案提供操作指引,也为建设现代化智慧法院应用体系探索出可复制、可借鉴、可推广的参考经验(表1)。

表1 宝安区人民法院无纸化办案制度一览表

序号	类别	名称
1	工作方案	开展电子档案为主、纸质档案为辅的案件归档方式改革工作方案
2		在诉讼执行案件中开展电子文件单套归档和电子档案单套管理试点工作方案
3	工作规程	全流程网上办案工作规程
4		在诉讼执行案件中开展电子文件单套归档和电子档案单套管理试点工作规程
5		无纸化立案工作规程
6		多元化纠纷解决机制无纸化工作规程
7	工作规程	民商事审判案件办案无纸化工作规程
8		执行案件办案无纸化工作规程
9	工作规定	电子送达工作暂行规定
10		以互联网络方式公告送达司法文书实施办法
11		速裁法庭法律文书电子印章使用规定
12		电子签名使用规定
13		电子诉讼档案管理办法
14		无纸化办案卷宗材料同步扫描及流转工作规定
15		无纸化办案随案卷宗材料保管及借阅管理规定
16		全流程无纸化办案纸质卷宗材料管理规定

(二)模块化推进,分步分类实现无纸化办案

经过前期调研,宝安区人民法院充分尊重司法规律,结合自身工作实际,按照"先易后难"的原则制定了无纸化办案两年规划,根据案件类型、程序阶段分类施策、模块化推进无纸化办案目标。目前,已经基本实现了立案、诉前联调、民事速裁、民商事普案、执行保全、快速执行和普通执行案件的全流程无纸化办理,为实现民商事"繁案"无纸化办案直至全面无纸化办案奠定基础。

1. 无纸化立案

依托广东法院网上诉讼服务网,实现民商事案件、执行案件无纸化网上立案,提交申请、补充材料、送达裁定、缴纳诉讼费均通过网络进行,当事人足不出户即可完成立案手续(图1)。

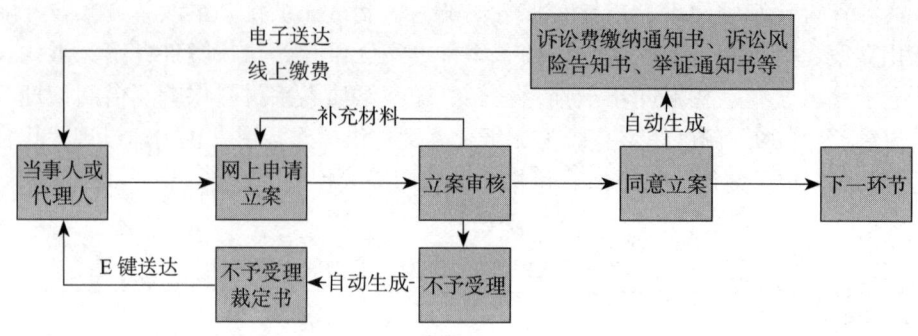

图1　无纸化立案流程

2. 无纸化调解

民商事案件立案后,一键导入深融多元化平台,由调解员组织进行线上、线下调解。线上调解方面,依托"10+1"(10个司法所+医调委)远程调解平台,进行远程视频调解和司法确认。联调不成的民商事案件,自动识别繁简,完成分流(图2)。

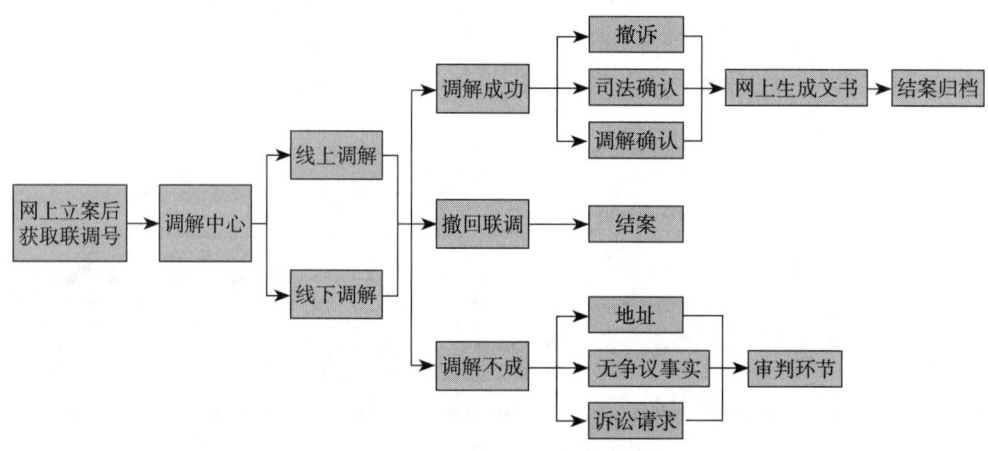

图2　无纸化多元纠纷化解流程

3. 无纸化审判

民商事案件全流程无纸化办理,网上集中排期,E键送达传票,法官不再带卷开庭,通过查阅电子卷宗进行庭审,借助庭审语音转录、电子签名完成庭审记录,文书一键生成、网上审批、电子盖章、一键打印制发裁判文书,民商事速裁案件当庭宣判后判决书100%实现判后10分钟立等可取(图3)。

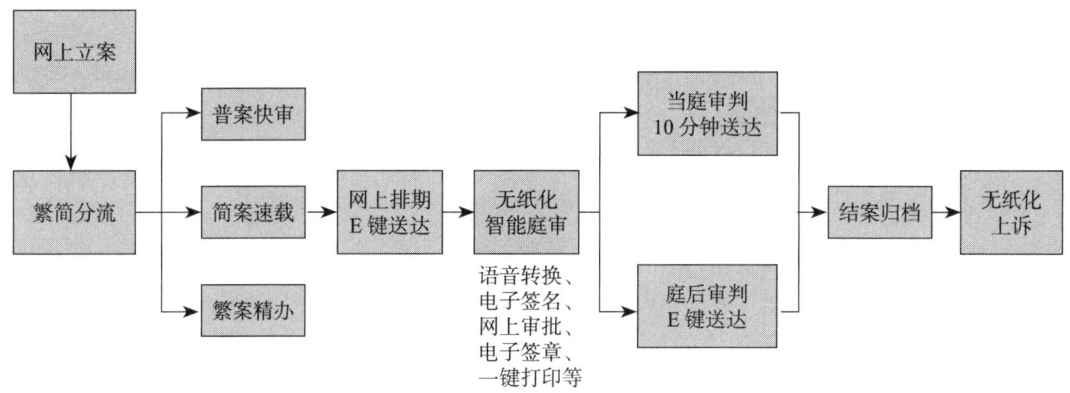

图 3 无纸化审判流程

4. 无纸化保全

裁定保全的，审查部门通过执行业务系统移送保全立案。执行部门收到案件后，借助鹰眼、总对总等平台实行网络查控，再通过电子卷宗随案同步生成系统，将保全结果一键反馈给保全审查部门和保全申请人（图4）。

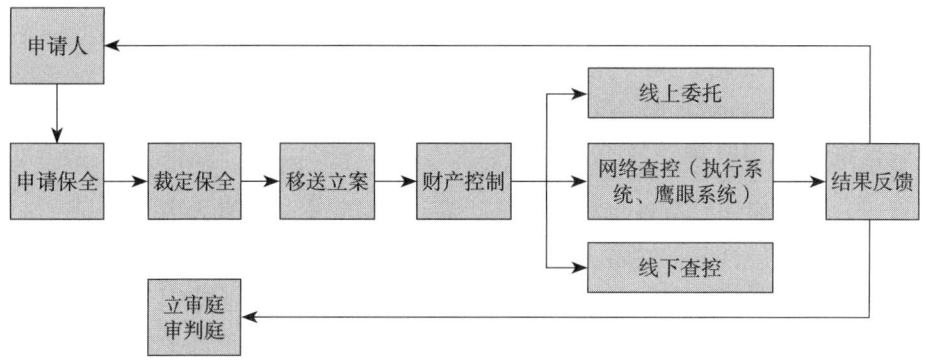

图 4 无纸化保全流程

5. 无纸化执行

执行法官办理"快执"案件时，依托网络平台，自动生成并E键送达文书；对被执行人财产自动查询、智能筛选、批量控制、一键限高、列失信，网上扣划；利用移动执行终端进行远程勘察、同步录像上传、移动办公等；通过网拍平台进行网上拍卖，网上划款；以短信的方式完成节点自动推送（图5）。

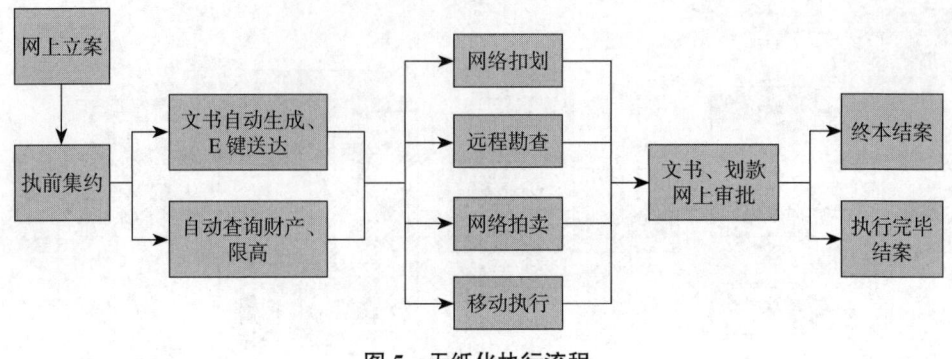

图 5 无纸化执行流程

（三）移动化诉讼，疫情之下审判执行不打烊

为最大限度减少人员聚集活动，有效防控疫情，宝安区人民法院充分利用"智慧法院"建设和无纸化办案试点成果，大力推行全方位网上办案模式，为群众提供便捷、安全的诉讼服务。积极利用微法院、广东法院诉讼服务网等平台开展线上诉讼，特别是线上庭审和庭前证据交换，远程线上勘查财产、VR看房等，为疫情下不方便前来宝安区人民法院开庭的当事人和律师提供便利，在保障疫情防控的前提下做到审判执行不停歇。

（四）多样化辅助，电子卷宗随案同步生成并一键归档

根据案件材料的产生规律，充分借助集约化、信息化、社会化手段，在不同阶段实现纸质材料的电子转化，建立以自动同步转化为主、人工同步转化为辅的双轨转化模式。引入互联网、人工智能等信息化技术手段，通过网上立案、信息录入、电子送达、庭审语音转录、录音录像、电子签名、网上查控、网上拍卖、文书自动生成、网上审批、电子印章等途径，完成相关案件材料的同步自动生成，并导入电子卷宗系统，法官全程网上阅卷。以社会化外包服务形式引入社会力量，对当事人提交或其他途径产生的纸质材料进行集中扫描转化，同步生成电子卷宗。案件办结后，可一键归档或一键移交上诉。

（五）差异化管理，纸质材料集中统收统转统管

根据档案管理规定和办案需求，案件纸质材料和电子卷宗实行人卷分离、差异化归档。纸质及实物案卷材料原则上不再流转至承办法官，当事人提交或其他途径产生的必存原件全部交由智能中间库统一接收建档、扫描转化、保管归档。中间库收到电子卷宗归档的提示后，移交差异化案卷加工中心，并根据立卷规则进行核对，确保纸质材料转化的完整性，核对无误后装订入库。采用差异化管理后的诉讼档案平均仅为原有诉讼档案的10%左右，大大减轻了纸质档案库房的压力。

（六）单轨制运行，实现电子档案单套制管理

2020年4月，国家档案局、国务院办公厅电子政务办公室、国家电子文件管理部

际联谊会议办公室联合下发《关于开展电子文件单套归档和电子档案单套管理试点工作的通知》(档发〔2020〕2号),指定深圳市中级人民法院为试点单位之一。宝安区人民法院率先在民商事速裁案件和执保案件试行电子文件单套管理和电子档案单套归档,通过网上立案、电子送达、电子签名等技术手段,将线下诉讼活动转为线上办理,尽量减少案件中纸质材料的生成和保管,实现电子文件单套归档和电子档案单套管理。

(七)智能化监管,大数据精准服务审判管理

通过无纸化办案实现电子卷宗随案同步生成,为审判管理智能化打下坚实的信息化基础。以此为契机,宝安区人民法院进一步优化"大融树"数据云平台,自动采集案件各节点数据信息,实时汇总、分析、更新,为该院党组司法决策、工作部署、资源投放提供及时、准确、完整的数据参考,同时也为审判管理部门进行案件监督、质效督查、绩效评估等提供重要依据。

三 改 革 成 效

无纸化办案试点改革以来,宝安区人民法院办案理念、习惯实现全面革新,案卷管理完成了由传统的"卷随人走"向"人卷分离"的转变,实现了"电子档案为主、纸质档案为辅"的案件归档方式和"电子文件单套归档和电子档案单套管理"改革目标要求。在此基础上,卷宗档案管理更科学、更安全,查阅、流转、归档、检索更便捷、更高效。

截至2020年12月,宝安区人民法院已实现无纸化立案126847宗,诉前联调64446宗,无纸化诉讼33227宗,电子卷宗归档37046宗,无纸化上诉2257宗,单套制归档2428宗。在无纸化状态下,立案审核时间缩短60%,立审案件流转时间缩短为0天,上诉案件移送实现"即送秒达";民事速裁庭审平均时长缩短至35分钟,裁判文书从制作到宣判送达时间平均缩短至3.6小时,办案效率大幅提升。2019年7月,最高人民法院专题调研组在实地考察宝安区人民法院无纸化办案和案件归档方式改革后,对相关经验做法、改革成效给予高度肯定。

通过开展无纸化办案和线上诉讼服务,在服务人民群众方面,每年可减少群众出行20余万人次,减少出行约600万千米,节约出行成本约300万元,相当于节约标准煤200吨,减少碳排放100吨;节约群众时间80万小时,相当于397人全年工作时间。在服务审判执行方面,通过网上执行、远程音视频等应用,减少干警出行约10万次,减少出行约150万千米,节约出行成本约150万元,相当于节约标准煤100吨,减少碳排放50吨;节约干警时间约40万小时,相当于198人全年工作时间,尤其是在执行查控等工作方面实现了以往传统工作方式无法达到的效果。在服务司法行政方面,通过文书网上流转、电子送达、电子签章等应用推进无纸化办案,提升工作效率。每1万宗案件节约普通A4纸2000包,节约墨盒500个,节约库房空间80%。

下一步,宝安区人民法院将继续系统总结经验、努力攻克技术难关,进一步理顺

无纸化办案和电子档案改革工作中各流程的衔接，完善电子卷宗同步生成等系统及应用的功能设置，全力打造"集约管理、跨界融合、深度应用"的电子卷宗随案同步生成及运用模式，总结档案改革工作经验，为宝安区人民法院全面实现智能司法打下坚实的基础。

（广东省深圳市宝安区人民法院）

新疆生产建设兵团阿拉尔垦区人民法院智慧法院建设案例

近年来，阿拉尔垦区人民法院按照上级法院信息化建设的部署要求，结合新疆南部中心城市基层法院实际需要，以信息化推动法院审判智能化，以信息化推动为民司法多元化。综合运用互联网、多媒体等先进手段和形式，充分发挥信息化建设成果服务广大人民群众、服务审判执行、服务司法管理的重要作用，全面提升办案质效。

一 加强信息化建设，打通服务群众"最后一公里"

按照最高人民法院和兵团法院信息化建设的工作部署，阿拉尔垦区人民法院狠抓信息化配套建设，大刀阔斧改造升级办公办案设备，利用互联网手段，在上级法院的支持下，先后开通网上缴费、电子送达、网上立案、跨域立案、网上开庭等功能，方便群众参与诉讼，使"指尖诉讼、网上开庭"成为现实。2020年新冠肺炎疫情期间，在人员流动受限的情况下，立案庭工作人员电话指导诉讼参与人通过兵团移动微法院进行网上立案、网上缴费。用户通过手机下载应用程序后，注册信息、填报上传案件信息，提交后由立案庭工作人员审核，审核通过后网上缴纳诉讼费，即可查看案件进展流程节点等后续工作，使案件办理跨越时间和空间的限制，不见面即完成诉讼。全年共受理网络立案申请232件，建立互联网法庭2个，互联网开庭295件，实现了"审判执行不停摆、公平正义不止步"。协作跨域立案51件，审核跨域立案34件，使用电子送达平台送达诉讼文书862次。

二 开通庭审专线，助力扫黑除恶专项斗争"案件清结"

2020年是扫黑除恶专项斗争的收官之年，为确保涉恶案件如期开庭，在新疆生产建设兵团第一师阿拉尔市党委政法委协调支持下，开通了人民法院连接监所的视频专线，通过庭审视频专线，解决了疫情期间在押人员无法到庭参与诉讼的现实问题，运用视频专线成功审理了3起涉恶案件，判处罪犯21人。在审理李某某寻衅滋事案中，在确定采用远程视频开庭审理后，严格按照有关操作规定，以书面形式告知被告人，并在开庭传票等司法文书上注明。充分做好庭前准备工作，提前进行沟通调试，以确保庭审工作顺利进行。庭审中采用远程视频+现场庭审的方式进行，羁押在看守所的被告人通过远程视频参加庭审，取保候审的被告人到庭参加庭审，法庭看到的是通过远程视频系统实时传输到科技法庭的被告人在看守所接受讯问的图像画面，被告人也通过看守所的显示屏看到庭审的实时画面。无须将被告人提押到法院就能参与庭审，涉案相关证据通过远程开庭系统呈现，供被告人辨识，以保障当事人的权益。庭审中采用"智能语音识别系统"，极大提高了司法效能。该系统能够利用语音识别技术，将诉讼参与人的发言内容直接转化为文字形式，生成庭审记录，同时进行同步录音录像，完整、真实地呈现庭审原貌，提升了庭审效率。这种庭审方式符合疫情期间的防控要求，降低了安全风险，减轻了诉讼参与人的诉累，使信息化服务扫黑除恶专项斗争"案件清结"工作。

三　综治视联网，服务基层连队"零距离"

辖区职工群众分散居住在塔里木河沿岸，最远的生产连队距市区近200千米，矛盾化解成本高。为应对新挑战，在新疆生产建设兵团第一师阿拉尔市党委政法委的支持下，开通综治视联网，与师、团、连三级综治机构建立点对点、点对面互联互通。依托新疆生产建设兵团第一师阿拉尔市综治视联网平台，纵向连接各连队社区、横向联通机关各部门，实现了远程信访接待、矛盾调处、远程人民调解、远程司法确认、远程案情调查等多种功能为"一网"，使最偏远的连队、社区也可实现即时视频连线，借助综治视联网的快捷、可视、互动优势，将多元化解机制和线上司法确认对接。根据当事人的线上申请，法官核对当事人信息，询问当事人达成调解协议自愿性，审查调解协议的效力后，依法出具司法确认裁定书，赋予调解协议的强制执行力，具有"不取费、防反悔、可执行、减诉累、省资源、促和谐、提效率"七大优势。2020年7月，某企业欲起诉五名购房人，要求清偿购房款20余万元，驻团法官得知情况后，立即联系团人民调解组织主动介入，仅仅用了6个小时，矛盾纠纷在当地就被成功调处，法官通过综治视联网对调解过程进行指导，并进行线上司法确认，出具民事裁定书送达各方，节约了司法资源、减轻了当事人诉累，实现"让数据多跑路、让群众少跑腿"。

四　电子卷宗随案同步生成，方便法官办案

随着信息化建设的不断推进，电子卷宗随案生成率越来越高，极大地提高了案件办理效率，减轻了办案法官的工作量，为办案法官提供了智力支持，对法官撰写法律文书具有辅助意义。电子卷宗随案同步生成，使案件承办法官无须面对厚厚的案卷，只需进入案件管理系统，轻击鼠标，查看待办案件，即可阅卷，对重点信息进行标注、复制、提取案件信息，方便快捷。2020年受理案件4671件，实现电子卷宗随案同步生成的案件3967件，电子卷宗随案生成率为84.93%。

五 网络查控拍卖，助力切实解决执行难

近年来，执行工作以"信息化管理平台"为依托，利用最高人民法院"总对总"查控系统，对被执行人的银行账户、不动产、机动车、基金、股票、投资理财产品等财产进行全方位查询，共查控 3605 次，执行查控率 100%，提高了执行效率，维护胜诉方的合法权益，节省了办案的时间和效率。依托司法拍卖平台，加强对查扣物品的网络拍卖力度，及时变现。2020 年开展网络司法拍卖 190 件，成交 98 件，成交金额 1890.8667 万元，均通过线上完成，确保了司法拍卖公开透明。

六 四大平台，助力司法公开

公开是最好的防腐剂。随着四大公开平台的不断完善，司法公开愈发透明。2020 年通过中国审判流程信息公开网已公开审判流程信息的案件共计 1555 件，极大地方便当事人上网查询案件审理进度，避免了往返奔波。庭审直播工作已全面推广，2018 年接入中国庭审公开网实现庭审直播，通过庭审公开网进行庭审直播案件共计 60 余件。庭审直播具有直观、准确、实时的特点，最大限度还原庭审现场。积极落实裁判文书公开制度，同时对不公开裁判文书进行公示，上网文书 1563 件，申请不公开裁判文书 2234 件，全面实现了阳光裁审。执行信息公开工作已全面实现。阿拉尔垦区人民法院严格按照上级要求在中国执行信息公开网公开执行案件信息情况，实现终本案件信息公开全覆盖，以公开促公正。

在信息技术日新月异，职工群众司法需求日益多元化的大背景下，打造智慧型法院，运用信息化手段提升司法为民的本领是人民法院发展的大趋势。阿拉尔垦区人民法院将持续推动此项工作向纵深发展，让智慧法院建设发挥更大作用，让信息化建设成果不断惠及广大职工群众。为职工群众提供更加优质高效的司法服务，为推进兵团向南发展和深化改革提供更坚强的法治保障。

（新疆生产建设兵团阿拉尔垦区人民法院）

·（二）智慧检务建设专项成果·

检察业务应用系统 2.0

一 研发背景

近年来，最高人民检察院坚持以办案为中心，以增强检察办案中的科技信息化应用和提升检察监督能力为目标，统筹研发了全国统一的检察办案系统。2014年检察业务应用系统1.0上线应用，有力促进了检察机关执法规范化建设，实现了检察机关从纸上办案到网上办案的跨越。但在信息技术迅猛发展的时代背景下，在"中国之治"新的更高要求下，在检察机关"四大检察"全新布局下，检察人员对智慧办案提出了更高期待和要求，进一步优化、提升检察机关信息化办案能力需求迫切、势在必行。为适应新时代检察工作发展新要求，为"四大检察""十大业务"提供更加强有力的信息化支撑，在检察业务应用系统1.0基础上，最高人民检察院启动了检察业务应用系统2.0研发。

二 研发思路

检察业务应用系统2.0按照"科学化、智能化、人性化"理念来设计和开发，坚持需求问题导向，以司法办案为核心，聚焦检察人员在不同办案场景下的办案需求，突出智能支撑，深化数据应用，强化共享协同，着力生态建设，确立了以下研发思路。一是聚集办案，管理辅助。统一软件2.0的核心用户是办案人员，业务流程和功能设计以满足检察官办案需要为主，首先是方便办案，然后通过后台采集办案数据和运用业务规则进行管理，实现办案和管理的融合。二是标准先行，科学规范。遵循国家相关法律、诉讼规则，以及国家标准、行业规范等，吸收各地探索成果，建立统一的业务规则标准、业务流程规范、数据标准、数据接口标准等系列标准规范体系，为业务协同、数据管理、数据共享和数据分析应用打好基础。三是优化设计，灵活配置。通过调整架构，优化算法，改进数据结构、数据服务方式等，实现功能组件的灵活可配、动态扩展，满足四级检察机关按照不同业务类型、不同罪名案由、不同机构人员的配置使用要求，并解决好现有系统运行慢、升级复杂等问题。四是加强协同，开放共享。围绕协同办案和数据共享开放要求，设计统一数据接口服务和共享数据池，统一架构、统一存储、统一部署、统一运维，实现与监察、公安、法院、司法等其他机关的数据共享和业务协同。

三 系统功能

检察业务应用系统2.0落实"四大检察、十大业务""案件比""精准量刑建议"等检察工作新理念，具有流程办案、智能辅助、知识服务和数据应用"四大功能"，在规范办案活动的基础上尽最大努力方便办案。在流程办案方面，系统涵盖刑事、民事、行政、公益诉讼、未检、控告申诉及案管、法律政策研究、国际合作、检务督察、检察技术等检察机关各个条线的业务，全部功能包含330余个案件流程、1400余个案卡表、4100余份文书，具有250余项系统功能和80余个个案功能，对案卡流程进行了设计优化，实现了对新时代检察办案业务的全系统覆盖和全方位支撑。为适应员额检察官责任制和人员分类改革需求，该系统提供了可定制化的权限配置服务和个人门户，在案件办理流程中也充分体现了捕诉一体办案等改革特征。"一案一号"，给了每个案件一个"身份证号"，实现案件办理全过程可追、可溯，办理效果可见，督促承办检察官在每一个办案环节求极致，实现政治、社会和法律三个效果的统一。在智能辅助方面，系统围绕检察官阅卷、拟制文书、填录案卡、出庭示证等办案场景，针对案卡填录工作量大、用印审批复杂等办案人员的"吐槽点"，嵌入了案卡智能填录、辅助阅卷、文书纠错、量刑辅助、出庭示证等辅助工具，实现了从法律文书、电子卷宗中自动抓取填录案卡数据，提高了工作效率。在知识服务方面，增加了类案推动、案例库功能，增加了法律法规、案例推送等多样化的知识服务功能。在数据应用方面，增加了指标管理、全文查询、专题报告等数据分析应用功能，提供了跨部门数据共享和业务协同接口，为进一步消除跨部门、跨地区数据"壁垒"，构建检察办案全新渠道和沟通平台打下了良好基础。

四 应用成效

该系统于2019年2月启动研发，2020年1月系统开始在贵州、海南、重庆、广东、内蒙古、上海、浙江、陕西、北京等地开展试点部署应用。截至2020年年底，通过系统已办理各类案件超过30万件，公共法律知识库查询检索超过27.3万次，专业化办案知识库查询检索超过15.2万次，检察内部知识库查询检索超过6.7万次，流程办案、智能辅助、知识服务、数据应用四大功能不断完善，广东检察机关使用量刑辅助工具超过6600次，部分地区法院采纳率提升到了98%以上，有力促进了检察办案工作质量和效率的提升。

（最高人民检察院检察技术信息研究中心）

公益诉讼技术支持体系

近年来,最高人民检察院坚持以公益诉讼办案需求为导向,加快推进公益诉讼技术支持体系建设,检察技术对公益诉讼办案初始性、基础性、司法性作用日渐显现。2020年全国检察技术部门为公益诉讼办案提供技术支持26722件次,制作公益诉讼现场勘验笔录2900多份,无人机航拍10200多次,获取物证、录像照片等证据材料4780多份,以快速检测、无人机航拍、卫星遥感及大数据分析研判等技术为主要内容的公益诉讼技术支持体系在公益诉讼检察办案实践中不断健全和完善。

一 公益诉讼快速检测实验室建设初具规模

全国检察机关公益诉讼快速检测实验室建设初具规模,具备了对水、土壤、空气等环境常规参数的检测、分析能力,能够为公益诉讼办案提供有力技术支持,对公益诉讼案件办理的支撑作用得到初步体现。在实验室建设和设备配备方面,截至2020年年底,各级检察院投入使用的公益诉讼快速检测实验室336个,其中省级院13个,市级院114个,县区院209个。在参与公益诉讼办案方面,2020年各实验室共参与公益诉讼办案1525次,其中省级院40次,市级院715次,县区院770次,平均每个实验室4.5次。2020年各实验室共出具检测报告796份,其中省级院32份,市级院416份,县区院348份,平均每个实验室2.4份。在实验室检测能力方面,全国有155个实验室具有空气检测能力,占68%。具有1项、2项、3项及以上检测能力的实验室分别有44个、53个、58个。有216个实验室具有水质检测能力,占94.7%。其中具有1~6项检测能力的实验室107个,具有7~12项检测能力的实验室86个,具有13~17项检测能力的实验室23个。有120个实验室具有土壤检测能力,占52.6%。其中具有1项参数检测能力的实验室有49个,具有2项、3项检测能力的实验室各有29个,具有3项以上检测能力的实验室13个。有113个实验室具有1项及以上检测能力,占49.6%,其中具有1项检测能力的实验室79个,2项检测能力的实验室30个,3项检测能力都具有的实验室4个。此外,88个实验室具备食品检测能力,占38.6%。

二 无人机配备、驾驶培训和航拍取证取得成效

最高人民检察院印发《关于规范检察机关无人机管理使用的通知》,与空军参谋部航空管制局联合印发了《关于〈建立无人机飞行协调工作机制事函〉的通知》,从顶层上解决了无人机使用的空域申请渠道和效率问题。各省级院也相应出台快速检测实验室管理使用、技术办案流程、专家库建设等相关规范性文件16件。各省级院累计组织公益诉讼

技术支持培训、无人机驾驶培训及选送技术人员外出培训3500余人次，技术人员专业素质得到了较大提升。目前，各级检察院配备用于航拍取证的无人机共计1119台，其中省级院19台，市级院220台，县区院880台。2020年利用无人机参与案件取证5580次，其中省级院21次，市级院940次，县区院4619次，平均每台无人机参与办案取证约5次。技术部门管理使用无人机1108台，占无人机总数99%，参与办理案件5571次，占参与办理案件总数99.8%。全国检察机关具有无人机驾驶执照人员1594人，其中省级院40人，市级院427人，县区院1127人。具有中国民用航空局委托国际航空器拥有者及驾驶员协会颁发驾驶执照1151人，占72.2%。具有大疆慧飞（UTC）行业应用资格证418人，占26.2%。具有国家体育总局监管的航空运动协会竞技比赛级别证书7人，占0.5%。具有其他途径的驾驶执照18人，占1.1%。

三 遥感空间信息技术得到更为深入应用

遥感空间信息技术在地表信息获取方面具有覆盖范围全面、真实客观和历史过程可追溯的独特优势。最高人民检察院与中国科学院空天信息创新研究院签订了战略合作框架协议，针对检察公益诉讼工作中环境损害公益诉讼取证难的问题，开展遥感空间技术在检察办案领域的应用探索。最高人民检察院与中国科学院空天信息创新研究院推进全国检察公益诉讼工作遥感信息分析取证平台研发应用。该平台按照检察机关办案的受理、调查、分析、追溯、取证的流程设计，具备使用者分权限案件遥感信息管理、准实时海量多源遥感数据可视化、地物解译模块与自动提取调查、历史过程遥感数据对比分析追溯、多用户协同解译与判别取证、多因素综合计算与评估及专题报告生成的能力，部分主要功能已经开展实战应用。全国检察公益诉讼工作遥感信息分析取证平台中的遥感空间信息相关技术为各级检察院办理公益诉讼案件提供多类案件科技支撑，案件类型主要涉及非法占用河湖、林地等生态保护用地，非法开发矿产等资源，环境污染，历史建筑和文化遗产保护等方面，如江苏京杭运河平望至王家泾段违章建筑案、北京昌平区历史建筑物遥感复原案等，取得了良好效果。

四 各级检察机关积极进行公益诉讼支持体系建设探索

北京市人民检察院成立生态环境和食品安全检测实验室，已出具10份勘验笔录、6份鉴定评估报告，接受有关环境损害案件咨询百余次，召开现场勘验和委托鉴定案件研讨会数十场。河北省人民检察院举办了河北省首届公益诉讼勘验取证技能培训竞赛。内蒙古呼伦贝尔市人民检察院通过无人机、卫星遥感、工作车、远程监控、随手拍等多项措施，支持保护呼伦贝尔湖、大兴安岭等重点生态环境保护区域。辽宁省沈阳市人民检察院、盘锦市人民检察院综合利用无人机、卫星遥感、快检设备等技术手段，全方位服务检察公益诉讼办案。铁岭市人民检察院参加"两长"巡河专项行动，为河道生态环境治理提供技术支持。黑龙江省各地积极推进无人机及快速检测实验室建设，佳木斯市人民检察院食药环快检技术支持公益诉讼办案工作经验成效被人民法治网、《检察日报》等多家媒体报道。江苏省建立公益诉讼技术支持省、市、县（区）三级模式，完成公益诉讼技术支持2972次，为检察建议提供技术依据791件。苏州市人民检察院探索建立"案件现场全息复刻系统"，支持办案。浙江省人民检察院与浙江省生态环境厅联合成立全国首家公益诉讼（环境损害）司法鉴定联合实验室，2020年以来共计受理鉴定评估案件30余件。目前市县两级院95%以上单位已建成快检实验室。福建省人民检察院与福州市人民检察院成立公益诉讼快速检测联合实验室，已开展公益诉讼快速检测案件6件；平潭区人民检察院建设了福建（平潭）海洋生态保护检察监督协调指导中心，铸造福建检察"海洋生态检察保护"品牌。江西省人民检察院与江西省环境监测中心、环境科学研究院共同组建江西省检察机关公益诉讼联合鉴定实验室，加快建设市县区人民检察院实验室。山东省济南市人民检察院开展"快检车进校园"活动，把快检车开到校园、进酒店专项检查"年夜饭"、快检车"赶大集"等系列活动，被正义网、电视台等多家媒体报道。青岛市人民检察院与中国地质调查局青岛海洋地质研究所签署合作备忘录，构建公益诉讼实务交流和技术支撑协作平台。河南省人民检察院举办首届河南省检察机关无人机取证及公益诉讼现场勘验竞赛。安阳、新乡、郑州等地扎实有效地参与"携手清四乱保护母亲河"专项行动。焦作市人民检察院编写了《公益诉讼现场勘验实务》图书材料。广东省中山市人民检察院正在研发公益诉讼地理信息平台，解决证据查看不便和地图可靠性低的问题。四川省将21个分院划分五大片区，每个片区选取一个公益诉讼办案需求较大、基础较好的市级人民检察院开展试点院。甘肃省人民检察院举办甘、陕、宁三省区无人机驾驶员培训班，共有93个单位101名学员参加培训。

（最高人民检察院检察技术信息研究中心）

中国检察听证网

为深入贯彻落实习近平总书记反复强调的"以人民为中心"发展思想，进一步从国家治理和检察制度体系建设高度出发，充分认识公开听证的重要意义，全面提升公开听证的政治效果、法律效果和社会效果，实现检察机关办案方式"革命性"变革，推动各项检察工作创新发展，为中央的决策部署不折不扣地落实提供更好的检察服务，最高人民检察院决定建设中国检察听证网。

一 建设背景

为深化履行法律监督职责，加强和规范人民检察院以听证方式审查案件工作，切实促进司法公开，保障司法公正，提升司法公信，落实普法责任，促进矛盾化解，2020年10月，最高人民检察院发布《人民检察院审查案件听证工作规定》，进一步明确和深化了检察听证、听证直播的相关规定。公开听证是由人大代表、人大常委会委员、人民监督员、专家学者等多方参与，融法、理、情于一体，提升检察案件办理质效的一种办案方式，在化解矛盾、定分止争等方面效果明显，同时还能起到锻炼检察队伍、提升能力、宣传法治的作用，是解决社会突出问题的重要抓手，也是检察机关创新性为人民群众提供的优质高效的法治产品。通过公开听证，充分听取双方当事人意见，有助于检察机关秉持客观公正立场，准确认定案件事实，正确适用法律，维护双方当事人利益。

进入新时代，人民群众在民主、法治、公平、正义、安全、环境等方面有了更高需求，特别是随着人民群众法治意识、维权意识不断增强，对检察机关办理案件提出了更高要求。为进一步深化检务公开、自觉接受监督，《人民检察院审查案件听证工作规定》中明确，人民检察院可以对听证全过程进行互联网直播。通过公开听证直播，可以让更多的人民群众参与、了解、监督检察工作，同时也让办案检察官从幕后走到幕前，对检察官在办案中释法说理和防控办案风险能力提出更高要求。开展听证直播，是实现检察机关办理法律监督案件公开、公正、公平的一项重要举措，也是检察机关推进开放、透明、阳光司法的一种创新尝试，让公平正义更可感可触。在此背景下，"中国检察听证网"应运而生。

二　建设历程和主要功能

（一）建设历程

中国检察听证网是基于互联网建设，面向社会公众直播公开听证全过程的司法公开平台，实行"一级部署、四级使用"模式，既是12309中国检察网组成部分，又具备独立网页和地址（https://jctz.12309.gov.cn），致力于打造全国检察机关公开听证直播展示平台，以公开促公正、以公正促公平，努力实现政治效果、法律效果、社会效果的有机统一。中国检察听证网于2020年3月上旬正式开始研发工作，4月中旬完成网站测试环境上线，4月下旬完成正式环境部署并组织开展了第一批模拟听证直播，5月初完成第一期建设任务，网站进入试运行阶段。6月9日，江苏省苏州市姑苏区院、浙江省嘉兴市海盐县院、山东省菏泽市开发区院、四川省成都市院4个单位，通过中国检察听证网，顺利完成首次检察听证互联网直播。

（二）主要功能

中国检察听证网主要由听证直播平台网站、移动客户端APP、管理平台、能力平台组成，通过直播、点播、媒资管理云平台，实现全国各级检察机关接入并管理听证直播业务，满足普通直播、邀请观摩及"外脑"专家远程参与直播等多种应用场景，具备听证视频直播、收录、编辑转码、点播分发及大数据分析等丰富功能。同时，依托12309中国检察网相关基础设施、身份认证安全保障、视频内容分发保障等技术，直播平台能够实现直播过程、直播数据安全可控。社会公众用户可通过听证公开网主站、移动客户端、

12309中国检察网、12309微信公众号等方式收看听证直播及点播视频，受邀参加观摩的特殊用户还可根据需要进行实时互动评论、听证。

（三）前端功能

一是用户功能。网站复用12309中国检察网用户体系，12309中国检察网注册用户可直接登录，新用户可注册后登录。个人中心界面能够实现实名认证（手机号认证）、修改信息、听证提醒、听证邀请、意见反馈等功能，其中听证提醒模块可显示用户订阅的听证案件列表展示，听证邀请可显示案件承办检察院定向邀请用户听证案件列表展示。二是首页布局。首页提供搜索功能、直播预告、正在直播、直播回顾各个功能模块的入口，以及轮播图展示和统计数据展示。案件搜索功能展示管理后台添加的搜索热词和用户搜索历史关键词。检察院导航栏目实时展示四级检察院的直播统计数据。三是听证直播。根据案件直播时间自动更新，展示当日的直播列表，展示单个直播案件的案件信息及播放信号。四是听证预告。展示未来（含当天）5天的听证直播案件预告列表。听证提醒模块可以就用户订阅的听证案件列表展示，并在听证直播前进行提醒。案件承办检察院还可以定向邀请用户参加检察听证。五是直播回顾。展示直播回顾列表。六是评论功能。注册用户在进入观看直播/点播页面前的权限认证及发布文字和表情评论，经后台管理员审核后在前端显示。按照中央网信办相关规定，注册、评论一律采用实名制。用户还可针对中国检察听证网按网站建议、听证直播和其他意见三个意见类型，进行意见反馈。

（四）管理功能

一是基础信息管理。查看当前系统内的用户信息、新增用户、编辑修改、删除用户信息、对选定的用户进行权限分配，其中人员信息包括用户名、真实姓名、所属检察院、联系方式、密码和当前使用状态；权限管理可以对所有的用户分配指定的角色权限，定义相关角色，包括新增、修改、删除、分配权限和状态设置；对系统内各听证室信息进行统一管理，包括新增、编辑修改和删除；直播通道管理，对各听证室直播通道的新增、编辑、修改和删除。二是直播业务流程管理。录入直播任务，支持接口方式自动获取直播信息；设置直播观看人员范围：匿名用户观看、实名用户观看、白名单观看（手机号）、邀请码观看、密码观看；观众互动设置，设置互动方式（聊天、话题、问答），设置观众互动内容是否需要审核后显示（先审后播）；录入查询，通过时间、信息、姓名等多维度进行直播任务查询，并提供修改及删除功能；直播申请管理，根据实际需求，对直播进行提交，提交后须选择相关入流单位及信息，即可提交审批；直播审批管理，对当前账号权限下所有的直播申请进行审批通过或驳回（驳回须填写理由）。三是视频播控管理。任务管理，根据角色权限，可以查看、搜索当前用户所有的待完成任务，并可做编辑、保存操作；直播监控管理，对当前直播进行即时的监控操作，包括开始、暂停、恢复、结束及关停直播，可赋予直播承办人、直播审核人暂停直播的权限，做到暂停直播的双保险；应急管理，可对当前正在直播的信号源进行应急手动切换。四是点播录像管理。分类管理，实现新增、修改、删除、查询自定义分类等功能；收录管理，收录视频流并生成点播视频；审核管理，提交的视频审核后可单独/批量发布；切片管理，系统自动切片/人工手动切片，包括录制、合并、删除等功能。五是展现层管理。呈现类型管理，具备添加、修改、删除首页呈现类型功能；视频管理，上传、修改、发布、下线、删除、批量导入/导出视频等功能；直播管理，添加、修改、发布、下线、删除、设置录播、同步、导出等功能，包括所属检察院、直播通道、直播时间、听证人员等直播信息；轮播管理，首页轮播呈现类型，实现直播、点播，提供新增、修改、删除等功能；检察院管理，添加、修改检察院的功能，包含名称、优先级、直播数量、描述、官网地址、所属区域等；反馈管理，管理员可进行查看、回复、删除反馈等操作，回复的反馈消息将通过系统消息通知到反馈的用户；评论发布管理，控制评论发布方式，实现审核通过、审核驳回、审核撤销评论等功能；敏感词管理，定期更新敏感词库并可手动添加、修改、删除等功能，可对接官方敏感词库。六是统计分析。能够查看资源申请的详细编排情况，可实现多维度分析并展现；查看直播/点播的观看次数、观看用户、观看时长等，并可根据指定时间进行检索。七是操作审计。日志管理，对系统内用户操作记录进行查询，包括申请、审核、提交等，记录内容含操作时间、内容、操作人等信息；后台集控管理，直播画面轮播，实时监控、记录直播详情。

三 应用实效及发展计划

自2020年6月中国检察听证网"首播"以来，中国检察听证网已发展成为集听证直播、听证预告、视频回顾、直播统计、法律法规查询等功能为一体，覆盖互联网网站、安卓版手机APP、H5页面等多种访问方式的综合性直播平台。截至2020年年底，已有184个检察院接入中国检察听证网，其中78个院具备了直播条件；39个单位开展了65次检察听证互联网直播，累计直播时长3000余分钟，网站点击量7.6万人次，直播观看次数达到2万人次，提交评论471次，审核发布评论351次，取得了良好的政治效果、法律效果和社会效果。

从总体上看，听证直播工作成效明显，但在听证直播总体数量、配套听证室建设数量、听证直播宣传等方面还需要加强工作。下一步，最高人民检察院将重点做好三方面工作：一是继续优化完善听证网，努力做大做强。深入拓展网站功能定位，增加法规库、听证政策宣传、典型案例展示等模块，努力打造一体化听证宣教平台。二是加强督促指导，全力推进配套听证室建设。多渠道开展摸底调研，详细了解各地建设现状和建设计划，明确工作重点，统一工作思想，尽快提升听证室直播接入率、直播数据。三是强化新闻宣传，全面提升影响力。组织开展系列线上、线下宣教活动，如组织开展智慧检务沙龙活动，邀请工作先进地区介绍工作经验和成果；组织开展听证直播培训，进一步提升直播保障能力和水平；联合新闻宣传部门，充分利用多平台开展宣传工作。

（最高人民检察院检察技术信息研究中心）

黑龙江远程提换视讯一体化平台

一 研发背景

2020年，随着疫情防控常态化，如何实现疫情防控和检察办案两不误，如何解决原有远程提讯以音视频为主、业务单一、多环节仍需实地面对面接触办案的问题，如何真正实现无接触办案，成为检察实践中急需解决的问题。为让信息技术更好地服务和保障检察业务，进一步减少流程和环节，确保疫情防控和无接触办案两不误，黑龙江省检察院根据《疫情防控期间刑事案件办理指导意见》和《关于适用认罪认罚从宽制度的指导意见》，以远程提讯为突破口，结合检察工作实际需求，以节约办案资源为原则，研发远程提换视讯一体化平台，减少了检察官往返时间，以科技手段促进案件办理质量和效率的双提升。

二 平台功能

该平台在黑龙江省人民检察院检察工作网进行省级部署，省、市、县三级院进行级联，提供机构、用户、权限、模板的统一设置和管理，业务功能新建、上传，电子数据查询、下载，软件自动更新、升级等服务，为各级检察院与黑龙江省内任一看守所、提审室、法律援助中心、法庭远程办案提供远程视频服务。该平台完成了与检察业务应用系统2.0的全面对接和数据共享，在检察业务应用系统页面实现一键进入提换视讯一体化平台，让平台更加实用、高效。市级院部署独立的音视频交互及录制服务和存储，可与省院进行级联。智能终端按需部署在各级检察院、看守所、法律援助中心、法院，与省院平台无缝对接。该平台满足不同业务场景应用，提供检察院远程提讯室端、看守所民警端、看守所提审室嫌疑人端、司法法律援助中心律师端、科技法庭端等场景，可按需选择并灵活部署应用。该平台主要功能如下。

（1）全业务流程一体化办理。提供音视频实时交互和自动录播、换押证、提讯提解证、预约、义务告知、讯问笔录、认罪认罚具结、延期告知和通知、超期羁押预警、讯问及庭审示证功能，实现电子签章、签名、捺印等全业务流程实时远程办理。

（2）电子数据的生成和使用满足统一标准和规范。电子文书直接保存成OFD格式，"提讯提解证"可满足重复多次使用的要求；文书自动按照捕诉类型，业务类型（笔录、告知、具结……），嫌疑人姓名等自动单独命名，分页（页码标注）保存及一键回传到检察业务应用系统。

（3）远程控制协同保障业务连续。具有支持消息滚动和语音播报提醒查看接收和回执的通知，以及远程控制嫌疑人端程序重启，一键发送讯问结束通知民警将嫌疑人押解带回，一键发送法律帮助通知书、笔录等文书功能。

三 平台优势

该平台真正从办案人员角度出发，充分满足检察干警办案实际需求，同时兼顾看守所民警、嫌疑人、律师各方的安全规范、工作配合、使用体验，做到了实用、好用、易用。一是高度集成，便携智能。该平台配备的智能终端是平台的核心设备，其外形仅有普通电脑显示器大小，具备音视频交互、触屏电子签名、指纹采集功能，无须外接电视、显示屏、签名板等设备，方便检察干警和律师工作。具备高度集成、便携智能、部署简单灵活等优点，办案人员和律师借助智能终端无须去看守所办理相关手续，在线就能完成所有业务环节办理及远程音视频交互和电子签名、捺印。二是安全规范，实用便捷。全新设计的一体化审讯椅安全规范，不仅便于智能终端的安装部署，也为嫌疑人签名、捺印提供了便捷。检察官讯问结束一键通知民警等功能，不改变看守所民警原有工作模式，更利于各方工作的协调配合及顺利开展。三是功能强大，操作简单。从"面对面"到"屏对屏"，利用信息化手段提高检察办案效率和质量，真正实现全业务全流程网上"云"办理，在全国检察机关尚属首创，在实践中得到积极推广。

四 应用成效

远程提换视讯一体化平台在不改变检察官、看守所民警、律师、法官原有工作模式情况下，减轻人员的往返劳顿、杜绝安全隐患、节约经济支出、提高办案效率，实现全业务远程在线协作办理的网络闭环，完善司法监督、节约司法成本、提高司法效能。目前该平台已在黑龙江全省检察系统中全面应用，黑龙江省三级检察院至今已利用该平台完成远程提换各业务办理6300余次，其中跨区域135次，全面提高了案件的审结效率，节约了办案资源，疫情期间为全面助力检察战"疫"发挥了重要作用。

（黑龙江省人民检察院检察技术与信息化部）

重庆远程提讯手写电子签名捺印系统

新冠肺炎疫情期间，重庆市检察机关认真执行中央关于坚决打赢新冠肺炎疫情防控阻击战的部署要求，创新应用智慧检务建设成果，强化疫情防控的检察担当。在重庆市检察机关上线"远程提讯手写电子签名捺印系统"，破解疫情期间看守所封闭管理带来的提讯难、隔空签字确认难、捺印难等问题，成功解决远程提讯"最后一公里"的问题。

一 建设背景

疫情期间，山东、湖北等地监狱出现确诊病例后，重庆市内看守所暂停疫情期间面对面现场提讯，给检察机关办案提讯带来难题。远程视频讯问作为一种新型讯问方式，充分发挥了非接触式讯问的重要作用，在跨区域办案、节约办案成本、提升办案效率等方面，与传统讯问方式相比优势明显。但是，远程提讯结束后，检察官还是需要将电子版笔录发送到看守所，由在看守所的书记员打印出纸质版笔录，再将纸质版笔录交由嫌疑人核对、签字捺印后，带回单位交给检察官签字确认，检察官随后把纸质笔录扫描为电子版笔录，上传到检察业务应用系统。这个过程导致两个难题：一是办案不安全，到看守所的书记员与嫌疑人、看守所提讯民警等面对面接触，放大了疫情传播风险。二是证据不安全，新冠肺炎疫情期间由于不能面对面接触，最终的纸质笔录不是检察官、嫌疑人、见证人等同时签字确认，存在"事后补签"的问题，纸质笔录被篡改后不易被发现。针对远程视频讯问的签名难给检察办案工作带来便利也带来办案不安全和证据不安全的难题，重庆市人民检察院统一研发部署了"远程提讯手写电子签名捺印系统"，通过1块手写板，集成电子文书笔录核对、原笔迹电子签名和指纹捺印等功能，实现检察人员与犯罪嫌疑人的"零接触"，解决在疫情中办案安全、远程提讯电子签名法律认同等问题；通过电子文书笔录核对归档功能，实现讯问双方同时签字确认后，电子文书笔录归档为PDF文件，既达到了嫌疑人、检察官、见证人同时签字确认的目的，又规避了电子文书笔录被篡改的风险。

二　系统功能

远程提讯手写电子签名捺印系统主要采用手写原笔迹电子签名技术，通过高清屏签字板完整采集签字人书写过程中的笔画、笔序、笔压、笔速、签字图片、签字时间等签字信息，同时对签字场景音视频、电子指纹等信息进行采集，记录签字人从落笔到签字完成的全过程，最终形成加密签字包。加密签字包中包含了签字人独特的个人书写生物特征信息，并且保证每次签名都不相同，不可重复使用。签字和捺印过程，采用SM2、SM3国密加密算法、点对点加密传输，确保该系统对签字捺印、数据电文融合、数据流转和保存路径的可追溯功能，保证签字捺印的完整性、安全性及签字行为真实有效、数据不可篡改、可还原鉴真。手写电子签名捺印系统可在检察专网和工作网环境中运行，签字服务器支持CentOS7及以上系统，电子笔录签字客户端支持Windows7、Windows10系统，也能在信创环境运行。通过该系统，检察官可制作讯问笔录、简易程序/权利义务告知书、认罪认罚从宽制度告知书、认罪认罚具结书、审查起诉阶段委托辩护人/申请法律援助告知书、延长审查起诉期限通知书、犯罪嫌疑人权利义务告知书（审查逮捕阶段）、犯罪嫌疑人诉讼权利义务告知书（审查起诉阶段）8类电子签名捺印法律文书。该系统使用便捷，只需简单操作即可完成笔录制作，签字捺印（检察官、嫌疑人等签字捺印），核对归档等工作。

三　系统优势

远程提讯手写电子签名捺印系统在关键时期发挥了重要作用。一是保障了办案安全。采用该系统制作讯问笔录，省去了传统远程提讯中纸质笔录打印、传送、扫描等环节。最重要的是，嫌疑人在看守所讯问室就可以在笔录上签名捺印，减少了讯问过程中的人员交叉接触，真正做到了零接触。二是保障了笔录证据的安全性。该系统能在笔录核对中对检察官、犯罪嫌疑人的签字和捺印进行详细记录，包括用户签名、签字轨迹、笔压笔痕、时间、现场照片等信息，通过数字签名加密技术保证电子笔录完整性，且能实时还原其签字过程，完整反映不同人员之间的差异化特征及不同时间维度下同一人员的差异化特征，防止被篡改。在事后电子笔录的鉴真方面，完整的电子笔录由于其本身含有的差异化特征较为丰富、具体，可以从文件检验、电子证据、视听资料等多个方向进行单个或综合鉴别，确保电子笔录的真实可靠。同时，签字捺印过程配备同步录音录像，进一步确保笔录签字捺印的真实性。三是通过定制各种法律文书模板适应办案需要。手写电子签名捺印系统可根据不同案件的办案需求，定制专用讯问功能模块，配置相关法律文书模板。目前，已嵌入认罪认罚从宽具结书等法律文书，进一步提升了系统的便捷性。

远程提讯手写电子签名捺印系统符合最高人民法院、最高人民检察院、公安部等规定，安全认证、加密等技术规范，能保障原始数据封装成不可更改的文件格式并脱离原系统保存、归档，成功解决疫情期间远程提讯"最后一公里"问题。《中华人民共和国电子签名法》（2019修正）第十四条规定：可靠的电子签名与手写签名或者盖章具有同等的法律效力。最高人民法院、最高人民检察院、公安部《关于刑事诉讼中应用电子签名和电子指纹捺印有关问题的意见》第三条规定：诉讼参与人在电子法律文书上电子签名、电子指纹捺印，与其在纸质法律文书上手写签名、捺印指纹具有同等法律效力。《公安机关办理刑事案件程序规定》第三百八十七条规定：公安机关可以使用电子签名、电子指纹捺印技术制作电子笔录等材料，可以使用电子印章制作法律文书。对案件当事人进行电子签名、电子指纹捺印的过程，公安机关应当同步录音录像。电子签名、电子指纹捺印已经在司法实践运用，相关规范性文件予以认可。重庆市检察机关为适应疫情防控期间办案需要，在重庆市上线运行远程讯问手写电子签名系统，与法院就手写电子签名的电子笔录具有证据效力达成一致意见。

四　应用效果

重庆市检察机关创新应用的手写电子签名捺印系统，有效解决了远程提讯笔录签名捺印难题。在疫情期间，有效杜绝了办案人员与当事人通过纸质笔录的接触，进一步保障了办案安全。在重庆市检察机关的探索创新下，在远程讯问中使用电子签名确认法律文书的方式在法律实务和技术层面已趋于成熟。2020年上半年，重庆市部分检察院试点应用。2020年下半年，手写电子签名系统在全市上线应用。截至目前，重庆市检察机关利用该系统制作电子笔录4000余份，签名捺印32000余个，为检察办案提供了有力的技术支撑。

（重庆市人民检察院检察业务保障部）

杭州非羁押人员电子监管系统("非羁码")

一 研发背景

随着司法观念与技术的不断进步,少捕慎诉是我国当前重要的检察新理念。但长期以来,如何实现对保释后非羁押人员的有效监管,却是一个难题。最高人民检察院党组书记、检察长张军同志指出:"随着社会的发展尤其是科技的进步,扩大非羁押手段适用完全可行而且势在必行。"杭州检察机关联合杭州市公安局,研发应用了刑事诉讼非羁押人员电子监管系统——"非羁码",为解决非羁押人员监管难题提供了有效路径。

二 系统功能

"非羁码"具有外出提醒、违规预警、定时打卡、不定时抽检等功能。利用外出提醒功能,若非羁押人员需要外出,系统会给监管人及时提醒。利用违规预警功能,若非羁押人员超过活动范围或其他违规操作,系统会预警提示。利用定时打卡功能,监管人员全面、及时掌握非羁押人员的实时位置。利用不定时抽检功能,监管人员可以随时与非羁押人员进行在线对话。"非羁码"运用人工智能、云计算等技术,通过外出提醒、违规预警、定时打卡和不定时抽检等多重功能,确保被监管人能够在必要的管控下回归日常生活。"非羁码"后台能实时接收被监管人的信息,如遇到其逃逸、串供等特殊情况,执行机关能第一时间处置。辩护律师协助做好日常监督管理,实现多方联动。根据非羁押人员在取保候审、监视居住期间的行为动向,"非羁码"会对其现实表现进行综合研判评估,自动生成阶段性的表现得分,并按照风险等级呈现的绿、黄、红三色监管码,分级进行动态监管。

三 应用成效

"非羁码"的应用,一是有效破解了监管难题。通过在犯罪嫌疑人手机上安装APP并随身携带,能实现有效电子监管。通过运用城市大数据,实现立体化监管。截止到2020年2月2日,杭州共应用"非羁码"管控非羁押犯罪嫌疑人9127名,无一脱逃。其中,西湖区人民检察院2020年不捕率提升至44.51%,较2019年几近翻倍。杭州全市近80%的基层院羁押率降至50%以下,上城区人民检察院、拱墅区人民检察院羁押率接近30%。二是融入社会治理,有效服务"六稳""六保"。在"非羁码"使用中,杭州检察机关对犯罪情节较轻、没有社会危险性的非公有制企业的经营管理人员或技术骨干,先行使用"非羁码"不予羁押,确保相关企业正常运行。例如,办理的杭州某科技有限公司涉嫌非法吸收公众存款一案，公安机关、检察机关通过应用"非羁码"数字监管，采用非羁押措施让该公司有关人员回到公司继续负责运营及资金回收，目前已收回资金14亿余元（实际债权约15亿元），有效化解了该案引发的投资人情绪不稳定问题，取得较好的社会效果。

（浙江省杭州市人民检察院）

浙江绍兴民事裁判智慧监督系统

一　研发背景

长期以来，民事检察工作线索数量匮乏。传统民事检察监督线索依赖当事人的举报、控告、申诉，具有以下特点：一是线索通常难以处理。检察机关受理的民事申诉案件，都是经过了一审、二审及法院的再审审查后的案件，必然是疑难复杂案件。二是线索通常是个案，难以发展成类案，线索的质量不尽理想。三是有不少举报、控告、申诉的内容无事实或法律根据。基于举报、控告、申诉的民事检察监督就只能等待线索上门，陷于被动、个案、困难局面。针对民事检察工作的业务痛点，必须采取新的路径来解决监督线索问题。违法犯罪信息和诉讼信息之间存在交叉重叠部分。裁判文书是蕴含监督线索的"富矿"，通过对民事裁判文书的大数据智慧筛查可以大批量发现监督线索。但是需要"探矿"的裁判文书数量十分庞大，达到了海量的级别。同时，人工阅读能处理的文书数量十分有限，通过人工阅读裁判文书来发现线索是不可能完成的任务。海量文书和有限人力的矛盾需要计算赋能，对海量裁判文书作高效处理，这就是民事裁判智慧监督系统主要承担的任务和需要解决的问题。

二　系统功能

（一）系统核心功能

民事裁判智慧监督系统的核心功能是定向筛查。定向筛查是事先就涉民事诉讼违法犯罪、错误裁判的特点和规律编制筛查规则，然后用该筛查规则遍历每一份裁判文书，将符合筛查规则的文书筛查出来。定向筛查充分利用了计算机善于处理海量数据的特点，使大数量级的数据变得容易驾驭。通过定向筛查，不符合条件的裁判文书被搁置不予理会，符合条件的裁判文书被筛查出来，进入人工研判的视野。这时海量的文书变成了有限的文书，而筛查规则根据违法犯罪错误裁判相关联的特征设计，保障筛查结果都有和违法犯罪或错误裁判相吻合的要素，有相当高的概率构成监督线索。经过定向筛查的处理，裁判文书的数量由海量变成有限、在线索挖掘方向上由漫无目的变成有的放矢、在监督内容上由抽象概念变成具体案件。这样就只要将精力集中于研判筛查结果，即判断其是否构成监督线索就可以了。

（二）定向筛查基本方法

筛查规则是系统核心内容。经过相当长一段时间的探索和实践，总结出三大基本筛查方法。

1. 统计分析法

统计分析法是在裁判文书相关要素进行提取的基础上，对相关要素进行统计计算，进而发现异常的筛查方法。最基本的统计分析是频次统计，计算出海量文书中出现频次最高的要素，重点研究包含高频次要素信息的类案，一旦确认线索往往办理一大片。最能揭示内幕信息的统计分析是比例统计。通过计算比例，发现异常，往往能揭示数字下面隐藏的信息，有成为监督线索的可能性。

2. 特征筛查法

从本质上说，所有的筛查方法都是特征筛查法，因为筛查总是抓住某一方面的信息特征在总体信息中查找匹配项。特征筛查法中的特征是指文本意义上的特征。套路贷犯罪、虚假诉讼犯罪均有其犯罪特征，但是直接用这些特征去筛查不会出现良好效果，因为裁判文书不会直接在民事裁判文书中表述这些犯罪的特征，只会出现这些犯罪的蛛丝马迹。因此特征筛查法中的特征是违法犯罪在裁判文书中表现的特征。该系统所使用的文本特征筛查模型是在绍兴市人民检察院检察业务部门的业务人员、信息技术部门的技术人员、软件开发人员共同努力下，不断研讨、测试、调整而形成的，具有很强的实战性、实效性。

3. 数据碰撞法

高风险人员，如犯罪人员、失信人员，参与民事诉讼，更容易出现违法犯罪。因此将高风险人员形成一个数据集，将民事诉讼当事人形成一个数据集，两个数据集进行碰撞计算其交集，就会得到高风险人员参与民事诉讼的数据结果。

（三）系统业务功能模块

套路贷线索筛查模块，根据套路贷犯罪的特征设置了专门的筛查规则，将符合套路贷特征的民事案件筛查出来，形成系列案件列表，推送给业务人员。列表中项目的内容是当事人的姓名（自然人）、名称（企业）及其涉及的民事诉讼数量，点击项目条目可以查看涉及该当事人所有的民事裁判文书。文书中可以看到系统对文书中的异常情况、可疑情况做出的标记。检察业务人员可以浏览文书，汇集异常和可疑情况，研判其是否构成线索，并在此基础上对线索进行调查，调查认为确有套路贷犯罪嫌疑的，由刑事检察部门移送公安机关侦查，侦查立案后，民事检察部门对其中的虚假诉讼犯罪所涉及的错误民事裁判进行监督。逃废债线索筛查模块，根据出于逃废债的目的而进行的虚假诉讼特征，系统筛查符合特征条件的民间借贷案件和劳动争议案件，形成系列案件列表进行推送。具体的应用方法同套路贷线索筛查模块。保险诈骗线索筛查模块，是专门针对保险行业容易出现欺诈案件而研发的筛查模块。该系统对所有保险纠纷民事案件的裁判文书进行筛查，将有异常情况的案件推送出来。刑民交叉线索筛查模块，将犯罪案件的被告人和民事诉讼案件的当事人进行碰撞。将犯罪事实和民事诉讼案件进行比较，研判犯罪事实是否全部查清，是否有漏罪漏犯，在追查漏罪漏犯的同时进行民事裁判的监督。

三 应 用 成 效

该系统的研发应用开创了民事检察监督新模式。一是由被动监督向主动监督转变。摆脱了依赖控申办案的被动局面，主动研究民事诉讼领域中存在的问题，主动发现线索并开展监督，恢复了监督权作为一项主动权力的原本属性。二是由个案监督向类案监督转变。传统办案往往是个案，监督仅涉及个案，总体上呈现出零碎的特点，不成系统，影响监督的效果。而系统发现的线索是类案，一旦办案就是大批量的同类案件，是系统性的监督。三是处理违法犯罪及相应错误裁判的方式由查处遏制向治理预防转变。在获得全量裁判文书后，系统取得了对诉讼的全域视野，监督的触角延伸到每一件案件，理论上所有具备违法犯罪特征的诉讼均能筛查出来，违法犯罪只要稍有规模，就会被筛查发现，纳入查处的范围，违法犯罪活动空间被极大压缩。另外，通过类案办理，针对案件中暴露的问题进行预防性的制度建设，有助于消除制度漏洞，消除违法犯罪土壤，实现良法善治。该系统的研发应用也有助于刑事检察部门打击犯罪，加强监督，在监督打击犯罪上作用明显，在扫黑除恶专项斗争中得到充分体现。

（浙江省绍兴市人民检察院）

广州"检爱同行"智慧未检平台

一 建 设 背 景

2020年4月，最高人民检察院印发《关于加强新时代未成年人检察工作的意见》，明确提出推进"智慧未检"建设，要加快推进未成年人帮教维权平台建设，注重未成年人检察大数据建设与应用，提升未成年人检察的智能化水平。广州市人民检察院"检爱同行"智慧未检平台，紧扣未成年人检察职能，依托用户渗透率最高的小程序，利用AI和大数据技术，面向检察机关、社会服务机构、教育机构、涉罪未成年人及广大人民群众等多种类型的用户群体，以"互联网+"的模式，构建集普法宣传、救助保护、跟踪帮教、犯罪预防、社会资源整合等多种服务在内的一体化未成年人检察工作平台，通过科技手段促进未成年人案件办理质量和效率的双提升。

二 平 台 功 能

（一）启明星帮教

记录多方帮教的全过程，逐人形成完整的帮教档案以便后续进行跟踪回访，巩固帮教成效，力求实现涉案未成年人帮教工作由线下到线上、由个体到整体的转型升级，通过多方参与、精准帮教助力涉案未成年人更好地回归社会。检察官在系统上传帮教方案，涉案未成年人即可通过手机小程序按照帮教方案的要求完成在线学习、在线测试，提交思想汇报，还可以报名参加各类社区服务。帮教社工通过该小程序引导、监督被帮教人完成各项帮教任务，并在线上实时向检察官反馈帮教动态。未成年人的监护人通过该小程序了解孩子接受帮教的情况，并向检察官、社工反馈被帮教人在家中的表现，为检察官全面考察被帮教人的矫治情况提供重要参考。

（二）"一站式"办案区预约

为了提升性侵害等严重侵害未成年人案件取证办案工作的质量，最大限度避免对未成年被害人的"二次伤害"，检察机关在全广州市范围内推动建设了多个"一站式"办案区。公安机关或其他办案单位均可通过该平台中的"一站式"预约功能预约使用上述办案区，大大提升了办案效率。

（三）强制报告

2020年5月，最高人民检察院联合国家监察委员会、教育部、公安部等8个部门发布了《关于建立侵害未成年人案件强制报告制度的意见（试行）》，新修订的未成年人保护法也明确规定了"强制报告制度"。为贯彻落实这一制度，智慧未检平台也将强制报告纳入该系统中。除了为教育、看护、医疗、救助、监护等涉及未成年人行业的人员提供强制报告举报窗口外，该平台还增设了公安机关及责任人申请监督模块，促进强制报告机制的有效落实。

（四）涉未公益诉讼

该平台对接多方数据，经过数据清洗以及未成年人公益诉讼线索识别筛查模型，从而发现未成年人公益诉讼线索，并为检察官提供线索办理指引、专家咨询鉴定等服务，助力未成年人公益诉讼探索工作。

（五）法宣预约

学校、幼儿园或其他教育机构可以通过该平台的"法宣预约"功能提交法治基地、法治宣讲预约申请。其中，在预约法治宣讲时可以写上希望讲授的课程主题和课程形式，可以称为是"量身定制"的法治课程。

（六）信息库查询申请

广州市人民检察院上线"侵害未成年人违法犯罪信息库"，可协助教育行政机关、学校、幼儿园、教育培训机构筛查拟招聘的员工是否有性侵害等严重侵害未成年人的犯罪前科，以提升入职审查的准确性。该平台专设"信息库查询"功能，申请查询主体可以在线上递交申请资料并接收查询结果。

（七）线索举报

群众发现身边有家庭暴力、校园暴力、性侵害等侵害未成年人权益的线索，可以通过该平台的"线索举报"功能进行举报。检察机关收到举报线索后将依法处理或转介到相关的职能部门，确保未成年人的权益得到及时有效的维护。

（八）社会支持体系

检察机关可以将个案帮教、社会调查、心理干预、安置保护、慈善救济等各类社会服务需求通过该平台一键发布，符合资质要求的社会服务机构可以在线上承接服务。

（九）救助申请

该平台设有救助申请模块，相关的案件当事人可以通过此功能申请经济救助、心理救助等救助。

（十）咨询互动

群众对于与未成年人权益保护相关的问题可通过该功能进行咨询，由"未检"部门的检察官实时进行一对一解答。

除了以上功能，用户还可以通过该平台实时查看检察机关发布的信息动态，学习与未成年人相关的法律法规、典型案例、精品法治课程等，更好地引导孩子增强自我保护的能力。

三 平台优势

一是紧扣职能，贴近实践。该平台紧扣未成年人检察"捕、诉、监、防、教"五位一体的职能，实现了救助保护、跟踪帮教、犯罪预防、社会力量培养等多种功能的立体叠加，除了传统的未成年人检察业务，该平台还将"一站式"办案取证、社会支持体系建设这些前沿实践搬到了线上。

二是操作简便，智慧运行。用户在微信中搜索"检爱同行"智慧未检小程序就可以看到该平台的主界面。在界面风格及操作的设计上，力求清新简明、方便快捷。简单注册登录后，用户即可实现浏览、提交申请、咨询互动等多种操作。

三是多方协同，共护成长。该平台针对不同主体开设不同角色账号，并配置相应的操作权限，有效联动各方力量共同参与未成年人保护工作，护航孩子们的健康成长。该平台除了检察院单位账号、检察官个人账号外，还开设了公安机关、学校、社会服务组织、司法社工、涉案未成年人、未成年被害人、监护人等多种不同主体身份的账号，满足不同主体使用需求。

四 应 用 成 效

"检爱同行"智慧未检平台自2020年5月20日上线以来，即在"未检"工作中发挥了重要作用，成为"未检"部门的得力助手。目前该平台已线上帮教人数108人，链接社会服务资源17次，接受一站式预约36次，接受咨询互动78人次。其中在"启明星帮教"功能中，接受帮教的未成年人学习法治课件97次，完成法律知识测试244次，报名参加社区服务活动63次，家长反馈57次，社工反馈111次。以往的帮教考察更多依赖于检察官主动向受委托的司法社工了解帮教情况，或由司法社工定期向检察官反馈，而通过线上多方帮教，可以实时了解被帮教人的具体情况，及时掌握被帮教人的新情况、新问题，有针对性地调整帮教方案，大大提升了帮教的质效。在"社会支持体系"功能中，社会服务需求实现了由检察机关的"一键发布"和社会服务机构的"一门受理"。在一宗性侵未成年人案件中，检察官通过该功能发布对未成年被害人的心理疏导服务需求，并为被害人优选匹配到了相应服务资源，保障未成年被害人接受及时有效的心理疏导，帮助其尽快走出阴霾。另外，"咨询互动"功能也发挥出有益作用，及时为群众解答各类涉及未成年人权益保护的问题。

（广东省广州市人民检察院）

常州涉众型经济犯罪侦诉审执防一体化办案系统

一 建 设 背 景

近年来，非法吸收公众存款、集资诈骗等涉众型经济犯罪呈现上升态势，此类犯罪往往涉案金额大、涉案人数多、时间跨度长，由此带来取证要求高、审计耗时长、信访压力大等难题，给司法办案带来新的考验和挑战。一是取证要求高。此类犯罪普遍情况复杂、涉及面广，往往需要调动大量警力全面调查取证，特别是需要耗费大量时间为集资参与人制作询问笔录。二是审计耗时长。在涉众型经济犯罪中，对涉案金额进行统计，也是一项专业性极强的工作，办案部门一般会委托或聘请第三方审计机构对银行流水明细、支付平台数据和涉案支付凭证进行专项审计。三是信访压力大。此类犯罪涉及的集资参与人众多，少则近百人，多则上千人，且遍布全国多个省市。由于信息掌握不及时，即使案件到了检察院审查起诉、法院审判阶段，仍有大量集资参与人陆续前往报案，导致审计机构不得不重新审计，检察院不得不变更起诉，法院不得不延期审理。报案后，为了跟踪案件进展，及时获取审计、追赃等情况，集资参与人又往往反复前往司法机关信访，可谓集资参与人"跑断腿"，司法干警"磨破嘴"。为进一步提升涉众型经济犯罪惩防效果，防范和化解重大金融风险，江苏省常州市钟楼区人民检察院牵头钟楼区人民法院、钟楼区公安分局共同研发了涉众型经济犯罪侦诉审执防一体化办案系统。

二 系统功能

涉众型经济犯罪侦诉审执防一体化办案系统实现了数据处理自动化、办案要素信息化、报案确权网络化、风险研判智能化,有效提升了该类案件的办案效率、司法透明度和群众满意度。该系统采用一体化办案架构,分为公安、检察、法院、审计四个工作模块,借鉴区块链技术,打通"数据孤岛",实现了刑事诉讼全流程的数据共享和智能辅助。

(一)数据处理自动化

该系统最核心的技术,是数据的清洗、处理和审计功能,可将 60 余家不同银行不同格式的账户明细转换成统一格式,平均每 5 分钟可完成 200 余个账户清洗,并自动分析债权债务明细,一键生成统计分析报告和集资情况树状架构图,相当于完成审计机构 80% 的工作量。即使对于较为复杂的案件,审计机构也仅需再花一周左右的时间针对重点问题数据做出判断分析,即可形成审计报告,审计的时间和费用均大幅降低。经多次实测,该系统统计分析结果与审计机构专项审计结果完全一致。

(二)办案要素信息化

不只审计,该系统所追求的"减负增效"理念已贯穿于刑事诉讼的全过程。于公安,该系统是"取证帮手"。该系统将涉众型经济犯罪通常涉及的取证要素设计成案卡项,报案时只需逐项填录,即可生成可视化登记表,民警可直接打印并交由报案人签字确认,不仅大幅提高了笔录制作效率,且与传统问答式笔录相比更为全面、清晰和直观。于检察院,该系统是"监督好手"。检察官可通过该系统随时查看侦查环节办案进度,前移侦查监督阵地,有效引导公安机关侦查取证,并可导入证据参考标准适时更新,实现个案监督和类案引导相结合。于法院,该系统是"执行高手"。执行法官可直接从该系统中抽取审计报告及债权债务明细表,设置已追缴的资金情况,即可一键生成债权分配方案。

(三)报案确权网络化

该系统不仅治愈了司法机关的办案"痛点",也打通了涉案群众的内心"堵点"。切实减轻集资参与人诉累,及时、充分保障他们的合法权益是根本。为此,该系统开通了网上报案和确权渠道,让群众"少跑腿",让数据"多走路"。在立案之初,该系统即可依托从涉案公司账册中采集的信息,向集资参与人群发短信,提醒报案。集资参与人可选择赴就近派出所报案,也可直接在互联网 PC 端及微信端填录表格报案,并上传相应证据附件。经系统比对,报案人填录情况与银行流水、公司账册三方一致的,可直接赴公安机关签字确权,实现了"只跑一次"的目标。报案后,集资参与人可登录互联网端随时查看案件流程、审计及追赃情况,进行二次确权,或提出审计异议。办案机关也可通过异议率倒查审计结果正确与否。

（四）风险研判智能化

该系统不仅是办案维权的"利器"，更是社会治理的"神器"。该系统可依托钟楼区办案数据，生成三个信息库和一个分布图，为金融监管部门防范化解金融风险提供了强有力的数据支撑和技术支持。三个信息库如下：集资参与人信息库，办案机关可依据该库重点筛选多次参与集资的人员，向其发送预防提醒函；集资行为人信息库，对涉案公司的工作人员实行名单管理，对于再次参与非法集资犯罪的进行重点提示，办案机关可依法从严惩处；P2P借款人信息库，可助力地方金融监管部门打击恶意"逃废债"，为后续追赃挽损提供数据支持。一个分布图，即"非吸人员"分布图，可根据每年度各辖区集资参与人人数，提示预防的重点区域。以上数据均支持从所办案件中导入管理，也可以不依托案件直接外部导入管理。

三　应用成效

该系统是钟楼政法机关积极拥抱现代科技，通过信息化、智能化建设辅助办案的一次有益探索，自2020年4月上线运行以来，已成功运用于8起涉众型经济犯罪案件的办理，办案重心由粗放式、"撒大网"向精细化、"抓重点"转变，大幅提升办案效率，有效压降"案件比"，集资参与人满意度显著提升。截至2020年年底，共有5000余名集资参与人登录系统参与二次确权，4000余条信息加入风险数据库。

（江苏省常州市钟楼区人民检察院）

成都"星火"云VR禁毒平台

一　建设背景

"禁毒工作事关国家安危、民族兴衰、人民福祉。"打赢新时代禁毒人民战争，重在全社会的共同参与和努力，关键在于"关口前移、预防为先，重点针对青少年等群体，深入开展毒品预防宣传教育，在全社会形成自觉抵制毒品的浓厚氛围"。为适应疫情防控常态化的要求，增强宣传效果，成都市武侯区人民检察院在总结以往禁毒宣传工作经验的基础上，建设"星火"云VR禁毒平台，利用科技赋能促进工作方式的创新性转变，实现了禁毒宣传工作的智能化、品牌化和高效化。

二　建设概况

该平台包括禁毒法律知识讲授、毒品和吸毒工具辨识、吸毒危害模拟展示、在线交流互动等相关功能。社会普通公众可通过关注"亮晶晶武侯星火"公众号在线使用。

(一)禁毒法律知识讲授

该平台包含禁毒宣传标语、毒品的概念及种类描述、毒品防范顺口溜、毒品犯罪法律条文、毒品犯罪相关案例介绍,社会公众只需点击页面上的按钮就可查看详细信息,同时每个页面均有语音播报功能,同时配有相关漫画,增强体验感。

(二)毒品和吸毒工具辨识

该平台打造了54种毒品模型和8种吸毒工具模型,54种毒品模型分为天然毒品、半合成毒品、合成毒品及新型毒品4大品类,既包括海洛因、冰毒、摇头丸等常见的毒品,又包括毒品原材料及易上瘾的药品。8种吸毒工具模型则包含近代的大烟袋等传统工具和溜冰壶等现代吸毒工具。社会公众点击页面按钮即可详细了解和学习,每种毒品模型及吸毒工具的介绍均有语音播报的功能,能够有效提升社会公众对毒品及吸毒工具的辨识能力。

(三)吸毒危害模拟展示

该平台还展示吸毒后相关器官的受损模型,包括大脑、肺部、气管、口腔、膀胱等。器官模型的立体感能够更好地吸引社会公众的注意力,形象生动地展示毒品对健康机体的侵蚀,相较于图片更具吸引力,而且不会引发参观者的反感。在器官模型旁边,用语音和文字描述吸毒后器官会发生的变化,更能让吸毒的危害入脑入心,达到让社会公众远离毒品的目的。

(四)在线交流互动

社会公众可以在留言板中书写心得体会,或者提出对该平台的意见、建议。后续可根据公众的反馈不断完善该平台建设,进一步贴切公众的习惯,发挥禁毒宣传的影响和作用。

三 平台优势

(一)技术应用创新

该平台涉及三维建模、虚拟现实、语音合成等技术应用。三维建模主要是通过图像拼接、图像合成、图像复原等图像处理技术实现全景图形的制作、生成,实现基地的360º全景三维重建。同时利用虚拟现实技术的多感知性、交互性等特征为社会公众呈现生动、逼真的学习环境,更加直观、贴近真实地学习毒品知识,使社会公众通过真实感受来增强记忆,相比于被动性灌输,利用虚拟现实技术来进行自主学习更容易让学生接受,这种方式更容易激发学生的学习兴趣。利用语音合成技术将相关文字介绍转化为清晰流畅的语音，为社会公众营造生动的学习情境，吸引公众的注意力，调动学习禁毒知识的积极性。

（二）工作模式创新

以前禁毒宣传的方式主要是检察官进学校、进街道、进社区等场所进行面对面的宣传，并进行禁毒法律知识的普及，由于2020年新冠肺炎疫情的暴发，出于疫情防控的需要，检察官无法到社区、街道、社区等场所，传统的禁毒宣传方式无法开展。但禁毒宣传对加深公众对毒品的认识、增强抵制毒品的意识至关重要，"星火"云VR禁毒平台的上线有效填补了传统禁毒宣传方式的不足，通过VR技术，结合实际场景，将检察官需要面对面宣传的内容在云端呈现出来，甚至内容更加全面，且更具有吸引力和带入感，满足了禁毒宣传工作的实际需要，并开启了禁毒宣传的新模式，同时该平台可以根据业务需要对功能进行扩展和完善，不断优化升级，在增强科技感的同时为公众带来更多的毒品方面的知识。

四　应用成效

通过该平台，社会公众可以随时随地以自助方式学习禁毒相关知识，树立自觉抵制毒品的意识，自发加入禁毒宣传行列。截至目前，已有6万多名社会公众通过该平台进行学习、留言评论及转载。下一步，拟探索将5G与VR动画相结合，制作更具科技感和体验感的VR禁毒动漫，并在云端呈现，进一步增强社会公众的体验效果。

（四川省成都市武侯区人民检察院）

·（三）智慧公安专项成果·

广东公安大力推进智慧新民生建设应用

广东公安根据公安部、广东省委省政府"互联网+"政务服务部署，全力推进服务事项上线"粤省事""粤商通"和公安部政务服务一体化平台，大大方便了群众、企业指尖办理，优化了营商环境，主要的做法如下。

一 持续推进便民服务指尖办

在"粤省事"新上25项便民服务事项，上线总数302项，上线数量位居省直单位第一，占"粤省事"服务事项总数约1/4。此次，新上25项事项涵盖了监管、交管、政治部、出入境、治安等多个警种业务，同时智慧新民生专班协调佛山市局梳理了一批地市特色应用上线"粤省事"。上线过程中，充分利用数据共享，最大程度减少群众填写数据，实现"四少一快"，例如，上线"粤省事"的"公安院校招生政审信息填报"事项服务，填报数据项从20项减少至11项，减少考生姓名、考生身份证号、考生民族、考生户籍地址等9项数据项填写，大大提高了办事效率，方便了办事群众。

二 创新服务事项优化营商环境

在疫情防控常态化的条件下，推进政务服务进驻"粤商通"，在"粤商通"新上35项企业服务事项，上线总数42项，涵盖出入境、交管、治安（机修）、监管、禁毒、网警、NGO等多个业务警种服务事项，同时智慧新民生专班协调肇庆市局梳理了一批地市特色应用上线"粤商通"。事项上线过程中，通过电子证照，最大程度减少企业办事时需提供的证明材料数量，努力做到"免证办"，例如，禁毒的服务事项通过上线"粤商通"APP，易制毒从业单位可通过手机端在线申请第一（非药类）、二、三类易制毒化学品购买证及一、二、三类易制毒化学品运输许可证，同时，免去营业执照、法人身份证等证件材料，实现企业办事"免证办"，大大优化了营商环境。

三 全力推进国务院政务服务第三方评估

进一步细化分解137项子任务。经过攻坚昼夜奋战，在2020年10月20日国家评估采样前，广东省公安机关已完成上述137项子任务，广东省政务服务数据管理局（以下简称政数局）领导充分肯定了广东省公安机关为2020年国评迎检工作做出的贡献，前期完成的各项工作质量高，其中广东省公安厅电子证照签发数（约占省直部门电子证照总量的55%)、广东省公安机关办件过程数据传输量(约占省直部门办件总量的90.9%)等主要项目指标位居广东省第一。健全科信化总队牵头,相关警种业务骨干和开发公司共同参与技术协调的机制,全力打通警种与政数局间各系统数据传输的"关键通道",目前已认领国家政务服务电子证照26项,已签发各警种约3090万张证照。对9个业务系统完成单点登录改造,完成49项四免优化工作。

四　强化网上可信身份认证服务能力

全力支持复工复产复学,基于广东省公安厅大数据平台中港澳台居民居住证数据,强化网上可信身份认证服务能力,支持港澳台居民凭居民身份证申领"粤康码",服务疫情防控,截至目前在"粤省事"小程序,认证香港居民居住证2253人次,认证澳门居民居住证890人次,认证台湾居民居住证1397人次,2020年6月可信身份认证实名实人核验人数达2865.5万人,每日认证次数已达到409万次,查验健康码总次数为34.7万次;经专门请示公安部,成功将认证链路并发量提高到TPS300,每日认证总量提高到3500万次,解决了认证链路认证能力不足问题,为打赢复工复产复学战疫做出了积极贡献。

五　建立健康数据服务接口运维保障机制

协调政数局和数广公司,全面解决"粤康码"数据服务接口发生调用超时问题,并建立全链路监测及应急处置工作机制,组建由公安部三所、华为技术有限公司、广州美亚股份有限公司等组成的专业技术队伍,定期开展端到端的测试,充分利用安全大数据基座的能力,建立服务监测模型,实现整条链路的实时监测、性能预警、故障告警、故障定位。

六　提升社会治理能力现代化水平

联合治安局基于"互联网+"技术,开展民宿登记创新应用工作,在"粤商通"APP上开发民宿经营者核验、申报旅客信息等功能,规范民宿管理。结合可信身份认证基础支撑能力,支持民宿经营者通过手机拍照识别旅客的身份证、护照等各类证件,收集租客信息;协调政数局开发验证失信被执行人身份信息接口,联合治安局开展信用联合奖惩行动,协助法院限制失信被执行人入住高级酒店联合惩戒措施;将智慧新民生可信身份认证能力引入民政系统,协助救助站核实收置人员身份,在东莞市部署开展"寻人寻亲"亮点事项试点工作,依托移动警务及大数据智能化应用,打造公安智能寻人寻亲平台,提升走失人员管理工作的快速响应能力。2020年5月7日,国家民政部专门邀请广东省公安厅在全国无着的流浪乞讨人员救助管理服务质量大提升专项行动动员部署视频会议上做了经验介绍。

七 统筹推进全省政务服务均等化

广东省公安厅下发了《2020年智慧新民生攻坚方案》，8月组织广东省智慧新民生培训班，着力解决珠三角和粤东西北公安政务服务不平衡的问题，大力推进已上线服务事项在21地市全面推广工作，截至目前已完成222项服务事项的全省推广应用，环比2020年年初上升48%。

八 服务群众、企业成效突出

2020年以来，公安机关上线"粤省事"的302项便民服务事项累计服务超过16945万人次（查询类为16008万人次，办理类为946万人次），其中，出入境业务约为14324万人次、交管业务约244万人次、户政业务约2115万人次、科信技防业务约132万人次、监所服务成功办理约为130万人次、法制服务业务约为5.9万人次；公安机关上线"粤商通"的42项企业服务事项累计为各类企业提供"政策推送""信息查询""预约办理"等约60348人次。

（广东省公安厅科技信息化总队）

四川公安聚焦便民惠警，推动"指尖上的网上政务服务"大发展

2020年以来，四川公安认真贯彻落实党中央、国务院和公安部的部署要求，以支撑"放管服"改革优化营商环境为着力点，通过建设四川公安一体化政务服务平台，打造"两个门户"，夯实"四大支撑体系"，推进系统集成、数据共享、业务协同，推动"互联网+"与公安政务服务深度融合，为实现公安政务服务事项"一网通办"提供了坚实的支撑。

一 构建公安政务服务工作"大基座"

四川公安采用"平台+应用"的建设模式，整合市（州）公安已建"互联网+政务服务"平台，建成了全省统一的"网上办""掌上办"四川公安一体化政务服务平台，形成了八大网上政务服务基础支撑能力，纵向上实现与公安部一体化政务服务平台对接，横向上实现与四川省政务服务一体化平台对接，推动了公安互联网政务服务由零散向整体化、规模化、集约化的转变。四川省公安厅平台作为全省唯一的对外政务服务平台，全省各级公安机关统一使用四川省公安厅平台开展政务服务。四川省公安厅向创新服务积极性

高的基层单位,提供基础能力和接口服务。各地按照"平台+应用"建设模式,基于四川省公安厅提供的平台开展政务服务应用,如成都"蓉易行"、广元"公安 e 家"、乐山"启明星"等应用。同时,还大力开展内部政务服务信息系统整合工作,对接整合了交警、治安等警种部门内外系统共计 58 个,为深入推进"互联网+公安政务服务"工作打下了坚实基础。

二 推进公安政务服务基础支撑"一体化"

一是搭建"三网互通"子平台,保障信息跨网络交换稳定和安全可靠。依托新一代移动警务,基于其安全边界,构建了电子政务外网为桥梁的单向进与单向出的通道,形成了"三网互通"子平台,确保了数据、应用、网络的高效安全互通,实现了电子政务外网与公安内网业务办理的统一协同,为人民群众提供"不打烊、不停机服务"铸造最高效的安全保障支撑。二是构建统一身份认证系统,为全省政务服务工作提供精准数据支撑。在身份认证方面,积极承担了全省以公民身份证号和人脸识别等方式的统一身份认证支撑工作,向"四川省一体化政务服务平台""四川天府健康通"等政务服务系统提供了认证接口。截至目前,已提供认证核查服务 1.6 亿次,为群众办事"单点登录、全网通办"奠定了坚实的服务基础。在公安全息数据核查方面,针对各级政府部门、企事业单位旺盛的核查需求,以一体化政务服务平台为对外核查的总出入口,对外提供人员背景核查、车辆核查、居住证核查等可配置的核查服务。如向四川省交通厅提供人员背景审查、车辆核验;向教育厅提供随迁子女入学居住证核查。截至目前,已向相关省级政府部门提供 6 亿次的信息比对和核验服务。三是开展标准体系建设,实现行政服务规范化微创新。四川省在广元市成立了警务标准化研究中心,牵头完成了公共安全行业标准《"互联网+公安政务服务"标准体系》,该标准体系已获准发布;完成了《公安网上便民利民服务评价规范》等政务服务 3 项地方标准的编制,以标准化引领"互联网+公安政务服务"更加规范高效。

三 全力推进"一网通办"能力提升

一是大力推进业务系统对接。通过四川公安一体化政务服务平台,将公安政务服务事项整合汇聚后,以"跨网交互"方式对接到四川省政务服务网,解决了公安专网与外网平台对接难题。完成全省公安微户政与省政务一体化平台的深度对接,实现界面风格、受理入口、节点流程、办理出口、"好差评"的"五统一",以及数据实时汇聚、实时共享和业务协同,实现交管 18 项高频车驾管业务与公安部 12123 的应用对接。二是全面提升网办能力。对标广东、河南等省份政务服务先进做法,会同各警种逐项梳理,实施业务流程优化再造,四川省公安政务服务事项减时间、即办程度、全程网办程度等均得到大幅提升。

四 着力推进"跨省通办"

一是根据四川省公安厅、重庆市公安局《服务成渝地区经济圈建设22条》《服务成渝地区经济圈建设警务合作运行机制》，通过多次与重庆市公安局科技信息化处协商，建立服务成渝地区双城经济圈建设警务合作机制。明确双方共同配合相关部门制定"互联网+"政务（民生警务）平台信息共享、事项同源、办理流程、时限环节、办事材料、容缺办理等方面的统一标准，细化技术实施方案。二是通过为对方提供服务接口等方式，在两省市平台上构建"一地注册、两地使用"的网上身份认证体系，为实现"一地认证、全网通办"提供了有力支撑。三是完成川渝通办专区18项公安高频便民服务类业务的接入，为服务成渝地区双城经济圈提供了重要支撑。

（四川省公安厅科技信息化总队）

"数"说江西公安互联网+政务服务建设

2020年以来，江西省公安机关在江西省委省政府和公安部的正确领导下，始终坚持以人民为中心，坚持科技引领政务创新，紧扣"六稳六保"和"复工复产"中心任务，深入推进"放管服"改革，全面落实江西公安"123"新政，打造江西特色的"110"政务工程，推出身份码、支付码、信用码等一系列便民"码上办"，推动公安政务服务数字化转型升级，持续发力打造一等满意政务服务建设。

一 推出"123"新政，一把尺子定标准

"1"是指共用一套标准。江西省公安厅全面组织清理公安机关行政权力事项，全省公安政务服务共用1套办理标准、1本办事清单，做到同一事项在全省无差别受理、同标准办理。统一公布公安机关251项网上申请办理的行政审批和公共服务事项的办事流程与服务清单，并在服务事项中逐项明确"网上办""就近办""一次办""马上办"的属性。其中，"网上办"事项113个，可异地办理、当地办理的"就近办"事项151个，最多跑一次的"一次办"事项159个，"马上办"事项113个。

"2"是指打通两端服务。建设江西省全省公安政务服务用户端、民警端，打通线上办事窗口与线下服务窗口联系，线上线下"一网通办"，实现便民、利警双提升。一是在服务群众端，基于"互联网+"可信身份认证提供微信、APP、支付宝小程序等多渠道政务服务，开设各类"公安服务专区"，实现服务信息"掌上查"、高频事项"掌上办"、线下办事"掌上约"，公安政务服务"一网通办"。二是在服务民警端，综合运用大数据手段，基于部门间、警种间数据共享和复用，实现前端申报自动校验、后端审批机器审核、服务信息精准推送，变"人工审批"为"自动审批"，变"被动服务"为"主动服务"。

"3"是兑现"三办"承诺。为进一步完善政务服务机制，推动线上线下服务功能互补，江西公安机关做出三项服务承诺。一是"一门一窗"办理。按照"应进必进"的要求，各级公安机关办事服务全面进驻政府综合服务大厅办理，让企业和群众办事线上预约，"只进一扇门"办理。在派出所推行综合窗口服务和自助服务，办理交警、户政及出入境业务，实行一窗受理、集成服务，让企业和群众在一个窗口就可以办理多警种事项。二是实行"一站限时"办理。对窗口办理事项实行每件限时办结制度，明确各类办件服务时间限制，解决群众在窗口办事的排队等号、耗时较长等问题。三是实行"全面延时"办理。利用网上渠道开通网上全时段办事服务。在网下"一门一窗"办理中，提供全面延时服务，在工作日中午，对高频的即办事项至少保留一个值班窗口提供延时服务；在双休日及国家法定节假日，对高频的即办事项按正常工作日提供延时服务。2020年累计办理延时错时服务49.2万件。

二 打造"110"工程，一个平台全面通办

第一个"1"是全省统建一个平台。江西省全省统建一个政务服务平台即为民服务网上办事系统，江西省公安厅搭台、市县接入做特色业务，实现部省市三级互联、跨部门横向互通、各层级业务"一点登录、全网办理"。系统建设以"面向群众、面向业务"为导向，按照"不为所有、但为所用"的设计理念，全面复用部省已有的实人认证、电子证照、网上支付、事项管理、电子签章、邮政寄递能力及信息化基础设施，全力打造能力服务化、应用场景化、开发敏捷化的轻量级政务服务平台，以最快速度、最小代价快速推出各类满足群众和企业日常生活需要的小服务、微应用。为民服务网上办事系统一期投入190万元，上线7个警种177项政务服务和20项便民服务，实现了与公安部"互联网+政务服务"平台、省级政务服务一体化平台系统通、数据通、业务通。截至目前，系统已为440万用户提供各类服务总量5258万次，为省直各单位提供84类信息的查询比对接口服务，解决28个部门政务服务堵点，服务次数达1.7亿余次。

第二个"1"是"一件事一次办"。将涉及多部门前置审批材料的或者需要跑多个部门、走多个审批流程的办事办证业务，统一打包到一个网上办事流程中去，实现只需一次申请、提供一套材料，网上全流程办结。"一次办"改革实现的前提是基于区块链技术，确保安全、合规、可追溯；实现的方式是共享各级各部门电子证照信息、行政审批数据；办理的业务流程是用户统一网上申请、分散到各部门审批、平台监督限时办结、线下邮寄纸质证件。2020年，江西省完成了新生儿登记"一链办"改革，实现婚姻登记、出生证明领取、新生儿落户及医保、社保申办网上"一链办"。截至目前，已经网上办理1.7万件。

第三个"0"是"零材料零跑动"。实现公安政务服务"0材料提交、0次审批、0次跑动"办理。选择日常办理频次高、群众办理需求大的"无犯罪记录证明""身份证补换领"作为突破口，通过数据共享，复用用户既往提交的办件材料及办理结果，免去群众资料提交；通过后台系统核查，免去民警审核，自动完成业务审批。一是实现了无犯罪记录证明网上"秒开"。针对以往需要1个月往返派出所多次办理无犯罪记录证明群众

办事痛点问题，系统基于各级公安机关所掌握的户籍人口信息及相关业务数据信息，为群众在网上提供实时秒开服务，满足企业复工复产、群众学习就业等简单场景下的快速背景调查需求。自2020年5月8日上线以来，已经开具电子无犯罪记录证明7.2万份。二是实现部分居民身份证补领、换领网上全流程办理。解决群众日常生活中证照丢失、证照过期线下补办不方便问题，江西省针对16周岁以上且5年内办理过居民身份证业务并留存了照片和指纹的人员，通过实人认证后直接线上完成补换领身份证；对于驾驶证、行驶证补换领业务，实人认证后自动关联已有证照信息，作为办理补换证业务的办事材料，直接线上完成补换证。以上两项线上证照补换领业务办好后，新的证照可直接邮寄给申请人，实行"零材料办理""不见面办理"。2020年，已通过网上补换领居民身份证4万件，驾驶证、行驶证补换领32.7万件。

三 推行"码上办"，实现一码畅行江西

结合"数字经济"一号工程要求和"信用江西"总体规划，以居民身份信息为基础，以二维码技术为支撑，将数字身份应用到出行、政务办事、医疗、社区生活、教育、体育、旅游等各类居民生活应用场景中，形成人与地、物、组织、事件等要素的联结，构建"数字生活＋智慧治理"框架体系，逐步打造出"一证通省"的数字化智慧生活新体验，为来赣、在赣群众提供良好政务服务、舒适营商环境和高效社交方式。目前，江西省已经签发电子身份证、户口簿、驾驶证、行驶证等核心证照共计1.11亿份，基本实现全省群众全覆盖，满足日常身份证明、道路交通临时查验等各类"亮证"需求。在此基础上，基于旅馆入住、网吧上网、信用核查、政务缴款支付及政务服务评价等不同应用场景，陆续推出了身份码、社会信用码、支付码及评价码。各地群众使用身份码入住酒店、登记上网1792万次；使用缴款码网上缴纳身份证和出入境业务72.8万笔；开展网上"好差评"5万余次。全省逐步形成以手机为载体，以数字化身份为依托的智慧社交模式，满足江西群众"吃、住、行、消、乐"便利服务需求，进一步推动政务服务、社会治理逐步向数字化、智能化转型升级。

（江西省公安厅科技信息化总队）

贵州公安网上110报警平台 以"小切口"做"大文章"

110是公安机关接报警服务专号平台,是人民群众365天24小时畅通的"生命线",是公安机关密切联系群众、服务群众的"最初一公里",1986年诞生于广州,1991年"漳州110"响彻祖国大地,被习近平总书记赞誉为"人民的保护神"。自贵州省1996年开通首个110报警服务台以来,历经数十载,110报警服务台逐渐发展成为群众报警求助的主要方式,群众已习惯有事找警察、有困难拨打110。

近年来,贵州省公安机关以创建"人民满意110"为目标,努力提高接处警工作水平,切实履行捍卫政治安全、维护社会安定、保障人民安宁的神圣职责,全省社会治安日趋向好,刑事治安警情逐年下降,公安工作得到人民群众广泛认可。近5年群众安全感、满意度逐年提升,其中,2018年群众安全感98.74%、满意度96.34%;2019年群众安全感99.05%、满意度97.31%,分别上升0.31和0.97个百分点,达到历史新高。

随着经济社会快速发展,群众对平安寄予了更高的期待。传统110电话报警模式凸显出与新形势、新任务、新期盼诸多不相适应的困境,一是报警渠道单一,过去单一的电话报警已不能满足图文、视频等多媒体信息的传输需要,不能适应群众身处不同环境下的报警需求。二是警情数据分散,110报警台分布在各区县,警情数据不规范、难汇聚,在分析治安形势、精准部署打防管控等方面缺乏大数据应用支撑;区县交界地还存在信号漫游漂移,导致110"东报西接"的问题。三是接处警不够规范,有的对群众态度冷漠生硬,甚至有警不接不出、推诿扯皮等情况时有发生,侵害了群众利益,损害了公安机关形象。四是监督闭环不严,群众报警求助的受理、流转、处置、回访等环节缺乏全流程、全要素严密闭环监督,有案不立不查、违规违纪办案等问题难以有效杜绝。

为突破以上困境,贵州省公安厅紧紧围绕习近平总书记"对党忠诚、服务人民、执法公正、纪律严明"总要求,坚持以人民为中心的发展思想,以问题为导向,以深化接处警改革为抓手,以"一切为了更加方便人民群众、全力守护人民群众平安幸福、不断顺应人民群众新期待"为目标,充分运用互联网、大数据等新科技手段,按照"统一、集成、多维、智能"的技术标准,再造警务流程,实现由电话单一接警向互联网多维接警转变,以"小切口"做"大文章",推动公安工作质量变革、效率变革、动力变革,实现"便民、利企、提质、增效、护航、创安"的良好效果。

一 建立统一的贵州110服务中心,政务资源更加集约

贵州公安深入贯彻落实贵州省委省政府大数据发展战略,依托"一云一网一平台"整合先进通信及互联网技术,搭建全省统一的警情接转平台,集中统一受理全省110和

网络报警，打造网上网下一体、先进技术支撑、高效管理保障的互联网接警模式，在全国率先实现省级层面的集中受理报警、扁平化快速处警。市、县公安机关无须再建设和维护110平台，全省110话务人员从1800余人减少至400余人，每年节约财政经费7000余万元。同时，市、县公安机关原从事110接警的警力得以释放，并充实一线执法勤务岗位，进一步优化了警力配置，实现了警力无增长改善。

二 全面推行网络应用，群众报警更加方便

充分发挥互联网传递信息快捷、承载内容丰富的优势，持续更新网络报警平台，群众可通过微信、微博、QQ、110APP等互联网应用，根据所处环境，选择语音、视频、图片等适宜的报警方式报警，如被绑架挟持可选择静音报警，电信诈骗和举报违法犯罪可选择在线报警等，满足了不同情形的报警需要。通过掌上110，群众还可以查询执法流程，向民警实时了解有关事项的办理进度，畅通了警民沟通渠道。

三 全量汇聚警情数据，社会治理更加精准

全省的警情、舆情实时汇聚到接处警平台，各级公安机关均能敏锐感知全省范围发生的重大突发案事件，及早开展处置工作，提升全省公安机关的联动处置效能。同时，按地域、时间、警情类型设置警情统计分析模型，开展警情数据分析研判，及时发现突出治安隐患，做好矛盾纠纷疏导，提高预知预警预防能力，最大限度地把风险和隐患化解在萌芽状态，真正实现以大数据驱动社会治理模式创新。2020年以来，贵州公安禁毒部门通过全量警情分析，精准施策强化重点整治，因工作成效明显，大方县、玉屏县从全国禁毒重点整治地区出列，瓮安县、黄平县、黎平县、镇远县、赫章县、福泉市、仁怀市摘掉了省级禁毒重点整治地区的帽子。

四 再造接处警流程，民警处警更加快捷

新的接处警模式取消了传统110的派警环节，贵州110直接发起报警群众与一线民警的多方通话，民警直接问询群众报警事项，减少了中间环节，缩短民警反应时间，保障警情第一时间得到处置，极大提升了接处警效能。特别是群众通过网络报警，便于民警直观感知现场情况，迅速判明警情性质，高效开展警情处置。针对电信诈骗警情，直接联通省厅反诈中心快速止付，做到以快制快、以专制专，最大限度帮助群众止损后依法处置。2020年以来，贵州公安通过第一时间预警处置，及时挽回人民群众资金损失1700余万元。

五　科学划分接处警单元，全力守护群众平安

城市和区县城区实行以网格为基本单元的接处警模式，按照"布警网格化、巡处一体化、处警规范化"的要求，以"1、3、5"分钟标准划分接处警网格，做到车站、广场等重点部位 1 分钟到达，中心城区 3 分钟到达，城郊接合部 5 分钟内到达，让民警时刻守护群众、倾情服务群众。

六　实时监督制约，执法更加规范

对接处警全程录音录像，实时上传接处警平台，做到全程留痕、轨迹可溯。同时，各级公安机关从接处警态度、速度、规范等方面，对群众进行回访，建立评价体系，受理投诉举报。发现不规范问题立即提醒整改；发现违纪违规情况，及时移交纪检督察部门处理，形成人民群众、贵州 110 服务中心和各级公安机关共同监督接处警工作的整体格局，提升接处警规范化水平。

七　强化协作联动，合力服务群众

建立贵州 110 与贵州省政府 12345 政务服务平台双向联动机制，民生服务诉求可直接推送 12345 平台予以办理，12345 接到报警求助直接推送贵州 110，合力服务人民群众。对于管辖不清、事权不明的群众诉求，公安机关先期处置，依法维护群众合理诉求，坚决保障人民群众生命财产安全。

贵州省公安机关探索网上 110 接处警改革模式，在全国尚属首例。经过一年多的创新实践和梯次推进，全省市县两级 110 报警服务台已于 2020 年 11 月全面接入贵州 110 服务中心，日均接报警 1.5 万余起、接群众求助咨询 5000 余起，每起报警均能在 3 秒内接听，30 秒内直接与处警民警通话，有力提升了接处警法治化、规范化、专业化、智能化水平，服务群众报警、服务民警处警、服务打防管控的现代化警务模式正在形成。改革工作得到了公安部领导的充分肯定，在全国公安机做了经验交流，获得广泛关注和高度评价。

（贵州省公安厅指挥中心　曾旋）

创建"互联网+公安政务服务"发展新思路

陕西"互联网+公安政务服务"平台，自2017年5月正式上线运行以来，以简化办事流程、释放公安"放管服"红利、优化营商环境为宗旨，构建全省公安机关网上办事服务平台，"打通"影响群众办事体验感的"堵点、难点"，将公安便民服务从"面对面"延伸到"键到键"，已成为全省公安机关互联网政务服务的总枢纽、总支撑、总门户。

经过近些年不断的实践探索和应用创新，陕西省公安厅围绕企业群众满意、部门警种满意、服务对象满意"三个满意目标"，坚持推进群众需求侧牵引和公安机关供给侧改革双轮驱动，坚持省级统建、市级创新的建设思路，以边建设、边完善的迭代式升级理念，构建了全省公安机关统一的办事服务平台，整合各警种数据资源，集约化推进平台建设和应用。截至目前，"互联网+"平台累计访问量突破2亿次，注册用户1388万人，提供网上办事服务2246万次，其中让群众"一次都不跑"的服务超过143万件次，每3个陕西人就有一个通过"互联网+"平台享受到公安"放管服"改革的红利。

一 高站位谋划、高强度推动、高标准落实，筑牢政务服务便民基础

习近平总书记在全国公安工作会议上指出，要推出更多更高质量的服务举措，着力解决好群众办事难、办事慢、来回跑、不方便等突出问题，让人民群众有更多、更直接、更实在的获得感。陕西省公安厅坚持将"放管服"改革与互联网警务科技相融合，聚焦群众需求，不断充实"互联网+公安政务服务"平台可办项目和办理模式。连续4年将推进"互联网+公安政务服务"工作列入全省公安机关重点工作和改革任务，明确提出围绕群众办事需求中心，建设全省公安机关统一的网上办事平台，提供全省公安机关全部行政许可和公共服务事项的"互联网+公安政务服务"发展思路。

建设应用中，陕西省公安厅主要领导牵头抓总，主抓指挥平台建设，在实现非税收入移动端缴纳、首批试点应用公安部"互联网+可信身份认证平台"、推进服务事项全流程办理等关键性环节亲自协调推进，多次做出批示指示，12次召集协调会议部署平台建设推进工作。坚持全警种业务系统对接平台要求，实现了治安、刑侦、出入境、法制、交警等与群众生活最密切相关的警种部门全接入，将特行、保安、易制毒化学品购买审批、监管场所会见预约、交通违法查询办理、互联网网站登记备案等一大批行政许可事项和高频服务事项纳入线上预约办理范畴。地方公安机关按照"省级统筹建设，各地创新应用"的基本要求在全省统一平台基础上，以"地方站"的模式开展增量创新应用。陕西省公安厅将其归纳为"361+N"模式，其中"361"代表省厅提供的全省共通的办事事项，"N"代表各地结合实际上线的创新应用事项。

为了让更多群众坐享公安"放管服"改革红利,全省各级公安机关通过张贴海报、入户走访、网上推送等渠道广泛宣传,有力提升了平台的知晓度和利用率,实现了公安网上服务在边远山区与繁华城市的无差别覆盖,大量优质公安政务资源和便捷服务通过平台直达群众指尖。

二 强后台保障、强动力发展、强举措实施,提升企业群众办事获得感

陕西省公安厅围绕民心用警,把群众的实际需求作为公安"放管服"改革的"指挥棒",各业务警种和基层公安机关在"互联网+"开展创新应用的主动性不断增强,警种业务系统、地方公安机关与"互联网+"平台结合的紧密度也越来越高,一个个群众办事的堵点、难点正在以更快的速度得到解决。

2020年,新推出了一批以"互联网+"为依托的便民服务事项。一是为企业机构提供全流程网上"往来港澳商务登记备案"办理服务。二是为已在陕西省办理出入境证件的中国公民提供出入境证件照片下载服务。三是提供出入境业务办理同行人预约功能,方便群众为通行的老人和未成年人办理业务。四是开展治安户政业务电子化缴费改造,在全省1800余个户政大厅实现群众线下办理身份证、户政等业务通过手机"扫码"缴费。五是在全省106个长途客运站部署临时乘车证明自助打印终端,实现忘带身份证旅客"无证出行"。六是试点开展行政复议网上全流程办理,探索通过互联网向群众、企业提供公安法律便民服务。七是扩大"看守所—律师会见预约"应用范围,实现西安看守所、碑林、雁塔、未央、莲湖、灞桥、周至、鄠邑、蓝田、高陵、新城、临潼及安康汉阴看守所律师会见关押人的网上预约办理。八是提供高频证明类事项的网上办理服务。九是面向全省各级政府及组成部门提供公民互联网身份认证服务,实现证明"我就是我"和"是我在办"。十是创新开发群众咨询留言智能问答功能,按照问题相似度和访问热度提供答复意见及办事链接,大幅减轻民警工作负担,提升警务效能。十一是开发出入境业务老年人办事模块,推进基本公共服务均等化。十二是通过试点接入工商、税务、社保、社会信用等8类74项政务数据,让群众在公安机关办事无须重复提交办事材料,尽最大限度让数据多跑路,让群众少跑腿。

同时,在"361+N"模式的支撑下,省公安厅还以各地公安机关推出的"亮点"服务项目为借鉴,在全省"互联网+公安政务服务"平台上线了行政复议网上申请、限行区域通行证审批、占道施工网上申报、典当特种行业许可、开锁人员身份自助核对、无人飞机报备、应用微信推送证件到期提示服务、边境通行证申报、交通违法随手拍、"扫脸"办理个人业务等大量创新应用。

此外,陕西省公安厅在疫情期间,大力推动"互联网+"平台不见面审批办事的特点,加强与邮政的沟通协作,加大线上办理的宣传和审批力度,紧盯每笔业务投递全过程,督促各地派出所对群众申报业务及时进行审批。与2019年同期相比,通过邮政寄递办理户政业务总量相比2019年同期增长57.7%。

三 优化基础能力、优化顶层设计、优化用户体验，打造陕西公安政务服务的良好应用生态

陕西省公安厅注重集约化应用公安政务资源，由省厅牵头解决了全省开展"互联网＋公安政务服务"的大量核心基础性问题，为平台自身发展和各市开展创新应用提供强有力的支撑保障。一是充分发挥科信委统筹规划发展、统筹协调资源的牵头抓总作用，最大限度地发挥资金投入效果，算大账、算总账，通过入驻"三秦警务云"和电子政务外网云平台提供的免费硬件支撑，"互联网＋"平台和相关配套项目的硬件部分总计节约资金600余万元。二是统一身份认证。作为首批试点，接入应用了公安部"互联网＋可信身份认证平台"，累计为全省公安政务服务并通过省政府向全省政务服务提供公民互联网身份认证1000余万次。目前，陕西省公安厅正在按照公安部的建设规划，构建陕西公民互联网身份认证平台，为全省政务服务和公共服务提供更为安全、可信、权威的公民互联网身份认证体系。三是会商省财政厅，完成全省公安机关非税收入互联网缴费相关工作。全面梳理基层公安机关特别是改制、撤并及开发区性质的基层公安机关与财政部门的财政缴费对应关系，实现"互联网＋"平台在互联网PC端缴费功能。目前，已在8个区县公安机关试点实行群众线下办理户政业务，手机"扫码"缴费，并即将在全省推广。四是建立了覆盖全省的公安邮政政务专递服务体系。按照同城8元、省内异地10元、省外13元的价格向全省公安机关提供群众办事寄递服务。与省邮政公司一道，共同研究制定了政务专递服务专人、专封、专袋、专网、专席的"五专"服务标准，建立了交换环节全程摄像的工作机制，确保了群众办事资料和证照的投递安全。五是大幅提升边界交换效率，实现群众查询速度、办事响应速度由原来的30多秒缩短为1秒以内，极大地提升了广大群众的访问体验和平台的注册量、使用量。六是积极争取政府支持，向省公安厅提供了高并发、全地域的短信发送接口，实现了全国手机号码注册。七是统一接入应用43类政府共享数据，为更进一步推进公安政务服务减环节、减时间、减材料、减跑动奠定基础。

（陕西省公安厅办公室）

·（四）教育部"互联网+政务服务"专项成果·

教育部一体化在线政务服务平台建设与应用

教育部一体化在线政务服务平台是教育部提供政务服务的基础性平台，负责统筹整合教育部业务办理系统，统一办理教育部政务服务业务；负责通过国家政务服务平台与各地区和国务院其他部门政务服务平台互联互通、数据共享、业务协同，办理跨地区、跨部门、跨层级的政务服务业务。教育部教育管理信息中心具体负责平台的建设与运维。随着平台应用范围不断扩大和逐步深化，平台在切实提高教育领域政务服务水平，深化教育领域"放管服"改革，推动教育治理能力现代化方面成效正在显现。

一 建 设 背 景

（一）全国一体化在线政务服务平台建设的政策要求

推进"互联网+政务服务"，建设全国一体化在线政务服务平台，是十九大以来党中央、国务院的重大决策部署，是"放管服"改革的关键环节。教育是涉及民生的重要领域。在《国务院关于加快推进全国一体化在线政务服务平台建设的指导意见》（国发〔2018〕27号）和国办电政函〔2018〕132号文件里，教育部被列为首批6个试点部委单位之一。建设教育部本级一体化在线政务服务平台并与国家政务服务平台对接是当务之急。

（二）教育部政务服务在线水平提升的内在要求

教育部目前有25个政务服务事项，包括10项行政许可、8项办理服务和7项查询服务，涉及7个司局和5家直属单位。在建设一体化在线政务服务平台以前，教育部政务服务在线办理缺乏统一的政务服务前台入口，未能实现"一网通办"，未实现应上尽上线上办理，缺乏统一的政务服务支撑体系，故需要建立统一的部本级一体化在线政务服务平台，让数据多跑路、群众少跑腿，使教育部政务服务跨上新台阶，为深化教育部"放管服"改革提供有力保障。

二 建设目标和内容

（一）建设目标

根据《国务院办公厅关于印发"互联网+政务服务"技术体系建设指南的通知》（国办函〔2016〕108号）（以下简称"108号文"）有关技术要求和对试点示范工作的要求，结合教育部的政务服务信息化需求，统筹整合本部门政务服务资源，构建教育部部本级一体化平台,办理本部门政务服务业务,逐步实现教育部政务服务事项应上尽上,一网通办;实现与国家政务服务平台对接和政务服务资源汇聚,依托国家政务服务平台办理跨地区、跨部门、跨层级的政务服务业务。

(二)建设内容

1. 构建教育部一体化政务服务平台

以108号文为指导,建设一户(政务服务门户)、一平台(政务服务管理平台)、一库(政务服务信息库)和三支撑(统一身份管理与认证、统一电子印章、统一电子证照)为主体的教育部一体化政务服务平台。具体如下。

(1)教育部政务服务门户。它是教育部面向互联网的统一服务窗口,为教育部本级政务服务提供汇聚展示,实现统一、集中服务。同时为方便公众"指尖办",建立教育部政务服务移动APP,提供统一的移动办事服务入口。

(2)教育部政务服务管理平台。它是教育部内部工作人员进行政务服务事项管理、运行管理、监督考核等工作的平台,是教育部政务服务门户信息的来源,是业务办理系统接入的通道。目前正在建设的主要包括政务服务事项管理子系统、电子监察子系统、统一政务服务好差评子系统等。

(3)教育部政务服务信息库。它是支撑门户、管理平台和各业务办理系统运行的基础数据库。政务服务信息库基于政务服务资源目录和数据交换,汇聚教育部用户信息、政务服务事项、办件信息等内容,支持共享人口、法人等国家基础信息资源库。

(4)三项关键支撑保障建设。按照108号文相关要求,建立教育部统一的用户管理与认证系统,为教育部政务服务一网通办奠定基础;建立统一的电子印章系统,为教育部政务服务在线办理提供法律保障;建立统一的电子证照库,制作、存储和管理教育部电子证照和证照信息文件数据,并向国家平台汇聚,实现数据共享。

2. 教育部政务服务业务办理系统整合与接入

教育部政务服务业务办理系统是教育部各职能部门进行政务服务内部审批、业务办理的专业系统,需要按照相关标准规范进行整合、改造,接入教育部政务服务管理平台,实现网上办理一站式服务。考虑到教育部政务服务的业务流程、应用系统建设现状等较为复杂,线上办理水平不尽一致,根据行政许可、办理服务和查询服务3类服务事项的不同特点,分别采取不同的整合与接入方案。教育部"实施本科及以上教育的高等学校的设立、分立、合并、变更和终止审批"等9项行政许可,业务流程存在一定的一致性,国家有明确的标准规范,所以采用工作流技术,按照国家有关要求建设统一的行政审批子系统,接入教育部政务服务管理平台,实现统一的线上办理及业务协同。对于"国(境)外学历学位认证"等8项全国性办理服务,由于分属不同直属单位管理,相关业务办理系统具有业务成熟、流程复杂、线上办理程度高等特点,初期通过接口改造,以系统集成方式接入政务服务管理平台,先期实现办理服务的一网通办和统一评价等功能,后续再开展深度融合。对于"普通话水平测试成绩查询"等7项全国性、高频度查询服务,按照教育部政务服务管理平台统一的页面规范和接口规范实现高效接入,实时处理,提供即时服务。

3. 与国家政务服务平台对接

作为全国一体化在线政务服务平台的组成部分，各个子系统在多方面与国家政务服务平台进行对接，实现一网通办、数据信息汇聚、交换共享及动态监管等目标。

三　应用成效

教育部一体化政务服务平台从 2018 年 10 月开始建设。整个项目分为两期建设。一期搭建了基本框架并进行系统集成，先期实现了行政许可事项统一申请、统一受理、集中办理、统一反馈和全流程监督，实现了 3 个热点办理服务事项与平台对接，并与国家政务服务平台初步实现各项对接和政务服务资源汇聚。二期重点是电子印章、电子证照、政务服务信息库、政务服务好差评系统等公共支撑体系建设，以及将教育部政务服务事项目录中剩余 12 个事项全部实现与平台对接。2020 年年底相关建设任务已基本完成，平台应用成效正逐步显现，体现在以下方面。

（一）教育部政务服务实现统一入口、一网通办

以前不同行政许可业务，不同公共服务业务需要登录不同系统或线下办理，现在登录一个门户即可办理多项业务，方便省事。此外，教育部 7 项行政许可、8 项教育部全国性高频办理服务事项以及全国教师资格管理共 17 个政务服务事项相关系统全部与平台进行了统一用户对接，实现一网通办。统一用户认证自然人数从 2019 年年底的千余人，增长至 282 万多，平均每月新增 23.5 万。

（二）教育部行政许可实现全程在线办理、实时监察

以前办理行政许可需要报送的纸质材料多，部分办理流程环节多，现在依托教育部平台统一行政审批子系统，进一步提高了办事效率，规范了办理流程，增强了办事透明度。自 2019 年 3 月至今，教育部 7 个行政许可事项利用平台统一行政审批子系统进行了 4900 余项事项全程在线办理。

（三）留学回国就业报到等公共服务通过让数据多跑路，优化流程，大幅提高服务效率

以前如留学回国就业报到等一些教育部热点公共服务事项办理时间长，材料多，群众意见大，现在依托国家政务服务平台和教育部一体化在线政务服务平台的跨部门支撑能力，对接国家人口库和法人库，实现单位法人和法人代表的实名、实人双认证，极大简化了用人单位和服务申请人上传材料和内外部核验工作，优化了流程，让数据多跑路，大幅提高了服务效率。

（四）使用电子证照提升服务便捷性

教育领域相关电子证照类型较多。教育部已经完成学历证书、学位证书、教师资格证书、普通话水平测试等级证书和国（境）外学历学位认证书等5个各地区和其他部门共享需求比较强烈的电子证照标准的编制工作。目前基于建设的教育部统一电子证照库，正在开展普通话水平测试等级证书试点制作和汇聚，以及国（境）外学历学位认证书已有电子证照信息的汇聚工作。教育部统一的电子证照库的投入应用及实现教育领域电子证照的汇聚共享，将进一步减少群众需要提供的材料，大幅提升群众办事的便捷性。

（五）教育部整体政务服务水平实现质的飞跃

教育部一体化平台投入使用后，使教育部政务服务跨上新的台阶，技术由分散转向一体化，管理由复杂转向简单，服务由线下转向线上，实现了教育部政务服务标准化、精准化、便捷化、平台化、协同化，政务服务能力实现质的飞跃，形象和公信力得到大幅提升。平台已成为教育部"放管服"改革的关键手段，并将加快教育部数字型转变，撬动权力运行、公共服务领域的改革，为办好让人民满意的教育提供有力支撑。

（教育部教育管理信息中心）

·(五)自然资源部"互联网+政务服务"专项成果·

自然资源部"互联网+政务服务"专项成果

深入贯彻落实《国务院关于加快推进全国一体化在线政务服务平台建设的指导意见》(国发〔2018〕27号)《国务院关于在线政务服务的若干规定》(国务院令第716号)和《优化营商环境条例》(国务院令第722号)等文件要求,自然资源部在规范政务服务事项、政务服务平台建设,推进政务服务事项全流程网上办理、数据共享和业务协同等方面取得明显成效,初步形成了部本级线下一"窗口"、线上一"入口"的实体政务大厅与网上政务服务平台融合发展模式,基本做到服务方式互补,办事环节和办理结果无缝衔接,积极响应群众诉求,提升为民服务能力。

一 梳理编制自然资源部政务服务事项清单,推进名称、编码、依据、类型等基本要素"四级四同"

建立统筹协调、分工协作的工作机制,按照重点推进、分步实施、逐步拓展的编制路径,以依申请办理事项为重点,梳理编制部政务服务事项基本目录共117项,涉及18个司局(单位),包括行政许可72项、行政确认23项、行政奖励13项、行政裁决3项、其他行政权力6项。对应编制部本级政务服务事项实施清单51项,完善受理条件、申请材料、中介服务、办理流程等要素信息,促进办事要件和办事指南标准化、规范化。事项基本目录和实施清单已在国家政务服务平台发布,为各级自然资源主管部门提供编制依据,推动自然资源领域政务服务事项名称、编码、依据、类型等在国家、省、市、县四级统一,即"四级四同"。

二 开展自然资源部统一"互联网+政务服务"平台建设与应用,实现部更多政务服务事项"一网通办"

2019年3月,在梳理土地、矿产、海洋、测绘等已有工作基础上,强化顶层设计,本着规范化、标准化、集约化和有利于互联互通的原则,自然资源部正式启动部"互联网+政务服务"平台建设。两年来,结合部组建后审批业务制度调整修订要求,重点围绕行政许可类政务服务事项,建成自然资源部统一政务服务门户、统一身份认证、统一电子印章及电子证照的一体化在线政务服务平台,于2020年4月正式上线。面向自然人、企事业法人、地方自然资源主管部门,部级土地审批、矿业权审批登记、用海用岛审批、储量评审备案、建设项目压覆矿产资源审批等37项行政许可事项、3项其他权力事项、4项内部审查事项,实现了申请、受理、审查、决定、公开、咨询等环节的在线办理,现实名用户达到1100余人,累计办理量达到1600余件,为社会公众提供100000余次查询服务，评价总量超过 1000 条。其中，矿业权审批登记首次实现互联网申报，用海用岛审批、建设项目压覆矿产资源审批等完成"线下跑"到"网上办"的转变，部行政许可事项"一网通办"覆盖率达到 80%，较 2019 年增长了 30%。此外，《自然资源部政务服务"好差评"实施办法》正式印发，实现服务对象网上申报、咨询、办结环节的"一事一评"。

三　强化各类报件自动化审查能力，提升审批服务效率和透明度

建成自然资源部统一智能审批系统，广泛应用于部机关 17 个审批业务司局、3 个派出机构、4 个直属单位。部受理各类报件基于自然资源"一张图"的统一底图与底线，加强自动化的业务核验、数据提取、信息推送等在线审查功能，通过设定规则，提供数据比对结果辅助判定是否符合要求，并基于所见即所得的图形化方式，支持审查人员结合业务场景，按需调用各业务模块化的数据服务资源，进一步提升审查效率。同时，通过技术手段改善和规范行政审批过程，实现对所有办理节点的实时监察功能，通过设置有关环节审批时限，重点提取超时件、挂起件等信息提供在线监察功能，为审批效能监控提供了技术支撑，有助于提升审批服务透明度。

四　实现与国家一体化政务服务平台对接，促进政务服务跨地区、跨部门、跨层级数据共享

一是完成统一政务服务门户、统一事项管理、统一身份认证、统一电子证照、统一电子印章、统一数据共享、统一好差评、安全保障体系、运维管理体系 9 项与国家政务服务平台对接任务，其中统一身份认证还将全国不动产登记网上"一窗办事"平台系统一并纳入。完成 40 项政务服务事项接入国家政务服务平台，统一办理跨地区、跨部门、跨层级的政务服务业务。采矿登记专用章、采矿权转让审批专用章、矿产资源勘查登记专用章 3 个电子印章，在国办平台完成备案。

二是基于部政务服务事项基本目录，编制《自然资源部政务服务数据目录清单》，基本涵盖土地、矿产、海洋、测绘等领域部本级主要审批业务，形成 86 项政务服务数据目录，涉及 20 个业务司局（单位），拟共享数据项达 639 个，明确了数据应用场景、共享方式、提供渠道、更新周期、责任单位等。完成在国家政务服务平台注册发布与数据挂接，为各级自然资源管理部门提供编制依据。结合地方高频数据需求清单和国办发布的两批《国务院部门数据共享责任清单》，确定了部 11 项可提供共享的政务服务数据资源清单，其中不动产权证信息、土地使用权划拨和出让信息、探矿权信息、采矿权信息、地质资料汇交凭证信息、测绘资质证书、地理信息 7 项数据资源已基于国家政务服务平台向各地区各部门提供共享服务。

三是在国务院政府邮件专网部署了地籍数据共享应用系统，提供了 1∶10 万～1∶400 万的土地利用图集、矢量数据和变更调查统计数据的查询、浏览和下载服务。

四是基于各系统开放接口提供业务数据在线服务，向各省级自然资源管理部门和督察机构推送相关信息超过450万条。

五 探索自然资源数据对外提供公共查询服务，推动创新更多政务服务方式

一是依托部政务服务门户首次面向社会公众、矿业权人提供矿业权空间查重服务，通过提交坐标范围实现自然资源"一张图"中的矿业权空间重叠分析；面向建设项目单位提供建设项目压覆重要矿产资源查询服务，实现矿区、矿山、矿产地、探矿权、采矿权等空间重叠分析。二是依托部门户网站土地市场和矿业权市场专栏、土地市场网等窗口公开相关信息超过50万条，面向社会公众提供许可证查验服务20万余次。三是通过部门户网站和土地调查成果共享服务平台，继续向社会公众提供2009年以来的土地调查相关统计成果，数据使用人包括大专院校学生、科研院所研究人员和普通社会公众等。

六 推进电子证照、电子印章等应用，进一步精简办事材料

编制不动产权证书、不动产登记证明、矿产资源勘查许可证、采矿许可证4项高频使用的电子证照工程标准，由国务院办公厅电子政务办公室统一发布。电子证照、电子签章应用取得阶段性进展，实现了矿业权审批登记颁证环节电子证照的在线制作、管理，以及用地、用矿、用海审批中用章环节加盖电子印章，具备了申请人可通过电子证照、电子批复等核验调用，实现相关办事材料免交，为减材料、减跑动次数，降低企业办事成本奠定了技术基础。

七 启动部高频政务服务事项"跨省通办"工作，取得初步进展

围绕自然资源部涉及的19项高频政务服务"跨省通办"事项清单，组织编制《自然资源部推进高频政务服务"跨省通办"事项工作方案》，建立任务台账，明确责任单位和进度安排，深化拓展部"一网通办"业务模式，更新完善对应实施清单与办事指南，优化调整部"互联网+政务服务"平台功能模块；实现部本级3项不动产登记事项与国家政务服务平台"跨省通办"服务专区互信互认、互联互通；通过电子政务外网和自然资源业务专网向全国各级不动产登记机构提供了公安、民政、市场监管、司法等7个部门共23类国家层面共享的"总对总"代理服务；4个直辖市、27个省会城市和5个计划单列市不动产登记网上"一窗办事"平台与国家不动产登记网上"一窗办事"平台完成关联挂接，网上"跨省通办"，取得了初步进展。

（自然资源部网络安全和信息化办公室）

·（六）文化和旅游部"互联网+政务服务"专项成果·

文化和旅游部创新服务模式 提高"互联网+政务服务"能力

2020年，新冠肺炎疫情发生以来，文化和旅游部信息中心为了更好地满足人民群众对公共服务供给模式便利性、文化资源丰富性、资源呈现方式多样性的需求，依托文化和旅游部政府门户网站（以下简称"部门户网站"）探索实践了一系列新的服务模式，重点加强了线上公共文化和旅游服务的内容供给，完善了线上公共文化和旅游资源采集、管理和发布的技术支撑和保障，搭建了文化和旅游部在线服务资源发布系统，取得了良好的社会效益。

一 基本情况

（一）建设背景

新冠肺炎疫情发生以来，文化和旅游部深入贯彻习近平总书记系列重要讲话精神，按照部党组关于增强疫情期间线上公共文化和旅游服务供给的部署和要求，充分发挥部门户网站信息发布第一平台作用，积极创新服务模式，利用信息技术、网络技术和通信技术等现代化科学技术手段对公共文化数字资源进行整合，统筹建设了文化和旅游部在线服务产品发布系统（以下简称"发布系统"）。

（二）建设意义

发布系统全面整合了文化和旅游系统公共文化资源，实现了多媒体资源数据库的建设和管理，提供现场直播、专题节目发布、云视频点播等服务，并配置CDN访问加速、流量统计分析等功能。通过搭建科学高效的资源发布管理系统和安全可靠的系统运行环境，文化和旅游部信息中心为宣传推广我国优秀舞台艺术作品，丰富疫情防控期间人民群众的精神文化生活提供了技术支撑和安全保障，塑造了主动服务、精致服务、科学服务的政府形象。

二 技术创新

（一）私有化部署助力数据存储更安全

在服务迁移到云的过程中，发布系统采用部署私有云环境机制。此举一是保证系统的安全性，系统部署在本地使数据更加安全可控；二是实现了功能的私有化，发布系统可完全按照业务的具体需求做定制开发；三是实现了内外网隔离，使外网操作和内网管理的办公机制相得益彰。

（二）CDN 加速助力资源传输更快更稳

CDN 加速使网民尽可能避开互联网上有可能影响数据传输速度和稳定性的瓶颈和环节，使音视频资源传输效果更加稳定流畅。通过在网络各节点服务器所构成的在互联网基础之上的一层智能虚拟网络，可实时地根据网络流量和各节点的连接、负载状况及到用户的距离和响应时间等综合信息将用户的请求重新导向离用户最近的服务节点上。CDN 服务有效解决了部门户网站由于网络带宽有限、用户访问量大、网点分布不均等原因所造成的用户访问线上公共服务音视频点播业务响应速度慢的问题。

（三）大数据处理助力资源管理智慧化

为了适配产品发布系统的实际需求，建设过程中遵照数据化平台管理演进规律和技术业务需要，结合相关项目的建设经验和行业标准，采用了大数据平台和分布式的技术框架，降低了数据库存储压力，极好地满足了在线服务的功能需求。同时平台支持数据的统一存放，可将音视频资源数据、用户留言互动数据与相关管理日志数据，统一存放到数据存储集群，也支持主流关系型及非关系型数据库组件的关联，如 MySQL、Oracle 等关系型数据库的数据及 PostagreSQL 等支持 NoSQL 特性的相关数据存储。

三 应 用 效 果

（一）云直播激发疫情期间公共服务新动能

新冠肺炎疫情是严峻挑战，但也是政府公共服务模式创新升级的催化剂。舞台艺术的云直播为传统院团带来新生机。文化和旅游部在疫情期间充分发挥部门户网站的优势和特点，始终坚持正确的政治方向和舆论导向，弘扬主旋律、展现正能量，以云端的形式，为部系统各大院团宣传推广优秀传统文化艺术作品搭建了平台，激发了国有文艺院团在疫情期间的活力，有效应对疫情对院团演出的不利影响，精心打造了一批线上直播、线上演出活动，使文化艺术与在线公共服务相融合，为更好传播优秀传统文化，积蓄着新动能，激发出新动力，促进行业生态链提档升级。

（二）公共服务效能有效提升

新冠肺炎疫情发生后，文化和旅游部迅速调集部系统公共文化资源，信息中心配合办公厅策划开辟"抗击疫情文旅在行动"专题，专题除"抗击疫情工作要闻""文化和旅游系统工作动态""应对疫情支持企业发展政策措施"栏目外，统筹协调有关司局和直属单位，特别推出"在线文化艺术服务"专栏，以此专栏为契机整合部系统内优质文化产品数字资源，提供了一系列线上公共文化服务。此外还开设了"全国舞台优秀剧目展演""全国基层戏曲院团会演""京剧的夏天""秋天的'剧'会""全国乡村旅游300条精品线路""2020年全国非遗曲艺周""全国脱贫攻坚题材舞台艺术优秀剧目展演"等线上公共服务资源专题活动，累计点播超3亿次，充分满足了疫情期间人民群众对公共文化和旅游服务的需求，获得各方一致好评，取得了良好的社会效益。

四 结　语

　　文化和旅游部信息中心顺应线上公共文化服务供给的新趋势，依托自身技术优势，创新服务模式、提升服务能力、彰显使命担当。下一步，文化和旅游部信息中心将继续围绕文化和旅游部的主责主业，拓宽服务范围、扩展服务内容、发挥服务效能，扎实做好各项技术服务保障工作，进一步满足人民群众对公共文化和旅游服务的各项需求，主动适应信息化要求、强化互联网思维，不断提高对互联网规律的把握能力、对网络舆情的引导能力、对信息化发展的驾驭能力、对网络安全的保障能力，助推文化和旅游行业实现高质量发展，让老百姓在家中、在掌上同样能享受到文化的"滋养"，让公共文化服务在线上一样"花繁似锦"！

（文化和旅游部信息中心）

第六篇

地方"互联网+政务服务"专项成果

江苏省"互联网+政务服务"专项成果

2020年,会同各级各部门加快全省一体化政务服务平台和"互联网+监管"系统建设,有力推动"不见面审批"改革,"一网通办"改革继续走在全国前列。李克强总理明确要求全面推行"不见面"办事。江苏省在国办组织的省级政府网上政务服务能力调查评估中位居第三,在国办组织的"互联网+监管"能力评估中位居全国前列。

一 主动作为,发挥"不见面"优势,助力疫情防控和复工复产

2020年伊始,面对突如其来的疫情"大考",结合企业和群众的关注焦点、热点,及时推出"苏康码"、疫情防控专题、企业服务专栏、"苏政50条"服务专栏等,接入各地区各部门相关的办事服务,使政策易于知晓、服务一站办理,更有针对性地解决燃眉之急。

二 聚焦核心能力锻造,发挥枢纽作用,赋能条块政务服务能力提升。升级"苏服办"

瞄准用户需求,按照"做减法、优体验、强应用、立标准"原则,改版江苏政务服务APP。对访问层级和界面内容做减法,省市县三级归并为"市级+专区"形式。对应用进行分类重组。持续上线与居民生活密切相关的高频应用。建设"苏证通"。2020年6月,江苏省政务服务"网上统一可信安全身份认证系统"(以下简称"苏证通")正式上线运行,已赋能江苏省税务局、卫生健康委员会、交通运输厅、总工会、信用江苏和13个设区市等26个有关部门,共计139个内外政务服务系统,累计提供网上身份认证服务1.21亿次(实名认证服务2900万次、实人认证服务2400万次、电子证照调用4600万次、身份码调用2200万次),日均比对量近200万次。打造"苏信通"。建设全省统一消息服务系统("苏信通"),实现推送目标、回执情况、消息审核等14个模块建设,将提升用户体验,大幅降低短信等费用开支。初步实现与江苏省财政厅非税票据、江苏省公安厅苏政通等6个厅局11业务系统的对接,自2020年10月10日上线以来,共发送信息5071万条。试点"苏服码"。依托一体化平台,提供生码、扫码、验码、用码等服务,实现"身份通""信息通""办事通""扫码通"等功能。在张家港、交通运输厅等开展"苏服码"应用,实现政务服务、行政执法线上线下"一码通行",有效破解信息重复输入、信息不对称、数据难验证等难题。谋划建设"苏企通""苏政通"。研究制定《"苏企通"服务平台建设方案》,建立"苏企通"服务平台,推行"一企一码",一级开发、三级应用,实现惠企政策一站推送、服务项目一页呈现、发展难题一网收集、企业诉求

一键通达。起草了《全省一体化政务服务平台能力提升工程实施方案》，以全省一体化平台为枢纽，进一步提升网上政务服务的整体服务、创新服务、精准服务、协同服务能力，推动政务服务从"网上可办"向"网上好办"转变。推进"条统块联"。按照"一部门一系统"原则，推进江苏省交通运输厅、江苏省人力资源社会保障厅等省级部门整合本部门全省面向企业群众的政务服务业务办理系统。"一部门一系统"工作获中国信息协会"2020政府信息化卓越成就奖"。

三 推进国家任务落地，发扬探路精神，推动"一网通办"走深走实。深化长三角"一网通办"

抓好江苏牵头事项，已完成跨区域跨平台内资有限公司变更、备案，异地电子营业执照单点登录等。抓好江苏配合事项，已完成个人申请出具公积金异地贷款缴存使用证明（省直、南京、苏州已经上线），C标志申明（定量包装商品生产企业计量保证能力自我声明）等。上线"跨省通办"服务专区。紧急落实国办发〔2020〕35号和国务院办公厅电子政务办公室"跨省通办"服务专区建设规范要求，主动梳理"跨省通办"事项和服务，建设"跨省通办"专栏（一期），按时在江苏政务服务网和国家政务服务平台上线。研究制定《"跨省通办"工程实施方案》。完成电子证照应用国家试点。出台苏协调办〔2020〕9号文，明确在7个设区市、4个县开展试点。协调省公安厅等6个部门汇聚了身份证（7500万）、营业执照（783万）、出生医学证明（476万）、道路运输经营许可证（40万）、结婚证（1386万）、不动产权证（12万）等6类电子证照。指导试点地区，依托"苏服码"完成1个跨省应用场景、1个跨地区应用场景和4个跨部门应用场景。开展电子文件和电子档案单套制国家试点。编制《江苏政务服务网政务服务全程电子化文件单套归档试点工作方案》。苏州工业园区审批局试点主体内容已完成。开展国家垂直业务系统对接试点。按照国办电子政务办试点任务分工，江苏省政务服务网已和文化和旅游部的全国旅游监管服务平台、全国文化市场技术监管与服务平台、文旅一体化政务服务平台实现单点登录；与交通运输部、文化和旅游部、国家药监局、国家邮政局5个部委实现了办件数据对接回传。交通运输领域电子证照应用全省推广。印发《省交通运输厅省政务服务管理办公室关于推广应用交通运输电子证照（第一批）的通知》，在全省实现道路运输经营许可证等5类交通运输电子证照应用，在政务服务和行政执法场景中通过"苏服码"实现身份证、驾驶证、行驶证、营业执照等跨部门电子证照免带，这一举措惠及全省31万户道路运输企业、880多户水路运输企业和189万个道路运输从业人员，涉及运输车辆105万辆、船舶近3万艘。推进解决老年人使用智能技术困难。印发《关于切实做好政务服务领域解决老年人运用智能技术困难工作的通知》（苏政务办发〔2020〕91号），制定14条落实举措，明确完成时间节点。

四 坚持目标导向、结果导向，加快补齐短板，着力推动从能办向好办转变。升级改造事项管理平台

事项标准化管理、事项精细化管理、事项资源管理、事项优化管理、审管事项联动管理及数据统计6大模块、27个子系统功能全部完成并上线试运行。升级改造省统一办件信息库。根据国家平台办件和事项标准规范，完善江苏省办件信息库数据交换规范，完成办件数据标准升级和汇聚通道切换。13个设区市、40个省级部门按照新标准规范通过大数据共享交换平台，实现了办件数据汇聚与共享，基本实现了"应接尽接"。本年度累计接收办件1.89亿条，报送国家平台1.73亿条，全国领先。升级改版江苏政务服务网。完成PC端升级改版、移动端迭代升级、亮证功能、精准地图及导航、旗舰店对接等5大模块25项子功能建设和上线运行。创新建设个人服务中心和法人服务中心，梳理了个人住、行、学、医、爱、工作6个大类36个小类760个事项（服务）和法人投资、创新、采购、创业、经营、引才6个大类36个小类875个事项（服务）。建设一体化平台运营系统。完成用户运营服务、办事场景化设计、用户行为分析系统3大模块9个子系统模块建设，从用户运营、办事服务场景化角度出发，逐步推进"千人千面"和应用精准推送、政务服务精准供给。建设一体化平台监控管理系统。完成11个模块45个子功能开发。网上政务服务能力评估系统包含38个评估指标，涉及195个评估对象、1826420条评价基础数据，发布11次月报、1次半年报。运维监测系统支持在线安全监测、网站运行监测、连通性监测、接口检测、应用监测、主动监测，提交问题工单327个。建设全省统一身份认证系统。建设自然人与法人用户中心和认证体系，完成6大模块25个子模块开发，完善个人、法人的登录、注册、认证。目前已注册用户7800万，新增6300万，同步国家政务服务平台自然人6671万、法人324万。升级改造应用接入管理平台。完成应用接口管理系统、应用开放系统、移动端统一受理系统3个系统23项子模块升级改造。集成省市县三级应用2832个（省级231个、市县2601个），接入政务服务数据接口907个。同时，提供API组件、应用仿真等功能，支持部门开发管理应用服务。建设省级统一受理平台。与政务服务事项库、身份认证、电子印章、电子证照、短信平台、用户中心等打通，已接入21家省级部门601项业务项，其中可网办业务513项。

五 坚持以用户为中心，加强运营推广，提升江苏政务服务品牌知晓度。加强运维保障

建设综管平台，为全省政务服务工作人员打造统一的管理平台，入驻省市县三级政府部门6790个，乡村级机构21363个，开设工作账号49144个。建设运管系统，全年共办理12345诉求16408件、办结16331件，办理省级部门运维申请484件、办结441件，办理地方运维申请4449件、办结3966件。强化平台安全保障，完成3级等保备案变更，及时处理安全问题和隐患。加强运营推广。以微信服务号为主渠道，常态化开展品牌宣

传和应用推广,全年发布推文171篇,阅读总量133万,服务号关注用户125万,新增107万。加强服务审核与应用上下架管理,共审核移动应用2733个(通过2625个,不通过108个),累计发现移动应用问题并提交整改工单447件。

(江苏省政务服务管理办公室)

江苏省"苏康码"系统

针对新冠肺炎疫情期间返工、返学、返岗的迫切形势,尤其是应对很多企业的复工潮,如何同时打赢疫情防控和经济社会发展"两场硬仗",是亟待解决的关键问题。江苏省政务服务管理办公室联合江苏省卫生健康委员会等部门共同推出的"苏康码",是利用大数据技术实现人群安全有序流动管理的突破性创新,通过红、黄、绿(分别对应高、中、低)不同风险级别,对人群进行分类管理,建立了一套人群健康身份的识别机制,并通过江苏省大数据共享交换平台保障健康身份信息在各机构之间的互认互通。"苏康码"的推出,充分利用大数据技术进一步提高了新冠肺炎疫情防控工作的科学性、精准性,同时适应长三角一体化防控需求,实现跨地区、跨省乃至全国范围内互认,解决了异地互信问题,为夺取"双胜利"提供了重要保障。

"苏康码"通过个人健康信息填报,辅以大数据信息校验,通过江苏省卫生健康委员会、江苏省公安厅、省通信管理局等部门及国家政务服务一体化平台的各类数据接口对信息进行核验,从而实现科学精准防控。同时通过江苏省大数据共享交换体系与江苏各设区市、长三角一体化平台,国家政务服务一体化平台等实现跨地域、多层级的数据交换,保障了全省、长三角地区乃至全国范围内健康码互认。

截至2020年年底,"苏康码"发码总数已达9700万;境外流入累计数7.8万;通过江苏省大数据共享交换平台,全省对国家疫情防控数据接口累计调用3.2亿次,对江苏省通信管理局数据接口累计调用1.4亿次;累计与长三角一体化平台数据交换红黄码数据2100万条,累计与国家政务服务一体化平台交换健康信息数据2.4亿条;日均处理访问请求数1亿次左右,最高峰值单日超过3亿次;"苏康码"已成为民众日常出行的重要凭证及防疫人员查验的主要依据。

(江苏省政务服务管理办公室、江苏省卫生健康委)

南京市政务服务管理办公室"宁满意"工程

"宁满意"工程是南京市政务办为深化"放管服"改革、优化营商环境推出的系列政务改革工程。该项目自开展实施以来,为企业群众办事提供了更加优质的政务服务场景,受到南京市政府主要领导的批示肯定,"宁满意"现已成为南京政务服务品牌,也是打造数字政府的重要举措和重大成果。"宁满意"项目以让您满意为目标,大力推进"就近办""马上办""一次办",努力提升政务服务便利化水平。南京市政务办将继续扩大"宁满意"工程品牌效应,不断提升企业群众的满意度和获得感。

一 基 本 情 况

(一)成果概述

为贯彻落实《完善一体化在线平台深化"互联网+政务服务"打造"宁满意"工程实施方案》(宁政办发〔2019〕26号),打造具有南京特色的数字政府贡献南京力量。南京市政务办始终坚持用户思维、客户导向,将众多碎片化的改革成果串联成线、归并提炼,创新提出实施政务服务"宁满意"工程。努力将"宁满意"工程打造成深化"互联网+政务"和"不见面审批"推进审批服务便民化便利化的有力抓手和重要载体。

"宁满意"寓意"您满意",坚持用户思维、客户导向。以便捷化促满意度,通过网络技术赋能、审批流程再造、信息数据共享与网络平台的再提升,推进线上线下政务服务相融合。"宁满意"工程包含的"十个一"项目,围绕"一网、一门、一次"的目标,从个人和企业办事两个维度,对应解决当前政务服务领域面临的短板和难点问题,更好地实现政务服务智能化与便捷化。一是围绕"网上办""自助办""马上办",大力推动审批结果电子化,深化推进政务系统的互联互通,全面实现"线上线下"集中进驻,切实解决"宁满意""能不能"的问题。二是围绕"并联办""科学办""高效办",大力推动办事流程再造、审批环节优化、服务效率提升,切实解决"宁满意""好不好"的问题。通过线上线下融合,持续改进政务服务供给,提升企业群众办事体验,树立南京政务服务便捷、高效、友好的新形象。

(二)成果实施主体、服务对象及适用场景

实施主体:全市各级政务服务部门。
服务对象:各类企业群众。
适用场景:涉及覆盖企业和个人全生命周期的政务服务场景。

(三)成果建设方案简述

"宁满意"工程主要内容为推进"十个一"工程,具体建设方案如下。

（1）线上办事"一网通"。统一网上政务服务出入口，加强用户统一身份认证体系建设，建立统一用户中心。让企业群众享受"一次注册、单点登录、多处互认、全网畅行"的整体服务。

（2）现场办事"一门通"。按照"一站式"服务要求，各区各部门的政务服务事项全部进驻市、区政务服务大厅，满足企业群众现场办事"只进一扇门"的需求，实现线上线下同步融合发展。

（3）个人办事"一证通"。以大力削减申报材料和办事环节为抓手，以居民身份证号码为唯一标识，大力推进申报材料削减工作，健全个人用户空间功能，与各部门实现办事人信息共享。

（4）简易事项"一指通"。加强移动端办事功能开发，推送相关证照信息供办事人即调即用，让办事人可以通过手机轻松办理。

（5）高频事项"一城通"。以街镇办理的便民事项为重点，进一步加强高频事项精细化、标准化工作，确保同一事项在全市范围内全面统一，在各区、街镇、村社服务中心实现无差别化受理办理。

（6）热点事项"一机通"。开设政务自助服务区，积极开展热点事项自助办理，引入政务服务自助机打造无休政务。

（7）企业办事"一照通"。进一步完善法人用户空间各项功能，畅通法人认证渠道。依托江苏省统一电子印章系统，建设南京市电子印章及数字证书认证系统。实现企业办事只需一张电子营业执照，即可申办相关事项。

（8）关联事项"一链通"。引入"整体政府"概念，实现审批服务思路由部门事项主导向申请人需求主导的转变。大力推进关联事项整合服务，由"办理一个事项"转变为"办成一件事"。

（9）特色事项"一栏通"。在南京政务服务网、"我的南京"APP开设专栏，发布特色事项清单，解读特色事项信息，提供专项政策咨询，搭建在线申报入口。

（10）重点投资事项"一事通"。依托全市"两级机构、三级功能"代办服务体系，对于南京市政府确定的重点投资、科技创新及国家鼓励类投资建设项目，由各级代办中心采取一事一议的方法提供有针对性的指导和帮办服务。

（四）实施应用情况和主要特点

"宁满意"工程实施以来，取得了积极成果，全市一网通办事项能力达100%，一网通办办件率达70%；一门通实现2个100%；全市535个事项实现一证通、一照通，被国办电子政务办列入全国推广的100个典型案例之一；175个民生高频事项实现一城通办，无差别办理，跨区受理；打造了202个"一件事一次办"场景，基本实现了2个生命周期全覆盖；开发综合自助服务，实现一机集成419个功能。主要特点如下。

（1）科学分类"舒心办"。围绕群众企业生产生活密切相关的高频事项，采用自主申报、实地调研、专家评审等方式，增强"宁满意"工程的针对性和精准性，细分类别、场景、情形，为办事人提供更高效更便捷更舒心的服务。

（2）化繁为简"规范办"。统一办理事项、办理标准和办理流程。让市、区、街三级办理有"标准"可依、按标准办事。

（3）提升服务"简化办"。通过减材料、减环节、减时间来减少群众"跑腿"，节约群众时间。

（4）方便群众"一次办"。推进一窗办、一网办、一次办。结合线上网络平台及线下政务大厅综窗，实现"进一扇门，到一个窗，办成一件事"。

（5）协同发力"快速办"。通过推动"上下联办""数据联通""信息联畅"，实现数据交换和信息共享，不断拓展基层服务平台业务受理范围，减少群众办理时间。

二 成果针对性

目前在政务服务领域仍然大量存在企业群众办事难、办事繁等情况，"宁满意"工程的建设就是以解决企业群众办事问题，全面提升企业群众满意度和获得感而开展实施的。

（一）针对企业办事证照材料重复提交，繁、难、慢等问题

推进企业办事"一照通"、关联事项"一链通"（一件事）、特色事项"一栏通"、重点投资事项"一事通"。核心是推进有关审批部门将涉及的审批结；全部实现电子化，并落实完成相关数据的实时调用共享，企业办事只需一张电子营业执照，无须拎一袋子证件即可申办相关事项。

（二）针对居民办事材料多、繁，存在"奇葩"证明，快捷和便利化程度不高的问题

线上办事"一网通"、现场办事"一门通"、个人办事"一通"、简易事项"一指通"、高频事项"一城通"和热点事项"一机通"。一是通过数据共享大力精减办事材料，居民凭身份证即可完成身份认证直接办事；二是拓展政务移动应用，推进政务服务移动端应用尽量向江苏政务服务APP和南京政务服务微信公众号整合；三是梳理形成全市涉及民生服务领域的高频事项，实现高频事项"一城通办"；四是开发多项服务"一机集成"的自助终端，探索24小时自助区服务模式。

三 成果创新性

（一）业务创新

从需求侧角度出发，由被动转向主动，由管理端转向服务端，由办理"一个事项"转向办成"一件事"。通过主动服务、精细服务、智能服务，不断增强群众在办事过程中的获得感。

（二）流程创新

由原来分散式、串联式，需要多部门多窗口多环节办理的事情，变成只跑单个窗口提交申请和材料即可形成联办，极大减少申请材料和办理时限。

（三）技术创新

不断提升"宁满意"工程，依托全省一体化政务服务平台和电子证照电子印章系统，组织部门通过审批材料规范化、审批结果电子化，实现申报材料精减化。大力推行告知承诺制审批，进一步减少审批证明材料，努力在更多高频事项上实现"一证（照）通办""零材料申办"。

四 成果实效性

"宁满意"工程打造的南京政务服务一体化平台，实现了"一网通办"应上尽上。在市、区、街道、社区4个层级实现政务服务事项全覆盖。目前已在全市102个街镇1205个社区得到贯彻落实，服务全市820余万市民群众和所有有需求的企业，形成了"宁满意"工程品牌效应。目前，南京市政务服务管理办公室创造性地提出了具有南京特色的政务服务跨部门、跨区域、跨层级的"三跨式"工作模式，聚焦保基本民生、保市场主体两个重点，梳理打造了一系列企业群众期盼的办事场景。未来，南京政务服务管理办公室还将继续探索南京市政务服务"省内通办""跨省通办"，不断优化南京市政务服务环境。

五 成果可推广性

"宁满意"工程在全省率先实现一体化政务服务平台街道和社区全覆盖，政务服务事项网上办理，全程网办。"一城通"工作成果受到南京都市圈政务服务一体化调研组肯定。南京政务服务办公室将继续加快政务服务改革的脚步，为更好实现下一步"省内通办""跨省通办""长三角区域通办"打好基础，让更多省市的企业群众享受政务服务带来的便利，扩大"宁满意"品牌的影响力。"一件事一次办（一链通）"改革的经验作为典型案例在全省推广。南京政务服务办公室也将进行事项精细化梳理，遴选更多优质的"一件事"场景，上升为市级标准，惠及更多企业群众。

（南京市政务服务管理办公室）

苏州城市生活服务总入口"苏周到"APP

"苏周到"以"周到服务，舒心苏州"为服务宗旨，以苏州户籍人口、常住人口、商旅人员和在苏外籍人士等为服务对象，接入35个部门近300个业务系统，上线235项服务事项，对接江苏政务服务网3696项办事指南，服务覆盖10个县级市（区），涉及社会保障、交通出行等重点领域，具备一人一码、十全十美、千人千面等特色亮点，让自然人只登一个APP就能办成"一件事"。以"苏周到"为抓手，以"一体化""一码通""一件事"为关键，不断提升政府效率，改进内部流程，扩大公众参与，创新公共价值，推动构建数字政府建设"苏州样板"。

一　基本情况

（一）实施主体与成果概述

在江苏省政务服务管理办公室、江苏省大数据管理中心指导下，在苏州市委、市政府领导重视下，苏州市人民政府办公室（市大数据管理局）牵头，与苏州市信息中心、苏州市广电总台等单位组建"苏周到"项目建设专班，历经210多天研发攻坚，于2020年11月21日正式上线发布苏州城市生活服务总入口APP"苏周到"，让自然人只登录一个APP就能办成"一件事"，切实提升人民群众获得感、幸福感和安全感，全面增强数字政府感知度。

（二）服务对象与应用场景

"苏周到"坚持以人民为中心的发展思想，践行人民至上的价值理念，以"周到服务，舒心苏州"为服务宗旨，以苏州户籍人口、常住人口、商旅人员和在苏外籍人士等为服务对象，用户覆盖1700万苏州人口，服务覆盖苏州所辖全部县级市（区），既能在线提供政务服务和公共服务，又能在线推送生活情报和服务资讯。截至申报日，"苏周到"已对接江苏政务服务网办事指南3696项，接入35个部门近300个业务系统，发布在线可办理、可预约、可提醒、可查询的政务服务和公共服务235项，覆盖社会保障、交通出行、医疗健康、旅游休闲、文体教育、政务办事、民生服务等重点领域。

（三）方案简述与功能设计

"苏周到"包含城市形象、普遍服务、公告、特色服务、活动头条、生活情报等6大模块，具有首页、周知、一码通、周边、我的、扫一扫、消息、天气等8大功能。聚焦群众办事难点堵点，聚焦广覆盖高频次业务需求，提供各类在线可办理、可预约、可提醒、可查询的服务事项,细分置顶服务、社会保障、交通出行、医疗健康、旅游休闲、文体教育、政务办事、民生服务等普遍服务。

(四)应用情况与主要特点

"苏周到"上线以来,下载注册量快速增长,用户活跃度持续增强,影响力稳步提升。截至2020年12月14日零时,累计下载量达243.2万次,累计注册用户达206.7万人。"苏周到"主要具备6大特点:一人一码。构建"一人一码一库",开展"苏服码"应用试点,融合线上线下业务场景,提供身份核验、扫码办事、亮码通行等功能,实现"一码通行""一码通办""一码通用""一码通管"。十全十美。坚持"1+10"理念,汇聚接入十个县级市(区)"总入口"和特色服务事项,推动公交、水电煤等高频业务服务市域全覆盖,实现"各美其美""十全十美"。千人千面。利用人工智能、大数据等技术进行动态分析,基于不同用户偏好,智能推送精准化、个性化服务,实现"千人千面"。智能查询。通过语义识别系统、人工智能知识库等,打造智能查询机器人"小苏",实现人机交流和智慧化服务。生活情报。围绕衣食住行等日常生活领域,提供穿衣指数、约会指南、网红打卡、寻医问诊等一站式生活服务,随采随播、动态发布、精准触达,实现资讯服务化。社交分享。支持用户将指定服务或信息分享到微信,通过专属码推荐、邀请式裂变,增加触达率;构建我的生活圈,帮助老人、小孩等获取在线服务;打造用户与开发者互动交流平台,持续迭代优化。

二 成果针对性

(一)坚持目标导向,建设数字政府

围绕一体在线、整体联动、业务协同、精准智慧的数字政府建设目标,以"苏周到"为抓手,以"一件事""一码通"为牵引,推进信息资源整合共享、业务流程优化重构、服务感知一体融合,打造横向多维协同、纵向五级联动、深向垂直贯通的苏州数字政府发展新格局。

(二)坚持需求导向,提升服务效能

坚持以人民为中心,围绕基层群众面广量大的政务服务和公共服务便利化需求,深化"互联网+政务服务",推进"不见面审批(服务)"改革,集中在线提供235项服务事项,实现市域一体覆盖,让数据多跑路,让群众少跑腿,提升人民群众获得感、幸福感和安全感。

(三)坚持问题导向,推动流程再造

聚焦政务服务领域存在的端口多元、入口分散、数据不通的现实问题,解决不同业务面对群众多个界面、多个网络、多个APP的繁杂局面,通过打造"苏周到"总入口,

不断整合部门业务、再造业务流程、创新服务方式，形成线上线下联动、市域一体覆盖的政务服务体系。

（四）坚持效果导向，强化安全运维

坚持网络安全工作责任制，建立安全事件联动响应机制，压实网络安全、数据安全、应用安全责任。采用身份证、人脸识别等多重技术分级认证，做好等保测评、容灾备份等安全防护，严格保护数据安全和用户隐私，形成覆盖云、网、数、端的人防、物防、技防立体化安全保障机制。

三　应用创新点

（一）注重品牌创新

坚持"周到服务、舒心苏州"的服务宗旨，申请注册"苏周到"商标，一切围绕群众、一切为了群众、一切服务群众，让自然人只登一个APP就能办成"一件事"，诠释和彰显苏式服务的"周全"与"到位"，让服务"更贴心"，让群众"更暖心"，让城市"更舒心"，提升品牌价值。

（二）注重技术创新

坚持"重应用、强中台、富生态"，在苏州数字政府基础设施、数据资源、公共平台、智慧应用、感知体验"五位一体"总体框架下，同步建设业务中台，统一用户体系，规范服务接入，通过业务服务标准化处理、调度和集成，以中台治理赋能"苏周到"前端服务整合。除支撑服务"苏周到"外，业务中台还将为PC端、一体机端等前端应用提供共性技术支撑。

（三）注重业务创新

坚持"1+10、一体化、一盘棋"的工作要求，"苏周到"作为总入口，整合对接各部门各条线业务事项，汇聚接入十个县级市（区）特色服务，与现有政务服务APP之间形成了包容共存、互惠互利、协同发展的关系，共同做大服务"总盘子"。坚持"线上+线下"融合，基于全市1800多个基层"互联网+政务服务"办事站点，实现更多政务服务办理的线上线下一体化。

（四）注重流程创新

推广"一码通"，依托"苏周到"服务场景，开展"苏服码"试点，以"一码"为核心，以"全通"为导向，推动流程优化，实现"一码通行""一码通办""一码通用""一码通管"。打造"一件事"，围绕重点高频事项，通过数据共享、业务协同，推动跨部门、跨层级、

跨条线的业务流程再造，打造场景化专题服务，实现高效办理"一件事"的服务目标。

（五）注重功能创新

坚持"逻辑汇聚、主体不变"，在严格保护数据安全和用户隐私的前提下，打造个人"虚拟数据资产包"，包括苏康码、电子证照、个人社保、住房公积金、不动产证明、体检报告、新市民积分、献血记录、办事记录等，既方便在线查询和办理，更有利于普及个人数据资产权益意识。

四 应用成效和发展预期

（一）应用实效

"苏周到"通过深度分析软件运行、服务调用、用户行为等日常数据，不断优化应用设计、完善服务功能、增强用户黏性，取得显著成效。社会效益方面，集中在线提供苏康码、电子社保等235项政务服务，接入扫码乘公交、扫码进场馆等"一码通"应用，推送生活情报、询医问诊等"周知"资讯，服务范围覆盖全市域，在疫情防控、民生保障、便民惠民等方面发挥重要作用，让自然人只登一个APP就能办好"一件事"。经济效益方面。"苏周到"作为"总入口""旗舰店"，实现服务事项汇聚集成，各地各部门无须再建同质化应用，将有效避免重复建设投入，节约财政资金，提升运用效率。

（二）发展预期

"苏周到"将继续抓重点、扬优势、强弱项，开展二期建设，打造数据智能闭环，实现动态数据化、场景系统化、逻辑算法化、服务精准化，持续推动优化迭代，不断提升政府效率，改进内部流程，扩大公众参与，创新公共价值。推进"一体化"，提升服务覆盖面。接入各地各部门更多服务事项，实现高频业务市域全覆盖，促进政务服务线上线下一体化，推动苏州数字政府市域一体化发展。推广"一码通"，提升服务便利度。落实江苏省公共数据资源开发利用试点要求，打造更大范围、更高数量、更广领域"一码通"应用，实现"一码通行""一码通办""一码通用""一码通管"。办好"一件事"，提升服务满意度。重点打造就业、教育、就医、出生、买房等"一件事"，倒逼行政体制改革，业务流程再造、服务模式创新，从业务数据化再到数据业务化，实现高效办理"一件事"的服务目标。

五 成果可推广性

努力在"苏周到"建设实施中推进更多改革创新之举，打造掌上服务的"苏州样板"，提供可推广可复制的经验。

（一）为相关应用开发提供成熟样板

"苏周到"克服了服务范围广、涉及部门多、协调难度大的问题，形成了领导统筹、专班攻坚、部门协同、共同推广的工作机制，形成了与现存政务服务 APP 合作共赢的良性互动，形成了市区两级联动的应用格局，为其他城市相关"总入口"的建设提供了借鉴路径。

（二）为数据开放利用积攒试点经验

落实江苏省《公共数据资源开发利用试点实施方案》，开展"苏周到"一码通行试点，打造"一人一码一库""一企一码一库"，推广"苏服码"在交通出行、政务办事等重点领域应用，完善制度规范，强化技术支撑，形成示范典型，释放数据资源价值，培育数字生态。

（三）为数字政府建设打下良好基础

"苏周到"为今后法人服务"总入口"建设、各领域业务办理综合界面建设等数字政府项目提供了经验借鉴，加快构建苏州数字政府市域一体化建设发展新格局，进而为推进沪苏同城化、服务省域一体化、融入长三角一体化发展等战略目标实现打下良好的数字基础。

（苏州市大数据管理局）

盐城市行政审批局"事找人"指挥系统

盐城市 12345 在线平台"事找人"数字治理指挥系统运行以来，实现了民生诉求办件质效、平台智能化水平、数据融合应用等各方面的提高，完成平台运行管理系统智能化优化建设，通过开发"事找人"智能督办指挥平台实施督办指挥，提升督办质效和群众满意度，通过政务服务环境生态监测平台监测推动政务服务环境优化提升，通过政情民意大数据分析平台服务领导决策，同时根据需求的增加不断深入开发应用。推进平台更好地实现听民声、察民情、分民忧、解民困工作目标，做到了"有求必应、有问必答"，有效打造"12345，有事找政府"的服务品牌，达到"拓展服务功能，畅通诉求渠道，解决实际问题"的目的，全力提升民生诉求服务水平，开启 12345 在线平台探索数字应用、指挥、治理的"新模式"。

一 基本情况

（一）成果概述

盐城市12345在线平台作为连接政府与百姓的纽带，每年汇集了近百万件群众的诉求数据，直接反映了人民群众真正的呼声，是政府了解民生的重要渠道和宝贵资源。如何把这些数据资源真正利用起来，通过数据分析发现问题，成为加快推进12345在线平台智能化建设的现实需要。盐城市12345在线平台"事找人"数字治理指挥系统总投资为115.5万元，开发企业为南京德人慧云软件系统有限公司。2018年11月22日，双方签订项目合同，2019年1月30日上线并试运行。目前，盐城12345在线平台已实现开展大数据深度分析，变原先的"人找事"为"事找人"，提高督查督办的针对性，开展智能化优化提升，对政务服务生态进行监测分析，打造"事找人"12345数字治理"新模式"。

（二）成果实施主体、服务对象和适用场景

该平台由盐城市行政审批局负责建设，主要服务对象是全市企业及群众。盐城市12345在线平台合理高效利用大数据智能化技术提升工作效率；智能检索问题工单至工作页面，即"事找人"，提升督查督办的精准度及效率；定期智能梳理规律性诉求形成分析报告，根据利用场景发送至盐城市领导、政务大厅后台单位、相关职能单位等，促进问题及时处理解决，提升为民服务质效。

（三）成果建设方案简述

盐城12345在线平台着力创新推动技术先导策源、优化资源先行集聚、加快推进大数据、人工智能等先进技术在民生诉求办理、政务服务领域的综合应用，不断推进政情民意大数据融合共享，提升数据应用价值及政务服务的能力和水平。系统建设主要分4个阶段推进。

第一阶段：编制项目建设方案，通过专家论证，确定建设目标，完成招投标，确定合作单位，签订合同。

第二阶段：集中进行系统建设。主要包括以下方面。

（1）开展平台运行管理系统智能化优化建设。利用人工智能技术手段，建立人工智能热线管理系统，让"诉求办理"实现智慧化运行。主要包括智能坐席助手、智能工单办理、智能质检及智能回访。智能坐席助手主要应用于坐席，通过智能化的手段，自动提供给坐席一定的帮助，实现智能派单。智能质检，主要为质检人员提供录音及工单的智能分析结果，通过语音转写、自动分类、语义理解等多项技术组合出一系列的辅助工具，提高电话质检的工作效率、扩大抽样覆盖率。智能回访系统，是建立在"智能人机交互平台"上的一项智能应用，以拟人化的方式与用户沟通，向市民提供业务满意度调查等相关服务。

（2）开发"事找人"智能督办指挥平台。针对12345海量工单数据，深入分析挖掘，以工单类型为纬度对平台工单总数、办结率、满意率、办理情况、工单类型、区域分布

及同比环比分析提供详尽的数据分析与展示;智能检索超期办理、多次流转、群众多次不满意等维度的工单现场连线涉及部门督办指挥;建立"三联合一跟踪"督办方式,联合交办、联合会商、联合执法并实时跟踪问题解决;联合市广播电视总台开办"12345督办面对面"节目,实现诉求办理全流程的嵌入式监督,推进诉求办理质效不断提升。

(3) 开发政务服务环境生态监测平台。将政务服务大厅数据对接融合至平台,进行数据整合分析,运用智能化技术开展分析,建立政务服务环境生态监测平台。针对政务服务事项,在后台实时监测咨询求助"一号答"、协同办事"一号知"、热点问题、热点地区、办事堵点等指标,推送至后方单位及时提醒。建立政务服务办件满意度回访及"差评"监督机制,督办"差评"整改,通过对收集的全口径评价数据进行量化分析,及时归纳发现政务服务的堵点难点,推进服务供给精细化。

(4) 建立政情民意大数据分析平台。积极构筑全市域集中统一标准化的群众诉求资源库,精准实施用户画像和部门画像,监督各地区部门服务生态,提示相关部门及时整改群众反映热点问题。用"大数据"服务重大决策部署,坚持问题导向,聚焦全局性、系统性、趋势性问题和重大社会热点难点,精准分析苗头性、突发性热点难点问题诉求,提升数据分析的广度和深度,为盐城市党委政府决策、制度性安排提供数据支撑。

第三阶段:投入试运行,开展人员培训,接入一体化在线平台、政务服务平台及各地各单位数据系统。

第四阶段:正式启用系统,持续优化完善功能,并根据业务需求对系统进行迭代升级,打造民生诉求数字治理生态圈。

(四)实施应用情况和主要特点

目前已实现平台运行管理系统智能化建设,通过开发"事找人"智能督办指挥平台实施督办指挥,提升督办质效和群众满意度,通过政务服务环境生态监测平台监测推动政务服务环境优化提升,通过政情民意大数据分析平台服务领导决策,同时根据需求的增加不断深入开发应用。

建立"事找人"数字治理指挥系统的特点:一是强化信息服务,量化服务过程,提升服务手段,使服务互联化、移动化、融合化发展,构筑全市域集中统一标准化的群众诉求资源库,强化数据综合分析运用,降低政府服务和社会治理的成本与风险;二是推动服务融合,与现有的政务服务数据系统融合,介入数字治理系统中融汇应用,实现跨部门、跨层级、跨区域的服务资源整合,提升信息惠民的服务能力和水平;三是促进治理共享,整合资源,集约化运作,是智慧政府云计算、大数据的发展方向和应用要求,通过整合服务和监督管理共享平台和数据,实现社会治理信息资源的大数据化,为政府决策提供有力支撑。

二 成果针对性

盐城市12345在线平台已经运行近十年,随着省市县一体化建设的推进,政务服务系统功能及业务流程基本标准化，诉求量越来越大，如何合理高效利用智能化技术提升工作效率、提升为民服务质效，已成为当前盐城市12345工作的重点突破方向。由于采用传统的人工办理方式，面临人手有限、工作效率有待提高、人工成本高、缺乏统一的服务标准等问题，盐城12345在线平台推进运行管理系统智能化建设。同时，为了充分利用现有数据资源，汇集数千万条数据资源，利用人工智能强大的计算能力建立了运营分析、效能监管、民意洞察等多维度应用模块和模型，使零碎、杂乱、孤立的数据资源彻底激活，变得有序灵动，服务民生诉求、政务服务、督查指挥、决策支撑等工作开展。

三　成果创新性

（一）实现数据先进性和实用性

盐城12345在线平台利用当前最新信息化技术，采用先进的系统结构，提高系统可靠性和安全性。根据中心受理平台功能的调整与变化及时响应，以最短的时间完成同步推送信息引导，最大限度提高数据利用的效率。

（二）实现数据精准性

盐城12345在线平台利用政情民意大数据分析系统，聚焦全局性、系统性、趋势性问题和重大社会热点难点，更加精准分析苗头性、突发性热点难点问题诉求及各地、各部门服务情况，深入分析，提升服务决策的广度和深度。

（三）实现数据科学性

盐城12345在线平台坚持认真梳理、科学研判群众诉求背后的共性、倾向性问题，准确全面反映群众诉求的周期性、趋势性变化，辅助各级领导决策施政。

（四）实现数据经济性

盐城12345在线平台利用大数据系统，对数据综合分析研判，实时分析推出政务服务、企业服务等专项趋势分析，通过数据应用精准调整惠民政策、优化营商环境、助力企业服务水平提升，实现数据的经济价值，更好地为人民群众和企业服务。

四　成果实效性

（一）方便坐席处理工单

在坐席接听群众来电的时候，通过智能化的手段，自动提供给坐席一定的帮助，让坐席可以快速完成工单填写步骤及更用心地倾听市民的表达，让"诉求办理"实现智慧化运行。2020年智能创建工单1308338件，简化13083380个选框步骤，智能派单561334件，智能推荐知识点740502条，智能回访519296次。

（二）提升平台办件质效

大数据智能系统启用后，通过人工智能技术，为市民和企业提供多渠道的智能化服务，围绕促进诉求流转速度、提升诉求的在线答复、提高市民诉求的及时响应度、精准收集市民回复反馈等需求目标不断强化，加大督办指挥力度，提升办件质效。2020年，系统智能推出需督办工单10124件，现场督办指挥524批次，推动6000余件诉求有效解决，群众满意率提升2.81%。

（三）利于部门优化协同

实时归集各县（市、区）12345平台、全媒体渠道、政务服务数据，汇总统计124家二级承办单位办件等情况，形成分析报告，提示相关部门及时整改群众反映热点问题。涉及多部门诉求，联动协调相关单位第一时间响应研判，并形成综合解决路径。2020年，汇集各职能单位知识库30000多条，约请相关单位联合会办104批次，推动多部门工作有效优化协同。

（四）助力政府精准施策

盐城12345在线平台强化政情民意大数据关联分析、深度开发和综合应用，积极提供最全面、最有说服力的政情民意大数据服务，推动惠民政策精准调整，辅助各级党委政府决策施政。2020年，系统智能分析形成分析252份，呈报盐城市领导后，市主要领导先后批示59次，推动了违建、疫情防控、学生就餐等一系列问题的妥善解决。

五　成果可推广性

盐城12345在线平台坚持服务为本，便民利民，结合现有一体化平台数据，建立"事找人"数字治理指挥系统。加强统筹规划，科学设计总体架构和标准体系，充分整合利用现有资源设施，强化公共服务载体集约化建设。坚持开放创新，资源共享，以数据开放、技术创新为着力点，创新服务模式。系统应用以来，合理高效利用智能化技术提升工作效率、提升为民服务质效、提升数据分析应用水平，努力打造了一个个老百姓身边的"微确幸""小幸福"，受到江苏省、盐城市领导多次充分肯定。从盐城市实践来看，系统上线得到了企业群众的广泛好评。

（盐城市行政审批局）

扬州"不打烊"智慧政务大厅

24小时智慧政务大厅打破审批的固有限制,为"不见面审批"提供高效便捷平台,是扬州市推广"不见面审批",打造强竞争力的营商环境和高满意度的便民环境的重要改革举措。24小时智慧政务大厅就如同一座崭新的自助式"城市客厅",各部门自助机及由政务办自主研发的综合自助服务一体机的全面进驻,进一步提升了办事群众的满意度和获得感,不断推进政务服务向更加智能化、便捷化和透明化发展,真正实现政务服务"不打烊"。

一 基 本 情 况

(一)成果概述

扬州市政务办紧紧围绕中央深化"放管服"改革要求提升工作质效,着力打造24小时智慧政务大厅,打造"不打烊"的政务服务品牌,稳步推进"不见面审批(服务)"改革新模式。24小时智慧政务大厅的设立,是深化"互联网+政务服务",推动"不见面审批"的创新举措。扬州市政务办致力于打造强竞争力的营商环境和高满意度的便民环境,推广"不见面审批",建设与"一张网"深度结合的24小时智慧政务大厅,把5×8小时的政务服务升级为7×24小时,为老百姓提供全天候"不打烊"的政务服务。智慧政务大厅自助体验区已进驻公安局、税务局等多家单位的自助设备,能实现保安员证核发、交通违法处理和缴款、居住证自助办理、增值税专用发票自助代开、不动产登记信息自助查询、无房证明打印等政务服务;政务中心自主研发的综合自助设备能实现政务服务类的办事指南打印、自助申报、办事进度查询等自助服务,重名查询等公共服务,身份证自助复印等便民服务,方便老百姓在线查询及申报"不见面审批"事项。

(二)成果实施主体、服务对象及适用场景

"不见面审批"事项在自助服务一体机进行公布,方便了办事企业群众进行业务的查询和办理。目前,扬州市税务局、自然资源与规划局、人力资源和社会保障局等多家单位的自助设备,能实现机动车禁区通行证核发、保安员证核发、居民身份证网上功能开通、交通违法处理和缴款、居住证自助办理、增值税专用发票自助代开、不动产登记信息自助查询等多类政务服务;此外,由政务办自主研发的综合自助服务一体机,集成了涉及审批服务、便民服务、公共服务三大类多个应用,能够提供无房证明打印、社保证明打印、公积金提取等多项服务。

（三）成果建设方案简述

扬州 24 小时智慧政务大厅的设立，是深化"互联网＋政务服务"，推动"不见面审批"的创新举措，逐步实现线上咨询不见面，受理办理不见面，取件不见面，推动政务服务更加智能、透明、便捷，从而提升办事群众的便捷度、满意度和获得感，让老百姓就近办理相关政务服务事项，让"数字多走路，让群众少跑路"，打通服务群众、企业的"最后一公里"，为企业和群众提供便捷、高效的自助服务，打造最优营商环境。24 小时智慧政务大厅目前已对接自然资源与规划局、人力资源和社会保障局、民政局等六个部门，共进驻有 30 个便民应用，提供了如无房证明打印、不动产信息查询、社保缴费信息查询等功能。为大力推进"不见面"审批落地见效，让企业群众办事"不跑腿"，扬州市政务服务管理办公室联合市编办、法制办梳理再造"不见面"办理流程，对全市多个部门"不见面审批（服务）"的基本信息、流程图等要素逐条过堂，绘制"不见面审批（服务）"流程图，完善网上申报端口，保证"不见面"事项网上能办、真办、方便办。

（四）实施应用情况和主要特点

24 小时智慧政务大厅让政务服务更智能便捷。目前，扬州 24 小时智慧政务大厅自助体验区已进驻公安局、税务局、人力资源和社会保障局等多家单位的自助设备 5 台，能实现机动车禁区通行证核发、保安员证核发、开通居民身份证网上功能、交通违法处理和缴款、居住证自助办理、增值税专用发票自助代开、不动产登记信息自助查询、无房证明打印等政务服务；政务中心自主研发的综合自助设备 3 台，集成涉及审批服务、便民服务、公共服务三大类等多个应用，提供无房证明打印、社保证明打印、公积金提取、办事指南打印、自助申报、办事进度查询、重名查询、身份证自助复印等智能化服务，真正做到让政务服务"不打烊"。

政务服务由"网上办"向"掌上办"升级。稳步推进政务服务事项库、办件库、电子证照库等基础数据库建设，所有市级自建业务系统与"一张网"对接，实现认证、办件、EMS、电子证照的全面联通。公积金提取、大厅办事网上预约、医保账户明细、扬州中考查询、扬州市出生申报、定点药店查询、自来水燃气查询、企业名称自主申报等热门高频应用进驻扬州政务服务 APP，受到企业和市民的广泛点赞。四种形式增值服务畅通不见面渠道。全面实施 EMS 双向免费寄送服务，申请材料和审批结果全部免费收揽和寄送，足不出户办成事；全面实施"店小二"代办服务，表格代填、材料代交、窗口代跑，为企业项目建设提供贴心的代办帮办服务。

二　成果针对性

7×24 小时政务服务大厅的建成，将打破原有的时间和空间限制，填补了办公时间外的服务盲点，在非工作时间和节假日期间，为企业和群众提供方便、快捷的办事渠道，助力优化营商环境，拓宽群众办事渠道，实现政务服务事项"网上办、掌上办、自助办"，切实方便群众就近办、随时办，提升群众的体验感和获得感。

三　成果创新性

为提高自助服务区的安全性能，扬州24小时智慧政务大厅非工作时间采用智能化门禁系统，市民通过江苏政务服务网APP实名认证登录后，扫描门口二维码即可进入门禁开门页面。凡是满足服务区范围的市民在确认个人基础信息后点击"实名认证开门"按钮自动开门，即可前往24小时自助服务区进行业务办理。

江苏省政务服务管理办公室部署全省"好差评"平台建设工作以来，扬州在全省首批实现省"好差评"平台与自助一体机对接，让企业、市民随时对大厅窗口的服务进行满意度评价。同时，扬州在线上线下一体化融合平台增加"24小时不打烊"栏目，在线展示24小时自助服务区人流量、人员群体构成、热门办理的业务数量及增长趋势、各自助服务区点位热度等情况，通过大数据分析，进一步提升政务服务水平，提高自助服务的精准度、便捷度和满意度。

四　成果实效性

目前，县（市、区）政务服务中心均已建立不同规模的自助服务区，为老百姓提供7×24小时不打烊的政务服务。为进一步提升群众办事自助化、智能化、便利化，助推"放管服"改革，推动自助服务办理下沉乡镇街道基层，东关街道、西湖镇、李典镇等几个乡镇街道作为试点单位投入使用自助服务一体机，实行高频业务的"就近办、自助办"。

五　成果可推广性

24小时政务大厅的设立可以打破审批服务时间、空间的局限，推动事项就近办理，为网上申报提供辅助手段，为老百姓提供方便快捷的政务服务。自建业务系统的对接实现了在江苏政务服务网统一申报，在自建系统办理业务，办理结果会在江苏政务服务网公示，既满足业务办理的专业性，又实现了数据共享。

（扬州市政务服务管理办公室）

·"互联网+政务服务"专项成果——城市·

·沈阳市·

大连市甘井子区政府网站在线咨询系统

一 建 设 背 景

2017年,国办印发《政府网站发展指引》(国办发〔2017〕47号)(以下简称《指引》),对政府网站搜索功能建设提出了更高、更细致化的要求。各政府网站要提供包含错别字自动纠正、关键词推荐、拼音转化搜索和通俗语言搜索等功能,并根据用户真实需求调整搜索结果排序,提供多维度分类展现,聚合相关信息和服务,实现"搜索即服务"。

甘井子智能问答机器人系统和智能知识库系统应用于大连市甘井子区人民政府门户网站。通过知识梳理,构建"大连市甘井子区人民政府"智能政务知识库系统,实现网民互动交流服务智能化,利用人工智能技术实现服务查询精准化。

全面落实《指引》《进一步深化"互联网+政务服务"推进政务服务"一网、一门、一次"改革实施方案》等文件要求,有效提升大连甘井子门户网站对外公共服务能力和对内数据整合梳理能力,提高网站公信力和权威性。

互动交流智能化和精准化,有效解决政府网站内容供给和网民服务获取需求之间的鸿沟问题,构建"大连市甘井子区人民政府"智能政务知识库系统,实现网民互动交流服务智能化,并通过人工智能技术实现服务查询精准化,对于常见性问题在数据完善的基础上,精准度达到90%以上。

网民查找口语化,降低网民获取服务门槛,在原有的用户点击浏览和关键字检索的基础上,创新网站服务方式,通过人工智能的人机交互实现"一键式"智能服务。运用语义分析和自然语言处理技术,不再需要了解专业术语和词汇,帮助用户快速、准确、全面找到自己需要的信息和服务。

二 建 设 目 的

(1)全面落实政策文件要求:落实《指引》等文件要求,对内整合数据,梳理服务能力,对外全面提升政府网站公共服务能力和网站影响力,有效提高评估中在该项指标得分。

(2)实现有效的资源整合:快速整合政府网站群及各业务系统信息资源,形成标准统一、应用共享的对外服务中心,为老百姓提供最便捷的服务,构建统一网站服务知识库。

(3)提供智能化问答服务:依托整合资源库,采用中文人工智能自然语言处理技术

（NLP），为现有政府网站提供全面的智能化服务，帮助网民快速精准地找到相关服务和信息。

（4）网站资源深度使用：围绕知识点全面进行信息梳理和重构，实现以知识构建为信息流动的基础，将原有埋藏的信息挖掘并提供服务，实现价值最大化。

（5）成为推动网站建设的核心助推器：通过智能问答机器人及时全面了解网民在政府网站问了哪些问题，具体需求是什么，让网民在政府网站的需求更加透明和直接，有效、精准地推动网站服务建设，全面提升政府网站影响力。

（6）实现知识库知识有效联动：围绕着知识点对网站群所有的数据资源进行挖掘和汇聚，实现站群数据的有效联动。

（7）实现全部智能化处理：传统的知识库系统需要投入大量的人工对每一条信息进行分类录入，智能知识库能够通过智能化采集系统整合站群数据资源，利用自然语言处理技术（NLP）对信息进行智能化切分，并通过大数据挖掘技术进行知识的梳理、整合和抽取，首先满足了"能够实时智能地整理网民咨询及答复内容，自动按照主题、关注度等进行分类汇总和结构化处理，编制形成知识库，实行动态更新"要求。

（8）网站资源深度使用：围绕知识点全面进行信息梳理和重构，实现以知识构建为信息流动的基础，将原有埋藏的信息挖掘并提供服务，实现价值最大化。

三　功能和应用特点

（1）智能问答主页面。

（2）主要功能。

① 知识聚合。针对政务类问题采用聚合相关信息和服务的方式提供精准回答，对网站不同数据进行分类处理和融合展示的服务模式，能充分实现对网站数据实现精准指向性连接、对互动交流实现实时精准回答、对纳入知识库内问题即时响应、对不能回答的问题引导用户网上受理。

② 智能提示。根据个人的输入的内容，动态匹配出知识库中涉及的知识进行提示，帮助用户更快更好地完成提问。

③ 智能问答。能准确理解公众自然语言提问的语义，定位到政府服务的政策法规、办事事项或便民服务等业务知识点，自动同步答复知识库范围内的市民和企业等各类人群咨询的问题。

④ 智能检索。支持用户通过"语义+关键词"提问和检索，并根据用户提问自动提示，能做到按照关键词词义进行检索，可取代目前第一代传统可用性较低的全文检索系统。

⑤ 常见问题。推荐常见查询问题，供个人参考。

⑥ 使用帮助。

⑦ 评价功能。系统在每次智能咨询的过程中，都会在醒目的位置标明评价体系，主要有"满意""不满意"等评价指标，用户可以对服务的质量进行评判。系统维护人员也

可以根据评价体系的用户反馈及时检查系统，能够使系统更加贴近用户需求。反向推动知识库的改进和完善，形成知识库的良性循环。

⑧ 无结果拓展。当用户提交问题后没有找到数据时，提供其他渠道以供用户继续咨询，如百度搜索及区长信箱、人工服务等，可直接连接到线上人工服务平台，并将用户就近搜索的语句同时提交到人工客服部门以供客服尽快判断用户真实需求。

⑨ 敏感词管理。若用户提出的问题包含敏感词，系统会自动过滤，提示用户所问的问题包含敏感词，让用户咨询跟业务相关的问题。

⑩ 智能政务知识库管理。

⑪ 智能搜索引擎。系统会将前台用户问题记录在库中，另外为了避免流量过大时对数据库造成过大压力，系统定时将记录同步到后台数据库，后台数据库的修改也会自动同步到内存。一方面用户可以在后台查看网民目前热点的搜索问题，通过对这些搜索问题的跟踪，检阅搜索结果的准确性，同时调整信息推送相关策略；另一方面这些搜索记录会自动对应前台民众搜索问题，有用户搜索相关或类似问题时一起展示出来，提高用户搜索的便利性。

四　主要成效

自甘井子"智能问答机器人"上线使用以来，累计使用人次 30 余万人次，受到用户和企业的一致好评，提高了政务服务的效率和便捷性。

（一）围绕业务主题和热点关注的知识分类，自动汇聚，百姓、企业日常问题全部入库

主要是按照网民实际需求，在构建知识库时针对政府业务进行了合理有效的知识分类，并支持实时进行调整和修改。同时，按照证件、教育、社保、交通、住房、医疗、就业、企业开办、税务等一系列网民热点话题进行了知识梳理，并能进行主动汇聚。在完成主题知识点设置后，系统能进行自主动态更新，不需要人力进行录入和梳理，能高效快捷地完成相关知识处理工作。

（二）针对不同知识点进行多维度分类展现，问答机器人根据关联业务自动提示、导航，让百姓、企业使用方便快捷

（1）知识来源分类：按照数据来源进行知识的分类统计，主要分为常见问题库、服务知识库、政策文件库等。

（2）热点知识排行：围绕用户点击的知识点，并根据用户对知识的浏览量进行自动排行，以提高知识库的易用性。

（3）关联知识点推荐：针对当前知识点智能化推荐与之相关联知识点，让知识流动起来。

（三）针对不同知识点进行多维度分类展现，网站服务能力全面提升

系统通过大数据挖掘和深度神经网络算法等技术，智能化处理标签，结合业务分类实现了智能化知识关联和推荐功能，即在浏览本知识点时，能推荐和关联相关需求的服务和知识，进一步激活政府网站知识库，让网站知识和内容全面流动起来，提高网站服务能力和智能化水平。

通过"智能问答机器人"门户的业务承载和资源整合能力，实现网站信息全覆盖和部门之间资源整合，充分发挥门户网站服务的优势。打破不同网站的资源割裂，取消对信息的固定分类和层层分割，将所有的信息放到统一的业务视图上，让不同网站栏目内容不再相互孤立，用户可以从任意点进行服务的切入。

市民可以 7×24 小时全天候通过该系统方便快捷地从海量数据中获取自己想要的信息，用智能对话的方式就能够轻松获得自己关心的政策法规、办事事项、便民服务、新闻资讯等多种政府服务。全方位打造"智慧型"与"服务型"政府。将提高门户网站的智能化水平，网站的资源利用价值又上了一个台阶，显著地提升甘井子区政府网站的公众服务质量、增强用户体验满意度。

（大连甘井子区政府）

大连市中山区"党群一张网"服务叫得响

大连市中山区作为"党群一张网"建设试点区之一，聚焦"网"得住、"统"得了、"管"得好的工作目标，抓系统整合、流程再造、应用开发，通过线上建网络、线下建网格，推动"一网通揽""一网协同""一网统管"。经过不断探索，"党群一张网"运行架构已具雏形，区、街、社区、网格四级贯通体系有效运转，街道（社区）随叫、部门（站所）随到的工作模式初见成效，线上线下一体化管理服务稳步推进，初步实现了"服务叫得响"的目标。

一 抓好资源整合，搭建"一张网"运行平台

立足中山区工作实际，从实用、管用的角度出发，一手抓系统整合，一手抓数据共享，打通、联通各类管理和服务数据，实现数据汇集、一网覆盖。打破"数据壁垒"，通过接口互联、定期拷贝等方式，把各类数据、系统，集成到"党群一张网"上来，集成"天网"、行政服务大厅、街道自建三大类 2735 个视频探头资源，整合党建、综治、经济、民生、诉求、基础设施、文化旅游、空间地理等 260 项数据，建立全区共享数据库，推动数据在区内的实时共享、内外网贯通。抓好平台集成，采取对内管理功能依托党政办公内网、前端服务功能依托互联网这种"内外网分离部署"模式，重构系统平台。将8890、智慧城管等 26 个非涉密的国家和省市级系统访问方式和业务功能有机整合，形成全区系统资源导

航,建起对内管理平台,改变了以往"一个平台对应一个系统"的多平台、分散化运行模式,通过单点登录的方式,实现一个账号、一个密码访问所有应用系统,大大提高了政府工作效率。同时,整合中山区党建网、人大网、政府网、政协网"四大班子"网站集群,并运用移动手机端,开发大连中山 APP、微信小程序、公众号"移动矩阵",形成对外服务平台,居民群众只需关注其中一个,就可以在线上办理业务、反映问题、享受服务。完善功能应用,在用好已有信息化基础的前提下,根据工作需求,适度有序建设党建、治理、服务、经济、日常五大功能模块,配套设置大屏管理端、PC 工作端、移动服务端,构建起以"两个平台五大模块"为主体的"党群一张网"运行架构,实现了"大屏"管、"中屏"干、"小屏"办的效果。

二 延伸工作触角,建立四级贯通工作体系

坚持工作职能下沉、服务端口前移,把"党群一张网"铺到街道社区、党建阵地、网格、楼院等治理末梢、服务一线,形成横向到边、纵向到底的工作链条。区级层面,集合应急指挥、诉求管理、行政服务等职能,设立党群服务联合指挥中心,按照"重点部门集中常驻,专业部门轮换入驻,涉事部门随叫随驻"模式,实现部门联合调处和多元化解全覆盖。目前中心常驻部门有区应急指挥中心、涉民涉企诉求管理中心。对于突发事件或群众提出的纠纷调解、投诉举报等事项,由中心人员准确区分事项类型,按照"大事合办、小事分办、难事协办"原则,将事项分流引导到相关职能部门,或联系相关部门到中心统一处置,形成"一网受理、协同办理"的运作模式。街道层面,按照"有固定场所、有专职人员、有规范流程、有规章制度"四有标准,建立以书记、主任任组长的党群服务中心,安排专职人员承接区级指挥中心和社区流转的城市管理、民生服务、社会治理事项,组织、调配辖区治理力量,协调处置本区域重大事项、突发事件。社区层面,依托现有的社区、楼院、大厦党建阵地,设立党群服务站。同时,以网格化管理为抓手,将全区 53 个社区划分为 261 个网格,配备 548 个网格员,采集民情信息和问题诉求。群众层面,主要通过对外服务平台、廉政监督举报模块等,随时反映问题,推动问题解决。通过"一张网"建设,真正把党组织、党员、群众紧密联系在一起,打通服务群众"最后一公里"。

三 创新工作机制,完善协同联动工作格局

紧扣"互联、共享、协同",建立健全配套制度和运行机制,探索运用大数据、云计算等信息化手段,提高快速响应能力和综合服务水平,实现以机器管流程、以制度管运行效果。一是探索"融合共建"机制。以"七携手"城市基层党建品牌为牵动,在中山区大力实施"融合党建"行动计划,全力推进党建融合体、党建联盟等共驻共建体系建设,通过四单制管理或联席会议制度,把辖区内分散的党建资源整合到联动的平台,实现党建引领基层治理"一盘棋"。在中山区建设了 59 个党建融合体,吸纳 118 家驻区单

位参与共治共建。制定完善需求清单、资源清单、项目清单、责任清单59个,解决辖区居民群众诉求5694个。二是创新接诉即办机制。聚焦"高效处置一件事",设立区涉民涉企诉求管理中心,制定《中山区做好涉民涉企诉求"集中汇办""接诉即办""未诉先办"工作方案》,整合省市8890、市智慧城管、区社情民意等不同部门不同类别涉民涉企诉求管理渠道,建立统一归集、统一分拨、统一督办的民企诉求调度指挥体系。构建"统一受理、集中梳理、归口管理、限期办理"链条式诉求办理新模式,实现诉求办理"一站式"服务。2020年1月至12月,中山区共受理企业和群众诉求65455件,较2019年32040件上升了100.29%,受理诉求办结率98.48%。(其中,省8890系统4307件,市8890系统32288件,市智慧城管系统26157件,区社情民意系统2703件,诉求办理效率和办理质量大幅度提升。省8890系统成绩提升显著,受理量由2019年的1574件上升至4307件,办理量增幅1.73倍;按时反馈率由89.83%上升达到100%;满意率87.17%,较上年同比增长16.42个百分点;优秀率94.48%,较上年同比增长17.15个百分点。参与评星件1304件,较去年同比增长44.89%,其中15星件、10星件实现"零突破",共计23件;6星件58件,较上年增加55件,有较大幅度增长;5星件1151件,较上年693件同比增长66.09%;4星件71件,较上年189件下降1.66倍。)三是构建"闭环管理"流转模式。以一张网平台为支撑,理顺管理流程,建立单一事项处置小闭环、行业联动监管大闭环"两个闭环管理"模式,实现"大事全网联动,小事一格解决"。依托网格化管理,推动95%以上的问题需求在网格、社区及街道三级范围内发现、处置、反馈并形成闭环,实现"小事不出格、难事不出街"。对于街道无法解决的,通过平台流转,形成"前端发现报告—网上分流移交—部门联动处置—全程跟踪督办—办理回访问效"完整的回路和闭环,推动区直部门"随叫随到",及时协调解决。2019年与2020年,共处理解决居民企业诉求2271项。

四 优化服务功能,提升基层社会治理实效

围绕党建、治理、服务、经济、日常5个方面内容,不断推进基层治理制度创新、模式创新、手段创新,探索"感知+智能""服务+治理"的市域治理新模式,构建起"大党建统领、全网格覆盖、多数据集成、大联动治理"的基层社会治理新体系。一是夯实党建根基。坚持数字化党建改革方向,结合当前党建工作重点任务,将党务工作搬到线上。开发了智慧党建、廉政智慧监督系统,设置了党的声音、组织指导、党员教育、实时监督等功能。特别是围绕党组织标准化规范化建设,开发了组织生活打卡功能,针对"三会一课"、组织生活会、民主评议党员、党日活动等6项党支部规定动作设置打卡频率,实时网上监管,对完成打卡任务的党支部亮绿灯,对临近打卡或未打卡的党支部分别进行黄灯、红灯预警提示,通过支部实时打卡,实现了对基层党支部组织生活内容可视化、进度可控化的全程监管。整合招商楼宇、重大项目、公务用车、低保金发放等数据信息,实时"安检"隐藏在"大数据"背后的廉政风险点,推进政治监督具体化、常态化。二是深化治理创新。将云计算、人工智能等手段融入基层治理、应急管理等重点工作全过程,

开发了智慧政法、社情民意等系统。以网格化管理为依托,以服务百姓为出发点,将住建、执法、教育、人社等涉及社会治理、服务部门职能下沉网格,完善了16个大类247个网格管理事项清单,网格员依托"一张网"智能终端,通过主动上门、建立网格微信群、公布联系电话等多种形式,随时登记、核查、发现、处置、上报、反馈本区域内治理服务事项,处置上级分流交办的事项,通过"出门一把抓、回来再分家",让智慧治理工作真正直通居民群众。根据各部门业务需求,将森林防火、防台防汛等装入"一张网"平台,创新了电子巡查、重点点位盯防等功能,在重要时间节点,对重要目标和关键地段进行实时盯防,推动应急防范关口前移,有效防范问题隐患。三是做优公共服务。着眼于方便群众、便利企业、推动发展,加快推进一体化政务服务平台建设,全区704项政务服务事项全部实现"最多跑一次",390项事项实现"零跑腿"。平台运行至今,累计受理16510件网上办件申请,网办发生率78.8%,居全市前列。推出"十办一化"18项政务服务举措,在区行政服务大厅设立帮办中心,在各社区设立代办服务站,对小微企业和困难群众提供免费的引导、指导、咨询、预审等全程帮办、代办服务,全年提供帮办、代办服务达9892次。围绕企业群众办事少跑腿,推出"一窗服务""全区通办""免费寄递"等服务,新办企业办结时限压缩了近30%。围绕企业群众办事更舒心,推出"容缺受理""矛盾纠纷大调解机制""首违不罚"等工作举措,29个部门的456项审批事项全面实现容缺受理,9项行政处罚事项列入首违不罚清单,让企业和群众在体验政务服务过程中有更多的"获得感"和"满足感"。为了让企业群众更方便,引入"AI+政务服务"方式,打造了"智能机器人"客服座席,设立场景式VR服务功能,推出了网上"约叫号""约错时""约上门"等举措,大大缩短了办事时间,真正实现有求必应、无求不扰。四是加强日常管理。开发协同办公系统,将全区75部门单位全部列入协同办公范围,设置办文、办会、经费、督考等17个功能模块112个子功能栏目,通过PC端、PAD端和手机端联动,实现7×24小时智能办公。尤其是在疫情防控工作中,OA系统上线运行,对有效助力疫情防控,推动日常工作规范高效运转起到积极作用。

(大连市中山区政府)

·青岛市·

青岛市掌上政务服务平台"爱山东·青e办"APP

"爱山东.青e办"APP是由青岛市大数据发展管理局主导建设的青岛市掌上综合办事服务平台。为适应移动互联网发展趋势,青岛市大数据局围绕与企业生产和群众生活密切相关的政务服务事项,打造全市统一的移动政务服务"总门户",以用户体验为导向,重构政府部门业务流程和企业群众办事流程,推动服务"前端整合"、业务"一网通办",提升"掌上办、指尖办"服务质效,实现群众办事方便快捷,政府治理体系运行高效。

一 建设背景

中国互联网信息中心发布的第47次《中国互联网络发展状况统计报告》显示,截至2020年12月,我国互联网普及率达到70.4%,网民规模已达到9.89亿,网民中使用手机上网的比例为99.7%,达9.86亿。2020年以来,青岛市将政务服务"掌上办"工作列入全市市办实事和高效青岛建设攻势,并作为青岛市委、市政府深化制度创新加快流程再造工作的重要任务加快推进。为充分发挥移动互联网在转变政府职能、建设服务型政府中的作用,加快推进政务服务"掌上办",打造整体联动、部门协同、区市统筹的移动政务服务体系,建成了全市统一的掌上办事服务平台——"爱山东·青e办"APP。

二 建设内容

(一)建设全市统一掌上办事服务平台

为进一步提升全市统一掌上办事服务平台功能,推进区市分厅建设、提升系统扩展性和用户体验度,青岛市大数据局组织对平台进行升级改版,优化用户交互设计、聚合场景化服务、建设标准化部门服务展厅。同时,上线"我的钱包"功能,为市民提供便捷高效的支付手段,提供智能客服服务,依托业务知识库体系和AI智能自学习机制,提供完善的智能问答功能,打造高效的客户服务体系。完善市民"电子卡包"服务功能,整合电子身份证、驾驶证、结婚证等32类证照信息,汇聚2300多万电子证照数据,实现手机端电子证照亮证应用。

(二)实现政务服务事项"掌上办"

打通全市统一掌上办事服务平台与全市政务服务平台,办事服务实现同源发布,截至目前,已实现市级部门的千余项依申请政务服务事项通过"爱山东·青e办"APP实现掌上办理。青岛市大数据局组织青岛市公安局、青岛市人力资源和社会保障局、青岛市行政审批局、青岛市医疗保障局、青岛市公积金中心等部门与全市统一掌上办事服务平台开展对接，实现各部门办事服务实现通过"爱山东·青e办"APP办理。截至2020年12月，"爱山东·青e办"APP共整合44个部门、10个区市、9家企业的办事服务事项7140项。

（三）打造特色专区服务

围绕企业生产和市民生活，聚焦实时热点，打造特色专区服务。建设疫情防控专区，汇聚入青登记、发烧止咳药登记等应用，发布疫情防控动态，助力打赢疫情防控攻坚战。建设政策专区，实现与青岛政策通平台同源发布，宣传我市企业政策，助力企业复工复产。建设卡奥斯专区，汇聚平台软件应用和解决方案，推动我市工业互联网发展。建设高考专区、"八八"购物节专区等，方便市民查询相关信息内容。

（四）开建区市分厅

建设"爱山东·青e办"APP区市分厅，推动政务服务向基层延伸。目前青岛市10个区市均上线"爱山东·青e办"APP，10个区市5000多项"依申请政务服务事项"实现掌上办。各区市共上线市南慧停车、城阳水务、游崂山、西海岸机构查询等特色应用近60项。

三 工 作 成 效

（一）应用"勤上新"，助力疫情防控更精准

第一时间组织上线"网上预约、线下领购、快递上门"的"口罩预约系统"，新冠肺炎疫情期间共组织口罩投放70轮共计964万只，累计惠及群众178万人次。该系统持续时间长、覆盖面积广、惠及群众多，在全国走在了前列，实现了特殊时期防疫物资的精准投放。上线入青登记系统，在进入青岛市的公路、铁路、机场、码头等交通口岸和道口，对入青人员全面开展体温检测和信息登记工作，累计登记19万人次。上线发烧止咳药登记应用，市民在药店购买发烧止咳药时候，需要对个人信息进行登记，系统累计登记32万人次。

（二）创新"一码通"，开启数字政府新空间

"爱山东·青e办"APP通过创新性建设一码通城"码包"，汇聚了健康码、身份证码、医保电子凭证、电子社保码、单位食堂消费码等多种码，市民一键切换，多个场景便捷使用。在政务服务领域，推动线上"刷脸认证"，线下窗口扫码办理业务，1700余项审批业务无须携带实体证件和复印件。在智慧安防小区建设方面，通过刷码、刷脸等方式实时获取社区各类动态鲜活数据，汇聚了8大类40余种动态数据，可通过系统后

台实时查看小区人员分布情况、重点人员轨迹、警情、独居孤寡老人等信息。

（三）服务"智能化"，跑出惠民利企加速度

依托"爱山东·青e办"平台，紧密结合部门业务，创新掌上政务服务新模式。会同市行政审批局，推出"掌上申请、智能填报、自动审批、即时办结"的移动端智能审批300余项，极大提升了企业和市民掌上办事体验。目前，青岛市"智能办"事项已上线数量及覆盖面均居全省首位。其中，公积金领域30项，单领域业务量已超越深圳。安全生产变更业务领域16项，获国家应急部肯定批示，在全国属于首创。协助医疗保障局，建设医保全业务领域应用，涵盖了门诊大病、门诊统筹、医保结算、费用报销等12个板块，其中门诊统筹签约解约、门诊大病定点变更功能，使青岛市597万门诊统筹签约参保人和67万门诊大病参保人实现了"不见面、零跑腿"的秒批掌上办。

青岛市大数据发展管理局（青岛市电子政务办公室）

青岛行政审批局工程建设项目全流程在线审批平台

按照国家、省和市统一部署要求，青岛市行政审批服务局牵头青岛市工程建设项目审批制度改革工作，改革创新，抓好落实，在全市范围内全面推行青岛市工程建设项目审批管理平台，推行工程建设项目全流程在线审批。

一 勇于担当，打造工程建设项目审批便民服务平台

按照国务院全面开展工程建设项目审批制度改革，建设工程建设项目审批管理系统的工作要求，为推进山东省"工程建设项目全流程在线审批"改革攻坚试点任务，青岛市行政审批服务局在全市范围内全面推行工程建设项目审批管理平台。2019年11月18日，青岛市工程建设项目审批管理平台正式上线运行。2020年5月，审批管理平台实现青岛市范围内的全覆盖，全市17个相关审批部门入驻平台提供审批服务，纳入了青岛市42个工程建设项目审批主事项。截至目前，审批管理平台与18个相关业务系统实现了互联互通、数据共享，通过平台运转办理的项目8400余个，办件15300余件，处于山东省领先水平。

二 流程再造，实行工程建设项目全流程在线审批

（一）分阶段分主题式审批管理

审批管理平台将审批流程划分为立项规划用地许可、工程建设许可、施工许可、竣

工验收4个阶段，同时设置政府投资类、社会投资类、简易低风险社会投资类等6种不同主题式审批流程，实施分类精准审批，实现"跨层级、跨业务、跨系统"的协同管理。

（二）全流程事项一网通办

推进青岛市工程建设项目审批管理平台建设，促进实体政务大厅与网上政务服务平台有机融合，为办事人提供一站式服务，实现政务服务事项统一申请、统一受理、集中办理、统一反馈和全流程监督。青岛市工程建设项目审批管理平台纳入了从发改立项、工程规划、施工许可到竣工验收、不动产登记的所有工程建设项目审批制度改革涉及的审批事项，建设单位可通过工程建设项目审批管理平台实现一网通办。

（三）互联互通实现信息共享

通过加强平台互联互通，与山东省政务服务事项管理系统、青岛投资项目在线审批监管平台、青岛市电子证照库共享管理系统等18个系统实现了互联互通，实现审批数据信息共享。通过与青岛投资项目在线审批监管平台实现互联互通，申报企业创建项目时自动获取固定资产投资项目代码，实现自动填单。通过与青岛市政务服务通用审批平台实现互联互通，实现了与青岛市21个行政审批部门的数据信息共享。

三 改革创新，提升工程建设项目审批服务效能

（一）电子证照办事更便捷

按照"标准统一、集约建设、互认互通、应用导向、利企便民、安全可靠"的基本原则，将审批制证系统与电子签章系统对接，实施电子证照的信息采集、制证签发、归集入库、共享应用、监督管理。电子施工许可证具备CA电子签章加密、验签功能，能快速鉴别电子证照真伪，杜绝仿冒虚假信息，是电子签章和电子证照的应用落地。电子证照带有二维码标识，只需二维码扫码即可展示出证照照面信息，实现亮证功能，应用更便捷。

继2019年发放山东省首张电子施工许可证后，审批管理平台积极进行服务升级，青岛市又发放了山东省首张新版电子施工许可证，实现了电子证照信息100%归集等功能，为数据共享提供有力了保障。依托审批管理平台，全市已实现施工许可、工程规划、污水排放等8类电子证照的应用落地；在全市范围内推广电子证照应用，电子施工许可证、电子规划许可证均在多个区市实现了应用落地，实现了市、区（市）两级联动。截至目前，全市工程建设项目审批领域共发放电子证照1500余件。

（二）审批实现"网上办"到"掌上办"的跨越

为充分发挥移动审批优势，满足群众对办事服务高效、多元化需求，审批管理平台成功嵌入"爱山东"和"青e办"手机APP，申请人通过手机端工程建设项目申报端口，

可直接进行业务咨询、项目申报、进度查询、电子证照下载打印等相关服务，实现工程建设项目审批由"网上办"到"掌上办"的跨越，方便申报单位审批手续办理。截至目前，办事群众手机端访问量达6300余次。

（三）并联办理助推审批提速增效

网上申报系统支持建设单位多事项、跨阶段、跨部门并联申报，企业申报后平台自动推送办件分发至相应的审批部门，实现多事项一次申请、并联审批、信息互通及数据共享，极大地缩短了审批时间，提高服务效率。后台审批过程中，审批结果实时共享，平台实时督办，极大提高了审批效率。2020年，全市通过并联审批模式为企业办理3500余件。

（四）竣工联合验收一网办理

按照"统一组织、分类实施、分级负责、限时办理"的原则，建立健全建设工程竣工联合验收机制，组织研发竣工联合验收模块，实行"统一平台申请、统一窗口受理、统一现场验收、统一送达确认"，为联合验收的顺利实施提供技术平台支持，推进联合验收全程网办。截至目前，已为全市100余个工程建设项目提供联合验收服务，真正将联合验收工作落到实处。

（五）"一张表单"规范精简审批材料

进一步精简审批材料，将申请材料由700余件精简至400余件，通过制定"一张表单"，将80张表单整合至4套表单，表单要素由1606项精简至718项，每个审批阶段申请人只需提交一套申报材料。不同审批阶段共享申报材料，不再要求申请人重复提交，让办事群众更好分享改革成果。

（六）信息推送功能助力实现无感审批

依托平台信息自动推送功能，在工程规划许可证审批事项办理时，规划审批部门受理后系统自动推送项目信息、办件信息至水电气暖等市政服务部门，并提供短信提醒服务。市政服务部门收到推送信息后主动联系企业，根据企业报装需求为企业提供提前介入、主动服务，实现无感审批，帮助建设单位加快推进建设进度，尽快投入运营。

（青岛市行政审批服务局）

青岛人社创新构建协同高效的政务服务新环境

2020年以来,青岛市人力资源和社会保障局坚持以人民为中心,以"人社服务快办行动"为引领,以用平台、建平台为抓手,加快网上服务建设,运用市场化、平台化、系统化思维,借鉴工业互联网发展思路,快速调整信息资源要素,构建信息化发展新格局。通过大力吸引社会力量参与公共服务建设,全面激发公共服务体系建设合力,培育壮大信息资源社会化增值新模式,努力打造多元化、个性化、智能化的"智慧人社"公共服务新业态。

一 重塑公共服务新体系,"就近办"提升到"指尖办""快速办"

一是加快"人社一键通"平台建设。优化升级"青岛人社"APP、网上办事、微信和支付宝办事等服务系统,创新开发"网上12333文字坐席""人社政策知识库发布管理"等交流互动式线上平台建设,升级"人社政策智能咨询"系统。依托省集中平台,整合窗口、手机、微信、网站、12333等渠道服务合力,基本实现"政策一键查、业务一键办、查询一键知、服务一键享"公共服务新格局。

二是积极落实"人社服务快办行动"。对10大类62个服务事项进行优化组合,实施线上线下"打包"办理,让办事企业和群众"跑腿"更少、材料更简、体验更好。同时,还对22个高频事项实施了"提速办",服务时间在原基础上平均提速50%以上。

三是创新开发青岛市青年实习实训服务平台。作为国内首个由政府搭建,连接用人单位、院校、见习实习青年的公共服务平台,集成了基地认定、学历确认、岗位发布、岗位对接、网上签约、评价反馈、报告下载、补贴申报等"全链条"服务,为广大学子与用人单位搭建起一座情感互联、要素互通的服务桥梁。

四是完善优化青岛"智慧人才"服务新体系。以移动应用为建设重点,以人才信息库大数据应用为支撑,构建起青岛人才网、"青岛人才"微信公众号、"青岛人才"小程序等多种线上服务渠道,充分满足青岛市人才服务多层次、个性化、多样性的发展趋势。

五是积极开展全国职业能力培训电子券试点任务。在省厅的指导下,依托全国电子社保卡平台,发放电子培训券,创新技能培训线上服务,实现了技能培训工作的再提升。

六是顺利完成就业人才系统省集中任务和失业待遇迁移到社保省集中系统。实现了青岛全部核心业务纳入山东省集中系统,为全省人社信息系统一体化建设奠定基础。

七是加强信息数据共享和业务协同。依托全省人社省集中平台,重构本地化公共服务信息回传数据库,完善"人社数据共享协同平台",实现了数据纵、横双向共享,纵向共享人力资源和社会保障部、教育部、民政部等国家部委、行业信息数据20多类,横向共享青岛市政府部门信息数据 30 多类,为跨行业、跨层次业务协同、信息对比和大数据分析提供了支持。

二 优先发展大数据应用,"申请办"提升到"秒办""免办"

一是扩大实施"政策找人""政策找企"服务。在就业、创业、小微企业等业务实现"政策找人"服务的基础上,将高校毕业生住房补贴、一次性安家费及疫情期间社保费减免等政策统一纳入到"政策找人""政策找企",通过大数据比对分析确认后,主动联系群众,推送信息、发放补贴,改"申请办"为"秒办""免办"。

二是深度优化养老待遇资格大数据认证。升级数据模型,扩充轨迹信息,"静默"认证率由 2019 年的 92.7% 提升到 2020 年的 93.9%。

三是建设"人岗智能匹配"服务平台,为用人主体、人才个人提供双方供求服务平台,实现人岗智能化匹配和资源优化配置。

四是完成个性化推送平台,新增公众号、APP 等多渠道消息发布,实现工伤及劳动能力鉴定个性化推送服务和"引导式"服务。

五是挖掘 12333 历史通话语音数据价值,通过模型算法实现关键词提取,为 12333 热点问题引导、分流、接通率提升和业务流程优化,提供了数据支持。

六是扎实开展全国大数据辅助工伤认定和劳动能力鉴定项目试点工作。在省厅的支持下,启动"工伤快报""远程劳动能力鉴定"和"智能推送"等子系统建设,推动工伤认定、劳动能力鉴定向"线上认定""远程鉴定"服务方向转变。

七是完善升级"青岛人社·学历汇"平台,进一步提高了高校毕业生补贴、人才精准服务等"点对点"服务,提高政策执行效果,提升高校毕业生来青就业创业软环境。

三 创新政企协同新模式,"网上办"转变为"直连办""协同办"

一是创新开发"社企通"服务平台。打造"属地管理、网格到企、责任到人""一对一"的政策直通企业服务模式,突出解决了政策宣传渠道窄、针对性弱、沟通时效低、政企信息不对称及政企沟通形式上"碎片化、分散化、私人化"问题。

二是规模化推广"政企直通车"服务平台。与企业 HR 系统在技术上无缝对接、信息上实时交互,保证应用安全可靠,让企业享受到"零跑腿、零距离、零操作"直达式服务。目前,青岛市已有 560 家企业接入此平台,进一步优化营商环境,减少企业办事成本,从政务服务供给侧助推企业运营提质增效。

三是联合海尔集团创新"电子劳动合同"新模式。颠覆了传统劳动合同签署流程,以电子合同替代纸质合同,电子印章替代实体印章,在线完成劳动合同签订全过程,实现零距离、零跑腿、零风险。

四 加强信息增值和服务能力输出，"政府建"提升到"参与建""共同建"

一是开通"社银直通车"服务平台。面向工商银行、农商银行、光大银行、招商银行等8家金融机构开通"人社信用"服务验证，对参保个人和企业进行脱敏输出，为网上"闪贷"、线上信用卡等业务提供了增值服务。尤其在疫情防控期间，为企业复工复产发挥了重要作用，通过此平台验证后，金融机构已向200余家企业贷款60多亿元。

二是创新"政银协同合作"服务机制。以社保卡银行合作为契机，将人社30余项高频服务事项，安全迁移到银行智能自助服务终端，为人民群众提供自由、轻松、安全、便捷、高效的多样化智慧服务。目前，此平台已在合作银行560多个营业网点进行试点。

三是推广"青岛人社"公共服务能力输出平台。将"青岛人社"APP中的60多项服务面向互联网平台开放，将应用"嫁接"到了爱青岛、便捷青岛、智慧青岛、爱城市网、微信及支付宝等10余个社交网络平台，实现了人社服务渠道的拓宽。

五 加强区域一体化合作，"本地通办"提升到"胶东同办""异地通办"

根据《胶东半岛经济圈一体化规划》，结合人社系统"5+1"联盟工作机制，规划设计了《胶东经济圈公共就业与人才服务联盟信息化工作五年规划方案》。方案依托省集中系统资源，符合"胶东通办、服务协同"和"全省一盘棋、全省大协同"的信息化总体建设目标。目前，已启动胶东－学历汇、社会保险数据共享和人力资源信息共享等项目建设，促进胶东公共就业与人才服务跨区域合作和全方位联动，提升区域整体人社服务一体化效能。

（青岛市人力资源和社会保障局）

·宁波市·

宁波市构建"就近办、不打烊"便民服务办事圈

为贯彻落实党中央、国务院和浙江省委省政府关于"互联网+政务服务"一系列决策部署,推动"最多跑一次"改革向纵深发展,宁波将开发建设政务服务综合自助终端作为缩短群众和企业到政府办事的距离、打造"不打烊"政府、提升政务服务满意度的重要举措。

一 高标准定位,把自助终端作为重大民生实事工程来做

国务院《关于加快推进"互联网+政务服务"工作的指导意见》明确提出,要融合升级平台渠道,规范网上政务服务平台建设,利用统一的政务服务资源,积极推进平台服务向移动端、自助终端、热线电话等延伸,为企业和群众提供多样便捷的办事渠道。浙江省将政务服务自助服务终端建设作为"最多跑一次"改革向基层延伸的重要抓手,《打破信息孤岛 实现数据共享 推进"最多跑一次"改革2018年工作要点》明确提出,强化网上网下一体融合,合理布局、推广自助服务终端和社会化代办网点,推进浙江省政务服务网向基层延伸。

宁波市根据国务院和浙江省委省政府的决策部署,为改变各条线分头建设、各自部署、重复投入、标准不一的政务服务自助终端建设现状,大力推进政务服务综合自助终端建设,将涉及多部门、多行业的政务服务、公共服务事项整合到一台综合自助终端上。同时,宁波市将综合自助终端项目作为民生实事工程来抓,积极推进综合自助服务终端的部署,已实现宁波全市各级行政服务中心、分中心和乡镇(街道)便民服务中心全覆盖,并向村(社区)、专业化市场和人流量密集的公共场所推广布设,解决了困扰基层群众的"往返跑""基层政务服务缺失"等问题,使群众和企业可以就近办理各项政务服务和公共服务事项,实现了行政便民服务"最后一公里"的目标。

二 高规格设计,合理配置前、后台功能

经过不断的完善和迭代更新,宁波市政务服务综合自助终端的功能已基本定型,从使用对象来分包括两大部分。

(一)前台基础功能

此模块提供给办事群众使用,主要包括以下功能。

(1)提供真人、实名验证功能,刷二代身份证并实现人脸识别,验证自助服务人员身份。

（2）根据企业和个人信用情况提供分级服务功能。

（3）提供财政非税类缴费及公用企事业事项缴费等支付、缴费功能，支持微信、支付宝、银行卡等多种缴费方式。

（4）支持自助申报功能，自动填入个人的身份信息，同时支持文字录入、资料的自助扫描录入，扫描过程所见即所得。申报完成后可直接在终端机上打印收件凭证。

（5）提供办理事项快捷定位功能，可通过多种方式查找事项，浏览、打印办事指南，符合在线申报条件的事项可自助申报。

（6）提供综合查询功能，并可根据需要打印相关证明（含电子印章）。

（7）具有音视频远程业务咨询、指导、在线协办功能。

（8）提供本人办事记录、办件进度查询，支持扫描二维码或输入办件编号查询办理进度。

（9）在以上功能的基础上实现了部分省市的跨省通办。

（二）后台运维、管理功能

此功能供服务运营商和政务服务管理部门使用，主要包括以下几个方面。

（1）上线事项管理、区域定制和版本控制功能。根据开发进度发布上线事项，成熟一项接入一项，保证自助终端的好用、管用。同时可根据不同地区的要求和不同部署场所的特点定制特色服务事项，针对不同型号的自助终端提供版本控制功能。

（2）后台运维辅助功能。对所有综合自助服务终端运行情况进行在线监控，提供设备故障、网络故障报警、耗材预警提醒、向指定维护人员自动派单等功能。

（3）视频客服功能。后台安排人工席位，接受前台终端的视频咨询和操作求助，提供包括终端操作、事项办理、设备报修、协办申报等服务功能。

（4）数据统计分析功能。根据群众使用综合自助终端访问应用点击量、自助办理事项量、服务网点服务量、缴费量等，建立数据分析模型进行分析，得出自助服务 TOP 热门应用，平均事项操作时间，总使用人数，每台设备平均每天使用次数等，为自助服务的应用推广和服务改进提供数据支撑。

三　高质量推进，全力抓好建设、布点、管用三个主要环节

（一）分工负责，合力推进建设和应用

按照"统一规划、统一平台、统一推进、各司其责"的要求推进全市综合性自助服务终端的建设和应用。宁波市建立了市委改革办（市跑改办）统筹协调和督促、市政务办具体推进项目建设和推广应用、市大数据局负责数据共享和相关系统与项目对接、市级各业务部门负责本部门可自助办理事项的梳理、办理流程的优化，负责相关业务系统与数据归集共享平台对接、相关系统的改造等工作，协调条线业务系统与宁波政务服务综合自助服务终端项目的数据对接，做好专业自助服务终端功能向综合自助服务终端迁移的对接工作的工作机制。

（二）精心选择布点

根据综合自助服务终端将要布设的点位的情况，将布点场所分为3类。第一类是提供政务服务的各级场所，即各级行政服务中心或便民服务中心办事大厅，按照宁波市行政服务中心建设情况，目前已实现了市、区县（市）、重点开发园区、乡镇（街道）行政服务中心（便民服务中心）全覆盖；第二类是政务服务的延伸点，即各类在工作时间有工作人员值守的点，目前已延伸到部分村（社区）、办理公积金等业务的银行网点、水电煤气等共用企事业单位的营业大厅等；第三类是无人值守的点，目前已部署到机场、火车站、高校和部分地铁站、人流量密集的场所。

（三）确保真用、管用

按照"先易后难""成熟一批，接入一批""滚动更新"的原则，不断完善综合性自助服务终端的功能，扩大服务事项。截止到2020年12月已集成27个部门（单位）325个事项上线，基本覆盖了涉及民生的热点事项，2020年度，全市共计办件量248554件，服务人次250330人，目前工作日内日均办件量已达到近1400件，最大单日办件量为1900余件。全市TOP20办理事项主要集中在人社、不动产登记、公积金、房管、公安等涉及民生事项多的部门。

四 大力度跟进落实，取得多方面应用成果

经过近两年的建设、运行，宁波政务服务自助终端建设取得了初步的成效。

（1）实现了与浙江政务服务网深度融合，与各级行政服务中心实体大厅窗口服务、政务服务网线上服务、"浙里办"移动服务一起构成全方位、多功能的政务服务体系，将人工服务、自助服务、网上服务和移动服务有机地融合起来，让群众获得更便利、更智能的行政服务新体验。

（2）构建形成了市、区县（市）、乡镇（街道）、村（社区）四级自助服务体系，使群众和企业可以就近办理。宁波市从2019年10月开始建设政务服务综合自助终端，截至2020年12月，宁波市共部署388台政务服务综合自助终端，覆盖全市各级行政服务中心（分中心）、乡镇（街道）、部分社区（村）、交通枢纽、商圈（广场）等人流密集场所及产业园区、公积金银行办理网点、市场、医院。

（3）改变了部门各自为政建设自助服务终端系统的状况，构建了全市统一的政务服务自助体系，达到资源充分利用、避免重复建设的目的，打造了良好的政府服务形象，截至2020年12月，宁波政务服务自助终端已集成27个部门（单位）325个事项上线，其中打印类31项，查询类50项、申报办理类230项、缴费类9项、其他信息服务类5项。

（4）打造形成24小时不打烊的政务服务环境，目前宁波全市已建设24小时服务网点37个，终端58台，依托24小时服务自助终端，目前已实现周末日均办件量约120余件，满足了下班后和节假日老百姓的办事需求。

（5）创新信用信息的应用，根据信用信息不同提供分级自助服务，打造诚信应用新

亮点。宁波政务服务综合自助终端在申请人核对身份登录系统后可自动核对申请人是否被列入失信被执行人名单,已列入名单的申请人,将会被限制使用综合自助终端。

(6)"跨省通办"在自助终端上取得实质性突破。2020年8月率先在全省实现宁波、杭州、湖州三地的异地通办,首批上线服务事项共计257项,其中宁波88项、杭州139项、湖州30项。根据国务院办公厅《关于加快推进政务服务"跨省通办"的指导意见》(国办发〔2020〕35号)精神,主动与安徽省合肥市、阜阳市及上海市松江区等地进行交流对接,探索政务服务综合自助终端的"跨省通办",根据"先易后难,兼顾含金量"的原则,在宁波与安徽、上海等地政务服务办公室(管理局)和大数据管理局的通力协作下,经过服务事项梳理、技术对接与联调测试等阶段性工作,截至2020年12月,首批包括合肥6项、阜阳8项、宁波8项、上海松江3项共25项"跨省通办"事项上线运行。

(宁波市政务服务办公室)

镇海区创新"掌上中介"模式

长期以来,中介服务市场乱、费用高、耗时长、服务差等问题,已成为项目审批慢、落地难的"瓶颈"和"中梗阻",蚕食着行政审批的改革红利。2020年以来,镇海区依托"浙里办"APP地方特色专区,深化"掌上中介"平台建设,推动实现平台功能更丰富、使用更充分、管理更科学,优化行政审批服务,以"掌上小平台"撬动"政府数字化转型大改革",有效缩减项目开工前审批时间。截至目前,该区"掌上中介"平台已汇聚全国920家、区内74家中介机构,应用于247个企业投资项目、167个招投标环节,中介环节时间缩短33%,项目落地时间提速五成,为业主节省开工前成本逾1800万元。

一 深化"掌上中介"平台建设,实现公开透明活力佳

一是中介机构"有得选"。为破解业主单位与中介机构之间存在的信息壁垒难题,便利不同区域业主与中介信息的精准匹配,该区积极引入中介机构入驻"浙里办"APP地方特色专区,发布中介服务、价格等关键信息,线上为业主提供中介服务。业主通过搜索点击,即可查看中介信息,择优选择服务。截至目前,"掌上中介"平台已引入全区74家、市内560家、外地390家中介机构,业主单位对于中介服务的选择面较之前增加57.3%。

二是服务需求"高匹配"。改变传统模式下中介机构信息不全面公开状况,在"网上中介"平台,将7个部门、16个中介环节、40个中介事项进行梳理整合,采用网络超市货架分类集中摆放,提供清单式的服务"菜单"供业主选择。同时,在平台设立网上服务"管家",为业主提供在线专业服务。截至目前,"掌上中介"已实现涉审批中介核心业务100%全覆盖,企业需求与中介服务匹配度提高90%,较之前提高六成。

三是业主单位"有权评"。为倒逼中介机构提高服务质量,借鉴"大众点评"评价机制,

创新建立"掌上中介"评价体系。按照项目建设全生命周期的审批节点,将入驻中介服务细化分类,以"一事一评"为原则,邀请业主和审批职能部门从服务时效、费用、态度、技术能力、诚信度等5个方面进行全方位评价,按分排名,动态生成"一星级到五星级"特色排行榜,无死角公开中介服务情况。截至目前,已累计有200多家业主企业对入驻平台中介机构开展评价500余次,吸纳评价反馈意见及建议102个。

二 深化"掌上中介"平台使用,实现提质增效优服务

一是审批速度"提起来"。为破解传统模式下中介服务材料多、流程长问题,该区建立"掌上中介"服务"承诺制+联合制",要求入驻"掌上中介"平台中介机构签署《中介机构服务承诺书》,承诺项目成果一次性通过审批、备案,缩短中介机构提供材料时间;建立"中介联盟",对联盟内中介机构实行合理分类、有效联合、超前服务、集成评估。截至目前,该区审批中介环节用时较之前缩短33%。推动项目落地平均时间仅58天,较之前提速50%。通过该模式,宁波龙禧房地产开发有限公司申请审批的东西盛地块项目,从拿地到领取建设工程施工许可证仅用时32个工作日,较传统模式缩短68%。

二是收费价格"降下来"。为破解中介机构收费不透明、业主单位对价格明细不知情的难题,"掌上中介"参照淘宝网等平台全线比价的思路,公开市场信息,积极推动入驻中介机构自行"晾晒"价格清单,鼓励优质中介机构推出低价服务,上榜优惠榜单,打破中介机构和业主单位之间的价格信息壁垒。截至目前,通过"掌上中介"服务项目的中介服务收费较之前模式下降5%以上。如镇海区LCP薄膜制备项目业主通过优惠榜单挑选中介服务,节省中介费13.8万元,压缩预算成本超30%。

三是套餐服务"优起来"。为服务业主高效对接设计、环评、水保、能评等不同领域中介,该区按照价格、速度、服务、质量、诚信五条标准,充分对接业主需求,调查市场动态,在"掌上中介"创新推出组合式"中介配套服务套餐",便利业主获得组合式中介服务。截至目前,已累计为各类业主提供"组合式"中介服务近10次,平均审批提速35%,节约成本30%。如镇海区宝湾国际物流项目通过"掌上中介"平台获取包含环评、能评、规划测绘放样等多项中介配套服务,提速20天,节省服务费用近三成。

三 深化"掌上中介"平台管理,事项效能提升强运行

一是建立机制"标准化"。为督促中介规范运作,要求入驻中介机构建档立案,公开服务事项,明确服务标准,制定有据可依的管理考评办法,定期对中介机构办事效率、服务质量、收费情况、年检年审、资质资格评定等进行考评,根据考评结果落实红黑榜制度管理,建立"备案管理、考核评定和清退淘汰"三大信用管理体系,并纳入"信用宁波"平台。截至目前,已要求入驻中介机构100%按此模式运作,消除不规范隐患12个。

二是三级合力"体系化"。针对中介管理形式较为松散的现状,将行业主管部门所管理的中介机构得分情况纳入该部门年度考核目标,实现掌上排行榜与部门考核挂钩,倒

逼主管部门对中介机构从"粗放式松散管理"向"精细化集中管理"转变,营造能进能出、优胜劣汰、诚信自律的行业氛围,形成政府、部门、市场三级管理合力。截至目前,已纳入6家单位对中介进行三级管理,督促中介整改隐患20余个。

三是丰富方式"智慧化"。探索大数据分析管理模式,借助镇海区投资项目服务平台,自动匹配中介环节至项目审批招标全流程,形成智能化进度分析报表,监测"卡脖子"中介环节,并实时通报。通过举行4场数据报告分析会,邀请中介机构、业主和部门共同参与,现场提出15项服务问题,责令中介机构落实整改,未整改到位的降低服务能级,并从优质名单中除名。邀请社会第三方评估服务效能,对存在定价过高、服务职责不明晰等各类问题的中介服务机构降低信用等级,直至纳入信用黑榜。截至目前,已累计开展各类评估、分析工作6次,督促中介整改问题20余个。

（宁波市镇海区政务服务办公室）

慈溪市"不见面"开标系统

新冠肺炎疫情发生以来,慈溪市公共资源交易监管和服务工作对人员较为密集、流动性较大的场所的防控工作提出了新的要求,加之工程招投标作为项目落地实施的关键环节,能否有序运作也关系到当地经济和民生发展,针对上述问题,慈溪市公共资源交管办切实增强底线意识、强化风险担当,以坚决维护人民群众生命安全和身体健康为目标,在现有"不见面"开标的基础上,研究开发CA远程解密功能,真正做到开标"不见面"、投标"零跑腿"的全流程网上交易,实现既能防控疫情又能保障交易需求的工作目标。

一 应 用 需 求

为提升工程招投标效率,降低各方交易成本,有效防范在疫情期间因招投标带来的人员聚集风险,慈溪市以"最多跑一次"为引领,在宁波率先打造"全流程、一站式"工程建设电子交易平台,探索出一套"互联网+公共资源交易"新模式。该平台集招标、投标、开标、评标4大模块为一体,可实现在线发布招标公告、下载招标文件、上传投标文件、远程CA数字证书解密、视频直播开标、电子辅助评审、结果公示等信息化运作和智能化管理,真正做到招投标"不见面""零跑腿",为宁波首个实现"全流程"网上工程交易的平台。

二 建 设 内 容

全流程网上交易在前期工程建设项目电子化交易系统、实现网上投标申请、网上交易主体信息登记、网上招标文件下载、网上保证金收退等一系列信息化运作和智能化管理的基础上，应用远程CA解密功能和交易全程音视频同步在线直播，省去原先不见面开标仍需现场提交投标文件的环节，在确保高效、无接触的同时，保证了交易过程的公开、公平和保密性。

（1）在线新建项目。在慈溪开展业务的招标代理机构，可事先登录工程建设项目电子化交易系统进行在线注册登记，通过后申领"数字证书、单位电子公章、法定代表人电子印章"，随后就可以在平台中新建招标项目。

（2）在线预公示。招标代理机构新建项目后，可在系统进行招标文件预公示，预公示结束，可凭CA锁登录系统，填写项目信息及预开标日期，系统会自动生成项目投标保证金虚拟子账户，之后招标代理机构只需上传项目备案资料即可向监管部门发起项目备案申请。

（3）在线备案。监管部门会及时查看系统备案申请情况，对招标代理机构提交的项目备案申请及时进行查看，备案资料齐全的予以受理，资料不齐全的予以退回并一次性告知所缺内容，待招标代理机构完善资料再次提交后，监管部门再行受理。受理备案的项目，由监管部门在线加盖电子备案章。

（4）发布交易信息。监管部门备案后，项目交易信息将通过交易系统自动推送至慈溪市公共资源交易中心，经中心工作人员在线核对开标截止时间等信息后，即可在系统中发布。交易信息公告同步在宁波市公共资源交易网慈溪市分网、浙江省公共资源交易服务平台、慈溪市公共资源交易微信公众号发布。

（5）投标操作。交易信息公告发布后，投标人可通过网站、微信公众号等渠道了解招标项目信息，并浏览招标文件。有意参与项目投标的单位，可在慈溪市公共资源交易系统在线进行注册登记，通过后线上领取"CA数字证书、单位电子公章、法定代表人电子印章"，随后就可以用CA数字证书登录系统，获取符合资质要求项目的招标资料。如投标人对系统中预公示的招标文件内容存在异议，可在线提出，招标（代理）人会及时在线回复，并按相关规定做出调整、修改或说明。

（6）实时区间显示招标文件获取情况。招标文件获取结束后，系统会显示该项目获取单位少于3家、大于100家的信息，便于招标代理机构和监管服务部门及时根据投标人数量情况，按规定做好相应的应对措施和解决方案。

（7）编制提交投标文件。投标人根据招标文件要求可自行在任何一处线下完成投标文件的编制并用CA数字证书加密，在投标截止时间前用CA数字证书登录系统，上传电子投标文件并打印上传回执，网上递交投标保证金。

（8）及时显示投标文件交纳情况。系统会在开标时间前2个小时内，自动生成招标文件获取的投标人及投标保证金缴纳情况。

（9）在线直播交易过程。开标现场采用网络视频直播方式，开标时间确定后，直播平台生成直播链接及二维码。开标时间前2小时内，招标代理进入"不见面"开标系统，输入网络视频直播链接。

（10）在线投标解密。投标人开标前用CA数字证书登录"不见面"开标系统，在投标截止时间后及解密时间截止前，进行投标文件CA远程解密，系统会显示已解密或解密失败，解密时间截止后，系统自动锁定将无法解密并显示解密失败。解密后投标人可在系统中观看开标视频直播。所有递交投标文件的投标人解密后或解密时间截止后，系统显示所有投标人的报价供投标查看。

（11）电子辅助评标。专家评审环节，评标专家进行网上电子标书评审，借助系统辅助评标功能，快速完成"清标"工作。评审完成后，系统自动生成评标报告，专家确认后上传至交易平台。

（12）在线实时答疑。开标现场，招标代理及时宣布标书递交、投标文件解密、专家评审结果等情况，投标人提出异议的，招标代理进行答复的，专家发起询标的，均可在直播平台进行互动，全程由监管人员监督并留档。

（13）发布交易结果信息。交易平台根据评标报告，自动生成预中标人公示信息，经招标代理确认、监管部门备案后，由交易中心在系统中发布，并同步在宁波市公共资源交易网慈溪市分网、浙江省公共资源交易服务平台、慈溪市公共资源交易微信公众号发布。

（14）预中标人信息公示后，交易中心在系统中自动退付投标保证金。

三　应用成效

（1）提升开标效率。项目实施 CA 数字证书远程解密投标文件后，改变了现场依次排队解密的情况，投标人可在集中时间内统一解密，同时取消开标唱标环节，在解密后或解密时间截止后，系统会显示所有投标人的报价供投标人查看。解密和唱标时间按每家平均 1 分钟计，一个 100 家投标人的项目，大约需要 100 分钟，现在可在 30 分钟甚至更短时间内完成，至少可节省 70 分钟。

（2）节约企业成本。项目实施 CA 数字证书远程解密投标文件，系统中可在线观看开标视频直播，无须投标授权委托人和项目经理到现场开标，投标人在单位就可完成一系列的投标活动。按 2019 年工程交易项目约 300 个，每个项目投标人约 50 家，全部采用 CA 数字证书远程解密测算，可节约投标文件纸质费约 150 万元（按每份 100 元估算）、交通差旅费 300 万元（按每次 200 元估算），同时节省了人力成本和时间成本。

（3）履行监督权利。在"不见面"开标系统中，投标人开标前用 CA 数字证书登录系统，可在系统中观看开标视频直播，也可手机扫码观看，但此功能只对项目投标人开放，各投标人之间不能互相聊天。投标人仍可执行监督权利，在开标现场，招标代理及时宣布标书递交、投标文件解密、专家评审结果等情况，投标人有异议的，可以在直播平台互动中表明身份后提出，由招标代理进行答复。专家发起询标的，可委托招标代理在直播平台互动中表明身份后，要求投标人表明身份后进行答复，整个过程由监管人员监督，互动信息作为档案留存。

（4）系统安全保障。一是强化外部硬件技术设施保障，系统采用网络安全三级等级保护，并在公安部门备案。二是加强内部软件管控，落实专门的系统管理人员，委托专业技术公司做好系统日常维护检查，一经发现异常，即由技术公司反馈至管理人员，管理人员及时向单位领导报告，经批准后召集监管部门、交易中心负责人同时输入系统密码才能开启后台，系统会自动生成后台查看日志。

附件

慈溪市工程项目招投标流程改革前后对比

	改革前	改革后	改革成效
招标	慈溪本地政府网站发布	浙江省、宁波公共资源交易网站、慈溪公共资源交易微信公众号等多渠道发布	
投标	编制纸质标书	编制电子标书	纸质资料"零递交"
	纸质标书盖章	批量电子签章	
	包封纸质标书	CA证书加密	
	标书送达交易中心	在线递交标书	
开标	投标人到达交易中心	视频直播开标	直播开标"零跑腿"
	投标人身份确认	CA证书登入或扫码进入	
	开启标书唱标	远程CA证书解密；无须唱标，内容屏会显示结果	
评标	手工清标	自动清标	智能评标"高效率"
	手工汇总评标结果	自动汇总评标结果	
	制作评标报告	自动生成评标报告	
公示	慈溪本地政府网站发布	浙江省、宁波公共资源交易网站、慈溪公共资源交易平台微信公众号等多渠道发布	

（宁波市慈溪市公共资源交易管理办公室）

·长沙市·

长沙市城市数据大脑平台

一 平台总体定位

长沙市城市数据大脑平台以应用中台、数据中台和AI中台建设为基础，将建设成为长沙新型智慧城市的应用支撑中心、数据资源中心和AI能力中心，打造成为具备多维敏捷感知、海量数据共享、全局实时洞察、持续迭代进化的智慧城市的"智能中枢"，为长沙新型智慧城市建设提供信息化资源服务的核心支撑，最终实现"优政、惠民、兴业"的总体目标。

二 平台建设基本情况

数据大脑平台主要建设内容为"三中台+三平台+二体系"，即应用中台、数据中台、AI中台、中台云服务管理平台、中台运维管理平台、中台安全保障平台、中台服务体系及标准规范体系，目前已初步建成并投入运营，面向全市发布智能中枢能力清单148项，已初步形成"一脑赋能、数惠全城"的新型智慧城市建设格局。

"数据中台"已基本建成并投入数据运营。一是基本建成全市政务数据总枢纽。依托长沙市数据资源管理平台，针对全面归集的全市各委办局多达114亿条的核心数据资源，发布上线2500多个信息资源目录、1800多个数据资源目录。二是基本建成人口、法人、地理空间、城市部件、房屋房产五大基础库。人口库已建成户籍身份、婚育收养、公共事业、社会保障等14个主题域，构建了107个模型，数据总量达18.2亿条。法人库已建成经营活动、人力社保、设立变更、税费财务等9个主题域，构建了92个模型，数据总量达1.2亿条。地理空间库已完成遥感影像数据、行政区划数据、单元网格数据、地理实体数据、地名地址数据、政务电子地图数据、政务信息图层数据7类图形数据，包括行政区划、道路、房屋等110个图层和门楼牌、单元牌、物资储备等12个数据表共计1803万条数据的归集和处理，对归集数据处理入库完成24个地图数据服务和接口注册、发布，更新完善"全市一张底图"。房产房屋库已完成基础底图数据和房屋物理数据2类图形数据包括4个图层和13个数据表，共计4899万条数据的归集和处理，实现三维房产房屋数据展示及以房找人示例数据及功能。城市部件库完成单元网格数据和城市部件数据2类数据包括4个图层和2个数据表共计15.7万条数据的归集和处理。三是长沙市数据资源管理平台正式发布上线。2020年年中，长沙市在全国率先落地"数据服务超市"理念，正式对全市各级政务部门提供数据共享服务。2020年年底，数据服务超市进一步升级成为全面涵盖应用中台、AI中台能力输出的综合性服务超市。数据资源管理平台已建立了完善通畅的供需对接运行机制、成熟的数据共享和数据分析的管理流程设计，形成线上化的数据运营模式。截至目前，市数据资源管理平台共收到 37 家单位 1155 个数据接口需求，已有 937 个需求完成技术对接。四是构建数据资源标准规范体系。本着标准规范要落地可执行的原则，以《长沙市政务数据资源管理暂行办法》为总纲，项目组编制 17 项管理办法配套细则，所有细则通过了专家评审，其中 9 项细则现已对外公开发布。以数据大脑建设运营的实践为基础，编制了 20 项数据技术标准，现已通过专家评审，有待发布。

"应用中台"已面向全市各级政府单位提供 16 个公共服务组件，共计 104 项服务能力，已累计为 26 个委办局的 200 余个应用系统提供服务，完成了各委办局 151 个服务需求的响应，并形成服务能力不断优化迭代的服务模式。主要从以下 4 个方面为全市信息化赋能：一是构建了全市统一框架，通过智能网关等组件发布统一的接口，改善全市各委办局业务系统的异构问题。接入应用 222 个，接口发布 1770 个，接口订阅 2797 个，站点 464 个；智能网关累计访问量 40 亿次。二是建立了高性能、可扩展性和安全性等新型技术组件，消除全市委办局的技术差异，降低公共配置支出。消息队列为市交通局 TOCC 系统等 8 个业务系统建设提供支撑，累计发送消息数量 370 万条；微服务、容器平台为数据资源管理平台、数据大脑成效大屏、一体化网格化系统、一库一平台等建设提供微服务框架以及容器化运行环境。三是以统一的服务支撑给全市各委办局提供统一的业务服务能力，减少建设成本和建设周期。其中，统一身份认证提供微信城市服务、人脸识别、账密验证、法人 CA 登录等多渠道验证方式，接入系统 30 余个，为一网通办业务系统提供 32 万次认证登陆，"星证通"人脸核验小程序日活达 20 万人次；统一用户中心收集了全市 377 万自然人用户、3 万多法人用户及 7 万多政务人员的基本信息；电子证照系统汇聚 242 类共计 252 万存量证照数据，通过一体化平台支撑 70 种证照在线办理，支撑长沙移动端 22 个证照亮证，通过电子证明系统建设支撑了城管交通设施理赔事项的全流程网办；电子印章与省电子印章平台对接，制作电子印章 4056 个，支撑完成与 7 个单位 10 个系统对接，提供手工及自动签章能力，累计签章调用量 420 万次；统一支付平台支撑教育、国土、城管等非税缴费能力及公安邮寄费用等普通缴费能力，共支撑订单 32613 余笔，完成 160 余万金额的收缴；统一物流平台提供寄付、到付、政府付费等多种寄递结算方式，支撑物流订单 642 笔，有效支撑了老年人优待证全程网办等事项办理；统一消息平台提供邮件、短信、站内信等各类通知消息 1500 余万条。四是优化应用运营和管理模式，通过政务微信建设实现政府部门之间进行实时、高效的业务协同，提高政府服务效率。政务微信覆盖全市四级政府单位应用，与市综合指挥平台、政务微信协同 OA 平台、数据资源管理平台、运维管理平台等 7 个系统对接，支持移动端综合指挥、协同办公、运维工单移动端的受理审批等相关业务，近 1 月使用数达到 2930 人次；通过政务运营平台建设，助力"我的长沙"小程序用户量达到 183 万。

"AI 中台"已面向全市各级政府单位提供视觉模块、语音模块共计 28 项服务能力，目前累计对接 9 家委办局 19 个 AI 能力服务需求，并完成 4 个委办局的 4 个 AI 场景的服务支撑。一是已建成 AI 原子能力框架。上线 3 大类（语音、语义、视觉）55 种 AI 原子能力，其中 8 个已对外提供服务。二是 AI 应用场景方面，搭建完成基于政务云环境的模型训练环境。AI 中台提供聚类分析等 22 大类 142 余种算力，具备统计分析、机器学习、深度学习等 3 大类 8 余种模型训练环境,现已实现智慧党建智能签到、智慧文旅智能识景、行政审批秒批、政务服务智能客服等 AI 场景的应用。

三 平台突出亮点

(一)基本建成全市数据资源共享、应用服务赋能总枢纽

在全国率先实现"数据服务超市"理念的落地,通过市数据资源管理平台全面整合数据中台、应用中台、AI 中台对外服务能力,并提供综合性自助服务超市,建立了完善通畅数据归集通道、数据编目体系、供需对接运行机制,已基本形成了数据总枢纽的工作格局。

(二)助力优化营商环境,为政务服务支撑赋能

数据大脑平台为政务服务项目提供一揽子服务能力支撑。

(1)为长沙市"互联网+政务服务"一体化服务平台提供了电子证照、统一物流、统一支付(非税)、统一待办、统一身份认证和电子签章组件支持,一体化平台与其他系统对接统一通过接入平台中的接入网关、准入网关进行系统对接,实现统一聚合、统一提供、统一对接,减少重复建设重复对接。

(2)为城管设施理赔系统提供了统一身份认证、统一支付、电子证照、电子印章、统一物流的支撑,成为全国首例实现城管设施理赔全程网办,全天候不打烊的快捷便民服务,现已经办件 249 笔,总计理赔金额 64 万元。

(3)为不动产登记与水电气联动过户提供了数据汇聚、数据共享支撑,实时归集市不动产相关业务数据,将其通过专线共享给水、电、气三家单位数据实现联动过户办理,帮助群众"只跑一个窗口、只提一次申请",即可完成二手房和水电气联动过户。

(三)实现资源整合、避免信息化系统重复建设

(1)数据大脑平台受理市综合应急指挥信息系统的建设需求,快速响应并提供系统建设所需的公共组件及基础数据资源,应用中台提供政务微信、智能网关、统一用户中心公共组件,为系统建设统一系统架构,也便于系统后续扩展对接;数据中台通过与市直单位已有数据的汇聚通道和业务对接机制,短时间内归集并共享应急指挥、公安、消防、交通、资规、住建、气象等相关业务数据并提供数据共享。

(2)数据大脑平台为市传染病监测预警与辅助决策系统建设提供支撑,落实省市两级新冠肺炎疫情防控指挥部加强新冠肺炎疫情监测预警,切实弥补长沙市新冠肺炎等传染病监测预警防控方面的不足。按需求归集 44 张医保数据表,并进行了数据清洗及关联分析,完成对医保数据、疾控数据、长沙市卫生健康委员会数据疾病的分型分析。

(长沙市数据资源管理局)

长沙市智慧天心，融城核心

2020年，长沙市天心区在市数据资源管理局的精心指导下，结合区域产业发展特色，紧紧把握数字化、网络化、智能化发展机遇，聚焦政府效能提升，加快推进数字天心建设。具体做好了"四个一"的工作。

一 "一盘棋"推进数字政府建设

一是推进部门业务系统对接和数据融合。在对全区各级业务系统进行深度摸底调研的基础上，完成区民政系统与"一网通办"平台的数据汇聚。同时，完成对暂时无法实现数据共享的省部级平台的 RPA 机器人部署工作，切实解决多系统的数据二次录入问题。二是推进电子证照在"一网通办"平台的使用。采集了全区近14万的存量有效电子证照，近500个电子印章，实现了天心区卫健局、天心区城乡建设局和天心区城管执法局共13个电子证照的套打出证。实现办事服务的效能再提速。三是着力打造便民利民的政府门户网站。加强政府门户网站的常态监管，不断优化网站结构和办事服务，在15日发布的2020年政府网站绩效评估结果中，天心区政府网站在全国区县政府网站中名列第19位。打造了线上线下相结合的24小时"不打烊"办事大厅和办税大厅，全面加快推进线上线下深度融合，丰富一体化平台功能，方便服务企业群众办事。

二 "一本账"统筹政务数据资源

一是厘清政务数据资源家底。组织园区、街道和区属部门开展数据资源普查和系统梳理摸底，目前已梳理目录3266条，信息项47716个，加快推进天心区政务系统的有机融合。二是推进信息化建设统筹。出台了区级投资信息化项目管理暂行办法，进一步加强了全区政府投资信息化建设项目的统筹建设和规范管理，提高财政资金使用效益，推进区域信息资源最大化利用。三是优化数据资源供给。拓展和完善虚拟化平台，提升天心区信息化应用的算力支撑和存储空间。建立健全电子政务管理细则，实施政务系统使用效能评估，科学配给、规范使用政务系统资源。四是提高电子政务保障能力。通过拓展出口带宽、优化网络架构和推行科学管理，不断提升电子政务网的承载能力和使用体验。搭建日志审计系统，补齐网络访问的溯源短板，提高问题处理效率和安全保障能力。

三 "一体化"打造智慧应用场景

一是统筹建立信息化系统效能评估体系。2020年以来，长沙市天心区数据资源局对全区 39 家单位开展了政务系统效能评估工作，共梳理评估了 73 个信息化应用系统，清除和整合应用系统 17 个。进一步厘清区内现有自建信息化系统数据资源目录、数据字典和应用领域。为统筹建设"智慧天心"打下了基础。二是开展"智慧天心"建设的前期调研。邀请百度公司组织专家团队抽选全区 30 个区直部门及 14 个街道进行信息化现状及规划调研并形成调研报告。多次组织区内信息化企业和各规划设计院进行座谈，形成发展思路。目前，已经邀请了国家信息中心为天心区智慧城市建设规划进行指导。三是以应用场景推动智慧城市建设。将数字产业与智慧城市建设相结合，引导和培育智慧应用场景建设，目前，已形成了 2021 年信息化建设项目计划。共有 43 个项目从智慧教育、智慧安防、智慧商圈、智慧医疗、智慧网格、智慧城管、智慧政务等方面的需求出发，强化应用场景的牵引作用，推动数字产业发展。

四 "一平台"助力新冠疫情防控

在疫情防控前期，天心区率先全市搭建疫情防控大数据信息化平台，实现长沙市防疫指挥部下发数据的自动分发、统计和来（返）长人员的自主登记等功能，利用信息化手段提高疫情防控时效。在长沙市返（来）长人员核查系统上线后，根据长沙市防疫指挥部的统一调度，成立天心区防疫指挥部数据摸排组，通过对接市、区两级平台，结合大数据分析，助力新冠疫情的精准防控。截至 2020 年 12 月 20 日，累计提供摸排数据约 5.9 万条。有效降低了基层摸排人员的工作量，提高来长人员的核查时效。

（长沙市天心区数据资源中心）

长沙县统筹推进新型智慧城市建设，服务民生

近年来，长沙县坚决贯彻落实湖南省、长沙市关于新型智慧城市和数字政府建设有关的决策部署，结合县区实际，促进数据资源共享，积极探索"党管数据"改革，以打造全国县域数字第一城为目标，统筹推进全省首个基于 PKS 体系的新型智慧城市建设。

一 坚持统筹，健全机制，数据管理模式形成新格局

设立议事机构。长沙县委、县政府设立长沙县数据资源管理委员会、长沙县新型智慧城市建设管理应用领导小组 2 个专门机构，高位调度指挥新型智慧城市和数字政府建设。编制顶层规划。严格按照长沙市新型智慧城市建设统筹安排，结合县区实际，在深入调研的基础上精心编制《长沙县新型智慧城市顶层规划（2021—2025）》，强化新型智慧城市规划实施、调整、评估等刚性约束，未来 5 年长沙县新型智慧城市建设将基于该规划进行统一采购和项目落地实施。出台管理办法。2021 年 1 月，长沙县政府出台《长沙县

政府投资信息化建设项目管理暂行办法》，严格技术审查和项目审批，逐步破解项目碎片化、重复投资建设等问题，信息化项目管理逐步规范。确定共建模式。通过公开招标方式引进国内一流信息化建设集成商中国电子系统技术有限公司统筹共建长沙县新型智慧城市项目，项目总金额4亿元，建设周期5年，涉及智慧城市子项目21个，涉及单位17个，涵盖政府运行、民生服务、社会治理、产业发展等领域。

二 夯实基础，强化安全，数字设施建设取得新成效

基础网络较为完备。基础网络城乡全覆盖，城镇FTTH光纤到户覆盖率达99%，宽带接入能力达到99%以上，5G基站建设数量区域领先。电子政务网络建成"横到边、纵到底"，覆盖全县"县—镇（街道）—村（社区）"的三级大联网。云平台亮点突出。2016年率先建设全省首个政务云平台，坚持"六统三分两不"原则，在基础资源层面实现归口统筹。为适应新发展需求，启动基于国产化技术体系的存算资源升级改造，在全省率先搭建基于PKS体系（飞腾CPU+麒麟操作系统+"S-Security"立体防护安全可信链）的长沙市政务云长沙县专区，为新型智慧城市建设筑牢安全地基。数据共享初具规模。于2019年年底启动建设基于区块链技术的长沙县数据共享交换平台，规范全县政务数据资源管理和数据共享服务。已归集长沙县行政执法局、长沙县城市管理综合行政执法局、长沙县自然资源局、长沙县住房和城乡建设局、长沙县卫生健康局、长沙县残疾人联合会等10余个部门业务数据，汇集300余万条业务数据，收集完成19万余条存量电子证照数据，梳理55个部门的信息资源目录，部分数据实现与市级平台实时共享和联动应用。加快建设指挥中心。积极推进完成城市运行指挥中心方案设计、IOC设备招标采购等工作，打造集运行感知、信息资源统筹协调、决策指挥于一体的长沙县智慧城市运行指挥中心，直观展示城市基础设施和日常运行数据，为城市管理提供更科学的监测分析和预警决策能力。

三 民生为本，创新治理，数据赋能水平达到新高度

优化改革数字政务。配合长沙市完成"一网通办"平台、"一件事一次办"的优化改革，全县依申请类政务服务事项全部入驻平台办理，建成覆盖县、街镇、社区（村）三级统一基层工作平台，累计上线政务服务事项1600余项，平台全年共计受理办件67万余件。积极推广"我的长沙"城市移动综合服务平台注册使用，累计推广实名注册用户25万。2020年，还将推进"我的长沙"APP本地应用，整合全县政务服务移动端应用，打造长沙县特色板块。数字民生常抓不懈。"智慧医疗"整合农村卫生、远程医疗、人口健康信息云平台、微信便民服务平台等系统，县内公立医院数据实现互信互任。2020年，将在全市统筹下，建设长沙县智慧医疗云平台，强化医疗、医保、医药"三医联动"，实现医疗机构间医疗服务数据共享、医疗费用一站式结算。"智慧文旅"完成数字文化馆建设，制定长沙县公共文化服务地图，推出"悦耀星沙·云游故居"系列线上活动。2020年在全市统筹下，将文旅创新服务体系作为长沙县新型智慧城市建设示范项目进行重点打造。

"智慧教育"基本实现"网络联校",全县200多所学校完成"三通两平台"部署,建成创客、数码显微、数字历史、数字地理、数字书法、机器人、VR新型数字教室40余间。数字治理勇于创新。积极探索"党管数据",推进"党建+'五零'"智慧平台建设,提升县域基层社会治理智慧水平。开展智慧公路试点,开发全市首个路长制信息化综合管理平台,建成1768个智慧停车位。2020年在长沙市智慧交通总体框架、统一平台、统一标准的基础上,以TOCC建设为抓手推进智慧交通建设。依托长沙县国土空间"一张图"和数字长沙县时空信息云平台建设基础,升级完善时空信息云平台,形成完备的长沙县时空大数据资源底座。建设"一会三卡"智慧综合管理系统和长沙县应急管理综合应用平台,实现应急数据汇聚,资源统一调度。打造"区块链+"食品药品安全监管平台,深化区块链在食品药品监管中的应用。

(长沙市长沙县大数据中心)

长沙市芙蓉区"蓉易办"创新办

为全面贯彻落实习近平总书记关于优化营商环境的重要论述,认真落实《优化营商环境条例》《湖南省优化经济发展环境规定》,持续深化简政放权、放管结合、优化服务改革,坚持以市场主体需求为导向,以深刻转变政府职能为核心,创新体制机制、强化协同联动,推进政府数据开放共享、提升社会数据资源价值、加强数据资源整合,芙蓉区自2018年创新打造电子政务线上企业服务平台——"蓉易办"企业服务平台(前身为易答企业服务平台)。

2019年,易答企业服务平台全新升级改版,2.0版"蓉易办"问世,全面推动优化营商环境理念更新、标准更高、审批更快、服务更优、措施更实。在"2019年政府网站精品栏目建设和管理经验交流大会"上,"蓉易办"APP荣获"2019年互联网+政务服务创新应用"奖,并作为全省仅有的两个区县级案例之一,成功入选由清华大学国家治理研究院、清华大学公共管理学院联合编撰的《2019年中国政府网站建设与管理优秀案例汇编》。

从名称上,平台就凝聚着芙蓉区政府职能转变、优化创新创业生态的决心与期望。"蓉"代表芙蓉,也通"融",代表融合,即创新创业与实体经济发展的融合、"政策服务+企业服务"的融合、"线上服务+线下服务"的融合。"易"代表e,指线上平台,也代表"容易"的"易",也代表"互联网+政务"融合应用与创新,实现企业办事容易的目的。"办"代表一网通办、一次办好,实现"办事不求人,办成事不找人"。

平台建设的总体思路是以"政府倡导、企业为主、社会参与"为原则,以服务中小企业为宗旨,以完善信息服务体系为目标,以先进的信息技术为手段,以建设信息服务平台、提高运行维护水平、实现信息资源整合、拓展服务域为内容,以完善运维机制和信息化基础环境为保障,推动中小企业的健康发展,提升中小企业的竞争力,加速信息化与工业化的融合步伐,推动"放管服"改革,促进电子政务的发展,完善优化营商环境的政策措施,促进经济和社会协调发展。

平台升级后,创新推出了"六个蓉e+一个办事"的服务模块("六个蓉e"即"蓉e达""蓉e贷""蓉e招""蓉e查""蓉e问""蓉e说"),以专家在线答疑、政策精准推送、线上融资对接为主要特色,在落实减税降费政策、解决融资难融资贵、简化企业办事流程等方面,筛选和集聚一批优质服务机构,为芙蓉区中小企业提供政策、融资、人力、知识产权、法律等各类的线上服务,进一步优化创新创业的生态环境。

2020年,为贯彻落实党中央、国务院关于缓解企业"融资难、融资贵、融资慢"问题的要求,平台在芙蓉区金融事务中心的主导下,以聚焦服务实体经济、聚力金融科技创新、聚合资源有效供给为抓手,全新升级"蓉e贷"平台,打造成全省首个企业融资服务线上平台。

升级后的"蓉e贷"平台通过协调长沙市风补基金、湖南省中小企业融资担保、芙蓉区内优质银行金融机构,发布金融产品、管理融资需求、跟踪流程及结果等,开展银企对接,指导企业从自身生产经营现状及资金运用情况出发,根据企业未来经营与发展策略的需要,通过"蓉e贷"线上对接渠道的方式,完成需求对接、在线申请,实时掌握进度流程,共计支持407家企业贷款46.4亿元。为企业提供精准快捷的金融服务,提高融资对接效率和精准度,让信息"多跑路"、让企业"少跑腿",打造企业融资服务的"芙蓉效率"和全面高效的芙蓉区中小企业融资服务支持体系。

截止到2021年4月9日,该平台累计用户有13897个,提供热门活动发布127场,整理上传推送国家、省级、市级、区级政策2123条,涉企政策及资讯阅读量达20万余次,服务企业1万余家,有效节省企业经营成本,打破时间、空间、信息、资源等壁垒,共享专家、机构及培训资源,为企业发展周期中遇到的各类问题提供解决方案,形成良性的创新创业服务生态链。

通过精准施策、市场主导、资源聚合、政企联动、优化营商等多个方位,激发企业的市场主体潜能,增强创新创业的发展实效,强化服务资源的有机衔接,加速企业生产力的转化,有效促进新技术、新业态、新模式加快发展和产业结构的优化升级,着力推动"放管服"改革,促进政府职能转变,完善优化营商环境的政策措施,建立健全统筹推进、督促落实优化营商环境工作,及时协调、解决企业在发挥市场主体的过程中遇到的难点痛点问题,促进芙蓉区企业"大众创业、万众创新",推动芙蓉区经济结构调整、打造发展新引擎、增强发展新动力、走创新驱动的发展道路。

"蓉易办"企业服务平台打造了一种开放、包容的营商环境,致力培育和建设适宜中小企业成长的公共服务生态,是芙蓉区统筹发展电子政务、深化"放管服"改革、推进全国一体化政务服务平台建设、加快数字政府建设的重要载体;是紧紧围绕推动高质量发展的根本要求,奋力实施"三高四新"战略的重要举措;是芙蓉区"十四五"优化营商环境、创新服务模式、提升行政效能开局起步的重要突破口;是推进国家治理体系和治理能力现代化,将芙蓉区打造成为湖南标杆、中部领先、国内一流的营商环境新高地的重要支撑。

(长沙市芙蓉区数据资源中心)

·银川市·

银川市坚定信心趟出"互联网+政务服务"新路

2016年以来国务院、国务院办公厅先后印发了《关于加快推进"互联网+政务服务"工作的指导意见》《关于加快推进全国一体化在线政务服务平台建设的指导意见》《进一步深化"互联网+政务服务"推进政务服务"一网、一门、一次"改革实施方案》等一系列文件,推进"互联网+政务服务",是贯彻落实党中央、国务院决策部署,把简政放权、放管结合、优化服务改革推向纵深的关键环节,对加快转变政府职能,提高政府服务效率和透明度,便利群众办事创业,进一步激发市场活力和社会创造力具有重要意义。

在全面落实国家、宁夏回族自治区的任务要求方面,银川市始终强化首府责任、坚持首府标准,在推进"互联网+政务服务"方面一直走在前列、争做表率,在政策把握上有准确的预判。2020年12月1日,宁夏回族自治区银川市委、银川市人民政府印发了《银川市关于加快"市民云"数据信息集成系统平台建设全面推进政务服务事项"一网通办""全程网办"工作方案》,要求实现线上"一网"申报、线下"一窗"受理、系统联通、数据"上云"。依托自治区事项基本目录(四级四同事项目录)统一事项标准,实现全市政务服务事项(银川市本级1258项,各县市区6810项,涉密或法律法规另有要求的除外),全部做到"一张网"申报(宁夏政务服务网),"一个平台"受理(银川市政务事项综合窗口受理平台),"一个平台"监管(银川市政务服务综合效能监管平台),"一个平台"集成(银川"市民云"数据信息集成共享交换系统平台),实现标准统一制定、过程统一监管、数据统一管理、证照统一归集、结果统一评价。

加快"市民云"数据信息集成系统平台,全面推进政务服务事项"一网通办""全程网办",提升银川市"互联网+政务服务"能力,从根本上解决业务专网多、系统不能通、数据不共享的问题,打造便民、亲民、利民的网上办事渠道,尽快实现政务服务事项"一网通办""全程网办""跨省通办",让群众办事"零跑腿",全力打造"掌上办事之城""无证明之城"。

"一网通办""全程网办"之路布满荆棘,专网联通、数据共享并非易事,但银川市始终坚定信心、披荆斩棘,趟出"互联网+政务服务"新路。在推进"一网通办""全程网办"工作过程中,政务事项综合窗口受理平台(一个平台受理)和政务服务综合效能监管平台(一个平台监管)始终是"一网通办""全程网办"的重要支撑。

一 政务事项综合窗口受理平台上线

2021年1月22日,银川市政务事项综合窗口受理平台正式上线试用,随着政务事项综合窗口受理平台上线数量越来越多,上线速度越来越快,从首批上线20个事项到目前上线699个事项,每一步都落在实处。截至目前上线至政务事项综合窗口受理平台的699项事项中银川市本级事项包括:取水许可申请,申请核发取水许可证,生产建设项目水土保持方案审批,原取水许可证有效期届满,从事营利性治沙活动许可,建设工程规划类许可证核发,企业设立、变更、注销登记,药品零售企业经营许可证注销、麻醉药品和精神药品邮寄证明核发,第三类医疗器械经营许可证注销,商业住房贷款转住房公积金贷款、住房公积金偿还商业住房贷款提取,以住房公积金偿还本中心住房公积金贷款提取等525项事项;其中涉及银川市审批服务管理局484项,银川市住房公积金中心41项,已完成接入综合窗口受理平台的政务服务事项占银川市民大厅总进驻事项的51.9%。还包括银川县(市)区、金凤区公共场所卫生许可、民办学校及其他教育机构审批、人力资源许可证审批、劳务派遣经营许可证受理等74项事项;西夏区饮用水供水单位卫生许可、饮用水供水单位卫生许可变更、清真食品准营证核发、固定户外广告设置、临时占道经营、门头牌匾、地名命名、更名、登记审批等100项事项。

政务事项综合窗口受理平台上线的业态中,"一业一证"事项包括:医疗器械销售开办、零售药店开办、医疗器械生产开办游乐场(室外)开办、游乐场(室内)开办、集中式餐具消毒企业开办、游泳馆开办、滑雪场开办、攀岩馆开办、加气站开办、医院开办、加油站开办、网吧开办、幼儿园开办、美容院开办、理发店开办、宾馆开办、电影院开办、民办中小学、民办中等职业学校开办19项事项。推出"一张清单"、统一"一套材料"、设置"一窗受理"、推行"并联办理"、实现"一网联动"、全面推行"一证准营"。

政务事项综合窗口受理平台的上线,为打造便民、亲民、利民的网上办事渠道提速增效,为提升企业和群众的体验感、获得感、幸福感保驾护航,乘风破浪、勇往直前,奏响政务服务"新篇章"。

二 政务服务效能监管平台研发

政务服务综合效能监管平台,包括办件数据时限监管、流程监管、"一业一证"办件监管、叫号数据监管、审管联动监管功能,建设都已完成,于2021年4月15日上线试用。平台集成了政务服务数据分析展示系统,可实现事项统计分析、叫号数据统计分析系统功能研发。同时,整理归集效能监管场景应用需求,进一步完善"好差评"统计、叫号数据监督功能、审批事项办件的审管联动办件数据监管功能的研发工作,确保2021年4月审管互动功能在政务服务综合效能监管平台上线。

三 银川市民大厅运行手机端上线

银川市民大厅再推"指尖"便民服务新举措——大厅运行手机端上线试运行。办事群众足不出户,动动手指,即可掌上查看市民大厅实时运行情况,让群众真正感受到"互联网+政务服务"带来的便捷和省时。办事群众通过手机端(APP:i银川)不仅可以掌上查看大厅办理事项、网上申报事项、全程网办事项、市级事项,还可以查看当日办件情况（今日受理件、今日取号人次、目前排队人次、今日办结人次、今日平均等待时长、今日平均办理时长）。办事群众可以根据自身情况自行选择办事时间，有效避免了群众在大厅办事排长队、等候时间长的问题，为群众办事提供了极大的便利。截至目前，可以在掌上查看到叫号排队情况的有出入境服务、医疗保险服务、社会保险服务、金凤政务服务、不动产服务、车驾管服务、住房保障服务、项目服务、市场服务。各个单位在市民大厅中的办事位置，如医疗保险服务在市民大厅一楼B1厅都可以在手机端显示。大厅各单位负责同志不受时间、地域限制，可随时查看本单位办理事项排队人数、办理用时等，可随时掌握窗口运行情况，聚焦问题、分析问题、解决问题，让"看得见"的服务提速增效，在为群众便捷、省时、高效办事上狠下功夫。

四 接入电子签章

已完成宁夏回族自治区政务服务网（银川市）站点与宁夏回族自治区电子签章平台的签章生成入库接口工作，实现了用户注册后的签章注册功能；已完成政务事项综合窗口受理平台与电子签章平台云签章中个人签章的接口调用、融合，实现在申请表单进行签章应用研发工作。

五 夯实基础，系统培训强本领

自政务事项综合窗口受理平台上线以来，银川市审批服务管理局多次对使用系统的管理人员及业务办理人员进行了政务事项综合窗口受理平台的功能介绍及系统操作培训。加强一窗综合受理平台的应用，提高工作人员对平台使用的熟练度和快捷度，快速高效为群众企业办事。

加快"市民云"数据信息集成系统平台的建设，全面推进政务服务事项"一网通办""全程网办"，为打造线上线下融合的政务服务体系提供方向，为地理上分散部署、网络环境各异的政务服务设施打通一网连接，为统筹服务资源、提高协同能力、压缩决策链路提供最大限度的支持，为提升政务服务运行效率从而达到系统应接尽接、事项应上尽上、资源应迁尽迁保驾护航，真正形成响应速度和节奏更快、灵活度和适应度更高、效能和效果更优、群众和企业体验感、获得感更强的政务服务体系。

银川市始终以推进智慧政务为抓手，积极推进"一网通办""全程网办"工作，趟出"互联网＋政务服务"的新路。打造高效便民的政务服务环境，提升"互联网＋政务服务"水平，为群众办实事、办好事，切实增强人民群众的体验感、获得感。在打造"掌上办事之城""无证明之城"的道路上往深里走、往实里落。

（银川市审批服务管理局）

·宜昌市·

宜昌市加快数字政府建设　推进治理能力现代化

2020年宜昌市委、市政府坚持以习近平新时代中国特色社会主义思想为指导，深入贯彻落实党的十九大和十九届二中、三中、四中、五中全会精神和习近平总书记考察湖北重要讲话精神，认真实施《宜昌市数字政府和智慧城市建设三年行动计划（2020—2022）》，将数字政府建设与深化"放管服"改革紧密结合起来，与服务和改善民生紧密结合起来，与发展数字经济紧密结合起来，推进市域治理能力现代化，推动城市高质量发展，较好完成了"一高双争三决胜"目标任务。

一　加快数字基础设施建设，建强数字宜昌支撑体系

加快新型基础设施建设。一是推进5G建设，成立推进5G发展工作领导小组，制订了《宜昌市推进5G发展工作方案》，截至2020年11月底，5G基站已建成2442个，基本覆盖市、县覆盖主城区和主要工业园区。二是加快物联网建设，协调电力、铁塔、移动、联通、广电网络等单位，推动物联网共建共享共用。三是加快工业互联网建设，实施宜昌市工业互联网建设三年行动计划，推进工业互联网宜昌二级节点建设。四是建设中部存储基地。充分利用宜昌区位优势、清洁电能优势和安全优势，加快推进三峡大数据中心、紫阳大数据中心基地建设。积极向上申报长江经济带区域一体化大数据中心落户宜昌。

加大数据归集力度。建立水、电、气、税等数据归集机制，归集税务数据约2000万条，归集供水、供气信息约260万条，对接国家发展改革委公共信用信息中心涉企5类数据。基础数据库在使用中进一步充实完善，人口库归集数据47228622条，法人库归集数据1125374条，空间地理库、电子地图、规划影像图、国土二调图、城市部件、真三维实景模型图等数据达到1.5TB。

保障数据网络安全。建设运营"数字宜昌"网络安全中心，建设网络安全专业队伍，全力保障基础设施平稳运行，织密筑牢网络安全屏障。

二　强力推进政务应用，加快政府数字化转型

（一）优化提升智能应用，提高政务信息化水平

重构一体化的网上办公系统，市、县、乡、村有1983家单位通过办公门户处理文件856385份，提高了公文处理效率。推进档案工作数字化，全市5320个单位共建6207个数字全宗档案，数字化档案达3500万条，档案数据达到7500G。大力推进"互联网+督查"，领导批示、会议决策、督查整改、重大项目等通过网上办理，推进了宜昌市委市政

府决策部署的落实。建设人大代表、政协委员履职服务系统，推进社情民意及建议提案的高效办理。利用网上办公、远程视频会议，为疫情防控、云招商、复工复产、远程教学等工作提供技术支持。

（二）全力推进"一网通办"，优化政务服务环境

聚焦高效办成一件事，全力推进"一网通办"。一是狠抓五级联通，全面升级一体化在线政务服务平台（3.0），实现政务服务线上线下"五级联通、一网通办"。二是推进落实"四减"要求。减流程、减材料、减时间、减跑动，全市办件时间总体压缩近70%，减少申报材料243项，99%事项实现"最多跑一次"，市级"马上办"事项785项，"就近办"事项276项。三是推动"一事联办"。对照省"一事联办"实施清单，上线"新生儿落户""我要开饭店"等11项"一事联办"主题服务，实现便企利民高频办事场景"一件事、一次办"。四是推进"一窗通办"。按照"前台综合受理、后台分类审批、统一窗口出件"模式，规范建设市县政务服务大厅综合窗口，实现80%以上事项一窗办成。五是推进"一网通办"向基层延伸。加强镇村两级政务服务规范化建设，实现更多事项"就近可办、一窗办成"。全市镇村两级通用清单于8月底上线运行，共认领发布乡镇事项230个、街道事项222个；村级事项89个、社区事项78个，镇村"马上办"事项占29%，"一次办"占51%，可网办率达80%以上。宜昌市"一网通办"在全省绩效考核中，稳居第一方阵。

（三）持续推进"六多合一"改革，提升审批服务效能

多规合一破解"拿地难"。融合城乡规划、土地利用、环保、林业等规划，形成国土空间"一张蓝图"。搭建信息平台，业主网上选地、部门线上协调定地，实现"一个平台"管实施。多评合一破解"评估繁"。推行"区域评估＋综合评估"模式，累计投资4100多万元全量完成全市18个工业园区环境影响、水土保持、矿产压覆、文物保护、地质灾害危险性、地震安全性、气候可行性、洪水影响等8类评估编制，已为企业降低成本1400多万元。多审合一破解"审图慢"。发挥数字化审图平台优势，将图纸"多部门联合审查"进一步优化为"一个部门多项审查"，实现图纸"网上传输、在线审图、数字交付"。811个项目审图平均7~12个工作日就能办结，提速30%以上。多验合一破解"验收拖"。将规划、消防、人防、住建等多部门单项验收整合为"一次上门，联合验收"，验收时限由57个工作日压缩至10个工作日。多证合一破解"信息堵"。实行商事登记"58证合一"，推行149项涉企经营事项"证照分离"改革，推出电子营业执照，进一步降低企业制度性交易成本。多管合一破解"监管弱"。推进综合执法，高新区、夷陵区相继组建综合执法局，黄柏河、柏临河推行全流域执法，有效破解多执法难题。市县两级174个部门推进"双随机一公开"监管，深化"互联网＋监管"，探索可视化监管、信用监管、包容审慎监管，应用省监管系统开展联合监管。2020年11月，宜昌"六多合一"改革获国务院第七次大督查通报表扬。

（四）规范推进政务公开，建设开放型政府

推进政务公开标准化规范化。完成宜昌市政府及部门、各县市区政府及部门、乡镇（街办）政府信息公开页面及标准目录设置，全年全市各级各部门公开政府信息 120997 条。规范政府网站运行。完成全市政府网站 IPV6 改造和集约化建设，实现政府网站、信息公开、市民服务热线、湖北政务服务网无缝对接。建成政务新媒体矩阵体系，确保全市政务新媒体健康有序运行。办好市民服务热线。制定出台 12345 市民服务热线平台运行管理规定、承办单位工作办法和考评办法，提高办理时效。编报热线月报和疫情期间每日快报，助力宜昌市委市政府解决市民关心的热点和焦点问题。

三 优化提升智慧民生服务，提高人民群众获得感

优化提升智慧人社。推进人社业务网上办、掌上办、自助办、就近办，在线办理人社业务服务事项 204 项，事项开通率 100%，34 项业务可通过"宜昌人社"微信公众号掌上办理，率先在全省实现灵活就业、养老缴费掌上认定。

优化提升智慧医疗。加强"宜健通"推广应用，实现一部手机管健康。整合居民健康档案、电子病历、人口基本信息、基本公共卫生服务、医疗服务等相关信息并开展慢性病管理。启动社区新冠肺炎疫情联防联控网格系统，提高了精准防控能力。利用中央抗疫特别国债资金积极推进全市公共卫生补短板强功能项目建设，投资 3200 万元，建设一体化智慧医疗信息化项目，促进公共卫生多点触发智慧化监测预警和应急指挥决策。

优化提升智慧医保。市医疗保障信息平台于 2020 年 1 月 6 日上线，为 390 多万参保人员和 2844 家医疗机构、零售药店提供医保结算服务。为解决疫情期间群众购药不便等困难，积极推进"宜昌云医院"医保线上支付工作，通过大数据平台实现医生网上问诊、电子处方流转、医保线上支付、药店配送上门的便民模式。在全省率先完成医保电子凭证试点工作，医保电子凭证自 2020 年 10 月 9 号上线以来完成扫码结算 8.3 万人次，支付医疗费用 1036 万元。

优化提升智慧教育。疫情期间，扩容提升教育云平台，对接国家中小学云平台优质资源，遴选 11 家网络教学系统，实现全市 40 多万师生"停课不停学"全覆盖。依托大数据开展"互联网+智慧招生""大数据+学生评价"亮相全国舞台。统筹抓好抗疫网络教育和智慧校园创先、网络学习空间创优、人工智能教育创新等各项工作，宜昌教育信息化水平位列江西省第一名。

优化提升智慧交通。坚持智慧引领、数据赋能，高标准推进综合交通大数据中心建设。投资近 600 万元，建设三峡航运数据中心，开发"小宜系列"四大系统，推出三峡航运指数 70 余项，应用服务于客货运输企业、司乘人员及行业管理部门，受到部省领导高度肯定。

优化提升智慧旅游。建成宜昌市文化旅游产业运行监测与安全监管平台，服务于安全管理和产业运行监测。建设"一部手机游宜昌"的智慧旅游平台，服务涉旅企业和游客，为游客提供精准服务，提升游客体验。

推进智慧养老建设。亚行贷款宜昌养老项目专班完成了项目建设方案的制定与审核工作，已报亚行审核并启动招标程序。

优化提升智慧金融。升级网上金融大厅，利用政务数据为企业"画像"增信，畅通银企融资对接渠道，撬动银行通过移动互联网为民营、中小微企业、"三农"主体提供以信用贷款为主的各类综合化金融服务。创新上线"企贷通"产品，实现企业信用报告授权查询、融资需求一键发布、融资服务精准撮合、融资业务办理进度跟踪等融资服务。

四 创新大数据应用，提升市域社会治理现代化水平

（一）物联网助力环境治理

完善生态监测网络建设，初步建成了覆盖全市的环境空气和水质自动监测网络。建设环保大数据中心，建成数据集成管理、资源目录系统、污染源档案系统及大屏数据专题、空气专题模块。加快数据应用，建设宜昌市污染源应急指挥平台建设，对全市排污情况进行实时监控；建成宜昌市机动车排气污染电子监管平台，对全市机动车检验机构的汽车检测线进行在线监控，检测信息传至环保大数据中心及三峡云计算中心；依托雪亮工程，完成中心城区190余个环保视频监控建设，并接入城市视频监控平台。

（二）网格化支撑社会治理

构建社会治理一体化平台。由宜昌市委政法委牵头，将县市区分散的网格化管理系统升级为城乡一体，整合18个市直部门延伸至基层的信息系统，构建社会治理一体化平台，实现"网格管理、为民服务、矛盾排查、基层联动、特殊人群服务"等社会治理功能。该平台于2020年10月16日上线运行。

探索社区"微治理"模式。积极探索基层社会治理新路径，搭建"宜格微治理"平台，打通联系和服务群众的神经末梢。该平台以楼栋为单位组建居民微信群，网罗社区工作者、民警、物业人员、志愿者、居民等进群，将基层党建、公共服务、公共安全及生活服务、法律服务、咨询举报求助等事项通过微信群直达居民，实现"居民事团队管、身边事有人应、社区事大家议、服务事掌上办"。"宜格微治理"平台于2020年10月上线运行。目前，全市已建群2876个，覆盖287个村（社区），居民24895人。

（三）党建云增强社区活力

完善宜昌智慧党建云平台，采取群众"群众点单—社区下单—党员干部接单"模式，紧贴"居民所需"，结合"党员所能"，实施"订单服务"，通过互联网精准获取基层实际需求，便捷形成志愿服务供需清单，访民情、听民意、解民忧，党员干部们通过智慧党建云平台开展疫情防控、文明创建、防汛减灾、送法进社区等活动，发挥党建"融"作用，激活社区治理"一池活水"。

五　发展大数据产业，培育数字经济新生态

聚焦数字产业化、产业数字化，全面谋划宜昌城市大脑建设，打造大数据产业集聚区，丰富拓展场景化应用，以数字经济赋能宜昌高质量发展。

（一）谋划城市大脑建设

学习借鉴上海市"一屏观全域、一网管全城"的先进理念和经验，谋划城市大脑建设。宜昌市政府与阿里巴巴集团控股有限公司签订《共建"城市大脑"全面合作协议》，宜昌城市大脑（一期）项目立项和可行性研究报告通过审批。

（二）加快大数据产业园区建设

通过政府引导、市场运作、资源集聚、创新融合的运营思路，谋划建设三峡（宜昌）大数据产业园，11月18日开园运营，阿里云计算有限公司、华为技术有限公司、腾讯医疗健康（深圳）有限公司、北斗航天卫星应用科技集团有限公司等28家企业和科研院所正式签约入驻，共同推动大数据企业创新大数据应用，赋能数字经济发展。

拓展东土智慧城市物联网（工业互联网）产业园。以东土科技产业园为平台，加快推进工业互联网、交通、城管、消防、治安等领域的物联网应用示范，带动产业链招商，形成物联网产业聚集区和应用示范区。

（三）打造区域数据中心

发挥三峡区域清洁电能、安全区位等优势，推动三峡集团规划建设三峡大数据中心，项目总用地面积150亩，总计可建设26400个机柜，总投资45亿元，计划分三期建设，第一期计划建设4400个机柜，投资8.5亿元，12月底开工建设，建成后将成为华中地区规模最大的数据中心，为宜昌等长江经济带重要节点城市提供强大的算力保障。

2021年是"十四五"开局头一年，宜昌市将在党中央、国务院和湖北省委、省政府的坚强领导下，牢记嘱托、感恩奋进、干在实处、走在前列、当好引擎，加快建设省域副中心城市、长江中上游区域性中心城市、长江经济带绿色发展示范城市，打造区域性先进制造业中心、交通物流中心、文化旅游中心、科教创新中心、现代服务中心，为全面建设社会主义现代化开好局、起好步。

（宜昌市政务服务和大数据管理局）

第七篇

2020年度电子政务典型案例

基于信创环境下的生态环境部综合业务门户建设

一 建设背景

为贯彻落实《国务院办公厅关于印发政务信息系统整合共享实施方案的通知》（国办发〔2017〕39号）要求，按照国家发展改革委《加快推进落实〈政务信息系统整合共享实施方案〉工作方案》的统一部署，生态环境部稳步开展应用信息系统集成整合工作，解决生态环境部信息化系统数量多、不集中等问题。

2017—2019年，以"集成整合、互联互通"为主要目标，对生态环境部综合业务门户（以下简称"综合业务门户"）进行技术架构升级，按照微服务架构的设计理念，建设了基于生态环境业务专网的统一应用集成服务框架。

2020年，按照信创工作的统一部署，以信息技术应用创新为契机，开展综合业务门户改造工作。采用"强后台、大中台、小前台"的建设新理念，融合互联网新技术，探索新基建模式，基于信创基础环境，实现生态环境部政务管理工作的多端在线、融合协同、资源共享，打造高效、廉洁的服务型政府。

二 问题难点

（一）影响范围广

综合业务门户作为生态环境业务专网的统一门户，为全国生态环境系统用户提供一门式登录服务，这次改造会影响全国生态环境系统用户使用。

（二）涉及应用多

综合业务门户已与部分应用系统完成了统一应用、统一用户、统一认证、统一日志、统一权限、统一待办等微服务集成工作，这次改造对集成关系影响巨大。

（三）多终端适配

综合业务门户改造完成后不仅需要适配信创终端，也需要适配X86终端，并支持360、统信UOS、火狐、IE8~IE11等多种浏览器。移动端需兼容Android5~11等各版本操作系统，同时要保证功能的平滑过渡。

（四）历史数据量大

综合业务门户存储了大量历史数据，包括组织机构与用户、统一日志、信息发布、统一权限、统一待办、统一应用等重要数据，历史数据从非国产化数据库向国产化数据库迁移需要保证数据的完整性、一致性，还要保证用户登录密码、信息查看权限等业务数据不受影响。

三 建设原则

这次改造充分考虑了信息技术应用创新的落地，核心是建设信创下的统一技术支撑平台。为此总体技术架构需要支持国产主流的服务器、操作系统、中间件、数据库、终端，兼容X86终端和移动设备。

（1）服务器。支持龙芯、兆芯、飞腾、申威、海光等CPU，中标麒麟、中科方德、银河麒麟、统信等国产操作系统。

（2）数据库。支持达梦、人大金仓等主流国产数据库。

（3）中间件。支持东方通、金蝶等主流国产中间件。

（4）终端。支持龙芯、飞腾、中科方德、中标麒麟、银河麒麟、统信UOS等桌面操作系统和Windows操作系统；支持Firefox、360浏览器，IE浏览器；支持WPS和OFD办公软件。

四 技术架构

（一）总体架构

依托微服务架构设计理念，采用信创支撑平台、泛应用前台、高扩展后台的设计体系，建设集中统一的综合业务门户，总体架构如图1所示。

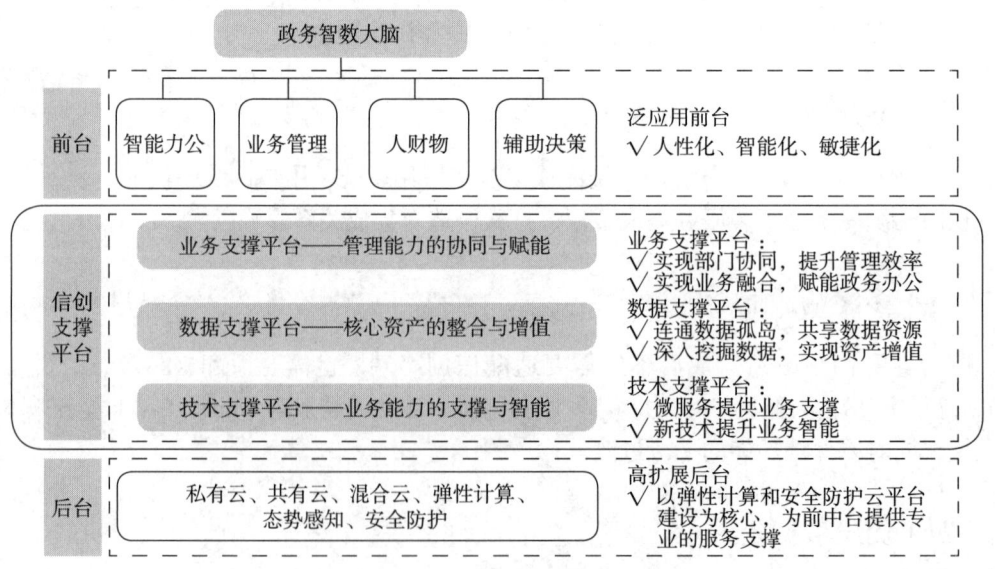

图1 信创综合业务门户总体架构示意

（二）技术亮点

信创支撑平台采用面向服务的技术架构，通过服务总线实现与外部系统的集成对接。支撑平台服务层提供强大的技术服务、支撑服务和应用服务，为展现层提供 PC 端、移动端双端展现服务。通过对服务的各类数据的采集，利用相关技术进行安全防护和运维支撑的分析和监控。

支撑平台以微服务架构为技术支撑，遵循面向业务、面向构件原则，采用微内核和高扩展性，保障支撑平台强壮性、稳定性。其中核心建设的技术支撑平台将各类微服务组件的能力进行整合和包装，同时提供简单一致、易于调用的集成技术接口，助力前台应用、业务支撑平台、数据支撑平台的快速建设。通过建设统一用户、统一应用、统一展现、统一认证、统一权限、统一待办、统一日志、统一监控、统一消息、统一分享等微服务支撑组件，助力泛应用前台、业务支撑平台、数据支撑平台的快速部署，形成业务导向、业务驱动和业务建模的业务应用支撑平台，构建、整合、扩展、管理应用系统，实现标准落地、集中应用、统一管理、可视化监控，有效提升业务流程整合能力和系统开发部署效率。技术支撑平台技术架构主要包括计算服务层、微服务提供层、统一服务管理层、用户服务层，架构如图 2 所示。

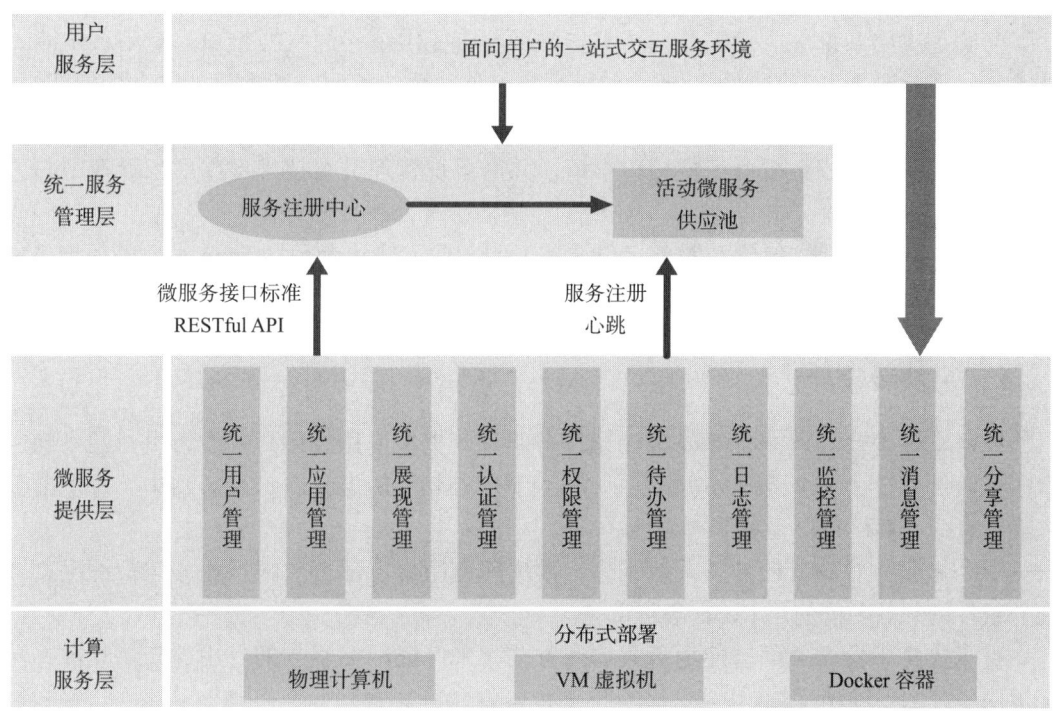

图 2　技术支撑平台组成示意

1.计算服务层

计算服务层为技术支撑平台提供运行的基础软硬件环境。每一个微服务均可独立部署在物理服务器、VM 虚拟机或 Docker 容器中，实现微服务与基础软硬件环境的松耦合。

2. 微服务提供层

微服务提供层为技术支撑平台的核心支撑层，提供整个支撑平台运行的核心服务。按照具体功能将平台拆分为多个独立服务，每一个服务可以独立安装部署，服务之间通过 Restful 接口实现数据的传输与同步。各个微服务之间是松耦合的，各项服务都拥有自己的进程并利用轻量化机制实现通信。

3. 统一服务管理层

统一服务管理层实现对所有微服务的全生命周期管理。当微服务上线时，服务提供者将自己的服务信息注册到服务注册中心，并通过心跳维持长链接，实时更新链接信息。服务注册中心维护"活动微服务供应池"。用户服务层向"活动微服务供应池"查询当前可用的服务；并请求服务获取或提供数据。

五 集成部署设计

（一）集成设计（微服务接口标准）

为满足应用系统集成的需要，技术支撑平台应提供统一的 API 接口。应用系统接入技术支撑平台要首先完成应用注册，包括系统名称、系统编码、版本号，以及管理部门、负责人、管理员、开发单位、联系方式等基础信息，形成应用系统台账。应用系统注册成功后，提交须集成微服务组件接口申请，并由系统管理员在技术支撑平台管理中心进行授权。

技术支撑平台提供包含微服务接口调用说明、输入输出参数、demo 示例的标准 API 接口。应用系统按照接口要求进行开发、设计。

（二）部署设计

技术支撑平台管理中心部署 N 个微服务组件，根据应用及用户并发情况，最终确定微服务实例数量；每个微服务实例可独立运行于 VM 虚拟机或 Docker 容器中，每个微服务最少有两个实例来保证系统可靠性。

每个微服务对应自己的关系数据库，数据库使用集群部署。根据业务运行情况，微服务组件的部分功能使用 Redis 集群部署。

技术支撑平台网关部署使用负载均衡方式，来保证网关服务的可用性与持续性，保证应用系统的不间断运行。

六　应用成效

（一）搭建统一支撑平台，提升集成服务能力

综合业务门户改造采用"强中台、轻应用"的设计理念和微服务技术架构，建设统一支撑管理平台，包括统一应用、统一认证、统一用户、统一权限、统一日志、统一待办等9种微服务，不依赖于门户独立为应用系统提供服务和集成能力，有效规范系统整合集成，保留了与原有核心业务系统的集成关系，实现了"代码可复用、资源可共享、经验可借鉴"的集约化目标。

（二）双端适配改造，逐步实现全替代

生态环境部综合业务门户架构从服务器端到桌面终端、移动终端，既能适配信创下的运行环境，同时也支持X86运行环境，实现分步替代。综合业务门户采用桌面终端、移动端相结合的开发模式，快速构建移动办公平台，实现与PC端的统一用户管理、统一认证管理、统一数据展现、统一权限管理，为下一步移动应用的整合集成提供了强大的集成平台和服务能力。

（三）集中统一建设，构建政务"一扇门"

根据统一管理、统一部署、统一标准、统一规范的要求，以业务需求为导向，建立以综合业务门户为中心，以政务门户、业务门户、移动门户及其应用为基础支撑的子门户群，形成生态环境部综合业务门户的集合。利用统一规范的门户体系，提高生态环境部的信息化服务水平，节省投资，实现资源互通共享。

（四）提炼技术规范，加快系统整合集成

为方便应用系统快速集成，加强生态环境部综合业务门户集成管理，实现各系统单点登录及统一集中展现，提高门户集成服务水平，编制印发了《生态环境部综合业务门户集成技术规范》，在最短时间完成了生态环境部在用系统与综合业务门户的单点登录集成工作。

（五）注重应用实效，经验可借鉴可复制

项目实施以"真替真用、管用适用"为导向，重点关注用户体验和应用效能。2021年1月，综合业务门户及应用系统平稳切换，完成历史数据迁移并正式运行，为生态环境系统用户提供"一门式"登录、"一站式"办公、"一页式"展现服务。

（生态环境部信息中心）

全国农业农村重要经济指标专题数据库建设

一 系统平台简介

为贯彻落实党的十九届四中、五中全会作出的"优化经济治理基础数据库","加强宏观经济治理数据库建设,提升大数据等现代技术手段辅助治理能力"等有关数据库建设的决策部署,2019 年 11 月以来,在农业农村部领导下,信息中心充分利用农业农村部现行统计制度支撑形成的政务数据资源优势,主动谋划、扎实推进全国农业农村重要经济指标专题数据库建设。经过一年多的努力,该数据库基本建成,经汇集、整理,形成了宏观经济、农业农村发展、农产品市场、农产品进出口、资源环境、国际农业等 6 大领域的重要经济指标数据。该数据库已于 2021 年 2 月 26 日正式上线运行,用户可通过农业农村部门户网站数据频道、微信公众号进行访问查询。

二 系统平台建设过程

经过一年多的努力,全国农业农村重要经济指标专题数据库基本建成,并于 2021 年 2 月 26 日正式上线运行。在建设过程中,主要完成了六个阶段的建设任务。一是构建指标体系。我们查阅了历年中央农村工作会议、全国农业工作会议、中央一号文件等相关重要文件涉及的重要经济社会指标,以此作为指标体系的关键指标,并研究确定由宏观经济等 6 个一级指标构成指标体系。二是建设专题数据库。按照指标体系,基于 Oracle 数据库软件进行构建,优先将近十年的相关数据整理录入数据库。三是研发数据服务平台。我们基于 PC 端和移动端开发了数据服务平台和微信公众号,按照有序开放的原则,在农业农村部官方网站数据频道部署了对外数据服务平台,同时可通过二维码直接访问微信公众号。四是组织专家咨询论证。我们邀请中国社会科学院、中国农业科学院、中国农业大学等有关科研教学单位的专家召开了专家咨询论证会,根据专家的意见建议,对指标体系和专题数据库进行了进一步的完善。专家一致认为,该数据库的建设运行很重要、很必要、很有创新性,对提高决策能力和服务水平具有重要意义。五是组织开展试运行。为保证上线后的安全稳定运行,我们专门对该数据库开展了试运行,对相关功能、性能和用户体验进行了测试。六是举办上线启动活动。2 月 26 日,农业农村部举办全国农业农村重要经济指标专题数据库上线启动活动,农业农村部领导出席活动并作重要讲话,对专题数据库建设给予充分肯定,参加启动活动的司局负责同志一致认为该数据库建设技术先进、成效显著,很好地实现了行业重要经济指标数据的集中收集和展示。该活动信息已第一时间在中国政府网、农业农村部门户网站、《农民日报》上发布。

三 系统平台的创新点

建设全国农业农村重要经济指标专题数据库,是农业农村部贯彻落实党的十九届四中、五中全会做出的有关数据库建设决策部署的重要举措。据了解,该数据库建设走在了国务院各部委的前列,也为下一步对接国家数据统一共享开放平台打下了坚实基础。该数据库信息化创新情况如下。

(一)创新构建指标体系

在指标构建上,运用关键绩效指标(KPI)理念,尽力把衡量农业农村经济社会运行的关键指标纳入指标体系。先后查阅了历年中央农村工作会议、全国农业工作会议(全国农业农村厅局长会议)、中央一号文件等相关重要文件涉及的重要经济社会指标,以此作为指标体系的关键指标。同时,顺应机构改革后农业农村部管理职能从"一农"到"三农"的转变,将涉及农业、农村、农民的重要指标分别纳入宏观经济、农业农村发展、农产品市场、农产品进出口、资源环境、国际农业等6个一级指标及120多个二级指标中,并以此构成指标体系。

(二)创新汇聚数据资源

在数据资源汇聚方面,认真贯彻落实十九届四中、五中全会做出的有关数据库建设的决策部署,充分利用农业农村部现行统计制度支撑形成的政务数据资源优势,主动谋划、扎实推进全国农业农村重要经济指标专题数据库数据资源建设。同时,基于国家农业数据中心农业信息采集系统、农产品批发市场信息上报管理系统、农业农村部政务信息资源共享服务系统等持续采集相关指标数据,并通过农产品监测预警数据仓库系统,按照以上指标体系,汇聚整理形成了宏观经济、农业农村发展、农产品市场、农产品进出口、资源环境、国际农业等6大领域的重要经济指标数据,并优先将近10年相关数据整理录入专题数据库,在农业农村部首次实现了行业重要经济指标数据的集中收集和展示。时任于康震副部长对此给予充分肯定,他评价"专题数据库建设标志着我部信息化建设有了新的进展,有助于推进我部数据辅助科学决策的能力和水平"。

(三)创新建设管理模式

在专题数据库建设方面,坚持边建设、边运维、边完善的原则,坚持需求导向、效果导向,切实把专题数据库建设成为农业农村部数字化转型、提升治理体系和治理能力现代化的有效工具。在专题数据库数据管理方面,在严格保密管理的前提下,按照先内后外、政务优先、有序开放的原则,在农业农村部门户网站数据频道部署了对外数据服务平台,同时可通过二维码直接访问微信公众号。为提升数据辅助科学决策的时效性,给农业农村部领导和机关司局提供精准服务,还将在办公内网部署专题数据库,切实做到内外有别。该数据库的建设得到了中国社会科学院、中国农业科学院、中国农业大学等有关科研教学单位的专家的充分肯定,他们一致认为该数据库的建设运行具有创新性。

四 系统平台的社会经济效益

全国农业农村重要经济指标专题数据库的建设和运行，走在了国务院各部委的前列，是对构建全国一体化政务大数据的重要实践探索，社会效益和经济效益显著。

全国农业农村重要经济指标专题数据库面向农业农村部领导、机关司局和社会公众提供服务，该数据库的建设和运行对农业农村部党组提高农业农村经济社会治理体系和治理能力现代化具有重要意义。该数据库自2021年2月26日正式上线以来，各方反映良好，农业农村部不少司局领导评价：该数据库建设对提升农业农村部数据辅助科学决策能力和水平具有重要意义，标志着农业农村部数据共享工作迈出了重要一步。于康震副部长明确指示要建设好、运维好、利用好专题数据库，为农业农村大数据建设做出直接贡献，为建设智慧农业、发展数字乡村发挥促进作用。该数据库还受到社会公众广泛关注，截至2021年3月底，微信公众号关注人数近3000人，通过农业农村部门户网站数据频道栏目访问专题数据库的访问量超过11万次。

同时，全国农业农村重要经济指标专题数据库对推进农业供给侧结构性改革，指导农业农村市场主体开展农业生产经营活动提供了权威、高效的数据支撑，对优化资源配置，促进产销对接和节本增效具有重要的指导作用。

（农业农村部信息中心）

中国气象局垂直政务服务管理系统与地方政务服务平台对接案例

一 基本情况

按照《国务院关于加快推进全国一体化在线政务服务平台建设的指导意见》（国发〔2018〕27号）的具体要求，国家气象信息中心作为实施单位于2019年开始中国气象局一体化政务服务平台与国家政务服务平台对接的建设工作，旨在实现气象主管部门八类行政审批事项（包括气象台站迁建审批、气象专用技术装备审批、新扩改建设工程审批、防雷装置设计审核和竣工验收审批、防雷装置检测单位资质认定审批、外国组织和个人在华从事气象活动审批、升放无人驾驶自由气球单位资质认定审批、升放无人驾驶自由气球活动审批）的全国一体化在线政务服务。该系统于2019年9月30日正式上线。

全国气象部门实行统一领导，分级管理，气象部门与地方人民政府双重领导，以气象部门领导为主的管理体制。2020年4月，中国气象局启动垂直管理系统与地方政务服务平台对接工作，目标是依托国家政务服务平台政务外网、互联网相关系统，实现地方政务服务平台与国务院部门垂直业务管理系统业务数据回传和业务协同，解决地方政务服务平台"一窗受理"政务服务改革需求。

二 总体架构

该项工作整体实施路径（图1）是由中国气象局制定各气象行政审批事项的统一数据标准规范，对审批全流程数据，包括申报、受理、审批、许可数据，通过国家政务服务平台反馈省局政务服务平台实现数据实时共享，企业用户可通过省政务服务平台和中国气象局一体化政务服务平台双入口方式申报数据，实现业务协同，实现气象部门跨地区、跨层级、跨平台的全国多点接入、事项标准统一、数据实时共享、业务协同合作的垂管体系协作平台。

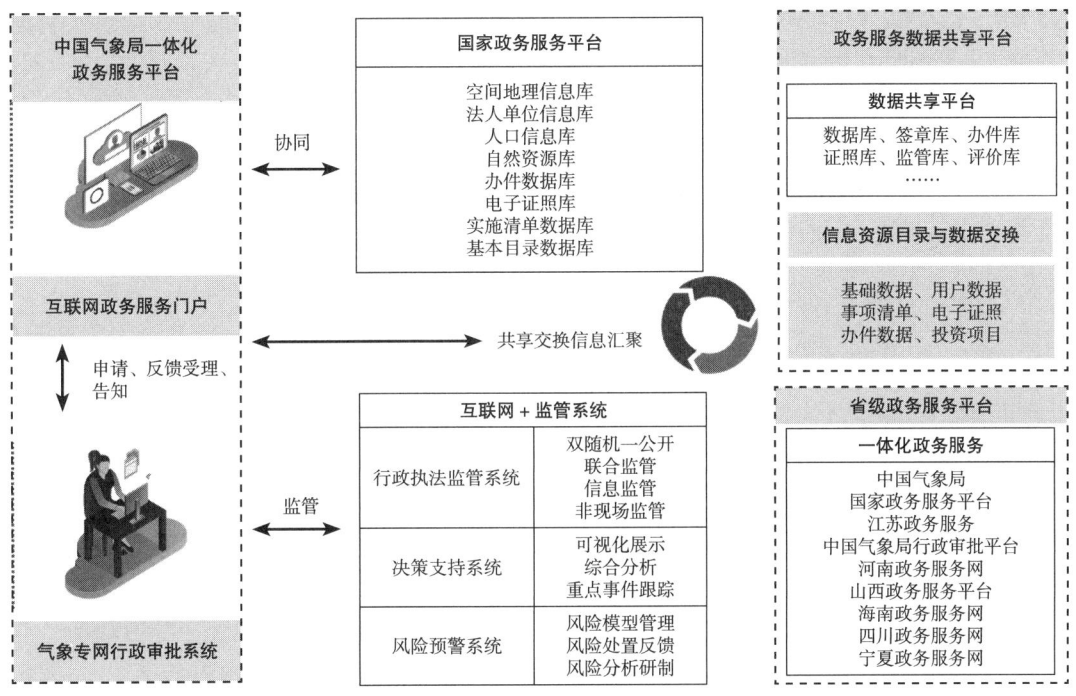

图1 中国气象局与国家和地方政务服务平台对接框架

三 技术实现

（一）统一数据标准

按照国家构建全国一体化"互联网＋政务服务"技术和服务体系的要求，梳理形成符合国家标准的全国气象部门行政审批事项的事项目录库、办件信息库、过程信息库、电子签章库、电子证照库等，并根据对接要求实时同步数据到地方政务服务平台。基于统一的气象部门行政许可事项目录清单，对政务服务事项进行细化完善，实现不同层级、不同区域相同的政务服务事项，其基本要素完全统一，并规范实施清单要素。实施清单及办事审批流程的统一化、标准化和规范化是进行政务服务事项管理和运行管理的基础，是实现政务服务事项数据统一、同步更新、同源公开、多方使用的有力保障。

（二）统一身份认证

完成统一身份认证对接是与地方平台对接的基础，在地方政务服务平台、中国气象局一体化政务服务平台与国家政务服务平台统一身份系统互联互通的基础上，实现国务院部门垂直业务管理系统与国务院部门政务服务统一身份认证平台的对接，服务自然人和法人"一地注册、各地互认"和"一次认证、全网通办"，通过"统一认证"和"信任传递"实现"单点登录，全网通办"。

（三）办件数据双向接口

依托国家政务服务平台数据共享受理服务系统，通过接口调用推送办件信息，实现中国气象局一体化政务服务平台和地方政务服务平台协同工作。

实现中国气象局一体化政务服务平台和地方政务服务平台申报数据双入口申报，双入口申报数据通过接口实时同步；受理、审批、办理结果等数据通过接口实时同步地方政务服务平台；审批事项办理完成提供国家政务服务平台电子证照信息查询接口，实现批量实时同步电子证照信息。

四 系统应用效果

目前，广西壮族自治区地方政务服务平台已经实现雷电防护装置检测单位资质认定新办下行接口的联调测试，辽宁省地方政务服务平台已实现现雷电防护装置检测单位资质认定新办接口的联调测试。与此同时，海南、陕西等多个地方正在实施技术对接协调。以国家政务服务平台为纽带连通中国气象局与各省政务服务平台，实现"双入口申报、单系统审批"的"一网通办"改革需求。

在数据整合共的大环境下，通过一体化垂直管理体系对接，实现统一身份认证、业务数据共享功能。用户可实现"一次登录、全网漫游"，"一处申报、数据共享"。一体化垂直管理对接体系数据共享场景如下。

场景一：用户在本地客户端访问中国气象局一体化政务服务申报平台，填写审批数据，并上报主管单位。主管单位在审批平台接收、受理、审批、办理结果等，同时通过国家政务服务平台同步地方政务服务平台办件、受理、过程审批、办理结果等数据。

场景二：用户在本地客户端访问地方政务服务平台，填写审批数据，并上报。申报数据通过国家政务服务平台电子政务外网环境同步申报数据到中国气象局一体化政务服务申报平台，由政务服申报平台推送至审批平台的主管单位，主管单位在审批平台受理、审批、办理结果等，同时通过国家政务服务平台同步地方政务服务平台受理、过程审批、办理结果等数据。

（国家气象信息中心）

北京市文化执法信息化工作平台

一 建设背景

为落实中共中央办公厅、国务院办公厅2016年4月印发的《关于进一步深化文化市场综合执法改革的意见》，按照《"十三五"时期北京市文化市场综合执法发展规划纲要》《北京市文化市场综合执法信息化发展规划（2016—2020）》的工作要求，北京市文化市场行政执法总队（以下简称"总队"）建设了北京市文化执法信息化工作平台（以下简称"平台"）。

平台整合现有的数据资源和内网应用系统，具有良好的扩展性、灵活性、资源可重用、高可用性等特点，避免"信息孤岛"、应用集成和数据交换困难等问题。

二 建设过程

平台的建成推进了依法行政、科学执法和执法联动，提升了首都文化领域综合执法工作职权履职率和执法能力水平，促进了"政府监管、行业自律、社会监督、法治保障"的文化市场综合管理体制的深化健全。

平台建设前，北京市文化领域行政执法的信息化存在以下问题。

（1）信息化覆盖不全：行政检查与行政案件的办理，不能依赖信息化平台实现全线办理。

（2）缺乏协同：多业务缺乏融合与协同，内部行政工作与一线执法工作未实现协同与数据融合。

（3）数据无法汇聚：各业务线产生的数据无法汇聚、整合，不能为综合分析和领导决策提供数据支撑。

为解决上述问题，总队及承建单位在平台建设前期开展了大量基础性工作。首先进行了深度调研，前往文化部、司法部和国家广播电视总局、文物局及多家行政执法机构等相关单位，厘清数据资源、工作交集和交互共享要求，学习借鉴其他执法机构信息化系统的设计思路与推广使用经验。其次，深挖细扣本领域工作业务需求，梳理市区两级执法办案、内部办公相关的业务流程，做到底数清、业务明。最后汇总上述两项工作成果，约请信息化专家把脉问诊，对建设方案进行评审与指导，保证了平台建设的科学性、合理性和规范性，明确了大系统、大平台、大数据的建设方针。

大系统：集队伍建设、协同办公、行政执法（含移动执法）、主体信用、IT运维于一体的大系统。

大平台：整合各业务系统，实现统一入口、统一身份管理、统一平台底层交互。

大数据：汇集平台内各业务系统数据，并与外部相关单位建立系统对接，实现数据融合交换和公开公示；基于平台业务数据，实现海量数据分析，支撑执法决策。

在此基础上，还明确了核心建设目标，即实现执法业务全覆盖、执法过程全监管、借助外围设备提升执法效能、利用大数据技术提高辅助决策的数据支撑效果。

三 建设内容

平台面向市、区两级执法机构，建设以首都文化市场行政执法工作的执行实施、调度指挥、监督指导为核心，以文化市场主体信用体系建设及文化执法信息管理与分析为要点，以内部办公管理信息化为保障，以文化执法数据资源中心为支撑的文化执法信息化工作平台。由"五大核心系统，一个数据资源中心、八个询问室、一个指挥中心"组成。

五大核心系统为：

（1）文化市场执法管理系统：案件线索管理、执法检查管理、双随机管理、执法办案管理、案卷文书管理、证据管理、移动执法管理、文化执法监督。

（2）文化执法调度指挥系统：资源"一张图"、视频通信。

（3）文化市场主体信用管理系统：市场主体信用信息归集管理、市场主体信用评价管理、市场主体信用查询共享管理。

（4）文化执法信息管理与分析系统：基础信息管理、文化执法数据分析、综合检索、统计分析、可视化交互、案件预警模型。

（5）内部办公管理系统：执法队伍建设管理、协同办公、IT项目与运维过程管理、内部办公网站。

四 案例技术特点和创新模式

平台依托北京市电子政务云平台，基于大数据、知识图谱、移动互联、国产化数据库、云服务等关键技术与应用，采用J2EE技术架构路线，Java语言开发、B/S结合移动应用等主流成熟的信息技术和开发工具，以及面向服务（SOA架构）的系统设计，主要体现为以下4个方面的创新应用。

（一）实现执法工作全覆盖

平台建设之初，深度梳理了总队全部业务需求，将执法、人事、党建、行政办公、装备财务等工作进行了信息化综合管理；实现线索发现、执法检查、案件办理、案卷管理、证据管理的文化执法业务的全流程信息化支撑；平台将行政管理数据与执法办案数据互联共享，减少工作的重复操作。整合已有的网吧经营管理系统、网络监控"二期"及网格系统等业务系统，实现"一键登录、一体展现、一网通办"。通过多渠道案件线索的归集，运用智能分析、关联印证，增强了案件线索的发现能力。

（二）强化了执法管理

平台满足市区两级执法队伍的使用，加强了对区级执法工作的管理，解决了市区两级不同管理体制的弊端，做到情况清、底数明，真正形成全市一盘棋的有效管理；平台通过调度指挥功能，运用GIS地图、4G音视频回传技术，实现对执法现场的远程指挥、实时调度；依托询问室系统对执法办案的讯问全程实施同步录音录像，指挥人员可以对询问现场进行实时掌控；通过政务网站实现监管信息共享公开和及时通报，方便社会公众监督，切实保障人民群众合法权益和维护政府公信力。

（三）执法效能得到提升

平台通过智能化建设全面提升了执法工作水平。通过移动OA，形成"无纸化移动办公"，执法工作在桌面端，集成高拍仪、手写屏、执法记录仪等智能硬件设备，实现证件扫描、签名录入和执法取证等各类信息的数字化采集；在移动端，实现与桌面端同步的全流程执法，执法人员通过智能终端，配合电子签名和无线蓝牙打印机可以直接在检查现场出具检查单，勘验笔录等执法文书，创建了一支快速反应、移动智能的执法队伍。

（四）大数据应用初显

项目积极落实国务院办公厅有关"互联网+监管"工作要求，与相关单位建立系统对接，实现融合交换和公开公示，有力支撑了监管能力提升的和监管模式的创新。汇集海量数据进行分析，对具有潜在违法风险的市场主体实现预警，扩大了文化市场监管的覆盖面。运用知识图谱技术对数据进行深度挖掘、可视化建构，有效管理各类数据，为执法决策提供强有力的数据支撑。

五 平台运营情况

平台运行以来，产生了良好的社会效益。截至2021年1月底已办理公文类请示4224次，发文4291次，发布公告2322次，协同工作10927次，党建工作发布84篇党建信息，支部三会一课记录620条，出国（境）申请53次，出京备案448次，请销假369次，完成9个季度的平时考核工作。移动执法管理、执法办案管理、案件线索管理、"双随机"计划管理、场所主体信息管理等执法相关系统自2019年9月1日起投入试运行，已处理举报线索1244件，办结举报线索1124件，现场检查超过20000次，网站远程勘验超过6500次，艺术园区巡查超过130次，小剧场检查6次，已立案超过1580件，已处罚案件超过500件，已结案超过1170件。

平台具有开放性和可扩展性，一些业务流程、环节可依需要进行灵活配置，满足个性化需求，也可伴随业务需求进行深度开发，具有很高的可复制性、可借鉴性，必将助力文化执法工作再上新台阶。

（北京市文化执法总队信息中心）

北京西城区区块链应用典型案例

北京市西城区作为政务服务领域区块链应用试点单位，从2020年1月开始积极推进区块链基础平台和应用平台的建设，积极利用北京市目录区块链共享数据，力求达到利用区块链技术降低重复录入，减少提交材料，提高办事效率的目标。

一 措施内容

（一）西城区积极对接北京市大数据中心，通过多种渠道获取共享数据

西城区积极协调北京市大数据中心支持指导，以北京市目录区块链为主渠道，提出市级、国家单位数据申请，北京市大数据中心及时解决数据协调中的问题，督促相关单位审批共享申请，第一时间共享数据。同时西城区组织区相关部门与对应市级部门对接协调。有效破解了数据共享难题，大大加快了数据共享进程，基本满足了区块链政务服务试点数据共享需求，极大地促进了西城区区块链工作的开展。截至目前，通过北京市目录区块链累计共享62项数据，1.9亿条数据落地西城区提供共享服务。

（二）西城区利用区块链技术在政务领域的创新应用，建立了具有国有自主知识产权的基础平台

紧密结合西城区已有成果，依托"西城区数据共享交换平台""西城区大数据中心"和区块链基础平台相结合，灵活运用"+区块链"的思想，与西城区现有大数据体系实现了有机融合，搭建区域数据服务创新生态体系，确保了多源数据的高效及时互通，对汇聚数据进行统一清洗和统筹服务，建立了链上链下、落地非落地的多种技术手段并行的数据服务机制。基于政务场景跨部门、高频次、高响应的需求，使用"区块链+监管"架构将共识与计算过程分离，提高数据流通效率、降低确认时间，进一步强化了安全特性。建设基于区块链的数据共享交换机制，进一步加强政府部门间的数据共享交换能力、信息协同能力的同时，向社会公众和企业提供政务开放数据服务与互动的能力。通过国密算法、非对称加密等技术，实现加密数据使用的留痕溯源和不可篡改，保证数据的隐私安全。智能合约方面，配置常用合约和基于面向监管科技的智能合约，对政务流程中的隐私数据流转实现数字化、自动化、智能化的实时穿透式监管。

西城区在区块链防篡改、防抵赖、可追溯的基础上，加强数据资源安全与监管的手段，提升跨区域、跨级别、跨部门的数据共享交换效能，充分发挥政务数据资源在政府服务职能中的作用，从而提升政务服务与社会治理水平。

（三）区块链技术在政务服务领域应用

一是工作流引擎打通不同部门之间的壁垒。目前，政务服务领域存在不同系统之间的壁垒，制约了信息化建设的发展，通过区块链技术应用，建立数据驱动的工作流引擎，可以起到以下作用：

（1）对数据资源进行一次性、标准化的开发，建立目录链并利用合约驱动，一次性地彻底解决数据开放和使用的问题。

（2）以前是根据办事事项的每一个需求进行程序编写，现在可以利用工作流引擎自动生成，政务开发更灵活，解决政务应用流程标准化问题。

（3）未来的政务应用开发，政府只负责审批和判定，看合约是否符合管理规范、是否符合数据安全条例、是否符合隐私保护，可以解决应用的多样性问题。

二是数据上链促进办事过程公开透明高效。区块链用共识机制，密钥算法等，保证上链数据传输、传递、使用的安全和可信，上链数据使用。区块链分布式数据结构，所有操作和数据公开透明，所有数据的交换都有迹可循，大大提升了政务服务的整合力度，真正实现"数据跑路"取代"人跑腿"，提升群众的获得感和满意度。通过区块链技术的应用，不断深化"一次办成"改革，以企业、群众眼中的"一件事情"为主线，打造基于区块链技术的智能政务系统，整合政务服务资源，推动政务服务进一步"减材料、减环节、减时间"，政务服务效率大幅提升。

三是利用智能合约有效解决重复录入问题。智能合约是区块链的重点，是一种能够实现自动化、永久性、实时性、节约成本、省时高效的方式，让某种社会契约在机器信任保障下执行。目前，由于内部各系统之间不联通，需要二次录入的问题，可以通过区块链系统用一种智能合约的方式来做数据的同步，解决各种表格的重复填写问题。很多省（自治区、直辖市）使用的政务云实际是一种"物理集中"，但逻辑上还是隔离的，逻辑隔离的问题需要靠区块链来解决。

二 实 施 效 果

西城区块链应用场景效果逐渐显现。"9+1"应用场景在减材料、减跑动、减时限方面，共减少申请材料15份，减少办事人跑动13次，减少办理时间20个工作日左右。在目前办理量方面，"9+1"应用场景上线四个工作日以来，共办理37件，其中企业注销公示场景有4家企业使用平台进行了报纸公示的申请，建筑垃圾消纳许可场景有1家企业进行了办理，应用电子证照办理医师变更执业注册、遗失补办《中华人民共和国护士执业证书》、小客车指标配置、律师执业许可、企业登记档案查询共计32件。中国中央电视台、北京电视台、人民网、《北京日报》等10多家主流媒体对西城区区块链试点工作进行了报道，对西城区区块链试点工作在疫情期间助力企业复工复产，助力服务保障民生，助力减跑动减时间方面的促进作用给予充分肯定。同时在"学习强国"、市委"北京信息"、市政府"昨日市情"进行了刊登。

三 工作亮点

区块链试点工作面临改革难、技术新、时间紧、任务重、标准高等特点。按照"多方共建、合作共赢"的建设思路，制订区块链基础平台和应用平台建设方案，采取分平台、分场景推进建设。加强整体工作统筹协调。西城区政务服务局和区科技和信息化局牵头抓总，设立场景梳理组、数据协调组、技术保障组、培训宣传组，加强工作对接与调度，制定任务路线图和工期倒排表，实行挂图作战，组织召开区领导专题调度会、工作日例会、周小结会、数据协调会、技术研讨会、问题协商会等视频会议和音频会议100余次，编发日报、周报、专报和数据协调申请函件40余份，畅通信息沟通和协调联动，指导和督促工作落实。创新日常工作清单管理机制。在推进工作过程中，坚持以事项任务完成清单、数据协调比对清单、设施设备联调清单、问题收集汇总清单、承建企业综合评估清单为抓手，形成各类计划、方案、规范、制度、流程、表格共计80余份，通过定期分析研判，及时解决问题，提出改进对策，确保试点工作有序有效推进。多措并举加大数据协调力度。一方面，梳理九大应用场景申请数据的理由和共享方式，积极做好统一数据标准、联通数据平台、打通数据壁垒、保障数据安全等方面的技术支撑。另一方面，在北京市区块链专班的统筹协调下，在北京市政务服务局的大力支持下，依托北京市大数据中心的总枢纽，发挥区属业务部门的主体作用，通过报送请示、信函及组织多方视频协商会议等形式，主动向国家、市级数据主管部门申请协调数据。

（北京市西城区科技和信息化局）

北京石景山区升级"综窗"受理输出政务数字化转型新成果

政务服务中心的综合窗口的接件和受理工作，直接输出政府"放管服"改革和政府数字化转型的成果，其能力和效率直接影响当地的营商环境并关乎老百姓对政务服务的满意度和获得感。

北京市石景山区政务服务局近年来围绕"减材料，减环节、减时间、少跑路"提升区内企业和群众的获得感、幸福感，不断优化升级全区政务服务工作平台，2020年，在"智慧政服工作平台3.0版"的基础上，利用区块链、人工智能、大数据等新技术升级打造"智慧政服工作平台4.0版"，2021年年初上线运行，成效显著。

一 应用需求

（1）解决一次提交，一窗受理的数据校验问题。当前，我国"简政放权"模式下政务服务工作的大趋势是，让企业和群众办事从"找部门"到"找政府"的"一窗"模式。石景山区政务服务中心承担着1600个左右的行政审批和公共服务事项的接件和受理工作，不同事项的审办要点不同，当事人提交的材料不同，对当事人身份的校验要求不同，线上和大厅受理方式和标准不同，要求区政务服务工作必须具有强大的智能化数据采集和校验能力。

（2）解决多层次、多渠道的业务系统对接，不仅要对接全国、北京市、各区的一体化政务服务平台入口、公共通道、公共支撑，实现统一身份认证、共享证照和电子印章调用，还要保障跨区域、跨层次的互认共享。同时，还要接入相关部门，如社保、医保、房产、户籍、婚姻、公积金等业务动态数据，推动石景山区政务服务平台与垂直业务系统、跨区域业务系统的互联互通、协同办理、交互查询和在线核验。

（3）依据"政务数据谁采集，谁负责"的原则，在目前石景山区政务服务局与部分部门数据共享不足，协同机制不全的情况，提升"综窗"的数据采集和首次录入能力，利用人工智能、大数据、区块链等技术和工具，实现"刷脸免材料"等"秒办"体验。

二 "智慧政务工作平台4.0版"建设内容

智慧政务工作平台4.0版是一套智能综合性接件系统，其主要功效在于通过智慧政务工作平台4.0系统，可以让"综窗"接件人员更方便地对大厅或者是网办的事项进行查询和办理，以应对"综窗"接件系统的繁杂工作，让接件工作变得简单、便捷、高效。更为重要的是，4.0版系统解决了常规事项办理中，接件要求更新不及时、办件信息不统一、办件信息的丢失、事项办理过程中的物料交接困难等问题。

4.0系统提供多端的接件能力，首都之窗、移动端、公众号、H5、自助机等通过多端汇聚，真正让该系统成为多端一体的接件受理平台。

通过"综窗"的点击事项名称，就可以查询出办理该事项所有的难点、要点及注意事项，通过情形选择制可以将事项根据不同的情形，选择提供不同的材料，并且可直接打印成为一次性告知单，将群众所需提交的材料，精准到最小"颗粒度"，提供更精确的指引，并且提供更智能化的表单操作，并且可以快速地生成动态表单，以应对"综窗"人员所需的打印预览、留痕的需求。

通过办件模块中的保存待修正功能，工作人员可直接修改和编辑而无须重新录入。通过数据智能分析，将以往的办件信息沉淀数据库，在群众下次办理的时候，只需输入姓名或公司名，就可直接将沉淀信息快速完整带入。通过数据沉淀复用，缩短录入时间，提高工作效率。

"综窗"4.0系统具备电子证照的共享调用、电子签章签名、告知承诺、委托受理事项的受理功能。人脸识别和签字录入功能让办事企业群众的信息得以更好，更安全地使用，真正实现少交材料，快速办理。优化更新互动双屏，提供双屏互动、暂停服务、"请您稍后"及"好差评"评价等服务功能。

重构好差评，优化UI界面，提供更美观，更强大更人性化的"好差评"服务，并且将数据融入进"综窗"系统，通过"综窗"即可查看各种评价统计数据。

这次4.0系统增加了更多、更全面的统计管理，可以自由选择按厅、按人、按事项、按类型、按时间段的多维度统计数据、分析数据、导出数据。通过将数据进行拆分，实现"最小颗粒"的细化，让前后台操作人员、各大厅或部门负责人员以及石景山区政务局负责领导可以随时查看动态办件信息、办件数据和评价情况，更方便进行监督和管理。通过实时监控及时发现目录库中变化事项，在系统中及时进行动态同步调整。

"综窗"4.0系统拥有独有的AI智能体系，卡通形象的AI标识展示在"综窗"界面上，点击该智能机器人，可以记录咨询、查询问题并进行在线解答，还可实现视频连线、在线求助以及"办不成事"问题收集。记录收集的问题和解答要点将在AI知识库中不断沉淀，通过不断优化和维护，形成越来越准、越来越多的知识体系。智能机器人还可进行更多便捷的能力扩展，为企业群众提供精准、方便、快捷的AI智能服务。

三 应 用 成 效

（一）实现"服务更精准"

前台窗口和后台工作人员，在办理业务过程中需要时，能够实时核实企业资质、信用、税收等关联情况，随时核实自然人身份、婚姻、房产、车辆等关联情况，随时掌握其他部门及环节审核情况，为政策兑现、精准审批、个性服务提供科学支撑。例如，办理"新生儿一件事"，将可以在移动端实现"一次申报、联动审批、一次办好"。同时，还可以由智能系统对企业和个人的关联信息进行智能核验。

（二）实现"智能网上办"

500多个事项实现"全程智能网办"，企业、群众在石景山区政务服务网在线平台上办事时，凡是需要上传国家、市、区开放接口的相关数据资源，都可以通过单点登录、智能合约、云上签章等技术应用，办事企业、群众均可实现相关证照和电子文档无须上传、相关电子文档自动生成。由市级系统执行审批的事项，只要相关部门提供接口，可以随时接入石景山区网办平台，实现更多事项智能网办。

（三）实现"刷脸免材料"

企业、群众到区、街政务服务中心综合窗口办事时，凡是需要提供国家、市、区开放接口的相关数据资源，将无须提供相关电子或纸制材料，通过"刷脸"认证直接调用。石景山区政务服务中心千个应用场景、街道百个应用场景，将实现"刷脸办事"。

（北京市石景山区政务服务管理局）

河北省政务云视频平台

根据河北省委、省政府领导要求，按照大平台、大系统、大数据、集约建设、横向共享的总体设计思路，河北省政府办公厅以省退役军人信息管理服务和视频信息一体化平台建设为契机，2018年，河北省在全国范围内率先选用先进的云视频架构部署建设了河北省政务云视频，初步实现了云视频省市县乡村五级覆盖。

近年来，河北省政务云视频建设取得了积极进展。目前云视频平台已延伸覆盖省级部门单位50余家，全省累计安装部署终端设备6000余点位，通过软件覆盖5万余村级单位。初步统计，自2019年6月17日测试环境投入正式运行使用至今，河北省政务云视频平台在全省范围内共召开会议7264场，会议总时长13515小时，平均会议时长1.9小时。河北省政务云视频系统已成为全国范围内技术领先、覆盖范围广、应用丰富、使用频次高、可靠性高的政务视频应用平台。

目前，河北省政务云视频平台已成为河北省政务工作的重要支撑平台，在疫情防控、应急调度、督导指挥、危情预防、学习培训、复工复产、线上重大活动发布会议等领域发挥着重要作用，成为各级领导精准决策，提升决策效率，各级单位高效执行的重要工具，也是河北省电子政务重要的组成部分，极大地提升了河北省政府现代化治理能力和行政效能，助力河北省数字化转型和经济持续健康发展。

一 助力省市县乡各级政府实现"方便、快捷、高效"的疫情防控应急指挥调度和督查检查

2020年年初，面对突如其来复杂严峻的新冠肺炎疫情形势，河北省政府办公厅坚决贯彻省委省政府决策部署，讲政治、顾大局、见事早、行动快，凭借技术优势和超常规速度，省市县三级协同，众志成城克时艰，圆满完成省市县三级云视频疫情防控指挥调度平台建设，实现河北省疫情防控指挥平台与全省35家省直单位、各市县政府和14个省市级定点医院、119个县级定点医院等（共计约4000点位）单位无缝连通。

该平台建设任务圆满完成后，连续三百余天无间断为河北省领导提供云视频系统24小时运维服务，确保省领导对各市、县（区）的指挥调度和日常工作部署高效运转。初步统计，自疫情开始至12月16日，河北省疫情防控指挥部通过云视频系统召开防疫工作调度、复产复工复学、经济运行调度等各类会议395次，累计会议时长超465小时。云视频在应急工作状态下，真正发挥了政府部署督导工作的"方便、快捷、高效"的作用。

二 多次助力各级政府成功举办各类大型会展会议活动

5月18日,由商务部、河北省人民政府共同主办的2020年中国·廊坊国际经济贸易洽谈会(网上)在廊坊开幕,这是新冠肺炎疫情以来,我国首个国家级、国际化、综合性网上经贸洽谈会。各市县政府207个分会场共计6000余人通过河北云视频参加了开幕式,收听收看现场盛况,虚拟现实共谋发展,网络云端共话合作。

9月3日,第五届河北省旅游产业发展大会在张家口市崇礼区富龙四季小镇开幕,全省各市县设立了105个分会场,各市和旅游重点县政府主要负责同志,文化和旅游部门、重点旅游企业主要负责同志通过云视频在线参加开幕式。9月27日,河北省中医药传承创新发展大会保定市安国市开幕,大会开幕式以云视频形式召开,各市(含定州、辛集市),雄安新区,各县(市、区)设分会场。

通过云视频办会,突出了互联网思维,在常态化疫情防控中创新办会模式,通过搭建网上峰会洽谈平台,视频会议连线、举办网络直播、虚拟展馆等活动,探索创新常态化疫情防控中网上政务会展举办新模式。

三 整合现有业务系统视频监控资源,发挥乘法效应

在常规会议应用之外,积极研发创新各类应用场景,使政务云视频平台延伸成为各单位"生产力"提升工具,成为各单位业务发展的重要帮手,如通过云视频将原来分散管理、查看的监控资源统一融合、统一管理,从而实现多种监控融合场景统一调用服务,在遇有突发事件时,可随时查看监控资源,并满足多画面融合、多端同屏的指挥调度。

目前,河北省市场监督管理局通过云视频实施了数字市场监管工程建设,实现了省、市、县、乡、村五级云视频覆盖,打通了会议室、办公室、移动监管、移动执法、视频监控的联合应用,将全省8市14县17个煤检站、明厨亮灶饭店、电梯监控中心、重大事件的执法现场等场所监控摄像头实时融合接入视频会议,对煤检站、食品生产企业及餐饮单位等重点场所进行远程监管,不仅满足多级多点视频会议、教育培训的需求,还具备远程监控信息采集、应急指挥调度等多项功能,全省市场监管系统应急处置实现了指挥有序、调度有力、协同配合、上下联动。此外,在住建系统,河北省住房和城乡建设厅已完成建设工地监管应用对接,已有石家庄、秦皇岛、沧州、衡水、邢台等5个地市共计千余个工地、7240个视频监控接入系统,显著提高了全省建筑施工现场信息化管理水平。

(河北省人民政府办公厅电子政务处)

无锡市公共数据资源开放平台

无锡市公共数据资源开放优秀实践成果，是落实国家大数据战略的具体行动，是促进要素流通的务实举措。该成果从制度层面、实施层面、应用层面，从宏观、中观到微观，多措并举、多管齐下，不断推动公共数据资源开放，释放数据经济价值和社会价值，对于优化营商环境、培育数据要素市场，具有重要支撑作用。同时，该成果结合无锡产业、经济、社会实践，具有鲜明的"无锡烙印"，在长三角地区中位于前列，为江苏省开展公共数据开放工作提供了"无锡样板"，具有较强可行性和推广性。

一 基本情况

（一）成果概述

无锡市人民政府坚决贯彻习近平总书记关于"数字中国"的重要论述，坚定实施国家大数据战略，多措并举、奋楫争先，扎实推进数据资源共享开放，充分释放数据的基础资源和创新引擎作用，为推动数字政府建设、促进产业结构优化和高质量发展做出重要支撑。2020年建成新版无锡市公共数据开放平台，举办2020江苏大数据开发与应用大赛（华录杯）、入选江苏省公共数据资源开发利用重点领域应用试点，完善公共数据管理政策，形成了无锡市公共数据资源开放优秀实践成果。《2020长三角政府数据开放一体化报告》显示，无锡市公共数据开放能力在长三角地区综合排名位列第六，江苏省位列第一。

（二）成果实施主体、服务对象及适用场景

实施主体：无锡市大数据管理局。
服务对象：政府、产业和市民。
适用场景：围绕企业、机构和个人持续增加的数据需求，不断开放公共数据，适用于公共信息资源社会化开发利用、信息增值服务业、相关数据分析与研究工作、便民应用开发等场景。

（三）成果建设方案简述

公共数据开放平台是无锡市公共数据开放的重要内容。该平台坚持"统筹规划、分步实施、强化安全、保障运行、充分利旧、整合资源"原则，充分整合全市可开放公共数据资源，将分散在各级各部门的公共数据资源整合至平台统一对外开放服务；优化升级全市公共数据统一开放门户，打造全市统一公共数据开放智慧门户，实现可开放的公共数据资源向社会公众集中、有序开放和规范利用，保障数据权威性和安全性；建立健

全数据安全保障机制，积极探索切实可行的安全保障措施，创新安全风险评估方式方法，实现公共信息资源开放、信息安全和公共利益的协调发展。

（四）实施应用情况和主要特点

一是持续开放数据。优化升级全市公共数据统一开放门户，向社会公众提供公共数据开放智能化服务。二是创新开放方式。举办2020江苏大数据开发与应用大赛（华录杯），聚焦大健康产业、车联网产业、文旅产业以及市域治理相关应用，吸引全球8个国家1455支队伍参赛，在大数据开发利用方面全省首创，有力地激发了大数据技术在智慧城市建设中的创新应用，加快江苏大数据产业发展，推动大数据产学研用，提高江苏在全国大数据领域的影响力。三是推动开放应用。无锡市"无锡车联网(C-V2X)城市级应用"和"智慧市场监管"项目成功入选江苏省公共数据资源开发利用重点领域应用试点，项目数量排名全省第二。试点的确立将有助于城市交通、市场监管等领域形成示范性、探索性应用。

二 成果针对性

无锡数据开放工作开展较早，2014年下半年即建立了公共数据开放平台。据复旦大学《2018年中国地方政府数据开放平台报告》显示，在全国46家省市级开放数据门户中长三角地区占6家，其中只有上海和无锡两家的可下载数据集与可机读格式数据集数量排在前十位。

然而，随着政府数据开放在全国范围内迅速推进，无锡的公共数据开放工作已相对滞后，存在的主要问题如下：一是数据开放主管部门缺乏明确的法律授权和组织地位，缺乏相匹配的职权和行政手段，在协调推进数据开放过程中难度较大；二是开放数据质量不佳，突出表现在数据集的标准质量和更新可持续性上；三是开放数据价值密度低，开放出来的数据普遍存在需求导向不强、价值密度不够等问题；四是数据开放平台设计简单，该平台的运营逻辑偏重业务导向而非需求导向，在平台概览、数据搜索、工具提供、成果展示、互动交流、个性化整合等方面，没有充分考虑用户的需求。

针对以上问题和难点，2020年无锡市大数据管理局按照"创新、协调、绿色、开放、共享"的发展理念，从无锡市民实际需求出发，参考国内先进城市的经验做法，结合无锡市公共数据开放实际需求，制定并印发公共数据开放要点，确定工作总体目标、重点工作任务和工作要求，加强改革创新、加强统筹协调，不断持续提升公共数据开放能力。

三 成果创新性

一是制度创新。制定《无锡市公共数据管理办法》《无锡市公共数据开放工作规范》《无锡市公共数据共享开放风险评估办法，出台《〈无锡市公共数据管理办法〉释义》，保障了公共数据开放的安全性和规范性，在全国地级市尚属首创。二是推广创新。举办

2020江苏大数据开发与应用大赛（华录杯），聚焦城市管理、交通治理、健康医疗、旅游消费等领域现实难题，数据全部来自于最新改版的无锡市公共数据开放平台，持续挖掘公共数据价值，推动优秀的新技术、新产品、新应用更多更好地落地无锡。三是技术创新。无锡市"无锡车联网（C-V2X）城市级应用"和"智慧市场监管"项目，作为江苏省公共数据资源开发利用重点领域应用试点，采用云计算、大数据、区块链、人工智能等信息技术手段，促进政企数据融合和重点领域数据创新应用。

四 成果实效性

（一）成果现行应用规模

目前，无锡市公共数据开放平台开放数据22大类，开放数据集1984个，数据项14867项，结构化数据约2507万条，开放数据接口1393个，上线发布便民服务、交通出行和医疗卫生等类应用和APP共32个。

（二）未来发展预期

下一步，无锡将进一步建立健全公共数据开放长效机制，确保公共数据开放的及时性、准确性和可用性。围绕工作中的难点、老百姓关心的热点，进一步丰富公共数据开放范围，提高开放数据质量；进一步做好政务数据和社会数据的融合，激发数据潜能，发掘数据价值，促进数据跨部门、跨地区应用，挖掘数字经济领域的创业创新潜力，促进政务数据和社会数据的融合发展，以政务大数据带动商用大数据、民用大数据协同发展。

（三）产生的社会效益和经济效益

社会效益方面：一是增强政府工作透明度，提升政府公信力。通过数据开放，让公众了解政府，完善社会治理模式，有利于打造一个开放、透明、公开、公正的服务型政府。二是辅助政府决策，提升公共服务水平。把原来分散在各部门的碎片化的数据聚合在一起，向社会开放，深层次挖掘数据价值后，可以反作用于政府决策支撑，进一步提升社会治理和公共服务水平。三是释放数据价值，提升公众获得感。通过数据开放，打通部门信息壁垒，破除数据"烟囱"，企业群众通过开放网站可以随时随地了解和查询自己想要获取的信息，让大众有更多的获得感。

经济效益方面，通过挖掘加工，数据可以产生巨大的商业价值。一是有利于带动新兴产业，推动知识和网络经济发展。通过数据开放，可以集聚一批企业和人才，围绕数据挖掘利用进行研究开发，催生和培育一批互联网产业、大数据产业及数据服务产业，促进经济增长由粗放型向精细型转型升级。二是激发社会化力量利用公共数据，开发对社会公众有实用价值的应用，既为中小企业提供了创新创造平台，形成新的经济增长点，又为社会公众带来数据获得的便利。

五 成果可推广性

（一）政策可推广

颁布实施全国地级市层面首个公共数据管理规章《无锡市公共数据管理办法》，制定《〈无锡市公共数据管理办法〉释义》，对管理办法条目进行全面解释和说明，有助于市政府各委办局和社会各界全面准确地理解和落实管理办法，提升公共数据立法的透明度，为其他地方在制定法律法规时提供参考和借鉴。

（二）试点可推广

无锡市申报的"无锡车联网（C-V2X）城市级应用"和"智慧市场监管"项目，成功入选江苏省公共数据资源开发利用重点领域应用试点，将在交通和市场监管等重点领域形成一批示范应用，在体制机制、标准规范、融合开放、创新应用、安全监管等方面形成具有无锡特色的公共数据资源开发利用模式。

（三）平台可推广

建立安全可靠、功能完善的公共数据开放平台，提供可下载数据集、API接口等多种数据服务方式，方便在线检索、获取和利用，标志着无锡公共数据开放工作进入新阶段，在公共数据开放平台建设方面具有标杆效应。

（无锡市大数据管理局）

徐州市深网开采技术在大数据共享中的应用

通过智慧徐州信息资源枢纽工程的建设完善徐州市信息基础设施，有效促进和推动徐州市信息化全面发展。通过统筹规划、统一标准、统一管理、统一服务，完善徐州市信息资源体系的集约化建设、共享和开发利用，促进政府的业务协同。实现各部门资源共享和互联互通，使得各部门方便的获取其他部门信息，使得各级政府领导快捷、方便地掌握宏观经济信息，及时跟踪和监测宏观经济运行状态，增强宏观调控的主动性和科学性，提高经济运行质量。

一 基本情况

（一）成果概述

为加快打造现代化区域中心城市，推动经济社会转型升级，徐州市委、市政府高瞻远瞩、超前谋划,部署了"智慧徐州"战略,在徐州市"稳增长、促改革、惠民生、调结构"中发挥着重要作用。"智慧徐州"总体思路是以普及城市运行、市民生活、企业运营和政府服务等领域的智慧应用为突破口,通过政府引导、多方参与的方式,全面提升经济、社会领域的信息化应用水平,推动徐州加快进入信息社会,总体内容包括"一枢纽、三中心",即统筹建设"智慧徐州信息资源枢纽"(智慧徐州信息资源枢纽工程)、创新打造产业集聚中心、协同推进高效运行中心、融合构筑公共服务中心。

徐州信息资源枢纽以人口、法人、空间地理、宏观经济基础性信息资源库建设为核心,以信息资源共享交换平台建设为桥梁,以大数据技术为保障,搭建满足政务信息资源存储、传输、共享、应用、安全管理的运行支撑环境,全面整合全市各独立、分散的应用系统数据,建立统一的信息资源库和应用服务平台,既是"智慧徐州"的核心任务,也是"智慧徐州"所有工程的基础性工程,具有不可替代的价值。

(二)成果实施主体、服务对象及适用场景

智慧徐州信息资源枢纽工程是神州数码控股有限公司与徐州市大数据管理中心共同推进的徐州政务资源枢纽项目,利用大数据技术,实现政务信息资源的共享交换和数据深度挖掘,满足政府办公、政府决策、城市管理、公共服务、行业应用等各领域应用需要,有效支撑"智慧徐州"建设。

(三)成果建设方案简述

智慧徐州信息资源枢纽工程通过建立全市信息资源目录体系和交换体系,形成归集更新机制,为全市政府、社会、企业信息化夯实信息基础,打造融合桥梁;通过实现人口、法人、地理、宏观经济基础数据库的整合共享,为"智慧徐州"应用系统提供丰富、准确、及时的信息资源,为政府公共管理服务、企业经营管理和居民生存发展提供基础服务;以需求为引导,面向重点问题,选择数据开发利用的试点应用,通过试点改变传统数据管理、利用的不足,为深度挖掘数据交织创新应用模式;通过"五统一"目标的建成,实现政府数据资源的齐抓统管和有序共享,消除信息孤岛,避免盲目建设和数据"打架",为政府公共服务平台的建设和整合提供数据支撑,促进徐州政府大数据发展,增强政府公信力。

(四)实施应用情况和主要特点

智慧徐州信息资源枢纽工程的核心宗旨即为打破信息孤岛,实现信息联通,促使各委办局实现高效、快捷的业务处理能力,为实现"一号申请、一窗受理、一网通办"的目标打下坚实的基础。信息资源枢纽以完善的技术、制度及运维为保证,彻底解决部门间数据"不敢开放、不愿开放、不会开放"的问题,通过数据管道及数据沉淀方式实现部门间数据的多渠道共享与交换。以健全的数据安全保障体系为基础,确保政务数据资产和交换共享平台可管、可信、可控,促进数据健康发展。

应用情况：截至 2020 年 11 月底，信息资源枢纽平台归集 60 家单位的 506 类政务基础信息资源，各单位已确认可共享资源 445 类，不可共享资源 35 类，数据总量约 8.5 亿条，其中人口数据归集 132 类（共 152 类）约 6.8 亿条；法人数据归集 244 类约 1.7 亿条；宏观经济数据归集 35 类（共 46 类）5.5 万条，覆盖 500 多项宏观经济指标项；空间地理数据归集 14 类、40.3 万项，覆盖全市域矢量地图和影像地图信息。基本实现政府部门业务数据资源共享，初步实现数据资源的整合。

智慧徐州信息资源枢纽工程为满足各单位数据使用需求，为各单位提供定制的数据查询、服务接口、数据文件等数据支撑服务。截至目前，已向徐州市财政局社保资金监管、徐州市政务办行政审批、徐州市司法局法律援助及公证、徐州市公安局情报分析、国土局低效产业用地再开发等业务场景，提供了近 428 类 6.9 亿条数据支撑，有效地提高了徐州市数据的开放利用率。

二 成果针对性

智慧徐州信息资源枢纽工程是"智慧徐州"的中央处理器和"大脑"，它将大数据手段和方法引入管理领域，推动公共管理的四个转型：从粗放化管理向精细化管理转型、从单兵作战型管理向协作共享型管理转型、从柜台式管理向自助式全天候管理转型、从被动响应型管理到主动预见型管理转型 4 个转型。信息枢纽中心通过多渠道的数据采集和快速综合的数据处理，推动政府公共服务的技术创新、管理创新和服务模式创新，增强政府治理社会的能力。信息枢纽中心以人口、法人、空间地理、宏观经济基础性信息资源库建设为核心，以信息资源共享交换平台建设为桥梁，以大数据技术为保障，搭建满足政务信息资源存储、传输、共享、应用、安全管理的运行支撑环境，全面整合全市各独立、分散的应用系统数据，建立统一的信息资源库和应用服务平台。

三 成果创新性

（一）数据接口服务化，高效快速打通应用边界极大缩短工期

政府各部门之间的信息网络自成体系，相互割裂，数据孤岛的问题客观存在，相互之间的数据难以实现互通和共享，导致目前政府掌握的数据大多处于割裂和休眠状态。同时由于政府各部门信息系统分割，许多数据往往需要重复采集，采用传统模式数据采集成本较高。通过数据接口服务化的模式，数据提取周期以周计，高效、快速地打通了应用的边界，通过可读（写）的数据接口服务，实现数据快速自动化获取，使得数据在多系统中实现了流动、共享，打破了原有相互独立的应用系统之间一堵堵"看不见的墙"，为进一步的大数据分析提供了数据资源基础。

（二）对源系统完全无侵入，保障了数据的安全与一致性

使用传统模式想要实现对现有各应用系统的数据提取，则需要开放数据字典、系统源代码等，存在数据安全方面的风险问题，系统的责任者必然会有这方面的顾虑。而本案中燕云 DaaS 平台基于表现层提取数据的方式则完全屏蔽了应用系统业务逻辑层与数据层的差异性，对源系统完全无侵入的访问模式，仅以普通用户访问的形式即实现了数据获取，并且不开放新的数据通道，完全遵循原系统的数据交互模式，保障了系统数据安全与数据的一致性。

（三）解除开发商锁定，降低了人力与沟通协调成本，提高开发效率

传统模式的开发中，需要从在用的应用系统中获取数据，不可避免地涉及多个归属责任部门或单位、相应的开发者之间协调、沟通的困境，该项工作通常在一个信息化项目的实施落地过程中要耗费极大的资源。本案例中采用的燕云 DaaS 技术，只需要从表现层访问源系统，无须各系统提供深层次、复杂的配合，因此在协调、沟通方面人力成本与时间成本都大大降低，使原本令人头疼的多系统数据获取工作变得简单易行。

四　成果实效性

提供产业优化服务：利用区域政务信息资源大数据中心归集发改、规划、住建、税收、电力、人社等部门的数据，综合分析域内工业企业用地、产能、税收、用电、用水指标，作为分类依据，对域内各工业企业进行 ABCD 等级划分，对属于 A、B 类企业提供有针对性的资金、人才等方面的优惠政策，针对 C、D 类企业进行动态监控，逐步清退能耗高、产业低、用地与产出比低下的 D 类企业，对区域优化产业结构、提高产业扶持资金效率提供了有效数据分析依据。

辅助综合治理方面：通过区域政务信息资源大数据中心进行更高效率的网格化管理，比对公安、社保、民政、住建等部门的人口信息，形成精准的人员档案，减轻网格工作人员上门搜集和核查人员姓名、住址、电话等基础信息的工作量，提高对重点监控人员管理和社会治安等工作的效率。

提升政务工作效率：对政务部门工作效率提升显著，如司法和公证领域，工作人员可以准确获取低保人员信息、老龄人员信息、残疾人信息等，构建服务对象画像，提升精准服务效率；根据枢纽平台信息，民政和人社部门高效精准发放养老助残卡、少儿医保卡等；教育部门通过枢纽平台，在办理小学生学籍登记时可以直接获取学生户籍、住址、房产等信息，大大减轻了人工核查工作量。

五　成果可推广性

行业价值：在政务服务方面，通过项目建立信息采集申请、查询、注册、备案和协调工作机制，明确信息采集职责，规范信息采集工作。建立政务信息资源共享协商机制，加强各部门间的交流、沟通和合作。

经济价值：利用区域政务信息资源大数据中心交换的工商企业信息、工商个体信息、社会保险缴纳信息、缴纳公积金情况、车辆信息、常住人口信息、残疾人证信息，财政和民政部门可以快速获取与低保核查、扶困救助等系统相关的数据，避免资金的冒领误发，提高财政资金的使用效率。智慧徐州信息资源枢纽工程为2019年《长江三角洲区域一体化发展规划纲要》提出的"推动产业与创新深度融合：共同培育新技术新业态新模式"的实施落地，提供了基础数据支撑和基础平台支持，促进产业发展。

社会价值：通过区域政务信息资源大数据中心的数据比对服务，市民在办理各项证件或政务业务时，只需提交身份证，免去提交多项证件或跑多个业务部门的麻烦，省时高效；针对特定人群的服务，如老人服务，区域政务信息资源大数据中心可以帮助民政部门收集10倍于人工统计掌握量的全域老人人口信息，且自动构建包括姓名、住址、家庭关系等全量信息的老年人信息库，帮助区域政府提供更有针对性的养老服务，也为养老产业和相关商业开发提供潜在的支持。智慧徐州信息枢纽工程为江苏省、徐州市"一件事"改革打下了坚实基础，将为实现企业、群众办好"一件事"的目标提供数据、软件的支持，也是实现这一办理模式不可缺少的基础性支撑平台。

六　证　明　材　料

在政务大数据方面，在面向政务服务的企业用户画像生成、面向政务服务的个人用户画像生成和基于大数据的政务领域本体构建模型（可自动、半自动形成多领域本体）方面取得突破；在基于政务大数据面向信用行业的应用方面，形成基于机器学习的信用评分评级模型、基于神经网络的信用评估模型、信用风险预警和信用舆情分析四方面应用。

基于技术成果获得了3项专利、2项软件产品、2个软件著作权和2个软件测试报告。其中，3个专利为：一种企业画像生成的方法和装置、一种个人画像生成的方法和装置、基于云的多种市民服务融合平台；2个软件产品为：Smart信息资源枢纽交换共享平台软件产品、Smart信息资源枢纽数据监控平台软件产品；2个软件著作权为：Smart信息资源枢纽数据资源监控平台软件、Smart信息资源枢纽交换平台软件；2个软件测试报告：信息资源枢纽数据资源监控平台和Smart信息资源枢纽交换平台测试报告。

（徐州市大数据管理中心）

宁波市鄞州区"区块链+医疗"平台试点案例

为落实政府数字化转型要求，完善社会管理服务体系建设，宁波市鄞州区积极推进与阿里区块链技术单位蚂蚁金服在技术上的合作，推动区块链技术在政务服务、电子证照、医疗健康、教育、就业、养老、精准脱贫、商品防伪、食品安全、应急安全、社会救助等领域的应用，为人民群众提供更加智能、更加便捷、更加优质的公共服务。

一 政策背景

（1）2019年10月24日，中共中央政治局就区块链技术发展现状和趋势进行第十八次集体学习。习近平总书记在主持学习时强调，要把区块链作为核心技术自主创新的重要突破口，明确主攻方向，加大投入力度，着力攻克一批关键核心技术，加快推动区块链技术和产业创新发展。习近平总书记的重要讲话，深入浅出地阐明了区块链技术在新技术革新和产业变革中的重要作用，对区块链技术的应用和管理提出了具体要求。

（2）落实政府《宁波市加快区块链产业培育及创新应用三年行动计划（2020—2022）的通知》发展战略，抢抓数字经济机遇，全力建设"数字化政府"。以区块链技术应用为突破口，充分发挥市场在区块链资源配置中的决定性作用，集中优势资源，实现产业、研发力量等资源集聚发展，推进创新应用和产业体系培育。

二 技术发展趋势

（1）区块链技术，简称BT（Blockchain Technology），也被称为分布式账本技术，是一种互联网数据库技术，其特点是去中心化、公开透明，让每个人均可参与数据库记录。通俗地说，就是通过对数据库数据的加密，将加密后的数据放在链上，通过授权让数据使用者能够获取到数据拥有者同意开放的数据，一方面解决数据共享难的问题，另一方面实现保密效果，因为产生的数据是及时放在链上的，能够有效记录数据的修改情况，防止数据的窜改。

（2）区块链技术解决了政府、企业、公用事业单位之间的数据共享问题，在技术上与医疗场景契合度高，利用区块链技术的分布式数据处理能力，数据加密防篡改及智能合约保障业务自动且正确执行的特点，建立一套基于医疗区块链平台，实现医疗数据安全共享，落实杜绝虚假报销、电子病历共享、商保快赔三大应用场景，全面提升医疗信息化管理水平和服务能力。

三 建 设 方 案

为加快政府数字化的转型,以政府数字化转型提升整体政府"智治"能力为支撑点,利用区块链技术特点,建立一套基于政府审批区块链、医疗区块链平台,实现政府部门相关数据、医疗数据的安全共享。利用鄞州在医疗服务信息化全国领先优势,以医疗服务领域改革为抓手,推动医疗服务"一件事"集成改革,进一步增强医疗体系服务的系统性、整体性、协调性、高效性、便捷性,改变鄞州区目前医共体医疗机构之间信息不能及时互通、病历检查结果不能互认、用药发票不能共享等问题。先期落实杜绝虚假报销、电子病历共享、商保快赔三大应用场景,医疗区块链平台主要由三大子模块构成:医共体区域协同平台、患者及患者家属在线确认签字平台、商保快赔平台,最终全面提升医疗信息化管理水平和政府在公共服务领域的综合服务能力。

(一)整体系统架构

医疗区块链平台主要由三大子模块构成:医共体区域协同平台、患者及患者家属在线确认签字平台、商保快赔平台。

(二)医共体区域协同平台

目前医共体内各医院信息尚未打通,患者全周期数据无法有效连接,存在数据孤岛。行业众多单病监测系统未实现信息共享,造成一定程度的资源浪费。部分信息化水平较好的地区,由于信息标准的不统一,未能充分利用大数据技术对有效数据进行分析利用。故利用区块链的时间戳、不可篡改、可追溯等技术能力,以患者为中心,建立按时间轴顺序个人健康医疗档案,可以获得连续的个人健康医疗数据,提高患者参与度。同时,分布式数字身份及智能合约规定了跨机构、跨系统健康医疗数据安全访问所携带的授权信息,自动执行,保障数据完整性。医共体区域协同平台具有能够将自身整合到现有的基本业务系统或其他 Web 应用程序的功能。区域内各医疗机构使用医共体区域协同平台可实现对平台整合后业务数据的访问。

(三)患者及患者家属在线确认签字平台

当前,医疗机构基本上为线下纸质签字方式,在现实场景中,会出现类似家属不在现场导致因签字不及时影响患者及时就诊等情况。因患者或患者家属未签字,出现医患、医闹风险时,卫健等政府垂直管理单位无法为各方提供独立第三方权威支撑服务等问题。在线确认签字服务,患者家属在线确认签字系统的市民操作界面将集成到"浙里办"APP、小程序的医疗健康板块中,为市民提供便捷服务使用。一是利用区块链的可追溯、防篡改、不可抵赖等特性,对患者家属确认签字过程和结果存证上链,同时确保患者家属确认签字信息的不可伪造、不可篡改、真实可信;二是线上存储管理,永久保存,合同查询、借阅、归档等管理全流程电子化,避免纠纷、规避责任;三是对患者及患者家属来说,不影响患者及时就诊,以免影响最佳治疗期,以及当机立断的正确决策;四是对卫健监管机构来说,有效改善医患等问题。

(四)商保快赔平台

基于医疗区块链平台建立统一账本,通过区块链节点共识做到实时多方的账本信息同步,使用区块链上流转的可信电子病历和医疗票据,免去保险公司验真和计算审核流程,避免重复理赔骗保行为,实现商保快赔结算,解决医疗健康险的理赔麻烦、理赔周期长,提升群众就医理赔体验。

四 工作进度

2020年年初,鄞州区开始探索区块链技术应用到政务服务、公共服务领域;2020年3月,鄞州区利用政务服务浙江省2.0改革契机,与阿里区块链技术单位蚂蚁金服进行沟通;2020年5月起,该公司对鄞州区相关工作进行多次对接,并于6月底前完成区块链应用方案。

2020年7月20日,鄞州区审管办、鄞州区大数据服务中心、鄞州区卫健局与蚂蚁金服区块链公司就在鄞州政务服务、民生领域的应用和模式创新正式签署了战略合作协议。在宁波市率先开启"区块链+政务"的创新探索,标志着鄞州区与蚂蚁金服区块链公司的全面合作正式启动。

2020年8月10日,完成区块链区域协同平台和患者家属在线确认签字服务平台等两大平台与试点医院的接口设计工作,以及对鄞州区卫健局区域平台的居民健康档案浏览器中新增住院病历展示页面的设计工作。

五 工作成效

面对行业监管所需数据上报不及时,缺乏有效机制和手段进行控制;互通共享及业务办理过程中,出现纠纷无法追溯,责任难以界定;现有数据共享模式,数据安全性、用户隐私性等都面临挑战,并缺乏有效的信任体系驱动各方参与;有效改善医患关系等现实痛点和迫切需求,健康链平台利用区块链分布式总账的特性及自身固有的安全属性,可以为健康医疗领域的数据互操作性、安全性和隐私性提供解决方案,除此之外,区块链和智能合约的结合可以减少健康医疗行业的争议并加强监管,提高医疗行业运行效率,推动健康医疗服务的创新。

以群众就医为例,目前鄞州区医共体医院之间病患就医信息互不贯通,若群众在一家医院就诊后,到另一家医共体医院再次就诊,往往看不到前一家医院的就诊情况,须重复拍片查验,既增加群众就医的时间、费用等成本,也降低医生看诊效率。而今后应用区块链技术搭建的医共体区域协同平台,可打通群众在全区各医院间的全周期医疗卫生健康数据,只要经过群众授权,即可为医护人员提供协同统一的电子监控记录互通调阅服务,便捷群众的同时有效配置医疗资源、提升医疗服务效率。

由于区块链技术与传统信息技术相比，具有去中心化、不可篡改、可追溯、可靠性等特点，安全性、独立性、私密性更好，可保证政府、企业、公民等敏感信息在充分授权机制下的跨部门、跨机构、跨领域、跨系统的安全可信共享及流转，进一步打通政府部门间、部门与公用企事业单位、部门与企业间的信息孤岛现象，深度推进"数据跑"代替"线下跑"。

（1）应用于政务服务。通过区块链技术，实现跨部门间数据安全互通，基本消除原来大数据模式而造成数据涉密问题，使得审批更加快捷、有效。

（2）应用于公共服务领域。打破医疗服务、银行服务等领域具有保密性的要求，通过区块链技术，实现医疗机构之间、医疗与银行保险机构之间的数据共享，方便企业、群众办理相关业务。

（3）应用于公用企事业单位。通过区块链技术，实现政府、公用企事业、企业之间的信息互通，逐步建立起有效的政企合作新模式，建设更加公平信用的营商环境。

（宁波鄞州区行政审批管理办公室）

铜陵市"城市超脑"疫情防控全面感知

一 "城市超脑"信息化平台功能展示

铜陵市"城市超脑"坚持以市民需求为导向，城市大数据为基础，采用国际领先的人工智能技术，通过将专家知识与人工智能进行结合，以机器科学思考判断辅助人工思考，找出潜在规律和联系，进行预测分析，让城市自我发现问题、自动分发处置，创新城市治理精细化。持续提升城市治理问题自动感知能力、持续提高跨领域复杂问题协同处置效率、持续夯实城市治理精细化和智慧化机制。

城市超脑建设了人工智能能力支撑平台、能力共享平台、时空（GIS）能力平台三大平台。主要内容包括 AI 通用能力、城管事件图像识别能力模型、综治事件识别能力模型、智能调度语言理解能力模型、城管事件管理优化能力模型、自然语言理解技术模型、图像识别模型、机器学习模型等建设。围绕城市感知、分析，建立具有自我认知和自我学习的认知能力平台为应用提供服务。实现城市运行状态的全面感知、协同管理的高效智能、城市体征的感知与决策，让城市能够最大限度地快速发现问题、快速解决问题，从而提升铜陵市社会治理智能化水平。

二 概况介绍

新冠肺炎疫情初期，铜陵市通过"城市超脑"平台精准分析确诊人员同航班同高铁涉及我市户籍人员信息，高速路口、高铁站等交通卡口流入车辆及人员信息，公安、电信运营商移动信号流入人员以及各路口视频监控信息。重点解决 5 类问题：一是运用信息化手段对全市进出人员进行精准管控，及时发现外来输入病例；二是严防因人群聚集导致感染风险，运用信息化手段及时发现人群聚集，以及菜市场等公共场所群众未戴口罩等行为；三是运用信息化手段解决疫情期间企业用工和群众求职之间信息不对称，避免因企业复工复产不及时影响社会经济发展和群众就业；四是运用大数据分析技术，实现对市民身体健康状况和活动轨迹进行精准掌，有效保障群众生命安全；五是运用人工智能技术对独居老人等重点人群进行特殊照顾，避免因疫情防控导致社区人文关怀缺失。

通过大数据分析精准研判，铜陵市外防新冠病例输入压力较大。截至目前，铜陵全市累计报告确诊病例 29 例，累计治愈出院病例 29 例，在安徽省率先完成确诊病例"清零"。目前现存确诊 0 例，死亡 0 例。

三　具体做法

（一）精准研判信息，提供疫情防控战略资源

信息是疫情防控的重要战略资源。新冠肺炎疫情期间，从 2 月 16 至 3 月 9 日，为外防新冠病例输入。铜陵市大数据中心通过"城市超脑"平台精准分析确诊人员同航班同高铁涉及铜陵市户籍人员信息，高速路口、高铁站等交通卡口流入车辆及人员信息，公安、电信运营商移动信号流入人员信息 500 万余条，以及各路口视频监控信息 6077 余路。该平台累计发现外来人员 5 万余人次，外来车辆 7856 车次，通过大数据分析精准研判风险人员 594 人，并报送铜陵市防疫指挥部办公室，确保县区基层人员快速排查并进行有效精准管控。

（二）预警人群聚集，人工智能加固安全阀

新冠肺炎疫情期间，铜陵市有 8 处农贸市场承担着民生保供职责。市场人流量大、聚集度高，极易发生疫情传播。铜陵市大数据中心通过"城市超脑"平台调用分析现场摄像头，自动识别未戴口罩的市民，并立即以移动 APP 发送市场管理责任人，由工作人员及时进行劝导。新冠肺炎疫情期间，该平台累计发现并劝导 200 余起市民未戴口罩等不良行为，最快 2 分钟内处置完成。不仅如此，"城市超脑"平台还对全市视频监控进行人群聚集识别预警，当发现超过 10 人以上人群聚集时，现场管理人员立即疏导人流，降低因聚集导致的感染风险。

（三）智解用工困境，打通数据保障企业复产

2 月份，全球 LED 日光灯产品生产地从我国沿海转至内地。铜陵市企业安徽瑞雪照明公司面对着如雪片般扑面而来的订单，用工人员却处于极度紧缺的状态。就在此时，该公司登录该平台前端 APP 输入用工需求，"城市超脑"平台分析铜陵市求职人员及社保

参保人员数据库，在短期内筛选出了大量本地具有相关经验的、可以立刻上岗的意向性未就业人员，帮助该公司快速招聘职工 53 名，有效缓解了用工难、用工慌问题。目前该公司产能扩大一倍以上，销售额同比增长 14.5%。"城市超脑"平台在新冠肺炎疫情期间为解决返乡群众就业和助力全市企业复工复产发挥重要作用。

（四）社区智慧管理，优化服务彰显人文关怀

新冠肺炎疫情期间，社区全面开展新冠肺炎疫情防控工作，特殊人群生活状况关注存在缺失。对此，铜陵市大数据中心在幸福社区试点帮独居老人安装"城市超脑"电子猫眼，通过人脸识别和数据分析技术，让社区可以智能掌握老年人行为异常等情况，并及时抽调网格员帮扶独居老人，让群众感受到社区关怀和温暖。同时，针对新冠肺炎疫情期间高空抛物和投掷垃圾行为增多，铜陵市大数据中心还在该社区都市嘉园小区试点高空抛物实时抓拍，并及时提交城管部门进行处罚。很快，该小区高空抛物现象完全杜绝。新冠肺炎疫情期间"城市大脑"平台通过共享各部门数据，对人口密集主城区居民信息进行分析治理，累计汇集 55 个社区 1011 个网格、54.9 万条人口、29.8 万套房屋及 22590 栋楼信息，并实现人楼房定位关联，为社区防疫人员快速核查辖区人口提供了重要的数据支撑。

（五）柔性执法管理，全息感知打造不见面模式

为减少城管现场管理带来的感染风险和执法纠纷，铜陵市大数据中心联合市城管局通过"城市超脑"平台智能图像分析主动发现城市管理事件。该平台每天将暴露垃圾、店外经营、占道广告牌、渣土车未加盖、渣土乱倒乱卸等事件视频拍摄图片自动发给责任人，并以短信或电话提醒的方式提示改正。经过多次劝导仍屡教不改的，铜陵市城管局再进行相应处罚。目前，该平台日均智能发现城市事件 200 余起，相较于传统管理模式，事件发现量上涨近 10 倍，处置时长确降低 70%。通过非现场执法、短信柔性劝导等方式，城管部门创新不见面管理模式，在新冠肺炎疫情期间守护市容市貌。

（六）全面泛在连接，赋码生活保障生命健康

新冠肺炎疫情期间，铜陵市大数据中心联合哈啰出行共享单车在安徽省内率先上线"骑行健康码"。市民出门扫码单车时，"城市超脑"平台会对用户进行健康码核验，绿码、黄码用户可以正常骑行，红码用户扫描车辆将被锁定，同时系统立即通知运维人员对车辆进行消毒，为市民交通出行接驳的"最后一公里"建立起健康防线。该项服务已经广泛运用在公共交通、社区小区、商超、交通卡口、工业企业、学校等 10 类重点场所，不仅提高了通行速度，也降低了交叉感染风险。目前，铜陵市 170 万市民全部实现赋码出行，累计扫码次数达 860 余万次。通过"城市超脑"后台数据分析，实现对市民身体健康状况和活动轨迹进行精准掌，有效保障群众生命安全。

四 取得成效

第一，在外防输入方面，该平台累计发现外来人员5万余人次，外来车辆7856车次，通过大数据分析精准研判风险人员594人，并报送铜陵市防疫指挥部办公室，确保县区基层人员快速排查并进行有效精准管控。

第二，在防止聚集方面，该平台累计发现并劝导200余起市民未戴口罩等不良行为，最快2分钟内处置完成。发现超过10人以上人群聚集10起，现场管理人员立即疏导人流，降低因聚集导致的感染风险。

第三，在复工复产方面，以安徽瑞雪照明公司为例，该平台在短期内筛选出了大量本地具有相关经验的、可以立刻上岗的意向性未就业人员，帮助该公司快速招聘职工53名，有效缓解了用工难、用工慌问题。

第四，在社区关怀方面，以幸福社区为例，该平台通过人脸识别和数据分析技术，让工作人员可以智能掌握全社区老年人行为异常等情况，并及时抽调网格员帮扶独居老人，让群众感受到社区关怀和温暖。

第五，在柔性执法方面，该平台日均智能发现城市事件200余起，相较于传统管理模式，事件发现量上涨近10倍，处置时长却降低70%。通过非现场执法、短信柔性劝导等方式，城管部门创新不见面管理模式，在新冠肺炎疫情期间守护市容市貌。

第六，在赋码出行方面，铜陵市170万市民全部实现健康码赋码出行，累计扫码次数达860余万次，实现对市民身体健康状况和活动轨迹进行精准掌，有效保障群众生命安全。

五 机制体制创新

铜陵"城市超脑"打破了传统疫情防控的边界和手段，综合利用互联网、物联网等基础设施，通过人工智能、图像分析等多种技术手段，针对新冠肺炎疫情定制开发多种创新场景，改变了原先事件驱动、全靠人力、效果不佳的问题，实现数据驱动、人机协同、高效有序。同时利用非接触、不见面、不聚集等方式，实现了疫情防控的各项管理，开创了疫情防控的全新模式。

城市管理理念由专业管理向综合管理转变，将城市事件的发现、分派、处置过程从事后被动处理逐步转变成主动感知，从而提升城市治理效率。

城市管理结构由单向性管理向参与式管理转变，对事件处置过程数据进行回流分析，不断优化处置算法模型同时，对业务处置流程的优化提出改进建议。

城市管理重点由正常运行管理向细节管理转变，通过将批量抓拍图片和数据分析结果作为"非现场处罚依据"，定期进行事后行政处罚。通过"柔性执法"的方式化解了"群众理解度不高、执法冲突较多"的难题。

六 可借鉴创新

铜陵"城市超脑"平台打破了传统疫情防控的边界和手段，综合利用互联网、物联网等基础设施，通过人工智能、图像分析等多种技术手段，针对疫情定制开发多种创新场景，改变了原先事件驱动、全靠人力、效果不佳的问题，实现数据驱动、人机协同、高效有序。同时利用非接触、不见面、不聚集等方式，实现了疫情防控的各项管理，开创了疫情防控的全新模式。例如，该平台每天将暴露垃圾、店外经营、占道广告牌、渣土车未加盖、渣土乱倒乱卸等事件视频拍摄图片自动发给责任人，并以短信或电话提醒的方式提示改正。经过多次劝导仍屡教不改的，铜陵市城管局再进行相应处罚。目前，该平台日均智能发现城市事件200余起，相较于传统管理模式，事件发现量上涨近10倍，处置时长却降低70%。通过非现场执法、短信柔性劝导等方式，城管部门创新不见面管理模式，在新冠肺炎疫情期间守护市容市貌。

（铜陵市大数据中心）

中国（厦门）国际贸易单一窗口项目建设提升营商环境

国际贸易"单一窗口"（以下简称"单一窗口"）是世界各国促进贸易便利化、提高国家竞争力的通行做法之一，是一个国家或一个口岸城市对外贸易、航运物流软环境的重要体现，其功能指标直接影响该国家或该口岸城市的营商环境。

中国（厦门）国际贸易单一窗口（以下简称"厦门国际贸易'单一窗口'"）由厦门市政府主导建立，自贸委、市口岸办、发改、商务、工信、财政、交通、港口、税务、外管、金融等20多个政府部门参与，海关、海事、边检等口岸查验单位共建，银行、货站、堆场、码头、机场等20个服务企业协同，为企业提供口岸通关、跨境贸易、物流、政务、金融等一站式公共服务，是厦门市实现"一个平台、一次申报、一次办结"的重要举措。

厦门在推进自贸试验区建设中，始终把"单一窗口"建设作为推进供给侧改革、营造国际一流营商环境的重要抓手，努力打造全国口岸通关的新标杆。

一 厦门国际贸易"单一窗口"提升举措

（一）建立协作机制

一是注重顶层设计。厦门对标国际先进，以新加坡为标杆，围绕国际贸易整体链条运作进行顶层设计、统一规划，着眼于提升厦门跨境贸易效率。二是建立平台共建机制。厦门成立了国际贸易"单一窗口"建设工作领导小组，该领导小组下设办公室，办公室下设综合协调组、业务需求组和技术专家组三个工作组，统筹协调推进平台建设，形成由地方政府主导，海关、国检等口岸监管部门共建，商务、发展和改革委员会、财税、港航等职能部门参与，企业运营的工作机制，成为共同的口岸管理共享平台。三是建章立制规范平台运作。制定实施《厦门国际贸易"单一窗口"管理暂行办法》，从项目需求、方案评审、立项审批、采购与招标、建设实施、运行维护等方面规范平台的建设和运作，构建高效的平台建设工作机制。

（二）加强平台的系统集成

一是启用厦门口岸航空电子货运平台。以推进传统航空货运向现代物流转变，实现航空货运电子化、信息化、便利化和信息互联互通为目标，在全国率先实现"单一窗口＋空运物流"模式、"一单多报"和"安检验讫电子化作业"等多项创新举措。二是搭建跨境电商公共管理平台。通过"单一窗口"整合邮件、快件、跨境电商三个业务板块，实现海关、检验检疫申报监管"一点接入，一点输出"一站式监管通关模式。同时，率先全国实现自然人手机 APP 自主报关，跨境电商合格产品 6 秒内快速验放。三是建设智慧物流平台。通过创新应用与系统集成，整合码头、闸口、拖箱、堆场等港口物流各环节的信息，实现港口物流与口岸监管的深度融合与联动，大幅提高港口全物流链的运行效率。仅集装箱设备交接单无纸化，每年可节约单证成本 1000 万元。该智慧物流平台成为交通运输部智慧港口示范工程项目。四是实现出口退税功能。海关、税务两个部门的数据在平台上对接，数据互通共享，进而实现出口退税功能，实现出口信息"零录入"，大大缩短企业申报出口退税时间。厦门成为继上海之后第二个在国际贸易"单一窗口"上实现出口退税的城市。

（三）构建"线上＋线下"一站式服务平台

以口岸商贸服务为起点，延伸扩展整个自贸区政府公共服务，商事登记"一口受理、一照一码"、行政审批、市场监管、税务、信用体系、银行等，通过"单一窗口"构建线上综合服务信息平台，通过"线下"的综合服务大厅构建线下办事服务窗口，形成"线上为主、线下为辅"信息化服务体系，实现"一个窗口、一次办结"。

（四）主动对接"一带一路"

在商务部的支持和推荐下，厦门加入亚太示范电子口岸网络（APMEN），成为继上海电子口岸后中方第二个加入 APMEN 的成员口岸，通过参与 APMEN 试点项目，促进厦门"单一窗口"与亚太经济体口岸互联互通，带动厦门对外经济发展。同时，该平台不断对接"一带一路"，实现与台湾关贸网路互联和数据交换，该平台服务范围和影响不断延伸扩大。

（五）积极推广标准版新业务

自 2017 年 8 月获得与国家"单一窗口"标准版对接单列资质以来，严格按照国家口岸管理办公室工作部署，积极宣传推广标准版业务。现已上线标准版主要业务应用率稳步提升,其中货物申报,舱单申报(水运、空运),运输工具(水运海关、空运海关)等主要申报业务已基本稳定在100%应用率。

(六)积极向上争取支持

主动加强对接国家口岸管理办公室、商务部、海关总署、国家质量监督检验检疫总局等相关部委,实现与国家口岸管理办公室"单一窗口"的数据对接,形成了共同支持厦门"单一窗口"建设的良好局面。

二 厦门国际贸易"单一窗口"创新亮点

厦门"单一窗口"致力于通过信息化手段推动通关业务流程再造,创新监管方式,提高通关效率,降低通关成本。

(一)提升系统功能

2015年4月,厦门国际贸易"单一窗口"平台1.0版上线,实现了作业电子化;2017年,该平台2.0版上线,实现了服务整合流程再造;2020年,该平台3.0版全面建成,实现了服务功能延伸,口岸公共信息服务生态圈基本形成。从1.0到2.0,再到3.0版,厦门国际贸易"单一窗口"用5年的时间完成了华丽"三级跳"。累计上线各类应用系统和功能模块80项(其中:标准版18项,地方版50项,以及由于标准版应用上线本地下线功能模块12项),形成了"通关服务""物流服务""贸易政务""金融服务""互联协作""特殊区域""跨境电商""数据服务"八大功能板块,覆盖海港、空港、特殊区域监管、陆路/海铁联运业务等;以运输工具、货物、人员的各项业务办理及综合服务为主线,配套金融、商务、政务等服务;实现了整个口岸业务办理的"一个平台、一次申报、一次办结"。

(二)提高通关效率

率先在全国推行进口货物提前报关奖励,引导鼓励企业"提前申报",厦门口岸提前申报比例从原来的不足1%提升至30%,2019年厦门口岸进出口整体通关时间为35.04小时和3.5小时,较2018年年底分别压缩18.2%和39.8%,较2017年年底分别压缩68.1%和84.3%,根据2021年的最新数据,厦门口岸进出口整体通关时间分别压缩至28小时以内和1.4小时以内,提前实现了国务院"2021年比2017年压缩一半"目标要求。助力厦门获评"中国十大海运集装箱口岸营商环境测评"第一名。

(三)降低企业成本

"厦门国际航运中心港口智慧物流平台"已为企业降低成本累计1.28亿元,节约能源1.48万吨/年标煤,减少二氧化碳排放3.22万吨/年。实施"先放行、后改单",为企业平均节省通关时间约 17 小时，节约成本 100 余万元。免除集装箱查验服务费，每年为企业节约上千万元。

（四）扩展服务范围

截至 2021 年 5 月，该平台累计注册企业 8590 家，累计服务个人超 15.02 万人次，其中：2021 年新注册企业数 446 家，新增服务个人 2.05 万人次，服务覆盖厦门整个口岸，并被复制推广到泉州、漳州、龙岩等周边地区。对接"一带一路"，实现与台湾关贸网路互联和数据交换。成为亚太示范电子口岸网络（APMEN）成员，上线推广智能优惠关税系统，帮助企业切实享受自贸协定优惠关税政策；开展航空电子货运试点项目，促进厦门国际贸易"单一窗口"与亚太经济体口岸互联互通，带动厦门对外经济的发展。

三　厦门国际贸易"单一窗口"建设成效

该平台自建设以来，紧紧围绕打造口岸公共信息服务生态圈的总目标，已建成体制机制优、业务功能全、信息化集成水平高、运行效果好的国内领先水平的国际贸易"单一窗口"，得到国家口岸管理办公室、商务部、外交部，以及 APMEN、国际航空运输协会（IATA）等国际组织的高度评价，先后入选商务部自由贸易试验区首批"最佳实践案例"，被 APMEN 确定为国内两个试点口岸之一，入选"2019 中国改革年度优秀案例"，该平台多项改革创新经验被全国复制推广。

（一）通关效率大幅提高

依靠信息化手段，厦门口岸进出口货物通关流程得到大力优化，货物申报时间从 4 小时减至 5 分钟至 10 分钟，船舶申报时间从 1 小时减至 5 分钟，船舶滞港时间从原来的 36 小时缩短至 2.5 小时，货物验放效率从 3 天缩短至最快 6 秒。实现"4 个 100%"，即 100% 一般货物、100% 国际航线船舶、100% 跨境电商商品、100% 国际邮快件通过"单一窗口"申报。厦门口岸 2019 年、2020 年蝉联中国十大海运集装箱口岸营商环境第一名。

（二）企业成本大幅降低

通过"单一窗口"通关业务实现了无纸化服务，企业享受了报关报检平台信息服务费用全免，减少了奔波往返与各口岸监管部门之间的人力资源，有效降低了企业的通关成本。

（三）国际交流取得突破

航空进口运单电子化项目被商务部、外交部推进作为中国优秀案例参加在马来西亚举行的 APEC 主席之友互联互通会议，给各经济体代表留下了深刻印象。

（四）数据融合逐步共享

一是与福建省平台福州运营体数据共享，实现向省平台之间数据互联互换。二是与厦门市重要平台数据对接。实现与市"一照一码"审批信息共享平台、市信用信息平台、一站式惠民服务平台"i厦门"等平台对接，更进一步促进政务数据共享和开放，激活市场，广泛惠民便民。三是积极推动海关数据共享，完善了市重要产品追溯体系，首次实现海关数据通过厦门"单一窗口"平台共享其他政府部门。

（五）大力推进厦门自贸片区大数据服务中心建设

厦门自贸片区大数据服务中心以厦门"单一窗口"平台为基础载体，充分发挥"单一窗口"数据资源共享体系优势，运用"云计算、大数据、区块链"等现代化信息技术手段，推动各类数据汇聚互联和共享应用，已对接国家单一窗口标准版、福建单一窗口，对接海关、边检、海事、税务、外汇局等中央垂管单位5个，对接厦门自贸委、工信局、商务局、交通局、港口局等地方政府部门22个，对接APMEN、国际航空电讯（SITA）、船讯网，对接口岸有宁波、香港、台湾，对接金融保险机构10个，对接海港空港8个，汇聚各方数据超过8亿条。中心现策划有口岸通关、智慧港口、一带一路、对台合作交流、跨境电商等6个数字成果主题。自2020年4月21日开放至今，中心已累计接待参观单位226个，200批次，3218人次。

[中国（福建）自由贸易试验区厦门片区管理委员会 信息化服务中心]

江西推动"赣政通"平台建设，打造政府数字化转型新名片

当前，我国积极布局"网络强国"发展战略，全面推动大数据、"互联网+"、数字经济等行动计划的实施，统筹构建以"大平台、大数据、大系统"为核心的政务信息化发展蓝图，积极推进我国各级政府数字化建设。江西省遵从国家总体部署，主动适应信息社会发展新形势，科学布局数字江西规划建设，积极发挥新一代信息技术优势，为促进全省经济社会的转型升级提供重要支撑。

为了适应形势的发展，根据江西省省委省政府关于深化"放管服"改革、提升政务办公效能、建设"五型"政府的重要决策部署，按照"统一平台、一体在线、协同高效"的原则，集约化建设"赣政通"移动办公平台，实现组织、沟通、业务在线化、一体化，打造江西省新型数字化政务办公模式，提升全省政务办公效能。

"赣政通"移动办公平台按照"统筹规划、分步实施、持续见效"的思路，以阿里政务钉钉为底座，以双杨国产化数字中台为支撑，统筹建设共性应用系统，整合接入各级党政机构业务应用系统，推进省、市、县（区）、乡（镇）街道、村（社区）五级政

务部门协同,为各级党政机关工作人员提供全方位、多角度、个性化的一体化移动办公服务。

一 打造全优方案架构

"赣政通"移动办公平台私有化部署在江西省政务云上,确保数据安全可控。平台总体架构包括:

(一)基础设施层

基于江西省电子政务外网网络平台、政务云、政务外网安全接入平台、江西省数据共享交换平台、统一身份认证、电子印章和CA数字证书等已有信息化基础设施集约建设。

(二)数据资源层

存储结构化数据和非结构化数据。结构化数据包括人员库、公文库、会议库、事务库、知识库、共享库、钉钉库等,非结构化数据包括公文数据、统计分析报表、音视频文件等内容。数据资源层同时提供元数据管理、数据安全加密等数据处理功能。

(三)应用支撑层

提供数据和能力支撑,提供门户中心、权限管理中心、统一组织、用户管理中心、政务通讯录管理中心、单点登录中心、系统设置中心、日志管理中心、接口管理中心、系统集成中心、流程引擎、表单引擎,实现门户服务、工作流、消息服务、日志服务、应用管理、开放API等服务。

(四)业务应用层

包括即时通信系统(通讯录、消息必达、安全沙箱等)和协同办公系统(公文管理、会议管理、领导日程管理等),并实现与省直、市县OA、统一身份认证系统、网上审批系统等相关系统的集成,进一步提高全省各级政府沟通效率和行政协同能力。

(五)用户服务层

为全省公务人员构建一个统一的移动办公入口,实现统一身份认证、授权访问,满足随时随地在线沟通和政务办公的需要。

(六)标准规范体系

建立信息标准规范体系,统一应用系统接入标准,规范信息互联互通,从而保证与业务应用系统实现有效集成。

（七）运维保障体系

根据电子政务网络平台要求建设和防护，建立信息运维保障体系，以应用与实效为主导，管理与技术并重，建立综合防范机制和运维保障体系，保障信息平台安全、高效、可靠的运行。

（八）安全防护体系

安全防护体系主要包括即时通信客户端安全防护、即时通信服务器安全防护、数据传输安全设计、第三方数据加密设计、部署安全设计等。

二 构建全方位技术优势

（一）全链路安全防护方面

"赣政通"移动办公平台提供了政务办公场景中全链路的安全防护能力，包括：终端安全能力、应用和数据安全能力、链路安全、接入安全、服务安全、基础设施安全及高可用安全，另外还涵盖了贯穿全链路的安全管理体系以及安全运维体系，保障总体安全能力的闭环。

（二）移动开放平台方面

移动开放平台提供建设政务应用所需的各项移动应用基础功能，并为应用开发商提供应用开发的必要能力，同时建立应用接入标准规范、接口规范、设计规范、验收标准，统一运维和安全体系，从技术、流程到管理进行能力输出，实现政务钉钉应用扩展，第三方应用调用平台的相关基础能力和政务业务能力"上钉"，从而打造繁荣的移动业务生态。

政务钉钉开放平台融合了阿里移动开发平台（Mobile PaaS），为移动开发、测试、运营及运维提供支撑，降低技术门槛、减少研发成本、提升开发效率，可协助 ISV 快速搭建稳定高质量的移动 APP。移动端提供小程序开发模式，融合了 H5 的易开发性、跨平台性、Native 性能，让开发者可以快速开发高性能的页面，提供优异的用户体验、提供 H5 容器，提供外部扩展功能，功能插件化、事件机制、JSAPI 定制和 H5APP 推送更新管理能力。支持三方应用调用能力进行日志埋点、运行监控能力，实现用户分析、事件分析、行为、性能等数据分析服务。

（三）低代码开发平台方面

低代码开发平台提供建设政务应用所需的各项 PC 端应用的基础功能。通过提供大量的可视化拖拽式的开发工具和面向领域的界面模板、业务模板、流程模板和对象模型，为业务人员提供积木式组装的方式快速拼装应用系统的能力，从而实现了应用快速开发和迭代，同时为软件开发者提供 API 接口、组件开发、页面编排工具和流程编排工具，开发者利用平台上组件化、微服务化已有的大量服务,编写少量代码就可以进行个性化定制和功能扩展。

(四)业务中台方面

业务中台将"赣政通"移动办公平台各类应用进行融合和集成,将各类业务应用转换成服务模式。业务中台在整个平台架构中起到承上启下的作用,是底层应用技术组件的共享提炼。它是由一系列政务业务能力标准、运行机制、业务分析方法论,配置管理和执行系统构成的体系,提供平台各类角色快速、低成本创新的能力。业务中台实现对"赣政通"移动办公平台应用系统的统一管理,将控制信息抽离出来,以业务身份为主线进行管理和呈现,并以生态角色来重构整体的技术架构。

三 凸显最佳应用效果

"赣政通"移动办公平台建成后,各地各部门积极开展系统对接、业务迁移等工作,加速推进移动办公,平台的应用成效逐步显现,全省政务移动办公"统一入口、掌上办理、协同高效"的格局正在加速形成。

一是实现政务移动办公"一个APP,可办所有事"。依托"赣政通"移动办公平台,各地各部门积极推动传统线下办公逐步向线上迁移,归并整合各类政务移动APP向"赣政通"移动办公平台迁移,对接联通各部门OA办公、行政审批、业务管理、行政执法等政务应用,实现全省政务移动办公统一入口、统一身份认证、统一数据管理,解决政务APP繁多、数据碎片化、使用不便等问题,实现政务工作集中管理、智能提醒、高效运转。目前,"赣政通"移动办公平台共联通10544个政务部门,接入312个政务应用,注册实名用户数达28万。

二是实现政务移动办公"手机一开、说办就办"。依托"赣政通"移动办公平台,各地各部门积极打破内部办公"信息孤岛",推动内部办公流程再造,实现政务办公系统与政务服务系统之间互联互通,省市县三级政务部门之间业务协同,电脑、手机、平板等智能终端之间数据共享,促进政务办公效率提升。目前,各地各部门依托"赣政通"移动办公平台累计建立工作群组1956多个,发送工作消息32万条,公文流转信息40万多条,召开视频会议2726余次,有效提升了办公效率、降低了行政成本。

三是支撑政务应用场景创新。依托"赣政通"移动办公平台,各地各部门结合自身工作,创新开发了一批特色政务应用,取得初步成效。例如,上饶市依托"赣政通"移动办公平台推动公务员"一件事审批"工作,实现机关内部办事"一次不跑"。宜春市将"12345"市民热线接入"赣政通"移动办公平台,利用即时通信等功能,缩短问题整改和反馈时间,提升政府社会治理效率。吉水县依托"赣政通"移动办公平台建设"快问政"平台,实现信访件快速分发、在线会商、快速办理。南昌、九江、抚州、鹰潭围绕城市管理、民生服务、脱贫攻坚等业务上线了一批政务应用,均取得了较好的成效。

下一步,江西将紧紧抓住"人工智能、移动互联网、5G"等新一轮科技革命的战略机遇,在现有移动办公平台的建设、使用和推广的基础上,继续深挖需求,大胆技术创新,从智能化、零延迟、高安全三个维度努力探索实践,打造一个更加高效智能的新时代移动办公平台,推动江西省各级政府治理能力现代化建设再上新台阶。

(江西省信息中心)

济南市"爱山东·泉城办"

一 整体情况

"爱山东·泉城办"是由济南市人民政府主办,济南市大数据局承办,济南市信息中心负责建设运维的政府官方唯一政务服务APP。依托济南政务服务网开发建设,旨在实现济南政务服务由PC端向手机端延伸。作为济南市政府唯一官方政务服务APP,"爱山东·泉城办"APP以服务企业办事、贴近百姓民生为宗旨,运用大数据和人工智能技术,不断整合政务服务资源,丰富应用服务。

"爱山东·泉城办"APP作为新一代信息技术在城市的综合集成应用,是实现数字化治理和发展数字经济的重要载体,是未来城市提升长期竞争力、实现精明增长、实现可持续发展的新型基础设施,也是一个吸引高端智力资源共同参与,持续迭代更新的城市级创新平台。通过针对市民不同人群,进行社会角色和服务特点分析,提供更多精准服务,打造全天候为民服务的掌上政府,大幅增加"爱山东·泉城办"APP使用人数,使之能覆盖全市30%的人口,达到国内一流移动政务服务水平。

2020年,济南市政府将"爱山东·泉城办"APP贴心服务小管家列入"政府承诺为民办好23件实事"之一,"爱山东·泉城办"APP截至目前整合服务应用总量超过1150项,为企业、群众在线提供服务超1000万人次。

紧扣百姓所需所想,着重突出打造包括统一预约、高频服务、实体卡电子化等百姓使用频率高、幸福感强的应用,打造特色的政务服务和便民服务平台。根据数据统计及服务梳理结果可见,交管、公积金、人社、教育等相关服务是当前服务频率最高、老百姓最关注的线上核心服务,目前"爱山东·泉城办"APP都已接入。

二 应用亮点

(一)应用整合

"爱山东·泉城办"APP目前已整合:现金报销进度查询、异地备案信息查询、生育保险报销情况查询、生育保险报销单据查询、医疗账户收支情况、个人门诊统筹签约信息等医保类应用19项;不动产大厅预约、法人新建商品房、新建商品房、婚内析产、身份证变更、姓名变更、离婚财产约定、法人二手房买卖等不动产服务类应用57项;房屋权属状况信息、济南市房屋登记信息查询结果、麻醉药品和第一类精神药品运输证明、麻醉药品和精神药品邮寄证明核发、低保标准、退休人员养老收入证明等电子证明类应用18项；养老资格待遇认证、居民养老综合查询、社保卡即时制卡申请、社保卡交易密码重置、社保卡交易密码修改、养老待遇测算、更正职业资格证书申请等人社服务类应用47项；政策库、政策解读、创业服务、投融资服务、人才与培训服务、科技创新等法人事项27项。

（二）电子亮证

在国内率先实现无犯罪证明、户籍证明、临时身份证明掌上开具和电子不动产证掌上亮证，与济南市行政审批服务局对接百余项电子证照的亮证，包括商品房预售许可证、药品经营许可证、医疗机构执业许可证等。这些电子证照是"便民证照、便企证照"，持有主体不仅可以在济南市线下各场景使用手机快捷出示，有效地进行身份确认、资格展示。目前，"爱山东·泉城办"APP集成卡证类、证明类、证照类3大类，共计百余项电子证件、证照；在山东省内率先实现公积金查询和提取掌上办理，人社、医疗、教育、水电气等高频热点事项实现"秒批秒办"，为广大市民提供了方便快捷的服务，受到社会各界好评。

（三）创新亮点

在全国率先推出新建商品房、二手房"全链条"业务，以不动产业务为核心，将业务办理的前置环节和后置环节一并纳入到业务办理过程中，实现信息一次填报，材料一次提交，不再让群众来回跑腿，目前结合电子签名功能，真正实现"零跑腿"拿房产证。特别是贴心地纳入了水、气、暖过户业务，群众在办理房证和产权变更业务（如婚内析产、产权人姓名变更、产权人身份证明变更等）时，可以并联处理水、气、暖过户业务。已有近2万名市民通过"爱山东·泉城办"APP办理成功，大大方便了市民群众，打造了最短最简最优不动产登记新模式。

（四）惠企利企

优化营商环境是目前一个热点，针对企业用户，"爱山东·泉城办"APP为其打造了专属的法人空间，其中涵盖了惠企政策、诉求反映、提出建议，信易贷，一键直达，为企业精准推送各类所需政策，市县联动、部门协同，响应企业需求，助力企业发展。

（五）消息提醒

作为一个政务服务类APP，消息中心成为"爱山东·泉城办"APP的重要一环，它主要包含了三大功能点：通知提醒、服务日历和流程反馈，通知提醒包括用户账户变动、产品重大功能更新等事项，需要及时告知用户；服务日历，可通过后台统一设置通用服务，如高考查询，公积金到账等或用户自行设置提醒的服务与时间，如预约挂号等，服务日历应用将"爱山东·泉城办"APP易用好用的特点体现得比较充分,该功能为同类政务APP内首创;流程反馈是对于用户的关键操作,尤其是那些可能无法即时呈现最终结果的(如民声联系、意见反馈等),需要在操作或流程有结果后,通过消息的形式及时给予用户反馈。及时、清晰的反馈是用户体验的重要一环,能够提升用户对流程的掌控感、安全高,从而增加对产品的信心。

(六)快捷登录

"爱山东·泉城办"APP完善了快捷登录方式,包括指纹登录、扫脸登录、支付宝登录,使用的快登和生物识别技术大大缩短了登录等待时间;"爱山东·泉城办"APP完成山东省统一用户体系切换,解决了用户注册和认证的问题。侧边栏的用户反馈功能,可以方便用户随时提交在使用过程发现的问题,后台客户会及时联系处理。通过意见反馈功能,不断地完善新建商品房、二手房、电子身份证网上凭证等热门应用,不断提高"爱山东·泉城办"APP的服务能力。

(七)电子签章应用

为进一步优化营商环境,推进"一次办成"改革,济南市大数据局会同公安局、行政审批局建设了电子印章系统,积极推广应用,取得了明显成效,有力地促进了"互联网+政务服务"工作的开展,目前市民可通过"爱山东·泉城办"APP申领个人电子签名和企业电子签章,经统计济南市自然资源规划局已实现不动产权证书和不动产登记证明网上办理,群众通过"爱山东·泉城办"APP下载领取不动产电子证160余万份。

(八)泉城链

依托全市统建的"泉城链"基础平台,按照技术标准规范,结合实际需求,打造区块链在数据共享、业务协同等方面应用,建设个人和企业法人的面对面授权和异地授权认证,所有应用涉及用户身份信息、证照信息、个人数据信息等隐私信息,通过"泉城链+授权"方式征得用户同意授权后可使用。真正做到授权、用证留痕及防篡改、防抵赖,实现授权记录及电子证照用证记录随时可查、全程可追溯,保障用户数据使用安全。

(九)无证明城市

梳理"无证办理"事项,根据具体业务场景,重新全面梳理政务服务办理需提交的材料;制定"无证办理"规范,以"少填、少报、少跑和快办"为原则,制定了全市政务服务"无证办理"标准规范,重点从信息填写和材料提交上进行简化优化,重点采取数据共享、网络核验等措施,通过"爱山东·泉城办"APP向群众提供"无证办理"服务。

(济南市大数据局)

德州市齐河县人工智能辅助审批大幅提升工作效率

一 建设背景

齐河县行政审批服务局,依照《关于印发全省工程建设项目审批制度改革省市联动攻坚重点任务清单的通知》(鲁建审改字〔2020〕16号)文件要求,结合现状,依托人工智能和大数据技术,构建行政审批流程电子化辅助审批能力。利用人工智能和大数据技术进行智能化比对,做好工程建设项目辅助审批工作,减少人工审批工作量,提升审查效率和质量。制定电子化辅助审批标准,梳理可电子化辅助审批的事项清单及辅助内容。

二 建设目标

依托人工智能及大数据等技术,在齐河县行政服务审批中实现试点审批场景的"电子化、智能化"的目标,具体构建如下三个能力。

(一)构建智能审批中心,实现AI智能审批能力

基于AI+RPA(人工智能+流程自动化)技术,将传统的手工审批模式优化完善,实现智能化、电子化、自动化操作。目前已初步构建项目审批共享数据子中心、智能化辅助审批子系统、智能文档数据采集子系统、辅助审批机器人等4大核心能力。

(二)实现流程自动化处理,大幅提升工作效率

在建设项目审批环节中,通过流程处理机器人实现了表单数据自动录入、企业申请数据的自动校验及审核、项目经理是否合标的自动检索判断等能力。通过智能化文档审阅系统,实现了建设项目所有电子版资料的自动识别、自动审阅、自动审核等功能。达成智能化辅助审批办理模式,初步实现部分工作环节的信息录入时间较原来提升80%,信息校验缩短到5分钟,信息审核缩短到1分钟以内,也进一步提升企业办事人员办件感受。

(三)建立数据共享中心,实现多环节数据共享及自动检索

通过文档自动审阅平台将建设项目的关键信息自动录入到审批共享数据中心,所有后续审批环节中如需查阅项目资料,均可以由流程处理机器人从数据中心自动检索并展示给审批工作人员,并且全程可控可追溯,实现零出错率,有效保证信息安全前提下,大幅提升了工作人员办事效率、准确率。

三 人工智能技术在行政审批使用中的特点

齐河县行政审批服务局采用人工智能技术，开发数字化的虚拟工作人员，通过模拟人工操作并采用 AI 技术实现人与计算机的智能交互，按规则自动执行工作任务。智能机器人在信息系统中根据人的意志，自动执行工作并能够最大程度减少错误的软件程序。

数字化智能机器人针对日常重复性工作、规则与逻辑明确、跨系统数据集成、数据搜集、检索、汇总等特点的工作，具有完全替代人工操作的能力。具有三大优势。

（1）快速高效：快速构建，并根据业务的变化迅速调整，7×24 小时的连续工作；
（2）精准可控：正确率更高，工作情况可被全面监控及跟踪，以备审计；
（3）普适工作：技术无关性和非侵入性，跨系统工作。

四 实施过程

齐河县在山东省工程建设项目领域首推"无感审批"，对于占地面积小于 5 万平方米的水土保持告知承诺制项目，企业通过山东政务服务网提交水土保持方案审批申请后，无感审批系统自动抓取相应数据，快速智能处理，生成电子证照，办事人员 5 分钟后即可下载打印。企业自行提报水土保持方案审批申请，5 分钟后还没有感受到审批的存在就可以下载打印电子批复，这得益于齐河县"无感审批"改革。

2020 年 8 月齐河县承接"探索电子化辅助审批"改革以来，利用人工智能和大数据技术进行智能化比对，前期已经实现智能查询、智能筛选、智能秒批。智能查询，在施工许可、建筑业企业资质、房地产企业资质审核阶段，机器人代替人工录入身份证号，自动查找社保及职业资格情况，以查询 50 个人员为例，辅助审核系统只需 3 分钟，与人工查询相比时间节省 99%。智能筛选，在立项阶段，系统根据《产业结构调整指导目录》自动筛选，对属于淘汰类行列的项目直接驳回，属于限制类、鼓励类的项目由审批人员审核后予以通过。智能秒批，系统机器人自动抓取，抗震、水保实现"20 秒"自动做出批复；环评 3 次公示内容根据文本自动生成，每个项目 3 次公示内容的生成由之前的 30 分钟压缩到 45 秒。

"无感审批"是齐河县在前期"秒批"基础上，大胆闯、大胆试，实现的从"人工审批"向"无人干预审批"的里程碑式跨越。

五 实现功能

（一）自动录入数据项

使用智能化辅助审批机器人，实现通过自动识别录入信息。例如，在工程项目审批中取水许可审批步骤，该步骤需要经过三个阶段，操作员需要录入很多资料。使用智能化辅助审批机器人之后，将大量录入工作交给机器人处理。减轻工作人员工作量，提升工作效率、质量。

（二）自动抓取表单中关键信息，并自动录入共享数据中心

例如，在审批系统中，机器人可以自动抓取关键信息进行数据入库操作（表1）。

表 1 建设项目内容

第一阶段	企业投资项目备案或核准	山东省建设项目备案证明	
	所需材料	内容	备注
取水许可审批	取水许可申请（核发取水许可证）	新发取水许可证复印件	
		行政许可准予决定审批表	
		行政许可文书送达回证（受理许可）	
		行政许可受理审批	
		行政许可申请材料清单	办理取水许可证申请
			水利局及验收组验收意见
			取水工程和设施验收材料
		行政许可申请受理通知书	
		行政许可文书送达回证（受理通知书）	
		授权委托书及身份证复印件	
		办理取水许可证的申请	
		县水利局关于取水工程和设施的验收意见	
		年取水量分配表	
		验收组验收意见	
		行政许可准予决定书	
		项目取水工程和设施验收材料	
	取水许可验收材料	建设项目批准文件说明	营业执照、供水协议
		取水申请批准文件	
		取水设施和运行情况说明	
		取水计量设备情况说明	
		取水计量设施合格证	
		节水设施建设和运行情况说明	
		污水处理措施落实情况说明	
		试运行期间取水、退水水量和水质检测结果	检测报告、检测报告说明
		取水项目与第三者无利害关系说明	

（三）自动填写表单

使用智能化辅助审批机器人，实现申请材料自动填写表单、审批意见的自动识别并录入。

（四）自动填写审批意见

使用智能化辅助审批机器人自动抓取电子表单中数据、自动填写审批系统，并自动校验。

（五）电子化辅助审批：智能文件监测

系统自动对附件进行智能检测，提示申请人附件的格式问题，节省申请人时间，减轻审核人工作量。

（六）电子化辅助审批：自动信息抓取及补充能力

自动识别提取附件中的关键信息，并录入共享数据中心，信息自动填入相应的字段中。

（七）完成系统申报

自动访问其他系统并查询内容，根据输入的查询条件，登录其他第三方系统，自动完成相应内容的查询并返回查询结果给工作人员，并自动完成系统申报。

六 带来的效果提升

与传统业务办理模式相比，智能化辅助审批办理模式具有提高生产效率，提升政务人员工作幸福感，可实现跨系统协同、自动执行预定流程，能够快速部署，零出错率，信息安全有保障，全程可控可追溯的特点，大大简化了办理流程，提高了办理效率。

（1）信息录入时间节省80%以上（图1）。

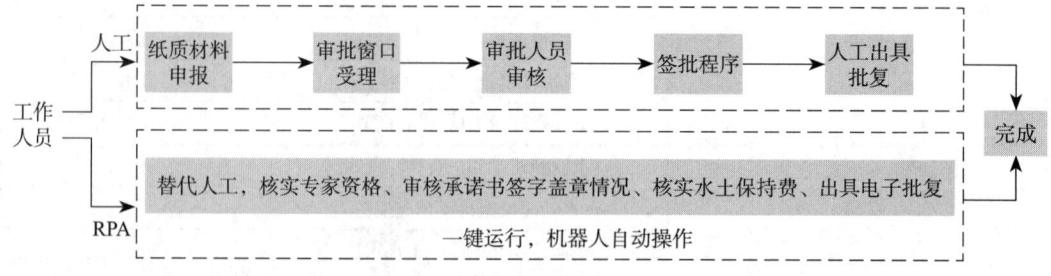

图1 节省信息录入时间

（2）工作量减少，群众跑腿次数减少（图2）。

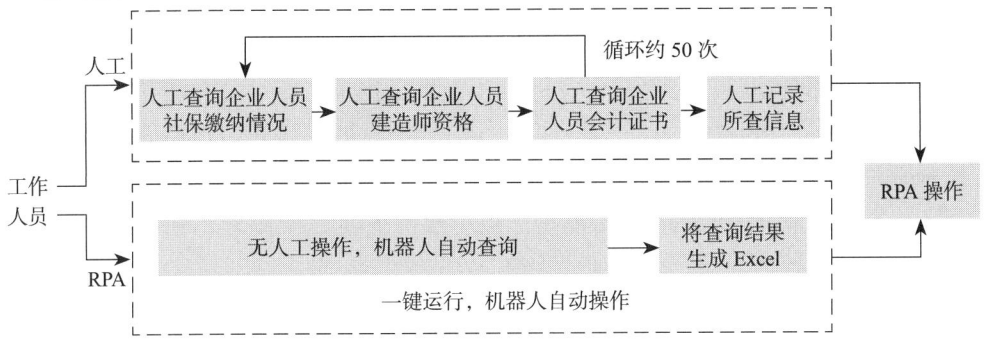

图 2 工作量、群众跑腿次数减少

（3）实现一分钟内完成信息核验，信息审核时间缩短到 5 分钟以内（图3）。

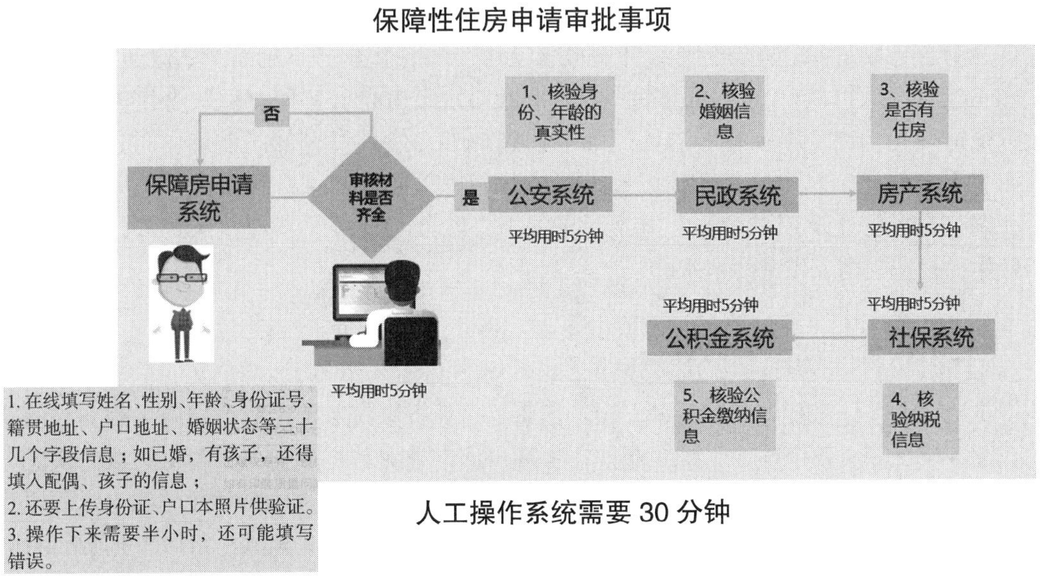

图 3 信息审核时间缩短

（山东省齐河县行政审批服务局）

河南省着力打造一体化市场监管信息管理平台

近年来,河南省市场监督管理局紧紧围绕全省群众办事"一网通办"、监管执法"一网通管"、数据信息"一网通享",依托一体化政务服务平台、一体化"互联网+监管"平台,推进数据互通、系统融合、业务通办,助力优化营商环境,服务智慧化市场监管,以信息化助力提升市场监管体系和监管能力现代化,着力打造一体化市场监管信息化管理平台。2020年12月,河南省政府领导视察河南省市场监督管理局,对智慧监管工作表示肯定;国务院推进政府职能转变和"放管服"改革协调小组刊发简报,对"今日市场监管""互联网+网络交易监管"进行宣传推广。

一 整合标准、对接系统,提升政务服务能力

按照全国、全省一体化在线政务服务平台建设要求,紧紧围绕优化营商环境和提升政务服务效能,连续发扬攻坚克难精神,全力对接河南省政府一体化政务服务平台,打造市场监管政务服务专属化应用、特色化应用。

(一)规范事项、优化数据

河南省市场监督管理局所有政务服务事项均实现网上办,"不见面"率达到100%,"互联网+监管"数据准确率、覆盖率等4项指标均达到100%,"即办件"占比得到河南省大数据局表扬,许可事项办结时限压缩比达到70%,位列省直部门前列。同时,通过和河南省大数据局多次沟通并邀请国家市场监督管理总局等专家进行论证,调配信息化资金,制订电子营业执照扩容升级方案,确保下一阶段实现电子营业执照跨部门、跨行业的应用,打造河南省政务服务亮点。

(二)自觉对标、全力对接

推动企业登记全程电子化系统、市场监管综合业务系统和河南省政府政务服务网信息的互通共享,完成四个统一:统一用户,实现与河南省大数据局自然人身份的双向认证与互通;统一事项,完成企业登记三级同事项接口数据推送;统一"好差评",线上线下"好差评"与河南省政务服务网"好差评"系统接口对接;统一电子监察,行政审批事项的审批过程纳入行政效能电子监察,与河南省政务服务网"红黄牌"电子监察系统对接。

(三)主题集成、打造专区

围绕办事难、办事慢、办事繁问题,河南省市场监督管理局依托政务服务网,全力打造"企业开办""企业注销"两个专区。企业开办一网通办,是国家和河南省明确的重点任务。积极协调河南省公安厅、河南省人力资源和社会保障厅、河南省税务局等,联

合组建攻坚专班，72个小时紧急攻坚，克服重重困难，确保企业开办"一网通办"于8月25日正式开通上线。目前，依托一网通办平台，在河南政务服务网上设置了企业开办专区，已经实现了申请人身份一次核验，申请表单一次填报，网上审批一网通办。同时，持续优化"企业注销专区"功能，实现营业执照、社会保险、商务、海关、税务等各类涉企注销业务的"一站式"办理，实现自动甄别企业简易注销和一般注销两种途径，同时优化网上公示功能，信息同步推送至国家企业信用信息公示系统，取消清算组备案，合并优化申请文书，文书材料较之前减少近50%，进一步为企业减负。

（四）强化特色、深化应用

围绕企业登记全程电子化，实现外商投资企业身份认证，支持外商投资企业办理登记业务。优化经营场所登记环节，充分利用自然资源厅共享的不动产登记信息，加强对当事人提交的住所（经营场所）核验，有效防范虚假地址登记。推进自贸区"证照分离"改革，完成告知承诺制许可事项、统一经营范围标准化、其他相关部门办理情况反馈等功能开发建设。围绕行政许可及证后监管，2020年9月份按照新标准，对接河南省政务服务网用户中心，目前支持单点登录访问系统，办理省、市、县三级相关事项。

二 重点突破、整合融合，提升市场监管效能

按照推进一体化在线监管平台建设要求，深化监管事项清单管理，探索实行重点监管制度，加强非现场监管应用，完善联合监管系统，开展风险监测预警应用，打造市场监管部门"互联网+监管"精品工程。

（一）突出食品安全重点，推进食品监管系统建设

因机构改革和疫情的影响，河南省局食品监管系统建设项目面临着项目被取消、配套资金收回的困境。河南省市场监督管理局将该项目列为重点工作，信息中心会同有关业务处室成立工作推进小组，组织业务骨干外出调研学习，聘请专家科学编制可研报告，多次到河南省发展和改革委员会和河南省财政厅进行沟通协调。目前该项目的可行性研究报告已报河南省发展和改革委员会审批，相关配套资金已进行结转，下一步将凝聚力量，充分利用先进的大数据等分析挖掘技术，打造先进的食品安全监管系统。

（二）突出系统整合融合，推进监管系统特色应用

本着"能整尽整、能合尽合"原则，对市场监管领域的数十套监管系统重新整合，重点围绕人民群众关心关注的重点领域，着力整合打造"互联网+监管"平台。围绕"互联网+电梯"，对救援应急处置督促、跟踪、指挥、协调，全省26万余台电梯入网，接到报警数量17076个，均已快速妥善处置。围绕"互联网+餐饮"，实现餐饮后厨全过程监管。全省餐饮单位开展明厨亮灶26.8万余家，占总数的73%；展开"互联网+明厨亮灶"

的为 31628 家，其中社会餐饮单位 8135 家，学校单位 22577 家，职工食堂 612 家，"阳光"车间 169 家。围绕"互联网+双随机一公开"，全省接入平台的部门达 2696 家，2581 个单位建立检查对象库，2675 个单位建立执法人员库，96667 名执法人员录入执法人员库。2020 年以来，全省组织双随机抽查 2299 次，抽取检查对象 195675 个，组织联合双随机抽查 89 次，初步实现跨部门联动监管、精确监管、分类监管、重点监管。围绕"互联网+网络交易监管"，推进全省网络交易以网管网、协同管网、信用管网、专业管网。

（三）突出信用监管重点，推进公示系统扩大应用

2020 年，持续完善国家企业信用信息公示系统（河南）功能，向市场主体提供信用信息填报、公示和查询服务，实现涉企信息一网归集、政府部门信息共享、推动政府信用监管、推动社会信用约束。归集省级部门 62 个，全省市场主体 776 万户，行政许可、行政处罚等信息 551 万条，为全省 6500 多个政府部门提供市场主体信用信息查询服务，为河南省政务服务平台、河南省统一数据共享交换平台、河南省信用信息共享平台等省级平台提供数据支撑。

（四）突出风险监测预警，推进智慧监管关口前移

围绕"互联网+风险预警"，对涉企数据重新整合、清洗、关联，创建市场主体数据库、信用信息数据库、特种设备数据库、食品安全数据库等 40 余个数据库，建立 130 多个数据模型，对每日市场主体登记、信用信息、消费维权等情况实时动态监控，关联展示 769 万户市场主体经营异常信息、行业态势信息，为监管执法提供科学依据。定期发布消费警示信息，引导社会合理消费；发布市场主体行业分布、区域分布等信息，为投资决策提供参考，规避投资风险；发布新兴行业、高科技行业发展预判。

三　聚焦疫情、线上发力，提升联防联控合力

按照河南省委省政府关于在疫情期间推行"网上办公、网上办事、网上服务"的要求和强化冷链食品物防人防追溯力度的部署，河南省市场监督管理局充分运用信息化手段和大数据技术，有效助力新冠肺炎疫情防控和企业复工复产。

（一）限期攻坚，完成河南省冷链食品追溯系统上线运行

为强化对冷链食品物防人防追溯力度和监管效能，经河南省委省政府、河南省疫情防控指挥部同意，河南省市场监督管理局牵头建设河南省冷链食品追溯系统。信息中心抽调精兵强将，连续多日加班加点，组织业务处室细化明确需求，协调申请政务云资源、保障数据对接、开通短信平台、购买 SSL 证书，大力推进项目建设。该系统顺利实现与国家市场监督管理总局系统的数据对接上报，于 12 月 25 日凌晨正式上线试运行。

（二）急用先上，建设综合协同办公平台和视频会议系统

新冠肺炎疫情突发期间，仅10天时间，河南省市场监督管理局远程音视频会议系统、综合协同办公系统两个平台上线试运行，新冠肺炎疫情期间，全省市场监管系统共开通云视讯服务2000多人，其中省局机关处室447人、直属机构991人、省辖市和直管县局560人；综合协同办公系统导入省局机关443人，保障网上办公、网上办事、网上服务。尤其是年初春节期间，信息中心技术人员24小时长驻河南省市场监督管理局机关，现场保障视频会议召开，保障国家市场监督管理总局与长垣县有关企业现场连线，为"疫情特殊时期"各项工作平稳开展提供有力保障。

（三）落实"四办"，服务市场主体远程办事

按照河南省市场监督管理局党组关于服务企业"四办"要求，全面推行"网上办"，引导企业群众登录河南政务服务网、河南省企业登记全程电子化服务平台等线上平台，网上在线办理登记注册和各类行政审批业务。随时随地"掌上办"，通过手机"掌上工商""豫事办"APP，随时随地办理各类业务。双向快递"邮寄办"，通过邮寄方式递交申请材料，审核通过后，通过免费寄递方式发放相关证照，业务办理"无接触""零见面"。特殊情况"预约办"，对于确实需要现场办理的特殊业务线上实现提前预约，到指定地点办理。新冠肺炎疫情期间，保障群众网上注册登记业务每天4000余人次，企业登记全程电子化设立登记率93%。

四 夯实基础、强化支撑，提升技术保障水平

按照数据共享、网络整合、安全可控要求，推进从国家市场监督管理总局到所五级网络运维全天候实时监控，实现市场监管领域数据归集突破性进展，实施网络安全等级保护评估和软件正版化，持续开展音视频会议系统运维，保障各条信息化系统运行顺畅。

（一）网络运维

通过数据专网线路租赁和视频会议专网线路租赁，纵向覆盖国家市场监督管理总局到所，横向连接其他厅局单位和政务云。通过完善综合运维监控管理平台，准确定位问题节点和问题网络，实现网络监控、资源监控、应用监控、安全监控。2020年，处理办公软硬件及网络故障300余次，云资源配置策略变更申请300余次，各类运维问题2000余次，其中包括云端故障处理800余次。

（二）数据运维

依托大数据融合管理平台，汇聚业务数据3.4亿条、19亿条次，为国家市场监督管理总局数据中心、国家企业信用信息公示系统、河南省政务服务网、河南省"互联网+

监管"系统、信用河南等重要系统，18家省辖市市局及9家省直部门业务应用提供了有效的数据支撑。2020年按照河南省市场监督管理局对106项证照分离改革事项要求，共向8000余个部门推送双告知数据380多万条，多证合一数据170多万条，完成有关业务保障任务。

（三）安全运维

全面贯彻落实《网络安全法》，推进2020年度网络安全风险评估及运维驻场服务、网络安全等级保护测评。健全完善网络安全统筹协调工作机制，保障2020年全国"两会"期间全省市场监管系统网络安全。根据河南省政府软件正版化工作统一部署，围绕操作系统、办公软件、杀毒软件3项重点内容，对省局机关的计算机终端、服务器、软件逐一编号，对商业软件、免费软件、预装软件分门别类、逐项造册登记，及时整改落实，推进软件正版化工作标准化、规范化、常态化。

（四）制度保障

信息化项目建设涉及部门多，建设周期长，需要进行动态监管，因此从项目立项开始，就建立信息化项目管理台账；在项目建设中做好持续跟踪，提供好技术支持；在项目结束后，严格按照合同约定，遵循验收程序，邀请专家和相关处室，组织好验收工作。制作"一表一单"（项目验收申请表、项目验收材料清单），规范信息化项目验收流程。通过以案促改及作风纪律整顿，出台形成班子议事、考核考勤、资产管理、项目管理、运维管理、机房管理等制度，实现以制度管人、流程管事。

下一步，将按照《河南省数字政府建设总体规划（2020—2022年）》《市场监管总局关于加强信息化工作的指导意见》，围绕创建宽松便捷的准入环境、公平有序的竞争环境、安全放心的消费环境，深入推进市场准入、信用监管、综合执法、质量监管、检验检测等信息化系统整合融合，全力推动智慧监管在全系统广泛应用，初步形成"监管精准化、执法规范化、服务便利化、决策科学化、运行高效化"的河南智慧监管创新发展格局。

（河南省市场监督管理局）

武汉市自然资源和规划"互联网+政务服务"体系初步形成

党的十八大以来,以习近平总书记为核心的党中央高度重视以信息化推进国家治理体系和治理能力现代化,国家、省、市分别出台了《国务院关于加快推进"互联网+政务服务"工作的指导意见》《国务院关于在线政务服务的若干规定》(国务院第716号令)、《市人民政府办公厅关于印发2020年武汉市深化"四办"改革优化政务服务实施方案的通知》(武政办〔2020〕56号)等一系列文件,对深化"放管服"改革、推进"互联网+政务服务"体系建设、提升审批服务便民化水平等工作进行全面部署。

武汉市自然资源和规划局"互联网+"体系建设启动于2016年,从2017年建成武汉市国土规划全程网上审批系统,将国土规划业务细分为土地类、规划类、地矿类、勘测类、不动产等5大类;到2018年,新增了不动产移动端申请渠道;再到近两年,按照湖北"一张网"体系建设部署,接入省市一体化平台。全局"互联网+政务服务"建设工作按照"1个中心、2个任务、3个原则和4个重点"体系(以公众为中心,以政务服务水平提高和政务服务能力提升为任务,以统筹规划、以人为本、需求导向为原则,以规范服务事项、丰富服务内容、优化服务流程和创新服务方式为重点)不断向前迈进。

一 主要做法

(一)聚焦流程优化,推进事项标准化

1. 对标优化先进城市

深入推进政务服务事项对标优化工作。对标北京、上海、杭州、深圳等国内先进城市最优标准,开展减事项、减环节、减材料、减时限、减跑动次数的"五减"行动;从办理环节、申请材料、办理时限、跑动次数、网办深度等维度对标优化,保障全市自然资源和规划领域审批服务"无差别受理、同标准办理"。

2. 固化对标优化成果

继续精简行政审批事项,再取消下放调整一批行政权力事项。按照"应领尽领"要求,做好政务服务事项的认领工作,支持审批服务"大集中"改革。持续优化办事流程,推进政务服务事项标准化,固化对标优化成果。

3. 审批服务全事项标准化审批

梳理、细化相关行政审批和技术服务事项,按照"一表制"要求调整、固化系统流程和表单。明确各业务办理环节之间、处室与技术服务单位之间、市局与区(分)局之间交换共享数据内容与方式,确保审批、服务数据网上流转畅通,市、区"同标准、无差别"网上审批。

（二）建立服务制度，健全长效保障机制

1. 建立工作制度

实行周报、月报制度，采用考评专报形式，定期反馈市区自然资源和规划政务服务体系建设情况、办理审批服务效能情况和各分局在工作推进落实、服务群众方面的好经验、好做法。

2. 制定监察制度

充分利用局电子监察平台，适时在办项目进行后台电子监督、预警，发现问题及时以系统短信、电话或者手机短信等形式进行业务督办。定期和不定期开展行政审批事项集中办理情况跟踪督查，确保政令畅通，使政务服务运行和管理工作得到全面的贯彻落实。

3. 落实长效保障

将"互联网+政务服务"建设和定期考核经费纳入财政预算，为全局政务服务的规范有序运行提供经费保障。

（三）依托省"一张网"，加快平台建设

1. 促进基础设施建设

依托省市一体化平台，引入云计算、大数据技术，发挥其技术优势，充分利用现有基础设施，促进新型技术基础设施建设，建立集中统一的武汉市自然资源和规划政务服务云平台，形成云计算模式下的协同政务。

2. 整合电子政务网络

按照《国务院关于加快推进全国一体化在线政务服务平台建设的指导意见》（国发〔2018〕27号）文件的要求，将武汉市自然资源和规划行政审批、不动产登记管理系统按照数据安全管理要求，逐步迁移至电子政务外网，实现政务服务"一网通办"。

3. 加快业务平台融合

推进行政审批系统、不动产登记平台与省市一体化平台深度融合，纳入省市"一张网"体系。依托省事项管理、电子证照等基础平台，进一步完善全局业务系统，实现全流程、全生命周期动态管控。

4. 推进数据开发共享

梳理数据共享"三清单一目录"，接入国家、省、市级政务资源信息共享平台，实现部门间政务资源信息共享集成，提供政务资源查询核验功能，推行不动产登记电子证书，实现全局电子证书生成、查询、验证、共享、注销的一体化应用。

5. 加快电子签章应用

按照国家电子证照相关标准和规划，规范全市自然资源和规划涉及工程领域和不动产登记领域证照数据信息和证书样式，完善证照标识、二维码等编码规则，应用省市电子签章服务，形成符合国家标准的统一电子证照版式，将共享服务嵌入业务流程，接入全局公众服务平台，提供电子证照信息在线查询、验证、信息比对等服务，并向省市一体化平台实时共享电子证照信息，确保电子证照跨地区互联互通。

6.创新政务服模式

一是推行档案前置化扫描,除已在不动产登记方面开展档案前置化扫描工作外,调整审批业务流程,在收件阶段,开展全局审批服务档案电子化处理,实现电子化档案资料在审批过程中应用;二是借助"两微一端",促进政务服务线上线下融合,推出跨省、跨市通办,实现45项政务服务事项跨省可办,全部工程建设服务事项全市通办;三是联合财政部门探索推进,提供不动产登记费、城市基础设施配套费、违法用地罚没收入网上缴费;四是开展工程建设项目主动服务模式,制定三级督办制度,主动为企业提供咨询、代办和技术指导服务,推动项目尽快完成国土规划审批手续。

(四)以"互联网+政务服务"建设为契机,实现服务监管一体化

通过挖掘行政审批信息平台数据库,搭建了电子监察平台,实现全流程实时监督、黄牌警告、预警数据分析、办件效能分析、出证统计分析、市区联动、运行情况分析等。采用大数据技术,进行服务质量、服务效率等多维绩效分析和服务持续优化改进,强化了内部监察和外部监督。

二 应 用 成 效

2020年是不平凡的一年,在武汉市政府领导下,全市自然资源和规划系统在做好新冠肺炎疫情防控工作的基础上,结合"互联网+政务服务"体系建设工作基础,提供线上网办、线下预约办理、开辟绿色通道等方式,加快推进"互联网+政务服务"应用,切实保障业务顺利开展,不间断。

(一)多渠道办理,实现近百项服务"全程网办"

通过湖北省政务服务网、"鄂汇办"APP等多渠道,开通网上办事服务。提供工程建设审批服务、不动产登记服务、测绘、土地类、地矿类等近百项业务(含便民服务事项)"全程网办"。截至2020年年底,已通过互联网和专线为企业和群众提供政务服务102万余次。

(二)信息共享,实现二十余项材料无须提供纸质材料

融合湖北省事项管理平台、湖北省电子证照库,依托国家、省、市级政务资源信息共享平台,实现身份户籍信息、婚姻登记信息、统一社会信用代码信息等12个部门23类政务资源信息共享集成,提供政务资源查询核验分析功能,办事企业、群众不再提供相应纸质材料,有效缩短了企业、群众办事时间,减少提交材料,真正让企业、群众少跑腿、数据多跑路。

（三）数据监管，实现业务办理零超期

基于局电子监察平台，对监管事项目录清单、监管对象信息、行政效能监察、不动产效能监察、综合办公效能监察、土地利用监管、执法监管、信用信息等各类主题数据资源调度管理。实时对异常情况进行"红黄牌"预警提示，通过短信通知提醒经办人了解办理的情况，保障武汉市自然资源和规划局项目按时审批。2020年全年对2856项全局各类行政审批事项和239347项不动产业务行政效能电子监察进行查询、监督、预警和纠错，对录入信息、关键性指标、申报资料及结果资料全程监察，发送项目催办短信5327条。

三 展 望

"互联网+政务服务"是促进模式转变、政务服务模式创新的重要手段。通过梳理互联网思维，利用互联网技术向社会公众提供更多更好的服务。接下来，将持续加强数据共享、部门协作、业务协同，融合人工智能、区块链等新技术，层层推进、逐步落实"互联网+政务服务"体系建设。

（武汉市自然资源和规划信息中心）

肇庆全面打造"互联网+不动产"服务新模式

肇庆市全面深化"放管服"改革，深入贯彻落实《优化营商环境条例》（国令第722号）和《国务院办公厅关于压缩不动产登记办理时间的通知》（国办发〔2019〕8号）等工作要求，以数字政府改革建设为抓手，强化数字赋能，全力推动不动产业务整合、流程优化、数据共享，全面推进"互联网+不动产"综合服务，积极打造智能化申办、电子化审批的肇庆新模式。

一 改革举措

（一）上线平台，多端融合，构建改革创新链条

强化数字化支撑，建立健全信息共享集成机制，让"数据多跑路，群众少跑腿"，切实提升不动产审批效能。一是在全省率先上线"互联网+不动产"综合服务平台，打通多部门业务系统，全面应用26种电子证照，推进户籍人口、合同备案、税收、婚姻登记等信息互联互通，各环节数据全面共享复用，办事由提交3套材料跑5次变成1套材料1次办成。二是率先打造"一个平台、四端融合"服务体系，群众办事渠道由单一窗口延伸至手机端、移动端、PC端。2020年，紧密围绕疫情常态化下企业、群众办事需求，一般二手房买卖业务率先上线移动端，率先应用"粤信签"，实现交易合同、申请书在线签署，

群众只需在线申办、预审、签合同、缴税缴费、获取电子票证共5个步骤即可办成二手房买卖，真正打破时空限制。据统计，在资料无误的情况下，业务办理总时间仅为30分钟。三是创新建设不动产个人专属空间，各环节办理过程进度随时可查，材料在线补正，打造出随时随地指尖申报、进度可查、异地可办的"一网通办"服务新模式。

（二）优化流程，重塑场景，释放改革创新成效

全力推进不动产登记"前台综合受理、后台分类并联"模式，推动流程优化、材料精简，切实解决办理环节多、流程不清晰等问题，进一步提升企业、群众办事便利度和获得感。一是推动人员集成，优化职能整合，将市、区两级不动产交易、登记四个部门有效整合为一个专职部门，人员由114人精减为68人，并统一进驻肇庆市行政服务中心集中办公。同时，将原来分散的30多个业务专窗设立为14个综合窗口，统一受理不动产全量业务，一次性收取不动产交易、登记、税务等全部材料，实行一次性录入、自动分发，实现"一窗受理、一套材料"。二是以企业、群众办事角度为出发点，将不动产734个业务情形整合为169个业务场景，制定统一申报流程、审批标准和材料清单，提供智能导办，真正打造不动产"一件事"，让群众"一看就懂、自己就能办"。三是聚焦房改房办证难等问题，全面治理不动产历史存量数据，切实解决部分产权单位住房基金账户及公摊缴费账户缺失和房屋测量数据不准确的问题，同时将房改房业务14个环节精减为8个并优化为一个业务场景，执行统一流程、统一标准，实现"一窗受理、三天办成"。

（三）数据支撑，协同共享，助推改革创新纵深发展

基于肇庆市数据共享交换平台，以强化部门协作和信息互联互通为手段，充分发挥大数据服务支撑作用，进一步推动不动产改革纵深发展。一是全面推进"不动产+金融"，不动产抵押业务窗口延伸至全市14家银行网点，企业、群众在银行即可办理抵押业务，银行窗口前端受理并负责保管申办材料，不动产中心后台审核，真正实现"不见面审批"。二是大力实施"不动产+民生"，不动产业务和水电气网络电视可同步申办，实行一站式办结，切实减少企业、群众材料提交和跑动次数。三是强化不动产数据有效应用。通过直连公安部门常住人口信息数据库，实现群众办理教育入学报名及办理迁移入户时，系统可获取不动产登记信息，无须群众重复跑动打印不动产登记证明，每年可减少打印证明约1.2万份。与肇庆"互联网+公积金"互联互通，在全省率先实现公积金高频业务"不见面审批"，材料提交减少95%，高频业务办理时长由120分钟缩短为10分钟。

二 特色亮点

（一）一站式申办

率先打造"互联网+不动产"综合服务平台，企业、群众只跑1次1个窗口就可办成不动产所有业务。

（二）业务场景化

734 个业务情形整合为 169 个业务场景，一个场景一张申请表，提供智能导办式、场景式办理新模式、新体验，让企业、群众轻松办成不动产"一件事"。

（三）就近办指尖办

不动产登记窗口将延伸到银行、房企、镇街，所有业务上线政务服务网，不动产二手房买卖业务率先上线移动端，群众随时随地轻松办理不动产登记业务。

（四）自助办随时办

24 小时自助服务专区配置不动产权证书自助打印机、不动产自助查档机、自助缴税机等，企业、群众随时自助办，切实减少人群聚集和排队等候的烦恼。

（五）零提交零跑动

全面推进电子证照和数据共享复用，率先在不动产登记方面应用电子签名、电子合同，二手房买卖实现"零提交零跑动"。

三　社会经济效益

（一）率先完成改革任务

提前 1 年多完成国务院规定的关于不动产登记优化提升的改革任务，不动产业务全面实现"一套材料、一窗受理、一网通办、一天办结、一次办成"，材料精简 60%，环节精减 50%，办理时间精减 80%，跑动次数精减 80%，不动产全量业务审批时间由原来的 3~5 天全面提升为 1 天，政府行政效能得到全面提升。

（二）一年节省超过 350 万

1 个窗口即可完成原来 3 个部门 6 个窗口的业务，进驻大厅人员由 114 人减少到 68 人，节省财政经费支出约 276 万元/年（每人每月约 5000 元），减少企业群众复印费用负担超过 70 万元/年（每宗业务平均减少复印 A4 纸 20 张，0.5 元/张，一年业务超 7 万宗）。

（三）全面助力疫情防控

通过全面推行线上申办、二手房在线签署合同、银行网点办理等方式，大力推进"不见面审批"，既满足企业群众办事需求，又有效减少办事聚集，切实助力新冠肺炎疫情防控。

（肇庆市政务服务数据管理局）

四川省一体化政务服务平台结合区块链探索落地案例

随着中国特色社会主义进入新时代，我国经济社会发展进入新的历史时刻，正处在转变发展方式、优化经济结构、转换增长动力的攻关期，以新产业、新业态、新模式为核心的新动能不断增强，经济活动和经济结构呈现高度的复杂性和多变性，这些都对政务服务提出更高要求，需要进一步加强政务服务能力，区块链技术与政务服务的结合潜力巨大。区块链技术是一种计算机综合技术，综合了分布式存储、加密技术、共识算法、智能合约等技术，具有去中心化、防篡改、高安全性等特点，在促进数据共享、优化业务流程、降低运营成本、提升协同效率、建设可信体系等方面具有技术优势。通过与区块链的有机结合，能有效规避政务协同中存在的问题，而"区块链+政务服务"就是将区块链技术应用于政务服务，并且是对"互联网+政务服务"的具体化、技术化，是实现智慧政务服务的技术基础。

2019年10月24日，中共中央政治局就区块链技术发展现状和趋势进行第十八次集体学习，中共中央总书记习近平在主持学习时强调，区块链技术的集成应用在新的技术革新和产业变革中起着重要作用。我们要把区块链作为核心技术自主创新的重要突破口，明确主攻方向，加大投入力度，着力攻克一批关键核心技术，加快推动区块链技术和产业创新发展。在此背景下，四川省地方政府提高了对于区块链技术的应用热情，明确提出要推进"区块链+政务服务"应用落地。四川省大数据中心在2020年启动了探索区块链技术与政务服务紧密结合的专项研究工作，通过建设覆盖全省的政务服务区块链基础设施网络，设定"先试先行，由易向难，试点一项上线一项"的目标，从安全角度出发保障政务服务全业务过程中的数据流通安全，从空间角度出发，以主题事项、数据共享、数据服务为核心需求，探索性地建立基于区块链的协同框架体系，实现政务服务大跨度的优化升级。

该协同框架支撑层的底层技术融合去中心化理念，具有可靠性、可信性、开放性等特征分布式的 Raychain 区块链技术，从可靠性维度分析，一个节点出现故障并不影响区块链其他节点的运行，形成分布式计算和分布式存储，相对数据中心化处理技术，具有高可靠性。从可信性维度分析，区块链信息是公开的，但用户信息是加密的，外部要访问数据必须通过数据权属主体的授权，通过密码学和共识机制构建区块链技术的可信性。从开放性维度分析，点对点记账系统可以有效促进政务数据资源的利用效率，各级政府部门的数据都可通过区块链网络的共识机制确认，其他政府部门主体都可读取数据。再融合区块链节点管理、网络管理、智能合约定制、智能合约仓库、共识算法、数字签名等多种技术，提供数据确权、数据目录、电子凭证等区块链基础服务，可以从数据共享、数据安全、协同信任等方面解决政务服务中存在的难点问题，打破时空隔阂，提高社会治理和服务双向能力，并可以进一步改变政务协同服务方式，提高公共管理效率，提升政府公共服务水平，在政府部门和公众之间构建更加智能高效、安全透明的可信任体系，提升政府服务公信力。

本着先试先行的目标，于 2020 年先期试点了区块链技术在四川省一体化政务服务平台的基础管理系统中对数据安全保障落地，主要针对公职人员身份数据如何规避内外部因素造成非法篡改的风险问题，在充分利用现有省级政务云资源环境的基础上，搭建了政务服务基础主干区块链网络，采用区块链中多方哈希算法对用户在认证、操作、修改账户信息处理过程中产生的数据记录动态地绑定数字签名，并结合时间戳来锚定数据时间点，通过区块链链式结构保存记录，保障可靠性，最终作为行为操作人的过程证据，并将综合结果存储到区块链中作为身份查证依据，最后利用拜占庭容错共识算法进行区块链网络数据共识记账，解决分布式账本中的信任、权威和准确性问题。在身份数据核验过程中，通过智能合约，提取对应链上区块数据，并利用数字签名技术对用户身份、权限进行保全和验证，在用户进行每一个政务服务事项时，都需要对用户身份数据进行有效性核验验证，进而避免数据被非法篡改，为公职用户提供了基于区块链技术的安全防护服务。

通过本次区块链技术在四川省一体化政务服务平台中的试点落地，主要提升用户数据篡改防御能力，通过链上数据信息，进行身份信息的追溯，为用户提供可靠、可信的账户防篡改的安全保障；提升追溯可信度，将合规的用户身份数据变更历史痕迹在链上保留，结合区块链数据不可篡改的本质，提升数据追溯可信度。截至目前，已为全省 30 多万政务服务人员提供了身份数据安全防护。

这次试点采用的 Raychain 区块链产品，在安全保障方面包含链上数据安全、区块链管控安全两部分。

（1）链上数据安全，数据传输采用非对称加密方式，并采用 SSL 加密和认证对接入消息的客户端进行认证。支持用 RSA 算法和国产 SM2 算法进行签名和验签，同时也支持分组密码算法国际 DES、国产 SM4、SM3 杂凑算法 SHA256、ED25519 签名算法，链上数据安全与隐私保护通过数据加密，除各相关方以外，其他参与者没有权限读取区块链上的密文数据。采用账户状态加密，加密传输和存储用户状态数据。细粒度的权限控制，基于属性加密算法和代理重加密算法的访问控制，对加密数据的隐私访问进行权限控制，实现多层加密的安全防护。

（2）区块链管控安全，对平台行为、用户行为数据进行审查。区块链管控平台具备日志功能，记录了所有人员的操作记录、平台运行信息。管理人员可以根据日志记录，追溯平台行为、用户行为。采用 RBAC 模型 +JWT 进行访问权限控制，实现业务管理权限控制，各参与方只能按照分配的权限进行网络访问。具有智能合约的审计能力，提供智能合约代码和执行结果的调试、审计界面。提供优于传统合约的安全方法，为业务方用户提供可追踪且不可逆转的可信数据交易，减少交易成本，加强设备与计算安全方面的身份鉴别、访问控制、安全审计、入侵防范、恶意代码防范、资源控制安全能力，并通过对网络流量监测、接入认证、IP/MAC 绑定、防私接、增强主机安全策略等安全管控，对环境进行漏洞扫描、增加防火墙、文件防篡改等安全保护手段。

总结：区块链技术在政务服务中的应用潜力无穷，四川省大数据中心将继续从顶层上进行科学的规划和设计，查找全省一体化政务服务平台实施建设过程中所遇到和存在的问题,通过区块链技术,进一步打破传统思维方式和政务系统项目的开发方法,创新"区块链+政务服务"的实施路径,促进区块链技术更好地与政务服务在共享、信任、安全、合约四大方面进行契合,继续推进如下四方面工作落地。

(1)区块链+政务服务应用场景落地:对区块链在各政务服务中的应用场景进行试点实验测验,在试点过程中收集意见及时处理优化,待应用相对成熟后逐步推广展开。

(2)建立应用场景标准体系:通过场景试点落地,逐步建立程式化应用技术标准体系,以数字身份、电子证照、政府审计等应用场景形成相应的区块链技术标准体系。

(3)持续核心技术突破:加强区块链技术中所涉及的核心技术迭代升级、安全加固等,需要对传输协议、共识机制、智能合约等技术按期进行技术攻关和完善,降低应用、数据安全风险。

(4)加强区块链与大数据、AI融合发展:区块链技术与大数据、AI等先进技术逐步融合发展已成趋势,需要有效打破技术和数据之间的壁垒,加强技术之间的融合,使区块链助力智慧政务,达到更加便民、利民的目的。

(四川省电子政务运营中心)

新疆维吾尔自治区政府网站集约化建设应用案例

一 基 本 情 况

党的十九届四中全会提出:"建立健全运用互联网、大数据、人工智能等技术手段进行行政管理的制度规则。推进数字政府建设,加强数据有序共享。"政府网站集约化建设及应用是国务院办公厅统筹规划和统一部署的政府网站建设和发展的重要方向,是推进数字政府统一服务平台建设的重要工作,对于打破信息壁垒、推进集约共享,通过数据治理提升政府网站管理和服务水平,建设整体联动、高效便民的数字政府,具有重要意义。

新疆维吾尔自治区政府网站集约化建设工作以习近平新时代中国特色社会主义思想为指导,全面贯彻落实党的十九大和十九届二中、三中、四中、五中全会精神,坚持以人民为中心的发展思想,牢固树立新发展理念,根据国务院办公厅关于推进政府网站集约化试点工作方案的要求,以"问题导向、开放融合、集约节约、平稳有序、安全保障"为基本原则,认真落实党中央、国务院决策部署,打通信息壁垒、推进集约共享,提升政府网站管理、服务和安全保障水平,努力建设整体联动、高效惠民的数字政府,为实现社会稳定和长治久安总目标做出积极贡献。

按照国家关于政府网站集约化建设工作要求,根据国家集约化试点指导原则,按照集约共享、创新发展和以人民为中心的服务理念,在没有列入国家政府网站集约化试点建设范围的情况下,主动作为,积极协调安排建设资金,充分应用互联网、云平台、大数据及人工智能等新技术，全力组织推进全区政府网站集约化建设项目，并按国家要求将 IPv6 改造与网站集约化建设一并部署，同步推进。2020 年 5 月，作为非试点地区的新疆维吾尔自治区政府网站集约化建设工作紧跟全国试点省市区工作步伐，提前完成自治区政府网站集约化建设和应用工作，实现了新疆维吾尔自治区政府门户网站和新疆维吾尔自治区所属厅局部门网站及部分县市（区）政府网站向新疆维吾尔自治区统一的集约化平台的迁移和依托集约化平台的应用。共集约网站 50 家，栏目 7000 余个，数据资源 8TB，统一提供了网站管理、内容管理、互动交流、资源管理、权限管理等 25 项基本功能。新疆维吾尔自治区政府网站集约化建设和应用，使新疆政府网站集约化建设及应用管理水平步入全国先进行列，适应了电子政务发展的需要，为全面推进数字政府建设打下了良好基础。

二　系统主要构成与功能

按照"统一组织领导、统一规划实施、统一标准规范、统一网络平台、统一安全管理"的原则，贯彻《政府网站发展指引》有关要求，利用云计算等技术，新疆维吾尔自治区构建了以统一信息资源库为基础，以集约化基础服务为支撑，以服务中心、运营中心及运维中心为主体，兼顾个性应用扩展的云架构技术平台，为政府网站集约化建设和创新发展提供技术支撑。

自治区级政府网站集约化平台主要包括集约化资源管理系统、网站内容管理系统、平台统一应用服务系统、运维监控系统等模块，实现了统一建设规范、统一信息资源库、统一智能搜索、统一智能问答、统一互动交流的"五个统一"，完成了集约化平台应用体验和前端网站用户服务体验"两个优化"。

三　基础支撑环境建设

新疆维吾尔自治区集约化平台依托于新疆维吾尔自治区电子政务外网和政务云建设，形成基础设施集约，同时支持动态扩容。

四　应用系统建设

（一）建立了统一的工作台

面向新疆维吾尔自治区政府各部门、单位及试点县（区）的统一工作门户作为统一工作台，整合现有业务系统的访问控制，通过单点登录实现对各业务工作平台的集中访问及业务办理、处理和审批操作，同时还提供各类动态信息、信息简报、通知通告等汇总统计显示，以及各类业务信息的播报。主要包括单点登录、个性化界面、工作台、新闻中心、互动交流、知识库、资源库等功能。

（二）形成了统一的服务中心

服务中心是对所有服务进行统一申请、授权，实现采、编、发智能化服务的统一管理平台，以用户为中心，提供个性化、便捷化、智能化服务。服务中心主要功能包括内容管理、政府信息公开、互动交流、微博微信等全媒体管理矩阵、云专题、音视频管理、信息报送、智能推荐、信息采集、智能搜索。

（三）打造了统一的运营中心

基于统一平台网站常态化监管、用户行为分析及内容安全云监测等数据，运营中心实现对统一平台用户行为、网站内容、政声传递等进行量化分析，从而为统一平台优化改进提供支撑，为运营决策提供依据。主要包括运营数据可视化大屏展现、网站常态化云监管、用户行为监测分析和内容安全云监测等功能。

（四）保障了统一的运维中心

通过对统一平台数据、硬件、软件、通信网络、基础设施等进行监控，帮助运维人员对统一平台各项数据进行监控、管理，以建立一个高效灵活的信息系统运维体系，确保统一平台安全、可靠、可用、可控。主要包括信息技术资源监控、数据监控、任务监控和事件预警等功能。

五　数据资源建设

新疆维吾尔自治区政府网站集约化建设工作完成以后，实现了新疆维吾尔自治区人民政府门户网站和新疆维吾尔自治区政府所有部门网站及部分县市（区）政府网站向新疆维吾尔自治区统一的集约化平台的迁移和依托集约化平台的应用。其中，集约网站共50家，栏目7000余个，稿件65余万篇，数据资源8TB。同时，紧紧围绕国务院办公厅《政府网站发展指引》和《政府网站集约化试点工作方案》有关信息资源共享要求，建设分类科学、集中规范、共享共用的全平台统一信息资源库，汇聚沉淀本地区各级各类政府网站信息发布、便民办事、互动交流等栏目或系统的信息数据，按照"先入库，后使用"原则，进行统一管理，实现了统一信息资源库内的信息资源统一发布、一键可删除。

从工作需求出发，不断完善信息资源库，推动跨网站、跨系统、跨层级的资源相互调用和信息共享互认。依托统一信息资源库，按照"科学性、系统性、可扩展性、兼容性、实用性"等原则，对数据资源进行了标准分类，建设了信息发布主题库、政策文件主题库、解读回应主题库、政务服务主题库、互动交流主题库、统一知识主题库、新媒体主题库等，为集约化大数据的治理、分析与利用打下坚实基础。目前，自治区级统一信息资源库通过数据清洗和规范梳理，累计入库资源近65余万条。

六 大数据应用建设

为解决运维管理无法直观展示平台运营情况等问题，政府网站集约化平台提供了大数据分析服务，针对政府发布的各类信息，通过数据聚类、分类、语义分析、搜索、过滤、数据标签、关联词、分词等数据挖掘手段，对信息发布、政声传递、服务效能、政民互动、百姓热点、用户行为及平台监控等进行量化分析，形成了新疆维吾尔自治区政府网站集约化大数据"驾驶舱"。

七 关键技术运用、主要技术特点、创新点

（一）微服务架构助力集约共享

为保障集约化平台稳定高效，避免出现单点故障，集约化平台的WEB服务器、发布服务器、应用服务器、数据库服务器等均实现集群部署、负载均衡和容灾备份，整体架构可弹性扩展。

信息公开、信息发布、互动交流等组件被拆分为更小的微服务。这些微服务可以在"自己的程序"中运行，并通过"轻量级设备与HTTP型API进行沟通"。关键在于该服务可以在自己的程序中运行，这样就可以将服务公开与微服务架构（在现有系统中分布一个API）区分开来。在服务公开中，许多服务都可以被内部独立进程所限制。如果其中任何一个服务需要增加某种功能，那么就必须缩小进程范围。在微服务架构中，只需要在特定的某种服务中增加所需功能，而不影响整体进程，采用微服务架构可以保障集约化平台进行平滑的功能扩展，提升了集约化平台的延展性。

（二）以集约节约为重点，建设自治区级政府网站集约化管理平台

新疆维吾尔自治区级政府网站集约化平台主要包括集约化资源管理系统、网站内容管理系统、平台统一应用服务系统、运维监控系统等模块，实现了统一建设规范、统一信息资源库、统一智能搜索、统一智能问答、统一互动交流的"五个统一"，完成了集约化平台应用体验和前端网站用户服务体验"两个优化"。

政府网站集约化管理平台是提升政府网上履职和服务群众能力、提高政府网站管理水平的有力支撑，新疆维吾尔自治区以互联融通为重点推进自治区级政府网站集约化管理平台建设，为迁移至平台的新疆维吾尔自治区政府门户网站、所有区直部门网站提供内容发布、音视频管理、依申请公开、互动交流等应用服务，网站监测、网站分析等运营监测服务，以及平台、服务器运维监控服务，并实现后台用户统一身份和单点登录。

（三）建立健全了安全保障体系，全面支持IPv6协议

在这次集约化建设工作中，根据新疆维吾尔自治区制定的《政府网站集约化平台一体化安全保障体系建设指导规范（暂行）》，指导政务云平台服务机构和系统承建方依托

电子政务外网和云平台提供的基础设施，严格按国家网络安全等级保护规范建立了统一的三级安全保障体系，完善了网站平台和信息内容安全管理规范和措施，明确了集约化平台相关各方的安全责任，统一实现了自治区集约化平台上的所有政府网站 IPv6 部署改造。

（四）以整合服务先行，通过融合集成提供了一体化的网上政务服务

新疆维吾尔自治区电子政务办公室学习先进经验，开发实现了新疆维吾尔自治区政府门户网站的政务服务功能与新疆维吾尔自治区一体化在线政务服务平台深度融合功能，完成了统一身份认证系统改造对接、数据接口开发调试和支撑平台的升级改造等工作，提供了统一注册和登录功能，实现了新疆维吾尔自治区政府网站集约化平台与新疆维吾尔自治区一体化在线政务服务平台的深度融合应用，群众网上办事可以无差别地在政府网站实现，实现了网上服务门户的统一，大大方便了群众。

（五）以开拓创新发展为目的，应用新技术推进个性化服务不断深化

利用大数据技术，建立了网站运维大数据可视化和政务云平台运行监管系统；提供了跨网站的全平台的政府网站信息查询搜索服务；积极推动政务资源向政务新媒体渠道延伸，实现了统一信息资源库中的信息资源一键自动发布到"两微一端"的功能；建设了统一的"新政在线"政府网站 APP，网民可通过一个 APP 订制选择集约化平台上的任意政府网站的内容和服务，而不需要再逐一下载不同政府部门网站的 APP 应用；采用人工智能技术实现了新冠肺炎疫情期间防疫工作智能在线机器人问答服务；依托电子政务外网建立了新疆维吾尔自治区数字政府统一工作门户，整合网站集约化平台、"互联网+监管"平台、一体化在线政务服务平台等各平台管理功能，实现了各平台后台管理功能的集约化应用；设置了集约化和 IPv6 专用图标，统一在网站首页展示，便于公众和相关单位明确识别。同时，按照国家关于政府网站域名规范管理的要求，通过集约化工作，将新疆维吾尔自治区政府部门网站的域名统一规范为新疆维吾尔自治区政府网站域名的二级域名。

八　效　益　分　析

（一）经济效益

1. 有利于提升政府服务效率，降低行政成本

通过统一集约化建设，使各级政府各部门从原来比较繁重的技术维护与运营保障任务释放出来，使工作重心放在内容与服务保障方面，同时基于统一技术平台可以方便地实现各级政府间网站信息报送、交换、共享与协同工作，减少日常繁杂的人工劳动，大大节省人力和降低行政支出。通过统一技术平台支撑各级政府各部门网站服务，也有利于提高对外办事效率，节约内部办理时间，进而进一步降低行政成本。

2. 有利于节约资源与投资，避免重复建设

新疆维吾尔自治区政府网站集约化平台政府网站集约化顶层设计采取集约化建设理念，深入贯彻落实国家在政府网站集约化建设方面的政策要求，目标是实现新疆维吾尔自治区各级政府单位网站的统一集约化建设，能够真正实现新疆维吾尔自治区的技术融通、资源融通、应用融通、设施融通，避免各级政府各自为政的分散建设模式，从源头上杜绝了重复建设、重复投入现象，节约了大量的建设和运维成本，有利于构建统一的、可靠的安全保障体系。

3. 有利于实现机构资源集约，促进经济发展

通过网站资源汇聚共享，将明显提升各级政府协同工作效率，减少政府人力资源的投入。建成后的新疆维吾尔自治区政府网站集约化平台政府门户网站，将在政务公开、互动交流、在线服务等方面为公众提供优质的政务服务，实现了分布在各个政府和社会公共服务机构资源的集约、综合和规模效应；避免了各职能部门重复采集、重复服务等资源浪费的问题，同时也为新疆维吾尔自治区招商引资提供了有利条件，将一定程度上促进新疆维吾尔自治区的经济发展。

（二）社会效益

1. 有利于夯实政府网站第一信息公开平台作用

政府网站是第一信息公开平台，通过新疆维吾尔自治区政府网站集约化平台政府网站集约化建设，可以全面打通各区县各部门政府网站，并可以加强信息资源整合与共享，在信息公开发布与传播方面具有网站集群效应，充分发挥政府网站作为政府机构对外发布信息与提供政务服务的第一平台作用。同时，基于统一技术平台，也为政府部门进行数据分析提供了基础，利用数据分析手段，对一段时间公众关心的问题进行分析，对分析结果进行及时的研究，以便及时预判与发现问题，及时提出对策，提升政府的执政能力与社会治理能力，为社会的稳定和舆论的正确导向提供决策依据。

2. 有利于提升政府部门形象

新疆维吾尔自治区政府网站集约化平台政府网站集约化建设，通过统一的技术架构、统一的支撑环境，较好地解决了过去各地区各部门网站建设水平参差不齐、为建而建的等问题。把各个政府部门的网站进行集中建设和运维，可以很好地保障信息的更新机制和更新效率，各政府部门步调一致、形象统一、互相促进，建立"比学赶帮"的竞争氛围，形成政府宣传、服务传播的集群效应；同时，通过统一技术平台建设，采用高可用的云技术架构，将较好地改善网站的健壮性和可用性，有效提升网站打开速度，保障网站的不间断运行，提升政府部门在"互联网+"信息时代的良好形象。

3. 有利于促进服务型数字政府建设

互联网、移动互联网时代，信息的传播更加快速，社会公众已习惯通过网络进行信息的获取。新疆维吾尔自治区政府网站集约化平台政府网站集约化建设完成后，能够进一步整合各级政府部门的信息资源，政府管理人员或社会公众通过一个统一入口、按图索骥，就可方便地获得所需信息，真正体现提供政府一站式网上服务，促进服务型、阳

光型政府建设，增强政府工作的透明度，实现以公众为中心的服务模式转变，有效提高政务服务质量，使社会公众及管理、服务对象的知情权、参与权和监督权得到切实保障，拉近了企业、居民与政府部门间的距离，提高了政府部门的工作效率和服务水平，大大提升公众对政府服务的满意度。

（新疆维吾尔自治区人民政府电子政务办公室）

第八篇
年度推广

· 2020年电子政务年度人物 ·

贺德银——最高人民检察院检察技术信息研究中心副主任

贺德银，湖北省房县人，中国共产党党员，工学硕士，高级工程师，现任最高人民检察院检察技术信息研究中心副主任。

贺德银同志从事检察技术管理工作以来，努力开拓检察技术发展的新路子，提升检察技术队伍的专业化、事业心、精气神，政治站位高、大局意识强、创新举措实，推动检察技术工作转型发展取得实效。一是引入卫星遥感技术应用。推进与中国科学院空天信息创新研究院的合作，谋划搭建"检察公益诉讼遥感分析取证平台"，通过卫星遥感数据分析等手段解决长时序、大范围、跨地域公益诉讼案件办理中线索发现、证据获取、违法行为演变分析与溯源等难题。二是推动各地利用大数据分析平台助力检察监督。以"互联网+"、大数据和人工智能技术破解检察业务难题，利用检察办案数据、政府行政管理执法数据、互联网数据进行大数据综合分析研判，为公益诉讼检察办案提供案件线索和辅助支撑。三是推动无人机航拍、快速检测技术应用，建立公益诉讼检察技术支持新模式。通过无人机航拍、三维建模、现场快速检测等手段发现线索、确认线索、提取证据、采集样品、检测分析，以智能化手段实现案件中污染面积、性质等的测量分析和认定，为检察办案提供参考。四是组织建设"全国检察机关生态环境公益诉讼专家信息库"，遴选全国知名专家，"借智发展"，通过专家咨询着力解决困扰检察机关的环境损害鉴定机构少、鉴定贵、鉴定周期长等难题。

2020年，新冠肺炎疫情发生以来，文化和旅游部信息中心为了更好地满足人民群众对公共服务供给模式的便利性、文化资源的丰富性、资源呈现方式的多样性需求，依托文化和旅游部政府门户网站探索实践了一系列新的服务模式，重点加强了线上公共文化和旅游服务的内容供给，完善了线上公共文化和旅游资源采集、管理和发布的技术支撑和保障，搭建了文化和旅游部在线服务资源发布系统，取得了良好的社会效益。

付建忠——最高人民法院信息中心基础设施处处长

付建忠，男，1979年6月生，毕业于中国人民大学，硕士研究生学历，现任最高人民法院信息中心基础设施处处长。2015年1月调入最高人民法院信息中心，主要负责法院云计算平台、信息网络系统、音视频系统、法院专用场所等方向的规划设计、技术需求、项目管理和标准规范等工作。2016年组织完成了最高人民法院的开放云平台和专有云平台建设，率先以购买服务方式将云计算技术引入法院信息化建设，有效解决了最高人民法院政务门户网站、四大公开平台等关键应用的安全防护难题，"两朵云"成为支撑智慧法院建设的关键信息基础设施。组织设计并推进人民法院"云网一体化"规划的实施，组织完成了人民法院一级专网分布式环网的改造升级，实现了全国各高级人民法院用户的就近接入和就近访问，为智慧法院的泛在接入和智能服务奠定了网络基础。

此外，组织完成了执行指挥中心、诉服指导中心、智慧法院实验室、全媒体新闻发布厅等法院专用场所的信息化建设。参与编制了《最高人民法院庭审录音录像司法解释理解与适用》《人民法院信息化建设五年发展规划》及《法院专网技术规范》《法院云计算平台技术规范》《法院语音云平台建设及接入规范》《巡回法庭信息化建设指南》等多份人民法院信息化技术标准，发表论文多篇，在行业云网一体化规划与实施、行业广域跨层级音视频交互与应用、法院智能语音云平台的设计与实施、法院专用场所信息化的方案设计与项目管理等方面积累了较多实战经验。

冷立新——珲春市人民法院党组书记、院长

冷立新,男,汉族,1967年10月出生,中国共产党党员,现任珲春市人民法院党组书记、院长。

聚合力,坚守初心使命。为将智慧法院建设落地赋能,冷立新以"问题、需求、效果"三维导向为蓝本,不厌其烦领着法官、书记员实践、研讨、辩论,大家争论得面红耳赤是常有的事,"遇到问题直插到底"是冷立新留给大家最深的印象。正是这样的执着,使得全院上下团结一致,一个个智慧法院品牌在珲春市人民法院应运而生,智慧法院的"速度"与"温度"让百姓得到了实惠,让法官、书记员尝到了甜头,诉状书写不再是难题、档案调阅一键处理、"零国界"参与庭审……法官办案降耗提速50%,书记员工作量减少90%,司法辅助人员数量减少30%。

添活力,夯实智慧根基。"人无我有,人有我优,人优我新"是冷立新对智慧法院建设的不懈追求。在他的运筹帷幄下,珲春市人民法院以"加速度"实现了一系列变革,"一站式诉讼服务中心"打通服务群众"最后一公里",提供了"三语诉服"、诉前风险评估,智能诉服新体验;"送达中心"自主研发送达管家,一站式送达、多点式签收、全流程覆盖,让送达难成为过去时;"无纸化办案聚能中心"审判流程再造,"一二二六"无纸化办案新模式实现了聚能协通、规范透明、节能高效的审判新常态;"一站式慧执中心"智慧执行为切实解决执行难再添薪火,"审执衔接"融合区块链+智能合约技术实现"审执闭环";"诉讼档案单套制"实现了制式文书自动生成、电子签名板全景应用、电子签章即时套打、材料收转系统全程留痕、区块链数据全程校验、卷宗档案数据即时备份,破解了诉讼档案管理瓶颈,纸质卷宗减少90%;法官移动办案,成功解锁电子卷宗全场景无障碍阅读。

冷立新大刀阔斧的改革创新,使珲春"i-法院"人工智能服务模式从最初的"information(信息化)、intelligence(智能化)、innovation(创新)",向第四个维度"immediateness(即时性)"拓展,全院干警纷纷表示付出有回报,工作有干劲,珲春法院工作效率和质量双重提升,人民群众的司法获得感和满意度连年攀升,"司法近民、诉讼提效、管理提质、法官减负"的美好愿景成为现实。

宋建波——呼和浩特市中级人民法院党组副书记、副院长

宋建波，男，汉族，1973年11月出生。1995年7月参加工作。大学本科学历，2018年12月至2020年12月任内蒙古自治区高级人民法院信息技术处处长，现任呼和浩特市中级人民法院党组副书记、副院长。

宋建波同志自2018年11月到内蒙古自治区高级人民法院信息技术处任职以来，把智慧法院建设工作作为助推全区法院审判执行工作的重中之重，认真落实最高人民法院工作部署，坚持高起点规划、高标准建设、高共享发展的工作方向。按照最高人民法院的部署，结合内蒙古法院实际，按照内蒙古自治区高级人民法院党组提出的"补短板、强弱项、创亮点、抓应用、提质效"的信息化发展思路，以实现"三全三化"为目标（全业务网上办理，构建网络化法院；全流程依法公开，构建阳光化法院；全方位智能辅助，构建智能化法院），加快推进全区智慧法院建设。2019年制定出台了《全区智慧法院顶层设计规划（2019—2023）》，客观评价了内蒙古智慧法院建设的阶段性成果，梳理出影响智慧法院建设的深层次问题，提出了解决问题的方法和途径，规划了未来三年内重点项目，展望了未来五年的发展愿景，为提高智慧法院建设质量和深化智慧法院建设成果应用确定了总体目标。6月19日，最高人民法院网络安全和信息化领导小组办公室正式批复该规划。该规划对全区法院信息化建设统一规划、统一设计，统一部署、统一实施，使信息化投资建设更加科学合理，避免了重复建设，既节约了财政资金，又提高了建设效率。

为切实解决原有系统长期存在的"信息孤岛"问题，实现审判案件与执行案件数据有机统一，内蒙古自治区高级人民法院于2019年12月份启动内蒙古自治区高级人民法院大数据平台建设。经过近10个月的努力，特别是在新冠肺炎疫情重点防控期间，宋建波同志带领全处人员及研发团队，克服了诸多困难，投入了很大精力，确保大数据平台项目顺利完成研发与实施部署工作。2020年11月11日，内蒙古自治区高级人民法院大数据平台正式上线运行，发挥自身汇聚和整合的优势，通过可视化平台直观全面地展现全区各级法院的工作情况和全区法院数据流转动态，为法院领导研判全区各级法院审判执行态势提供信息化支持，为法官提高办案质效提供智能辅助，为内蒙古自治区社会综合治理提供决策服务。内蒙古自治区高级人民法院大数据平台是全区法院信息化建设的重大突破，对深入推进全区智慧法院建设具有里程碑意义。

张长山——天津自由贸易试验区人民法院院长

张长山，男，1969年出生，中国共产党党员，现任天津市滨海新区人民法院院长，天津自由贸易试验区人民法院院长。

在《关于加强自身建设发展的三年实施方案》中，天津自由贸易试验区法院提出深化智慧法院建设，推进司法改革，促进审判体系和审判能力现代化。2020年，天津自由贸易试验区人民法院用一年时间，初步完成了特色化智慧法院雏形，打造了立体多元、智慧精准的多元解纷和现代诉服的天津自贸模式，在现代化诉讼服务体系建构、互联网法庭应用、要素式审判探索、自贸诉讼服务集约化办理等方面取得阶段性成效。一是智慧精准的现代化诉讼服务体系初步构建，以内设机构改革为切入点，重塑诉讼服务格局。二是互联网法庭建设应用成效明显。新建10个互联网法庭、10个社区互联网综合服务终端和10个律师事务所远程庭审终端，用户服务体验良好，全流程在线立案审判系统建设初见规模。三是线上要素式审判体系初步探索。将融资租赁、消费金融等案件要素表嵌入办案系统，采用要素式审判方式审结金融商事案件2852件，占全部金融商事案件的46.6%，平均庭审时间缩短80%，极大提升了金融纠纷审判效率。四是自贸诉讼事务集约化办理。集中办理送达、保全、评估鉴定等诉讼事务，批量化、流程化处理事务性工作，为法官专注办案减负，让当事人"一次办好"。打造了多元解纷、自助服务、评估鉴定、保全、送达等集约中心。

"智慧办案平台"的搭建是天津自由贸易试验区人民法院立足司法职能，主动适应信息技术发展趋势的有益尝试与创新。一是回应互联网时代司法的现实需求，司法权力行使与现代信息技术融合更为深入，智慧化全流程在线办案功能全面实现；二是回应自贸开放便利化需求，集聚审判要素，智能辅助应用范围更为宽泛，探索线上、链上金融、知产、劳动争议审判体系，在自贸专业审判精准裁判上发挥更大效能；三是回应一站式纠纷解决和社会治理需求，升级涉诉企业档案大数据分析系统，司法数据决策参考服务效能提升，司法数据统计口径更为多样，动态分析算法更为智能，为针对性的社会治理提供科学参考。

王诗军——广东省肇庆市政府副秘书长、市政务服务数据管理局党组书记、局长

王诗军，中国共产党党员，现任肇庆市政府副秘书长、肇庆市政务服务数据管理局党组书记、局长。主要牵头负责全市数字政府改革建设、深化"放管服"改革、优化营商环境推进工作。其近年主要工作业绩如下。

王诗军同志坚持"以人民为中心"的发展理念，牵头在广东省率先创新实施"一次办成一件事"政务服务改革，打造以为群众办事为核心的、动态可持续发展的"一次办成一件事"精细化智能化便利化政务服务模式。在广东省率先实现全国109个高频政务服务"跨省通办"事项全覆盖落地实施。全新上线"互联网+公积金"平台，在全省率先实现公积金业务"不见面审批"，不断提高企业、群众办事便利度。

他组织业务骨干持续攻坚克难，统筹推进大数据平台建设和应用。其中，2020年初在全省率先上线"粤省事"肇庆专版新冠肺炎疫情防控专区，为全市新冠肺炎疫情防控提供强有力的数据支撑。在全省率先开发上线手机端扶贫大数据信息平台，全力支撑千名扶贫干部开展脱贫攻坚大核查工作，助力实现"真脱贫、脱真贫"。开发建设基层矛盾纠纷化解平台，实现矛盾纠纷化解"一门受理""一网统揽""最多跑一次"。

他聚焦全面激发市场主体活力，不断优化营商环境，为企业、群众提供更便捷、高效的政务服务。推进商事登记改革，实现企业开办"一天办成""全流程网上办"。持续推动不动产登记改革，实现"五个一"（一窗受理、一套材料、一网通办、一天办结、一次办成）；在全省率先应用"粤信签"、电子合同，将不动产二手房交易上线移动端；实现二手房业务"全流程电子化办理"、房改房业务"一窗受理、三天办成"。

吴志强——厦门自贸委信息化服务中心主任

吴志强,九三学社社员,现任中国(福建)自由贸易试验区厦门片区管理委员会(以下简称"厦门自贸委")信息化服务中心主任。主要负责中国(厦门)国际贸易单一窗口平台、厦门自贸委信息化建设,致力于集成创新贸易服务,打造一流营商环境。其近年主要工作业绩如下。

他实干担当,贯彻落实厦门市委市政府建设目标,牵头打造中国(厦门)国际贸易单一窗口平台,以数字服务护航贸易发展。自2015年4月该平台正式上线,从1.0版到3.0版历经6年建设,他从战略的高度思考谋划工作,牵头做好平台顶层设计,攻克数据壁垒,破解国际贸易条块分割、资源分散等难题,实现口岸业务办理"一个平台、一次申报、一次办结",业务覆盖厦门口岸,并复制推广到泉州、漳州、龙岩等周边地区。该平台先后获评商务部自由贸易试验区首批"最佳实践案例""2019中国改革年度优秀案例",成为亚太示范电子口岸网络(APMEN)国内两个试点口岸之一。该平台上先行先试的多项改革创新举措被复制推广。

他高瞻远瞩,以中国(厦门)国际贸易单一窗口平台为基础载体,发挥数据资源共享体系优势,推动各类数据汇聚互联和共享应用,为贸易发展提供决策支持和运行保障。以"整合资源、共享数据、应用服务"为核心,对接政府部门、机构、企业百余家,整合汇聚数据逾10亿条,实现数据动态接入和集中共享,应用大数据技术,打造"1+N"的运行监控平台,开启自贸区的大数据之路,用"数据"说话,深挖数据背后的价值,服务保障贸易发展。

他敢闯敢干,推进传统航空货运向现代物流转变,在全国首创"单一窗口+航空物流"模式,开启货运"新时代"。2019年6月启动厦门自贸委和亚太示范电子口岸网络(APMEN)合作试点示范项目——厦门口岸航空电子货运平台。时间紧、任务重,面对全新的工作和全新的挑战,他带领团队调研、实施、验证,攻克各项技术难题,打通各方协同作业,确保了进口运单电子化项目于2019年11月如期上线,项目得到商务部、外交部充分肯定,被推荐为中国案例,亮相2020年APEC主席之友互联互通会议;2020年他亲自带队调研了厦门民航局、元翔货站及航空公司、货运代理等,协调各方实现系统间的协同作业,确保了出口运单电子化于2020年底正式上线;整体作业效率提升80%以上,每年可为企业节省约2000万元成本。至此,厦门口岸航空电子货运平台全面建成,率先全国完成航空物流公共信息平台验证工作,获得国家口岸管理办公室及各省市口岸管理部门的高度评价。

他主动作为,带领打造海事国际航行船舶疫情防控监管平台,切实把好海上"国门"第一关。2020年境外新冠肺炎疫情快速扩散蔓延期间,他组织单一窗口团队,开辟绿色通道，集中力量在极短时间内打造上线了海事国际航行船舶疫情防控监管平台，快速精准了解进出厦门港国际船舶是否存在疫情输入的风险，彻底改变在疫情防控初期传统的人工摘取数据、实施船员排查、船舶盯防等管控工作模式，最大限度避免由人为因素导致差错的发生，为海事部门疫情防控提供了信息化保障。

· 2020年"互联网+政务服务"年度人物·

杨 剑——北京市石景山区政务服务管理局审改协调科科长

杨剑,中国共产党党员,现任北京市石景山区政务服务管理局审改协调科科长。主要牵头负责统筹推进石景山区"简政放"、放管结合、优化服务改革和行政审批制度改革工作;负责协调推进石景山区、街道、社区三级政务服务建设、管理、指导、规范、监督和服务方式创新工作;负责协调推进石景山区清理和取消各类行政许可等审批事项、行政审批中介服务事项的落实、检查和督导工作;负责协调推进石景山区"互联网+政务服务"工作,负责协调推进一体化在线政务服务平台的建设、管理等工作。

一、坚持"放管服"改革,大力优化营商环境

认真落实优化营商环境系列政策,以"告知承诺制"为抓手,改革审批方式,持续精简审批事项,落实取消、下放、承接的行政许可事项和证明事项;全面清理隐性壁垒,多渠道广泛征集企业"办不成事"问题;推动全区政务服务大厅统一标志标识和区、街政务服务中心环境改造,街道大厅软硬件水平位居全市前列。

二、推进"一网通办",打造优质快捷政务服务

构建全区一体化政务服务体系,统一区街布局、设备和综窗平台,统一形成区、街、社区三级的政务服务一体化工作格局体系;建成PC端、移动端、自助端和窗口端等"多端一体"的办事体系;规范管理全区政务服务事项,实行统一规范梳理、动态更新;以"一门一窗一网一次"改造为重点,加快推进政务服务信息化、智能化建设。推进政务服务事项"一门一窗"改革,实现区级政务服务事项81.3%进驻区政务服务中心,100%实现"一窗"办理,81.1%实行委托受理;各街道政务服务事项100%进驻街道政务服务中心综合窗口"一窗"办理;建设"石时办"APP,实现了区融媒体中心、新时代文明实践中心"三中心融合",区街政务服务事项全部实现掌上可查、可约、可询,千余事项掌上可办,50个事项智能办;实现线下窗口249个,线上205个引导式主题事项网上、掌上智能办。在北京市率先建成区级"24小时政务服务自助圈",800余项区级政务服务事项和56项市级政务服务事项"家门口"24小时自助办;推行全区政务大厅延时服务,实行"早晚延时办,午间不间断,周六不打烊"和"周日预约办";全区政务服务中心配置"爱之声"手语双屏互动设备,为听障人士开启便利之门、传达关爱之声;推进"跨区通办""跨省通办",与门头沟区率先签订《政务服务"跨区通办"结对

共建协议》,首批809个政务服务事项实跨区通办,80余事项在冀鲁京津赣浙鄂苏(19县市区)政务服务部门"跨省通办";规范政务服务行为,制定9项工作制度,持续开展"小小窗口、满满服务"活动,为企业、群众提供暖快优的服务。完成区级审批平台与市级平台数据双向汇聚回流;使用区级系统的事项90.2%实现"不见面审批";完成两批次114个二次录入事项对接工作,完成政务服务领域32个部门112枚电子印章"应刻尽刻",实现区级行政审批系统电子印章系统对接;开展电子证照共享利用,实现29类证照在75个事项中的调取使用,后续将利用区块链技术,对170余类共享电子证照在综窗"应调尽调",实现通过共享方式精简材料任务目标。

· 2020年"互联网+智慧法院"年度人物·

徐　浩——北京市高级人民法院信息技术处安全保障科科长

徐浩同志现任北京市高级人民法院信息技术处安全保障科科长。在日常的工作中，他勤奋学习、苦练内功、服从分配、听从指挥、立足岗位、服从大局、扎实工作、默默奉献，做出了一定业绩，其主要事迹如下。

徐浩同志共产主义信念坚定，政治方向正确。在日常生活和工作中，他坚持不断地学习党的路线、方针和政策，牢固正确的世界观、人生观和价值观，坚定共产主义信念，不断加强党性修养，履行党员义务，遵守党的纪律，执行党的决定，坚持以习近平总书记"新时期对党员的新要求"鞭策自己，不断提高综合素质和业务能力。

徐浩同志作为安全保障科科长，负责北京市法院的信息化安全保障工作，7×24小时对北京市高级人民法院专网、北京市高级人民法院互联网、北京法院审判信息网、北京市高级人民法院信息业务系统进行安全监控、防御、预警等工作，及时处理问题、风险和隐患。为进一步提高北京法院信息化的安全水平，他完成了《关于加强北京市法院网络安全工作的指导意见》《北京市法院网络安全等级保护工作规范》等安全规范的起草工作，制定了全市法院信息安全考核标准，制定了北京法院网络安全工作规范15篇，等级保护工作规范2篇，每年组织全市法院进行2次网络安全演练，配合北京市公安局进行网络安全攻防演练。

在保质保量完成科里的日常工作外，徐浩同志还负责北京法院OA系统升级改造项目。此项工作工期紧、规模大、涉及范围广，产品品类和设备数量繁多。他迎难而上，亲自带头组织前期工作调研、改造方案编写、组织专家评审及后续的具体执行工作，得到兄弟单位及全市法院的一致好评。

徐计生——安徽省高级人民法院司法鉴定处一级主任科员

徐计生同志从事安徽法院信息化工作以来，主要承担全省法院信息化应用推进以及综合运维保障等工作。近年来，该同志勤奋工作、恪尽职守、开拓创新，其撰写的《安徽法院司法大数据服务社会综合治理路径探究》入选了法治蓝皮书《中国法院信息化发展报告（2021）》。在平凡岗位上取得了良好的工作成绩。

一、勇于创新，推动业务发展

徐计生同志始终坚持把开拓创新作为推动智慧法院建设的强大动力。2017年，最高人民法院下发文件，要求对审判业务管理系统进行升级改造，以满足最高人民法院2015版技术规范。该同志受领任务后，广泛征集全省法院审判系统业务需求，形成调研报告，积极献言，创造性地提出以平台型设计取代嵌入型设计、以Oracle数据库取代Sybase数据库、以集中式存储取代分布式存储、以业务功能取代流程管控等多项改进建议，得到领导肯定，新系统上线后，有效解决了并发访问多易卡顿、交互任务多易遗漏、流转流程繁易出错等痛点难点问题。该同志的创新劲头，不仅表现在业务技术上，还表现在管理机制上。在负责运维保障工作后，为进一步提高运维保障质效，该同志主动创新，根据最高人民法院打造质效型运维服务体系的标准要求，改变以往分散式运维模式，建立集约型综合运维机制，研发综合运维服务管理系统软件，提高运维可视化、智能化水平。

二、敢于担当，直面工作硬仗

该同志敢于面对工作挑战。2018年，安徽省高级人民法院新一届党组提出优化信息系统，推进信息化应用，全面实现网上办案办公的工作部署。这是推进安徽智慧法院跨越式发展的关键工作。该同志主动承担起此项工作，利用自身在审判业务庭工作经验，从应用者和建设者双重角度开展工作，积极调研功能需求，先后共收集到系统改进意见建议200余条，并多次赴其他省级行政区兄弟单位，调研业务系统好用实用的功能点，取长补短。带领研发团队梳理归纳意见建议，研讨优化功能解决方案，即使是周末，也经常加班到深夜，经过两个多月的不懈努力，终于解决OCR识别率较低、电子卷宗读写响应较慢、系统兼容易错等技术难题，优化完善文书自动生成、电子签章全覆盖、文书网上签发流转等功能，完成送达专用章启用、文书送达系统和电子卷宗智能编目等新功能上线。系统优化后，如何推动应用又是一个难题，为掌握第一手资料，该同志不辞辛苦亲赴基层法院一线，即使孩子住院期间，仍在宣城法院调研。为指导中基层法院推进系统应用，该同志组织策划了应用推进大宣讲活动，走遍全省16个地市，指导帮助中基层法院推进系统应用。经过一年多的努力推进，电子卷宗扫描覆盖率和裁判文书网上审签率等应用指标逐月上升。2020年年初，作为智慧法院建设的基础性工程,安徽法院电子卷宗随案同步生成及深度应用工作成功进入全国第一方阵。

三、勤于作为,践行优良作风

法院信息化运维保障是个苦活累活。该同志担负起综合运维保障工作后,树立运维保障第一责任人意识,积极主动开展工作,以解决实际问题为出发点,变被动运维为主动服务,开展上门服务活动,排查解决干警在软硬件系统、操作应用、计算机外围设备等方面的问题800余次,受到广大干警的一致好评。

四、善于总结,注重学用转化

2020年受理最高人民法院法治蓝皮书材料征集任务后,该同志以司法大数据分析为突破点,搜集安徽法院近年来在司法大数据运用方面的成果,重点查阅民生经济保障、社会治安治理、司法体制改革等方面的司法大数据分析报告,梳理总结这些报告中的共性要素,形成了《安徽法院司法大数据服务社会综合治理路径探究》,入选了法治蓝皮书《中国法院信息化发展报告(2021)》。

程少芬——贵州省高级人民法院应用推广科科长

程少芬，女，籍贯山东，1982年3月生，2008年7月毕业于郑州大学计算机软件理论专业，获硕士研究生学位。2011年10月进入贵州省高级人民法院信息技术处工作，现任应用推广科科长、四级调研员。

该同志从事法院信息化工作近十年，从部门内勤一点一滴做起，严格履行党员义务，认真履行工作职责，尽心尽力做好交办的各项任务，作风严谨、思路清晰、任劳任怨、主动付出，在贵州法院信息化从起步到智慧法院建设的过程中，努力克服困难、积极发挥主观能动性，为法院信息化事业贡献自己的力量。

一、加强思想理论学习，筑牢廉洁底线

按时参加党支部组织生活会，积极参与各类主题教育活动，认真学习重要讲话及会议文件精神，不断锤炼党性修养，提升政治理论素养，时刻以党员身份严格要求自己，加强履职能力培养，注重综合素质提升。严格遵守法律法规和廉洁自律方面的各项规章制度，自觉抵制各种不正之风，在生活上廉洁简朴，在工作上秉公办事，严格约束自己，实事求是，不谋求私利。

二、踏实认真用心作为，当好部门"小管家"

在负责内勤工作期间，清晰梳理部门内部综合事务、各类文件及项目管理等相关工作，拟写信息化工作总结、工作要点、各类报告材料、领导讲话等百余篇；完成司法公开平台、政法跨部门大数据办案平台、融合分析平台、网站集群等10余项信息化项目的建设及应用工作；起草了信息化项目管理等各类信息化管理办法，统计汇总历年来贵州法院信息化项目建设情况，确保贵州智慧法院建设情况清、底数明。

三、全力以赴真抓实干，开展信息化应用推广

在担任应用推广科科长期间，探索"系统应用自下而上"推进模式，采用调研指导、问题反馈、系统梳理、应用培训、督导考核等方式，推进信息化应用推广工作，作为主讲人组织开展了40余次培训工作，培训涉及1.2万余人次，取得良好效果。

周　阳——江西省高级人民法院司法技术处一级主任科员

周阳同志从事法院信息化工作以来，始终坚持以习近平新时代中国特色社会主义思想为指导，围绕智慧法院质效型运维管理体系建设、重大活动庭审信息化保障建设、江西法院机关基础设施建设等方面创新性开展工作，较好地完成各项工作任务，信息化影响力进一步提升。

一、积极推广应用"云视讯"，助力扫黑除恶圆满收官

在短时间内指导江西全省法院完成视频提讯系统优化和云视讯部署，覆盖江西100余家看守所，2020年以来保障完成江西法院院机关远程提讯庭审共计315次，较2019年增长392%，为刘天才案、陈辉民案和欧阳平案等一系列涉黑涉恶大要案的审理提供了有力的技术保障，得到了中央扫黑办的充分肯定。

二、积极响应援鄂号召，支援湖北智慧法院建设

2020年7月初，作为首批援鄂工作组成员两次赴湖北高级人民法院帮助其就智慧法院建设工作进行工作梳理，确定援鄂的路线及应用，联络湖北法院方面赴赣交流学习，推动"收转发e中心"在湖北法院落地生根，目前一期援建9个项目已全面落地。

三、积极应用智慧法院建设成果，疫情防控期间发挥重要作用

一是强化新冠肺炎疫情期间运维管理，及时编辑发布《网上办公办案及网上诉讼指南》，实现"服务不打烊"；二是普及在线诉讼新模式应用，推广互联网庭审和在线调解等模式，电子诉讼效果较好；三是构建远程培训和远程面试新模式，使线上培训和线上面试成为新冠肺炎疫情期间法院工作新常态。

四、推动质效型运维体系的建设，完善基础设施建设

主导谋划在江西法院机关建立"一委两中心六小组"运维体系，建立了技术保障规程、绩效考核制度和季度通报制度等机制，做到运维工作事有专人，人有专责。自主组织研发一站式信息服务平台，2020年共流转工单5565条，其中硬件类1225条，软件类4057条，服务类283条。完成江西法院三楼视频会议室和审判法庭改造，推进三级视频专网升级工作。组织完成"六专四室"信息化建设，提升了警务保障信息化水平。保障一站式工作信息化支撑，助推一站式质效评估稳居第一方阵。

杜 乔——北京海淀区人民法院综合办公室技术保障组负责人

杜乔，女，北京人，1987年10月出生，于2009年入职北京市海淀区人民法院，在信息化工作岗位任职11年，现任院综合办公室技术保障组负责人，主要负责海淀区人民法院信息化工作的推进与实施，在推动"智慧法院"信息化项目建设、审判执行系统应用研发、网络数据安全和运维管理方面取得一系列优秀成果，该同志深入学习习近平新时代中国特色社会主义思想，增强"四个意识"，坚定"四个自信"，做到"两个维护"，无廉政问题。

杜乔同志专业技能扎实、综合素质全面、创新能力突出，在推动"智慧法院"信息化项目建设中取得多项优秀成果。自2017年以来，海淀区人民法院上线审判执行联络平台、全流程自主立案系统、研发刑事多方远程庭审系统、执行资产处置一体化系统、"智慧小海"APP等多个系统和应用。在统筹推进海淀区人民法院"电子档案为主、纸质档案为辅"试点工作中，理论联系实际获得各部门及最高人民法院的一致肯定，相关案例在北京首届"微创新"活动中获评"优秀案例"。2020年，进一步探索海淀区人民法院办公办案"云"模式，并同步推进电子卷宗"一键上诉"工作，"打通电子卷宗全流程应用通道，全面推进无纸化办公办案"案例获北京市高级人民法院第二届司法改革"微创新"最佳示范案例。

杜乔同志荣立三等功一次，先后8次获海淀区人民法院嘉奖、"优秀共产党员"荣誉称号，并取得计算机技术与软件专业技术资格高级职称、注册信息安全工程师（CISE）资质。依托个人外语优势，先后翻译《区块链技术在全球司法体系中的应用前景》等文章，刊发于《世界司法信息化研究专刊》和《中国审判》，应邀参加第一届和第二届"世界司法信息化专题研讨会"，积极构建法院信息化建设对话平台，为持续开拓法院信息化建设新局面做出杰出贡献。

王小维——重庆市高级人民法院信息技术管理处规划管理科副科长

王小维，女，1982年12月出生，黑龙江省哈尔滨市人，硕士研究生学历，中国共产党党员，现在重庆市高级人民法院信息技术管理处工作。从事信息化建设工作13年，立足实际，尽职尽责、尽心尽力履行工作职能，先后多次获得先进个人。

一、政治立场坚定，党性意识较强

自2008年进入法院工作以来，坚定拥护和贯彻党的路线、方针、政策，始终和党中央保持一致，有较高的政治觉悟和党性修养。积极参加各项主题教育活动，不断提升政治理论水平，切实增强"四个意识"，坚定"四个自信"，做到"两个维护"。坚持从初心、使命出发，坚持"诚实、踏实、务实"工作准则，坚持以党员标准严格要求自己，始终与党中央保持高度一致。

二、勇挑重担，工作业绩突出

敬业务实，业绩突出，锐意进取，有较强的事业心和责任感。处理繁重、复杂的工作时讲方法、有办法，具体工作时高标准、严要求，落实工作后突重点、显成效。近年来，全面担任信息化工作总体规划、重大项目技术设计等工作。切实参与信息化重点项目建设，能动统筹、组织、协调、管理项目的功能设计、流程节点配置、规范体系建设和软件研发指导等具体工作，全程抓好研发团队筹备、软件研发、教育培训、试点运行及运用推广。在新冠肺炎疫情防控期间，参与优化升级在线庭审系统、打通法院－律所互联网远程出庭通道等一系列网上业务平台，有序保障社会公众参与在线诉讼活动；在优化营商环境中，积极参加"易达"平台全新改版，并按照重庆市统一部署，实现"渝快办"与"易诉"、律师服务平台在PC多用户端对接，用户可直接通过"渝快办"PC端一键便捷跳转至"易解"登录。紧密围绕上级决策部署，充分发挥岗位职能，与信息技术管理处的同志团结协作，出色地完成了各项工作任务，推动重庆法院信息化水平上新的台阶。

三、工作作风扎实，大局意识强

坚持吃苦耐劳的优良作风，工作有方法，处事讲原则，做到遵纪守法、踏实肯干、作风正派。坚持全盘统筹、勇于担责、乐于团结同志，经常利用休息时间加班加点开展工作。自觉抵制不正之风，尊重领导，虚心好学，工作上兢兢业业，恪尽职守，为人正直，清正廉洁。在信息化系统规划建设过程中，他出谋划策，提出许多合理化建议。在项目建设过程中，积极组织、协助实施，带头攻坚克难、加班奋战，发挥了较好的表率作用，提振了团队的精气神。

黄志红——河南省高级人民法院信息处四级调研员

黄志红，男，1980年1月生，汉族，研究生学历，中国共产党党员，2007年11月经河南省公务员统一招录考试进入河南省高级人民法院工作。

一、热爱本职，尽职尽责

自进院以来，该同志就一直从事信息化建设和应用相关工作。他老老实实做人，踏踏实实做事，敢于坚持原则，切实履行岗位职责。在信息化工作方面，小到简单而烦琐的设备维修维护，大到法院系统信息化建设的整体建设技术理论，他都能够灵活地掌握；善于在工作中发现问题，总结经验，提出建议，创造性地开展各项工作，具有独立处理和解决问题的能力。曾于2012年被最高人民法院评为"全国法院信息化工作先进个人"。多次获得河南法院机关"个人嘉奖"和"先进工作者"。

二、深入一线，不断提高

信息系统的完善是一个螺旋式上升的过程，系统的迭代升级需要对需求进行不断的调研，该同志每次面临业务需求问题，都赶往使用一线，和干警面对面沟通，吃透需求，在系统操作场景设计上精益求精；每遇系统施工，他都亲自现场指挥，保证施工效果。法院的信息化工作离不开法律业务知识，为了更好地工作，他认真学习法律业务，通过了国家司法考试。经过不断的努力，他具备的计算机和法律知识，使他面对具有法院特点的信息化建设问题时，能够较深刻地理解、及时地找到工作切入点。

三、敢于创新，成效显著

2020年河南法院的"智慧法院安全态势感知项目"被法制日报社评选为"智慧法院优秀创新案例"。这一成绩的取得离不开该同志的辛勤付出和努力。

在"河南省高级人民法院智慧法院一期"安全系统中，他主持设计了安全建设和应用内容，以"三分设备、七分管理"理念为指导，抓住法院专网安全痛点问题，建立安全运营团队，让设备"动"起来，把安全问题消灭在萌芽状态，最大限度保障法院专网安全。项目开始施工后，恰遇新冠肺炎疫情，在施工过程中，他亲自参与和督导，疫情期间不停工，项目提前16天完工，并顺利通过验收。安全态势感知系统部署于法院办公专网，为安全运营团队提供持续性威胁监测、预警、响应的安全管理平台，项目的建成极大地促进了河南省法院专网的安全，对保障智慧法院业务安全稳定运行起到了非常重要的支撑作用。基于平台数据，定期向全省法院发布安全通报，有效地促进了全省各级法院整体安全防护能力。

陆锡高——广西壮族自治区高级人民法院司法技术管理处一级主任科员

陆锡高，男，广西宾阳人，硕士研究生学历，2005年3月加入中国共产党，2018年从部队转业至广西壮族自治区高级人民法院，现任司法技术管理处一级主任科员，主要负责综合数据技术保障工作。

该同志认真学习习近平新时代中国特色社会主义思想和党的十九大精神，在学懂弄通做实上下功夫，推动形成与新时代相适应、相匹配的政治素质、理论素养、工作能力。坚持把加强学习研究上级信息化"十三五"规划精神和广西壮族自治区高级人民法院党组关于智慧法院建设的决心意图、决策部署结合起来，注重吸收消化转化前沿信息化建设理念技术、经验做法，转变为保障审判执行事业发展、自身开展本职工作的依据遵循和自觉行动。2019年开展"不忘初心牢记使命"主题教育期间，随同院领导赴全区中级人民法院及部分基层法院开展调查研究，执笔完成的《全区法院信息化建设和应用工作调研报告》获充分肯定。2020年参与撰写的《基于可视化技术的质效运维平台建设与应用——广西法院在质效运维领域的探索实践》入选"十三五"期间智慧法院建设优秀案例。两年多来，该同志严格对标最高人民法院数据管理工作有关要求，圆满完成案件管理系统数据标准升级改造、联调联试和数据汇聚任务，全区法院数据管控能力和核心信息项完整度进一步提升，保障了案件、文书和电子卷宗（档案）数据质量核心指标保持高位运行；按照广西壮族自治区政务数据资源管理与改革工作要求，编制广西壮族自治区高级人民法院政务数据资源目录，有力服务了经济民生、优化营商环境、信用体系构建等领域业务协同；向广西壮族自治区发展和改革委员会实时共享失信被执行人等信息，作为广西信用联合奖惩应用系统重要支撑，为诚信广西建设贡献了法院力量和智慧；依托广西壮族自治区高级人民法院政务门户和广西法院阳光司法网，设置"涉土地纠纷案件""商事类一审案件"专栏，助力建立健全土地纠纷、商事类案件数据等公开制度和优化营商环境改革有关举措落地落实；贯彻落实《人民法院执行工作纲要（2019—2023）》精神和院领导指示，积极协调广西壮族自治区住房公积金管理部门提供公积金查控信息，补齐了司法查控系统住房公积金查询功能短板，为查询被执行人财产信息提供了新渠道；负责广西法院廉政风险防控系统建设，助力执纪监督方式从事后惩处向事前提示、事中预警、事后评查转变，为构建"治未病"新型司法权监管机制提供科技手段。

该同志严于律己、宽以待人，严格落实中央"八项规定"精神和遵守廉政纪律，无任何违法违纪行为或党纪政纪处分。

钱天彤——天津市河西区人民法院党组成员、副院长

钱天彤,天津市河西区人民法院副院长,审判委员会委员,三级高级法官。

钱天彤多年来高度关注、积极参与法院信息化建设。在担任该院研究室主任期间,于2011—2013年,分别主持了河西区人民法院安防系统数字化改造、网络系统和中心机房改造、数字法庭建设(二期)、数字化审判委员会建设等工作,为推进该院信息化建设发挥的重要作用。2015年钱天彤任副院长后,继续主持推进该院的信息化工作,并积极配合、主动参与全市法院的信息化建设。该院先后被天津市法院指定,作为电子卷宗同步生成、诉讼费网上收费、集约电子送达平台等信息化建设工作的试点单位。钱天彤发挥长期从事民商事审判工作,熟知业务流程;主管审判管理工作,了解法院管理的难点、痛点;长期自学信息化知识,对数据库技术认知比较深入三个方面的优势,在完成上级任务的同时,结合审判工作和审判管理的实际需求,积极提出意见、建议。参与流程设计、提供解决方案、亲自撰写标准化文书模板。为上述试点工作顺利完成及在天津市法院推广落地发挥了积极作用。2019年因在推进诉讼费网上收费试点工作中表现突出,被天津市高级人民法院通报表扬。

在天津市高级人民法院的指导下,河西区人民法院2018年、2019年两年完成了天津市法院系统集约电子送达平台设计、建设和测试工作,并在2019年年底正式上网运行。该平台运用大数据、区块链等新兴技术,以数据共享、创新升级、安全可控为理念,创建了全流程、一体化的集约化送达平台,创设了"平台+服务""系统+资源"的模式。现该平台已整合三大电信运营商的大数据资源,并与工商税务等大数据平台进行对接,通过法院授权及运营商确权的对应地址,构建法院和电信运营商之间的安全通信通道。通过前置审核过滤,许可发起请求,同时在电信运营商处集中审核,自动处理找人,建立起虚拟电信线路。让法官和当事人通过电话或者短信模式与对方沟通,操作过程全程留痕。同时结合服务交付网络,建成覆盖全域的高效委托送达网络,充分实现线上线下的集约化送达服务。

2020年河西区人民法院作为该平台运行试点法院之一,开始正式运行该平台,针对该法院金融案件集中,涉案当事人多、当事人失联占比高等特点,该法院首先将平台投入相关案件的送达工作。钱天彤又主动办理相关案件,在完成审判任务的同时,积极推广该平台的应用。该平台使用后,该院民事案件送达率和电子送达成功率显著提升,与此相适应当事人到庭率和案件调撤率也有了相应的提升。2020年11月中国工商银行天津市分行信用卡中心寄来了表扬信,提出因河西区人民法院采用新的送达模式,使该院2020年受理的涉及该中心的信用卡案件当事人到庭率从以前的不到10%提高到50%以上,调解

率接近50%。目前钱天彤领导的团队正和第三方公司一道,逐步落实集约送达从一般民事案件向诉前调解纠纷和执行案件扩展,同时研发外出直接送达小程序,研究外出送达过程全程留痕存证。以求在天津法院集约化送达平台基础上,探索出全流程、一体化、专业化的送达技术与外包服务体系。

韩 伟——武汉市中级人民法院办公室副主任、信息中心主任

韩伟，男，汉族，法律硕士，1982年7月出生，中国共产党党员，2001年1月参加工作，2008年8月进入武汉市江汉区人民法院工作，曾任书记员、助理审判员、审判员、江汉法院民意街人民法庭副庭长、知识产权审判庭副庭长、审判委员会委员、研究室主任、一级法官。因工作业绩突出，2019年1月调入武汉市中级人民法院，现任武汉市中级人民法院办公室副主任、信息中心主任。

一、积极开展信息化建设工作，获得上级领导肯定

在该同志的努力推动下，武汉法院诉讼服务中心和智慧法院建设工作取得一定成绩，先后受到最高人民法院院领导、湖北省委政法委书记和湖北省高级人民法院院长等领导充分肯定，最高人民法院党组成员、副院长姜伟评价武汉江汉区人民法院"诉讼服务中心建设在全省乃至全国法院都有借鉴意义，为全国法院提供了有特色、可复制、可推广的经验"；最高人民法院党组成员、政治部主任马世忠评价武汉法院"诉讼服务中心理念新、机制新、流程新，科技化智能化水平高"；时任湖北省委常委、湖北省委政法委书记王祥喜称赞武汉法院"'1+5'诉讼服务中心在全省处于高水平，值得在全省法院推广"。

二、规划搭建诉讼服务现代化体系，拓宽司法服务渠道

韩伟同志在从事武汉市法院信息化建设工作期间，以"诉讼服务全覆盖，智能辅助无等待"为设计理念，建成线上线下一体的智能化诉讼服务中心，为当事人、律师提供智能导诉、3D智能导等十余项自助服务，开设诉讼服务自助"超市"。建设分调裁审分流平台。实现繁简分流、快审速裁，引入行业调解、特约调解以及金融案件、消费者权益、环境资源等类型化调解。启用随机分案系统，配置分案规则和分案系数，该系统自动在承办部门员额法官中进行轮序随机分案，从机制上增加约束力和公平性。建设诉讼服务指导中心。利用大数据科学辅助决策，自动汇聚全市法院多元解纷、立案服务、分调裁审、审判辅助、涉诉信访诉讼服务信息资源。建设武汉法院营商环境信息公开平台，在中部城市中首次公开营商环境司法大数据，获得全国、省市媒体广泛关注。

三、推进智慧审判应用，提升审判管理和智能辅助水平

深化智慧法院建设，聚焦繁简分流改革、优化营商环境等重点工作，在全市两级法院推广"一中心、六平台、十八个应用系统"，促进全市智慧法院均衡发展。依托民事诉讼繁简分流改革试点，再造审判系统流程，在案件特征中增加标识，调整审理期限，进行流程再造。完善电子诉讼平台，与最高人民法院平台对接，按电子诉讼规则要求逐步开通网上质证、网上调解等功能。创新黑恶案件办案方式，建设远程提讯平台，在羁押场所，搭建远程提讯、网络庭审的环境，实现全程录音录

像，快速确认庭审结果、电子签名，实时打印审讯笔录，实现全市各辖区看守所远程提讯的互联互通。建设院庭长监管系统，依据权力清单，自动提取分析立案、审判、执行各环节实时数据，对院庭长监管权限范围内的案件进行监督和管理。建设"四类案件"管理平台，在湖北全省法院中率先上线"四类案件"监管平台，提供可视化监督界面，对涉及群体性纠纷、疑难复杂等四类案件实行智能化管理。

鲁宏邦——江苏省南通市中级人民法院一级科员

鲁宏邦，男，1988年6月出生，中共党员，现任职于江苏省南通市中级人民法院，一级科员，主要负责人民法院信息系统建设和项目管理工作。

自2017年进入法院工作以来，该同志坚持做到政治过硬、业务过硬、作风过硬，善于钻研、敢于攻坚、甘于吃苦、乐于奉献，充分展现出新时代青年党员蓬勃向上的精神风貌。参与开发了南通支云庭审系统、法院公安执行协作联动平台、法院政工管理系统、法院区块链试点、法院支云流媒体中心等重点信息化项目，为建设智慧法院、提升现代化审判能力做出了积极贡献。期间，先后借调至南通市政法委、新疆维吾尔自治区克孜勒苏柯尔克孜州中级人民法院（以下简称"克州法院"）、最高人民法院信息中心等单位参与信息化建设，多次获最高人民法院政治部、知识产权法庭、信息中心等部门通报表扬。

2018年，作为最高人民法院第一批援疆干部，该同志始终坚定政治立场，坚决维护祖国统一，扎根边疆忘我工作，克服困难勇挑重担。充分发挥专业特长，针对克州法院信息化建设实际情况，因地制宜提出了"土壤培养""理念培养""人才培养"等方面的系统建议，研发了新疆维吾尔自治区信息化问题反馈平台，努力推广应用协同办公平台、电子签章系统，积极引导法官使用智能辅助办案系统，为推动新疆法院系统信息化建设贡献了智慧与力量。期间，该同志多次深入基层一线，为少数民族群众送服务、解难题，有力促进了民族团结，其在阿克陶县塔尔乡为村民悬挂国旗的事迹被多家媒体争相报道转载。2019年初，被新疆维吾尔自治区高级人民法院授予"优秀援疆干部"称号。

2019年，该同志借调至最高人民法院信息中心，能够迅速融入工作，坚持"干中学、学中练"，持续提升自身综合素质和能力水平，参与筹备第二届数字中国建设峰会、督办全国法院主干网割接、督办"法眼"系统全国法院IP整改等工作，获最高人民法院信息中心高度肯定。

2020年年初，新冠肺炎疫情暴发后，该同志主动放弃春节假期，自觉响应部门号召，着手探索运用信息化技术保障审判执行工作的思路和方法。节后，南通市中级人民法院迅速组织推进互联网庭审系统——支云庭审系统的自主研发工作。项目研发阶段，该同志带领技术团队争分夺秒研讨方案，从业务需求、技术架构、实施路径、网络安全等方面进行全流程把控，攻克了专网与互联网安全交互、当事人PC端签名等11道技术难关。项目上线后，该同志持续做好系统维护和优化工作，认真总结远程庭审系统开发经验，并参与制订最高人民法院远程庭审建设方案。在该同志的努力下，支云庭审系统在多地获得推广应用，成为最高人民法院、湖北省法院、南通两级法院、南通市劳动人事争议仲裁院指定的远程庭审系统，其参与编写的《江苏南通中院"智慧警务"服务"智慧法院"的实践》调研报告成功入选《2020法治蓝皮书——中国法院信息化发展报告》《人民法院信息化建设内参》。

李强文——山东省东营市中级人民法院技术室主任

李强文，男，1975年出生，中共党员，1996年7月毕业于烟台大学计算机及应用专业，同年8月参加工作。现任东营市中级人民法院技术室主任。该同志工作兢兢业业、勇于担当、认真负责，紧紧围绕"四个全面"战略布局，以促进审判体系和审判能力现代化为目标，为诉讼服务、审判执行、司法管理、廉洁司法提供有力的信息技术支撑。

一、完善信息化基础建设

建成了东营市中级人民法院信息化机房、科技法庭、互联网法庭、数字审委会、高清视频会议等系统。以法院专网、外部专网、互联网、移动专网和涉密内网为纽带，建成了内外可交互共享的信息基础设施。根据法院业务需求完成了网络带宽及相关配置的升级改造。打造智慧审判、智慧执行、智慧服务、智慧管理、智慧防控系统，以"网络化、阳光化、智能化"为特征的智慧法院初步形成，实现了"全业务网上办理、全流程依法公开、全方位智能服务"，为审判执行工作提供有力保障。

二、推进信息化系统应用

建成了东营市法院一体化办公办案平台，推行审判流程管理，实现了审判管理网络化、行政管理智能化、人事管理信息化、机关办公无纸化，落实司法公开部署，推进实施"阳光司法"工程。以审判流程公开、裁判文书公开、执行信息公开、庭审活动公开四大平台建设为重点，建成了东营市中级人民法院互联网站、庭审视频直播系统，截至目前，网站视频直播案件达2539件。依托信息化网络平台，建成了全市法院短信业务综合管理平台，开通了12368诉讼服务热线，启用了电子诉讼服务平台、山东微法院，实现网上立案、网上缴费、电子送达等功能，推进便民服务数字化。充分利用信息化手段加强审判管理，启用了智能辅助办案系统，为法官办案提供支持。在山东省法院率先建成移动执行智能平台和阳光执行服务平台，率先建成互联庭法庭系统，引进智能机器人"小法"和微信客户端智能问答，为当事人提供7×24小时线上法律智能问答，加大失信被执行人名单上网公布力度。引进生物识别技术，打造"集约、高效、便民、智能"的综合性智慧管理、智慧防控系统，辅助行政管理和警务工作，开启法院信息化应用的"刷脸"时代。建成裁审协同办公平台，全面打通诉讼与仲裁衔接工作"壁垒"，推动裁审标准统一，进一步提高劳动人事争议案件审判质效，提升仲裁公信力和审判质效，实现了劳动人事争议案件仲裁及审判网上协同办理，有助于发挥仲裁简便快捷的优势与司法的引领、推动、保障作用，形成解决争议的合力，建成了远程视频接访系统、刑事案件远程讯问系统等，确保疫情期间"审判执行不停摆、公平正义不止步"。

三、加强信息资源整合管理与服务

为保障信息资源的规范化和标准化，建成数据集中与交换共享和司法大数据研判分析平台，对法院司法数据进行抽取、集中和清洗转换等全流程的管控，实现结构化数据、半结构化数据及非结构化数据的融合，打破数据壁垒，破除不同数据类型之间的屏障，提高对数据的利用效率，实现数据共享交换的统一管理，使数据交换共享活动有迹可查、有规可依。同时，提供多种维度进行统计、分析，并以多种图表方式进行可视化展现，使法院领导通过科学的数据分析，对各个业务进行全方位跟踪、监督和把控，对各个业务工作给予合理的、有针对性的、有效的决策和指导，从而弥补法院内部管理上的不足，提高法院司法大数据的应用水平。

该同志在工作中，自身政治素质、工作实绩、纪律作风和党性修养不断提高，将以更加精益求精的作风，更加顽强拼搏的意志，积极深化智慧法院建设，为全市法院工作发展提供更加有力的科技支撑。

人员冒着三十多度的高温,穿着全套防护装备调试好全市 11 家看守所的 12 套远程提讯设备,对部分损坏的设备进行维修更换。及时督导全市法院、检察院、看守所三方庭审及远程提讯设备调试及应用。在其带领的信息中心全力保障下,唐山法院网上审判业务正常开展,网上开庭数在全省名列前茅。真正做到开庭庭审"不打烊",执行工作"线上跑",诉服调解"零接触"。

四、严格要求,确保队伍廉洁自律

利用每周一的例会制度,把学习贯彻党的十八大精神和习近平总书记系列重要讲话精神作为首要政治任务,引导广大干警树立正确的权力观、价值观,增强干警的政治意识、大局意识、职责意识、担当意识。认真落实"一岗双责",明确主任抓班子、带队伍的责任,切实加强所属人员的教育和管理,不断增强干警遵规守纪的自觉性,抓业务与抓廉洁的同步进行,做到了工作不出问题、队伍不出问题。带头遵守廉洁自律各项规定,以自身过硬作风树好形象。

卢敬泽——唐山市中级人民法院信息中心主任

卢敬泽，男，汉族，1972年出生，1995年入党，本科学历，1991年入伍，历任排长、副连长、连长、副营职助理员，2005年荣立个人"三等功"一次。2006年12月转业到唐山市中级人民法院工作。历任书记员、计财处副处长、代理处长，现任唐山市中级人民法院信息中心主任。

到信息中心工作以来，在唐山市中级人民法院党组的正确领导下，在河北省高级人民法院信建办的指导和支持下，在各部门的关心和帮助下，能够迅速厘清工作思路，制定规章制度，强化运维队伍保障，加快信息化系统基础建设。以围绕"两个目标"（智慧法院建设、网络安全建设），着力"三个方向"（加快信息化建设、严格队伍管理、强化保障机制），坚持"四个服务"（服务审判执行、服务干警、服务群众、服务司法管理），突出"五个特征"（互联互通、内外融合、便民利民、安全可控、保障有力）为工作出发点和落脚点，全体信息中心人树立"一盘棋"思想，心往一处想、劲往一处使，发扬勤奋有为、凝心聚力、任劳任怨、无私奉献的团队精神，为唐山市中级人民法院审判和执行工作提供了强有力的技术支撑，为上级赋予的各项司法行政工作和唐山市中级人民法院信息化建设提供了坚实的技术保障。

一、政治立场坚定，服务大局

该同志日常能够注重党性修养，过习近平新时代中国特色社会主义习和《习近平谈治国理政》第二、真研读，不断增强"四个意识"、个自信、做到"两个维护"。在重题上旗帜鲜明，在大是大非面前具有较强的政治觉悟和敏锐感，时党员的标准要求自己，用党性修养的言行，具有较强的大局意识、敢于担当，乐于奉献，在思想和行能够同党中央保持高度一致。

二、认真履职尽责，信息化能力突出

工作认真，敢于负责，不计失，工作勤勉，兢兢业业，任劳领信息中心人员，制订全市法院化建设发展规划和年度信息化计方案。坚持每周例会和周五学习活动日制度。在最高人民法院实平工程"和近年来智慧法院信息目中，积极申请财政资金支持和的帮助，三年来共筹措调整资万元完成信息化建设项目20多完成了上级法院安排的信息化建

三、迎难而上，做组织放心的先锋

在新冠肺炎疫情期间，及时卢敬泽为组长的技术保障小组，门微信信息化保障群，组织技术手地教法官和书记员操作，开庭全程保障，及时排除各种问题，"提前保障""伴随保障""随时优先保障"的原则，确保庭审正常调全市各看守所及各家基层院，

人员冒着三十多度的高温,穿着全套防护装备调试好全市11家看守所的12套远程提讯设备,对部分损坏的设备进行维修更换。及时督导全市法院、检察院、看守所三方庭审及远程提讯设备调试及应用。在其带领的信息中心全力保障下,唐山法院网上审判业务正常开展,网上开庭数在全省名列前茅。真正做到开庭庭审"不打烊",执行工作"线上跑",诉服调解"零接触"。

四、严格要求,确保队伍廉洁自律

利用每周一的例会制度,把学习贯彻党的十八大精神和习近平总书记系列重要讲话精神作为首要政治任务,引导广大干警树立正确的权力观、价值观,增强干警的政治意识、大局意识、职责意识、担当意识。认真落实"一岗双责",明确主任抓班子、带队伍的责任,切实加强所属人员的教育和管理,不断增强干警遵规守纪的自觉性,抓业务与抓廉洁的同步进行,做到了工作不出问题、队伍不出问题。带头遵守廉洁自律各项规定,以自身过硬作风树好形象。

卢敬泽——唐山市中级人民法院信息中心主任

卢敬泽，男，汉族，1972年出生，1995年入党，本科学历，1991年入伍，历任排长、副连长、连长、副营职助理员，2005年荣立个人"三等功"一次。2006年12月转业到唐山市中级人民法院工作。历任书记员、计财处副处长、代理处长，现任唐山市中级人民法院信息中心主任。

到信息中心工作以来，在唐山市中级人民法院党组的正确领导下，在河北省高级人民法院信建办的指导和支持下，在各部门的关心和帮助下，能够迅速厘清工作思路，制定规章制度，强化运维队伍保障，加快信息化系统基础建设。以围绕"两个目标"（智慧法院建设、网络安全建设），着力"三个方向"（加快信息化建设、严格队伍管理、强化保障机制），坚持"四个服务"（服务审判执行、服务干警、服务群众、服务司法管理），突出"五个特征"（互联互通、内外融合、便民利民、安全可控、保障有力）为工作出发点和落脚点，全体信息中心人树立"一盘棋"思想，心往一处想、劲往一处使，发扬勤奋有为、凝心聚力、任劳任怨、无私奉献的团队精神，为唐山市中级人民法院审判和执行工作提供了强有力的技术支撑，为上级赋予的各项司法行政工作和唐山市中级人民法院信息化建设提供了坚实的技术保障。

一、政治立场坚定，服务大局意识强

该同志日常能够注重党性修养学习，通过习近平新时代中国特色社会主义思想的学习和《习近平谈治国理政》第二、三卷的认真研读，不断增强"四个意识"、坚定"四个自信"、做到"两个维护"。在重大原则问题上旗帜鲜明，在大是大非面前头脑清醒，具有较强的政治觉悟和敏锐感，时刻以优秀党员的标准要求自己，用党性修养约束自己的言行，具有较强的大局意识、责任意识，敢于担当，乐于奉献，在思想和行动上始终能够同党中央保持高度一致。

二、认真履职尽责，信息化工作保障能力突出

工作认真，敢于负责，不计较个人得失，工作勤勉，兢兢业业，任劳任怨。带领信息中心人员，制订全市法院系统信息化建设发展规划和年度信息化计划和实施方案。坚持每周例会和周五学习日和党员活动日制度。在最高人民法院实施的"天平工程"和近年来智慧法院信息化建设项目中，积极申请财政资金支持和上级部门的帮助，三年来共筹措调整资金约5000万元完成信息化建设项目20多项，高效完成了上级法院安排的信息化建设任务。

三、迎难而上，做组织放心的战"疫"先锋

在新冠肺炎疫情期间，及时成立了以卢敬泽为组长的技术保障小组，组建了专门微信信息化保障群，组织技术人员手把手地教法官和书记员操作，开庭时在现场全程保障，及时排除各种问题，坚持按照"提前保障""伴随保障""随时保障""优先保障"的原则，确保庭审正常开展。协调全市各看守所及各家基层院，安排技术

董高彦——两当县人民法院党组成员、民二庭庭长

董高彦,男,汉族,生于1983年1月,2003年参加工作,本科学历,中共党员,现任甘肃省两当县人民法院党组成员、民二庭庭长、一级法官,分管信息化等工作。先后被评为甘肃省法院优秀通讯员、首届"陇南市优秀青年卫士"、陇南市"百优执法(综治)模范"、全市法院优秀党员干警,荣获陇南市法院信息化应用特别奖。在"一站式"建设中,他开拓创新,相关做法被甘肃省法院和最高人民法院工作报告高度肯定,成为走进人民大会堂的"两当经验",他被甘肃省法院荣记个人二等功;也先后被陇南市法院、两当县委荣记三等功3次。裁判文书分别被评为甘肃省法院二等奖、三等奖,被陇南市法院评为三等奖。

一、甘于奉献,打牢信息化服务基础

近年来,人民法院信息化新业务新技术层出不穷,他不断调整工作思路,积极主动学习,每逢接触新的信息化设备,他都能够自学相关知识,刻苦钻研。在他的精心管理下,两当县人民法院整个信息化系统运行高效,安全可靠。多年来,两当县人民法院95%以上的信息化设施实现了自行维护维修,节约了成本,提高了效率,保障了信息安全。

二、开拓创新,快速推进信息化发展

在智慧法院建设中,他加班加点,负责方案审定、招投标和建设使用等一系列工作,亲赴建设一线,精益求精,智审、智服、智管、智执等信息化建设不断取得跨越式发展。在他的积极努力下,陇南市法院系统首个数字化法庭在两当县人民法院建成,实现了对证据展示、庭审直播、电子笔录等工作的集中控制,引领了全市甚至全省科技法庭建设潮流。2017年率先在全市推进了网上立案。两当县人民法院审判法庭实现了数字化法庭全覆盖,开庭录音录像率达到100%,庭审直播全覆盖,2020年全院裁判文书上网率118.8%,网上在线庭审直播率85.19%。督促和指导全院电子卷宗随案生成和深度应用,全院电子卷宗覆盖率长期保持100%。通过电子卷宗评查案件,以评促用、以查促学。建成了全新的数字审委会系统,实现了审委会无纸化、规范化。升级改造机房和网络综合布线,建设不间断供电系统,为智慧法院建设奠定坚实基础。部署了桌面云系统,一机双网并物理隔绝,让办案办公进入"云端",低耗能、零噪声、更安全。部署了智能审务督查系统,并将各人民法庭通过专网接入。自行研发了刑事案件刑期折抵等软件,智能辅助办案。推行电子签章系统和OA系统、COCALL等网上办公系统,重要文件多通过专网办公系统进行流转。购置终端在全院推进移动办公办案,建成了新一代机要通信系统。开发建设了两当县人民法院门户网站,安全运行13年,多次受到甘肃省高级人民法院的高度评价。在"一站式"建设中,敢于担当,大力宣传推广移动微法院以及两当县人民法院"两微一站一网"(微博、微信、官方网站、诉讼服务网),全面推行网上立案,

全力打造"线上线下"相结合的全方位诉讼服务平台，通过移动微法院实现了在"一网通办"。开通应用统一送达平台、中国移动微法院、网上保全系统、委托鉴定系统、律师服务平台、网上缴退费等信息系统。为诉讼参与人提供了多途径、多种类的解纷方案和诉讼服务，做到了"数据多跑路、群众少跑腿"。全类型、全领域跨域立案29件，接通12368诉讼服务热线50余次，通过中国移动微法院网上立案9件，网上缴退费8件。创新审判方式，利用微信、QQ等即时通信工具远程在线调解案件5件，减少当事人诉累。开展集约送达改革，实现了集约送达和电话、短信、微信、电子邮件等送达方式相结合，集中高效送达。近年来，全院"一站式"质效评分多次名列全省前列，并多次指导兄弟法院开展"一站式"相关工作。

三、全面应用，助推工作提质增效

他深深知道，智慧法院建设重在应用。他制定了信息化考核管理办法，推行考核通报机制。他利用有限的资源，不懈传学帮带，引领干警紧跟信息化潮流。他手把手地耐心讲解指导计算机操作、办公软件操作等知识，详细解答他们的疑难问题。对新进人员进行信息化集训，传授信息化工作中的经验和做法，提高他们信息化网络操作水平。一批接一批，全院形成了学习信息化知识的良好氛围。

· 2020年"互联网+智慧检务"年度人物 ·

李运策——最高人民检察院检察技术信息研究中心信息化四处处长

李运策,安徽无为人,中国共产党党员,现任最高人民检察院检察技术信息研究中心信息化四处处长。多年来,李运策同志一直从事检察科技信息化工作,始终坚持开拓创新、锐意进取,为智慧检务创新发展做出贡献。

李运策同志组织编制《"十三五"时期科技强检规划纲要》,以支撑、推动和引领检察工作科学发展为目标,围绕司法办案,适应检察改革新要求,将"全面透彻感知、安全高效传输、知识支撑服务、新型智能应用、科学高效管理"的智慧化发展理念与检察工作的实际需求相结合,向科技要检力,向信息化要战斗力,紧紧依托科技进步推动检察工作方式和管理模式创新。

李运策同志参与编写《关于加强科技创新支撑平安中国建设的意见》,中共中央全面深化改革委员会第十次会议审议通过,为政法部门智能化建设和政法科技创新体系构建提供政策支持和保障,对于未来智慧检务规划建设具有重要意义。组织编制《智慧检务国家技术创新中心建设方案》,开展创新平台建设。积极参与科技部项目论证,检察科研项目取得重大突破,"两高一部"科研项目30个,国拨经费约9亿元。

李运策同志推动中国检察听证网建设和应用,2020年,按照最高人民检察院党组决策部署,组织按期完成中国检察听证网建设和检察听证互联网直播试点工作,抓好平台应用,指导各地开展听证直播。截至目前,已有101个单位接入中国检察听证网,开展了102场听证直播,累计直播观看3万多人次,点播观看8万多人次,让公平正义可感可触,取得良好政治效果、法律效果和社会效果。

刘海江——最高人民检察院检察技术信息研究中心信息化五处处长

刘海江，江西上饶人，中国共产党党员，部队专业干部。原在空军某研究所从事软件研发，2013年10月转业到最高人民检察院检察技术信息研究中心，现任信息化五处处长。刘海江同志长期从事信息化工作，援藏期间全力推动西藏自治区检察机关信息化工作发展，组织西藏自治区检察院电子检务工程建设、智慧检务工程立项，援藏结束后继续发挥援藏精神，不忘初心，在网络安全岗位上兢兢业业，做好安全管理和建设规划工作，筑牢信息化应用安全的基础。

刘海江同志积极推动西藏自治区检察机关信息化建设。通过实地考察、材料汇报、研究讨论、现场指导等方式，对全区七个分市院和部分区县院信息化工作进行调研、摸底。自下而上查找制约自治区检察机关信息化工作开展的因素，研究符合西藏自治区检察机关工作特点的信息化工作思路和对策；通过组织电子检务工程实施和智慧检务工程立项，夯实信息化工作制度基础、人才基础和设备基础，推动西藏自治区检察机关信息化工作从基础建设向智慧应用发展。

刘海江同志认真做好网络安全建设和管理。积极推进网络安全体系建设，打造网络安全工作有力抓手。组织完善网络安全制度建设，健全检察工作网安全管理办法，贯彻落实分级保护、等级保护制度，推进重要信息系统定级、备案、测评工作，研究检察机关网络安全应急处置和信息通报机制；积极参加部委年度网络安全活动并取得佳绩，有效提升面对有组织网络攻击的应对能力，为工作网安全建设提供实战参考。

王紫阳——重庆市人民检察院检察业务保障部主任

王紫阳，1978年8月出生，高级工程师，现任重庆市人民检察院检察业务保障部主任。2004年开始从事检察技术与信息工作，多次被评为优秀公务员，7次获得个人三等功。

一、在工作中锤炼党性修养，用实际行动践行初心使命

作为支部书记，心怀忠诚，行有方向，时刻保持慎终如始的清醒头脑和锐意进取的奋斗韧劲，在工作中坚持目标导向和问题导向，将政治学习与工作内容深度融合，全面提升支部战斗力，助推检察工作高质量发展，以工作实绩践行新时期共产党员的标准。

二、砥砺前行践行三新，智慧检务捧出累累硕果

以"好用、愿用、会用、用好"为目标，带领重庆市检察机关信息化建设实现了跨越式发展——全国首批试点量刑建议辅助系统，全国首创教职员工涉罪信息查询平台，全国首批上线统一软件2.0；全国首批使用检察听证室，全国首批建成公益诉讼快速检测实验室，全国首个远程提讯手写电子签名系统……多个系统被最高人民检察院充分肯定，最高人民检察院检察长张军在重庆调研时指出：重庆智慧检务走在了全国第一方阵。中央政法委书记、全国人大常委会副委员长、部分省级检察院检察长、人大代表等，到重庆市参观学习200余次，给予了赞扬；与此同时，按照重庆市委"云长制"要求，构建了"一平台、多系统"的应用体系，在全国较早完成政务云的迁云上云，每年均满分通过考核。

以身作则，率先垂范，为重庆市智慧检务创新发展提供高质量服务保障，为重庆市建设"智造高地""智慧名城"贡献青春力量。

迟　骋——黑龙江省人民检察院检察技术与信息部副主任

迟骋，黑龙江哈尔滨人，中国共产党党员，计算机博士，现任黑龙江省人民检察院检察技术与信息部副主任。多年来，迟骋同志在从事检察信息化工程规划、项目实施、系统运维保障工作中，始终做到不忘初心，苦干实干，先后主持、组织、参与黑龙江省检察机关统一业务应用系统1.0版、黑龙江省电子工程、黑龙江省检察机关智能语音应用平台、黑龙江省检察机关远程替换一体化平台、黑龙江省检察机关统一业务应用系统2.0版等项目的规划、建设工作，有力地促进了黑龙江省检察信息化工作的发展。

积极做好黑龙江省电子检务工程的相关设计规划，编纂相关材料，参与方案立项审批，积极主持推进电子检务工程相关系统的建设。承担黑龙江省检察信息化系统的研发、技术支持等工作的组织实施，在政法协同全面推进、司法责任制改革保人开展、检察机关内设机构改革初步完成的大背景下，及时启动并实施了黑龙江省统一业务应用系统2.0版和适应内设机构改革版的部署实施及上线应用工作。

多年来潜心钻研计算机专业知识。2019年，论文《大数据环境下的个人信息安全研究》在第一届人工智能与计算机科学国际会议（AICS2019）发表，进入EI检索，并在大会进行会议交流。

高　峰——浙江省绍兴市检察院智慧检察领导小组办公室主任

高峰，江苏无锡人，中国共产党党员，现任浙江省绍兴市检察院智慧检察领导小组办公室主任。高峰同志开创并致力于践行"侦查思维＋大数据"工作思维模式，推动检察监督与大数据深度融合。

高峰同志带领团队通过多系统多途径、最大限度获取各类文书数据，深入四大检察领域，结合侦查思维分析研判，先后开发民事裁判智慧监督系统、社区矫正智慧监督软件、羁押必要性案件线索管理平台、智慧检察监督平台等多个智慧检察软件，这些系统或软件自上线运行以来成效显著。民事裁判智慧监督系统和智慧检察监督平台先后入选2019年、2020年全国政法智能化建设"智慧检务十大创新案例"，前者被最高人民检察院部署全国推广使用。

2018年以来，通过分析研判，高峰团队向绍兴市检察机关移送涉"套路贷"、保险诈骗、刑拘下行等各类线索1万余件，向浙江省移送8千余件，向浙江省外移送2万余件，相关监督业务数据爆发式增长，在多领域展现出智慧治理实效。例如，发现并移送上虞区检察院的彭某某等10余人涉黑案线索，经公检法通力协作、深挖根治，最终捣毁一个涉黑团伙，主犯获刑21年，该案例被写入最高人民检察院工作报告。2020年2月，浙江省数字检察专题会议在绍兴召开，对全省检察机关学习借鉴绍兴经验、以数字化改革撬动法律监督作出部署。

在智慧检察工作不懈的探索实践中，高峰同志注重总结提炼，梳理形成可复制借鉴的有效经验。2019年以来，他和所在团队先后四次在国家检察官学院组织的培训班上讲授"'侦查思维＋大数据'促进检察精准监督"课题，国内多地检察机关专程前往其所在单位学习考察，就大数据排查、人工研判、精准筛查等方面经验成果广泛交流分享。

蒲泓全——四川省成都市武侯区人民检察院综合业务部副主任

蒲泓全，在读工学博士，现任四川省成都市武侯区人民检察院综合业务部副主任，主要负责智慧检察、信息化应用及检察技术相关工作。近年来，突出打造了以"一网、双核、三项未检应用、四个智能平台"为核心的武侯智慧检察，其撰写的"'智慧未检'三位一体创新平台"，在2020年全国政法智能化建设创新案例评选中荣获全国优秀案例；2020年在检察听证互联网直播试点工作中被最高人民检察院评为先进个人。

蒲泓全工作有为、开拓创新，根据现实需求实现现代科技与未检业务的融合，建立了武侯"智慧未检"体系。根据未检办案业务需求，借助大数据技术构建集数据采集、融合、分析、预测为一体的"未检辅助办案分析平台"，变人工统计和经验判断为大数据分析，提升办案智能水平，自动生成帮扶建议和研判报告，实现精准帮教。同时依托微信公众号建立"武侯·星火"法治空间，搭建青少年违法犯罪预防线上平台，实现从线下预防到线上预防，以科技手段强化预防实效。通过创建的"VR虚拟现实实验室"，孵化出"抉择""虚拟庭审""VR云禁毒"等产品，利用科技手段打造沉浸式未成年人法治教育基地，在增强科技感的同时为未成年人普及更多的法律知识和提升自我保护意识。

杨家珍——江苏省人民检察院检察信息技术部主任科员

杨家珍，女，河南南阳人，1984年出生，中国共产党党员，南京邮电大学计算机应用科学与技术专业，工学硕士，现任江苏省人民检察院检察信息技术部主任科员。主要从事江苏省检察院大数据中心规划和建设、网络信息化项目推进建设、全省网络信息化应用部署实施和运维保障工作。杨家珍同志曾被评为江苏省人民检察院网信工作标兵，2015年、2019年、2020年年度考评优秀。

一、立足新技术，建设新平台

完成江苏省智慧检务项目应用支撑平台一期建设。杨家珍同志以全国检察机关统一业务应用系统2.0的部署为基础，立足全省智慧检务建设的长远规划，应对新形势新技术，完成智慧检务项目应用支撑平台一期建设，并顺利完成全国检察机关统一业务应用系统2.0版在江苏的部署及配置工作。

推进信创项目实施。杨家珍同志会同办公室完成《安可替代工程实施方案（检察院子册）》编制，充分考虑江苏省人民检察院实际，制订个性化建设实施方案，目前各项目顺利推进。

做好最高人民检察院统建项目对接。2016年以来，杨家珍同志负责对接统一业务应用系统（含所有子系统）、队伍管理信息系统、检务保障信息管理系统及"检答网"等10余个项目，均在江苏全省部署落地，推广运行。

二、做好服务保障工作，为信息化建设保驾护航

做好分级保护工作。2019年5月，杨家珍同志提前做好自检自测工作，及时调整修改，最终以江苏省最高分的成绩顺利通过分级保护测评。

做好江苏省人民检察院数据中心机房的运行维护工作。加强机房设备的管理，做到底数清、情况明。2017年牵头负责完成全省服务器和设备等15000余个IP地址修改。

完善运维规章制度。2019年根据工作实际，牵头负责制定《江苏省检察机关信息化运行维护工作管理办法》并于8月1日起实施。

杨家珍同志还承担了大量的综合工作，她克服家庭生活中的困难，主动担当作为，为领导出谋划策，完成各项工作任务，为江苏检察网信事业做出了贡献。

徐　衍——杭州市人民检察院检察技术处信息科科长

徐衍，浙江温州人，中国共产党党员，浙江省检察技术专业人才库成员，现任杭州市人民检察院检察技术处信息科科长。多年来徐衍同志以建设智慧型检察院为目标，积极探索"数字检务"的基层实践，坚持信息化与检察工作深度融合，让科技成为推动检察工作转型发展的"新引擎"。

一是承担多项信息化试点任务。积极承担最高人民检察院智能语音、智慧侦监，智慧公诉等试点任务，并取得积极成效。例如，作为最高人民检察院智能语音专家组成员，编写全国检察行业标准《检务语音输入系统建设规范》，同时参与完成最高人民检察院科研课题"语音识别技术在检察机关讯/询问中的应用示范研究"，智慧公诉辅助系统获评浙江省十佳创新应用。

二是深入推进非羁押数字监管系统（非羁码）建设。在检察、公安联合专班里担任业务流组主要流程框架设计人，制作"非羁码"整体业务逻辑图，梳理整体需求功能，确定数据标准及接口，同时设计了"非羁码"纳入浙江省政法一体化系统的总体技术方案。"非羁码"在杭州上线后，累计监管非羁押人员12063名，平均应用率已达95.31%，审前羁押率环比下降25%，先后获得中央政法委秘书长陈一新、最高人民检察院检察长张军等主要领导批示肯定。

三是积极创新智慧辅助应用。打造"未来学院"APP，破罪错未成年人帮教困局，通过线上监管、学习、互动实现对罪错未成年人的精准化帮教，并构建了智慧量化的评估体系，获评浙江省智慧检察创新应用设计十佳方案。联合杭州市人民检察院公益诉讼部建设"公益诉讼E平台"，通过构建远程在线办案模式，实现了线上多方磋商、听证，线上询问制作笔录及签字纳印，获评杭州市年度创新项目。

· 2020年"互联网+智慧公安"年度人物·

章奕贵——广东省公安厅科技信息化总队科长

章奕贵,男,1983年1月生,毕业于华南理工大学,硕士研究生学历,现任广东省公安厅科技信息化总队科长。全国移动警务创新能手、广东省禁毒先进个人、第二届世界警察射击比赛先进个人、广东省公安厅"创新之星"、广东省优秀人民警察、全国移动警务专家,参与建设的空间地址库管理平台获国家地理科技进步二等奖,先后7次立个人三等功,5次被授予个人嘉奖。

章奕贵同志作为技术骨干,开拓进取,勤奋工作,10多年如一日奋战在科技信息化的一线。该同志按照公安部新一代移动警务的框架和广东省公安厅党委"智慧新警务"总体部署,立足省情实际,紧贴实战需求,搭建支撑平台、强化终端配置、上线移动应用,支撑一线民警对数据资源的随身调用,推进全省16万民警同步迈进移动警务新时代。该同志全力以赴,夜以继日,紧盯移动警务应用效能和创新,不断地攻坚一个个技术难关,他强化信息支撑释放数据整合带来的红利,运用智慧成果打造世界警察射击比赛系统,推进智慧新民生平台为"放管服"改革提供有力支撑,他始终坚持"便民、惠警"的目标,推进移动警务建设应用,使广东移动警务每日应用次数和终端配置数量全国第一。为应对新冠肺炎疫情形势,他带头紧急开发新冠肺炎疫情防控应用,服务新冠肺炎疫情防控成效显著,查控人员278万人,查控车辆83万辆;快速开发视频连线,对硬件服务器进行扩容,对全省21地市线路进行扩容,紧贴实战对应用进行优化,全省共发起会议7593场次,总参会达19565人次,总开会时间超过16万分钟;他狠抓辅警应用建设,树立"安全为先"的应用建设思路,推进交管、刑侦、治安等警种积极推进辅警应用建设。

章奕贵同志持续推进便民服务指尖办,在"粤省事"上线数量位居省直单位第一,事项涵盖了监管、交管、政治部、出入境、治安等多个警种业务,充分利用数据共享,最大限度减少群众填写数据,实现"四少一快",大大提高了办事效率,方便了办事群众;他创新服务事项优化营商环境,在"粤商通"上线服务事项,通过电子证照和数据共享,最大限度减少企业办事时需提供的证明材料数量,大大优化了营商环境。

张海超——四川省公安厅科技信息化总队（大数据应用总队）四级调研员、副科长

张海超，男，1985年12月生，本科学历，现任四川省公安厅科技信息化总队（大数据应用总队）四级调研员、副科长。主要负责互联网公安政务服务工作建设与推广应用。自四川公安一体化政务服务平台建成以来，坚持以四川公安一体化政务服务平台为全省一体化的政务服务工作"大基座"，打造"两个门户"，夯实"四大支撑体系"，加强与各警种交流，促进业务系统对接，推动"互联网+"与公安政务服务深度融合，为实现公安政务服务事项"一网通办"提供了坚实的支撑。为确保数据、应用、网络的高效安全互通，依托新一代移动警务，参与完成了"三网互通"子平台的搭建，实现了电子政务外网与公安内网业务办理的统一协同，为人民群众提供"不打烊、不停机服务"铸造最高效的安全保障，为疫情防控和复工复产工作提供有力支撑。

此外还参与四川公安统一电子证照系统和四川公安统一全息数据认证核查系统等项目的规划设计、需求收集、实施推进等工作，在公安政务的建设与推进等方面积累了丰富的实战经验。同时还组织举办了四川公安基层技术革新奖等省级奖励大赛，参与编制了《"互联网+公安政务服务"标准体系》等公共安全行业标准与多项地方政务服务标准，参加了多项省级科研项目研发，并获得了2020年四川省科技进步奖三等奖。

周敏——江西省公安厅科技信息化总队高级工程师

周敏，男，1984年11月生，毕业于南京理工大学，硕士研究生学历，现任江西省公安厅科技信息化总队高级工程师。2013年5月进入江西省公安厅科技信息化总队，主要负责公安大数据智能化云计算平台、"互联网+公安政务服务"等的规划、设计、管理和实施以及相关标准规范制定工作。2014年完成了江西省公安厅警务云平台建设，启动了全厅信息化基础设施统筹管理步伐；2016年全国公安的大数据平台建设，为全警提供了海量数据分析处理能力支撑；2019年在组织开展公安大数据智能化云计算服务层建设中，全面推动了江西公安信息化基础设施分层解耦、统筹共享工作，有效地推进了公安信息化建设质量变革、效率变革。在同步推动江西公安为民服务网上办事系统建设过程中，作为"互联网+"可信身份认证平台第一批试点单位，探索解决了政务服务证明"我是我"的问题、打破公安业务内网部署与群众互联网办事鸿沟，构建外网申请、内网审批、全流程网上办事模式问题和推动江西公安"123"政策落地，统一全省公安政务服务网上办标准问题，以及实施"110"公安政务服务建设工程，实现无犯罪记录证明、补换领身份证、出生一件事等高频热点事项"一次不跑"、掌上"一链办"等一系列群众关心的热点、难点问题；为谋划开展公安政务服务非税收入收缴电子一体化改革，推进公安政务服务数字化、智能化转型升级做出了积极贡献。

郑 凯——陕西省公安厅办公室电子政务科科长

郑凯，男，1981年9月生，本科学历，现任陕西省公安厅办公室电子政务科科长。主要负责陕西"互联网+公安政务服务"平台建设维护、陕西公安政务微博、微信、内外网门户网站管理和办公自动化系统应用，在深化公安机关政务公开和政府信息公开工作方面，各项工作始终位列全国公安机关和全省各厅局前列。2020年10月郑凯同志代表陕西省参加了公安部编写并下发的全国公安机关"一网通办"建设规划；11月，陕西省政府召开新闻发布会推广公安互联网政务服务改革创新做法。2020年，在公安部组织的首次考核中，陕西"互联网+"工作位列全国第1位，在陕西省政府组织的政务公开和门户网站建设第三方评估中位列优秀等次。

工作中，郑凯同志注重坚持规范引领、创新思维，圆满完成了公安改革和目标责任考核工作任务。一是创新推进手段，有效提升工作效能。坚守信息发布"不过夜"底线，确保全省公安各项决策部署和重大会议活动第一时间传达到每一位民警。定期发布留言研判，通报各地、各部门网民留言回复、办结情况。在厅机关办公自动化系统应用中，建立上门服务制度，年均提供上门服务350余次，并通过OA系统"论坛"栏目进行统一发布应用常见问题，做到有的放矢。二是创新分析研判，构建和谐警民关系。门户网站受理网民留言6300余条，受理政府信息公开申请20余件，目前微信关注用户200余万人，大量群众通过网络平台关注陕西公安。在做好留言回复办理的同时，注重掌握规律、总结方法，建立了门户网站网民留言分析研判机制、陕西公安政务微博舆情处置机制等良性工作机制。三是创新政务服务，切实解决群众需求。多次赴陕西省政府办公厅、陕西省委网信办、陕西省财政厅汇报调研解决平台建设各项基础问题；多次会同厅内有关警种部门和基层窗口民警摸底掌握公安业务办理实际；始终在项目开发一线，把控时间节点和关键任务的完成。截至2020年，陕西"互联网+公安政务服务"平台在PC端和移动端同步提供361项全省公安机关全部行政许可和公共服务的网上服务，72项业务可在网上全流程办理。平台注册用户1350余万人，总办事数量2200余万件。

第九篇
大事记

2020年1月8日，国务院办公厅发布《关于全面推进基层政务公开标准化规范化工作的指导意见》，对全面推进基层政务公开标准化规范化工作作出部署。

2020年1月15日，《中国政务数据治理发展报告（2020年）》在北京发布，该报告对全国31个省（自治区、直辖市）在政务数据治理方面的政策制定、机构设置、平台建设、共享开放等情况进行了研究分析，运用大数据的手段对地方政务数据治理工作的开展情况及社会影响进行衡量，构建形成了地方政务数据治理指数，描绘了当前我国政务数据治理的整体样貌，为未来中国政务数据治理工作的开展提供了建议和参考。

2020年2月6日，国家发展改革委发布《疫情防控期间投资项目开工建设信息在线报送和远程监测调度指南》，规范各级发展改革部门依托全国投资项目在线审批监管平台开展对投资项目建设实施情况的远程监测、调度。

2020年2月7日，全国一体化在线政务服务平台（国家政务服务平台）疫情防控专题新上线了"防疫专利信息共享平台"功能，免费向社会开放，为各医疗机构、科研院所开展疫情防治工作提供及时、专业的专利信息服务。

2020年2月18日，工业和信息化部办公厅印发《关于运用新一代信息技术支撑服务疫情防控和复工复产工作的通知》，部署运用新一代信息技术支撑服务疫情防控和企业复工复产工作，要求各省级工业和信息化主管部门、通信管理局等有关单位，在运用新一代信息技术全面支持疫情科学防控、加快企业复工复产以及强化服务保障等三方面做好16项具体工作。

2020年3月2日，民政部办公厅、中央网信办秘书局、工业和信息化部办公厅、国家卫生健康委办公厅联合印发《新冠肺炎疫情社区防控工作信息化建设和应用指引（第一版）》，旨在促进社区防控工作与现代信息技术深度融合，强化外防输入、内防扩散的技术支撑，提高社区防控的信息化、智能化水平，减轻参与城乡社区疫情防控工作人员工作压力。

2020年3月3日，国务院办公厅电子政务办公室、人力资源社会保障部办公厅印发《关于依托全国一体化在线政务服务平台做好社会保障卡应用推广工作的通知》，要求加快推进社保卡依托全国一体化在线政务服务平台跨地区、跨部门应用。

2020年3月4日，中共中央政治局常务委员会召开会议，指出要加快5G网络、数据中心等新型基础设施建设进度。

2020年3月6日，工业和信息化部印发了《关于推动工业互联网加快发展的通知》，从6个方面出台了20项举措，来推动工业互联网发展。

2020年3月31日，习近平总书记在杭州城市大脑运营指挥中心，观看"数字杭州"建设情况，了解杭州运用健康码、云服务等手段推进疫情防控和复工复产的做法。习近平说，城市大脑是建设"数字杭州"的重要举措。通过大数据、云计算、人工智能等手段推进城市治理现代化,大城市也可以变得更"聪明"。从信息化到智能化再到智慧化,是建设智慧城市的必由之路,前景广阔。

2020年4月7日,国家发展改革委、中央网信办联合印发《关于推进"上云用数赋智"行动培育新经济发展实施方案》,提出以"筑基础""搭平台""促转型""建生态""兴业态""强服务"六个方面的工作为主要方向,推进"上云用数赋智"行动,加快数字产业化和产业数字化,实现经济高质量发展。

2020年4月28日,国家市场监督管理总局、国家标准化管理委员会发布中华人民共和国国家标准公告(2020年第8号),全国信息安全标准化技术委员会归口的《信息安全技术 防火墙安全技术要求和测试评价方法》(GB/T 20281—2020)等26项国家标准正式发布。

2020年5月26日,为建立政务服务绩效由企业和群众评判的全国一体化政务服务平台"好差评"体系,不断提升各地区网上政务服务能力和水平,2019年国务院办公厅电子政务办公室继续委托中央党校(国家行政学院)电子政务研究中心,开展省级政府和重点城市网上政务服务能力第三方评估工作,并根据评估结果编制形成了《省级政府和重点城市网上政务服务能力(政务服务"好差评")调查评估报告(2020)》。

2020年6月1日起,国务院"互联网+督查"平台面向社会征集关于"六稳""六保"政策措施落实的问题线索和意见建议:为深入贯彻十三届全国人大三次会议精神,认真落实党中央、国务院关于统筹推进疫情防控和经济社会发展的重大决策部署,推动政府及其部门在疫情防控常态化前提下,扎实做好"六稳"工作,全面落实"六保"任务,确保完成《政府工作报告》提出的经济社会发展目标任务。

2020年6月11日,国家市场监督管理总局办公厅、中共中央办公厅机要局、国务院办公厅电子政务办公室中央网信办秘书局、国家发展改革委办公厅、工业和信息化部办公厅六部门印发了《国家电子政务标准体系建设指南》。该指南旨在加强电子政务领域标准化顶层设计,推动电子政务标准体系建设,支撑电子政务实施应用。

2020年6月30日,习近平在中央全面深化改革委员会第十四次会议上强调,胜利完成"十三五"规划主要目标任务、决胜脱贫攻坚、全面建成小康社会,乘势而上开启全面建设社会主义现代化国家新征程,必须发挥好改革的突破和先导作用,依靠改革应对变局、开拓新局,坚持目标引领和问题导向,既善于积势蓄势谋势,又善于识变求变应变,紧紧扭住关键,积极鼓励探索,突出改革实效,推动改革更好地服务经济社会发展大局。

2020年7月27日,国家标准化管理委员会、中央网信办、国家发展改革委、科技部、工业和信息化部联合印发了《国家新一代人工智能标准体系建设指南》。该指南旨加强人工智能领域标准化顶层设计,推动人工智能产业技术研发和标准制定,促进产业健康可持续发展。

2020年8月6日，交通运输部印发《关于推动交通运输领域新型基础设施建设的指导意见》，贯彻落实党中央、国务院决策部署，围绕加快建设交通强国总体目标，以技术创新为驱动，以数字化、网络化、智能化为主线，以促进交通运输提效能、扩功能、增动能为导向，推动交通基础设施数字转型、智能升级，建设便捷顺畅、经济高效、绿色集约、智能先进、安全可靠的交通运输领域新型基础设施。

2020年8月26日，李克强总理主持召开国务院常务会议，要求确保2020年年底前做到企业开办全程网上办理。当天会议确定围绕保市场主体激发活力深化"放管服"的改革举措。李克强总理强调，深化"放管服"改革和落实财政金融纾困政策并行推进，是激发市场活力、增强发展内生动力的重要举措，对做好"六稳"工作、落实"六保"任务至关重要，要推出新举措进一步做到门槛降下来、监管跟上去、服务更优化。

2020年8月29日，中国互联网联合辟谣平台客户端、小程序正式上线，为公众开通网络谣言查证新渠道。

2020年9月9日，工业和信息化部政务服务热线"三线合一"和政务服务平台正式运行。

2020年9月16日，中国密码学会密评联委会组织编制的《政务信息系统密码应用与安全性评估工作指南》（2020版）发布，该指南用于引导非涉密国家政务信息系统建设单位和使用单位规范开展商用密码应用与安全性评估工作。

2020年9月17日，李克强总理主持召开国务院常务会议，要求2020年年底前实现58项事项异地办理，2021年年底前实现74项事项异地办理，下一步还要加快实现新生儿入户、社保参保缴费查询等"跨省通办"。

2020年9月23日，国务院总理李克强主持召开国务院常务会议，要求加强全民健身场地设施建设，推进"互联网＋健身"。会议指出，顺应群众需求，加强全民健身场地设施建设，既能增强人民体质，也有利于撬动健康产业发展和消费扩大。

2020年9月25日，习近平总书记对"十四五"规划编制工作网上意见征求活动做出重要指示强调，通过互联网就"十四五"规划编制向全社会征求意见和建议，在我国五年规划编制史上是第一次。这次活动效果很好，社会参与度很高，提出了许多建设性的意见和建议。

2020年10月12日至14日，第三届数字中国建设峰会在福建省福州市举办。20年前，习近平同志在福建任职期间，做出建设"数字福建"的战略决策。党的十八大以来，习近平总书记高度重视信息化发展，加强顶层设计、总体布局，为"数字中国"建设指明了发展方向。

2020年11月19日，国家市场监督管理总局、国家标准化管理委员会发布《中华人民共和国国家标准公告（2020年第26号）》，全国信息安全标准化技术委员会归口的《信息安全技术政务信息共享数据安全技术要求》（GB/T 39477—2020）等11项国家标准正式发布。

2020年11月23日,《世界互联网发展报告2020》《中国互联网发展报告2020》蓝皮书新闻发布会在乌镇举行。蓝皮书系统全面客观反映了过去一年来世界和中国互联网发展情况,内容涵盖信息基础设施、网络信息技术、数字经济、数字政府和电子政务、网络媒体建设、网络安全、网络空间法治建设、网络空间国际治理等重点领域。

2020年11月23日至24日,"世界互联网大会·互联网发展论坛"在浙江乌镇举行。该论坛围绕疫情科学防控、助推数字经济与科技创新、助力复工复产等主题,邀请来自国内外政府部门、国际组织、互联网领域领军企业的重要嘉宾开展交流。据悉,共有来自20余个国家和地区的500余名代表参会。

2020年11月26日,国务院新闻办举行《关于切实解决老年人运用智能技术困难的实施方案》国务院政策例行吹风会,国家发展改革委、国务院办公厅电子政务办公室、国家卫生健康委员会老龄健康司、工业和信息化部信息通信管理局、交通运输部运输服务司、中国人民银行科技司有关负责人出席会议介绍该实施方案有关情况,并答记者问。

2020年11月27日,由中央网信办信息化发展局、农业农村部市场与信息化司指导,农业农村信息化专家咨询委员会编制的《中国数字乡村发展报告(2020年)》发布。该报告全面总结了我国数字乡村建设的政策举措、发展进程和阶段性成效,归纳了各部门各地区推进数字乡村建设工作的重要进展和经验探索,是对2020年我国数字乡村建设发展总体情况的集中呈现。

2020年12月14日,李克强总理在国务院常务会议上说:"优化政务服务便民热线,使政务服务便民热线接得更快、分得更准、办得更实。"

2020年12月28日,国家市场监督管理总局发布《政务服务评价工作指南》《政务服务"一次一评""一事一评"工作规范》两项国家标准,将于2021年1月1日起实施。这将推动各级政府增强服务意识,转变工作作风,夯实服务责任,为企业和群众提供全面规范、公开公平、便捷高效的政务服务,提升企业和群众办事便利度和获得感。